D1395193

HET GROOT KLUSSENBOEK

WILLEM AALDERS

HET GROOT KLUSSENBOEK

ZUID-HOLLANDSCHE UITGEVERSMAATSCHAPPIJ

Voor Anna

© MCMXC
Uitgeverij M & P bv
Postbus 466
6000 AL Weert

Tekeningen: Willem Aalders
Omslagillustraties: Paul Gerrits fotografie
Met dank aan Theo Buytels, Huis-Tuin-Dier en Hobby, Bergeyk
Zetwerk en montage: M & P Tekst bv, Weert

NL ISBN 90 5112 123 7   B 25.0410.7366
CIP
NUGI 400

Inhoud

Inleiding van de auteur 13

Milieu en binnenklimaat 15
Schone lucht in huis 15
Brandstoffen 15
Centrale verwarming 15
Schoorstenen, rookkanalen 16
Radon 16
Lijm en verf 16
Oude verfsoorten 17
Moderne verven 17
Ventileren 17
10 gouden tips tegen luchtvervuiling in huis 17
Geisers 17
Koken 17
Open haarden en hout- of kolenkachels 17
Woningstoffering 18
Waterdamp 18
Schoonmaakmiddelen 18
Cosmetica 18
Gipskartonplaat 18
Verfprodukten 18
Glas- en steenwol 18

Hout, houtbewerking en gereedschappen 19
Hout 19
Hout en hoe het te kiezen 19
Eigenschappen en gebreken 20
Kwasten of noesten 22
Plaatmateriaal 23
Houttabellen (soorten, afmetingen, e.d.) 25
Handgereedschappen 27
Werkbanken 30
Meubelmakerswerkbank 32
Work-mate 32
Passen en meten (meet- en afschrijfgereedschappen) 34
Schrijf- of winkelhaak 35
Kruishout 36
Steek- of voegpasser 36
Waterpas 37
Waterpasslang 37
Schietlood 37
Het afschrijven 38
Duimstok 40
Hamers 40
Draadnagels 41
Schroeven en bouten 43
Handzagen 46
De techniek van het handzagen 48
Handzagen slijpen en zetten 50
Tanden zetten 52

Zaagklem 53
Handboren 53
Booromslag, handboor, boren 53
Schaven 54
Blokschaaf 54
Houtbeitels 57
Steekbeitels, hakbeitels en gutsen 57
Houtbeitels slijpen en wetten 59
Lijmtangen en lijmen 61
Lijmtangen 61
Houtlijmen 62
Contactlijm 62
Schuren 62
Tabel van eigenschappen schuurpapier 65
Houtverbindingen 66
Deuvelverbindingen 71
Pen- en gatverbindingen 71
Groefverbinding 72
Zwaluwstaartverbindingen 73

Elektrische gereedschappen 75
(Klop)boormachine 75
Het toerental 76
Boren voor de boormachine 76
Boren in metaal 78
Cirkelzaagmachine 78
Handcirkelzaag 84
Elektrische handzaag 87
Schrobzaag 88
Motorkettingzaag 88
Figuurzaagmachine 90
Lintzaagmachine 91
Snoerloze boormachines en schroevedraaiers 93
Gecombineerde vlak- en vandiktebank 95
(Hand-)schaafmachine 96
Freesmachine 97
Handfrees- of bovenfreesmachine 99
Bandschuurmachine 101
Tafelslijpmachine 103
Behangstripper 105
Gereedschap met variabele snelheidsregeling 105
Decoupeerzaag 107
Vlakschuurmachine 110
Elektronische verfstripper 112
Haakse slijper BD 12K electronic 115
Powerfile electronic 117

Ladders en trappen 120
Ladderstoeltjes 122
Gebruik van een ladder 122
Steigerplanken 123
Veiligheid 123

Elektriciteit 124
Het (verboden) zelf klussen aan de
  huisinstallatie 124
Keurteken 124
Veiligheid 125
Wat kost elektriciteit? 125
Wat is 'stroom'? 126
Draden en kabels 126
  Spanning en stroomsterkte 127
  Volt, Watt, Ampère, Ohm… 128
  Zekeringen 130
Draadweerstanden en snoeren 130
Doorsnede en belastingwaarden van snoeren
  131
Overzicht van aansluitpunten per vertrek 133
Overzicht van draden en hun kleuren 133
Speciale aansluitpunten 135
Aardleiding, randaarde, aardlekschakelaar 135
  Aarding 135
  Veiligheidsaarding 137
  Aardlekschakelaar 137
  Scheertransformator 138
Mogelijkheden en beperkingen van het huisnet
  139
Zekeringen of smeltveiligheden 139
Installatie-automaten (automatische patronen)
  141
Gereedschappen 141
  Schroevedraaier 142
  Draadstriptang 142
  Spanningzoeker 143
  Kabeltang 143
  Knip- of zijsnijtangen 143
  Buigtang 143
  Stanley-mes 143
  Beugelzaagje 143
  Priem 144
Hulpmiddelen 144
Uitbreiding van de elektrische installatie 145
De groepenkast (meterkast) 145
Installatievoorschriften 147
Centraaldozensysteem 148
Lasdozensysteem 150
Gemodificeerd centraaldozensysteem 151
Opbouwdozen 151
Universele centraaldozen 151
Installatiedozen 151
Hulpstukken 152
Schakelaars 152
Wandcontactdozen 152
Speciaal materiaal 152
Leggen en bevestigen van buizen en dozen
  152
  Leidingen uit zicht 155

Buigveer of buigdoorn 155
  Trekveer 155
Wandcontactdozen (2) 157
Schakelaars (2) 157
Snoerschakelaars 163
Verlichting van kast- en bergruimten 163
Lichtpunt 163
Lampen 163
22 tips voor elektriciteitsbesparing 165
Reparaties aan snoeren en stekkers 167
Veiligheid 169
Snoer strippen 169
Stekkers monteren 170
Monteren van een snoerschakelaar 170

Stukadoren 171
Termen en begrippen 171
Gereedschappen 172
Grondstoffen voor stukadoormortels 173
  Kalk 173
  Steenkalk 173
  Schelpkalk 173
  Hydraulische kalk 173
  Gips 173
  Andere gipssoorten 174
  Kunststofgebonden materialen 174
Stukadoormortels (receptuur) 174
  Zand 175
  Sierpleisters 175
Techniek van het stukadoren 175
  Reien 175
  Stellen van reien 175
  Berapen 176
  Uitlijnen 177
  Maken van guides 178
  Blauwpleisteren 178
  Schuurwerk 179
  Opzetten (van mortels) 179
  Hoeken stucwerk snel beschadigd 180
  Beschadigingen aan wanden 180
  Vochtige muren bepleisteren 182

Tegelzetten 184
Tegelzetten als ambacht 184
Materialen 185
  Keramische tegels 185
  Kunstglazuurtegels 185
  Oudhollandse tegels 186
  Splijttegels 186
  Mozaïektegels 187
  Hulpstukken 187
  Vloertegels 188
  Hoeveel tegels? 189
  Dubbelhard gebakken tegels 189
  IJzerklinkers 190
  Plavuizen 190
  Vensterbanktegels 190
  Raamdorpeltegels 190
  Traptegels 191
Natuursteen 191

6

Solnhofer 191
Noorse leisteen 191
Kwartsiet 192
Gereedschappen 192
Tegelmortels 194
Portland 194
Kalk 194
Zand 195
Toeslagstoffen 195
Mortel testen 195
Mortel maken 195
Voegmortels 196
Tegellijmen 197
Voorstrijkmiddel 199
Verwerken van bakstenen muurstrippen 199
Techniek van het tegelzetten of lijmen op wanden 200
Voorbereiden van de ondergrond 200
Indeling en uitzetten van tegelwerk 200
Verdeellat 201
Onderbrekingen in tegelwerk 201
Wanden van hout of plaatmateriaal 202
Tegels in lijmwerk 202
Techniek van het tegelzetten 203
Tegelen bij aanrechten, douchebakken e.d. 205
Granieten en stalen aanrechtbladen 205
Tegelwerk in badkamers 206
Aanrechtbladen van tegels 207
Vloeren tegelen 209
Voorbereiden van vloerbetegeling 209
Vierkante vloertegels 211
Rechthoekige vloertegels 211
Zeer harde tegels 212
Rechthoekige tegelvloeren 212
Diagonaal te tegelen vloeren 214
Vloeren op 'afschot' 215
Afschot in de ondergrond 217
Het poederen 217
Het 'pletten' 218
Het inwassen 218
Vloeren die niet dezelfde dag geheel gelegd kunnen worden 218
Leggen van natuursteenvloeren 218
Voegen van natuursteen-tegels 220
Aanslag op tegels 221
Betegelen van houten vloeren 221
Lichte vloer met gaaswapening 222
Zwaardere vloer met gaaswapening 222
Vloer op Lewis-platen 223
Tegel-op-houtvloer-systeem 224
'Zwevende' tegelvloer 225

Vloeren en plafonds 229
Vloeren 229
Houten vloeren 229
Houten vloer veranderen of opknappen 229
Eenvoudige vloeren leggen 229
Nieuwe vloer aanbrengen 236
Vloer op vloer 236

Handelsafmetingen van vloerhout (tabel) 236
Handelsafmetingen van balkhout (tabel) 236
Zwevende vloer 238
Spijkeren van vloerdelen 239
Vloeraandrijver 239
Koppelen van vloerbalken 240
Opleggen van houten balken op stalen balken 240
Andreaskruizen 240
Parketvloeren 240
Ondervloeren 241
Houtsoorten voor parket 242
Soorten en eigenschappen van parket-hout (tabel) 243
Parket op steenachtige vloer 243
Soorten parket 244
Stroken 244
Plankjes 244
Mozaïek 244
Gelaagd parket 245
Lamelparket 245
Triplex parket 245
Betonvloer op een houten vloer 245
Hardboardplaten leggen 246
Vloerluik maken 246
Plafonds 247
Zachtboard 249
Brandpreventie 250
Schroten 251
Gipskartonplaten 253
Plafondtegels en akoestische tegels 253
Verlaagd plafond 254
Vrijhangend verlaagd plafond 255
Plafondsystemen 257
Gordijnkoof 257
Stucwerk op betonnen plafond 258
Steengaasplafond 258
Plafonplast 261
Aluminium lamellen 261
Isoleren van plafonds 261

Muren en wanden 262
Scheidingswanden 262
Wandbetimmering 264
Hout voor wandbetimmering 264
Berekenen van materiaal 265
Voorbereiding 266
Plaatbetimmering 266
Afwerking 268
Obstakels 269
Binnenmuren slopen? 270
Roetuitslag binnenshuis 272
Vochtproblemen bij muren 273
Verschijnselen 274
Vochthuishouding 274
Condensatie 274
Vocht in de kruipruimte 275
Regendoorslag 275
Lekkage 275
Lekkende of 'zwetende' kelder 275

Bouwvocht 276
Vochtproblemen voorkomen en tegengaan
  276
Mechanische ventilatie 277
Vochtoverlast aanpakken in de fundering
  278
Chemische vochtwering 278
Bitumen- of loodplaten 279
Drainage/ventilatie 280
Dichten van lekkende kelder 280

Metselen 282
Troffel 282
Voegspijker 282
  Stootvoegspijker 282
Kaphamer 282
Sabel 283
Hulpmiddelen 283
Baksteen 284
  Waalformaat 284
  Vechtformaat 284
  Dikformaat 284
  Modulair formaat 284
Betonsteen 285
Porisosteen 285
Fimonsteen 285
Kalkzandsteen 286
  Kalkzandsteen-formaten 286
  Eigenschappen en verwerking 286
Metselmortels 288
  Beoordeling van de mortelkwaliteit 289
  Het mengen van de mortel 291
  Samenstelling mortel voor
    baksteen-metselwerk 292
  Samenstelling mortel voor poreuze
    isolatiesteen 292
  Samenstelling mortel voor
    kalkzandsteen-metselwerk 292
Metselen in beeld 293
Voegen en voegwerk 296
Proefmuurtje 297
Werkwijze 297
Het voegen 299
Voegmortels 299
Voegsoorten 301
Het stellen van metselprofielen 301
  Lagenmaat en koppenmaat 301
  Metselprofielen 302
  Metseldraad waterpas 303
Metselverbanden 303
Halfsteensmuren 304
Muurafdekkingen 312
Aandachtspunten bij het optrekken van
  metselwerk 315
Funderingen 315
  Funderingen op staal 318
  Globale draagkracht van verschillende
    grondsoorten 318
  Gemetselde fundering 320
  Betonfundering 320

Funderingssleuven 320
Funderen op zandaanvulling 321
'Metselen' met Duroxblokken 323

Isoleren 326
Isoleren van kap tot kruipruimte 326
Dak 326
CV-leidingen 327
Vliering 327
Heetwaterleidingen 327
Spouwmuren 327
Buitenmuur 327
Overgordijnen 328
Voorzetramen 328
Betonnen begane-grondvloeren 328
Houten begane-grondvloeren 329
Plat dak 329
Grondisolatie 329
Tochtstrippen 329
Isoleren de moeite waard 329
Zo werkt isolatie 330
Licht in de duisternis van de isolatie-theorie
  331
  Wat is R-waarde? 331
  Welke R-waarde? 331
  Warmteweerstand (R) van diverse bouw- en
    isolatiematerialen 332
Overzicht meest gebruikte isolatiematerialen
  332
  Minerale wol (glas- en steenwol) 332
  Isolerende gipskartonplaten 333
  Alkreflex 2-L-II 333
  Polystyreenplaten 333
  Houtwolcementplaat 333
Dikte van isolatiematerialen 334
Gereedschap 334
Spouwmuurisolatie: specialistenwerk 334
Warmte ook 's zomers binnen 335
Isolerende raamluiken 335
Voorzetraam zelf maken 336
Kit- en spuitbusafdichtingen 339
Kieren bij raam- en deurkozijnen 339
Kieren tussen vloer en plint 341
Tochtstrippen (2) 341
Schuimplastic tochtband 343
Isoleren buitenmuur 343
Isoleren in beeld 345
  Vloerisolatie (houten vloeren) 347
  Vloerisolatie (systeemvloeren) 351
  Vloerisolatie (betonvloeren) 352
  Muurisolatie (spouwmuur) 354
  Muur- en wandisolatie 355
  Buigslappe voorzetwand 355
  Dakisolatie (plat dak) 356
  Dakisolatie (schuin dak) 358

Ramen, deuren, kozijnen 360
Onderhoud van kozijnen 360
Werk voor de aannemer? 360
Kunststofkozijnen 360

Oude huizen 361
Oud kozijn verwijderen 361
Nieuw kozijn plaatsen 362
Beschadigde deuren 362
  Bout en vochtige doek 362
  Stukje hout inlijmen 363
  Zwellen 364
Binnen- en buitendeuren 365
  Deur afschaven 366
  Deur afzagen 367
  Klemmende deuren 367
Gebroken ruit vervangen 368
  Welpasta 369
  Stopverf 370
  Gronden en afschilderen 370
  Glaslatten 370
Luiken voor de ramen 372
  Klassiek aanzien 372
Ramen en raamkozijnen 374
  Kunststoframen en -kozijnen 374
Glassoorten 375
  Veiligheidsglas 375
  Tips en aandachtspunten 376
Dakramen en dakvensters 376
  Dakraam of -venster zelf plaatsen 378
Ramen en deuren herstellen 379
  Geschrankt raam 379
  Scheluw raam 380
Ramen en deuren afhangen 381
  Hang- en sluitwerk 381
  Scharnieren 381
  Scharnieren monteren 383
Nieuw kozijn plaatsen 384
  Kozijnschroeven 384
  PUR-schuim 384
Deurslot plaatsen 386

Schilderen binnen en buiten 391
Algemeen
Verf en veiligheid 391
  Voorzorgsmaatregelen 391
  Gifvrije verf 392
  Gif in oplos- en verdunningsmiddelen 392
  Pentachloorfenol 392
  Kopernaftenaat 393
  Zinknaftenaat 393
  Loodwit 393
Milieuvriendelijke verven 393
  Lijnolieverf 393
  Acrylverf 393
  Natuurverf 393
Verfprodukten 394
  Roestwerende verven voor metaal 395
  Houtverduurzamingsmiddelen 395
  Blanke lakken 395
  Acrylsatinverf 396
  Alkydharsverven 396
  Betonverf 396
  Oplos- en verdunningsmiddelen 397
  Muurverven 397

Olieverven 397
Plamuur 397
Stopverf 398
Isoleergrond 398
Veiligheidstips 399
Gereedschappen en hulpmiddelen 399
  Kwasten 399
  Penselen 401
  Plamuurmessen 402
  Stopmes 403
  Steekmes 403
  Verfkrabbers 403
  Glassnijder 404
  Hakmes 404
  Schuurpapier 404
  Ammoniak of ammonia 405
Verwijderen van oude verflagen 408
  Afschrappen of afkrabben 409
  Afbijten of logen 409
  Afbranden 410
Algemene basistechniek schilderen 410
  Grond- en lakverf 410
  Muurverf (dispersieverf) 410
  Rollertechniek 411
  Werken met de roller 411

Schilderen binnen
  Voorbereiden 411
  Muurverf 412
  Muren met structuur 413
  Structuurpleisters 413
  Structuurverven 415
  Nieuw werk en onderhoud 415
  Plafonds repareren en schilderen 416
  Witkalk 416
  Veegvaste muurverf als plafondverf 416
  Latexverf als plafondverf 417
  Synthetische verf als plafondverf 417
  Nieuwe plafonds 417
  Behangen muren en wanden repareren en
    schilderen 418
  Afwasbaar behang 418
  Muurbekleding van board, plaat en hout 418
Techniek van het houtwerk schilderen 420
  Houtwerk voorlakken 422
  Houtwerk aflakken 422
  Deuren schilderen 422
  Plinten schilderen 423
Houten vloeren schilderen of beitsen 425
  Houten vloerbeitsen 425
  Vloer vernissen 425
  Vloerolie 426
  Vloer schilderen 426
Trappenhuis schilderen 426
Schilderen van keukens en badkamers 428
Schilderen van cv-radiatoren 428
Schilderen van leidingen 429
Muurschildering 429

9

Schilderen buiten
Onderhoudsschema voor buitenschilderwerk 430
Nieuw werk en onderhoud 431
  Het gronden 431
  Stoppen en plamuren 432
  Afschilderen (aflakken) 433
  Glansverf of matte verf? 433
  Grote vlakken schilderen 434
Gevolgen van het werken van hout 435
Gebreken in hout 436
Andere houtconstructies 436
Buitenbeitsen 437
Carbolineum 437
Schilderen van metaal buitenshuis 438
  Schilderen van kunststof 439
Houten gevelbekleding 439
Houtverbindingen buitenshuis 440
Schilderen van buitenmuren en gevels 440
  Reinigen van buitenmuren 440
  Mos en algengroei 441
  Cementsluier 441
Glas snijden en glas zetten 442
  Glas snijden 442
  Glas zetten 445

Woningstoffering 448
Tapijt leggen (algemene inleiding) 448
  Tapijt met jute rug 448
  Tapijt met schuimplastic rug 448
Vloertapijten hebben goede onderlaag nodig 449
Grootte en vorm van een vertrek bepalen mede tapijtkeuze 450
Bevestigen van een traploper 451
Tapijt leggen 452
Aan de rol 453
Oppervlakte berekenen 453
Trappen 454
Voorbereiden van de vloer 454
  Vochtprobleem 455
  Ondertapijt 455
  Viltpapier leggen 459
  Ondervloerplaten 459
Vloerbedekking leggen in beeld 460
  Leggen van linoleum, vinyl, en andere niet-tapijtachtige vloerbedekking 460
Gordijnen, rails en roeden 466
  Koven 468
  Soorten plooien 469
  Rolgordijnen 469
Behangen 469
  Gereedschappen 471
  Tips vooraf 472
  Oud behang verwijderen 472
  Hulplijn uitzetten 473
  Meten en op maat knippen 473
  Plakken en 'inslaan' 474
  Plakken van banen 475
  Voorgelijmd behang 477

Grondpapier 479
  Polystyreen grondpapier 479
Muurhoeken en neggen behangen 479

Gipskartonplaten 480
Wanden en plafonds van gipskartonplaten 480
Gipskartonplaten 480
Werkwijze bij steenachtige muren 481
  Snijden of zagen van gipskartonplaten 482
  Wenken bij het aanbrengen 482
Werkwijze bij niet-vlakke muren 484
Bepleisteren van gipskartonplaten 485
Wandje van gipskartonplaten 486

Water, sanitair, gas 491
Zelf 'loodgieten' 491
Gereedschappen 491
Solderen 492
Knelverbindingen (knelfittingen) 492
Schroefdraadverbindingen 495
Koperen buis 495
Hulpstukken 495
PVC-buizen 496
ABS-pijpen 498
Loden en stalen buizen 498

De drinkwaterinstallatie
  De meteropstelling 499
  De meterkast 500
  Het leidingnet 500
  Storingen 501
Ontluchting, beluchting, heveling en sifons 501
  Ontluchting 501
  Beluchting 502
  Heveling 503
  Sifons (stankafsluiters) 504
Aanleg van koperen buisleidingen 505
  Beugelafstanden 505
  Hoogte boven de vloer 507
  Leidingen in zicht? 507
  Leidingisolatie 508
Kranen, mengkranen en afsluiters 508
  Afsluiters 508
  Tapkranen 510
  Wastafelkranen 511
  Mengkranen 512
  Beluchtingskraan 513
  Vlotterkraan 513
  Vervangen van een bad/douchemengkraan 513

Sanitair: werking, plaatsen en aansluiten
  Wastafels 515
  Bevestiging van wastafels 515
  Aansluiten van wastafels op de afvoerleiding 516
  Aansluiten van gootstenen op de afvoerleiding 516
Aansluiten van closetpotten 518
  Schotelcloset 518

Diepspoelcloset 518
Uitlaten van closetpotten 518
Reparaties aan sanitair 519
Ontluchten 519
Verstopte sifon 519
Kraan vervangen 520
Kraanleertje vervangen 521
Vlotter 522
Closetpotten 523
Valpijpen 524
Schoonmaaktips voor sanitair 528
Bevroren leidingen en kranen ontdooien 528
Aanleg van PVC-afvoerleidingen 529
Diameter van PVC-leidingen 530
Ontstoppingsstukken 530
Doorstroming van afvalwater 531
Geluidshinder 532
Bevestigen van PVC-afvoerleidingen 533
Ontstoppen van afvoerleidingen 534
Sifons 534
Ontstopper 535
Caustic-soda 535
Douche 536

De gasinstallatie
Zelf doen? 536
Distributie van gas 537
De gasleidingen 537
Teflon-tape 539
Gasslangen 539
Warmwatertoestellen 539
Gasgeisers 541
Gasboilers 541
Elektrische voorraadtoestellen 541
Inlaatcombinatie 542
Kleine elektrische voorraadtoestellen 542
Zonneboilers 543
Tips voor een lagere energierekening 543
Bezuinigen op warmwatergebruik 545
Gasboiler 546
Elektrische boiler 546
Combitoestel 546
Indirecte boiler 547
Mixboiler 547

Werken met beton 548
Gewapend beton 548
Betonreceptuur 548
Bekisting 551
Funderingsdiepte 552
Betonmolen 552
Vloeren 552

Meubels, kasten, bergingen 553
Bergruimte 553
Flexibel 553
Inbouw 553
Haken en planken 554
Criteria 554
Hoogten en diepten 554

Laden 555
Kastdeurtjes 556
Kastplanken 556
Materialen 556
Schroefbevestiging 557
Kastschuifdeuren 558
Fabriekssystemen 559
Bouwpakketten 560
Zelf doen 561
Kastdiepte 561
Waterpas 562
Glazen schuifdeuren 562
Boekenkasten 562
Verstelbare planken 564
Oude meubels repareren 564
Lijmen 565
Klembroek 567
Repareren van een houten stoel 568
Beenderlijm 568
Houtverbindingen repareren 569
Tips 569
Oude meubels in een nieuw 'jasje' 570
Deuvel handige houtverbinding 571
Binnenvolière 572
Een goed plekje 572
Gaas 572
Constructie 572

Inleiding van de auteur

Volgens cijfers van het Onderzoeksinstituut voor Technische Bestuurskunde (OTB) van de Technische Universiteit Delft (1987), geeft men in elk Nederlands huishouden jaarlijks gemiddeld 1900 gulden uit aan het onderhouden en verbeteren van de woning. Is de bewoner ook de eigenaar, dan besteedt hij jaarlijks een bedrag van 3000 gulden, terwijl bewoners van een huurwoning toch nog 900-1000 gulden per jaar aan verbetering en onderhoud uitgeven. Per karwei wordt circa 450 gulden per jaar besteed. Gemiddeld steekt een doe-het-zelver per jaar bijna drie werkweken (112 uur) in het onderhouden en verbeteren van zijn woning. Persoonlijk vind ik dat indrukwekkende cijfers. Ze illustreren hoe intensief de gemiddelde Nederlander met zijn woning bezig is. De OTB-onderzoekers hebben ook uitgeplozen hoe het er met gereedschapsbezit voorstaat. De uitkomst is niet minder imponerend. Ik doe slechts een greep: in 78% van alle Nederlandse huishoudens is een (klop)boormachine aanwezig. In 33% van die huishoudens bezit men een cirkelzaagmachine, terwijl 80% een waterpas in huis heeft. In alle huishoudens (100%) is een hamer en een schroevedraaier te vinden en in 91% een handzaag. 58 van de 100 huishoudens hebben een troffel, 67 een blokschaaf, 78 een winkelhaak en 96 een nijptang. 18 van de 100 Nederlanders bezitten een behangerstafel, 8 van de 100 een lasapparaat.

Het zelf verbouwen, onderhouden en opknappen van de woning is geen bezigheid die je zo hier en daar als incidentele hobby ziet beoefenen – uit het geciteerde onderzoek bleek dat dergelijke werkzaamheden in bijna de helft (47%) van alle huishoudens worden aangepakt. Daar zijn een aantal redenen voor aan te wijzen die in de meeste gevallen te maken hebben met financiële factoren (wat je zelf doet kost minder geld) en de toenemende vrije tijd tengevolge van maatschappelijke verschijnselen als arbeidstijdverkorting en werkloosheid. Andere aangetoonde redenen zijn, dat de karweien bij zelfwerkzaamheid precies zo worden uitgevoerd als de bewoner wil, en dat doe-het-zelven een hobby is die veel voldoening schenkt.

Om u bij uw zelfwerkzaamheden te helpen heb ik dit boek gemaakt. Als naslagwerk en vraagbaak. Andere pretenties heb ik als auteur niet. Praktijk blijft immers de beste leermeester; slechts door een karwei daadwerkelijk aan te pakken wordt kennis, routine en vaardigheid verkregen, niet door dit boek door te bladeren. Niettemin hoop ik van harte dat het regelmatig antwoord zal geven op vragen die zich bij de arbeid aan uw woning kunnen voordoen. Dan is ook mijn arbeid niet voor niets geweest.

Een veertigtal artikelen uit dit boek werden eerder gepubliceerd in de zaterdagse 'Woonblad'-bijlagen van Het Nieuwsblad, Dagblad voor Midden-Brabant; Eindhovens Dagblad; Helmonds Dagblad en Brabants Dagblad.

Drouwenerveen,   Willem Aalders

Milieu en binnenklimaat

Schone lucht in huis

Op zichzelf is het te betreuren dat aan schone lucht een artikel moet worden gewijd – je zou zeggen dat schone lucht binnenshuis een vanzelfsprekendheid moet zijn. Helaas, voor schone lucht in onze woning moeten we het een en ander doen èn laten. In de lucht die we thuis inademen zitten soms stoffen die de gezondheid kunnen schaden. Neem om te beginnen het roken van tabak. Daar zitten stoffen in die kankerverwekkend zijn. In de moderne, synthetische verven waarmee we ons huis weer een opknapbeurt geven, zitten oplos- en drogingsmiddelen die schadelijke fenolen of toluenen bevatten. Bij de verbranding van brandstoffen komen gassen vrij die allesbehalve gezond kunnen worden genoemd. Een centrale verwarming heeft ook zo zijn bezwaren.

Brandstoffen

Steenkool, olie en aardgas produceren verschillende rookgassen, maar allemaal bevatten deze rookgassen in meerdere of mindere mate de volgende schadelijke stoffen:
Koolmonoxyde kan tot kolendampvergiftiging leiden. Het gevaar zit in het feit dat koolmonoxyde een reukloos gas is dat niet tijdig gesignaleerd kan worden. Het is een misverstand te menen dat kolendamp tot verstikking leidt; men valt er zonder iets van te merken van in slaap. Een waarschuwing kán zijn: hoofdpijn, misselijkheid en duizeligheid. Wanneer de vlammen van een vuur erg flakkeren en geel van kleur zijn, wijst dat op onvol-ledige verbranding en dús op gevaar van koolmonoxyde.
Kooldioxyde kan ontstaan wanneer een verwarmingstoestel in een ruimte zonder voldoende verse luchttoevoer langere tijd te branden staat. Er ontstaat dan een ophoping van 'koolzuurgas'.
Stikstofoxyde is eveneens een verbrandingsprodukt en komt vooral van petroleum en gas. Het kan de luchtwegen aantasten.
Zwaveldioxyde is een gas dat ontstaat bij het afstrijken van een lucifer. Het komt echter in grotere hoeveelheden voor bij de verbranding van zwavelhoudende kolen en olieprodukten. Men kan het herkennen als de onaangename, irriterende 'walm'.

Centrale verwarming

Als we de cv-ketel als mogelijke producent van stikstofoxyde en kooldioxyde buiten beschouwing laten, heeft centrale verwarming een mogelijk bezwaar dat slechts bij weinigen bekend is. In vrijwel geen enkele publikatie staat het vermeld: de radiatoren van cv-installaties produceren waarschijnlijk *microstof*. Volgens Duitse onderzoekingen bevat de warme luchtstroom van cv-radiatoren zeer fijne stofdeeltjes, ook wel microstof genoemd. Vooral in woningen gelegen in de nabijheid van industriegebieden en autowegen, kunnen de bewoners er mee te maken krijgen. Dit microstof blijft in dergelijke centraal verwarmde woningen voortdurend in omloop, stellen onze oosterburen, en het is een van de hoofdoorzaken van de steeds vaker voorkomende allergische verschijnselen en aandoeningen van de luchtwegen, samengevat onder de term 'cara', zoals die tegenwoordig bij 20% van alle kinderen wordt geconstateerd.

Schoorstenen, rookkanalen

Badgeisers, kachels en cv-ketels zijn aangesloten op een schoorsteen of op een afvoerkanaal. De bedoeling is dat zo'n schoorsteen of afvoerkanaal boven het hoogste punt van het dak uitmondt. De uitmondingen van gasgevelkachels (en de laatste tijd van bad*gevel*geisers) maken daarop een uitzondering. Gasfornuizen, de meeste keukengeisers en sommige zogenaamde 'gemakkelijke' petroleumkachels hebben geen afvoerpijp naar buiten en de verbrandingsgassen komen dus zomaar in huis terecht. Goede ventilatie is zeker hier geen overbodige luxe.

Roet- en teeraanslag (creosoot) in de schoorsteen ontstaat door het stoken van olie of vaste brandstof als kolen, hout en turf, maar wordt nog heviger door het ondeskundig stoken. De schoorsteen moet alleen al om die reden minstens eenmaal per jaar geveegd worden. Het aantal schoorsteenbranden is door onbekendheid met de techniek van het stoken de laatste tien jaar met 60% toegenomen, voornamelijk doordat de creosoot in de schoorsteen vlam vat. Hout stoken moet men leren. Een van de principes ervan is: een houtvuur moet zo heet mogelijk gestookt worden. Stook ook liever geen synthetische openhaardblokken en gebruik geen zogenaamde aanmaaklucifers. De schadelijke stoffen van de verschillende rookgassen mogen dan dankzij de afvoer via een in goede staat verkerende schoorsteen geen aanslag doen op het binnenklimaat, ze komen toch in de open lucht terecht en doen dus wel schade aan het milieu in de omgeving.

Radon

Een andere stof die we binnenshuis kunnen tegenkomen is het *radon*. Radon zit in kleine hoeveelheden in gipsplaat, beton, sommige pleisters en andere moderne bouwmaterialen. Maar radon treft men in natuurlijke vorm ook aan in de kruipruimte van de woning. In sommige gebieden van ons land bevat de grond méér radon dan in andere. Daar kan het radon uit de grond, samen met die van de genoemde bouwmaterialen, voor te hoge concentraties zorgen.

Lijm en verf

In vrijwel alle lijmen, synthetische verfstoffen en verf-afbijtmiddelen bevindt zich een oplosmiddel dat tijdens het droogproces vrijkomt. Veel van deze oplosmiddelen zijn giftig en/of brandbaar, vooral wanneer er wordt gelijmd of geverfd in niet- of slecht geventileerde ruimten. Om een voorbeeld te noemen: wanneer men in een kruipruimte de onderkant van een vloer wil isoleren met te lijmen isolatiemateriaal, dan kunnen zich gevaarlijke situaties voordoen. Bij het werken in dergelijke en vergelijkbare ruimten moeten dus speciale veiligheidsmaatregelen worden getroffen:
– Vanwege de mogelijkheid van het vrijkomen van brandbare oplosmiddelen is het noodzakelijk dat de eventueel te gebruiken looplampen van een explosieveilige uitvoering zijn.
– Het is niet aan te raden zonder zuurstofmasker een niet-geventileerde ruimte te betreden wanneer men daar met gevaarlijke stoffen werkt.

Gezien deze beide veiligheidseisen zou men er beter aan doen helemaal maar niet met schadelijke oplosmiddelen bevattende stoffen in besloten ruimten aan de gang te gaan. De doe-het-zelver dient te bedenken dat wanneer deze situatie zich in het bedrijfsleven zou voordoen, er nimmer toestemming zou worden gegeven voor het uitvoeren van deze werkzaamheden. Er zou dan eerst onderzocht worden of de te gebruiken lijmsoort veilig is en of er speciale veiligheidsmaatregelen nodig zijn.

Helaas moet worden geconstateerd, dat hobbyisten en doe-het-zelvers met de meest elementaire veiligheidsmaatregelen onbekend zijn. Maar zijn ze wèl bekend, dan worden ze vaak niet opgevolgd. Uit het landelijk ongevallencijfer blijkt, dat het aantal ernstige ongevallen in het huishouden c.q. in de eigen woning, vele malen groter is dan in het bedrijfsleven.

Wie de moeite neemt eerst te informeren naar het bestaan van andere, minder gevaarlijke produkten, zal tot de constatering komen dat voor vrijwel elk schadelijk produkt een andere, minder schadelijke oplossing te vinden is. Een produkt waarvan op de verpakking een doodskop, een andreaskruis of een 'ontvlambaar-symbool' staat afgedrukt, kan men beter niet kopen.

Oude verfsoorten bevatten onder meer lood. Niet afbranden dus, maar afkrabben met een verfkrabber.

Moderne verven zijn tegenwoordig weer volop in minder schadelijke soorten verkrijgbaar. Lijnolieverven bevatten zelden lood, maar wel kobalt- of sinconium- en mangaansiccatief. Ook deze stoffen zijn niet direct milieuvriendelijk, maar ze vormen een stap in de goede richting.

Ventileren

Door op een verantwoorde wijze te stoken en door de woning goed te ventileren kunnen de gevolgen en risico's van de hiervoor genoemde schadelijke stoffen tot een aanvaardbaar niveau worden teruggebracht.

10 gouden tips tegen luchtvervuiling in huis

Er zijn nogal wat stoffen die de lucht in onze woning in meer of mindere mate kunnen vervuilen. In veel gevallen valt daar iets tegen te doen.

Geisers: Verwarmingstoestellen zonder afvoer op de schoorsteen of een afvoerkanaal zijn op zijn zachtst gezegd ondingen. Ze hebben veel zuurstof nodig en brengen hun afvalstoffen in huis: kooldioxyde, waterdamp, en stikstofoxyden. Hoge concentraties ervan kunnen de longen aantasten. Volgens onderzoekingen geeft een kwart van alle geisers meer koolmonoxyde af dan volgens de normen verantwoord is.
Maatregel: Sluit geisers altijd aan op een afvoer naar buiten en zorg voor een regelmatig onderhoud.

Koken: Koken op gas heeft ook zo zijn nadelen. De gasvlammen van het fornuis produceren veel afvalstoffen.
Maatregel: Plaats boven kooktoestellen een afzuigkap en vervang op tijd de filters.

Open haarden en hout- of kolenkachels: Kolen brengen meer zwaveldioxyde in de woning dan hout. Maar veel ernstiger zijn de kankerverwekkende stoffen benzopyreen, tolueen en andere giftige stoffen die vrijkomen uit geverfd of geïmpregneerd hout dat in de open haard of kachel wordt gestookt.
Maatregel: Zorg voor een goede

luchtaanvoer in de ruimte waar de haard of kachel brandt en een goede schoorsteen voor de rookafvoer, bij slechte trek desnoods geholpen door een mechanische trekkap. Laat de schoorsteen regelmatig vegen en gebruik alleen kolen of alleen onbehandeld hout.

Woningstoffering: Gordijnen, meubelen en vloerbedekking geven soms minder aangename gassen af als ze net uit de winkel komen. Te denken valt onder meer aan formaldehyde uit spaanplaat dat in meubelen is verwerkt.
Maatregel: Na aanschaf een tijdlang vaker en intensiever luchten.

Waterdamp: Dit ontstaat zowel bij koken als bij baden en douchen. Te veel waterdamp brengt vocht in huis. En vocht kan leiden tot schimmelvorming met de daaraan verbonden nadelige gevolgen.
Maatregel: Tijdens koken, douchen of baden goed ventileren, eventueel met behulp van (een) mechanische ventilator(s).

Schoonmaakmiddelen: In veel schoonmaakmiddelen zitten giftige stoffen of gassen. Bleekwater bijvoorbeeld scheidt bij gebruik chloorhoudende dampen af, ammonia produceert ammoniakgas.
Maatregel: Gebruik alleen milieuvriendelijke schoonmaakmiddelen.

Cosmetica: Zeker produkten in spuitbussen bevatten irriterende stoffen. In de meeste schoonheids- en huidverzorgende middelen zitten chemische toevoegingen. De zogenaamde toiletblokjes bevatten een onaangename stof die deels verdampt en in kleine hoeveelheden onze ademhalingsorganen bereikt.

Maatregel: Gebruik alleen milieu- en mensvriendelijke cosmetica. Toiletblokjes zijn helemaal niet nodig. De 'frisse geur' is chemische of synthetische nep.

Gipskartonplaat: Veel doe-het-zelvers gebruiken bij verbouwingen of woningverbetering gipskartonplaat onder het motto 'lekker makkelijk en gauw klaar'. Er zijn platen van natuurgips en platen waarin chemisch gips is verwerkt. In de platen van chemisch gips zit meer radio-actieve straling (radon) dan in die van natuurgips.
Maatregel: Natuurlijk alleen platen van natuurgips gebruiken.

Verfprodukten: Bij het schilderen worden (synthetische) verfprodukten gebruikt die vluchtige oplosmiddelen bevatten. Terpentine, ether, wasbenzine, tri, thinner en dergelijke middelen (ze worden ook wel bij schoonmaken of vlekken verwijderen toegepast) geven voor de gezondheid slechte dampen af.
Maatregel: Verwerk dergelijke verfprodukten bij voorkeur buitenshuis. Lukt dat niet, ventileer en lucht dan zo intensief mogelijk.

Glas- en steenwol: De vezels van deze minerale isolatiewol kunnen volgens de Consumentenbond verband houden met sommige longaandoeningen.
Maatregel: Wie éénmalig zijn woning met deze materialen isoleert loopt weinig risico, maar het is toch beter bij de verwerking ervan een stofmaskertje te dragen, zodat de vezeltjes niet kunnen worden ingeademd.

Hout, houtbewerking en gereedschappen

Hout

Hout is een natuurprodukt en alleen al om die reden biedt het een warm, aangenaam en attractief aanzien. Het is bovendien duurzaam, heeft goede warmte- en geluidsisolerende eigenschappen en is dankzij de moderne middelen gemakkelijk te onderhouden.

Hout is derhalve een prima wandbekleding voor vrijwel alle vertrekken. Houten wandbekledingen zijn er als planken, schroten en platen. De meeste planken, ook wel delen genoemd, hebben afgeschuinde zijkanten, zodat ze bij het samenvoegen V-vormige naden te zien geven. Wandplaten die een plankstructuur imiteren bestaan vaak uit triplex met een dunne fineerlaag of met bedrukte kunststoffolie; de goedkoopste zijn met papier overtrokken. Daarnaast zijn er platen met een diep ingeperste houtstructuur. Platen van de beste kwaliteit hebben een echt houten fineerlaag waarin een fijn groefje kan zijn gefreesd om een messing en groefverbinding te suggereren.

Planken en schroten kunnen verschillende breedten en dikten hebben. Voor wandbekleding kan met een dikte van ongeveer 12 millimeter worden volstaan. Platen hebben een standaardlengte en -breedte van respectievelijk 122, 144 en 244 centimeter bij 60 en 122 centimeter. De dikte ligt meestal tussen de 3½ en 4½ millimeter.

Prijsverschillen

Een wandbetimmering van zachthout, onder meer vuren, kost ongeveer een derde van de prijs die voor hardhout moet worden betaald en ongeveer de helft van een grenen of pine-soort.

Kwastrijk grenen is iets goedkoper dan kwastvrij grenen, maar toch weer half zo duur als vurehout. Gefineerd plaatmateriaal geeft een fraai wandoppervlak tegen een redelijke prijs, bij benadering gelijk aan gewoon, massief grenen. Wandpanelen van hardboard met een reliëfoppervlak bewegen zich op hetzelfde prijsniveau als gefineerde platen, terwijl platen met bedrukte folie ongeveer de helft kosten. Sommige houthandels berekenen gunstige kortingen naarmate de afname groter is.

Losse messing en groefdelen bieden een grotere variatie aan tekening en structuur en zien er levendiger uit dan wandplaten, die immers een kleinere tekening en minder boeiende 'vlam' hebben.

Aan de andere kant zijn wandplaten zó groot, dat ze in één stuk van vloer tot plafond reiken zodat al met een klein aantal platen een gehele wand kan worden bedekt. Voor een groot wandoppervlak zijn losse planken alleen geschikt wanneer iemand op een voldoende grote afstand van de wand zit. In kleinere vertrekken wordt de structuur van al die losse delen al gauw als optisch 'te druk' ervaren.

Hout en hoe het te kiezen

Er zijn ontelbaar veel houtsoorten, maar al die soorten kan men indelen in twee hoofdgroepen: het *naaldhout* en het *loofhout*. We zullen ons beperken tot de meest bekende houtsoorten, en het niet hebben over tropische hardhoutsoorten, omdat deze feitelijk niet tot 'timmerhout' worden gerekend.

Het *naaldhout* komt van naaldbomen. Deze bomen hebben naalden die uit de takken spruiten, hetzij als bundels, hetzij als alleenstaande naalden. Het *loofhout* komt van loofbomen die bladeren dragen. Voor beide houtsoorten geldt: de plaats waar de takken uit de stam groeien vindt men terug als *kwasten* of *noesten*. Naaldhout bevat in het algemeen echter meer kwasten dan loofhout.

Het voor gebruiksvoorwerpen meest in aanmerking komende naaldhout komt van de volgende bomen:

Grenehout: Grove den
Vurehout: Fijne den of spar
Dennehout: Zilverden
Lorkehout: Lorks of lariks

Daarnaast zijn er nog een aantal buitenlandse naaldhoutsoorten, die bekend zijn onder de naam *Amerikaans grenen, Ceder, Oregon-pine* en *Parana-pine.*

De fraaiere en meestal sterkere houtsoorten komen van loofbomen. De bekendste zijn *beuken* en *eiken*. Het zijn vooral deze beide loofhoutsoorten die voor het maken van de meeste gebruiksvoorwerpen uitermate geschikt zijn.

Eigenschappen en gebreken

Als we de dwarsdoorsnede (het zogeheten 'kopshout') van een stam bekijken, dan zien we aan de buitenkant daarvan *schors, bast, cambium, spint* (het onrijpe hout) en *kernhout* (het rijpe, volgroeide hout). In het midden van de ronde stam vinden we het *hart*, en de naar het hart toelopende strepen die de *mergstralen* heten. Wanneer het hout droogt, scheurt het vaak in de richting van deze mergstralen, en ook blijkt dat het hout in de richting van de mergstralen het gemakkelijkst te splijten is.

De *jaarringen* (ook wel *groeiringen* genoemd) die men op het kopshout kan waarnemen, vormen de scheiding tussen *voorjaars-* en *najaarshout*, en zijn bij de meeste boomsoorten goed te onderschei-

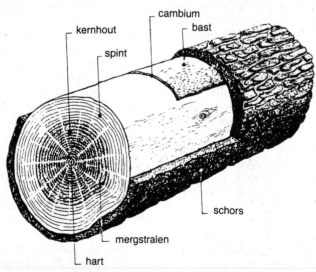

den. Hoe dichter de jaarringen tegen elkaar aanliggen, des te vaster is de structuur van het hout. Meer naar het midden van de stam ziet men de jaarringen donkerder van kleur worden. Dit donkerder hout is het *kernhout*. De meer naar buiten liggende jaarringen zijn, behalve lichter van kleur, ook zachter en jonger en vormen het onrijpe *spinthout*. Het spreekt haast als vanzelf dat dit spinthout van mindere kwaliteit is dan het kernhout.

Wanneer een boomstam over de lengte wordt doorgezaagd, dan ziet men de structuur van het langshout. In het langshout treft men de strepen of vlammen aan die de nerf worden genoemd. De nerf kan fijn zijn of grof, al naar gelang de afstand tussen de jaarringen. In het langshout zien we ook de meer of minder donkere vlekken of onregelmatigheden: de kwasten of noesten die ontstaan zijn door de aan de stam gegroeide takken. Men zou kunnen zeggen dat kwasten of noesten de navels van de stam zijn... Als er veel takken aan de boom voorkwamen of als de houtvezels schroefsgewijs om het hart van de stam zijn gegroeid, kan een uit een dergelijke stam gezaagde plank slechts met grote moeite vlak en glad worden geschaafd. Men spreekt dan

van '*warrig*' hout. Meestal trekken warrige planken krom en worden ze '*scheluw*'.

In het hout losliggende kwasten doen veel afbreuk aan de sterkte van het hout. Ze zullen na enige tijd uit het hout vallen en een gat achterlaten.

Hout kiezen

Hoe kunt u er voor uzelf voor zorgen dat u zich goed hout aanschaft? Allereerst door goed gezáágd hout te kopen. U kijkt daartoe op de kopse kant van het hout en let op de stand van de jaarringen. Lopen deze jaarringen zoals in tekening A, dan spreken we van *dosse gezaagd* hout. Op deze wijze gezaagd hout is vaak sterk onderhevig aan kromtrekken, omdat de jaarringen, aan de kop van het hout bekeken, bijzonder lang zijn. Hoe langer de jaarring, hoe groter de trek of krimp. U ziet in de tekening ook het gedrag van de verschillende gezaagde planken. Lopen de jaarringen zoals in tekening B wordt getoond, dan spreken we van *quartier gezaagd* hout. Zoals u in de tekeningen ziet, staan bij deze zaagwijze de jaarringen praktisch allemaal dwars op de planken en zijn ze ook belangrijk korter. De gezaagde planken zullen daardoor minder trekken. Quartier gezaagd hout is van be-

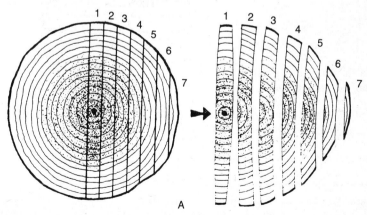

A

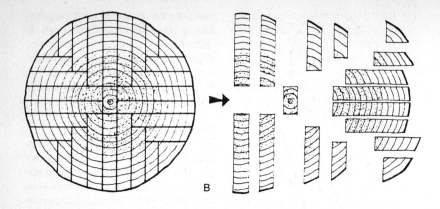

B

tere kwaliteit, maar daardoor ook duurder in aanschaf.

Op het langshout van dosse gezaagd hout ziet men een duidelijke aftekening van de vlammen (1), terwijl van quartier gezaagd hout de mergstralen zich als 'spiegels' op het langshout aftekenen (2). De jaarringen ziet men als strepen.

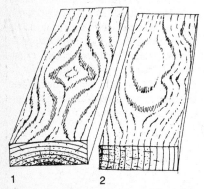

1   2

De kwaliteit van het hout wordt ook in belangrijke mate bepaald door de wijze waarop het gedroogd is. Te snelle of onvoldoende droging is vaak de oorzaak van scheurverschijnselen of overmatige krimp.

1. Scheurvorming tengevolge van te snelle droging en de aanwezigheid van het hart van de stam. De scheuren lopen in de richting van de mergstralen. Men noemt deze scheuren ook wel *vorstscheuren*.

2. Hartscheur tengevolge van droging van een plank.

3. Kromtrekken tengevolge van het dosse zagen: de buitenste jaarringen zijn langer en krimpen dus meer dan de kortere, binnenste jaarringen. Bovendien is het hart van de stam harder en rijper dan het meer naar buiten gelegen hout.

4. Krimp door droging: het oorspronkelijk zuiver rondgezaagde plankje zal eivormig worden.

Kwasten of noesten

Ten aanzien van kwasten moet op het volgende worden gewezen: kleine, vastzittende (d.w.z. met het omliggende, gezonde hout vergroeide) kwasten kunnen weinig kwaad en verlenen aan het hout zelfs een levendig aanzien. Dit soort kwasten zijn de zogeheten '*pitkwasten*' (5). Maar losse

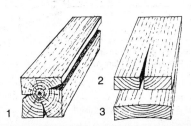

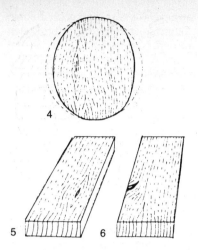

4

5   6

een in te lijmen stukje hout wegwerken of verbergen (6). Ingeval van dit soort kwasten is het beter het benodigde hout zo te kiezen en te selecteren, dat een hinderlijke kwast buiten de afmetingen van het te vervaardigen werkstuk valt.

Plaatmateriaal

Spaanplaat is gemaakt van houtspaanders die, met toevoeging van een synthetische lijm en nog wat andere stoffen, onder grote druk worden samengeperst. Juist die toevoeging in dit plaatmateriaal doet het gereedschap snel bot worden. Spaanplaat is een zeer goedkoop produkt, maar voor het maken van goed timmerwerk eigenlijk totaal ongeschikt, omdat het niet stevig te schroeven en te lijmen is. De hoeken en randen ervan zijn bovendien vrij zwak en moe-

kwasten (zoals de zogeheten '*vleugelkwasten*') zijn nadelig voor de sterkte van het hout en vaak moet men, wanneer de kwast of noest is uitgevallen, de ontstane ruimte met

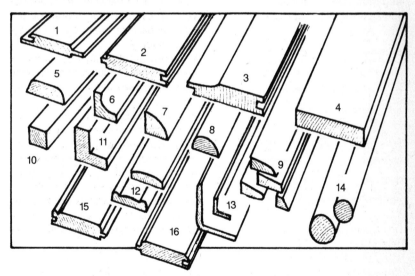

In de lichtere houtmaten vindt men in de doe-het-zelf-winkels en houthandels de onderstaande, speciaal geschaafde profielen:

1. Plafond- of wandschroot.
2. Vloerdeel.
3. Rabatdeel.
4. Plint.
5. Platstuk of kozijnlat.
6. Hollat.

7. Kwartrondje.
8. Halfrondje.
9. Diverse glaslatten.
10. Staaflijst vierkant.
11. Staaflijst L-vorm.
12. Bagetlijsten.

13. Hoeklatten.
14. Ronde stokken.
15. Kraalschroot.
16. Vellingschroot.

Dikten en breedten van raam-, deur- en kozijnhout van loofhout en Amerikaans naaldhout

Te detailleren maten (blijvende maat na vlakken, strijken en van dikte en breedte schaven (in mm)	Ruw gezaagd in mm: (factuurmaat)
30 × 66	
33 × 67	40 × 80
33 × 80	40 × 90
33 × 114	40 × 130
33 × 130	40 × 155
38 × 56	46 × 65
38 × 67	46 × 80
38 × 80	46 × 90
38 × 114	46 × 130
38 × 139	46 × 155
43 × 67	52 × 80
43 × 80	52 × 90
43 × 90	52 × 105
43 × 114	52 × 130
43 × 130	52 × 155
56 × 67	65 × 80
56 × 80	65 × 90
56 × 90	65 × 105
56 × 105	65 × 115
56 × 114	65 × 130
56 × 139	65 × 155
67 × 67	80 × 80
67 × 80	80 × 90
67 × 90	80 × 105
67 × 105	80 × 115
67 × 114	80 × 130
67 × 139	80 × 155
67 × 163	80 × 180
67 × 188	80 × 205
90 × 90	105 × 105
90 × 105	105 × 115
90 × 114	105 × 130
90 × 139	105 × 155
90 × 163	105 × 180
114 × 114	130 × 130
114 × 130	130 × 155
139 × 139	155 × 155

ten om die reden altijd met een houten of kunststof randje tegen afbrokkelen worden beschermd. Verder is het schaven van spaanplaat nauwelijks mogelijk. Het is verkrijgbaar in dikten die variëren tussen de 3,2 mm en 50 mm.

Multiplex is eigenlijk triplex, maar dan uit méér lagen opgebouwd. Is *tri*plex steeds uit 3 lagen hout opgebouwd, *multi*plex telt altijd meer dan 3 lagen. Het aantal is altijd oneven, omdat zowel de bovenste als de onderste afwerklaag met hun houtnerf in dezelfde richting moeten lopen.

Multiplex is een uitstekend materiaal. Het trekt niet krom en is goed maatvast. Door de ten opzichte van elkaar kruiselings verlijmde fineerlagen krijgt het materiaal een grote sterkte. Voor buitenwerk is er het watervast verlijmde multiplex (het zogeheten '*hechthout*'). De oppervlakafwerking bestaat meestal uit fineer van tropische houtsoorten. Multiplex is leverbaar in dikten van 8 tot 25 mm.

Meubelplaat is een sterk houtprodukt, dat samengesteld is uit houten latjes die tussen twee lagen dik fineer zijn gelijmd. Ook van meubelplaat moeten de randen met houten latjes of strookjes fineer worden afgewerkt. Het fineren van de koppen van de inwendige latjes moet worden afgeraden, omdat de latjes niet geheel tegen elkaar aansluiten en de openingen ter plaatse geen houvast geven aan het fineer.

De dikte van meubelplaat varieert van 19 mm tot 25 mm. Meubelplaat is niet weerbestendig en moet voor toepassingen buitenshuis worden ontraden.

Houttabellen

Houtsoorten met hun courante maten

Houtsoort	Handelsvorm	Lengte in m	Breedte of diameter in cm	Dikte in mm
Amerikaans naaldhout				
Alerce	gekantrecht	1,85-3,65	15,5-25,5	26-105
Carolina pine	gekantrecht	1,85-6,10	15,5-31	26- 65
Grenen, Amerikaans	gekantrecht	2,45-5,50	15,5-31	26-105
Hemlock	gekantrecht	3,05-8,00	10,5-31	26-105
Oregon pine	gekantrecht	3,05-8,00	15,5-31	26-155
Parana pine	gekantrecht	3,05-5,50	8 -31	13- 52
Redwood (California)	gekantrecht	1,85-6,10	10,5-31	26-105
Loofhout				
Afzelia	rondhout	3,60-8,00	60 -120	
	gekantrecht	1,85-4,00	15,5-31	26-105
Beuken, gestoomd	gekantrecht	0,50-2,50	8 -20,5	26-105
Beuken, ongestoomd	ongekantrecht	2,00-5,00	15 -40	20-105
Eiken, Europees	gekantrecht	2,00-5,00	8 -20,5	26- 80
	ongekantrecht	2,00-5,00	15 -50	26-105
Essen	ongekantrecht	2,00-5,00	15 -40	26-105
Meranti, donkerrode	gekantrecht	2,45-6,10	8 -31	25-105
Merbau	gekantrecht	2,45-6,10	8 -31	26-105

Gangbare handelsmaten van Europees vuren

dikte in mm	32	38	50	63	75	breedte in mm 100	125	150	160	175	200	225
16				×	×	×						
19		× *	× *	× *	×	×	×					
22	× *	× *	× *	× *	× *	×	×	×		×	×	×
25		× *				× *	× *	× *		× *		
32			× *		× *	×	×	×		×	×	×
38			× *		× *	× *	×	×		×	×	×
44					× *	× *	×	×		×		
50			× *	× *	× *	×	×	×		× *		
63					× *	× *	×	×	×	×	×	
75					× *	×	×			×	×	×
95						×	×	×				
100						×	×	×			×	
lengte	1800 en meer, oplopend in stappen van 300 mm											

× en × * = gangbare maat

Gangbare handelsmaten voor gekantrecht Europees eiken

algemeen	dikte in mm	Frans eiken	15, 18, 20, 27, 34, 41, 54, 60, 80
		overig Europees eiken	15, 18, 20, 26, 32, 40, 52, 60, 70, 80
	breedte mm	100 en breder zaagvallend	
	lengte mm	300 tot 2000, in trappen van 50 mm	
regels	dikte × breedte in mm	Frans eiken	27 × 50, 27 × 60, 27 × 70, 27 × 80
		overig Europees eiken	26 × 50, 26 × 60, 26 × 80
	lengte mm	300 t.m. 1500, in trappen van 50	
ribben	dikte × breedte in mm	27 × 27, 32 × 32, 40 × 40, 50 × 50, 52 × 52, 60 × 60, 70 × 70, 80 × 80	
	lengte mm	300 t.m. 1500, in trappen van 50 mm	

Gangbare handelsmaten voor gekantrecht Europees beuken

algemeen	dikte	Frans beuken	27
		overig Europees beuken	26, 33, 40, 63, 70, 80
	breedte	120 en breder zaagvallend	
	lengte	500 t.m. 400	
regels	dikte × breedte	27 × 50, 27 × 60, 27 × 70, 27 × 80, 27 × 100	
	lengte	300 t.m. 2000, in trappen van 50 mm	
ribben	dikte × breedte	25 × 25, 30 × 30 t.m. 80 × 80 in trappen van 5 mm	
	lengte	250 t.m. 2000	

Handgereedschappen

In dit hoofdstuk worden uitsluitend handgereedschappen behandeld. Voor de meeste van deze gereedschappen bestaan ook elektrisch aangedreven machines. Deze worden in het hoofdstuk 'Elektrische gereedschappen' besproken.

Handgereedschappen voor houtbewerking

Zonder goed en scherp gereedschap is het onmogelijk goede resultaten te verkrijgen; met bot en roestig gereedschap kunt u het wel vergeten.
Wat hebt u zoal nodig? Natuurlijk een werkbank of stevige tafel met een bankschroef waarin u te bewerken onderdelen kunt vastklemmen. Verder moet u kunnen beschikken over een

● Handzaag
● Kapzaag of toffelzaag
● Figuurzaag
● Metaalzaag
● Blokschaaf
● Steekbeitels van uiteenlopende breedten
● Hamers (een zware en een lichte)
● Grove en fijne ('zoete') vijl
● Winkel- of schrijfhaak
● Duimstok en potlood
● Houtboren van verschillende dikten
● Booromslag
● Set schroevedraaiers
● Nijptang
● Verschillende soorten schuurpapier (van fijn tot grof)
● Schuurkurk
● Een paar lijmtangen
● Watervaste (witte) houtlijm
● Spijkers en schroefjes van uiteenlopende lengten en dikten

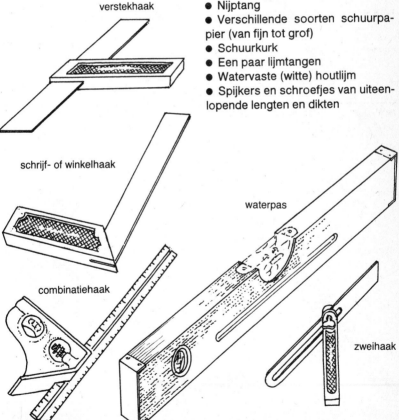

verstekhaak

schrijf- of winkelhaak

combinatiehaak

waterpas

zweihaak

27

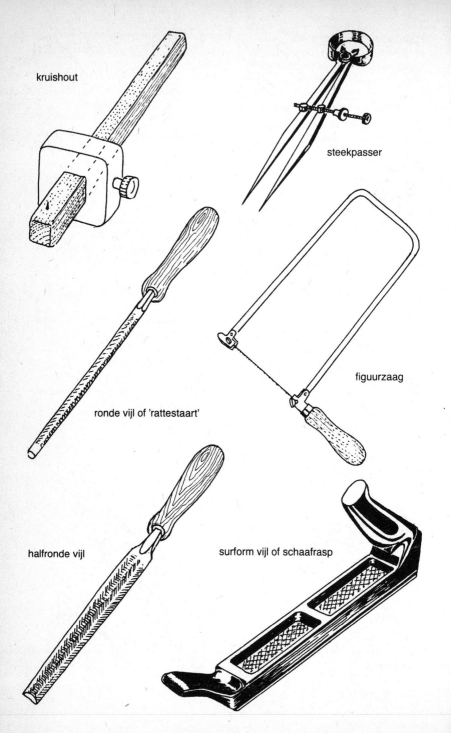

kruishout

steekpasser

ronde vijl of 'rattestaart'

figuurzaag

halfronde vijl

surform vijl of schaafrasp

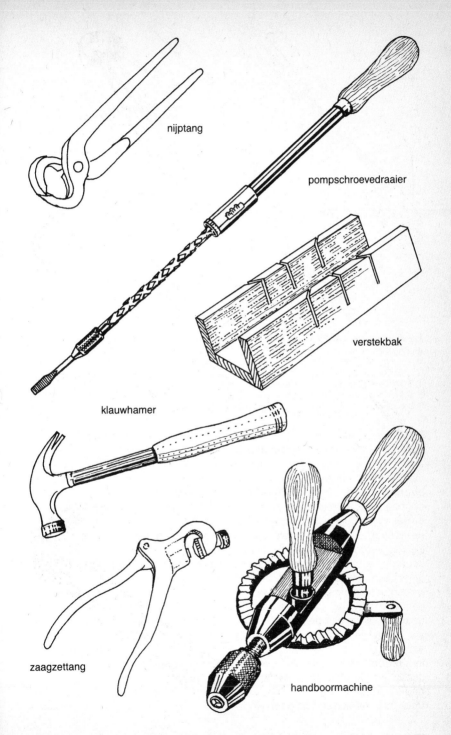

nijptang

pompschroevedraaier

verstekbak

klauwhamer

zaagzettang

handboormachine

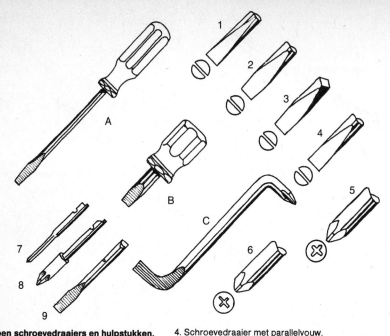

Typen schroevedraaiers en hulpstukken.
A. Schroevedraaier.
B. 'Stubby' schroevedraaier.
C. Haakse schroevedraaier.
1. Schroevedraaier met uitlopende vouw.
2. Schroevedraaier met ruitvormige vouw.
3. Schroevedraaier met ruitvormige vouw op vierkante schacht.
4. Schroevedraaier met parallelvouw.
5. Kruisschroevedraaier met phillips-bek.
6. Kruisschroevedraaier met 'reed and prince'.
7. Boorbit voor pompschroevedraaier.
8. Boorbit voor pompschroevedraaier (kruiskop).
9. Schroevedraaiersbit voor pompschroevedraaier.

Met deze gereedschappen komt u al een heel eind, hoewel het ideaal zou zijn te kunnen beschikken over een elektrische boormachine met boorstandaard, een elektrische decoupeerzaag, een tafelzaagmachine en een eenvoudige vlakschuurmachine. Ideaal, omdat ze het werk aanzienlijk vergemakkelijken en nauwkeuriger resultaten opleveren. Overigens zijn elektrische houtbewerkingsmachines instrumenten waar u uiterst voorzichtig mee om dient te gaan en waar u ook best zonder kunt als u het gebruik ervan niet goed aandurft.

In het hoofdstuk 'Elektrisch gereedschap' wordt ruime aandacht aan dit onderwerp besteed.

Voor doe-het-zelvers die geen werkbank met een bankschroef hebben, wordt in de tekeningen een aantal voorzieningen getoond, waarmee te bewerken hout kan worden gesteund of vastgezet.

Misschien is het mogelijk in huis een plekje te zoeken om daar een eenvoudige werkbank op te stellen.

Werkbank maken in de hobbyhoek

Laten we wel wezen: zagen, schaven, schuren of spijkeren aan het keukenaanrecht is leuk voor één keer, maar zal op den duur een weinig stimulerende bezigheid blijken, afgezien nog van de vraag of het aanrecht er tegen bestand is.

Om met plezier te kunnen knutselen heb je toch echt een goed werkblad

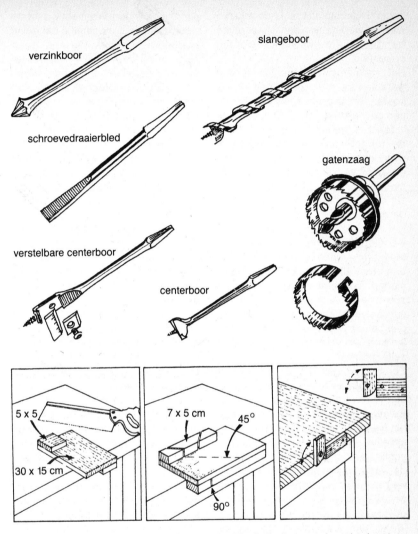

verzinkboor

slangeboor

schroevedraaierbled

gatenzaag

verstelbare centerboor

centerboor

5 x 5

7 x 5 cm

45°

30 x 15 cm

90°

Een bijzonder handig hulpgereedschap is de losse **bankhaak**, die dient om te bewerken hout te steunen. Een bankhaak kan heel eenvoudig worden gemaakt uit een stuk multiplex, waarop aan beide zijden een klosje wordt gelijmd. Voor het steunen van langere werkstukken worden bij voorkeur twee bankhaken gebruikt.

Bij het zagen van verstekken (zaagsneden onder een hoek van 45°) kan een bankhaak, voorzien van een geleider waarin de verstekhoeken vooraf zijn ingezaagd, erg gemakkelijk zijn. Aan de andere zijde kan in de geleider een haakse (90°) zaagsnede worden aangebracht, die dan als geleider voor haaks-zagen dient.

Een wegklapbaar zaagsteuntje aan de kop van een werkbank of -tafel bevestigd, maakt het afkorten van hout gemakkelijker. Het af te zagen deel van het hout steekt over de werkbank of -tafel heen; het andere deel rust tegen het zaagsteuntje en wordt alleen met de linkerhand vastgehouden.

nodig. Helemaal ideaal is de situatie waar de werkbank in een lekker ruime werkplaats of werkhoek kan worden opgesteld.

Het probleem bij het inrichten van een werkplek bestaat niet alleen uit de kosten, maar ook uit het vinden van een geschikte ruimte. Een doordacht ingerichte werkplaats geeft immers de mogelijkheid het gereedschap overzichtelijk op te bergen en met één greep te voorschijn te toveren. Het biedt bovendien de mogelijkheid bezig te zijn zonder anderen te hinderen.

Het mooiste is een meubelmakerswerkbank te bezitten, een beukehouten fabrieksmatig vervaardigde werkbank met allerlei plezierige voorzieningen. Zo heeft dit type werkbank zowel een voor- als achterbankschroef, en twee metalen bankhaken, met behulp waarvan hout van diverse lengten kan worden vastgeklemd of zelfs gelijmd.

Een zelf te maken werkbank hoeft niet duur te zijn; een langere werkbank is echter te verkiezen boven een korte. Ruimte is er nooit genoeg, dus kan het werkblad ook nauwelijks te groot uitvallen. Wie over weinig ruimte beschikt kan het maken van een tegen de wand opklapbaar werkblad overwegen, maar een dergelijk blad heeft zo zijn beperkingen. Niet meteen overgaan tot de aanschaf van een Work-mate, want die is eigenlijk alleen geschikt voor kluswerk buiten de werkplaats. Een werkbank vervangen kan hij niet.

Klemmen

Een goed ingerichte werkplaats of werkplek moet aan een aantal eisen voldoen. Voor rechtshandigen moet het licht van linksboven op de handen vallen. Elektrisch licht moet zich niet alleen boven de werkbank aan het plafond bevinden. Wanneer u over de werkbank buigt, ontstaat in dat geval hinderlijke schaduw die een goed zicht op het werkstuk verhindert. Het beste is een TL-buis te bevestigen aan de wand waartegen het werkblad staat, op een hoogte van ongeveer 70 cm vanaf het bladoppervlak.

Gereedschappen moeten zoveel mogelijk binnen handbereik hangen. De beste plaats is aan de wand boven het werkblad of in de onmiddellijke nabijheid daarvan. Vermijd toepassing van de zogenaamde gereedschapsklemmen, ze zijn een stuk minder handig dan in sommige publicaties wordt beweerd. U kunt er uw handen behoorlijk aan openhalen, en door de verschillende afmetingen kan bijvoorbeeld een zware beitel niet in een kleine klem worden geplaatst.

Eén uiteinde van het werkblad moet zich vrij van een muur bevinden, zodat aan die kant een stuk hout over het blad kan uitsteken om het met de zaag af te korten. Nog beter is het overigens de werkbank aan beide zijden vrij van de muren te hebben. Het werkblad zelf zal van stevig, dik hout moeten zijn gemaakt en een stevige ondersteuning moeten hebben. Poten of draagpunten zitten maximaal 70 cm uit elkaar, dit met het oog op trillingen en vering van het blad.

Bij een dun en onvoldoende ondersteund werkblad zal bij het hameren al het op het werkblad liggende gereedschap omhoog springen en beschadigd kunnen raken. De werkbank moet als meubel een voldoende stijfheid bezitten en mag dus niet kunnen wiebelen of schranken. De poten en het blad moeten door middel van stevige schoren tegen deze schranken beveiligd worden. Het blad dient zuiver waterpas te liggen, zodat losse schroeven of andere ronde dingetjes er niet vanaf kunnen rollen, maar

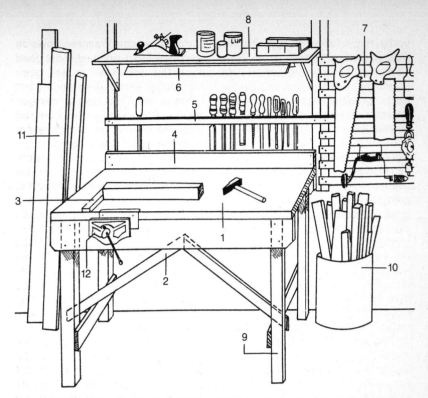

Alle onderdelen van een handige werktafel: 1: werkblad van minstens 5 cm dik. 2: schoren tussen poten en voordrager. 3: beuken aanslaglat van 6 × 1 cm. 4: lat van ± 10 cm hoogte. 5: latje van ± 4 × 1 cm voor gereedschapberging. 6: tl-buis (40 W, 120 cm lang). 7: gereedschapsrek met haken. 8: bergplank die meteen tl-buis beschermt. 9: poten van minimaal 6 × 6 cm doorsnede. 10: bus of emmer voor opslag 'resthout'. 11: plaats voor langer hout. 12: bankschroef.

vooral om te vervaardigen werkstukken op het blad haaks en 'te lood' te kunnen stellen.

De hoogte van het werkblad wordt zodanig gekozen, dat het schaambeen van de doe-het-zelver tegen de bovenkant van het werkblad rust. In de praktijk is ongeveer 85 cm een goede hoogte voor mensen van normale lengte. Te lage werkbladen zijn vaak de oorzaak van rugklachten en snelle vermoeidheid.

In de tekening een voorbeeld van een goede werkbank, hoewel een wat langer werkblad altijd plezieriger is. Onder het blad is een stevige voordrager aangebracht, een brede en minstens 4 cm dikke plank die de ergste klappen bij het hameren opvangt en ruimte biedt voor het plaatsen van een stalen bankschroef. Een aanslaglatje is altijd makkelijk om er een te bewerken stuk hout tegen te laten steunen.

Rubbermat

Om contactgeluiden naar vloeren en wanden tegen te gaan, is aan te raden om onder de poten plakken dik rubber te lijmen. Op maat gesneden schoenhakken of stukken autoband zijn hiervoor geschikt. Schuimrubber is te zacht en te week; de werkbank gaat er op 'schommelen'.

Vergeet natuurlijk niet een geaard stopcontact te installeren. Anders hebt u nóg niets aan die schitterende boormachine met elektronisch regelbaar toerental, zówel links- als rechtsom draaiend en met klopboormechanisme.

Passen en meten

Voor houtbewerking is een vaardigheid nodig die we 'afschrijven' noemen. Onder afschrijven verstaan we al die handelingen door middel waarvan op het hout maten worden uitgezet, potloodlijnen, krassen en andere markeringen worden gemaakt, en waarlangs later wordt gezaagd, geschaafd, gelijmd of gespijkerd.

Hiervoor zijn een aantal gereedschappen, die niettegenstaande hun grote eenvoud (of misschien wel juist daardoor) uitstekende diensten kunnen bewijzen. De meeste van deze gereedschappen zijn zelfs zó eenvoudig, dat ze zonder veel moeite zelf te maken zijn. Uitzonderingen hierop zijn meetinstrumenten als een duimstok en een waterpas. Kruishout,

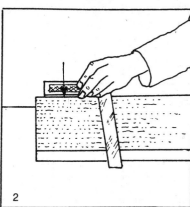

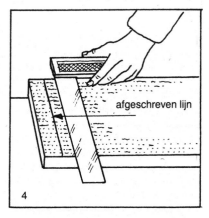

afgeschreven lijn

Winkelhaak.
1. De kopse kant van deze plank is niet 'haaks'.
2. Aanleggen van de winkelhaak: de balk goed tegen de zijkant van het hout drukken.
3. Controleren of het hout wel goed vlak is.
4. Afschrijven van een lijn.

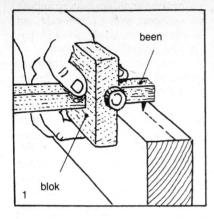

been

blok

1

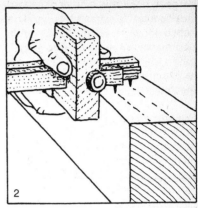

2

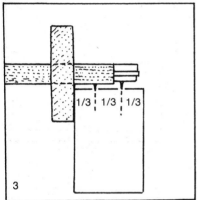

1/3 : 1/3 : 1/3

3

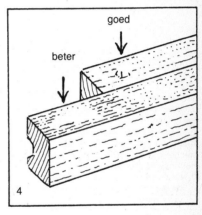

goed

beter

4

Kruishout.
1. Druk het blok van het kruishout goed vlak tegen het af te schrijven hout en beweeg het kruishout altijd maar één keer over het hout.
2. Een zogenaamd **dubbel kruishout** telt twee benen en heeft op elk been één kraspennetje.
3. Voor pen-en-gatverbindingen dient u twee krassen af te schrijven.
4. Kraspennetjes mogen niet te groot zijn, omdat ze dan een te grove kras achterlaten. De beste vorm is die van een platte, halfronde kegel.

verstekhaak, zweihaak, ze werden vroeger door de timmerman en de meubelmaker zelf vervaardigd.

In de winkel zijn tegenwoordig alleen nog metalen of kunststof meetgereedschappen te koop, behalve het kruishout, de duimstok en de waterpas die ook in houten uitvoeringen verkrijgbaar zijn.

Schrijf- of winkelhaak
De schrijfhaak (meestal wordt gesproken van winkelhaak; 'winkel' is het Duitse woord voor 'haak' of 'hoek', dus we hebben het eigenlijk over een 'hoek-haak'...) wordt gebruikt voor het afschrijven van haakse (zuiver 90°) hoeken en lijnen, en voor het controleren daarvan. Een winkelhaak, zoals we hem verder noemen, bestaat uit een *blad* en een *balk*. Er zijn ook verstelbare winkel- of schrijfhaken waarvan de balk op elke willekeurige plaats van het blad ge-

35

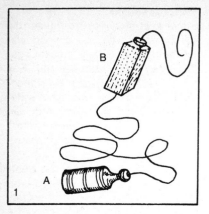

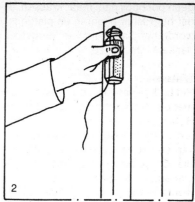

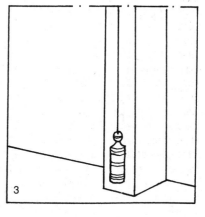

Schietlood.
1. Het schietlood: A is het eigenlijke 'lood', B het houten klosje.
2. Houd zó het schietlood vast: het houten klosje plat tegen het object, met het restant van het koord achter de duim waarmee u ook het klosje vasthoudt.
3. Het lood mag vanonder niet langs het object rollen, evenmin mag het daar meer dan 0,5 mm vrij van hangen.

schoven kan worden. Sommige verstelbare typen hebben zelfs nog een waterpas-libel in het handvat.

Kruishout
In veel gevallen kent de amateur de toepassingsmogelijkheden van het kruishout niet. Het is een afschrijfgereedschap dat bij het afschrijven van bijvoorbeeld pen-en-gatverbindingen, loefverbindingen, halfhoutverbindingen en parallelle lijnen niet gemist kan worden.
Het eeuwenoude kruishout is inderdaad geheel van hout en heeft geen maataanduidingen op het *been*. Het been schuift in het *blok* en kan met een keg of een stelschroef worden

gefixeerd. Bij de moderne kruishouten vindt men soms een maataanduiding op het been, maar dat is een overbodige luxe, aangezien u vroeg of laat een keer de ijzeren kraspennetjes moet slijpen en daarmee de maataanduidingen onnauwkeurig worden. Wanneer het kruishout met een duimstok eenmaal op de juiste maat is ingesteld, gaat het afschrijven ermee snel en zeer nauwkeurig.

Steek- of voegpasser
Het gebruik van een passer is u wel bekend: u schrijft er cirkels mee of zet er een bepaald terugkerend stramien mee uit. Met een steek- of voegpasser is het al net zo, alleen 'schrijft' hij

geen potloodlijnen, maar krassen. In het hoofdstuk 'Vloeren en plafonds' wordt het hanteren van dergelijke passers uiteengezet.

Waterpas

Het best te hanteren is een waterpas met een lengte van ongeveer 60 cm. Bij het waterpassen van grotere lengten wordt meestal gebruik gemaakt van een zuiver rechtgeschaafde lat, die op z'n zijde de gewenste lengte overspant. In het midden daarop wordt de waterpas gezet. De *libel* of *bel* is niets anders dan een luchtbel, achtergebleven na het vullen van het glazen of kunststof buisje met een vloeistof met een laag vriespunt. Meestal is dat alcohol of ether. De bovenzijde van het buisje is in de lengterichting ietwat bol gebogen, zodat de luchtbel steeds de uiterste bovenkant van het buisje opzoekt. Op het buisje staan twee streepjes. Wanneer de luchtbel nu precies tussen de twee streepjes staat, ligt de waterpas 'waterpas'. Het is aan te bevelen het waterpasinstrument altijd een keer om zijn lengte-as om te draaien teneinde het inspelen van de bel te controleren. Als er tussen die twee opstellingen een verschil in de stand van de bel bestaat, dan is het instrument niet zuiver meer.

Waterpasslang

Bij twee ver uiteenliggende punten die ten opzichte van elkaar toch waterpas moeten liggen, maakt u gebruik van een waterpasslang. Een doorzichtige tuinslang is al voldoende. De slang moet geheel met water gevuld worden door het water aan één kant in de slang te gieten. Dit om luchtbelvorming in de slang te voorkomen.

Een waterpasslang kan het beste door twee personen bediend worden: de een houdt het zichtbare waterpeil in de slang tegen het punt A waar een hoogteteken staat en geeft de ander aanwijzingen omtrent het rijzen en dalen van de slang. Als de waterpasspiegel bij A precies op de peilstreep staat en het water in de slang niet meer beweegt, dan kan ook B de waterpasspiegel aftekenen (zie tekening op blz. 304).

Schietlood

Een heel eenvoudig maar doeltreffend meetgereedschap is het al

Afschrijven uit de hand.
Links: Evenwijdig afschrijven langs duimstok.
Midden: Evenwijdig afschrijven uit de hand.
Rechts: Pasvoegen met een voegpasser. De curven bij A worden met de passer nauwkeurig gevolgd en op het hout overgebracht.

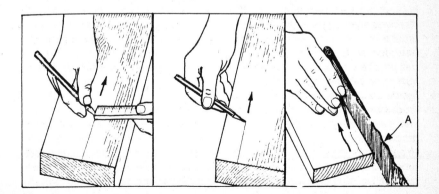

eeuwen bestaande schietlood. Het bestaat uit een houten klosje, een koperen cilindertje en een lang koord. De diameters van het rechthoekige klosje en het koperen cilindertje (het eigenlijke 'lood') zijn niet exact gelijk. Het klosje is 1,5 mm dikker dan de diameter van het lood, omdat het lood bij het stellen altijd net even vrij dient te hangen. De kop van het koperen schietlood is afschroefbaar en bevat het uiteinde van het koord waaraan een knoop is gezet.

Wanneer u het houten klosje plat tegen de bovenkant van een 'te lood' te stellen object houdt, en het koord door het klosje heen laat vieren, bevindt het daaraan bevestigde lood zich letterlijk loodrecht onder het houten klosje. Hangt het lood vanonder méér dan een halve millimeter vrij van het object, dan staat dat object níet 'te lood'. Sleept het lood langs het object dan staat het object evenmin loodrecht. Met het schietlood kunt u dus constateren of een muur, een kozijn, een metselprofiel en wat al niet te lood staat.

Het afschrijven

Een definitie van 'afschrijven' is al gegeven. Hoe dat in de praktijk gebeurt zetten we nu uiteen.

In sommige handleidingen wordt aanbevolen het hout met een priem of kraspen af te schrijven, maar doet u dat liever niet: bij een foutief aangebrachte kras zit u met de moeilijkheid hoe die weg te werken. Gebruik om dezelfde reden nooit een balpen, viltstift of anilinepotlood, maar het bekende, grafietvrije timmermanspotlood. De potloodlijnen daarvan maken geen vlekken en zijn overschilderbaar.

Probeer bij het afschrijven altijd de betere zijden van het hout 'in zicht' te laten en kwasten, scheuren en andere beschadigingen te laten wegvallen. Aan de hand van de tekeningen, waarbij als voorbeeld een eenvoudig raampje wordt genomen, gaan we het afschrijven behandelen. In de tekeningen ziet u vier stukken hout die potloodlijnen dragen (vet getekend). De twee raamstijlen A en de twee dorpeltjes B zijn tegen elkaar gelegd om ze door deze potloodlijnen te 'paren': er is van de twee stijlen en dorpeltjes een 'paar' gemaakt. De bedoeling zal duidelijk zijn: door dit paren kunt u bijvoorbeeld de linkerstijl bij het bewerken niet per abuis als rechterstijl aanmerken, of de onderdorpel als bovendorpel gaan zien. Door het paren weet u niet alleen wat de linker-, rechter-, boven- en onderdorpel is, maar u weet ook dat de *gepaarde kant* de *voorkant* van het raampje wordt. En ten slotte weet u ook nog dat tegen de gepaarde zijden van het hout later het kruishoutblok moet rusten.

Na het paren worden lengte, breedte en de pen-en-gatverbindingen van het raam afgeschreven. (Zie voor de pen-en-gatverbinding bij '*Houtverbindingen*' elders in dit hoofdstuk.) De stijlen dragen het gat, de dorpels de pen. Met het dubbele kruishout krast u de dikte van de pennen en gaten evenwijdig aan de zijkanten van het hout af. Bepalend hierbij is ten eerste de breedte van de beschikbare hakbeitel en ten tweede de stelregel, dat pennen en gaten altijd op 1/3 van de houtdikte worden gemaakt. Stel het kruishout zodanig in, dat de afstelling van de kraspennetjes daarmee klopt. Houd het blok van het kruishout steeds plat en vlak tegen de langse, gepaarde zijden van het hout en trek de krasjes in het hout. Afwijkingen zijn dan niet mogelijk. U moet bedenken, dat de ingekraste kruishoutlijnen een soort V-vorm hebben, en dat de onderlinge afstan-

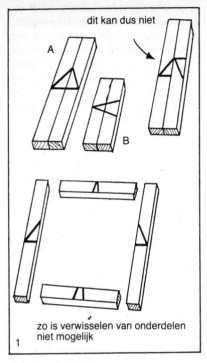

dit kan dus niet

A

B

zo is verwisselen van onderdelen niet mogelijk

1

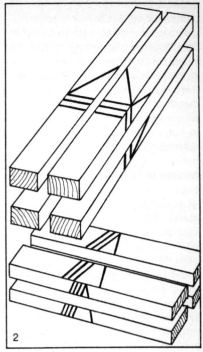

2

'Paren' van werkstukken.
1. Bij paring wijzen de potlood-markeringen (de 'paar-lijnen') allemaal in één richting: omhoog.
2. Bij werkstukken met meerdere dimensies worden **alle** zijden gepaard en a.h.w. genummerd door twee, drie, vier of meer basislijnen.

den tussen het hart van de beide krassen precies gelijk moeten zijn aan de breedte van de hakbeitel. Bij het zagen van de pennen wordt altijd de halve krasbreedte weggezaagd, zodanig dat aan de gezaagde pen een halve kras zichtbaar blijft. Hetzelfde geldt natuurlijk ook voor potloodlijnen. Tot zover het afschrijven van een raampje.
Maar stel nu dat u bijvoorbeeld een onderstel voor een tafel wilt maken. Een tafel heeft meer dimensies dan een plat raampje; voor een tafel hebt u vier poten en vier dwarsregels voor het bevestigen van het tafelblad nodig. In tekening 2 van *'Paren van werkstukken'* ziet u hoe u in dat geval het hout moet paren.

Nogmaals de zin van het paren:
Aan de hand van dit raampje ziet u hoe het paren voorkomt dat u de verschillende onderdelen zou verwisselen en derhalve verkeerde houtverbindingen aan de verkeerde onderdelen zou maken.

39

Duimstok

De timmermansduimstok is uitgevouwen precies 1 meter lang en dat is het 40 000 000ste deel van de omtrek van onze aardbol. Het voordeel van de duimstok is vooral de geringe scharniermogelijkheid: elke andere duimstok moet vele keren óp- en uitgevouwen worden voordat hij in uw zak kan worden opgeborgen, maar de timmermansduimstok heeft slechts drie scharnierpunten.

Als u vaak met een duimstok werkt is het erg handig om aan uw werkbroek of overall, ter hoogte van de dij, een duimstokzakje aan te brengen. Een lapje van 23×7 cm wordt met zoompjes aan de onderkant en de beide zijden boven op de pijp van de werkbroek vastgestikt. De duimstok steekt dan 2 cm boven het zakje uit en kan steeds zonder moeite te voorschijn worden gehaald. De meeste overalls hebben al zo'n duimstokzakje.

Hamers

De eerste hamers waarmee de mens werkte, waren stukken steen of een knuppel. De Romeinen gebruikten al een hamer met een 'klauw' waarmee spijkers ook uit het hout konden worden getrokken. De tegenwoordige 'spijkers' die we bij het timmeren gebruiken zijn eigenlijk geen spijkers; ze worden van getrokken staaldraad vervaardigd en heten daarom draadnagels. Echte spijkers zijn met de hand gesmeed.

Hamers worden afgemeten aan het gewicht van de stalen kop. In de kop vindt u een ingeslagen of ingegoten nummer dat het gewicht aangeeft. De nummering loopt van 0 tot 10. Voor het meeste timmerwerk zal nummer 4 of 5 het meest geschikt blijken, voor fijner werk is nummer 2 of 3 het beste. Een goede hamer ligt uitgebalanceerd in de hand en heeft een gesme-

de kop. De kop van een klauwhamer moet een vloeiende ronding en een fijn-toelopende inwendige V-vorm vertonen, zodat daarmee elke maat draadnagel kan worden uitgetrokken. De steel is altijd van essen of hickory, taaie houtsoorten met een langdradige nerf. Het kopse eind van de steel is met olie geïmpregneerd om het intrekken van vocht en het splijten te voorkomen.

De moderne klauwhamers met een stalen steel en fiberglas handvat zijn veiliger dan de houten exemplaren, omdat de kop niet van de steel kan losschieten. Klauwhamers zijn overi-

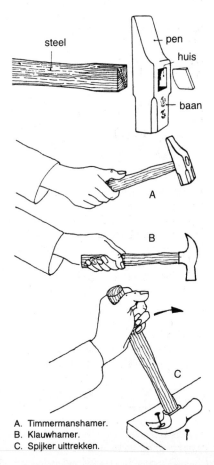

A. Timmermanshamer.
B. Klauwhamer.
C. Spijker uittrekken.

gens meer geschikt voor gebruik op de bouwplaats dan voor hobbywerk aan de werkbank. De timmermans- of bankhamers hebben een pen die smaller is dan de 'baan' en gebruikt kan worden op die plaatsen waar u met de baan geen draadnagel kunt inslaan. Het inslaan van draadnagels is een kwestie van gevoel. We doelen hier niet op het gevoel dat u hebt, wanneer u op uw duim slaat, maar op het gevoel voor richting en trefzekerheid. Aanwijzingen zijn nauwelijks te geven. Belangrijk is de greep op de steel: altijd aan het uiteinde en nooit in het midden ervan. Verder moet de el-

Spijkeren van dwarsverbindingen.
Linksboven: de enige juiste manier; rechtsboven: fout; linksonder: spijkeren in kopshout altijd met schuin ingeslagen draadnagels; rechtsonder: het zgn. steekspijkeren.

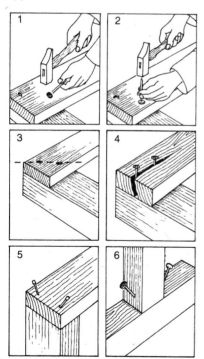

leboog 'mee-scharnieren' en mag de pols niet stijf worden gehouden. Vanuit de pols moet de hamer zwaaiend worden gehanteerd. De onderkant van de baan moet zo vlak mogelijk op de draadnagelkop terechtkomen. De draadnagel wordt zover in het hout gedreven, dat de kop nog net even boven het houtoppervlak blijft uitsteken.
Met een drevel slaat u de nagel tot onder het houtoppervlak. U voorkomt hiermee beschadiging van het hout door de baan ofwel hamerkop. Let erop, dat een drevel altijd zuiver verticaal staat wanneer u er met de hamer op slaat.
Een schuine stand van de drevel doet de baan van de hamer 'ketsen' met als gevolg dat hij náást de drevel en vaak óp uw duim terechtkomt. Het hangt van uw opvoeding af welke goden u dan aanroept...

Draadnagels, schroeven

Draadnagels
Zoals de naam al zegt worden draadnagels (machinaal) uit metaaldraad vervaardigd. De draad wordt daarbij in één bewerking afgeknipt en van een kop en een punt voorzien. De meest gebruikte draadnagels (onterecht 'spijkers' genoemd) hebben een platte, geruwde en geruite kop die het slippen van de hamerkop enigszins tegengaat. Draadnagels met *verloren* kop worden gebruikt in die gevallen waar de nagelkop zo min mogelijk zichtbaar mag zijn. Door de geringere kop-diameter is de hecht- en trekkracht van deze nagels wat minder. De afmetingen van draadnagels zijn volgens de NEN 1407-norm genormaliseerd. Volgens deze norm worden de maten in millimeters aangegeven. Een draadnagel van bijvoorbeeld 50 mm lang en 2,5 mm dik,

heet op de verpakking 25 × 50. Het eerste cijfer is de dikte in tiende millimeters, het tweede cijfer de lengte in hele millimeters.

Echte spijkers zijn oorspronkelijk alleen die welke met de hand werden gesmeed, maar die worden niet meer gemaakt en zijn vervangen door de machinaal gesmede exemplaren. De vorm van deze spijkers heeft echter nog steeds een ietwat ambachtelijk en karakteristiek aanzien, reden waarom ze bij restauraties van oude bouwwerken worden gebruikt. De koppen blijven altijd boven het hout uitsteken.

Voor nagels en spijkers geldt: koop ze niet per 100 gram of in de bekende transparante plastic doosjes, maar per pak van 2,5 of 5 kilogram. Het scheelt u vele guldens.

Het aantal nagels per kilogram bedraagt gemiddeld:

250 × 8,6 mm:	9
200 × 7,1 mm:	14
100 × 5,1 mm:	63
50 × 2,8 mm:	325
25 × 1,6 mm:	2350
12 × 0,9 mm:	13700

De kleinste draadnagel is 1,2 cm lang en de grootste 15 cm. Tussen deze beide uitersten komen nog talrijke andere maten voor.

Voor nagels geldt hetzelfde als voor

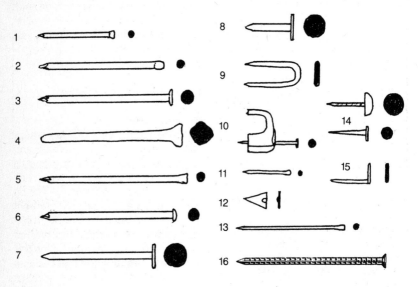

Nagels, spijkers, krammen.
1. Draadnagel met verloren kop.
2. Idem.
3. Draadnagel met kop.
4. Gesmede spijker.
5. Stalen nagel.
6. Stalen rondkopnagel.
7. Platkopnagel.
8. Asfaltnagel.
9. Kram.
10. Kabelkram.
11. Hardboardnagel.
12. Glaspennetje.
13. Paneelnagel.
14. Tapijtnagels.
15. Schellehaakje of telefoonduimpje.
16. De nieuwe, geharde Zweedse groefnagel, die door zijn vorm het splijten van hout vrijwel onmogelijk maakt. De hechtkracht van deze nagel is ook groter dan van gewone draadnagels. Zweedse groefnagels zijn ook in gegalvaniseerde uitvoering verkrijgbaar en universeel te gebruiken voor het spijkeren in hardhout, in spaanplaat en in gasbeton.

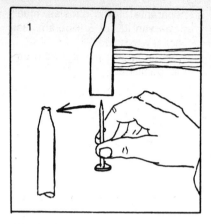

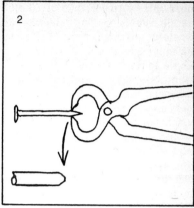

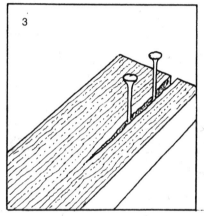

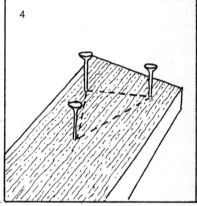

schroeven: in harde houtsoorten moeten ze meestal worden voorgeboord. In zachter hout zoals vurehout kunnen ze vaak direct worden ingeslagen. Om het splijten van het hout (vooral aan de uiteinden komt dat gauw voor, zelfs bij zacht hout) te voorkomen, tikt u de scherpe nagelpunt met de hamer even stomp, of u knijpt met een nijptang de punt eraf (tekeningen 1 en 2). De aldus stomp gemaakte punt voorkomt in de meeste gevallen dat het hout als door een wig uiteen wordt gedreven. Sla nooit nagels dicht bij elkaar in dezelfde houtdraad (tekening 3), maar via denkbeeldige diagonalen (4).

Om een zeer sterke draadnagelverbinding te krijgen neemt men vaak nagels die zó lang zijn dat de punt ervan er aan de andere kant van het hout weer royaal uitkomt en vervolgens omgeslagen kan worden.

Schroeven en bouten

Tussen schroeven en bouten bestaat dit verschil: schroeven hebben een taps toelopende schroefdraad die zich bij het indraaien in het eventueel voorgeboorde hout vastgrijpt. Bouten hebben een rechte, cilindrische schroefdraad waarop een moer past. Door het aandraaien van die moer

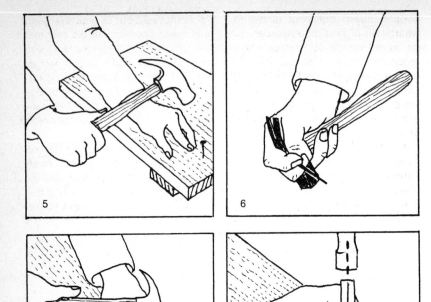

5. Houd de hamer aan het einde van de steel vast, *niet* in het midden. Laat uw arm vanuit de elleboog scharnieren. Sla met een soepele pols. Kijk naar de draadnagel en sla met ferme, rechte slagen. De baan van de hamer moet op het midden van de nagel raken.
6. Als u maar één hand vrij hebt: houd de draadnagel tegen de hamerwang in één hand en sla beide gelijktijdig tegen het hout totdat de nagel daarin blijft staan.
7. Klamp spijkeren: sla een lange draadnagel door beide delen. Sla de punt van de nagel aan de andere zijde om. Werk op een harde ondergrond.
8. Houd een drevel precies boven de nagelkop en stuur de drevel met de binnenkant van de wijsvinger. Raak de drevel in het midden, anders 'ketst' hij.

wordt een klemfunctie van de bout verkregen. De enige uitzondering vormt de houtdraadbout, eigenlijk een zware schroef met een vaste moerkop.
Schroeven zijn er vanaf 2 mm dik en 9,5 mm lang, tot 6 mm dik en 101,6 mm lang. Ze worden verkocht in plastic kleinverpakking, maar ook in dozen van 200 stuks. Met de dozen bent u goedkoper uit.
Platkopschroeven worden zonder uitzondering met behulp van een verzinkboor (zie bij 'Boren') verzonken in het hout aangebracht.
Bij *bolkopschroeven* blijven de ronde

koppen boven het hout uitsteken, waarbij erop gelet moet worden dat de 'borst' van de schroefkop stevig tegen het hout rust en dus werkelijk een aantrekkende functie heeft.

Lenskop- of *bolverzonken schroeven* worden eveneens, maar dan wel voor een kleiner gedeelte, verzonken toegepast. Het halfronde deel blijft boven het houtoppervlak uitsteken. Het verzinken van deze schroeven eist enige nauwkeurigheid, want bij te diep verzinken zal de schroefkop bijna geheel in het hout verdwijnen.

De *houtdraadbout* is eigenlijk geen bout maar een schroef die niet met een schroevedraaier maar met een moersleutel of tang wordt aangedraaid. Het verdient aanbeveling onder de kop altijd een volgring te leggen, zodat de kop zich bij het aandraaien niet in het houtoppervlak vreet.

De *slotbout* (die direct onder de kop een vierkant stukje schacht heeft waardoor wordt voorkomen dat de bout bij het aandraaien van de moer zou gaan meedraaien) wordt vooral

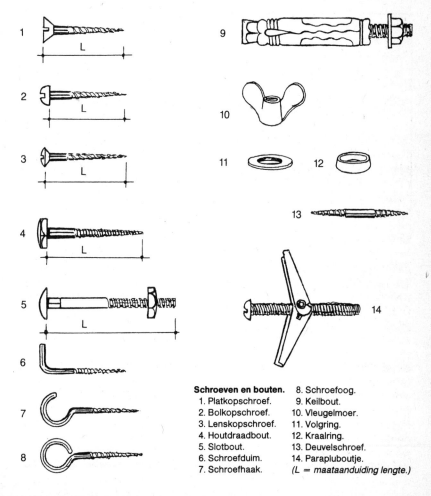

Schroeven en bouten.
1. Platkopschroef.
2. Bolkopschroef.
3. Lenskopschroef.
4. Houtdraadbout.
5. Slotbout.
6. Schroefduim.
7. Schroefhaak.
8. Schroefoog.
9. Keilbout.
10. Vleugelmoer.
11. Volgring.
12. Kraalring.
13. Deuvelschroef.
14. Parapluboutje.
(L = maataanduiding lengte.)

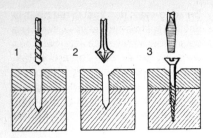

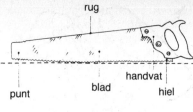

rug

punt · blad · handvat · hiel

Handzaag.

1. Voorboren.
2. Verzinken.
3. Schroeven.

bij uitneembare, niet spijkerbare constructies gebruikt.
De *keilbout* is geen houtbevestigingsmiddel, maar bedoeld voor het aan een muur verankeren van zware voorwerpen.

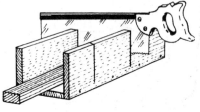

Kapzaag
(met versteklade).

Handzagen

'Leen eerder je vrouw uit dan je zaag.' Dat was de eerste, nogal botte raadgeving die ik als jongmaatje in het timmervak te horen kreeg. Deze opmerking tekent de waarde die de handzaag voor de timmerman heeft: hij zal zijn zaag nimmer aan een vreemde hand toevertrouwen. Ik raad u aan hetzelfde te doen, want een zaag heeft – hoe vreemd dat ook mag klinken – de eigenaardige eigenschap naar de hand van zijn gebruiker te gaan staan. Hij gedraagt zich anders wanneer hij in vreemde handen is geweest.
Omdat de houtbewerker zowel dun als dik hout moet kunnen zagen, net zo goed over de lengte als de breedte, soms langs rechte lijn, maar ook langs gebogen lijnen, is het begrijpelijk dat er meerdere typen zagen worden gebruikt. Zo zijn er handzagen, schrobzagen, kapzagen en toffelzagen. Zagen met de zogenaamde geharde tanden, zoals die tegenwoordig nogal opgeld doen, moeten door de amateur liever maar niet wor-

Schrobzaag.

Toffelzaagje.

den aangeschaft, omdat ze na het bot worden of na het mogelijk afbreken van een tand niet of nauwelijks weer te vijlen zijn. Zagen met kunststof handvatten moeten eveneens worden ontraden aangezien de stand van deze handvatten ten opzichte van het zaagblad niet optimaal en vaak zelfs 'onhandig' blijkt.
Een ouderwets houten handvat werkt nog steeds het best. Een gewone handzaag koopt u bij voorkeur in de lengte van 20 inch. Die lengte is het handzaamst voor zaagklussen als het afkorten en het schulpen (het in de houtdraadrichting zagen).

Eerst een overzicht van de verschillende typen zagen. De langste handzaag is tussen de 24 en 26 inches (resp. 60 en 65 cm) lang en wordt uitsluitend gebruikt als schulpzaag. De kortere handzaag is tussen de 20 en 22 inches (resp. 50 en 55 cm) lang en wordt zowel voor het zagen van langs- als kopshout gebruikt.

Daarnaast zijn er zagen van 14 tot 16 inches, die vooral bij fijner werken gebruikt worden, zoals het zagen van pennen, kepen en nauwkeurig afkortwerk: het aantal tanden van deze kleinste handzaag is meestal acht per inch. De tanden zijn dus kleiner dan die van de grote zagen, die meestal vijf of zes tanden per inch bezitten.

De punten van de tanden van een handzaag moeten met elkaar een enigszins gebogen lijn vormen (zie de ronding ten opzichte van de stippellijn), omdat deze gebogen vorm zich bij het zagen het best aanpast bij de zaagbewegingen van de arm. Wanneer de tandlijn recht of zelfs hol van vorm is, bestaat de kans dat de zaag 'lam stoot'.

De zaag stoot dan vast in het hout, in het zaagblad ontstaat vaak een bijna onzichtbare knik en de zaag zal in een dergelijk geval zijn oorspronkelijke vorm niet meer terugkrijgen. Het uiteindelijke gevolg is, dat de zaag aan de hiel in het te zagen hout zal 'stoten' en vastlopen. Het is dit verschijnsel dat men bij de meeste beginnende hobbyisten ziet, als een zich wringend en hortend door het hout vreten van de zaag.

De punten van de tanden van een kapzaag moeten met elkaar een zuiver rechte lijn vormen. De rug van deze zaag is door een metalen strip versterkt, opdat het zaagblad niet zal buigen of knikken. De kapzaag wordt vooral gebruikt voor het afkorten van hout in kleinere afmetingen, voor het in verstek zagen en voor het maken van zaagsneden, die aan de boven volkomen vlak en recht moeten zijn. Om deze redenen zal de kapzaag bij het maken van houtverbindingen worden gebruikt, ook al omdat de tanding ervan veel fijner is dan die van een handzaag en dus ook een fijnere zaagsnede achterlaat.

Door de versterkte rug is de zaagdiepte van een kapzaag beperkt, maar omdat deze zaag niet voor hout van zware afmetingen zal worden gebruikt, is dat nauwelijks een bezwaar. In principe is de kapzaag bestemd voor het zagen dwars op de houtdraad.

Dit zaagje van ongeveer 30 cm lengte dient voor bijzonder fijn en nauwkeurig zaagwerk: heel dunne latjes, kleine verstekjes, fineer, triplex en dergelijke. De tandenlijn is volkomen recht en nauwelijks 'gezet'. De rug is versterkt om dezelfde reden als die van de kapzaag. Toffelzaagjes zijn er ook met een verstelbaar handvat.

De techniek van het handzagen

Een zaagsnede is, als het goed is, niet dikker dan ongeveer anderhalf maal de dikte van het zaagblad. Die dikte van de zaagsnede wordt bepaald door de stand van de tanden: deze moeten afwisselend licht naar rechts en links omgebogen staan. We noemen dat de 'zetting' en als daaraan ook maar iets mankeert is het onmogelijk om goed recht te zagen. De zaag zal dan tijdens het zagen 'uit de lijn' lopen.

Iedere amateur houtbewerker zou, net als de timmerman, in staat moeten zijn zelf zijn zaag te 'zetten' en te vijlen. Maar iedereen die dat al eens heeft geprobeerd weet ook hoe moeilijk dat is.

Bij het zagen houdt u de wijsvinger gestrekt naast en tegen het handvat. U laat die wijsvinger als het ware de zaagrichting 'aanwijzen'. De praktijk leert dat het op deze wijze hanteren van de zaag een rechter zaagsnede oplevert en de zaag minder snel doet 'uitzwaaien'.

Belangrijk is dat u recht achter de zaag staat en voortdurend controlerend over het verlengde van zaagblad en zaagsnede kijkt. Het geproduceerde zaagstof blaast u natuurlijk regelmatig weg teneinde zicht op de afgeschreven zaaglijn te kunnen houden.

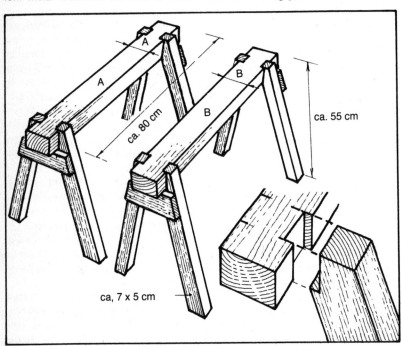

Zaagbokken.
Twee van dergelijke zaagbokken vormen een onmisbaar hulpgereedschap in een goed geoutilleerde werkplaats. Ze kunnen dienen om er plaatmateriaal op te zagen, of om er lange delen op af te korten of te schulpen, en met een paar steigerdelen eroverheen heb je een handig en gemakkelijk verplaatsbaar kamersteigertje. De ene bok is breder dan de andere; bovenkant B is van breder hout gemaakt dan de bovenkant van A. Derhalve staan ook de poten van B wijder uit elkaar. Dit is gedaan omdat daardoor bok B over bok A past, en ze gezamenlijk opgeborgen kunnen worden.

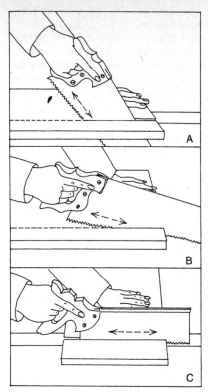

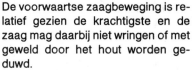

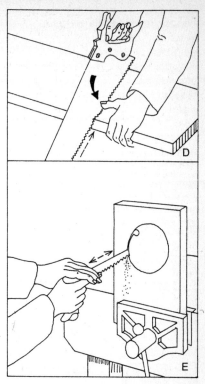

De voorwaartse zaagbeweging is relatief gezien de krachtigste en de zaag mag daarbij niet wringen of met geweld door het hout worden geduwd.

Bij de illustraties:
A Bij het 'schulpen' van hout staat de tandenrij van de zaag in een hoek van ongeveer 45 graden op het houtoppervlak.
B Bij het afkorten van massief hout, of bij het zagen van triplex, multiplex, meubelplaat of spaanplaat, staat de tandenrij van de zaag in een hoek van 20 à 30 graden ten opzichte van het hout. Dit om sterke versplintering aan de onderzijde van het hout zoveel mogelijk te voorkomen.
C Bij het inzagen van groeven en sponningen, bij het maken van hout-

verbindingen, maar ook bij alle andere zaaghandelingen met behulp van de kapzaag, staat de tandenrij volkomen vlak op het te zagen hout.

D Bij het inzetten van de handzaag of de kapzaag (dus bij de aanvang van een zaagsnede) fungeert de duimnagel van de linkerhand als geleiding van het zaagblad. Men begint steeds met een achterwaarts gerichte beweging, dus 'trekkend' te zagen.
Wanneer de zaagtanden voldoende greep in het hout hebben verkregen wordt de duim ingetrokken, maar de linkerhand blijft op dezelfde plaats en houdt het af te zagen hout vast.
E Een schrobzaag moet met beide handen worden gehanteerd. Het is dan wel nodig het hout in een bankschroef vast te zetten.

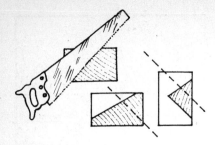

Bij het zagen van een omsloten gat boort men eerst een gaatje van ongeveer 20 mm, waarin de punt van de schrobzaag geplaatst kan worden. Vanuit dat gat wordt de zaagsnede aangevangen. Hoe meer men met de punt zaagt, hoe kleiner de gezaagde straal.

Het haaks afkorten van zwaar hout, zoals bijvoorbeeld balkhout, gaat 't beste door het hout stelselmatig om te kantelen en vanaf alle vier de zijden steeds een gedeelte naar het hart van het hout toe in te zagen. Het hart van het hout wordt dus als laatste gezaagd. Op deze zelfde manier wordt ook rondhout afgekort.

Handzagen slijpen en zetten

Een zaag moet op zijn tijd geslepen worden; met een botte zaag kan zelfs de meest ervaren vakman niet zagen. Het vereist veel oefening om een handzaag werkelijk 'messcherp' te krijgen, maar door deze wetenschap hoeft men zich niet tegen te laten houden: oefening baart kunst.

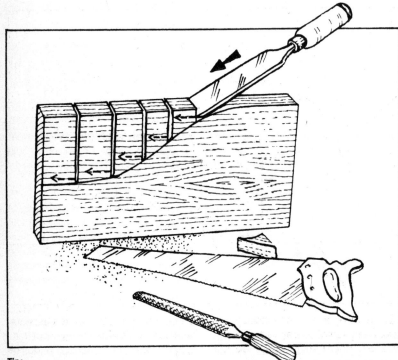

Tip:
Inwendig gebogen vormen kan men, behalve met een schrobzaag, ook maken door het hout tot bijna op de afschrijflijn in te zagen, en de ontstane kleine delen met de steek- of hakbeitel af te kloven. Houd daarbij voldoende afstand van de afschrijflijn, zodat het hout niet tot over deze lijn afbreekt. Daarna werkt men de vorm verder af met de steekbeitel en de rasp. Altijd in de richting van de houtdraad werken!

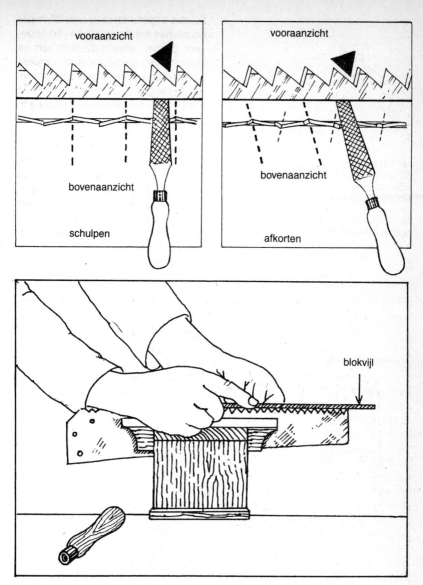

vooraanzicht

vooraanzicht

bovenaanzicht

bovenaanzicht

schulpen

afkorten

blokvijl

Voor het slijpen van handzagen bestaan een aantal gulden regels die te maken hebben met het soort hout dat gezaagd moet worden.

1. Hoe *harder* het hout, hoe *kleiner* de tanden moeten zijn en hoe rechter ze ook moeten staan.

2. Hoe *zachter* het hout, des te *groter* en schuiner de vertanding moet zijn.
3. Hoe *natter* het hout, hoe wijder de tanden gezet moeten worden.
4. De tandpunten van een handzaag moeten, over het verlengde van de zaag gezien, te zamen een zuivere, enigszins *gebogen* lijn vormen, die

51

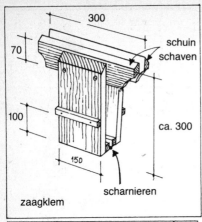

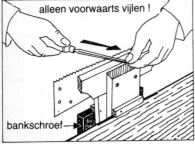

van een kapzaag, toffelzaag of schrobzaag een zuiver *rechte* lijn.

5. De vorm en grootte van de tanden moeten onderling volkomen gelijk zijn, terwijl de tandverdeling, de stand en de vorm in verhouding moet staan tot het soort hout wat gezaagd moet worden.

6. Voor 'schulpen' (het in de lengterichting zagen van hout) staan de tanden rechter op dan voor het afkorten of dwarszagen.

Tanden zetten

Voordat men een zaag gaat vijlen, dient hij eerst uitgelijnd te worden. Dat kan gebeuren door met een fijne (zoete) blokvijl de tandenlijn in één lijn op de vereiste vorm te brengen. De tanden zelf vertonen daarna een stomp, afgeplat puntje. 'Zetten' noemt men de handeling waarbij de

tanden van de zaag om en om naar buiten het zaagblad worden omgebogen. Dat moet zó gebeuren dat de oneven punten naar links, en de even punten naar rechts gebogen staan. Het zetten vindt plaats opdat:

7. Het zaagblad vrij in de zaagsnede van het hout zal lopen.

8. De tanden het zaagmeel kunnen lossen.

Bij het zetten gebruikt men een 'tandenzetter', een soort tang waarvan de bekdiepte en bekhoogte ingesteld kan worden op de gewenste grootte en zijdelingse vlucht van de zaagtanden. De zaagzetter wordt zodanig ingesteld, dat de zaagpunten op slechts éénderde van hun hoogte worden omgebogen. Dus niet de hele tand, omdat hij in dat geval sneller zou kunnen afbreken. Eerst 'zet' men de ene (bijvoorbeeld óneven) rij tanden in dezelfde richting, draait daarna het zaagblad om en begint aan de even tandenrij. De mate waarin de tanden zijn omgebogen bepaalt uiteraard de dikte van de zaagsnede. Als de tanden allemaal gezet zijn kan met het eigenlijke slijpen worden begonnen. Of liever gezegd het *vijlen*, want we gebruiken hiervoor een driehoekig *zaagvijltje*. Het zaagblad wordt hiertoe in een zaagklem of vijlblok geplaatst, zodanig dat de tandenrij ongeveer 4 mm boven de zaagklem uitsteekt. Alleen de tanden die naar *achteren* wijzen worden gevijld! Bij het vijlen ligt het handvat van het zaagvijltje iets lager dan de vijlpunt; het gevolg moet dan zijn dat de 'oksel' tussen twee tanden vanachter hoger is dan aan de voorzijde. Men vijlt slechts zó ver, dat het platte tandtopje, veroorzaakt door de eerdere bewerking met de zoete blokvijl, nèt wordt weggevijld.

Het zaagvijltje mag alleen in voorwaartse richting vijlen, dus niet over

de tanden worden 'teruggehaald'.
Zo werkt men alle achterwaarts gezette tanden in de rij af. Daarna draait
men het zaagblad in de klem om en
herhaalt men dezelfde handelingen
bij de tussenliggende tanden.
Een goed gevijlde zaag is te testen
door met de handpalm licht op de gevijlde tanden te drukken. De tanden
zijn scherp als ze enigszins kleverig
aanvoelen.

Zaagklem
Een zaagklem kan men zonder veel
moeite zelf maken. Men gebruikt hiervoor stukken vurehout van afmetingen zoals die in bijgaande tekening
staan aangegeven.

Handboren
*(Raadpleeg voor elektrisch boren
het hoofdstuk 'Elektrisch gereedschap'.)*

Booromslag, handboor en boren
Een booromslag is een onmisbaar
stuk gereedschap. Vooral de 'ratel-
booromslag', waarvan de 'ratel' u de
mogelijkheid geeft ook te boren in
hoeken waar u anders niet bijkomt, is
bijzonder doelmatig. Het beste model
wordt gemaakt door Stanley: de knop
ervan draait op een kogellager.
Bij gebruik van de booromslag plaatst
u de boor in de *schroefbus* om de
(meestal vierkante) kop van de boor
daarin vast te klemmen. De schroefbus wordt daarna aangedraaid. Met
een booromslag kunt u behalve boren ook *verzinken* (1) en *schroeven
indraaien* (2). Voor beide handelingen
zijn hulpstukken in de handel verkrijgbaar.
Een veel gemaakte fout is die, waarbij
men met de boor in één keer dwars
door het hout boort. Dat is verkeerd,
want de onderkant van het geboorde
hout zal bij het doordringen van de

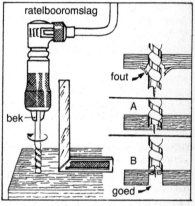

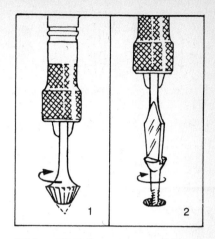

boor lelijk afsplinteren. Hout boort
men gewoonlijk van twee kanten:
eerst van één kant (A), en wel zodanig
dat de schroefpunt van de boor aan
de andere kant zichtbaar wordt,
waarna de boor uit het hout wordt
teruggetrokken en het hout omgedraaid. Vervolgens wordt vanaf de
andere kant het boorgat voltooid (B).
Voor beginners is het vaak nogal
lastig om de booromslag zuiver horizontaal of vertikaal te houden. Met
behulp van een schrijfhaak kan men
echter gemakkelijk de juiste stand
van de booromslag tijdens het boren
controleren. Na verloop van tijd blijkt
bovendien, dat het bekende 'timmer-

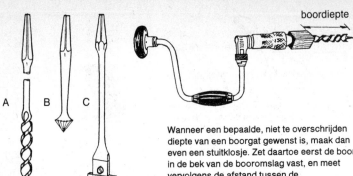

boordiepte

A B C

Wanneer een bepaalde, niet te overschrijden diepte van een boorgat gewenst is, maak dan even een stuitklosje. Zet daartoe eerst de boor in de bek van de booromslag vast, en meet vervolgens de afstand tussen de booromslagbek en het snijvlak aan de voet van de boor. Het aantal gemeten millimeters, méér dan die van de gewenste boordiepte, is ook de maat voor het afkorten van het stuitklosje. Boor met dezelfde boor een gat in het midden van het klosje en laat dat tegen de booromslagbek rusten. Rond de randen aan de onderkant van het klosje wat af, zodat deze onderkant zich bij het draaien niet in het houtoppervlak van het te boren hout kan aftekenen.

mansoog' zich al aardig heeft ontwikkeld, en dat men de schrijfhaak niet meer nodig heeft om zuiver recht in het hout te kunnen boren.

Boren zijn er in grote verscheidenheid. Er zijn boren om in hard, zacht, langs- en kopshout, diepe of ondiepe gaten te kunnen boren. Er zijn lepelboren, toogboren, hardhoutboren, centerboren, slangeboren, ijzerboren, verzinkboren, enzovoort. Met de laatste vier boortypen kunt u echter voldoende uit de voeten. Met een set *ijzerboortjes*, een aantal *slangeboren* (zogenaamde Irwinboren), en een *verzinkboor*, kunt u de meeste boorkarweitjes klaren.

De *Irwinboren* (een merknaam van slangeboren) hebben een centerpunt die van schroefdraad is voorzien. Bij het boren werkt deze schroef zich in het hout en trekt de *voorsnijders*, die aan beide zijden van de *centerschroef* aanwezig zijn, al draaiend met zich mee.

Het hout wordt daardoor rond in de diepte afgesneden, en het boorstel werkt zich door de spiralen uit het boorgat naar buiten. Voor erg hard hout zijn Irwinboren niet zo geschikt en kunnen de centerschroeven snel afbreken (A).

Uitstekende diensten bewijzen vaak de twee *verstelbare centerboren*. Met het kleinere type boort men gaten van 26 tot 44 mm, met het iets grotere type van 42 tot 76 mm (C).

Een *verzinkboor* (B) wordt gebruikt voor het in het hout verzinken van schroefgaten voor platkopschroeven. Het afgebeelde type is alleen geschikt voor hout. Er zijn ook verzinkboren voor ijzer. Verzinkboren noemt men ook wel 'soevereinboren'.

Schaven

Schaven doet u met een blokschaaf. Niet elke blokschaaf is gelijk; er zijn zowel houten als stalen schaven verkrijgbaar. Als u niet op een paar centen hoeft te kijken, is de stalen blokschaaf van het merk Stanley zeer aan te bevelen.

Deze stalen schaaf is bijzonder gemakkelijk af te stellen en ligt plezierig in de hand. Goedkoper, maar ook goed zijn de houten schaven van Nooitgedagt, vooral het type dat van

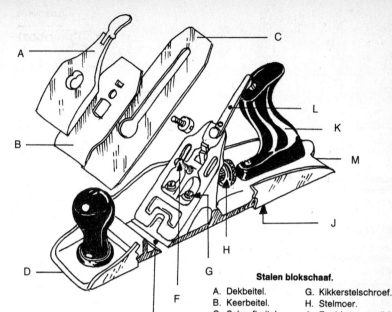

Stalen blokschaaf.

A. Dekbeitel.   G. Kikkerstelschroef.
B. Keerbeitel.   H. Stelmoer.
C. Schaafbeitel.   J. Zool (soms geribbeld).
D. Neus.   K. Handvat.
E. Bek-opening.   L. Richthefboom.
F. Dekbeitelschroef. M. Hiel.

houten blokschaaf

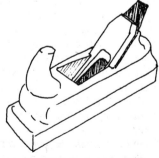

houten blokschaaf met hiel en hoorn

een *hoorn* is voorzien. Beide firma's hebben hun schaven overigens voorzien van beitels van uitstekend staal en uiteindelijk gaat het daar om. Blokschaven hebben meestal twee beitels: een *schaafbeitel* en een *keerbeitel* (ook wel 'zoetbeitel' genoemd). Van deze keerbeitel bevindt de 'vouw' zich tot op ± 1 mm van de snede van de schaafbeitel.

De bedoeling van een keerbeitel is de houtkrul 'zoet' af te schaven, en een blokschaaf met een schaafbeitel èn keerbeitel heet dan ook wel een 'zoetschaaf'.

Over krullen gesproken: die krijgt u zeker niet als u '*tegen de draad*' van het hout probeert in te schaven. Hout is als de kat: ook die verzet zich wanneer u hem tegen de haren in wilt strijken. Let dus altijd op in welke richting de houtdraad loopt, en schaaf met de draad mee.

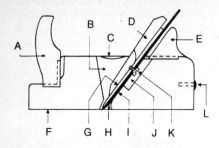

fout

goed

Principe van een blokschaaf met hoorn.

A. Hoorn.
B. Spouwgat.
C. Wang.
D. Keg of wig.
E. Hiel.
F. Zool.
G. Keer- of zoetbeitel.
H. Bek.
I. Schaafbeitel.
J. Moerholte.
K. Moer.
L. Slagknop.

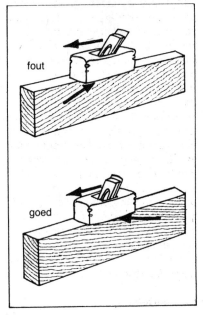

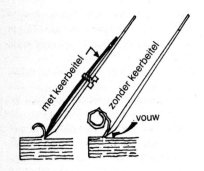

Heel belangrijk is de wijze waarop u de schaaf hanteert. Een veelgemaakte fout is die waarbij de schaafzool aan het begin en het eind van het te schaven hout respectievelijk naar achteren en naar voren 'kantelt'. Vlakschaven kan alleen wanneer u de zool steeds geheel vlak op het houtoppervlak drukt en met krachtige bewegingen voorwaarts beweegt. De krul breekt vanzelf in de bek van de schaaf af, wanneer u de schaaf aan het einde van een schaafbeweging vanachter iets oplicht. Het spreekt vanzelf dat de schaafbeitel goed scherp dient te zijn: botte schaven schaven niet.

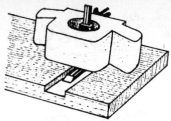

Houten grondschaafje van Nooitgedagt.
Met een grondschaaf is het mogelijk om de bodem van een groef zuiver vlak te schaven. Het schaafje wordt geleverd met drie beitels in de breedten 11, 13 en 15 mm.

Langshout schaven geeft minder problemen dan *kopshout*. Kopshout zal bij het schaven snel afsplinteren, vooral bij de overgang naar het langshout, dus op de hoeken. Kopshout moet daarom altijd van *buiten naar binnen* geschaafd worden. Omdat er steeds twee ontmoetingen met langshout zijn, moet u dus van twee tegenovergestelde richtingen naar het midden van het kopshout schaven. Ook hier geldt: schaaf vlak houden. Wanneer u de schaafzool als het ware iets diagonaal ten opzichte van de richting van het kopshout houdt, zult u merken dat de schaafbeitel het hout beter 'pakt'. Over elektrische schaafmachines vindt u het een en ander in het hoofdstuk *'Elektrische gereedschappen'*.

Houtbeitels

Steekbeitels, hakbeitels en gutsen

Tussen steekbeitels en hakbeitels wordt een onderscheid gemaakt dat alleen al door de benaming duidelijk zal zijn: *steekbeitels* gebruikt men om hout te *steken, hakbeitels* om in hout te *hakken*. Alle beitels hebben aan de achterzijde een schuin geslepen kant met een snijhoek van ± 25°, die de *'vouw'* wordt genoemd. Deze vouw

mag niet langer, maar ook niet korter geslepen worden, want is hij te lang dan springen er al gauw stukjes uit, is hij te kort dan heeft men te veel spierkracht nodig om de beitel door het hout te drijven. Men zegt in dat geval, dat er geen 'snee' in de beitel zit. *Steekbeitels* moeten recht, vlak, en tamelijk dun zijn. Aan het boveneind van de beitel is een vierkante, puntig toelopende pen gesmeed, die de *arend* wordt genoemd, en die stevig in het *hecht* moet passen. Men mag met een steekbeitel nooit hakken, laat staan slopen. Helaas wordt dit door hobbyisten maar al te vaak gedaan, met als gevolg dat zij steeds met kromgebogen en botte beitels werken. Het gevolg daarvan is dan weer dat er nooit een goed afgewerkt werkstuk ontstaat. Men kan op het hecht van een steekbeitel beter niet met een hamer slaan, maar moet dat om een of andere reden toch gebeuren, dan gebruikt men hiervoor een *houten* hamer. Slaan met een ijzeren hamer doet het hecht splijten of splinteren. De beste hechten zijn van palmhout, azijnhout of steenbeuken.
Steekbeitels zijn verkrijgbaar in de breedten 4, 6, 8, 10, 12, 16, 18, 22, 26, 32 en 38 mm. De hobbyist heeft ze echter niet allemaal nodig en kan volstaan met een set steekbeitels bestaande uit beitelbreedten van 4, 6, 10, 12, 18 en 26 mm.
Hakbeitels worden tegenwoordig nog slechts in het zogenaamde 'vermoorbeitel'-type gefabriceerd. Er zijn vier breedten: 12, 18, 26 en 32 mm. Ze zijn voorzien van een 'tonnetjeshecht' dat tegen het splijten is voorzien van extra stevige ijzeren banden.
Het werken met hakbeitels draagt minder risico met zich mee, omdat één hand de hakbeitel bij het hecht omvat, en de andere hand de hamer

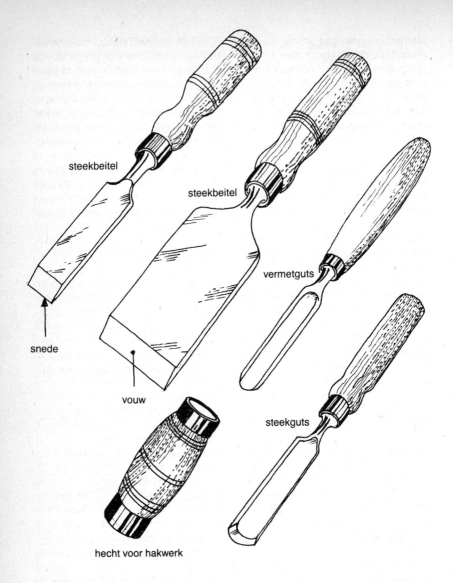

steekbeitel

steekbeitel

vermetguts

snede

vouw

steekguts

hecht voor hakwerk

hanteert. Bij steekbeitels is dat anders: de linkerhand bevindt zich meestal in de buurt van het steekbeitelblad. Voor een onervaren amateur is daarbij het gevaar niet uitgesloten dat hij zichzelf met de uitschietende steekbeitel verwondt. Om dit te voorkomen is er deze zeer belangrijke vuistregel: *hand altijd achter de bei-*

tel! Dat wil zeggen dat een onverwachts uitschietende beitel nooit uw hand op zijn weg mag aantreffen! Laat mij u erop wijzen dat ik mijzelf eens met een steekbeitel in de polsslagader heb getroffen, en dat ik dus met schade en schande heb geleerd wat een steekbeitel kan uitrichten... *Gutsen* zijn, over de breedte van het blad gezien, gebogen beitels, die men onderscheidt in *steekgutsen* en *vermetgutsen*. De vouw van een steekguts bevindt zich aan de *holle* kant, die van een vermetguts aan de *bolle* kant. Met steekgutsen kan men langs gebogen lijnen steken, met vermetgutsen vooral langs en in holle houtdelen.

Werken met beitels

Bij het verticaal steken wordt de beitel vastgehouden met duim en pink achter het blad. De benedenwaartse kracht, nodig voor het laten snijden van de beitel, wordt verkregen door met de rechterschouder op de bovenkant van het hecht te drukken. Door met het bovenlichaam licht heen en weer te bewegen wordt de beitel snijdend door het hout gedreven. De linkerhand blijft steeds achter de beitel, en houdt het te bewerken hout vast.

Bij het horizontaal steken moet de linkerhand altijd achter de snede van de beitel blijven, teneinde verwondingen bij een mogelijk uitschieten van de beitel te voorkomen. De linkerhand kan beter worden aangewend om het beitelblad bij het steken te geleiden, waarbij de duim zich onder het beitelblad bevindt. De rechterhand drukt dan de beitel aan het hecht in het hout, en geeft nog meer snijkracht aan de beitelsnede door lichte, heen en weer gaande bewegingen te maken.

Houtbeitels slijpen

Zelfs de beste stalen steek- of schaafbeitel is niets waard als hij niet is voorzien van een werkelijk 'messcherpe' snede. Een snede, scherp genoeg om een haar van de rug van uw hand te snijden...
Een beitel kan het best geslepen worden op de langzaam draaiende, on-

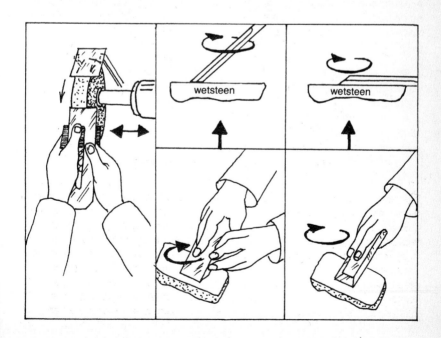

volprezen zandsteen, die zichzelf constant in een onderliggende bak met water wentelt. Bij zo'n slijpsteen is het verbranden van de beitelsnede uitgesloten, aangezien zijn draaisnelheid gering is en hij bovendien het noodzakelijke koelwater in zijn draaiing meeneemt. De veelgebruikte elektrische slijpmachine met amarilsteen heeft deze voordelen niet: de snelheid is hoog (meestal 3000 toeren per minuut) en van koelwater is geen sprake.

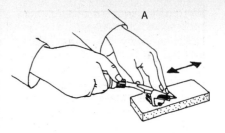

Regels

Er is nog een ander nadeel. Door de relatief kleine diameter van de amarilsteen krijgt de vouw van de beitel een enigszins holle vorm. Tijdens het latere 'wetten' wordt die holle vouw er weer voor een deel afgewet, wat de scherpte van de snede er niet beter op maakt. Als u niettemin aangewezen bent op de amarilsteen, neem dan de volgende regels in acht:
● oefen een slechts geringe druk uit op de beitel, zodat de wrijving tussen beitel en slijpsteen ook zo gering mogelijk is; houd een slijphoek aan van 30°;
● doop de beitel regelmatig in koud water om verbranding van het staal te voorkomen;

● beweeg de beitel voortdurend van links naar rechts en omgekeerd tegen de slijpsteen;
● slijp aan steek- en hakbeitels steeds een zuiver rechte snede, en aan schaafbeitels een ietwat gebogen snede;
● gebruik de verstelbare geleider van de machine en, indien aanwezig, de beschermkap;
● slijp beitels nooit verder dan totdat over de volle breedte een braam is ontstaan.

Het wetten

Na het slijpen dient een beitel gewet te worden: de door het slijpen ontstane braam aan het staal wordt hierbij verwijderd. Voor dat wetten gebruikt u een wetsteen, vroeger een stuk vlakgezaagd natuursteen, tegenwoordig een samengestelde, niet-natuurlijke steen van een zeer fijne korrel.

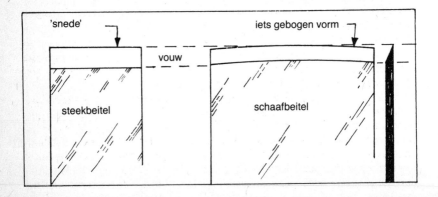

'snede'   iets gebogen vorm

vouw

steekbeitel   schaafbeitel

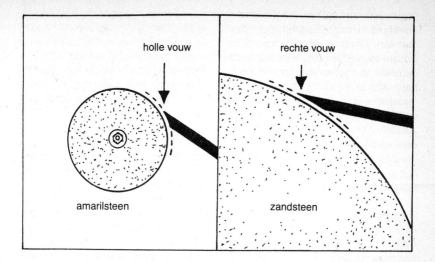

holle vouw   rechte vouw

amarilsteen   zandsteen

Hoewel wetstenen vaak met olie worden bevochtigd, blijkt in de praktijk dat niet olie, maar speeksel de beste resultaten geeft. Waardoor dat komt is moeilijk te zeggen. Menselijk speeksel heeft kennelijk eigenschappen die voor het wetten gunstig zijn. Dus een flinke klodder 'spuug' op de steen, daar kan olie niet tegenop... Het wetten gebeurt door de vouw en de snedekant beurtelings over de natte wetsteen te schuren. Het is van belang dat de vouw onder een correcte hoek (30°) over de wetsteen wordt bewogen, en de snedekant volkomen vlak op de wetsteen rust. Wees niet te snel tevreden met een wetbeurt, want zolang er ook maar een zweem van braamvorming achterblijft, zal de beitel minder goede resultaten geven. Er zijn drie manieren van wetten. Bij de eerste manier ligt de wetsteen plat op tafel of het werkblad en beweegt u de beitel over de steen. Bij de tweede manier werkt u precies andersom: u houdt de wetsteen in uw hand en beweegt deze over de beitel die u in uw andere hand vast heeft. De derde manier is die waarbij u gebruik maakt van een zogeheten beitelslijpmal, een

instrumentje waarin de beitel wordt vastgeklemd. Met de aan de mal draaiende nylon rolletjes beweegt u de beitel dan over de vlakke wetsteen. Een handig apparaatje voor hen die niet over een vaste hand beschikken. Eventueel kunt u de beitel na het wetten nog even over de leren 'strop' of 'riem' halen, net als uw grootvader dat vroeger met zijn scheermes deed en de kapper ook nu nog wel doet.

Lijmtangen en lijmen
Lijmtangen
kunt u zich in allerlei maten aanschaffen, maar het beste doet u om de langere typen te nemen, omdat die meer toepassingsmogelijkheden bieden. Uw portemonnee spreekt overigens het laatste woord. Goede merken zijn Nooitgedagt en Werus, maar bij niet al te intensief gebruik is elke andere lijmtang ook goed.
Een lijmtang is een hulpgereedschap dat, behalve voor het lijmen, ook heel goed gebruikt kan worden voor het tijdelijk (op de werkbank) vastklemmen van een te bewerken werkstuk of een onderdeel daarvan. Hij is echter in de eerste plaats bestemd voor het

61

werk waaraan hij zijn naam ontleent: het onder druk zetten van lijmverbindingen. Grotere tangen, vooral die welke bijvoorbeeld een grote breedte kunnen overspannen, zijn de zogenoemde *serre-joints* (spreek uit sersjants). Dit zijn zwaar uitgevoerde, metalen gereedschappen, behoorlijk prijzig, maar ze kunnen dan ook vrijwel elke lijmklus aan.

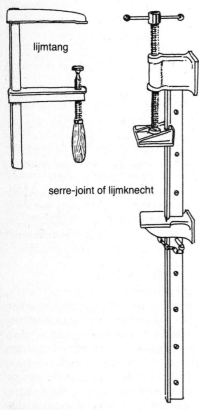

lijmtang

serre-joint of lijmknecht

houtlijm moet steeds op beide houtvlakken worden opgebracht, waarbij elke laag *dun* moet zijn. De lijm moet in de houtporiën kunnen dringen. Overmatig dikke lijmlagen werken averechts: de lijm vormt dan een film en de lijmverbinding wordt daar eerder zwakker dan sterker van. Als de beide lijmvlakken op elkaar zijn geplaatst, worden ze met de lijmtang stevig aangeklemd totdat de lijm is gedroogd en uitgehard. De droogtijd hangt samen met de gebruikte houtlijm, maar varieert van 2 tot maximaal 24 uur. Alle uit de naden puilende lijm wordt direct met een vochtige lap verwijderd, vooral wanneer het hout later gelakt of gebeitst zal worden. De lijm sluit immers de poriën van het hout af, en zal, na droging, de beits of lak geen mogelijkheid geven op het hout te 'pakken'.
Witte houtlijm mag nooit met ijzeren materialen in aanraking komen, want deze lijm tast ijzer aan, waardoor roestvorming ontstaat. De roest zal op haar beurt de lijmverbinding verzwakken. Daarom zal een lijmkwast ook nooit van een metalen ring mogen zijn voorzien.

Contactlijm
wordt door de hobbyist vrijwel alleen gebruikt om fineerlagen te lijmen, of om afwijkende materialen met hout te verbinden. Bison of Snelfix zijn de meest gebruikte soorten. Op de verpakking van de bussen of tubes staat uitvoerig vermeld hoe deze lijmen moeten worden verwerkt.

Houtlijmen
Witte PVA-lijm (de zogenaamde witte houtlijm) is in plastic bussen of flacons verkrijgbaar en direct voor gebruik gereed. U hoeft deze lijmen dus niet voor het gebruik te roeren. Te sterk ingedikte lijm kunt u met een beetje (5%) water verdunnen. *Witte*

Schuren
Goed afgewerkte werkstukken verdienen die betiteling niet alleen door hun precieze, aansluitende verbindingen of zorgvuldige verlijming, maar ook door hun fijngeschuurd oppervlak. Door goed en vlak schuren

Houtlijmsoorten

Soort	Omschrijving	Sterkte	Droogtijd	Waterbestendigheid	Gebruik
Beender- of vislijm	In tabletvorm, poeder of zgn. 'vlokken'. Tabletten eerst in de week zetten. Heet verwerken (au bain marie)	Goed	10 à 15 uur	Slecht	Met kwast opbrengen
Contactlijm	Als dikke stroop. Is erg brandbaar. Alleen geschikt voor lijmen van oppervlakken, dus niet voor houtverbindingen zoals pen-en-gatverbindingen	Goed	Vrijwel direct	Goed	Met lijmkam aanbrengen op beide vlakken. Even laten rusten tot lijm niet meer aan de vingers kleeft, net als bij bandenplaksolutie. Dan de beide houtdelen op elkaar brengen en aanslaan of wrijven
Witte houtlijm (kunstharslijm)	Op PVA-basis. Is klaar voor gebruik. Te dikke lijm met wat water aanlengen. Op beide vlakken aanbrengen. Zeer geschikt voor houtverbindingen	Zeer goed	Ca. 2-24 uur	Slecht. (Er is ook kunstharslijm van watervaste kwaliteit met Recinolhars en een harder in poedervorm)	Met houtspaan of kwast opbrengen. Kwast zonder ijzeren ring gebruiken. Bij voorkeur met lijmtang(en) aanklemmen. Niet onder +10°C gebruiken

komt 'de tekening' (de vlam en de nerf) van het hout als natuurlijk materiaal pas goed tot uitdrukking. Er bestaat een hardnekkig misverstand volgens welke men hout slechts zou behoeven te schuren wanneer het gelakt, gebeitst of geschilderd moet worden. Nonsens natuurlijk, want waarom zou blank hout niet glad en fraai van uiterlijk mogen zijn? Ik wil u aanraden aan het schuren als 'finishing touch' steeds de nodige zorg te besteden. U kunt dat doen door altijd twee gradaties *schuurpapier* te gebruiken: '*middel*' en '*fijn*'. Het fijne papier gebruikt u dan uiteraard het laatst.

Het plezierigst schuurt u met behulp van een *schuurkurk*, die u voor een paar kwartjes bij de gereedschapswinkel of ijzerwinkel koopt. Zo'n schuurkruk is niets anders dan een zuiver rechthoekig bewerkt stuk kurk. Om de schuurkurk wikkelt u een op maat gemaakt stuk schuurpapier, waarvan de beide uiteinden elkaar aan de bovenkant van de kurk ontmoeten. Tegelijk met de schuurkurk omvat u ook de beide papieruiteinden, zodat het papier niet kan afschuiven. Denkt u eraan dat u altijd met de draad (de nerfrichting) van het hout meeschuurt, en dat, wanneer u haaks op die draadrichting schuurt,

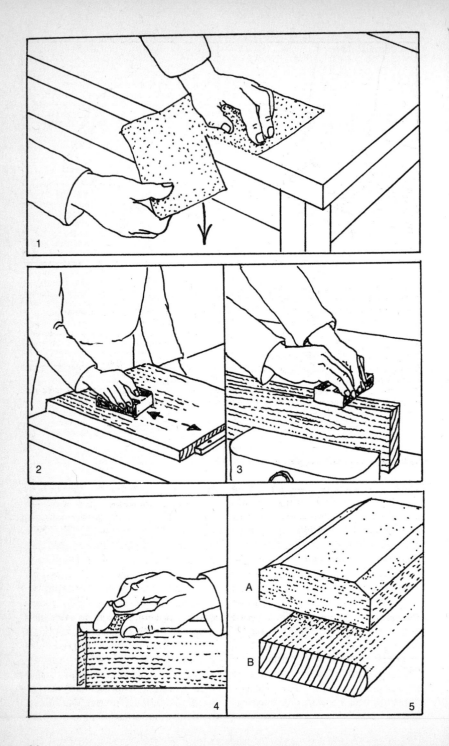

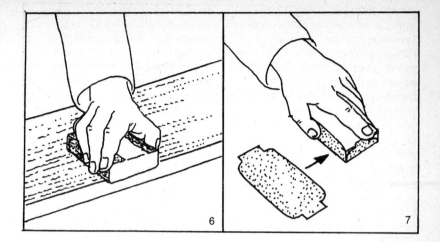

6

7

1. Afscheuren van een stuk schuurpapier.
2. Schuur altijd in de richting van de houtdraad.
3. Houd het schuurpapier stevig rond de schuurkurk, zodat de scherpte van een houtrand behouden blijft. Houd bij een breder vlak de schuurkurk diagonaal.
4. Schuren van een hol profiel: maak een passend blokje hout (zie 5B) en klem het schuurpapier eromheen.
5. A = schuurkurk; B = pasgemaakt schuurklosje.
6. Kanten schuren: houd de schuurkurk vlak op het hout wanneer de smalle kanten niet afgerond mogen worden.
7. Speciale schuurblokjes zijn vaak gemodelleerd naar de vorm van de hand. Metalen plaatjes met wolfram-carbide schuurkorrels gaan langer mee maar laten krassen achter.

Tabel van eigenschappen schuurpapier

Type schuur-papier	Glaspapier	Granaatpapier	Aluminium-oxyde	Silicium-carbide
Type korrel	poederglas	vergruisde gra-naatsteen	bauxiet	kool en kwarts
Schuurkwaliteit	vrij zacht	middelsoort	hard	zeer hard
Geschikte materialen	hard- en zacht-hout	hard- en zacht-hout	hardhout	hardhout, meu-belplaat en mul-tiplex
Toepassing	schilderwerk, glad schuren van kaal hout	met de hand en met een schuurmachine	algemeen gladschuren; kaal hout afwer-ken	nat gebruiken op schilder-werk, droog op kaal hout
Algemene opmerkingen	schuurt lang-zaam	in erg fijne kor-rel verkrijgbaar	de harde kor-rels hiervan zijn geschikt voor de schuurma-chine	ook bekend als carborundum-papier en 'water-proof' papier

het schuurpapier dwarse, moeilijk te verwijderen krassen op het houtoppervlak achterlaat.

Na het eerste grovere schuren kunt u met een vochtige doek het hout afwrijven en daarna laten drogen. Deze behandeling zorgt ervoor, dat kleine houtvezeltjes zich weer uit het houtoppervlak omhoog werken. Na het drogen kunt u nu met fijn schuurpapier het hout nog een laatste keer goed schuren en die kleine vezeltjes wegwerken. Hierna kan het hout desgewenst gebeitst, gelakt, geschilderd of blank gelaten worden. Over machinaal schuren vindt u alles in het hoofdstuk 'Elektrisch gereedschap'.

Houtverbindingen

Van de echte hout-verbindingen is de zogeheten halfhoutverbinding de simpelste en meest gebruikte: van twee samen te voegen delen hout wordt de halve dikte weggenomen, zodat de beide delen precies over elkaar heenpassen en te zamen weer de oorspronkelijke houtdikte vormen. Wanneer de halfhoutverbinding op de uiteinden van de beide aaneen te voegen delen moet komen, kan de verbinding geheel met een kapzaag worden gemaakt (zie de tekeningen A, B, C en D). Komt een halfhoutverbinding ergens in het midden van één van beide houtdelen, in elk geval niet aan de uiteinden, dan moet, na het inzagen van twee borsten, de halve houtdikte met een beitel worden weggestoken, terwijl het andere deel geheel met een

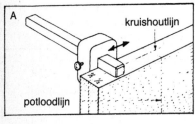

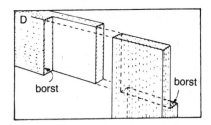

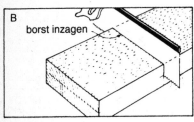

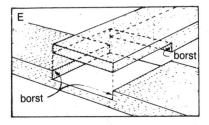

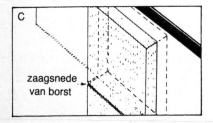

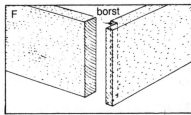

kapzaag kan worden gezaagd (zie bij *E*). Een dergelijke verbinding telt altijd drie *borsten* en noemen we *haakse lasverbinding*. In tekening *F* is eigenlijk geen sprake van een halfhoutverbinding, want slechts aan één van beide delen is de halve dikte weggezaagd. Men spreekt dan van een *keepverbinding*.
Alle halfhoutverbindingen worden gemaakt volgens het ½-½-stramien en steeds gelijmd, gespijkerd of geschroefd.

De 38 houtverbindingen.

1. Doorlopende groef.
2. Blinde groef.
3. Halfhout op hoek.
4. Halfhout met verstek.
5. Deuvelverbinding.
6. Doorgaande zwaluwstaart.
7. Verdekte zwaluwstaart.
8. Kloostersponning.
9. Open, doorgaande penverbinding.

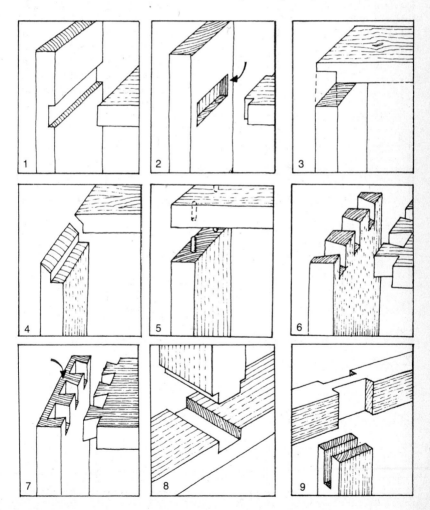

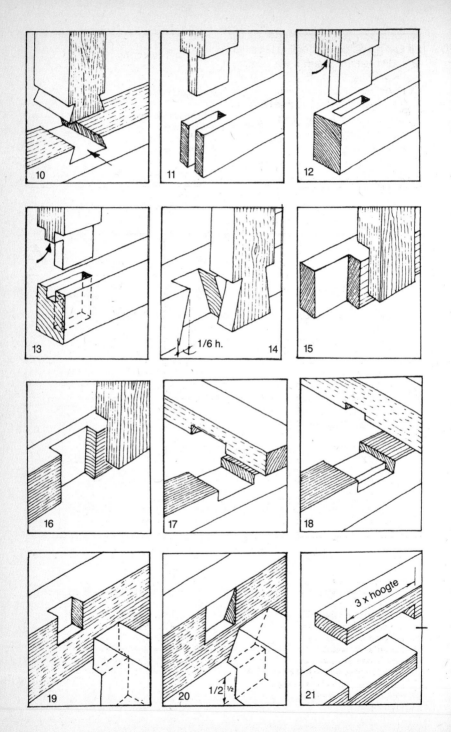

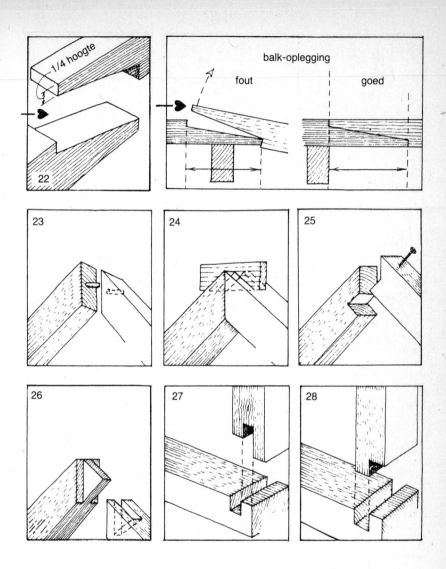

10. Groefzwaluwstaart.
11. Open pen-en-gatverbinding.
12. Pen-en-gatverbinding.
13. Pen-en-gat met spatpen.
14. Halfhouts zwaluwstaart.
15. Halfhoutsverbinding.
16. Haakse lasverbinding.
17. Dubbele haakse overkeping.
18. Haakse overkeping met loef en voorloef.
19. Raveelverbinding met rechte keep.
20. Idem met schuine keep.
21. Rechte liplas.

22. Schuine liplas.
–   Balkoplegging (de las komt nooit boven een draagpunt!).
23. Verstek met deuvel.
24. Verstek met klos.
25. Verstek gespijkerd.
26. Open pen-en-gat-verstek.
27. Kloostersponning met zijpen.
28. Kloostersponning eenzijdig.

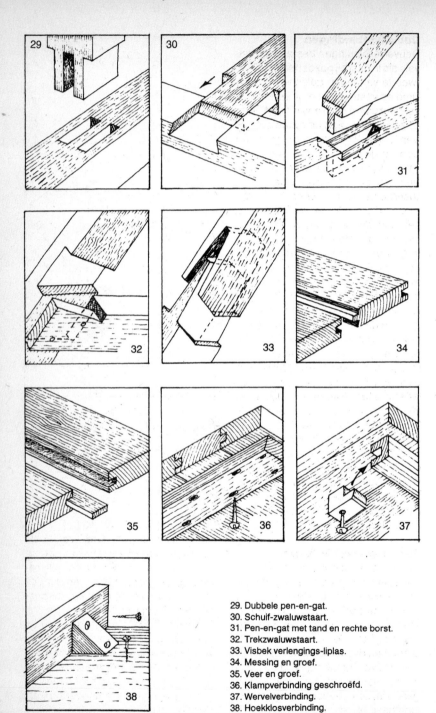

29. Dubbele pen-en-gat.
30. Schuif-zwaluwstaart.
31. Pen-en-gat met tand en rechte borst.
32. Trekzwaluwstaart.
33. Visbek verlengings-liplas.
34. Messing en groef.
35. Veer en groef.
36. Klampverbinding geschroefd.
37. Wervelverbinding.
38. Hoekklosverbinding.

Deuvelverbindingen

Deuvelverbindingen bestaan uit deuvels die in daarbij passende gaten van twee te verbinden delen worden gelijmd en vastgeslagen (*A* en *B*). Deuvels worden in de ijzerwinkel gekocht, of zelf vervaardigd uit ronde stokjes. Van belang zijn goed op maat geboorde gaten. Vaak ontstaan moeilijkheden bij het zuiver passend krijgen van de tegenover elkaar gesitueerde deuvels en gaten. In de tekeningen *C* en *D* worden twee manieren getoond om de gaten zuiver tegenover elkaar af te schrijven.

In *C* gebeurt dit met behulp van een schrijfhaak en een potloodlijn waarmee de 'as' van de gaten in het ene deel, op het kopse hout van het andere deel wordt overgebracht.

In *D* zijn de middelpunten van de nog te boren gaten van kleine spijkertjes voorzien (I). Op deel II is een hulplatje met twee steekspijkers tijdelijk vastgeslagen. Door nu deel I op dit hulplatje te laten dragen, en tegelijk de afgeknepen koppen van de spijkertjes in het hout van deel II te drukken ontstaan in deel II de afdrukken ervan. De spijkertjes en het hulplatje worden vervolgens verwijderd, en in de afdrukken van de spijkerpuntjes kan ten slotte de punt van de boor worden geplaatst. Nauwkeuriger kan het al niet.

Pen-en-gatverbindingen

Pen-en-gatverbindingen bestaan, zoals de naam al doet vermoeden, uit een pen en een gat. In tekening *A* ziet u bij I een pen-en-gatverbinding die zeer sterk is, maar een bezwaar heeft: bij het hakken van het gat zult u bemerken dat een beschadiging bij *X* niet is te voorkomen. Als nu de pen in het gat wordt gestoken en aangeslagen, zal zo'n beschadiging steeds zichtbaar blijven. De remedie is die

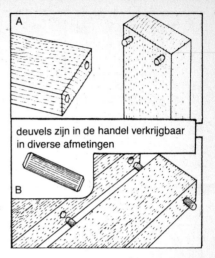

deuvels zijn in de handel verkrijgbaar in diverse afmetingen

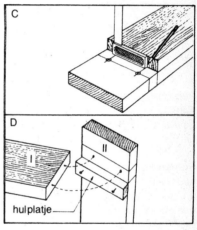

hulplatje

van II: daar is '*gemenageerd*', zoals dat heet. Dat wil zeggen dat het gat aan twee einden een aantal millimeters kleiner wordt gehakt, en dat ook de pen aan beide zijden enige millimeters wordt smaller gemaakt.

Tekening *B* toont een '*open* pen en gat'. Het gat kan eigenlijk geen gat worden genoemd, maar is eerder een uitkeping. Soms wordt een dergelijk gat 'slobgat' genoemd. Ook deze verbinding kan van een menagering worden voorzien.

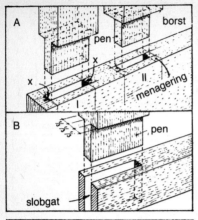

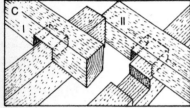

Groefverbinding

Een veel voorkomende verbinding waarbij slechts één van de te verbinden delen wordt bewerkt, en waarbij de breedte van de groef gelijk is aan de houtdikte van het andere deel. De bewerking bestaat uit het afschrijven, inzagen en uitsteken van de groef. De diepte van de groef is meestal ⅓ van de houtdikte en wordt met een kruishout op de beide zijkanten van het te bewerken deel ingekrast (zie A-2). Ook bij de groefverbinding is het belangrijk dat de beide zaagsneden aan de *binnenzijde* van de afschrijflijnen komen (B-3). Het hout van de groef wordt ten slotte van twee kanten uit weggestoken, waarbij tot precies in het hart van de kruishout-kras wordt gewerkt.

Pen-en-gatverbindingen worden meestal in een ⅓-⅓-⅓-verhouding uitgevoerd. De pen zowel als het gat hebben dus een dikte die ⅓ van de houtdikte bedraagt.

Het afschrijven geschiedt bij voorkeur met behulp van een *dubbel kruishout*, waarmee de dikte van de pen en het gat in een keer kan worden ingekrast. *Binnen* de verkregen kruishoutkrassen wordt het gat gehakt, *buiten* de krassen wordt de pen gezaagd.

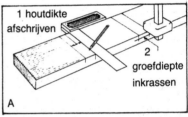

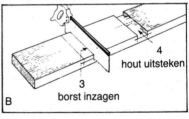

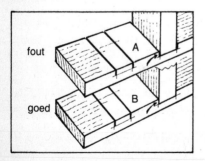

Een in het begin veel gemaakte fout: wanneer de 'borsten' van een verbinding (in dit geval een groefverbinding) aan de buitenzijde van de afschrijflijnen worden ingezaagd, zal de verbinding niet goed sluiten omdat de gezaagde groef tweemaal de zaagsnede-dikte te wijd is. Zie de pijl bij A. Wanneer de verbinding goed is afgeschreven en de borsten aan de binnenzijde van de afschrijflijnen zijn ingezaagd, zal de verbinding goed sluiten en dus hecht zijn. Zie pijl bij B.

Zwaluwstaartverbindingen

Dit zijn de sterkste verbindingen voor hoekconstructies. Ze worden bij voorkeur gebruikt in die gevallen waar aan de stevigheid hoge eisen zullen worden gesteld. De zwaluwstaart is echter wel een verbinding, die met grote nauwkeurigheid moet worden gemaakt. Het moeilijkste en belangrijkste van een zwaluwstaartverbinding is niet het zagen en uitsteken van de *staarten* en *kepen*, maar het zuiver afschrijven ervan. Om de moeilijkheden zoveel mogelijk te kunnen omzeilen, kan worden begonnen met het maken van een *afschrijfmal (A)*, eigenlijk een soort schrijfhaak waarmee de staarten kunnen worden afgeschreven. De schuine stand van de staarten is meestal 15°, ofwel bepaald door een punt, gelegen op drie maal de houtdikte. Wanneer veel delen van zwaluwstaarten moeten worden voorzien, is het aan te bevelen eerst één deel geheel van zwaluwstaarten en kepen te voorzien en daarmee de overige delen af te schrijven.

De staarten worden gezaagd zoals in tekening *B* wordt getoond: plaats meer dezelfde delen tegen elkaar in de bankschroef en zaag zoveel mogelijk staarten tegelijk in. Dat werkt niet alleen makkelijker, maar ook zuiverder. Denk eraan, dat de zaagsnede komt aan die kant van het hout, waar het hout moet worden weggenomen. De zaagsnede van een *staart* bevindt zich dus aan de zijde van de *keep*, de zaagsnede van een *keep* aan de zijde waar de *staart* komt. Wordt deze zaagwijze niet aangehouden, dan zal er tussen de staarten en kepen een ruimte ter grootte van twee zaagsneden ontstaan en zal de zwaluwstaartverbinding letterlijk en figuurlijk 'rammelen'.

Het uithakken van de kepen tussen twee staarten gebeurt zoals in *C* is aangegeven: hak de kepen niet in één keer geheel door, maar hak tot halverwege de diepte, draai dan het hout om en hak dan de overgebleven helften weg.

Wanneer de staarten gereed zijn, leg dan de staarten op de koppen van de andere delen (*D*), en schrijf deze

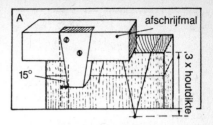

A   afschrijfmal
15°   3 x houtdikte

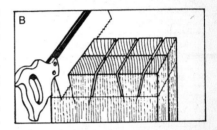

B

C

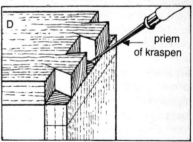

D   priem of kraspen

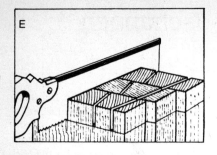

hakbeitel

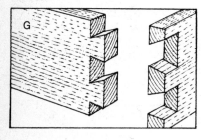

staarten met een scherpgepunte priem of kraspen daarop af. U hebt dan de plaats van de kepen bepaald. Het zagen van de kepen kan weer met meer tegelijk gebeuren (*E*). Ook hier geldt: de zaagsneden komen aan de *binnenzijden* van de kepen. Hak de kepen uit zoals in *F*. Het resultaat is ten slotte zoals in *G* getekend.

Elektrische gereedschappen

Elektrische (klop-)boormachine

De elektrische boormachine is zeker het meest gebruikte en veelzijdige gereedschap waarover we de beschikking hebben: in ruim 80% van alle Nederlandse huishoudens is een dergelijk apparaat aanwezig!

In grote trekken zijn er drie soorten boormachines: klopboormachines, elektro-pneumatische boormachines en accuboormachines.

Met een *klopboormachine* kunt u alle kanten uit. Hij is geschikt voor de meeste doe-het-zelf-klussen. U boort er mee in hout, metaal en steen. Het boren in beton kán wel, maar het gaat toch wat moeizaam. Schroeven in- en uitdraaien gaat alleen als de machine een regelbaar toerental èn een linksdraai-instelling heeft.

Een *elektro-pneumatische boormachine* (ook wel pneumatische boorhamer genoemd) is speciaal ontworpen om snel en eenvoudig in steen en beton te boren. Waar in de huidige nieuwbouw bijna alle muren, vloeren en plafonds uit beton bestaan, is de aanschaf van een pneumatische boorhamer zeker aan te bevelen. Het ding gaat door het hardste beton met een snelheid waar men soms versteld van staat. Voor normaal boren in hout en metaal zijn ze echter minder geschikt, terwijl het in- en uitdraaien van schroeven eveneens minder handig gaat dan bij een klopboormachine. Het heeft onder meer te maken met het zware gewicht van pneumatische boormachines.

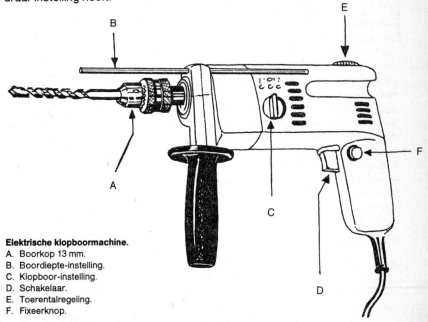

Elektrische klopboormachine.
A. Boorkop 13 mm.
B. Boordiepte-instelling.
C. Klopboor-instelling.
D. Schakelaar.
E. Toerentalregeling.
F. Fixeerknop.

Een elektro-pneumatische boormachine is nogal duur in aanschaf, dus als u denkt hem zelden te zullen gebruiken kunt u beter een moderne klopboormachine met een variabele snelheidsregeling en links/rechts-instelling aanschaffen. Voor zware klussen zoals het boren in beton kunt u dan altijd nog een pneumatische machine huren.

Een *accuboormachine*, ook wel oplaadbare of snoerloze boormachine genoemd, heeft een laag gewicht, een handzame vorm, en doet het werk zonder aansluiting op het elektriciteitsnet. Ze zijn zeer geschikt voor het schroeven in hout en metaal, maar het boren gaat doorgaans nogal traag, zodat u geneigd zult zijn wat zwaarder op de machine te drukken. En dat levert dan weer overbelasting op. Bij het boren in beton kunt u met een accuboormachine niets uitrichten. Zie verder onder '*Snoerloze boormachines en elektrische schroevedraaiers*'.

Het toerental

Bij machinaal boren kent men een gulden regel: hoe harder het materiaal en hoe groter het te boren gat, des te *minder* toeren de machine per minuut moet maken. (Het hoe en waarom vindt u in '*Elektrisch gereedschap en variabele snelheidsregeling*' uiteengezet.) Ook om schroeven in en uit te draaien zijn heel lage en fijn in te stellen snelheden vereist.

De klopboormachines met variabele (elektronische) snelheidsregeling voldoen aan deze eisen: ze kunnen zeer hoge toerentallen bereiken (onbelast tot zo'n 3000 toeren per minuut), maar ook bijzonder langzaam draaien. Hierbij blijft de techniek echter niet stilstaan: de klopboormachine BD 156 van Black & Decker beschikt over een minuscuul LCD-beeldscherm, waarbij digitale techniek automatisch zorgt voor de juiste boorsnelheid bij diverse materiaalsoorten!

Om in steen en beton te boren kunt u een klopboormachine d.m.v. een speciale schakelknop een snel kloppende beweging laten maken. Het is dit klopmechanisme waaraan deze machine zijn naam dankt. Als een klopboormachine echter op een kiezel in het beton stuit, heeft hij het erg moeilijk – u moet nog heel wat kracht zetten om 'er door te komen'.

Een elektro-pneumatische boormachine draait daar zijn hand niet voor om. Hij maakt weliswaar niet zoveel toeren en is daarom niet zo geschikt voor fijner werk, maar hij laat het niet alleen bij kloppen en voegt daar regelrecht *hameren* aan toe.

Bij de meeste boormachines kunt u het toerental tijdens het boren regelen. Naarmate u de 'trekker' verder indrukt neemt de draaisnelheid toe. Maar drukt u zwaarder op de machine zelf, dan neemt het toerental toch weer af. Bent u bijvoorbeeld met een zware boorklus bezig waarbij een grote boor is ingezet en het materiaal erg hard is, en u drukt zwaar op de machine, dan kan hij zelfs geheel tot stilstand komen. De kans bestaat dat dan de motor doorbrandt. Voor het indraaien van schroeven is een zeer laag toerental vereist, omdat bij hoge toerentallen de kans niet gering is dat het werkstuk beschadigd raakt.

Boren voor de boormachine

Sommige boren hebben aan de bovenkant een dunner afgedraaide schacht die de *kolf* wordt genoemd. Dankzij deze dunnere kolf kan een boor, dikker dan 13 mm, toch in de boorkop van een boormachine worden gezet. Want van vrijwel elke boormachine kan de boorkop slechts

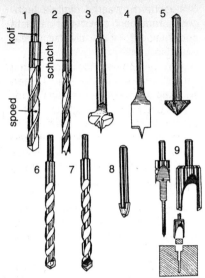

Machineboren.
1. Spiraalboor.
2. Houtspiraalboor.
3. Machine-centerboor.
4. Speedboor.
5. Soeverein- of verzinkboor.
6. Betonboor.
7. Steenboor.
8. Glasboor.
9. Proppenboren (voor het vóórboren en verzinken van schroeven. Maakt gelijktijdig een prop die, van lijm voorzien, het schroefgat afdicht).

hulpstukken bevatten die niet dikker zijn dan 13 mm. Goedkopere of lichter uitgevoerde boormachines hebben doorgaans een boorkop van 10 mm.
Elk materiaal vraagt een ander type boor. Zo kunt u hout, kunststoffen en de meeste metaalsoorten boren met een *spiraalboor* (1). Voor harde metaalsoorten zoals roestvast staal dienen spiraalboren van 'High Speed Steel' (HSS)-kwaliteit te worden gebruikt.
Voor normaal gaten boren in hout is een *houtspiraalboor* (2) en voor hout boren met grotere snelheid een *speedboor* (4) het best geschikt.

Een *machine-centerboor* (3) is een beetje uit de mode geraakt omdat de speedboor zijn rol heeft overgenomen. Men gebruikte deze boor voor het boren van zachte houtsoorten.
Met een *verzinkboor* (5) verzinkt u de koppen van platkopschroeven of bolverzonken schroeven. Deze boor noemt men ook wel 'soevereinboor'.
Betonboren (6) zijn in feite de enige boren die geschikt zijn voor beton. De punt heeft een andere vorm dan die van een steenboor, maar net als bij een steenboor is die punt voorzien van een hardmetalen snijplaatje.
Steenboren (7) zijn alleen geschikt voor steenachtige materialen en níet voor beton.
Dus: voor het boren in beton gebruikt u een speciale betonboor, waarvan de zijkanten op een andere wijze zijn afgeschuind. Steen- en betonboren mogen nooit worden gekoeld, omdat het hardmetalen snijplaatje aan de punt bros kan worden. Bij het boren van diepe gaten in erg hard materiaal doet u er goed aan de boor af en toe even te laten afkoelen. Bij oververhitting kan het snijplaatje van de boor loslaten.
Glasboren (8) zijn er van 3 tot 13 mm dik. Aangeraden wordt om rond de boorplaats een soort aangedrukt ringetje van stopverf, klei of kit te leggen en daarbinnen wat terpentine te gieten. De terpentine zorgt dan voor koeling en smering van de glasboor. Het boren moet met een zeer lage snelheid gebeuren, dus een boormachine met variabele snelheidsregeling is in dit geval ideaal.
Een *proppenboor* (9) bestaat eigenlijk uit twéé boren: met de ene boor (links) boort u het gat voor een schroef vóór, met de andere (rechts) boort u een verzonken gedeelte in het hout, waarbij tegelijkertijd een houten propje wordt gevormd, dat kan die-

77

nen om het schroefgat, nadat daar de schroef is ingeschroefd, weer vrijwel onzichtbaar dicht te maken (zie het schetsje onder 9). Het propje wordt van wat lijm voorzien en overeenkomstig dezelfde houtdraadrichting in het verzonken gaatje geplaatst.

Boren in metaal

Bij het boren in metaal moet het werkstuk stevig worden vastgezet. Dat kan in een bankschroef of in de machineklem op de voetplaat van een boormachine-standaard.
In het metaal zelf moet met een *centerpunt* ofwel centerpons een klein 'putje' worden geslagen (zie tekening bij 1). Dit gebeurt omdat anders de boorpunt van het metaaloppervlak 'wegloopt'. Let erop dat de boorpunt precies in het voorgeslagen pons- gaatje valt.

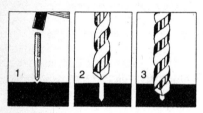

Boren in metaal.
1. Sla een putje met een centerpons en boor een gaatje voor.
2. Plaats de punt van de metaalboor in het midden van het voorgeboorde gaatje.
3. Boor tot op de gewenste diepte.

Wanneer gaten van een grote diameter moeten worden geboord, is het beter eerst met een boor van een belangrijk kleinere diameter voor te boren. De dikkere boor volgt dan als het ware het spoor van het reeds voorgeboorde gaatje (2 en 3). Meestal is het noodzakelijk de boor tijdens het draaien te koelen. Bij ijzer en staal is boorolie het best geschikt, bij non-ferrometalen (dus bijvoorbeeld koper) zeepwater.

Bij het boren in metaal mag geen al te grote druk op de boor worden uitgeoefend. Het kan de boor beschadigen of de machine overbelasten.

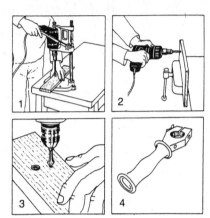

Boormachine.
1. Werken met de boormachine in een boormachine-standaard.
2. Horizontaal boren. Zet het werkstuk altijd stevig vast.
3. Verzinken van schroefgaten.
4. Bij de meeste boormachines wordt een handgreep geleverd, waarmee bij zwaarder werk een extra stevige greep op de draaiende machine kan worden gehouden. De vorm van dergelijke handgrepen kan sterk verschillen.

Cirkelzaagmachine

Combinatie- of universeelmachine voor houtbewerking

Een waardevol bezit, want een dergelijke machine biedt de houtbewerker een groot aantal mogelijkheden, terwijl hij toch maar weinig ruimte inneemt. Twee functies zijn wezenlijk: cirkelzaag, vlak- en vandikte(schaaf-) bank (soms nog uitgebreid met een freesmachine en een horizontaal werkende boormachine). De schaafbank, door de vakman vlak- en vandiktebank genoemd, is bijzonder nuttig, vooral omdat men zich een hoop

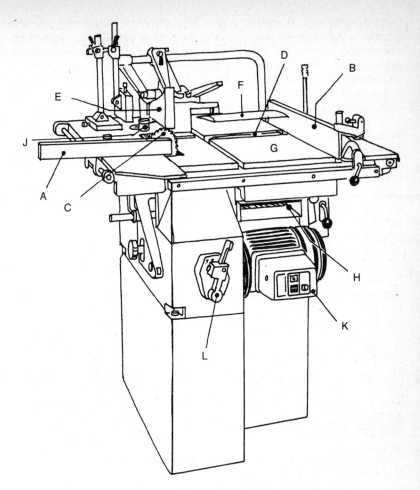

Combinatie- of universeelmachine.
A. Verstekgeleider/dwarsgeleider.
B. Langsgeleider.
C. Cirkelzaagblad.
D. Roterende schaafbladen.
E. Beschermkap cirkelzaag.

F. Beschermkap schaafbladen.
G. Aan- en afvoertafel vlakschaafmachine.
H. Onderaanvoer vandiktebank.
J. Freesmachine.
K. Aan/uitschakelaar.
L. Hoofdschakelaar.

geld kan besparen door het goedkopere, ongeschaafde timmerhout aan te schaffen.

Hoewel het bij een goede universeelmachine mogelijk is om zonder al te veel ingrepen en instellingen van de ene functie op de andere over te gaan, vormen juist die vele functies in één machine verenigd een nadeel. Universeelmachines zijn nogal gecompliceerd en daardoor storingsgevoelig, reden waarom men, als de ruimte er voor beschikbaar is, beter aparte machines voor elk doel kan aanschaffen.

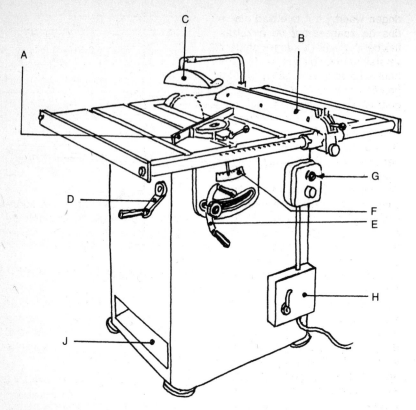

Tafelzaagmachine.
A. Dwars- en verstekgeleider.
B. Langsgeleider.
C. Schutkap.
D. Hoogte-instelling zaagblad.

E. Zaaghoek-hendel met borgmoer.
F. Instelschaal zaaghoek.
G. Aan/uitschakelaar.
H. Beveiligde hoofdschakelaar.
J. Zaagseluitlaat.

Cirkelzaagmachine

De basisfunctie van een cirkelzaag-machine is het snel en accuraat langs- en dwarszagen, ofwel het resp. schulpen en afkorten van het hout. De zaagdiepte is afhankelijk van de diameter van het zaagblad. Het zaagblad kan op de gewenste hoogte worden gedraaid. De verstelbare langsgeleider bevindt zich evenwijdig aan het zaagblad en wordt om die reden ook wel parallelgeleiding ge-noemd. Zaagmachines hebben voorts nog een dwars- of verstekge-leider met als functie daarmee hout haaks of in een hoek te kunnen afkor-ten. Een cirkelzaagmachine bestaat uit een metalen tafel, met een blad, aan de onderzijde waarvan zich een zaagas en een motor bevindt. Bij sommige machines is de motor direct met de zaagas verbonden, bij andere machines wordt de zaagas via een riem of v-snaar door de motor aange-dreven. Soms is de zaagas in de hoogte verstelbaar, in andere geval-len zit de zaagas vast en moet het tafelblad versteld worden. De uitvoeringen waarbij het tafelblad star en dus de zaagas met de cirkelzaag flexibel is, zijn het handigst, omdat bij verstelbare tafelbladen het te zagen hout altijd door het eigen gewicht tegen één zijde van het cirkelzaagblad gedrukt wordt, waardoor het zaagblad kans loopt te gaan wringen of zelfs vast te lopen.

De tegenwoordige hobby-machines hebben meestal een verstelbaar zaagblad dat tot 45° schuin kan worden gesteld. Wanneer niet de cirkelzaag, maar het tafelblad verstelbaar is gemaakt, kan dat tafelblad dikwijls om de lengte-as draaien en meestal traploos op 45° gesteld worden.

Zoals gezegd dient de cirkelzaagmachine te zijn voorzien van een *geleider* (tekening 3). Deze geleider moet zo zijn ingericht dat hij zowel in de lengte als in de breedte gemakkelijk kan worden versteld. De bevestiging van de geleider moet degelijk zijn uitgevoerd, opdat tijdens het zagen de afstand tussen zaagblad en geleider zich niet door trillingen of druk kan wijzigen.

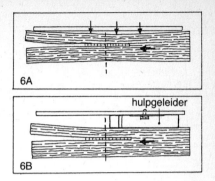

6A

6B

hulpgeleider

men. Alleen bij het zagen van sponningen of groeven is het beter de hulpgeleider tot op de lijn van de zaagas in te stellen.

Dwarsgeleider

Bij de meeste machines is ook een dwarsgeleider aanwezig, waarin of waaraan een afkort- of verstekgeleider geschoven kan worden, of die zelf in een hoek van 45° te verstellen is (tekeningen 7, 8 en 11).

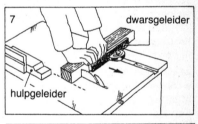

7   dwarsgeleider

hulpgeleider

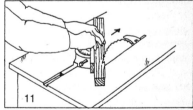

11

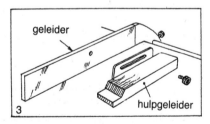

geleider

3   hulpgeleider

Geleiding

Een goede geleider is voorzien van een houten hulpgeleider, van beukehout gemaakt en met een metalen strip met een moer verstelbaar aan de geleider kan worden vastgezet (tekening 3). Stel de hulpgeleider altijd zoals in tekeningen 6A en 6B wordt getoond: het vastlopen van het zaagblad wordt daarmee deels al voorko-

Spouwmes

Op welke cirkelzaagmachine dan ook is de aanwezigheid van een spouwmes vereist (tekening 1 en 2). Zo'n spouwmes heeft drie functies:

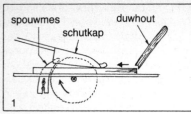

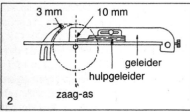

Boven: De 3 belangrijkste veiligheidsvoorzieningen.
Onder: Stand van het spouwmes en de hulpgeleider.

1. **Beveiliging van de zaagtanden.** Hiertoe moet het spouwmes met de top circa drie millimeter onder de bovenste tanden van het zaagblad zijn ingesteld. De ruimte tussen het spouwmes en de zaagtanden moet eveneens 2-3 mm bedragen.

2. **Het openhouden van de zaagsnede.** Soms heeft het gezaagde hout de neiging zich direct achter de zaagsnede weer aaneen te sluiten, waardoor het zaagblad a.h.w. wordt afgeremd en zelfs kan gaan vastlopen. Het spouwmes heeft tot taak dat te verhinderen.

3. Een extra geleiding te geven aan dat deel van het gezaagde hout, dat zich reeds achter het zaagblad bevindt. Om die reden moet het spouwmes even dik zijn als de zaagsnede die het cirkelzaagblad maakt, en de vorm zodanig dat het precies de straal van het cirkelzaagblad volgt. Het zal duidelijk zijn dat het spouwmes niet zomaar op een willekeurige plaats aan de machine vastzit, maar altijd zijn bevestiging aan dat deel van de machine vindt, dat met de zaagas

één geheel vormt. Het spouwmes moet immers met het zaagblad méé verstelbaar zijn.

Schutkap
In ons land mag men niet met een zaagmachine zonder schutkap (beschermkap) werken. In werkplaatsen en fabrieken wordt daar door de Arbeidsinspectie toezicht op gehouden, maar de particulier die thuis een cirkelzaagmachine heeft staan, zal daarvan nooit iets merken. Dat betekent echter niet dat er onverantwoordelijk met de machine kan worden omgegaan.

Over het gebruik van een schutkap zijn de meningen sterk verdeeld: sommige vaklieden vinden dat de schutkap de zaaghandelingen aan het oog onttrekt, anderen zijn van mening dat de schutkap slechts als 'stofkap' nuttig is, en weer anderen wijzen het behoud van hun vingers toe aan de verdiensten van de schutkap. Feit is wel, dat veel machinale houtbewerkers een vinger of duim missen, altijd tengevolge van het werken zonder schutkap. Het is dus aan te raden de schutkap te gebruiken, niettegenstaande hij het werken op de zaagmachine soms inderdaad bemoeilijkt (tekening 1).

Bij de goedkopere hobby-machines zijn de schutkappen, of wat daarvoor door moet gaan, aan het spouwmes bevestigd. Onbegrijpelijk, want men kan zich voorstellen dat te zagen hout, dat dikker is dan de maximaal instelbare hoogte van het zaagblad, natuurlijk nooit het spouwmes met de daaraan bevestigde schutkap kan 'passeren'.

Duwhouten
Als u dunne delen hout moet zagen op een cirkelzaagmachine, doet u er goed aan het zaagblad op een zoda-

nige hoogte te stellen dat de tandpunten ongeveer 5 mm boven het hout uitsteken. Zeer nuttig en in veiligheidstermen gesproken ook noodzakelijk is een zogenaamd duwhout: 20 cm lang en circa 1,5 cm dik aan het handvat, en toelopend naar een dikte

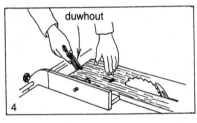

duwhout

4

duwhouten

niet spijkeren/schroeven!

5

Bovenaanzicht van de geleider en hulpgeleider van een cirkelzaagmachine.
Boven: Hier ziet men hoe te zagen hout zich kan gedragen: door de ruimte bij de pijltjes zal het hout gevaarlijk gaan wringen. Bovendien wordt de maatvoering verstoord.
Onder: Met de hulpgeleider heeft het hout de ruimte *achter* de zaagsnede uit te wijken.

van ongeveer 8 mm. Berken of beuken zijn hiervoor geschikte houtsoorten (tekening 5). Een ander type is het horizontale duwhout, geschikt voor het aanduwen van zwaar balkhout. In tekening 4 ziet u hoe een duwhout gehanteerd wordt.

Schulpen en afkorten
Als u bijvoorbeeld een plank in de lengte wilt doorzagen, dus wilt 'schulpen', gebruik dan altijd de langsgeleider met daarop gemonteerd de hulpgeleider. Houd de lange zijde van de plank tegen de hulpgeleider, terwijl u met een duwhout tegen de kopse

kant van de plank duwt (tekening 4). Trek de plank nooit naar u toe als het hout de draaiende cirkelzaag is gepasseerd, maar duw de plank voorbij het zaagblad, til hem op en breng hem zonodig terug naar de beginpositie. Bij het afkorten moet het te zagen hout tegen de dwars- of verstekgeleider worden gelegd. De dwarsgeleider glijdt bij de betere machines in een in het tafelblad uitgefreesde sleuf, bij eenvoudiger machines over een buiten het tafelblad aangebrachte glijstang. Ook bij het afkorten is de hulpgeleider onontbeerlijk: bij een goede afstelling zorgt hij ervoor, dat het restdeel van het afgekorte hout niet tussen geleider en zaagblad kan klemmen en als gevolg daarvan door het draaiende cirkelzaagblad gevaarlijk kan worden weggeworpen (tekening 7). In sommige gevallen kan beter de langsgeleider van de machine worden afgenomen en aan de dwarsgeleider een tijdelijke stuitklos worden bevestigd, zodat het afgezaagde resthout vrij komt te liggen en geen gevaar voor opspringen oplevert (tekening 8).

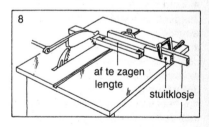

8

af te zagen lengte

stuitklosje

Verstek zagen
Het zagen van een verstek (zagen in een hoek van 45°) gebeurt eigenlijk op dezelfde wijze als het afkorten, alleen is de dwarsgeleider in een schuine hoek gesteld (tekening 11). Bij de meeste machines is op de dwarsgeleider een schaalverdeling aangebracht waarop de in te stellen hoek is

af te lezen. Soms is het bij verstek zagen nodig de langsgeleider van de machine af te nemen.

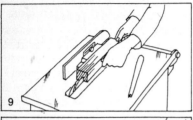

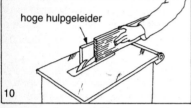

hoge hulpgeleider

Boven: Houd de vingers altijd zó, dat ze bij plotseling uitschieten niet in het zaagblad terechtkomen.
Onder: Het zagen van een groef in een brede plank. Houd de plank tegen de geleider. Gebruik een tijdelijke, verhoogde hulpgeleider, als het werkstuk meer dan tweemaal zo hoog is als de geleider.

10 veiligheidstips:

● Schakel de stroom uit, vóórdat zaagbladen worden verwisseld of afgesteld.

● Gebruik altijd de schutkap en geleiders. Als deze verwijderd moeten worden dient u steeds zaagmallen te gebruiken.

● Veeg houtafval en zaagsel nooit met de hand van het tafelblad als de machine nog draait. Schakel de machine uit en gebruik een borstel.

● Reik nooit over een draaiende cirkelzaag, maar loop rond de machine als u ergens bij moet.

● Let er bij de aanschaf van een cirkelzaagmachine op, dat de machine een noodstopschakelaar bezit.

● Vraag assistentie bij het zagen van lange of zware stukken hout.

● Controleer met de hand, vóór het inschakelen, of het zaagblad vrij loopt.

● Werk niet gehaast. Wees bedacht op eventueel gevaar.

● Laat de zaagmachine nooit onbeheerd draaien.

● Voorkom dat loshangende kleding (stropdas, mouw, e.d.) in de machine kunnen raken.

Handcirkelzaag

Van zagen 'met de hand' is hier natuurlijk geen sprake, maar wel wordt met een handcirkelzaag 'uit de hand' gezaagd. In die zin onderscheidt hij zich van de vast opgestelde cirkelzaagmachine.

De handcirkelzaag is aanvankelijk ontwikkeld als een houtbewerkingsmachine, maar door een inmiddels op de markt gebracht breed as-

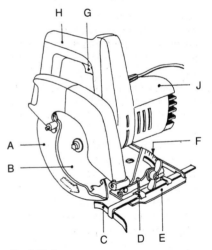

Handcirkelzaag.
A. Beschermkap.
B. Zaagblad.
C. Langsgeleider.
D. Stelschroef voor langsgeleider.
E. Voetplaat.
F. Zaaghoekverstelschaal.
G. Vingerschakelaar.
H. Handgreep.
J. Motor.

sortiment speciale zaagbladen kan de machine ook voor andere doeleinden worden aangewend, bijvoorbeeld voor het zagen van steen en kunststoffen.

Juist omdat een handcirkelzaag uit de vrije hand wordt bediend kan hij gevaar opleveren. De machine moet daarom zijn uitgevoerd met een verende beschermkap, die terugwijkt wanneer het onder de voetplaat uitstekende zaagblad in het materiaal dringt, en weer in de oorspronkelijke stand terugveert zodra het zaagblad van het materiaal wordt getild. Achter het zaagblad moet een spouwmes zijn gemonteerd dat zorgt voor een open zaagsnede. (Meer over het spouwmes vindt u bij 'Cirkelzaagmachine'.)

Het toerental van een handcirkelzaagmachine ligt (onbelast) tussen de 3000 en 5000 per minuut. Accessoires zijn: extra zaagbladen, langsgeleider, en een apart aan te schaffen tafelhulpstuk om de machine 'vast' op te stellen. (Veel fabrikanten leveren een op de machine passend zaagtafel-hulpstuk.) Bij de meeste machines kan de voetplaat traploos en tot maximaal 45° schuin worden gesteld. Een gradenschaal op de machine geeft in dat geval de juiste hoek aan. In de voetplaat is een smalle sleuf aangebracht die overeenkomt met de plaats waar het zaagblad zijn snede maakt. Met deze voorziening kan men uit de hand, dus zonder geleider, langs een lijn zagen.

Met wat oefening is het al gauw mogelijk om in een zuiver rechte lijn te zagen, hoewel dat met behulp van de gemonteerde langsgeleider toch belangrijk beter gaat.

Wanneer de zaag dreigt vast te lopen (u hoort dat aan de teruglopende snelheid), trek de machine dan iets uit de zaagsnede terug, laat hem weer

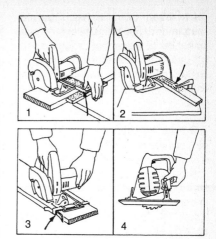

1. Maak voor het afkorten een zuiver haakse, zgn. T-geleider, waarvan de ene balk langer is dan de andere. Door langs de lange balk te zagen wordt een zuivere, haakse zaagsnede verkregen.
2. Het onder een hoek zagen over de breedte: klem een tijdelijke geleider op het te zagen hout. Deze geleider moet wel zó dun zijn dat de machine genoeg ruimte heeft om te passeren.
3. Voor het schulpen gebruikt men de langsgeleider die bij de machine hoort. Meet vanaf de binnenkant van de geleider tot aan het zaagblad. Houd daarbij rekening met de zetting van de tanden, ofwel de dikte van de zaagsnede.
4. Beperken van het splinteren: stel de voetplaat op het werk en stel de zaag zodanig af dat circa 3 mm van het zaagblad onder het werk uitsteekt.

op volle snelheid komen en zaag opnieuw onder een minder grote druk. Met de langsgeleider kan een bepaalde zaagbreedte worden ingesteld, overigens niet breder dan de geleider reikt. Stel de zaagbreedte in door deze uit te meten tussen de geleider en de buitenkant van de zaagbladvertanding. Controleer de zaagbreedte op een stuk afvalhout. Laat bij het zagen de geleider strak langs het materiaal glijden. Is de zaagbreedte te groot om de geleider te kunnen gebruiken, gebruik dan een lange, rechte lat als ge-

leider. Begin altijd te zagen met de voetplaat van de machine vlak en plat op het materiaal en het zaagblad nog vrij daarvan. Schakel de machine in en laat hem op volle snelheid komen voordat met zagen wordt aangevangen.
Een handcirkelzaag dient met overleg te worden gehanteerd. Leg de machine niet meteen terzijde als u klaar bent met zagen, maar laat de motor na het uitschakelen eerst uitlopen en tot stilstand komen. Let er steeds op dat het snoer niet met de machine in aanraking komt. Zet het te zagen materiaal zo mogelijk zorgvuldig vast en forceer de motor niet. Let erop, dat het draaiende zaagblad aan de onderkant geen hindernissen tegenkomt. Laat botte cirkelzaagbladen door een specialist slijpen en zetten.

5

6

Boven: Verwisselen van zaagblad. Steun de vertanding tegen een vastliggend stuk hout of het werkblad, zodat het zaagblad 'vast' staat. Laat de bout 'schrikken' door er met een houten hamer een stevige tik op te geven. Draai de bout verder los en plaats een nieuw zaagblad over de as.
Onder: Zagen in een hoek tussen 90° en 45°: zet de zaag in de gewenste hoek m.b.v. zaaghoekversteller. Controleer de juiste hoek door eerst een stuk afvalhout te zagen.

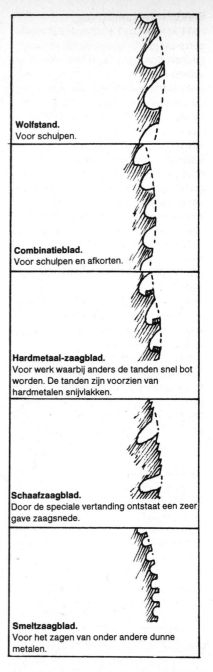

Wolfstand.
Voor schulpen.

Combinatieblad.
Voor schulpen en afkorten.

Hardmetaal-zaagblad.
Voor werk waarbij anders de tanden snel bot worden. De tanden zijn voorzien van hardmetalen snijvlakken.

Schaafzaagblad.
Door de speciale vertanding ontstaat een zeer gave zaagsnede.

Smeltzaagblad.
Voor het zagen van onder andere dunne metalen.

Enige typen cirkelzaagvertandingen.

Elektrische handzaag

Het lijkt een contradictie, maar sinds een paar jaar is er een elektrisch aangedreven zaag in de handel, die misschien het best te typeren is als een elektrische handzaag. De vorm van de zaagbladen doen namelijk sterk denken aan een gewone handzaag. Het elektrisch zagen met een cirkelzaag, decoupeerzaag of kettingzaag is niet van gevaar ontbloot en er moet doorgaans veel kracht worden gezet. De 'Alligator'-zaag van Black & Decker geeft een heel ander gevoel.

Het bijzondere zit hem in het zaagblad. Of eigenlijk twéé zaagbladen, want vlak naast elkaar bewegen twee tegensnijdende, verwisselbare zaagbladen in hoog tempo tegen elkaar in, waardoor bij het hanteren van de machine nauwelijks trillingen worden gevoeld. Men hoeft ook niet bang te zijn voor 'terugslag' of wegslaan van het te zagen materiaal.

De motor heeft een vermogen van 1020 Watt, en levert 3300 toeren per minuut. Het gewicht is 3,8 kg.

De Alligator wordt ingeschakeld door twee schakelaars te bedienen en vergrendeling is niet mogelijk. Een goede

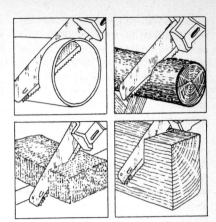

Het zagen met de Alligator.
Boven links: kunststofbuis.
Boven rechts: boomstam.
Onder links: gasbeton.
Onder rechts: spoorbiels.

veiligheidsmaatregel, maar toch weer niet afdoende, want bij loslaten van de schakelaars staat de machine niet onmiddellijk stil, de uitlooptijd bedraagt enige seconden. (De fabrikanten van elektrisch gereedschap moeten eens wat meer aandacht besteden aan het verkorten van de uitlooptijd.)

De Alligator zaagt alleen hout, kunststof, gasbetonblokken en gipsplaat;

'Alligator' universele machinezaag.
A. Tegensnijdende zaagbladen.
B. Zwaard.
C. Handgreepbeugel.
D. Motorhuis.
E. Schakelknop.
F. Tweede schakelknop.

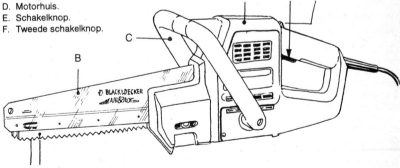

het dubbele zaagblad is niet bestand tegen metaal en draait beslist in de vernieling wanneer het op een spijker of iets dergelijks stuit. Voor nieuwe zaagbladen is men al gauw tussen de 60 en 100 gulden kwijt, en dat is wel veel geld. De zaagbladen zijn 22,5 cm lang en produceren een vrij brede zaagsnede van ongeveer 5 mm, te vergelijken met die van een lichte kettingzaag. Bij het zagen van open-haardblokken werkt de Alligator echter vele malen beter en veiliger dan een kettingzaag. De Alligator knapt verder klussen op die met een gewone handzaag onmogelijk of minstens veel moeilijker zijn. Voor tuinwerk, zoals snoeien of takken afzagen, is hij ideaal. Er zijn 4 typen zaagbladen verkrijgbaar.

Elektrische schrobzaag

Met deze machine kunt u gebogen en rechte lijnen in hout zagen. Verder is het zagen mogelijk van balken, boomtakken, golfplaten, ferro- en non-ferro-metalen e.d. De elektrische schrobzaag is eigenlijk de voorganger van Black & Deckers 'Alligator'. Voor deze elektrische schrobzaag (door de fabrikant Bosch als 'alleszaag' betiteld) worden maar liefst 13 verschillende zaagbladen geleverd. Bovendien is er sinds kort een vijl- en een raspblad leverbaar. Met het flexibele bi-metalen zaagblad kan zelfs uit de muur stekend betonijzer en buis worden doorgezaagd.

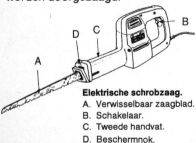

Elektrische schrobzaag.
A. Verwisselbaar zaagblad.
B. Schakelaar.
C. Tweede handvat.
D. Beschermnok.

De motor heeft een capaciteit van 2600 toeren per minuut. Het opgenomen vermogen is 550 Watt. Zaagcapaciteit in hout 150 mm, in metaal 12 mm. Het type PFZ 550 E is uitgerust met een elektronisch regelbaar toerental. De machine wordt geleverd in een koffer, inclusief een driedelige zaagbladenset.

Motorkettingzaag

Was een motorkettingzaag tot nog niet zo lang geleden voorbehouden aan houthakkers en houtvesters, tegenwoordig hebben ook 'gewone' mensen zo'n ding thuis. Ze zagen of snoeien er bomen mee of gebruiken hem voor het zagen van stookhout voor de kachel of de open haard. *Kettingzagen met tweetakt-motor* hebben een tweetakt benzinemotor en een zogeheten 'zwaard' met ronde neus. Dat zwaard is in feite de geleider voor de ketting, die wordt aangedreven door een tandwiel op de krukas. De betere kettingzagen hebben een kettingrem, een automatische kettingsmering en nog wat andere voorzieningen die het gebruikscomfort verhogen. Als je tenminste van 'comfort' kunt spreken, want de zaag maakt een ontzettende herrie en moet met grote voorzichtigheid worden gehanteerd.

Het onderhoud vraagt nogal wat. De bougies moeten om de honderd uur vervangen worden. Het luchtfilter, het brandstoffilter, de carburateur, de uitlaat en de ketting moeten regelmatig worden schoongemaakt. *Elektrische kettingzagen* zijn weliswaar niet onderhoudsvrij, maar men heeft er toch minder omkijken naar. Een beperking is natuurlijk het snoer, waardoor niet alleen de actieradius van de machine gering blijft, maar ook het risico bestaat dat het snoer beschadigd raakt. Bovendien hebben

Motorkettingzaag.
A. Zwaard.
B. Loopwiel voor zaagketting.
C. Zaagketting.
D. Handbeschermer.
E. Bougiekap.
F. Smeerolietankje.
G. Brandstoftankje.
H. Startkoord-knop.
J. Kettingsmeerhendel.
K. Vliegwielhuis.
L. Beugelhandgreep.

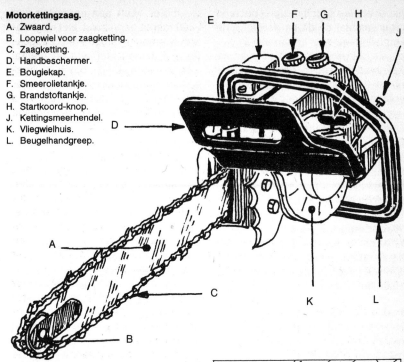

elektrische kettingzagen meestal een geringer vermogen dan hun tweetaktbroertjes.

Er zijn vele typen en merken kettingzagen, met zwaardlengten van 25 tot 50 centimeter. Elektromotoren zijn er van 750 tot 1500 Watt, benzinemotoren van 2,5 tot 5 pk. De motor van een kettingzaag drijft een zaagketting aan, die over een veerkrachtig stalen blad, het 'zwaard', is gespannen. Bij moderne kettingzagen wordt de ketting automatisch gesmeerd.

Van belang is de aanwezigheid van een handbeschermer. Deze klapt automatisch in wanneer de ketting vastloopt of de machine per ongeluk uitschiet, waarbij de motor vrijwel onmiddellijk tot stilstand komt.

Een kettingzaag zaagt meestal snel en moeiteloos zelfs het natste hout. Een goede kettingzaag heeft een uitgebreid aantal ingebouwde veilig-

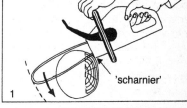

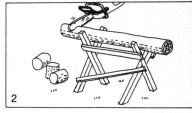

Boven: Zaag stammen in rondgaande bewegingen, de zogenaamde achtersnede, waarmee de 'hak' van de machine op het werk rust.

Onder: Maak voor het zagen van stookhout en stammetjes altijd gebruik van een zaagbok. Laat het deel wat afgezaagd moet worden oversteken, zodat het vrij op de grond kan vallen.

89

heidsvoorzieningen, maar blijft desondanks een uitermate gevaarlijk stuk gereedschap in de handen van onervaren personen. Dit is dan ook de reden dat wij op het gebruik van de machine niet uitgebreid willen ingaan. Men doet er het beste aan de gebruiks- en veiligheidsvoorschriften van de fabrikant met grote aandacht te bestuderen. Voor lichter zaagwerk en zagen van stookhout kan men wellicht beter de aanschaf van de door Black & Decker op de markt gebrachte Alligator overwegen.

Figuurzaagmachine

Er wordt in de vrije tijd nog veel gefiguurzaagd, veelal in knutselclubs voor de jeugd, soms ook door fanatieke hobbyisten. Er wordt hier en

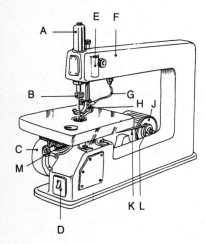

Figuurzaagmachine.
A. Plunjer.
B. Zaagklem.
C. Poeliekap.
D. Schakelaar.
E. Extra vatting voor materiaalklem.
F. Beugel.
G. Slangetjes voor lucht blazen.
H. Zaaggeleider.
J. Motor.
K. V-snaar.
L. Poelie.
M. Kantelinrichting tafelblad.

daar wat geringschattend gedaan over figuurzaagprodukten, maar het hangt er helemaal vanaf hoe men met de techniek omgaat en over hoeveel smaak men beschikt. Het is waar dat er veel rommel en kitsch wordt vervaardigd. Maar ook ziet men soms uiterst fijnzinnig vormgegeven en uitgevoerde voorwerpen.

De getoonde figuurzaagmachine, ondermeer gebruikt door zilver- en edelsmeden, lijkt verrassend veel op een naaimachine. Er bestaan echter diverse figuurzaagmachines, van professionele tot uitvoeringen voor amateurs.

Het zaagblad is niet zoals bij een lintzaag een gesloten lint, maar recht en meestal 15 cm lang. Er zijn zaagbladen voor hout, metaal en kunststof, in bladbreedten van 0,5 tot 6 mm en in vertandingen van 7 tot 32 stuks op elke 25 mm. Het zaagblad wordt net als bij een gewone handfiguurzaag in een bovenste en onderste zaagklem vastgezet. De tanden wijzen naar beneden. De bladen van een figuurzaagmachine kunnen echter in twee standen gezet worden: evenwijdig aan de machinebeugel, en haaks daarop, d.w.z. met de tanden naar opzij gericht. Het zaagblad dient onder de juiste spanning te worden vastgezet om breuk te voorkomen. Het lijkt wat vreemd, maar hoe dunner het zaagblad, des te *groter* de spanning moet zijn.

Goede figuurzaagmachines beschikken over een automatische blaasinrichting. De lucht van de motorventilatie wordt dan via een slangetje op het punt gericht waar het zaagblad de zaagsnede maakt. Het zaagsel wordt weggeblazen en de zaaglijn blijft dus altijd zichtbaar.

Gebruik voor erg korte bochten een zo smal mogelijk zaagblad. Om in het materiaal een gat of een inwendige

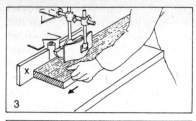

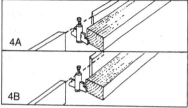

door de materiaalklem, die verstelbaar is en aan de dikte van het materiaal kan worden aangepast. Het tafelblad van de machine kan tot onder een hoek van maximaal 45° worden gekanteld, zodat ook verstekken kunnen worden gezaagd. Te sterke druk moet echter worden vermeden. Te weinig druk maakt het mogelijk dat het materiaal opspringt of op en neer beweegt, wat tot een grove, gesplinterde zaagsnede leidt.

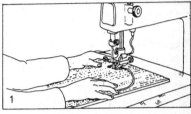

Boven: **Het vormen van een rand aan een rechte plank**.
Laat de frees op volle snelheid draaien, druk het hout tegen de invoergeleider en duw het naar voren. Laat het hout het gat tussen de geleiders overbruggen en druk dan met de andere hand het hout tegen de uitvoergeleider (X). Probeer de voorwaartse beweging zo gelijkmatig mogelijk uit te voeren.
Onder: Het werkstuk moet gedurende de bewerking over de gehele lengte worden gesteund door de in- en uitvoergeleiders. Beide geleiders dienen in één lijn te worden gezet, indien een deel van het profiel moet worden gefreesd (A). Wanneer een gehele zijde zal worden gefreesd, moet de uitvoergeleider naar voren worden gesteld totdat de nieuw gevormde profilering daartegen steun vindt.

bocht te zagen, boort men eerst een klein gaatje, maakt het zaagblad uit de bovenste zaagklem los en steekt het blad door het voorgeboorde gaatje. Vervolgens wordt het zaagblad weer op de juiste spanning vastgezet. Zeer dunne metalen materialen worden meestal tussen twee stukjes triplex of hardboard geklemd teneinde een gave zaagsnede te krijgen. De zaaggeleider moet zodanig worden ingesteld dat het zaagblad niet buigt of 'uit de lijn' loopt. Het te zagen materiaal dient stevig op het tafelblad te worden gedrukt, daarbij geholpen

materiaalklem
bovenste zaagklem
blaaslucht
inlegplaatje

Boven: Zagen van korte bochten. Zorg ervoor met langzame bewegingen het hout aan te voeren. Oefen niet te veel druk uit en laat het zaagblad niet wringen.
Onder: Om de zaag aan de onderste en bovenste zaagklem te kunnen monteren, kan het inlegplaatje worden uitgenomen. De materiaalklem wordt zó laag ingesteld, dat hij óp het te zagen materiaal drukt.

Lintzaagmachine
Voor wie in het bezit is van een lintzaagmachine bestaan er vrijwel geen onmogelijke zaagklussen. Daarbij is de lintzaag de minst gevaarlijke houtbewerkingsmachine, als men tenminste het te zagen werkstuk op het tafelblad van de machine laat rusten en niet probeert geheel uit de vrije hand te zagen. Het lintzaagblad is een smal, flexibel stalen lint zonder zicht-

91

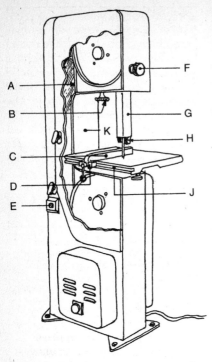

A —
B —
C —
D —
E —

     K

F
G
H

J

Lintzaagmachine.
A. Zaaglint.
B. Lintspanningsknop.
C. Geleider.
D. Vergrendeling van geleider.
E. Aan/uitschakelaar.
F. Lintstellingsknop.
G. Beschermkap.
H. Lintrol-geleider.
J. Groef voor geleider.
K. Frame-arm.

baar begin of einde, dat over twee boven elkaar gelegen wielen loopt. Het onderste wiel wordt door een motor aangedreven. Het lint is uiteraard voorzien van zaagtanden. Een professionele lintzaagmachine vraagt nogal wat ruimte. Tegenwoordig zijn er echter ook lichtere tafelmachines verkrijgbaar, die voor doe-het-zelvende houtbewerkers voldoende mogelijkheden bieden.
De voornaamste taak van de lintzaag is het zagen langs gebogen lijnen,

maar hij kan ook heel goed schulpen, afkorten en verstekzagen. De zaagcapaciteit berekent men naar de afstand tussen het zaaglint en de arm van het frame (zie bij K in de tekening). Die afstand is dus tevens de maximale houtbreedte die tussen zaaglint en frame kan worden doorgevoerd. Voordat u begint te zagen moet het lint zorgvuldig zijn gespannen, zodat het gelijkmatig over de wielen loopt. Het spannen kan gebeuren door het bovenste loopwiel omhoog of omlaag te draaien aan de lintspanningsknop. Het lint dient voorts te zijn gecentreerd door het bovenwiel 'te sporen'. De zijgeleiders zorgen ervoor dat het lint niet zijdelings uitwijkt. De geleiderol achter het lint draait met het lint mee en geeft de vereiste tegendruk bij het zagen. Als de geleiderol niet correct is ingesteld, zal het lint geen zuivere zaagsnede kunnen maken. De zaaggeleiding is in hoogte verstelbaar, al naar gelang de dikte van het te zagen werk.
Zaaglinten zijn verkrijgbaar in verschillende breedten. Met een smaller lint kunt u een kleinere straal zagen dan met een breed lint:

Lintbreedte:	Kleinste te zagen straal:
6 mm	19 mm
10 mm	38 mm
13 mm	56 mm
19 mm	100 mm

Volg bij het zagen dezelfde veiligheidswenken als die van de cirkelzaagmachine!

Schulpen
Ga met het gezicht naar het tafelblad staan, iets opzij van het midden (voor rechtshandigen links). Voer het hout langzaam door, duw met één hand en

stuur met de andere. Bij het schulpen moet het werk stevig tegen de geleider worden geduwd. Houd het werk bij het terughalen uit de zaag ook stevig tegen de geleider. Bij schulpen is het eigenlijk beter om twéé geleiders te gebruiken, aan elke kant van het te zagen hout één.

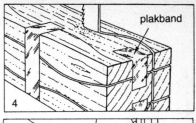

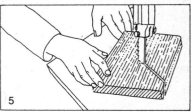

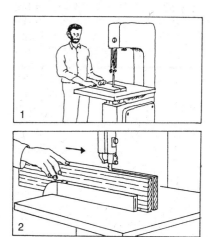

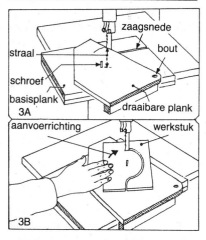

Verstelbare mal voor het zagen van cirkels.
Monteer een basisplank op de lintzaagtafel en draai de draaibare plank in tot hij tegen de basisplank stuit. Plaats het werkstuk op de schroef van de draaibare plank. Zwaai de draaibare plank uit tot aan de juiste straal en draai het werkstuk tijdens het zagen rond, met de schroef als 'passerpunt'.

Boven: Bij het zagen van gecompliceerde voorwerpen kunt u de onderdelen bij elkaar houden door ze met plakband te fixeren. Onder: De tafel van de meeste lintzaagmachines kan tot 45° schuin naar één kant worden ingesteld voor het zagen van schuine zaagsneden.

Snoerloze boormachines en elektrische schroevedraaiers

Overal in huis zit wel ergens een stopcontact, maar vaak net niet op de plaats waar je hem nodig hebt. Een verlengsnoer biedt weliswaar uitkomst, maar gemakkelijk is anders. Dat hadden de fabrikanten van elektrische boormachines ook wel door en ze kwamen met de snoerloze boormachine, al snel gevolgd door de snoerloze elektrische schroevedraaier. Het voordeel van dergelijke machines is dat je er mee op elke plaats kunt komen. Oplaadbare nikkel-cadmium cellen, samengevoegd tot een accu, zorgen voor de onafhankelijkheid van stopcontacten. Met een bijgeleverd oplaadapparaat, aangesloten op het elektriciteitsnet, kan de accu steeds weer op zijn volle capaciteit worden gebracht. Overigens vormen de batterijen of cellen het nadeel van snoerloze elektrische gereedschappen: ze belasten het mi-

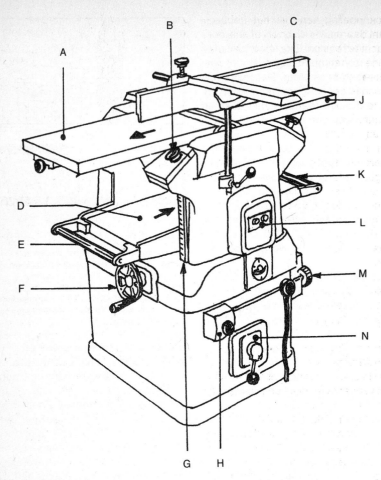

Gecombineerde vlak- en vandiktebank.
A. Afvoerblad vlakbank.
B. Hoogte-instelknop tafelblad vlakblad.
C. Geleider.
D. Onder-aanvoerblad vandiktebank.
E. Geleiderol vandiktebank.
F. Instelwiel bladhoogte vandiktebank.

G. Diktemeterschaal.
H. Noodstopschakelaar.
J. Aanvoerblad vlakbank.
K. Geleiderol vandiktebank.
L. Aan/uitschakelaar vlakbank.
M. Instelknop draaisnelheid.
N. Aan/uitschakelaar vandiktebank.

lieu. Daarom doet u er goed aan zoveel mogelijk te werken met de machine op het oplaadapparaat aangesloten.
Snoerloze machines zijn er in verschillende voltages, variërend van 3,6 tot 12 Volt. Hoe meer volts, hoe meer kracht de machine levert. De nieuwere modellen kunnen wat hun prestaties betreft wedijveren met de snoermachines. De meeste machines zijn met twee snelheden uitgerust, andere hebben een traploze toerenregeling, dus erg geschikt voor karweitjes waarbij afwisselend een hoger of lager toerental nodig is. Een instelbare

slipkoppeling kan zijn nut hebben, want daarmee is de boor- of schroefkracht te regelen. Elke snoerloze machine is standaard uitgerust met een links-rechts-instelling. Dat maakt ze geschikt om er schroeven mee in en uit te draaien, wanneer men zich er althans een set schroevedraaierbits bij aanschaft.

Een snoerloze machine is gegarandeerd elektrisch veilig. Kortsluiting is uitgesloten, terwijl de spanning van de batterijen of accu's natuurlijk ver beneden de 220 Volt blijft. Oplaadbare accu's gaan, afhankelijk van het merk, zo'n 800 tot 1000 uren mee. Daarna moeten ze worden vervangen.

Gooi de accu's in dat geval niet in de vuilnisbak, maar geef ze af bij een depot of inzamelplaats voor klein chemisch afval.

Gecombineerde vlak- en vandiktebank

De vlakbank en vandiktebank verrichten verwante functies en zijn meestal in één machine verenigd. De vlakbank schaaft en 'vlakt' oppervlakken en zijkanten van het hout, de vandiktebank schaaft de andere vlakken van het hout tot een uniforme dikte, mits één oppervlak al zuiver is vlakgeschaafd, zodat de gevlakte zijde(n) van het hout over de platte ondertafel van de vandiktebank kan worden geschoven. Het schaven in deze gecombineerde schaafbank geschiedt door een sneldraaiend, cilindrisch stalen beitelblok (zie tekening 2).

Op de vlakbank wordt het werkstuk met de hand aangeduwd over het beitelblok tussen de beide metalen tafelhelften. Deze zijn onafhankelijk van elkaar hoger of lager te stellen. Het 'afvoerblad' moet op dezelfde hoogte liggen als het hoogste punt van de beitels in het beitelblok, opdat het

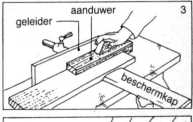

Boven: De aanvoerwalsen trekken het hout door de machine, maar soms moeten ze een handje worden geholpen. Duw met de knie het hout aan.

Onder: Schematische voorstelling van de gecombineerde vlak- en vandiktebank. Boven de vlakbank, onder de vandiktebank. Alleen bij de vandiktebank geschiedt de doorvoer van het hout door de aanvoerwalsen (A), die door de motor worden aangedreven. Bij B het roterende beitelblok, bij C de rollers.

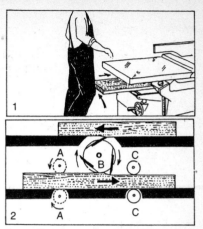

Boven: Gebruik een zelfgemaakte aanduwer voor korte of dunne stukken hout. Hout dat korter is dan circa 30 cm, is té kort om veilig machinaal bewerkt te worden.

Onder: Houd met beide handen het hout op het aanvoerblad (A) en begin te schaven. Verplaats de handen geleidelijk over de beschermkap naar het hout op het afvoerblad (B).

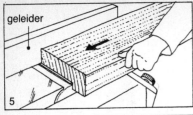

geleider

5

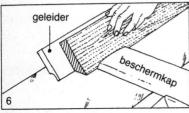

geleider

beschermkap

6

Boven: Het 'slaan' van een sponning.
Verwijder de beschermkap en stel de geleider
in tot op de sponningbreedte. Maak de
sponning op diepte door het hout enkele
malen langs de geleider te voeren.
Onder: **Het schaven van schuine kanten en
randen.**
Zet m.b.v. de verstekschaal, die achter de
geleider zit, de geleider in de vereiste hoek.
Controleer de hoek met een zweihaak.

reeds geschaafde deel van het hout
ondersteund over dit afvoerblad kan
glijden. Het 'aanvoerblad' moet lager
gesteld staan, en wel gelijk aan de
houtdikte die men wil afschaven. De
maximale schaafdikte mag echter
niet meer dan ongeveer 3 mm per
schaafstreek bedragen. Voor het
schaven van een holle plank plaatst
men de holle zijde naar onderen op
het aanvoerblad en maakt men eerst
meerdere, korte schaafstreken. Als
de plank 'scheluw' is, schaaft men
eerst het hout van de hoger gelegen
punten.
Hout wordt in de vandiktebank op een
vlak, verstelbaar onderblad ingevoerd. Gegolfde aanvoerwalsen,
aangedreven door de motor, grijpen
het hout en trekken het naar voren
onder het draaiende beitelblok. De
rollers houden het hout aangedrukt
terwijl het wordt geschaafd.

Zorg ervoor dat de beschermkap
wordt toegepast waar en wanneer dat
ook maar enigszins mogelijk is.

Elektrische (hand)schaafmachine

De schaafmachine neemt het zware
werk over van de gewone blokschaaf.
Het draaiende snijblok bevat twee
schaafbladen (beitels). Het snijblok
staat haaks op de zool, net als het
beitelblok van een vlak- en vandiktebank. De breedte van het snijblok bepaalt ook de maximum schaafbreed-
te en bedraagt bij de meeste machines 70, 75 of 82 mm.
De diepte van de schaafstreek kan op
twee manieren worden ingesteld. Bij
sommige machines bestaat de zool

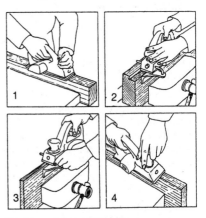

Werken met de schaafmachine.
1. Plaats eerst de schaaf op het werk, schakel
pas dan de motor in en oefen gelijkmatige druk
uit tijdens het schaven. Overbelast de motor
niet door te zware druk.
2. Stel voor het schaven van een sponning de
langsgeleider zodanig, dat de zool dezelfde
breedte heeft als de sponning. Maak een
aantal korte streken om te controleren of de
beitels op de juiste diepte staan.
3. Stel bij smalle oppervlakken de
langsgeleider zodanig in dat het
schaafgedeelte zich in het midden van de zool
bevindt.
4. Het schaven van een schuine kant moet
voorzichtig gebeuren; wees steeds bedacht
op het uitschieten van de machine.

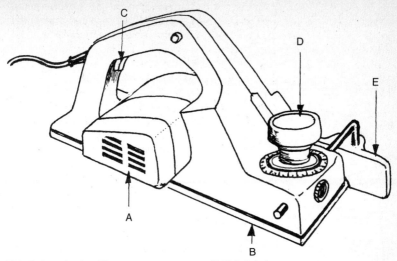

Elektrische schaafmachine.
A. Motorhuis.
B. Zool of voetplaat.

C. Schakelaar.
D. Handgreep met regeling schaafdiepte.
E. Langsgeleider.

uit twee delen die onafhankelijk van elkaar verstelbaar zijn. De achterste zool van dit type schaven dient gelijk te liggen met het onderste punt van de roterende schaafbeitels, terwijl de voorste zool gelijk moet liggen aan de gewenste schaafdiepte.

Andere machines hebben een enkelvoudige zool die aan één einde draait om een spil waarmee de schaafdiepte hoger of lager wordt gesteld.

Het maximale toerental ligt bij de meeste machines tussen de 14000 en 19000 toeren per minuut. De maximale schaafdiepte van 0,5 tot 1,5 cm per schaafstreek. De maximale sponningdiepte die geschaafd kan worden bedraagt bij de ene machine 8, bij de andere machine 20 mm. Bij sommige machines wordt een langsgeleider meegeleverd, bij andere moet u hem apart aanschaffen. Er zijn accessoires zoals een schaafstandaard, een langs- en verstekgeleider, een sponningdieptegeleider en een spaanderopvangzak.

Een goede schaafmachine heeft een 'parkeerstand' waarmee de beitels tegen beschadigingen worden beschermd. Voor wat de beitels betreft: er wordt een set meegeleverd, maar er zijn ook beitels van HSS-kwaliteit en speciale beitels voor het schaven van hardhout, multiplex en geplastificeerd spaanplaat verkrijgbaar.

Plaats een schaafmachine altijd eerst op het werkstuk, voordat u hem inschakelt. De schaaf mag niet te diep schaven op hout dat breder is dan de breedte van de schaafbeitels, anders zal een serie groeven ontstaan met daartussen verhoogde 'ruggen'. Stel de schaafbeitels dus in op dunne schaafstreken en schaaf langzaam wanneer gladde oppervlakken worden verlangd. Volg altijd de gebruiksaanwijzingen van de fabrikant.

Freesmachine
Een freesmachine schaaft en vormt de kanten van rechte en gebogen stukken hout, hij maakt profielen,

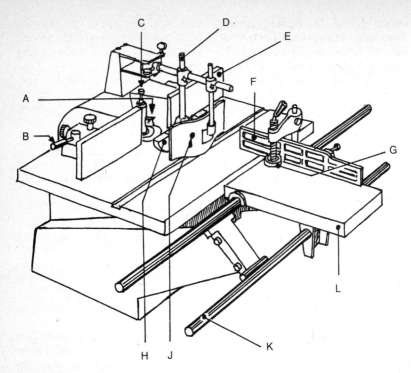

Freesmachine.
A. Freesbeitel.
B. Instelknop langsgeleider.
C. Freesspil.
D. Verticale aandrukhouder.
E. Invoergeleider.

F. Verstekgeleider.
G. Verstekklem.
H. Verticale neerhouder.
J. Horizontale aandrukhouder.
K. Schuifassen.
L. Schuiftafel.

lijsten, sponningen, groeven en pennen.

De machine bestaat uit een vlak tafelblad met in het midden van de achterzijde daarvan een gat. Door dit gat steekt een roterende spil waaraan een snijbeitel (de eigenlijke freesbeitel) kan worden gemonteerd. De spil kan omhoog en omlaag worden gedraaid om de freeshoogte in te stellen. De tafel bevat een sleuf waarin een haakse- of verstekgeleider glijdend past, en twee van schroefdraad voorziene gaten voor de beide houten geleiders aan weerskanten van de spil. Deze geleiders kunnen onafhankelijk van elkaar naar voren of naar

achteren worden gesteld om de gewenste freesdikte te krijgen, en bovendien naar links of naar rechts om de ronddraaiende freesbeitel voldoende ruimte te bieden. Het werkstuk rust tegen de geleiders en wordt tégen de draairichting van de spil in 'aangevoerd'. De spil draait doorgaans met een snelheid van circa 10000 toeren per minuut.

Freesbeitels zijn in een zeer grote verscheidenheid van breedten en profilering in de handel. Sommige beitels zijn in overeenstemmende positieve en negatieve ('mannetje en vrouwtje') paren in de handel. Ongevormde freesbeitels dienen om ze zelf een gewenst profiel te kunnen geven. Tweedelige 'kraagfrezen' bestaan uit een stel beitels die elk worden vastgezet in een van de twee parallel lopende groeven in een speciale spilschacht. Met schijffrezen maakt men zeer diepe profielen. Ze kunnen enkel of in paren worden gebruikt, op onderlinge afstand gehouden door stelringen.

Voordat men met frezen begint moet men eerst de spil met de hand ronddraaien om daarmee te controleren of de beitels geheel vrij van de geleiders kunnen ronddraaien.

Maak altijd eerst een proefsnede aan een stuk afvalhout. Voor het frezen van gebogen vormen moet de ringgeleider worden aangebracht; de ongefreesde kant van het werkstuk glijdt dan tegen deze ringgeleider. Bij het frezen van de gehele zijkant van bij-

voorbeeld een plank, kan men een houten mal op het werkstuk schroeven, de mal rust dan tegen de ringgeleider.

Neem bij het bedienen van de machine de veiligheidswenken in acht, zoals die staan vermeld bij de cirkelzaagmachine! Een freesmachine geldt als één van de sterk risicodragende gereedschappen. Werk met de grootste zorgvuldigheid!

Handfrees- of bovenfreesmachine

De handfreesmachine, ook wel bovenfrees genoemd, vervangt de grondschaaf, toogschaaf en profielschaven, en is in staat groeven, kepen, sponningen, pennen en een groot aantal verschillende profielen te frezen (zie tekening 6). Met de bovenfrees kunnen ook moeilijke houtverbindingen worden gemaakt, zoals messing- en groefverbindingen en zwaluwstaartverbindingen. Voor deze laatste verbinding is overigens een speciale mal nodig.

De bovenfrees bestaat uit een motor waaraan zich een boorhouder-achtige klauw bevindt, die hoger of lager ten opzichte van de ronde voetplaat of zool kan worden ingesteld. De freesbeitels worden in deze klauw bevestigd en steken verticaal hoger of lager voorbij de zool. De motor kan zeer hoge snelheden bereiken, van 18 000-20 000 toeren per minuut, waardoor de frees een zeer gladde structuur achterlaat. Bij zware uitvoeringen heeft de motor een vermogen van 0,75 tot wel 1,5 pk, bij lichtere motoren 0,25 tot 0,5 pk. De freesbeitels draaien kloksgewijs rond, waardoor de machine de neiging heeft in dezelfde richting mee te draaien. Om deze reden moet de machine altijd tégen de draairichting in worden 'gevoerd'. Zet het te schaven of te frezen werk

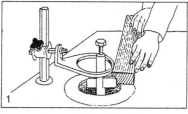

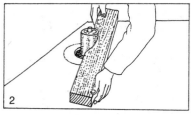

Boven: **Het profileren van gebogen randen**. Verwijder de in- en uitvoergeleiders en de aandrukkers. Druk het werkstuk tegen de ringgeleider en laat de frees aan de onderzijde van het hout zijn werk doen.
Onder: **Het schuren van gevormd werk**. Plaats een schuurrol op de spil en schuif een huls van schuurpapier over de rubber cilinder. Schroef de dop vast, zodat het rubber uitzet.

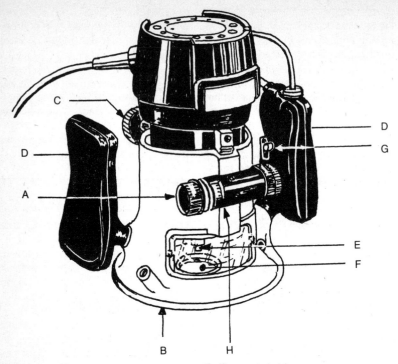

Handfreesmachine.
A. Instelknop beiteldiepte.
B. Voetplaat of zool.
C. Vergrendelingsknop snijdiepte.
D. Handgreep.

E. Klauw en spindel.
F. Freeskamer met transparant beschermdeurtje.
G. Aan/uitschakelaar.
H. Diepteschaal-instelling.

altijd stevig vast, schakel de machine in en laat hem op volle snelheid komen voordat hij op het werk wordt gezet. Beweeg de machine gelijkmatig en rustig over het werk; te grote snelheden bij hard hout kunnen de motor overbelasten, te lage snelheden kunnen het werk aan de freesranden beschadigen of zelfs doen verbranden.

Met enige oefening is aan het geluid van de machine te horen of de juiste snelheid is ingesteld. Sommige freesmachines worden geleverd met een stuur- of langsgeleider om rechte en gebogen freesprofielen te geleiden. Deze stuurgeleider heeft twee ronde staven die met twee vleugelmoeren

de instelbare geleider vasthouden (tekening 3 en 4). Soms is ook een passerhulpstuk voor het frezen van zuivere cirkels verkrijgbaar (tekening 4). Voor het frezen van eenvoudige groeven kunnen meestal een of twee rechte latten worden gebruikt (tekening 2).

Tijdens het verwijderen of verwisselen van een frees moet de stekker uit het stopcontact worden genomen en de motor geblokkeerd staan. Hiervoor is bij sommige machines een speciale voorziening aangebracht. Bij andere typen is daarvoor een aparte blokkeerschakelaar ingebouwd (tekening 1). Bij het werken met de machine moet hij aan de hand-

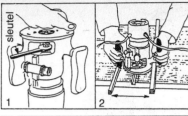

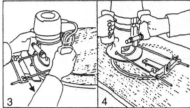

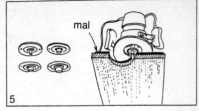

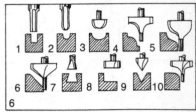

Tekening 2: **Het frezen van een brede groef.**
Gebruik twee latten als geleiders. Plaats de latten zodanig, dat de frees de buitenste randen van de groef raakt. Frees daarna het middengedeelte uit door de zool van de machine beurtelings tegen de linker- en rechterkant te laten stuiten.
Tekening 3 en 4: Het frezen van cirkelvormige profielen.

Boven: Op de zool van de machine kan een zogenaamde kopieerring worden gemonteerd, een stalen schijfje met een ronde kraag die verdiept ligt t.o.v. de voetplaat. De kraag loopt langs een vooraf gemaakte mal van multiplex, terwijl de frees langs de kraag loopt.
Onder: Een aantal verschillende freesprofielen:
1. Eenzijdige frees.
2. Halfronde groeffrees.
3. Halfronde holfrees.
4. Kwartrondfrees.
5. Ojieffrees.
6. Kantbreekfrees.
7. Zwaluwstaartfrees.
8. Sponningfrees.
9. V-groeffrees.
10. Afrondfrees.

grepen met voldoende kracht op het werk worden gedrukt om de frees op de vereiste diepte te houden.
Er is een grote keuze aan freesbeitels in de handel. Ze zijn in HSS (sneldraaistaal) en in hardmetaal verkrijgbaar. Voor het normale houtfrezen zijn de goedkopere HSS-freesjes voldoende geschikt. Waar men op dient te letten is het verschil in enkelzijdige en tweezijdige profielfrezen: de enkelzijdige uitvoeringen met één snijkant werken weliswaar sneller, maar laten een minder gave afwerking achter als de tweezijdige exemplaren.

Bandschuurmachine

Door de grote omtreksnelheid van de eindloze schuurband neemt een bandschuurmachine het hout zeer snel af. Als dan ook nog een grove schuurband is gemonteerd, loopt men de kans dat door de sterke schuurwerking a.h.w. een groef in het hout ontstaat. Voorzichtigheid is dus geboden. Er zijn twee typen bandschuurmachines: die met een bandbreedte van 75 mm en 100 mm. De schuurcapaciteit is gekoppeld aan de omtreksnelheid en bedraagt gemiddeld 400 tot 500 meter per minuut. Alle bandschuurmachines zijn uitgerust

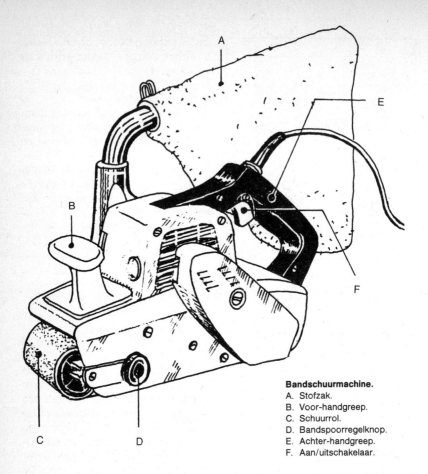

Bandschuurmachine.
A. Stofzak.
B. Voor-handgreep.
C. Schuurrol.
D. Bandspoorregelknop.
E. Achter-handgreep.
F. Aan/uitschakelaar.

met een stofzak waarin het schuurstof grotendeels wordt opgevangen. De schuurband loopt over twee rollen, één rol wordt door de motor aangedreven, de andere rol kan worden ingesteld om de schuurband zuiver over de rollen te laten sporen. Tussen beide rollen ligt de uit dun metaal vervaardigde schuurplaat die ervoor zorgt dat de schuurband vlak op het werk wordt gedrukt.

De machine wordt altijd met twee handen bediend. Schakel hem in *voordat* u hem op het te schuren materiaal zet en beweeg hem dan regelmatig heen en weer, want als u hem maar even op dezelfde plaats laat staan schuurt de band terplekke een verdiept gedeelte. Schakel de machine pas uit nadat hij van het werk is genomen.

Het is niet nodig om druk uit te oefenen; het eigen gewicht van de machine, gevoegd bij de bandsnelheid, is voldoende om het schuurwerk op te knappen. Zorg ervoor dat de 'banen' die de machine schuurt, elkaar overlappen. Schuur altijd in de richting van de houtdraad, nooit dwars erop. Alleen wanneer krasjes van de schuurkorrel geen bezwaar opleveren (bijvoorbeeld bij het afschuren van verf of roest), kan de machine dwars of kruiselings worden bewogen.

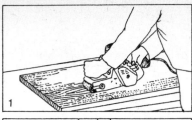

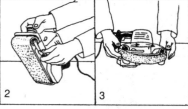

Boven: Een draaiende bandschuurmachine 'rijdt' onmiddellijk van u weg als u hem loslaat! Zorg er dus voor dat u hem steeds stevig vasthoudt.

Onder links: Het weglopen van de schuurband over de rollen wordt verholpen door met de bandspoor-regelknop de hoek van de voorrol te veranderen.

Onder rechts: Het monteren van een nieuwe schuurband: maak de spanhendel tussen de twee rollen los. Schuif de band met de daarop afgedrukte pijlen met de wijzers van de klok mee over de rollen.

Wanneer de schuurband verwisseld moet worden, trek dan eerst de stekker uit het stopcontact. De afstand tussen beide rollen kan worden verkleind door de voorrol stevig op een harde ondergrond te drukken: de rol wordt dan door een veermechanisme op zijn plaats gehouden. Verwijder de oude band en monteer een nieuwe. Let bij het monteren van de nieuwe band altijd op de richting van de pijlen die op de achterzijde van de band staan gedrukt. Een druk op de hefboom van het veermechanisme is voldoende om de voorrol weer in zijn oorspronkelijke stand te laten snappen.

De juiste bandsporing kan worden ingesteld met behulp van de bandspoorregelknop. De band moet strak langs de geleideplaat en over de rollen lopen.

Tafelslijpmachine

Een slijpmachine slijpt gereedschappen zoals beitels, scharen, schroevedraaiers, boren e.d. en ontroest en vlakt metalen materiaal. De meeste slijpmachines bezitten twee slijpstenen: een grove voor het bijwerken van beschadigingen en verwijderen van bramen, en een fijnere voor het slijpen van gereedschappen.

De steendiameters variëren van 125, 150, 175, 200 en 250 mm, de snelheid van de machine bedraagt 2500 tot 3500 toeren per minuut.

De machine dient op een stevige ondergrond te worden vastgezet. Grotere slijpstenen dan voor de machine geschikt mogen niet worden gebruikt, al was het alleen maar omdat in dat geval de beschermkap moet worden afgenomen. De slijpstenen bestaan veelal uit samengeperste korrels van een zeer hard materiaal. De korrelbinding is kunstmatig en kan bij te hoge snelheden of verkeerd gebruik uiteenvallen; de steen spat dan uit elkaar met alle gevolgen van dien. De beschermkap en de doorzichtige oogbeschermer zitten er dus niet voor niets, terwijl het dragen van een veiligheidsbril geen overbodige luxe mag heten.

Behalve verschil in steenkorrel (bekend zijn amaril en carborundum) bestaat er verschil in hardheid. In tegenstelling tot wat men zou veronderstellen is voor zachte materialen een harde steen nodig, voor harde materialen juist een zachte steen. Het is verstandig altijd de bedieningsvoorschriften voor de machine na te leven en alleen de door de leverancier aanbevolen slijpstenen te gebruiken. Niet gebruikte slijpstenen worden aan

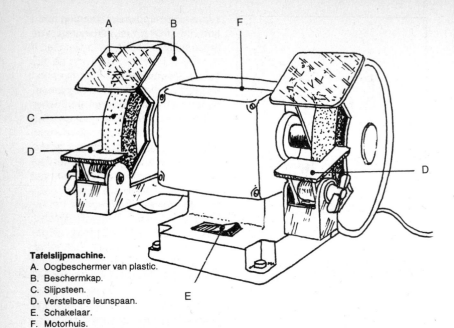

Tafelslijpmachine.
A. Oogbeschermer van plastic.
B. Beschermkap.
C. Slijpsteen.
D. Verstelbare leunspaan.
E. Schakelaar.
F. Motorhuis.

het asgat opgehangen bewaard. Een kapotte slijpsteen herkent men aan de klank: geef met bijvoorbeeld een schroevedraaier een korte tik op de steen. Wanneer men een doffe klank hoort is de steen gebarsten. Onmiddellijk de steen weggooien is de enige mogelijkheid. Na enige tijd raken slijpstenen bot, doordat het steenoppervlak is volgelopen met zeer fijne metaaldeeltjes en ook de vlakheid van het slijpoppervlak is verdwenen. Met een zogenaamde slijpsteenscherper kan de steen weer worden hersteld door de scherper regelmatig van links naar rechts over het slijpoppervlak te bewegen. De gekartelde randen van de scherper nemen de volgelopen korrelstructuur af.

Zet bij het slijpwerk altijd de leunspaan in de juiste stand, de voorzijde op ongeveer 3 mm van de slijpsteen. Druk het te slijpen materiaal niet te stevig tegen de steen aan om 'verbranding' van het ma-

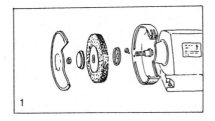

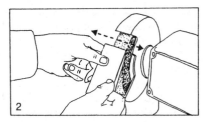

Boven: De opbouw van slijpsteen en beschermkap.
Onder: Druk altijd *licht* op de draaiende steen en beweeg het te slijpen materiaal heen en weer. Gereedschapstaal steeds afkoelen door het in koud water te dompelen. (De leunspaan en beschermkap zijn in de tekening weggelaten.)

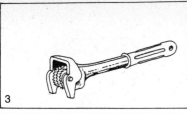

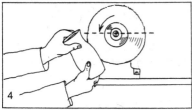

Boven: Slijpsteenscherper.
Onder: Houd uit de hand te behandelen materialen en voorwerpen tegen de staalborstel- of polijstschijf *onder* het middelpunt van de draaiende schijf.

teriaal te voorkomen. Houd een busje water bij de hand en doop het materiaal telkens in het water om het niet te warm te laten worden. Beitels moeten na het slijpen gewet worden op een vlakke wetsteen.

Een slijpmachine kan ook worden gebruikt om er een staalborstel-schijf op te monteren. Hiermee kunnen metalen voorwerpen worden ontroest, gereinigd en gepolijst. Met een zogenaamde polijstschijf maakt men een metalen oppervlak weer glanzend schoon, mits daarbij een polijstpasta wordt gebruikt. Omdat voor ontroesten en polijsten de leunspaan doorgaans moet worden verwijderd en het te reinigen voorwerp dus 'uit de hand' tegen de schijf wordt gedrukt, dient men bedacht te zijn op mogelijk terugslaan van het materiaal.

Elektrische behangstripper
Dit ingenieuze Black & Decker stoomapparaat vervangt de zware en logge stoomapparaten die men bij de doe-het-zelf-handel kan huren. Wie regelmatig zelf behangt is niet slecht uit voor een bedrag van rond de 125 gulden. Alle soorten behang kunnen met deze behangstripper worden afgestoomd. Voor zeer zware behangpapieren en vinylbehang is een behangperforator als accessoire leverbaar. Deze perforator snijdt tijdens het afstomen openingen in het behang, waardoor de stoom achter het papier kan dringen.

De behangstripper weegt als het reservoir met water is gevuld slechts 1,5 kg en mag alleen daarom al 'gebruiksvriendelijk' worden genoemd. Met zijn 1200 Watt produceert de stripper stoom van 125°C, die via vijf grote stoomgaten gelijkmatig over het oppervlak van de zool verdeeld wordt. De stoomtoevoer kan men regelen met de aan/uit-schakelaar.

Het apparaat kan met gevuld reservoir in elke stand worden gehouden; lekken kan het niet.

Elektrisch gereedschap met variabele snelheidsregeling
(Met dank aan Black & Decker Benelux voor de beschikbaarstelling van het illustratie-materiaal.)

De ontwikkeling en vervolmaking van elektrisch gereedschap staat niet stil. De firma Black & Decker brengt elektrisch gereedschap op de markt met traploos instelbare snelheidsregeling. Decoupeerzagen, vlakschuurmachines, verfstrippers, haakse slijpers, de elektrische vijl ('*Powerfile*' genoemd), ze maken het doe-het-zelven eenvoudiger en veiliger doordat het toerental van de machine aangepast kan worden aan het te bewerken materiaal.

Elektrische behangstripper.
A. Waterreservoir.
B. Waterpeil.
C. Schakelknoppen.
D. Stoomzool met 5 stoomgaten.

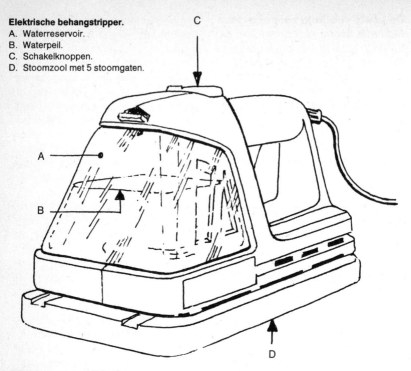

Wat is een variabele snelheidsregeling?

Het belang van een variabele snelheidsregeling kan op eenvoudige wijze worden geïllustreerd door een beroep te doen op uw ervaring als autobestuurder. Want de werking van de versnellingsbak van een auto vertoont vele overeenkomsten met die van elektronisch gereedschap.

Eén snelheid

Stelt u zich een auto voor die slechts over één enkele versnelling beschikt. Zo'n voertuig zal op een mooi effen rijweg een bepaalde maximumsnelheid halen, die echter bij de minste helling terugloopt. Wordt de helling te steil, dan zal de motor zo zwaar belast worden dat hij blokkeert.

Een boormachine met slechts één toerental reageert op dezelfde wijze en zal dus:

– zonder belasting op een maximum toerental draaien;
– tijdens het boren terugvallen op een lager toerental;
– bij overbelasting tot stilstand komen.

Twee snelheden

Rusten we onze auto uit met twee versnellingen in plaats van één, dan kan bij een helling teruggeschakeld worden naar de lagere versnelling. De snelheid en het toerental blijven dan behouden. Bij de traditionele boormachine worden twee snelheden verkregen door een tweestandenschakelaar; schakel je die in, dan volgt er een sterke verlaging van het toerental. Het verschil in kracht en snelheid blijft evenwel vrij groot en is dus zelden optimaal.

De juiste snelheid voor elke klus

Natuurlijk hebt u al ondervonden dat boren in hout of schroeven bevestigen een aangepaste draaisnelheid vergt. Dat geldt ook voor het elektrisch zagen van hout of aluminium, het wegschuren van een vernislaag of het gladschuren van een vurehouten plank. Dankzij het principe van de variabele snelheidsregeling kan voor elk soort van materiaal een aangepaste snelheid worden ingesteld.

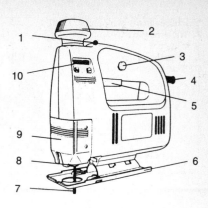

1. Knop voor variabele snelheidsregeling.
2. 'Scroller' (stuurknop).
3. Blokkeerknop.
4. Snoer.
5. Schakelaar.
6. Zool.
7. Zaagblad.
8. Zaagbladhouder.
9. Transparante beschermkap.
10. Blokkeerknop voor figuurzagen.

Langere levensduur van de accessoires

Door de optimale snelheid waarmee elke klus wordt opgeknapt, wordt uw boormachine niet alleen minimaal belast: ook de levensduur van de accessoires wordt in grote mate verlengd.

Altijd een beter eindresultaat

De exacte snelheid, de permanent maximale motorkracht en het efficiënte gebruik van de accessoires garanderen een beter eindresultaat: gaaf boorgat, zuivere zaagsnede, onberispelijk schuuroppervlak enz.

Decoupeerzaag

Black & Decker heeft in zijn assortiment 3 decoupeerzagen met een variabele snelheidsregeling. De BD538SE is daarbij het enige model dat voorzien is van een stuurmechanisme, de 'scroller'. De BD547 heeft dan weer als enig model een pendulum-positie tijdens het zagen.
De drie modellen genieten de voordelen van een variabele snelheidsregeling. Omwille van de overzichtelijkheid zijn de praktische voorbeelden uitgewerkt aan de hand van de BD538SE.

Technische gegevens BD538SE

Vermogen opgenomen: 350 Watt
Max. toerental (per min.): 800-3000

Elektronische snelheidsregeling
Max. zaagdiepte
– hout: 55 mm
– non-ferrometaal: 8 mm
– staal: 3 mm
Verstek tot 45°
naar beide zijden
Scroller (stuurknop) mechanisme
Instelling van de zaagbladrichting
Stofafzuiging door stofzuiger
Beschermkap
Gewicht (kg): 1,9

– Gebruik altijd het juiste zaagblad. Op de drie elektrische decoupeerzagen staat vermeld welk type van zaagblad u voor welk materiaal moet kiezen.

– Het toerental moet worden aangepast aan het materiaal. Een vuistregel: hoe harder het materiaal, hoe trager het toerental.

Dankzij de stuurknop, de 'scroller', kan de BD538SE de ingewikkeldste figuren zagen zonder dat de machine in moeilijke standen verdraaid hoeft te worden. De spindelrotatie kan bovendien in vier standen worden geblokkeerd: op 0, 90, 180 en 270°.

Bij figuurzagen in hout kiest u een lage snelheid voor zacht hout en een normale snelheid voor hardhout.

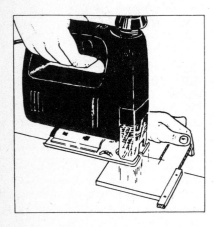

Voor het zagen van keramiek, tegels, glas e.d. gebruikt men het universele zaagblad (A5191), dat met hardmetalen korrels is bestrooid. De elektronische snelheidsregeling wordt, gezien de hardheid van deze materialen, op de laagste stand ingesteld.

Koperen, aluminium of stalen staven, buizen en gordijnroeden worden op laag toerental gezaagd om overmatige warmteontwikkeling te vermijden. Klem die voorwerpen steeds stevig vast!

Met de stuurknop op 90° kunt u met de zaag heel fraai en gemakkelijk dwars doorzagen. Dat is bijzonder handig voor het op lengte zagen van PVC-golfplaat, want op normale snelheid volgt de zool feilloos de golven.

Plexiglas zaagt u steeds op een lage snelheid om te vermijden dat de zaagsnede door de hitte dichtsmelt. Een langs- en rondgeleider (accessoire A5150) bewijst hier uitstekende diensten om netjes op de lijn te zagen.

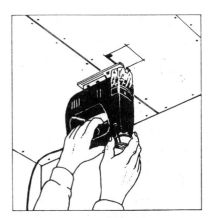

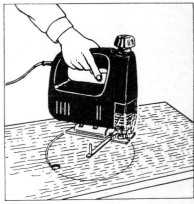

Elektrische lasdozen aanbrengen in een plafond van gipskartonplaten? Geen probleem: de gaten daarvoor worden in een wip uitgezaagd. Eerst een klein gaatje boren en de zaagsnede daarin beginnen. Stel de decoupeerzaag in op hoog toerental, want gipskarton is een zacht materiaal. Vergeet vooral niet de externe stofafzuiging aan te sluiten: gips geeft heel veel fijn en stuivend stof af.

Een cirkel zagen wordt nog gemakkelijker met de stuurknop. Of u bevestigt een langs- en rondgeleider aan de machine en slaat een spijker in het middelpunt van de cirkel.

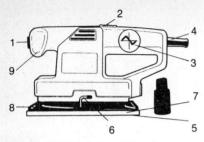

1. Traploze Electronic toerentalregeling.
2. Schakelaar.
3. Electronic aanduiding.
4. Snoer.
5. Schuurpapier.
6. Klembeugelbediening.
7. Zool.
8. Klembeugel.
9. Voorhandgreep.

Vlakschuurmachine electronic met externe stofafzuiging

Een zuinige lichtgewicht (1,1 kg en 135 Watt). Traploos instelbaar van 6500 tot 11000 t.p.m., d.w.z. 13000 tot 22000 schuurbewegingen per minuut.
Optimaal bedieningsgemak door het lage gewicht en de ergonomische vormgeving. Zeer geluidsarm.
Altijd een schone werkplek dankzij de stofafzuiging met behulp van een stofzuiger. Een adaptor die op elke stofzuiger past, wordt als accessoire bijgeleverd.
De standaard zoolmaat van 90 × 187 mm maakt deze machine uitermate geschikt voor de meest voorkomende schuurkarweien.

Technische gegevens BD180E

Vermogen opgenomen: 135 Watt
Max. toerental (per min.): 6500-11000
Aantal schuurbewegingen
(per min.): 13000-22000
Elektronische snelheidsregeling
Schuuroppervlak: 90 × 187 mm
Stofafzuiging door stofzuiger
Gewicht (kg): 1,1

– Zorg ervoor dat de schuurstrook goed om de zool aansluit.

– Stofafzuiging verlengt de levensduur van de schuurstrook.
– Kijk steeds uit voor spijkers! Eerst verwijderen!

– Gebruik altijd de juiste schuurkorrel: grovere korrel voor afschuren, fijne korrel voor gladschuren of afwerken.

– Trek een nieuwe schuurstrook met de achterzijde diagonaal langs de rand van de werkbank of het tafelblad. Hierdoor rekt de strook een beetje uit, waardoor ze gemakkelijker is aan te brengen en langer meegaat.

Automatische stofafzuiging. In de zool van de BD180E zitten acht gaatjes die in directe verbinding staan met de stofafzuiginrichting. Wilt u daar gebruik van maken, dan moet u ook een bijpassende, geperforeerde schuurstrook gebruiken. Aan de achterkant zit een adaptor waarop u de stofzuigerslang aansluit. Gebruik een middelhoge snelheid voor het schuren van geschilderde oppervlakken.

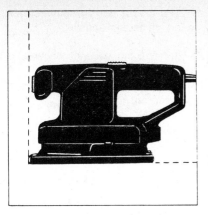

De BD180E heeft een zuiver rechte, aan de voorkant iets doorlopende zool. Daardoor kunt u handig tot in de kleinste hoekjes schuren, zelfs in de hoeken van raam- of deurkozijnen.

Houten of metalen garagedeur? Geen probleem. Schuur geschilderd materiaal af op laag toerental en met een grovere schuurstrook. Als u buiten werkt is stofafzuiging niet per se nodig, maar de schuurstrook gaat dan wel langer mee.

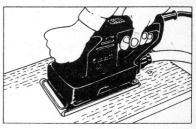

Schakel de machine eerst in voordat u hem op het te schuren oppervlak plaatst, want anders gaat ze op de loop en/of beschadigt het oppervlak. Gebruik een hoge snelheid voor hout en metaal, lagere snelheden voor schilderwerk, vernis en synthetische stoffen. Oefen geen te zware druk uit, laat de machine het werk doen, daar is ze voor gemaakt.

De zichtbare uiteinden en het kopshout van plafond- of wandschrootjes worden vaak niet of slordig afgewerkt. Ruw hout slorpt echter veel vernis of verf op, wat een aanslag op uw portemonnee betekent. Gladschuren is dus een zinnige bezigheid die bovendien weinig tijd en energie vergt. Stel de machine in op de middelste snelheid en gebruik een schuurstrook met middelfijne korrel.

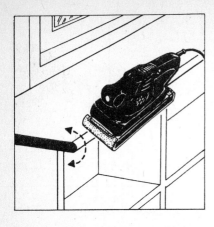

Ronde vorm schuren? Rustig aan, op lage snelheid en met een middelgrove korrel als het om een geschilderd oppervlak gaat. Voor ongeschilderd hout kan op een hogere snelheid worden overgeschakeld.

Zeker bij het schuren van geschilderde oppervlakken is aansluiting op de stofzuiger aan te raden: de meeste verfprodukten bevatten stoffen die schadelijk zijn voor de gezondheid.

Elektronische verfstripper

Sinds de introductie van de verfstrippers (1947) heeft dit elektrisch gereedschap een permanente ontwikkeling gekend, zowel op het vlak van de gebruikstoepassingen (zie voorbeelden) als op het vlak van de specificaties.

Het inbouwen van een variabele snelheidsregeling heeft daarbij een belangrijke rol gespeeld.

De BD1610E en de BD3100E zijn daarvan twee sprekende voorbeelden. In de tekeningen herkent u de BD3100E. De beschreven voordelen en tips zijn uiteraard ook van toepassing op de 1610E.

Technische gegevens BD3100E

Vermogen opgenomen: 2050 Watt
Aantal temperatuurstanden: 5
Temperatuur (°C): 100-600
Luchtstroom (liters per min.): 250-500
Elektronische temperatuurcontrole
Gewicht: 850 gram

– Wie rechtshandig is, neemt bij het afschroeien van verf de verfstripper in de linkerhand en de verfschraper of het steekmes in de rechterhand.

– Gebruik steeds het juiste hulpstuk: het visstaarthulpstuk, het glasbeschermingshulpstuk, het lepel-

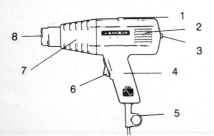

1. Elektronische 5-standen-schakelaar.
2. Inlaat koude lucht.
3. Steun voor stationair gebruik.
4. Greep.
5. Ophangoog.
6. Schakelaar.
7. Beschermkap (afneembaar).
8. Mondstuk met luchtuitlaat.

hulpstuk of het soldeerhulpstuk. De vier hulpstukken kunt u in handige verpakking bij uw Black & Decker dealer kopen.

– Een barbecue of een open haard kunt u met de BD3100E of de BD1610E, ingesteld op de hoogste temperatuur, moeiteloos en veilig aanmaken.

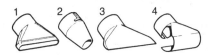

1. Visstaart-mondstuk.
2. Konisch soldeermondstuk.
3. Glasbescherm-mondstuk.
4. Lepelmondstuk.

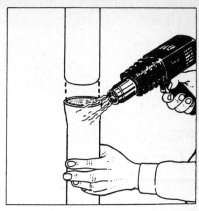

Ook voor het zgn. 'trompen' van PVC-afvoerbuizen kan de stripper worden ingezet. Stel voor dunwandige buizen een lage temperatuur in, voor dikwandige buizen een hogere. Getrompte verbindingen vormen een perfecte aansluiting.

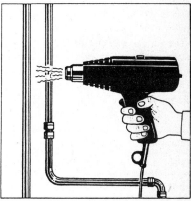

Bevestig het visstaart-mondstuk op de verfstripper en u hebt een prima stuk gereedschap dat op een hogere temperatuur moeiteloos allerlei soorten van gekleefde vloerbedekking verwijdert. Begin deze klus altijd op de laagste temperatuur om beschadiging van de tegels te vermijden.

De stripper kan bevroren waterleidingen ontdooien als u de lage temperatuur instelt. Niet hoger, want dan riskeert u dat de soldeerverbindingen smelten. Beweeg de verfstripper zachtjes heen en weer op ongeveer 3 cm afstand van de te ontdooien buis.

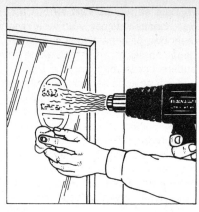

Met het lepelmondstuk kunt u PVC-buizen buigen op lage temperatuur. De stripper kan, dankzij de twee nokken aan de achterkant, rechtop worden gezet.

Stickers en andere kleverige voorwerpen, zelfs op glas, worden door de stripper verwijderd. Stel de laagste temperatuur in, verhit de sticker 15 tot 30 seconden en wrijf de kleeflaag weg met een vochtige doek.

Wilt u verf afschroeien kort bij glas, stel de stripper dan in op een lagere temperatuur of bevestig het speciale glasbescherm-mondstuk op de heteluchtuitlaat. Zo vermindert u de kans op glasbreuk.

Ook scheuren of gaten in een plat mastiekdak kunt u repareren. Smelt de mastiek op hoge temperatuur en dicht het lek met gesmolten teer.

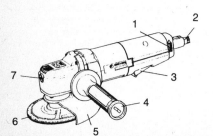

1. Toerentalschakelaar.
2. Snoer.
3. Aan/uitschakelaar.
4. Zijhandgreep.
5. Beschermkap.
6. Slijpschijf.
7. Spindelvergrendelingknop.

Haakse slijper BD12K electronic

Een 'haakse slijper' kan heel wat meer dan de benaming laat vermoeden. Doorslijpen van staal, steen en andere harde materialen is slechts één van de aspecten van zijn vermogen. Slijpen, afbramen, ontroesten, polijsten, oude verflagen verwijderen, voegen uitslijpen gebeuren in een handomdraai. Zeker met de nieuwste machine, de BD12K, die uitgerust is met een elektronisch regelbaar toerental en in een stevige metalen koffer nog een hele reeks accessoires meekrijgt:

– slijpschijf
– 2 afbraamschijven
– 2 schuurschijven
– komstaaldraadborstel
– polijstvacht
– schroefsleutel
– handvat

Technische gegevens BD12K

Vermogen opgenomen: 600 Watt
Max. toerental (per min.):
2800-10 000
Diameter slijpschijf (mm): 115
Spindelmaat: M14
Afkoppelbaar snoer
Asblokkering
Gewicht: 2,25 kg

– Kies altijd het toerental dat op de machine zelf wordt aanbevolen.

– Let er op dat u altijd de juiste schijf gebruikt en dat deze niet vastloopt.

– Draag altijd werkhandschoenen en een veiligheidsbril. Trek bij het slijpen of afbramen van metaal stevige werkkleding aan.

– Maak er een punt van dat kinderen uit de buurt blijven als u met de machine werkt.

Bakstenen kunnen niet altijd op maat of in de juiste vorm worden gehakt. Met de slijper zaagt u de stenen in elke gewenste vorm. Gebruik het maximale toerental om te vermijden dat de schijf in de steen vastloopt. Oefen geen te grote druk uit: de slijpschijf doet het werk.

De BD12K is een geavanceerde doe-het-zelf-machine die alle klussen aankan. Lasnaden gladslijpen b.v. Stel de machine in op toerental 7 en houd ze in een hoek van ongeveer 15° t.o.v. het werkvlak (hoge snelheid = vlak lasoppervlak).

115

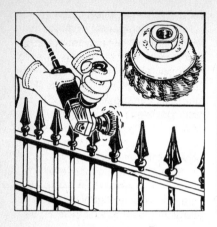

Met de komstaaldraadborstel (inzet) kunt u metalen onderdelen en constructies eenvoudig en snel ontroesten. Stel de machine in op stand 6, d.w.z. 7000 toeren per min. Controleer de maximale belasting (t.p.m.) van de komstaaldraadborstel en pas zo nodig de snelheidsregeling aan.

Sleuven frezen en gaten zagen kan in elke steenachtige muur, b.v. voor de aanleg van weggewerkte elektrische leidingen en lasdozen.

Met de polijstvacht kunt u de op uw auto aangebrachte waslaag uitwrijven. Een lage snelheid is hierbij absoluut noodzakelijk om het verbranden van de lak te verhinderen.

Een haakse slijper is niet geschikt voor fijn schuurwerk. Schuur nooit met de schuurschijf vlak op het materiaal, maar schuur 'slijpend' in een schuine stand en houd het middelpunt vrij.

Bij het doorslijpen van metaal moet het werkstuk stevig worden vastgeklemd, zodat u met beide handen kunt werken. Gebruik uitsluitend de doorslijpschijf voor metaal.

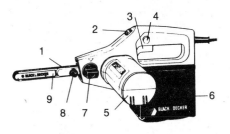

1. 13 mm schuurband.
2. Variabele snelheidsregelaar (type BD292E).
3. Schakelaar.
4. Blokkeerknop.
5. Motorhuis/2de handgreep.
6. Stofopvangzak.
7. Regelknop bandspanning.
8. Spoorknop schuurband.
9. Rechte arm.

Powerfile electronic

Deze nieuwe Black & Decker-uitvinding kan vijlen, raspen, schaven, slijpen, schuren, ontroesten en beitelen. Een echt manusje-van-alles dat u bijna overal kunt inzetten en geschikt is om vrijwel alle materialen te bewerken, dankzij de grote verscheidenheid in schuurbanden en schuurarmen.

De powerfile is uitgerust met een krachtige lichtgewicht motor van 47 mm en biedt een maximum aan gebruikscomfort: licht, handig én veilig. Hij houdt ook de werkplaats schoon dankzij de stofafzuiging. Stofzak en een 13 mm smalle schuurband behoren tot de standaarduitrusting. Er zijn 13 mm en 6 mm schuurbanden beschikbaar voor hout en metaal en voor steen en keramiek.

Technische gegevens BD292E

Vermogen opgenomen: 300 Watt
Max. bandsnelheid (m/min.): 900-1400
Elektronische snelheidsregeling
Full wave-elektronica
Gewicht: 1,7 kg
Schuurarmbreedte: 13 mm

– Met de standaard voor stationaire opstelling wordt de Powerfile een permanent slijpstation en hebt u altijd beide handen vrij.

– Let op de goede sporing van de schuurband.

– Vergeet niet de stofzak op tijd te ledigen.

– Gebruik schuurbanden aangepast aan het materiaal dat u wilt bewerken. Er bestaan schuurbanden (6 of 13 mm) voor hout en metaal of voor steen en keramiek.

Voor efficiënt *ontroesten* van allerhande metalen voorwerpen gebruikt u schuurbanden met een grove korrel en kiest u een lage snelheid.

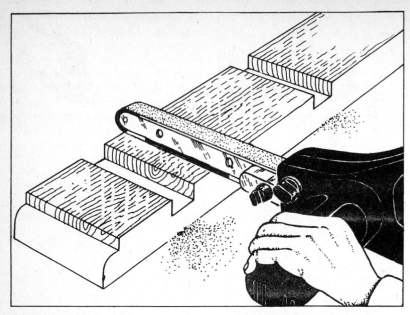

De schuurbanden van de powerfile zijn 6 mm of 13 mm breed. Dat biedt ongekende mogelijkheden want u komt ermee in de kleinste hoekjes en gaatjes. Een keep in een houten werkstuk pasmaken (13 mm) wordt een koud kunstje: zet de machine op de hoogste snelheid (hout = zacht materiaal) en laat de schuurband het werk doen.

Als een deurslot aan vervanging toe is, moet vaak het slotgat worden vergroot. Vroeger kwam daar een onhandige en gevaarlijke steekbeitel aan te pas, nu knapt de powerfile dit karwei snel en moeiteloos voor u op. Vure- of grenehouten deuren gaat hij op de hoogste snelheid te lijf, hardhouten deuren op normale snelheid.

Klemmende deuren of ramen? De powerfile verlost u van die ergernis. Leg tussen raam of deur en het kozijn een stuk carbonpapier en druk raam of deur dicht. Het gedeelte dat klemt wordt op deur of raam afgetekend. De powerfile doet de rest op zijn normale snelheid.

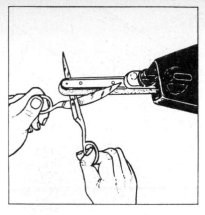

De powerfile is een uitstekende slijpmachine: huishoudscharen, heggescharen, messen van de grasmaaier, snijvlakken van spaden, schoffels of harken, de powerfile kan het allemaal aan. Stel de machine in op een lage snelheid, zo wordt het metaal niet te heet en verliest het zijn hardheid niet.
Wilt u beide handen vrij hebben, zet dan de powerfile vast in de standaard voor stationaire opstelling.

Bol of hol: de powerfile heeft er geen boodschap aan. Op de hoogste snelheid voor zachte houtsoorten, langzamer voor harde houtsoorten.

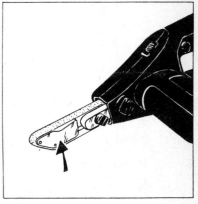

Roestplekken of beschadigingen aan uw auto schuurt u met de powerfile op lage snelheid rustig en zorgvuldig weg. De lage snelheid voorkomt de vorming van rondvliegende metaalsplinters. Dek in ieder geval de niet te bewerken delen af.

Met een gebogen schuurarm kunt u nóg gemakkelijker groeven vijlen in materiaal zoals gipsplaat, kunststof, steen en cement, dankzij het versterkte steunvlak (zie pijl).

119

Ladders en trappen

Om bij het klussen binnen in uw woning overal goed bij te kunnen zult u minstens een trapje nodig hebben. Maar als u onderhoudswerk buiten moet verrichten dient u toch over een ladder te beschikken. En als bijvoorbeeld het trappenhuis nogal hoog is, zal een soort steigertje moeten worden opgericht.

Voor een doorsnee eengezinswoning moet u beschikken over een ladder met in totaal 30 sporten, waarmee u dan ongeveer 7½ meter hoog kunt komen, voldoende om bijvoorbeeld de dakgoten te bereiken.

Als u een ladder koopt, let dan op de mogelijkheden die hij biedt. Met een enkelvoudige ladder (tekening 1) zijn de mogelijkheden beperkt, omdat hij niet langer gemaakt kan worden dan hij is. Met een schuifladder (2), die uit twee of meer delen bestaat, kan dat wèl.

De aluminium ladders verdringen de houten ladders meer en meer. Niet onbegrijpelijk, want aluminium is in tegenstelling tot hout niet aan bederf onderhevig. U zou aluminium ladders gerust buiten kunnen laten staan, ware het niet dat u het daarmee inbrekers wel erg gemakkelijk maakt uw huis binnen te klimmen.

De bomen van aluminium ladders bestaan uit geprofileerd of rechthoekig materiaal waarin de sporten stevig zitten vastgeklonken. De sporten hebben meestal een geribd oppervlak, waardoor de schoenen een stevige, veilige grip vinden. Ook de ladder zelf mag niet wegglijden, dus dienen de bomen te zijn voorzien van anti-slipvoetjes van rubber of kunststof.

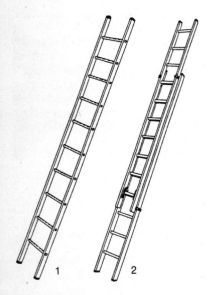

Links: Aluminium enkele ladder.
Rechts: Aluminium schuifladder.

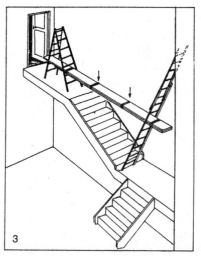

3

7 **Reformladder.**

Hoe u met een ladder en een stevig huishoudtrapje een geïmproviseerde steiger kunt bouwen toont tekening 3. Als voorbeeld is gekozen voor een trappenhuis: op het hoogstgelegen deel, in dit geval het bovenste bordes, zet u de laagste trap, de schuifladder gebruikt u om echt 'de hoogte' in te gaan. Met een paar steigerdelen overspant u de tussenliggende ruimte. Is die tussenruimte groter dan ongeveer 1½ meter, dan moeten twee dikkere planken of steigerdelen worden gebruikt die op enkele plaatsen onderling met touw, verpakkingsplakband of een paar lijmtangen aan elkaar zijn verbonden. Gereedschappen kunt u op de steigerplank leggen, maar veiliger is het ze in een emmer te leggen en deze met een

haak of een stuk touw aan een laddersport te hangen. Staat de ladder tegen een kwetsbare muur of ander object, omwikkel dan de bomen aan de bovenkant met een paar oude lappen.
Een reformladder (tekening 7) heeft twee scharnierende delen waardoor de ladder 'gespreid' kan worden. Hij kan dus geheel vrij staan. Reformladders zijn er ook in schuifladder-uitvoering. Als doe-het-zelf-ladder is hij uitstekend bruikbaar, en in combinatie met een tweede ladder of een gewoon huishoudtrapje is er een handige kamersteiger van te maken (tekening 9). Erg handig zijn ook de combi-trapladders: zo op het oog een huishoudtrap, maar het kortere deel kan omhoog en in het verlengde van het langere deel worden geklapt, waardoor plots een ladderhoogte van ongeveer 310 cm ontstaat (tekening 8).
Voor het schilderen van verdiepingsramen kunt u bovenaan de ladderbomen van ongeacht welk type ladder een dwarslat vastbinden, maar een ladder die met speciale beugels is uitgerust werkt beter (tekening 4). Door de beugels kunt u een dwarsbalkje schuiven, dat de ladder vrij van het raam op de muur doet steunen. Het voordeel hiervan is dat u enigszins van het werk afstaat en een groter bereik heeft.

steigerdeel

9

'Steigertje' van ladder, huishoudtrapje en een steigerdeel.

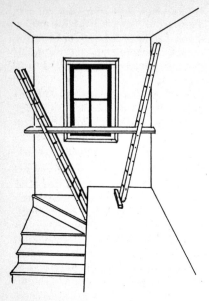

De laatste meter van een ladder, ofwel de hoogste 3 tot 4 sporten, moet u niet beklimmen, anders hebt u geen houvast aan de ladderbomen.

Als u binnenshuis bijvoorbeeld aan een plafond moet werken, maak dan een provisorische kamersteiger die zo mogelijk over de volle breedte of lengte van het vertrek loopt. Leg over beide trapjes een stevige balk of plank en ondersteun deze met een of

8 **Combi-trapladder.**

Ladderstoeltjes

Een ander handig hulpmiddel is een ladderstoeltje (tekeningen 5). U kunt op dat stoeltje zitten of staan, of er een verfbus op zetten als u met schilderwerk bezig bent. Bij sommige schilders- of gereedschapsverhuurbedrijven kunt u zo'n stoeltje huren. Als u twee ladders ter beschikking hebt en twee ladderstoeltjes huurt, kunt u de ladders elk met een stoeltje uitrusten, ze een eindje uit elkaar zetten en over beide stoeltjes een steigerdeel leggen. Daarmee kunt u over een groter bereik bijvoorbeeld een muur of een gootlijst repareren of schilderen.

Gebruik van een ladder

Belangrijk is de hoek waaronder u de ladder(s) plaatst. Als vuistregel geldt: de afstand van de onderkant van de ladder tot de muur waartegen die ladder staat is 1:4. Dat wil zeggen dat bij een ladderhoogte van 4 meter, de laddervoet 1 meter vanaf de muur moet staan.

4

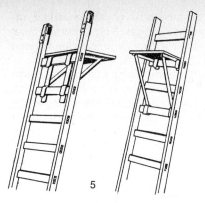
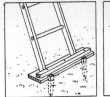

Om wegglijden of verzakken te voorkomen.

5

Ladderstoeltjes.

meer kisten, bankjes of schragen, zodat de plank niet kan doorbuigen (tekening 6). Leg de plank zó hoog op de sporten dat u zonder moeite bij het hoogste te bereiken punt kunt komen. Bedenk dat als u te veel omhoog moet reiken, dus een strekkende beweging moet maken, die handeling altijd gevaar inhoudt; u verliest al snel uw evenwicht.

Steigerplanken
Met twee ladders en een paar stevige planken kunt u een steigertje maken. Die planken moeten als het even kan *steiger*planken zijn. Bij een aannemer kunt u deze wellicht te leen krijgen. Steigerplanken zijn er in allerlei lengten, van 1,5 tot 4 meter. De dikte moet minstens 4 cm zijn. Aan de kopse kanten zijn steigerdelen altijd bespijkerd met gegalvaniseerd bandijzer (tekening 9).

6

Veiligheid
Een ladder of trapleer moet u van tijd tot tijd aan een zorgvuldige inspectie onderwerpen. Vooral wat oudere ladders kunnen gebreken gaan vertonen. Controleer de bevestiging van de sporten, scharnieren, uitzetmechanisme en de antislipvoetjes.
Ondanks de anti-slipvoetjes kan een ladder in bepaalde situaties wegglijden. Als de ladder op het gras of op een niet-geplaveide ondergrond moet staan, doet u er wijs aan een speciale voorziening te treffen. Leg op de zachte grond een brede plank neer en plaats daar de ladder op. Spijker vóór de ladderbomen een stevige lat op de plank. Een andere mogelijkheid is de ladder met een stuk touw en een balkje achter een raam- of deurkozijn gehaakt tegen wegzakken of wegglijden te behoeden.
Bij werkzaamheden binnenshuis: sluit een door een ladder geblokkeerde deur af en sluit kinderen en huisdieren buiten.

Elektriciteit

Het (verboden) zelf klussen aan de huisinstallatie

levert weliswaar geen proces-verbaal op, maar het betreffende elektriciteitsbedrijf kan wel de installatie afkeuren en op grond van de aansluitvoorwaarden de levering van elektriciteit weigeren. Ook de schade die een ondeugdelijke installatie veroorzaakt is door het elektriciteitsbedrijf verhaalbaar op de verbruiker.

Het moet worden toegegeven: er zijn in het verleden doe-het-zelvers geweest die ongewild aan het tot stand komen van de vele voorschriften en eisen hebben meegewerkt, o.a. door het achter het behang plakken van lange tweelingsnoeren, of door ze onder het kamerbreed tapijt vast te spijkeren...!

Keurteken

Tot de voorschriften behoort ook het 'Elektriciteitsbesluit' waarin wordt verlangd dat de huisinstallatie zal zijn opgebouwd uit goedgekeurde materialen. In de praktijk betekent dat, dat er op de schakelaar, de PVC-buis, de wandcontactdoos en alle andere materialen een zgn. keurteken moet zijn aangebracht. Materialen zonder dat keurmerk mogen dus niet worden toegepast.

Een aantal van deze keurtekens is

 België

 Duitsland

 Denemarken

 Zweden

Kema-keur

Nederland

Frankrijk

Engeland

Canada

Zwitserland

Japan

Noorwegen

Oostenrijk

USA

hierbij afgebeeld. Bij het aanschaffen van materialen is het van belang hierop te letten, omdat er nog steeds gelegenheidspartijen zonder keurmerk en zelfs artikelen die niet meer verkocht mogen worden (bijvoorbeeld de beruchte driewegstekkers), op sommige markten worden aangeboden.

Veiligheid

Ten slotte is er nog een eis die nergens zo staat geformuleerd maar niettemin letterlijk van levensbelang is:

**Als u met ongeacht welke vorm van elektriciteit aan de gang gaat, overtuig u er dan van dat de spanning van de betreffende kabel of leiding is afgenomen.
Trek de stekker uit de wandcontactdoos (stopcontact), of draai de groepschakelaar van de groe-**

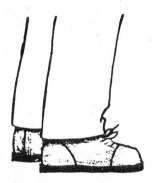

Geleiding en veiligheid.
Er zijn stoffen als bijvoorbeeld water en metaal die de stroom (elektriciteit) goed geleiden. Andere stoffen, bijvoorbeeld rubber, kunststof, porselein, hout, geleiden de stroom niet. Deze laatste stoffen noemt men *isolatoren.* Van de isolator *rubber* kunt u gebruik maken door bij alle klussen met elektriciteit steeds schoenen met rubber zolen te dragen. Daarmee vermijdt u een direct contact met een wèl-geleidende vloer en kan uw lichaam niet als 'geleider' dienen. U maakt dan immers geen 'aarde' met zo'n vloer.

penkast (meterkast) uit, schroef ook de zekering ('stop') los. Doe dit laatste ook als u aan het behangen slaat **en de dekplaten van de wandcontactdozen en schakelaars moet afnemen, kortom, wees voorzichtig met elektriciteit!**

Wat kost elektriciteit?

Alleen om u een idee te geven wat huishoudelijke apparaten en toestellen gemiddeld aan elektriciteit verbruiken, staat in dit tabelletje het verbruik per jaar van een doorsnee-gezin aangegeven.
Rekening houdend met het feit dat niet ieder gezin een vaatwasmachine of een elektrisch fornuis bezit of meerdere TV-toestellen in huis heeft, kan het gemiddelde totaalverbruik op ca. 3500 kWh per jaar worden gesteld. Een kwart daarvan, circa 700 kWh, is nodig voor verlichting. Het is derhalve de moeite waard te overwegen wat u aan energiebesparing kunt doen.

Apparaat:	Gemiddeld verbruik per jaar in kWh:
Koelkast	500
Diepvriezer	800
Wasmachine	500
Vaatwasmachine	850
Elektrische kookplaat	800
Afzuigkap	150
Grill	150
Koffiezetapparaat	100
Ventilator	150
Verlichting	500
Stofzuiger	60
Strijkbout	100
Elektrische boiler	1800
CV-pomp	450
TV (zwart-wit)	200
TV (kleur)	400

Wat is 'stroom'?

Als we het eenvoudig willen houden kunnen we elektriciteit het beste vergelijken met water: elektriciteit 'stroomt', net als water, van een hoog naar een laag punt. Kent water op aarde een bepaalde kringloop, hetzelfde geldt voor elektriciteit. Ook elektriciteit 'stroomt' alleen in een kringloop. Water kan door een buis stromen, zoals bij de waterleiding. Het hoogteverschil, nodig om water door een leiding te laten stromen, wordt wat de drinkwatervoorziening betreft vervangen door een bepaalde *druk*. Staat er geen druk op de leiding, dan zal bij het openen van de kraan geen water stromen.

Elektriciteit nu stroomt óók alleen door een leiding, wanneer er een kringloop of *circuit* gesloten wordt. Voor het sluiten van een kringloop of elektrisch circuit zijn een aan- en afvoerleiding nodig. We kunnen dat goed bekijken aan de hand van een fiets: de stroombron is daar de fietsdynamo, die een paar lampjes kan laten branden als hij in een draaiende beweging wordt gebracht. Er gaat een stroom van de dynamo door de leiding (draad) naar de lampjes, zodra we gaan rijden en de dynamo op het wiel meedraait. Van die lampjes gaat de stroom echter weer terug naar de dynamo en dat gebeurt gewoonlijk via de metalen delen van de fiets zelf. Die metalen delen noemen we de *massa* en de terugvoer van de stroom van de lampjes gaat dus via een *massalei-*

ding – daarmee is de kringloop of het circuit gesloten. Stappen we van de fiets, dan staat de dynamo stil, er wordt geen stroom opgewekt en de lampjes branden niet meer.

Draden en kabels

De stroom die we van het elektriciteitsbedrijf geleverd krijgen, wordt op ongeveer dezelfde manier opgewekt door een dynamo, maar dan een dynamo van enorme afmetingen. In de woning kunnen we op die leiding onze lampen en apparaten aansluiten en daarom wordt er ook met een dubbele draad gewerkt, een aan- en een afvoerdraad. Alle elektrische kabels en snoeren bestaan dan ook uit twee (soms drie) van elkaar gescheiden draden of zogenaamde *stroomvoerende aders*. De twee draden zijn elk voorzien van een scheidingsmantel of *isolatie*, die altijd in een verschillende kleur is uitgevoerd. Naar de functie wordt de stroom aangevoerd via de bruine draad. We noemen die *bruine draad of ader: de spanningvoerende* of *fasedraad*. Deze bruine draad gaat naar het desbetreffende apparaat of lamp, voert de stroom daarheen dus áán en deze stroom verlaat het apparaat of de lamp via een *blauwe draad*, de zogenaamde *nulleider*. Deze twee kleuren in de bedrading dateren uit 1970, toen internationaal een kleurencode werd ingevoerd. Maar vóór die tijd werden in verschillende landen andere kleurcodes gebruikt. Bij ons waren tot 1970 gebruikelijk: groen

Functie en kleurstelling van installatiedraad

Functie	Kleur ná 1970	Kleur vóór 1970	Doorsnede mm^2
fasedraad	bruin	groen	2,5
nuldraad	blauw	rood	2,5
schakeldraad	zwart	zwart	1,5
aarddraad	geel en groen	grijs of wit	2,5

voor de spanningvoerende fase-draad en rood voor de nulleider. In veel oudere huizen vinden we die kleuren dan ook in de huisinstallatie terug. We komen ook nog een derde kleur tegen, namelijk grijs in de oudere installaties en een vierde kleur, zwart. De kleur *grijs* werd gebruikt als *aardedraad* maar in het nieuwe codesysteem is grijs vervangen door *geel/groen*. Zwart is de kleur voor de schakeldraad, zowel in het oude als het nieuwe systeem.

Spanning en stroomsterkte

Aan het voorbeeld met de waterleiding kunnen we zien dat er alleen water uit de kraan komt als er voldoende druk op de leiding staat. Voor elektriciteit geldt feitelijk hetzelfde. Zonder 'druk' geen stroom. Nu noemen we in de elektriciteit die druk echter: de *spanning*. De spanning in een elektrische leiding wordt gemeten met de eenheid van elektrische spanning, de *volt*. Het drukverschil of de spanning in onze huisinstallatie wordt door het elektriciteitsbedrijf zoveel mogelijk constant gehouden op 220V, waarbij de V (Volt) het *symbool* is voor die spanning. Omdat alle lampen voor de huisinstallatie en ook de verschillende elektrische apparaten speciaal worden gemaakt voor een spanning van 220V, is het belangrijk dat die spanning in de leidingen steeds constant is.

In sommige landen wordt met een andere spanning gewerkt, zoals bijvoorbeeld 110V. Apparaten en lampen gemaakt voor een huisnet met 110V spanning kunnen niet op een spanning van 220V worden aangesloten – ze zouden direct kapot gaan. Daarom staat op alle elektrische artikelen en apparaten de spanning waarvoor ze werden gemaakt op de een of andere manier aangegeven.

Sommige apparaten zijn zelfs voorzien van een schakelaar waarmee de juiste 'bedrijfsspanning' kan worden ingesteld.

Zijn we er met die spanning op onze huisleidingen? Nee, spanning alléén is niet genoeg. Kijken we weer even naar het watervoorbeeld, dan zien we dat er in een waterleiding een bepaalde druk kan heersen doordat bijvoorbeeld het water is opgepompt tot even boven de hoogte van de kraan. Draaien we die kraan nu open, dan zal er even water uitstromen, maar dan

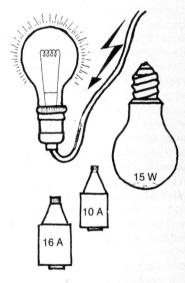

Elektrische stroom is: een hoeveelheid elektronen die met een snelheid van het licht (30000 km per seconde) door een zogenoemde *geleider* ofwel draad, kabel of snoer stroomt, wanneer er een spanningsverschil tussen de twee einden van de geleider bestaat. De hoeveelheid stroom die een 'stroomverbruiker' (lamp, apparaat e.d.) gebruikt, noemt men ook wel 'het vermogen'. Dit vermogen wordt meestal uitgedrukt in watts (W). 1000 W is 1 kilowatt (kW). Het verbruik van 1000 W of 1 kilowatt per uur noemt men kilowatt-uur (kWh). De stroom*sterkte* wordt uitgedrukt in ampères (A). Het maximum toelaatbare aantal ampères staat op een D-patroon of smeltveiligheid of zekering aangegeven.

houdt het op, terwijl de leiding toch vol water zit. Het water moet behalve een bepaalde druk ook een doorstroomhoeveelheid per seconde hebben en deze doorstroomsnelheid wordt gemeten met een watermeter. Een dergelijke vloeistofmeter kunnen we ook vaak zien bij een benzinepomp. Hij bestaat uit een schoepenrad dat in de stroom is gemonteerd en dat gaat draaien zodra er vloeistof door de leiding stroomt.

Bij de elektrische leidingen bestaat ook een dergelijke doorstroming en we noemen dat de *stroomsterkte*. De stroomsterkte wordt bepaald door de hoeveelheid die de stroomafnemer verbruikt (dus de stroomverbruiker in de vorm van een lamp of apparaat). Om een lamp of apparaat in werking te stellen zijn naast spanning dus ook stroomsterkte nodig. Het apparaat (bijv. lamp) verbruikt een zekere hoeveelheid elektrische energie en die energie is het produkt van spanning en stroomsterkte of wel $V \times A$, ook wel *voltampère* genoemd. Een meer vertrouwde aanduiding voor dat energieverbruik is echter de opgave in watts of W en deze komt overeen met een voltampère, VA. Op elke lamp en elk apparaat staat dit aangegeven.

Een stukje theorie
Het 'maken' van stroom noemen we *opwekken*, en dat opwekken gebeurt in principe op dezelfde manier als we stroom maken met de fietsdynamo van onze fietsverlichting. Om de dynamo's van het energiebedrijf (daar zijn het grote, zgn. driefasige wisselstroomgeneratoren) te laten draaien, is energie nodig. Die energie wordt verkregen van een motor die de generator aan het draaien brengt. Maar ook voor die motor is weer energie nodig om hem aan het draaien te krijgen. Waar die energie vandaan

komt, kan sterk uiteenlopen en is tegenwoordig ook een van de belangrijke knelpunten bij het bepalen van het energiebeleid van de nationale overheden. De energiebronnen die in de loop der jaren werden gebruikt voor het aandrijven van de motoren van de elektriciteitsbedrijven, en die grotendeels nog stééds worden gebruikt, zijn fossiele brandstoffen zoals steenkolen, aardolie, aardgas, en de natuurlijke elementen wind en water. Tegenwoordig speelt ook kernenergie een (discutabele) rol. Maar van al deze energiebronnen is het rendement lang niet zo gunstig als men wel zou wensen: er gaat gedurende het omzettingsproces van de verschillende bronnen veel basisenergie verloren.

Hoe dan ook, heeft men met de onverschillig welke basisgrondstof de stroomopwekkende generatoren aan het draaien, dan wordt er een bruikbare stroom opgewekt en naar het merendeels bovengrondse hoogspanningsnet geleid. Deze opgewekte stroom is een zogenaamde *wisselstroom*, die, in tegenstelling tot *gelijkstroom*, per seconde 50 maal van stroomrichting verandert.

Het zou te ver voeren hierover tot in details uit te weiden, maar het is wel belangrijk te weten dat de opgewekte en naar onze huisinstallatie gevoerde stroom wordt gekenmerkt door een verandering van de stroomrichting met een snelheid van 50 maal per seconde, ofwel door een zogenaamde *frequentie van 50* Hertz. Dat getal vinden we op allerlei elektrische apparaten en toestellen terug, en speelt in bepaalde gevallen een belangrijke rol, vooral bij geluidsapparatuur.

Volt, Watt, Ampère, Ohm...
We weten dat het energiebedrijf stroom 'maakt' en deze via een kabel-

net naar de huizen transporteert. In rusttoestand gebeurt er uiteraard niets: staan in onze huisinstallatie alle schakelaars op 'uit' dan zal daarin dus geen stroom 'lopen' en zal ook de meterteller van de meter (de kWh-meter) van de groepenkast niet ronddraaien. Afgezien van de basiskosten (de zogeheten 'vaste lasten' die het energiebedrijf berekent voor het gebruik van de installatie), zal men geen kosten voor elektriciteit hoeven te betalen: de meterteller, die het stroomverbruik registreert, staat immers stil. Schakelen we echter in huis bepaalde 'stroomverbruikers' in, na ook alle groepschakelaars op 'in' te hebben gezet, dan zal de verklikkerschijf van de meterteller ronddraaien, en sneller naarmate we meer stroom afnemen.

We hebben ook gezien, dat onze huisspanning wordt gekenmerkt door een frequentie van 50 Hertz (gewoonlijk afgekort tot 50 Hz). Vrijwel iedereen zal weten dat er in ons land gewerkt wordt met een *netspanning* van 220 Volt. Dat staat aangegeven als 220 Volt $\simeq$, waarbij het teken $\simeq$ staat voor *wisselstroom*. Die 220 V van ons huisnet noemen we de *spanning* van de stroombron. Deze *spanning* is vergelijkbaar met de 'druk' die we in een waterleiding nodig hebben om het water uit de kraan te kunnen tappen. Staat er geen druk op de waterleiding, dan komt er geen water uit de kraan; staat er geen spanning op de stroombron dan kunnen we met die stroombron niets doen.

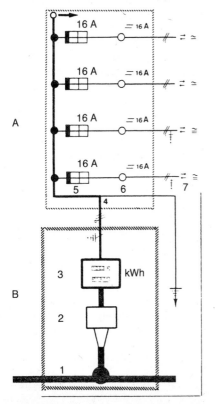

Schematische tekening van een meterkastinstallatie waarop men de toepassing van de in tekeningen gebruikte symbolen kan zien. Het schema toont het deel A, dat onder verantwoordelijkheid van de bewoner valt en deel B, dat eigendom is van het energiebedrijf (elektriciteitsleverancier). De huisnetspanning komt via de grondkabel (1) de woning binnen, wordt naar een hoofdzekeringkastje (2) gevoerd, met aansluiting de meter (3), met een telwerk in de meter aangebracht, soms één voor dagstroom en één voor nachtstroom. We noemen dit de kilowattuurmeter (kWh-meter).
Vanaf de meter wordt de huisspanning naar de groepenkast gevoerd (4) met gewoonlijk in de leiding ingebouwd een aardlekschakelaar voor beveiliging van de installatie en de gebruiker. De groepenkast, waarin hier vier groepen zijn aangegeven (waarvan de onderste twee met aardleiding), wordt via verschillende leidingbuizen op de centraaldozen van de betreffende groepen aangesloten. Elke groep is gezekerd met een 16 ampère smeltzekering (5) (soms slechts 10 A) en over een dubbelpolige schakelaar (6) de huisleiding ingevoerd. De buis, die dus van elke groep verder de woning in gaat, bevat per groep een bruine fasedraad en een blauwe nuldraad, eventueel met een geel/groene aarddraad (7).

Nu hebben we behalve druk op de waterleiding, of spanning op een elektrische leiding nóg iets nodig. In de waterleiding is het de snelheid waarmee het water stroomt, en in de elektrische leiding is dat de *stroomsterkte*. Voor een elektrische leiding heeft men aan spanning alleen niets, en er moet dus ook nog een stroomsterkte zijn, en deze stroomsterkte wordt gemeten in *ampères* (afkorting A).

Naast de V voor Volt en de A voor Ampère, vinden we een derde waarde, namelijk het prodúkt van deze twee, de *voltampère* (afkorting VA), waarmee we ook in onze huisinstallatie te maken hebben.

Zekeringen

Om te beginnen worden we in onze meterkast op het groepenschakelbord geconfronteerd met *zekeringen* ofwel veiligheden, waarvan de waarde steeds is aangegeven in ampères. Door nu de waarde die op een zekering staat aangegeven, te vermenigvuldigen met de spanning op de leiding (= 220V), kunnen we uitrekenen tot hoever we elke groep van huisleidingen kunnen belasten. Anders gezegd, het produkt van spanning (V) en stroomsterkte (A) is de zogenaamde maximale 'elektrische prestatie' van de betreffende groep, uitgedrukt in VA. Bijvoorbeeld: wanneer de betreffende groep is 'gezekerd' met een 16A zekering, dan kan die leiding een maximale prestatie leveren van 16 × 220 = 3520VA.

Als tegenhanger van de voltampère VA als elektrische prestatie, hebben we nog de waarde van de verschillende 'stroomverbruikers' of 'stroomafnemers', dus de lampen, apparaten en toestellen die we op ons huisnet hebben aangesloten. Op dergelijke stroomverbruikers is de hoeveelheid stroom die ze bij het in-bedrijf-zijn opnemen, aangegeven in *watts* (W). Omdat de voltampère VA in de praktijk gelijk is aan de watts W, mogen we ze gemakshalve naast elkaar hanteren. Bijvoorbeeld: op de groep met 3520 VA-waarde zouden dus lampen of andere stroomverbruikers kunnen worden aangesloten tot een gezamenlijke waarde van ruim 3500 W = 3,5 kilowatt (kW).

Dat dit bij een huisinstallatie in de praktijk echter niet mogelijk is, komt doordat de *hoofdzekering* voor alle groepen te zamen (de speciaal gezekerde groepen voor een elektrisch fornuis of een elektrische boiler vallen hier buiten) gewoonlijk slechts 25 A zwaar is. Normaal kunnen we op alle gewone groepen (alweer: zónder elektrisch fornuis en elektrische boiler) 'slechts' 25 × 220 = 5,5 kW afnemen. Dat komt overigens overeen met 55 lampen van 100 W of een dienovereenkomstige waarde aan andere stroomverbruikers, en dat is meer dan voldoende vooral waar men zelden alle groepen tegelijk en maximaal belast in gebruik heeft. Trouwens, grotere huisinstallaties worden veelal met 30A gezekerd. (We komen op zekeringen later nog terug.)

De vier grootheden van elektriciteit

Grootheid	Eenheid	Symbool
Spanning	Volt	V
Stroomsterkte	Ampère	A
Prestatie	Voltampère	VA
Weerstand	Ohm	Ω

(Ω = Griekse letter O = Omega)

Draadweerstanden en snoeren

In voorgaand tabelletje zijn de vier grootheden van elektriciteit aangegeven met daarin de bijbehorende eenheden en afkortingen. Met *spanning, stroomsterkte* en elektrische *presta-*

tie hebben we al kennisgemaakt, maar een vierde grootheid is die van de *weerstand*, uitgedrukt in *Ohm* (afgekort met de Griekse letter Ω = Omega). Als we een elektrische stroom nogmaals met water vergelijken, dan kunnen we de stroomgeleider vergelijken met een waterleidingbuis en de elektrische spanning met de waterdruk. Maar er is ook nog een bepaalde tegenwerkende kracht. Bij de waterleiding is de doorsnede van de buis bepalend voor de hoeveelheid water die er in een bepaalde tijd doorheen kan stromen: hoe dunner de buis, hoe meer *weerstand* de waterstroom ondervindt. In elektrische leidingen kennen we iets soortgelijks: hoe dunner de draad (de stroomgeleider), hoe groter de weerstand wordt. Twee voorbeelden: een koperdraad met een doorsnede van 0,05 mm, overeenkomend met 0,002 vierkante millimeter, heeft een weerstand van 3,013 Ω, toelaatbaar voor een stroomsterkte van 0,007 A. Bij een spanning van 220V kan deze dunne draad worden belast om er een klein fietslantaarnlampje op aan te sluiten! In onze huisinstallatie wordt echter gewerkt met massief koperen leidingdraad met een doorsnede van 1,8 mm of een oppervlak van 2½ mm², het zogenaamde 2½ kwadraat V.D. De letters V.D. staan voor de isolatiemantel (*vinyldraad*). Deze koperdraad heeft een weerstand van slechts 0,001 Ω – dus een heel geringe weerstand – en is belastbaar met een stroomsterkte van 20 A. Doordat de groependraden met een zekering van maximaal 16 A zijn beveiligd, zal geen schade aan de leidingen kunnen ontstaan. We hebben al gezien, dat in de huisinstallatie wordt gewerkt met drie verschillend gekleurde draden

Doorsnede en belastingwaarden van snoeren

Type en soort snoer:	Code:	mm²:	Belasting max.:	Toepassingen:
Tweeaderig vinylsnoer eenvoudig, plat, zonder buitenmantel	VTS	0,75	6A	radio, TV, platenspeler, schemerlamp, kleine elektr. gebruiksvoorwerpen, schemerlampen, dubbelgeïsoleerde huish. app. (mixers, koffiemolens, theelichtjes, enz.) kleine koelkasten, centrifuges, ventilatorkacheltjes, en andere kleine apparaten met aardaansluiting
Tweeaderig vinylsnoer kabel, rond met extra buitenmantel, aderisolatie gewoonlijk in twee kleuren	VMvS	0,75	6A	
Drieaderige vinylmantelleiding, rond met zware buitenmantel, aders in de kleuren bruin, blauw en geel/groen	VMvL	0,75	6A	
Drieaderige vinylmantelleiding, rond, als vorige	VMvL	1,0	10A	Voor zwaardere el. app. met aardaansluiting, stofzuigers, el. kachels, strijkbouten, verlengsnoeren
Drieaderige vinylmantelleiding, rond, als vorige	VMvL	1,5	16A	Wasmachines, el. radiatoren, droogautomaten, vaatwassers e.d.
Drieaderige rubberkabel rond, als vorige, maar met versterkte rubber buitenmantel	RMclz	1,5	16A	Waar kans op beschadigingen groter is en voor zware verlengsnoeren, looplampen, en in werkruimten

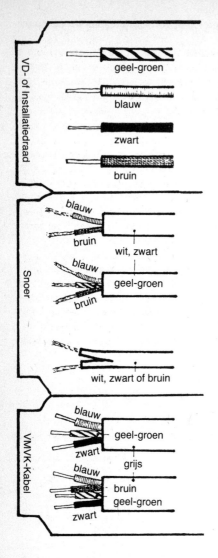

VD- of installatiedraad

geel-groen

blauw

zwart

bruin

Snoer

blauw

bruin

wit, zwart

blauw

geel-groen

bruin

wit, zwart of bruin

VMVK-Kabel

blauw

geel-groen

zwart

grijs

blauw

bruin
geel-groen

zwart

van 2½ kwadraat (bruin, blauw en geel/groen) met daarnaast een zwarte schakeldraad van 1½ kwadraat. Deze is belastbaar tot ca. 16 A.

Laten we nog even herhalen: hoe *dunner* een elektrische draad, hoe *groter* de weerstand, dus ook: hoe *dikker* deze draad hoe *geringer* de weerstand.

Dat mogen we niet uit het oog verlie-

zen als we een of ander elektrisch apparaat of lamp van een nieuw snoer gaan voorzien. Immers ook de snoeren en kabels die op het huisnet worden aangesloten, moeten een belastbaarheid hebben die in overeenstemming is met de belasting van de betreffende stroomverbruiker. Anders gezegd: Als we een nieuw snoer aan een elektrische strijkbout willen maken, dan zullen we moeten nagaan wat het maximale verbruik van dat apparaat is. Zet nooit een te 'zwak' snoer aan een apparaat, maar kies in twijfelgevallen liever een iets te zwaar snoer. De verschillende kabels en snoeren die in de handel zijn worden niet voor niets in een aantal waarden en uitvoeringen gemaakt. We kennen ¾-kwadraat snoer, belastbaar tot 6 A, al dan niet met aarddraad, dan 1-kwadraat, tot 10 A, 1½ kwadraat tot 16 A, ook in verschillende uitvoeringen. In bijgaande tabel zijn de verschillende normaal gebruikte uitvoeringen met hun waarden en toepassingen opgenomen.

Kabels en snoeren zijn erg buigzaam en soepel, doordat de koperen kern ervan niet massief is, maar opgebouwd uit een groot aantal dunnere koperdraadjes. Bij het verwijderen van een deel van de isolatiemantels, om de kerndraadjes op het aansluitpunt te kunnen monteren, moeten we dan ook oppassen niet een deel van die dunne kerndraadjes door te snijden – het gevolg zou een teruglopen van de belastbaarheid betekenen, omdat ze alleen samen als totaal de aangegeven waarde hebben. Natuurlijk is het bij het van isolatie vrijmaken van een snoer voor aansluiting op stekker of apparaat óók van belang, dat bij het verwijderen van de mantel van de kabel of het snoer, de afzonderlijke aderisolaties niet worden beschadigd.

Overzicht van het aantal aansluitpunten per vertrek, volgens de thans gehanteerde voorschriften.
Daarbij wordt uitgegaan van de lengte van de lange en korte wanden in meters, met een maximum per vertrek. Hier zal alleen het maximum aantal per vertrek worden gegeven. Het minimum aantal in moderne woningen is zeker altijd wel aanwezig en kan eenvoudig worden vergroot door enkele door dubbele wandcontactdozen te vervangen.

Vertrek	Wandcontactdoos zonder randaarde (min./max.)	Wandcontactdoos met randaarde (min./max.)	Combinatie-schakelaar
Woonkamer	4-14	–	2-4
Eetkamer	2-7	–	1-2
Grote slaapkamer	4-13	–	1
Kleine slaapkamer	4-6	–	(1)
Keuken*	4-10	–	–
Washok/werkruimte of bijkeuken	–	3	1-2
Hobbyruimte/kamer	2-4	(3)	1-2
Garage of schuur	–	1-2	1
Zolder	2-4	(1)	1
Hal	1-2	(1)	(1)
Gang/trap	1-2	(1)	1
Toilet	–	–	(1)
Badkamer	–	0	–

*Voor de keuken geldt een aantal wandcontactdozen gelijk aan het aantal te plaatsen grote huishoudelijke apparaten +5 (dubbele) voor kleine keukenapparaten (grill, afzuigkap, koffieapparaat, klok, enz.).

Overzicht van het aantal draden en hun kleuren die we op de verschillende aansluitpunten moeten aantreffen

Draadkleuren:	Bruin	Blauw	Zwart	Geel/groen
Installatie-elementen	(fase)	(nul)	(schakel)	(aarde)
Enkelpolige schakelaar	1	–	1	–
Dubbelpolige schakelaar	1	1	2	–
Parallelschakelaar	1	–	2	–
Wisselschakelaar 1	1	–	2	–
Wisselschakelaar 2	–	–	3	–
Kruisschakelaar	–	–	4	–
Centraaldoos (sec)	1	1	–	–
Centraaldoos met lichtpunt	1	1	1	–
Centraaldoos met lichtpunt en aarddraad	1	1	1	1
Wandcontactdoos	1	1	–	–
Wandcontactdoos met randaarde	1	1	–	1
Schakelaar/wandcontactdoos combinatie	1	1	1	–
Idem met randaarde	1	1	1	–

Beide wisselschakelaars zijn onderling met een zwarte draad verbonden, de derde zwarte draad gaat naar het lichtpunt.

Veiligheid

Aarding

'Aarding' komt hier op neer, dat 'het huis' of beter gezegd het 'gestel' van een toestel of apparaat, wordt verbonden met aarde door middel van een aardleiding. Bij een goede aarding veroorzaakt iedere 'gestelsluiting' onmiddellijk een zodanige aardsluiting, dat de veiligheid in de aansluitleiding van het toestel of apparaat in werking treedt en dus de stroomspanning wordt uitgeschakeld. Persoonlijk gevaar wordt hierdoor vermeden. Onder 'aarde' wordt in de elektrotechniek verstaan: een punt dat blijvend, vast en goed-geleidend is verbonden met de 'massa' van onze planeet Aarde, en dat derhalve onder alle omstandigheden de 'aardpotentiaal' bezit. In sommige plaatsen kan het in de grond aanwezige waterleiding-hoofdnet als 'aarde' worden gebruikt, maar voorwaarde is dan wel, dat dit net uit metalen buizen bestaat, en dat zowel het waterleidingbedrijf als het elektriciteitsbedrijf het maken van aardverbindingen toestaat. Hieruit volgt, dat nieuwe of vernieuwde waterleiding-hoofdnetten, die immers uit isolerende kunststofbuizen zijn samengesteld, *niet* als 'aarde' bruikbaar zijn. Waar het aanbrengen van een aarding op de waterleiding niet mogelijk of toegestaan is, wordt een zgn. 'aardelektrode' toegepast. Een aardelektrode is een metalen (meestal koperen) staaf of buis, die in de aardbodem onder of vlak naast het huis wordt gedreven, bij voorkeur en zo mogelijk tot onder de grondwaterlijn. De elektrode wordt vervolgens verbonden met de aardaansluiting in de groepenkast. Hierop worden tenslotte de overige huis-aansluitpunten (voorzover deze van 'aarde' zijn voorzien) aangesloten.

In de woning aanwezige water-, gas- of cv-buizen mogen nooit als aardgeleiding worden gekozen, omdat hun verbinding met de aarde niet betrouwbaar is.

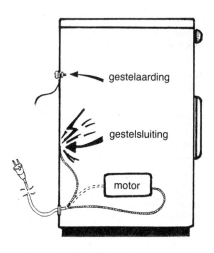

gestelaarding

gestelsluiting

motor

Het begrip gestelsluiting verduidelijkt aan de hand van een wasmachine.

Alle onderdelen van een elektrisch toestel die niet zijn opgenomen in de stroomkring, vormen te zamen het 'huis' of 'gestel' van dat toestel. Komen delen van het huis of gestel desondanks tóch met de stroomkring in aanraking, dus komen zij onder spanning te staan, dan ontstaat er een kortsluiting die we in dit geval 'gestelsluiting' noemen. Aan de hand van het voorbeeld is dat geïllustreerd: u ziet de schematische voorstelling van een wasmachine. De 'geleiders' (de aders van het snoer) zijn uiteraard met de motor verbonden, maar één van deze geleiders is in het voorbeeld losgeraakt en tegen het gestel van de machine terechtgekomen. Ter plaatse ontstaat een gestelsluiting. Is het gestel van de wasmachine tevens in aanraking met een steenachtige en altijd enigszins vochtige vloer, dan veroorzaakt de gestelsluiting tevens een 'aardsluiting'. Om dit alles te voorkomen is het wenselijk (zo niet noodzakelijk) ook het gestel van de wasmachine van 'aarding' te voorzien.

Speciale aansluitpunten

In de huidige woningbouw wordt al geruime tijd rekening gehouden met een aantal bijzondere aansluitpunten ten behoeve van huishoudelijke apparaten en toestellen. Dat zijn in de installatie opgenomen aansluitmogelijkheden voor een of meer boilers, voor een kooktoestel (elektrisch fornuis) en voor de wasmachine, vaatwasser en koelkast, soms ook voor een diepvriezer. In bepaalde gevallen is zelfs aan de tuinzijde tegen een buitenmuur een wandcontactdoos met *randaarde* aangebracht ten behoeve van aansluiting voor elektrisch tuingereedschap of terrasverlichting e.d. Elektrisch fornuis en boiler hebben steeds een eigen, directe aansluiting, elk met een afzonderlijke groepsschakelaar en leiding vanaf de groepenkast. We hebben daarmee niets te maken en mogen er ook niet aankomen: het zijn zogenaamde 'vaste' aansluitingen.

Voor wasmachine, vaatwasser en koelkast worden gewoonlijk geen vaste aansluitingen gebruikt. Deze worden met een eigen kabel en speciale contactstop (stekker) aangesloten op de in de huisinstallatie opgenomen aansluitpunten. (Die in dit geval *altijd* van een randaarde moeten zijn voorzien!)

Een uitzondering wordt gemaakt in die gevallen waarbij de wasmachine in een badkamer moet worden geplaatst: dan is een vaste aansluiting met een trekschakelaar vereist. Hetzelfde geldt dan ook voor een centrifuge.

Aardleiding, randaarde en aardlekschakelaar: noodzakelijke beveiligingen!

We hebben al een paar keer de 'derde' draad, de aardleiding genoemd.

Elke huisinstallatie van het moderne type is voorzien van een zogenaamde '*veiligheidsaarding*'. We vinden een met die aarding doorverbonden bedrading – waarvoor zoals reeds genoemd een geel/groene draad wordt gebruikt (een grijze draad in oude installaties) – echter niet overal in de woning. Waar die aarding echter wèl wordt gebruikt is dat duidelijk te zien aan de uitvoering van de wandcontactdozen. In elk geval moeten deze speciale wandcontactdozen te vinden zijn in de keuken. Dat houdt verband met de gewoonlijk hoge vochtigheidsgraad (condenswater) die bij het koken ontstaat. Doordat vocht (water) een uitstekende stroomgeleider is, moet de elektrische installatie op dergelijke plaatsen speciaal worden beveiligd. Hoewel de lichtpunten in de keuken gewoonlijk niet geaard zijn, wordt daar een vochtwerende aansluiting van de lichtarmaturen gebruikt. De wandcontactdozen in vochtige ruimtes zijn steeds van een zogenaamde *randaarde* voorzien. Het is de bedoeling, dat alle in de keuken gebruikte apparaten die op enigerlei wijze gevaar voor stroomlekkage kunnen opleveren, niet alleen op dergelijke geaarde wandcontactdozen worden aangesloten, maar dat ze in de fabrieksuitvoering ook van een eigen aarding zijn voorzien. We kunnen dat duidelijk zien aan de speciale contactstop (stekker) die met een kabel aan het apparaat is verbonden. Dat ook de kabel van een aarddraad moet zijn voorzien is logisch, maar zichtbaar is dat echter niet altijd.

Aarding

Wat houdt aarding eigenlijk precies in? De spanning van 220 V in het huisnet waarmee we werken, wordt aan alle elektrische apparaten toege-

135

voegd via de aansluitpunten. Die apparaten komen dus onder stroom te staan om te kunnen functioneren. Omdat die stroom bij aanraking gevaarlijk is, moet worden voorkomen, dat bij aanraking van een dergelijk apparaat de stroom met de huid in aanraking kan komen. Vooral metalen apparaten, die de stroom dus goed geleiden, moeten zodanig worden uitgevoerd dat men bij aanraking geen 'schok' kan krijgen. Ze worden dan ook elektrisch *geïsoleerd*. Uit veiligheidsoverwegingen – er kan altijd een 'lek' ontstaan in die isolatie – wordt het apparaat bovendien aangesloten op de derde draad van het systeem, de aarddraad (geel/groen). Mocht er een fout in het apparaat optreden, waardoor metalen delen onder stroom komen te staan, dan zal de spanning via die aarddraad langs de kortste weg naar de aarde worden afgevoerd – de smeltveiligheid zal dan doorslaan en het gevaar een schok te krijgen is voorkomen. Werkt dat systeem niet, dan zal bij aanraking het lichaam zèlf de kortste verbinding naar de aarde zijn: de stroom loopt dan via het lichaam en men krijgt een schok. Omdat vocht de stroom bijzonder goed geleidt, is het gevaarlijk om met natte handen elektrische apparaten aan te raken en kan het in sommige gevallen zelfs noodlottig zijn.

Uit het voorgaande valt af te leiden, dat men er altijd voor moet zorgen apparaten met een aarding uitsluitend op een geaarde wandcontactdoos aan te sluiten. Is alles in orde, dan zal men een dergelijk apparaat zelfs niet op een niet-geaarde wandcontactdoos kúnnen aansluiten omdat de contactstop (stekker) met randaarding daar niet in past.

Beveiligingen

Er kan een groot aantal maatregelen worden genomen ter bescherming tegen de hiervoor genoemde gevaren. Door een defect in de isolatie kan bij bepaalde apparaten met een geleidende ommanteling, zoals o.a. een broodrooster, het apparaat onder stroom komen te staan. Een aanraking van de omhulling die onder stroom is komen te staan, zal een stroom door het lichaam tot gevolg hebben. Wat de invloeden van dergelijke stromen op het menselijk lichaam zijn is niet voor iedereen gelijk. Er kunnen levensgevaarlijke verbrandingen ontstaan of zelfs de dood door hartstilstand.

Belangrijk is te weten, dat behalve de grootte van de stroom (stroomsterkte, uitgedrukt in ampères) ook de duur van de doorstroming een belangrijke rol speelt. In het algemeen kan als criterium worden gezien, dat een stroomsterkte onder 20 mA zonder gevaar voor het leven door het lichaam onbeperkt kan worden verdragen. Zodra de stroomsterkte echter boven de 20 mA komt hangt het levensgevaar af van de tijdsduur en in zekere mate ook van het incasseringsvermogen van de getroffen persoon, en de vochtigheidsgraad van de omgeving.

Een *veilige voedingsspanning* is duidelijk de beste manier om gevaarlijke situaties met elektriciteit te voorkomen. Zonder gevaar zijn spanningen voor de mens tot ca. 42 V te verdragen, voor dieren ligt dat bij 24 V of lager. Om een dergelijke absolute veiligheid te verkrijgen in gevallen waar men geregeld kans loopt met een elektrische spanning in aanraking te komen, wordt een huisnetspanning van 220 V via een transformator tot de ongevaarlijke *zwakstroom* omlaag gebracht. Deze toepassingsmethode vinden we bij de deurbel, kinderspeelgoed, elektrische dekens, de verschillende apparaten en toestellen voor lichaamsverzorging, e.d. in praktijk gebracht.

Voor een groot aantal elektrische apparaten en toestellen die wèl een netspanning van 220 V nodig hebben, wordt de veiligheid vergroot door een *beschermende constructie*. Het gaat dan in de eerste plaats om een goede en afdoende isolatie van de spanningvoerende delen. Huishoudelijke apparaten en elektrisch handgereedschap zijn tegenwoordig uitgevoerd in een *dubbel geïsoleerde constructie*. Op het plaatje ervan met de technische gegevens vinden we dan het teken ▣, hetgeen wil zeggen, dat alle spanningvoerende delen deugdelijk zijn geïsoleerd evenals alle netspanningvoerende delen die worden aangeraakt, waardoor een dubbele isolatie wordt verkregen. Bij deze elektrische apparaten en gereedschappen zal dus tweemaal een isolatiefout moeten optreden voordat de constructie gevaar oplevert.

Hier is garantie voor veiligheid het zogenaamde KEMA-keur, bestaande uit een aanduiding op het typeplaatje met technische gegevens. Behalve de woorden KEMA-KEUR in een rechthoekje, kan het ook NL of VDE zijn, beide in een cirkeltje geplaatst. Zie hiervoor de *Lijst van internationale keurmerken* bij 'Keurmerken'.

Veiligheidsaarding

Een veiligheidsaarding wordt in laagspanningsnetten, zoals de normale huisnetinstallatie, algemeen gebruikt. De geleidende omhullingen en onderdelen van de installatie die door een defect onder spanning kunnen komen te staan, worden met een aardleiding en aardelektrode aan de aarde verbonden. Als er nu een sluiting ontstaat tussen de spanningvoerende draad en het geleidend omhulsel van het apparaat, dan ontstaat er een gesloten circuit met de aarde (de grond en het grond*water* onder het huis). Als nu de weerstand van het aardcircuit voldoende laag is, zal de 'foutstroom' voldoende groot zijn om de smeltzekering te laten smelten. In een fractie van een seconde wordt het circuit dan stroom- en spanningloos. Om alles goed te laten werken, worden aan de praktische uitvoering van de aardingsinstallatie hoge eisen gesteld. Deze zijn vastgelegd in de 'NEN 1010 Installatievoorschriften'. Daarin wordt aangegeven hóe en wáár moet worden geaard. Voor ons van belang is, dat er geen veiligheidsaarding verlangd wordt in woonhuizen voor woon/eetkamer, slaapkamer en hal, omdat in de moderne huisinstallatie een aardlekschakelaar van 30 mA in de meterkast is opgenomen. Andere ruimten in huis, waarin de vochtigheid boven normaal kan liggen, zoals keukens, badkamers en garages, moeten wèl van een aardbeveiliging zijn voorzien. Daar worden de apparaten en toestellen dan ook aangesloten op de wandcontactdozen met randaarde.

Waarschuwing
Een goede veiligheidsaarding is van levensbelang. In alle huizen is door een erkend installateur daarin voorzien. Het ondeskundig veranderen, repareren of uitbreiden van de huisinstallatie kan levensgevaarlijk zijn!

Aardlekschakelaar

Nu bestaat er naast de veiligheidsaarding zoals zojuist genoemd, nog een nauwkeuriger en sneller werkende beveiliging in de vorm van de *aard-*

lekschakelaar. Er blijven in elke huis-installatie met goede veiligheidsaarding toch altijd nog mogelijkheden over voor gevaarlijke situaties. Een daarvan, en zeker geen hoge uitzondering, is het aanraken van de fasedraad. De bruine fasedraad (in het oude systeem groen) kan per ongeluk met het lichaam in aanraking komen bij defecte snoeren, onvoorzichtigheid bij het verwisselen van lampen, of het zelf repareren van de huisinstallatie zonder de groepschakelaar om te draaien en de groep dus stroomloos te maken. Ook aanraking van de metalen delen van een apparaat dat door een defect onder spanning is komen te staan, kan in een niet verplicht geaarde ruimte, zoals woon- en slaapkamers, gevaar opleveren.

De aardlekschakelaar werkt in die gevallen als een bijzonder snelle beveiliging door defecte verbruikers bij een aanraking onmiddellijk uit te schakelen. In tegenstelling tot de veiligheidsaarding zal de aardlekschakelaar al bij de geringste foutstromen naar de aarde 'afschakelen'. Een smeltveiligheid zal pas in werking treden bij grotere foutstromen. Als zónder de aanwezigheid van een aardlekschakelaar de fasedraad wordt aangeraakt, levert dat zeker gevaar op en zal men op zijn minst een flinke schok krijgen. Mèt aardlekschakelaar zal aanraking van de fasedraad ongevaarlijk zijn. Met ingang van 1 augustus 1975 werd het in Nederland verplicht gesteld een aardlekschakelaar met een zogeheten *aanspreekstroom* van 30 mA voor ruimten met een woonfunctie op te nemen. Onder woonfunctie wordt dan verstaan: woonkamers, eetkamers, slaapkamers, dagverblijven, eetzalen en gangen. Aardlekschakelaars zijn er met verschillende aanspreekstromen. Een kleine extra beveiliging van het elektrische handgereedschap – boormachines, cirkelzaag- en decoupeerzaagmachines, grasmaaimachines, heggescharen, ook al zijn deze dubbel geïsoleerd, kan zijn nut hebben bij snoerverbindingen die niet in goede conditie zijn. Deze extra beveiliging met een 10 mA aardlekschakelaar kan heel eenvoudig geschieden omdat deze te koop is in de uitvoering van een *tussenschakelaar in een snoer.* Dit apparaat met een geaarde stekker aan de ene, en een geaarde contrastekker aan de andere kant, wordt gebruikt om het gereedschap (heggeschaar of grasmaaier) op het lichtnet aan te sluiten. Ook op de camping verdient het aanbeveling om de caravan via een 10 mA aardlekschakelaar op de mogelijk aanwezige netspanningkastjes aan te sluiten.

Scheertransformator (scheercontactdoos)

In sommige gevallen is het onmogelijk een toestel of apparaat voldoende veilig te aarden, of alle eventueel onder spanning staande onderdelen ervan tegen aanraking te beschermen. In dergelijke gevallen sluit men het toestel of apparaat niet rechtstreeks aan op de netspanning, maar geschiedt die aansluiting via een beschermings- of veiligheidstransformator. Zo'n transformator heeft gescheiden, elektrisch volledig van elkaar geïsoleerde wikkelingen, en een transformatie-verhouding van 1:1.

Een scheertransformator is zo'n beschermingstransformator. Hij wordt in badkamers toegepast. Zolang de stekker van het scheerapparaat niet in de contactbussen van de scheertransformator is gestoken, is er in het geheel geen spanning. Wordt de stekker aangesloten, dan ontstaat er wel een spanning, maar deze spanning wordt door de transformator 'getransformeerd' tot 20 VA. Deze spanning is voldoende laag om het scheercontact ook in badkamers of in andere vochtige ruimten veilig te kunnen gebruiken. Men dient te weten dat alleen scheerapparaten op een scheertransformator mogen worden aangesloten. Sinds enige tijd echter brengt de firma Schupa een transformator in de handel waarop ook een monddouche kan worden aangesloten.

Mogelijkheden en beperkingen van het huisnet

Net als geldt voor een waterleiding in huis, waar we bij het opendraaien van de kraan een bepaalde maximale hoeveelheid water uit die kraan per seconde aftappen, zijn ook de elektrische leidingen in huis aan een bepaalde maximale energielevering gebonden. Doordat alle aan te sluiten stroomverbruikers, dus lampen, apparaten en elektrische toestellen, in de woning de stroomenergie omzetten in licht, warmte of een andere functie, wordt de leiding waarop ze zijn aangesloten belast. Nu kan een stroomgeleider, een stroomvoerende draad of kabel, niet onbegrensd worden belast. Bij te zware belasting gebeurt er feitelijk hetzelfde als bij *kortsluiting*.

Wat verstaan we onder kortsluiting? Kortsluiting is het ontstaan of het totstandkomen van een verbinding tussen de stroom*aan*voerende en de stroom*af*voerende draad met een te verwaarlozen *elektrische weerstand*. Waar dat gebeurt, treedt er een grote hitteontwikkeling op met smelten van draden die daarop niet zijn berekend, en mogelijk zelfs brand. Natuurlijk moet een huisinstallatie tegen derge-

lijke ongewenste situaties worden beveiligd. Deze beveiliging van de leidingen en de hele huisinstallatie vindt plaats met behulp van met opzet aangebrachte 'zwakke plekken' in het systeem. Deze zwakke plekken bestaan uit *smeltveiligheden* of *zekeringen*, in de wandel ook wel 'stoppen' genoemd. Deze zekeringen zorgen ervoor, dat in geval van kortsluiting de leidingen niet worden beschadigd doordat ze het stroomcircuit onderbreken – er kan dan geen stroom meer door de betreffende leiding stromen.

De 'waarde' van de *zekeringen* vormt de beperking van het huisnet maar tevens de beveiliging daarvan. Op basis van die waarde kan eenvoudig worden berekend hoe zwaar een leiding kan worden belast, dus hoeveel elektrische energie er maximaal uit af te tappen is. De gegevens die we voor die eenvoudige berekening nodig hebben zijn de spanning en de stroomsterkte. De spanning op het huisnet is, zoals we hebben gezien, bij ons 220 V. De smeltveiligheid geeft de waarde van de toelaatbare stroomsterkte aan, uitgedrukt in *ampères*. Een leiding die is gezekerd met een smeltveiligheid van 10 A kan dus met 220 × 10 = 2200 VA of Watt worden belast.

Zekeringen of smeltveiligheden

In huis-, tuin- en keukengebruik spreken we gewoonlijk van *stop* of *zekering* als we een *smeltveiligheid* bedoelen. Dat is niet zo erg, zolang ook de vakman maar weet wat men er mee wil aanduiden. Omgekeerd is het vakjargon voor de leek vaak nog moeilijker. In ieder geval wordt onze huisinstallatie per groep dus beveiligd met een *smeltveiligheid*, die zichtbaar en gemakkelijk bereikbaar in het *groepenkastje* zit. Normaal worden door

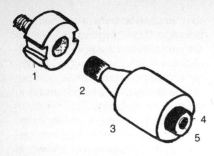

Een extra beveiliging van de groepen in de groepenkast wordt verkregen door de uitvoering van de zekeringen en de passchroef. Op de bodem van de patroonhouder (zie tekening), zit een zogenaamde passchroef (1). Deze heeft een opening waarin slechts de punt van één type D-patronen past (2). Door het keramisch lichaam van de zekering (3) loopt, onzichtbaar, de smeltdraad die een verbinding vormt met de metalen kopring (4), waarin het verklikkertje (5) wordt vastgehouden door een spandraadje. Zodra de smeltdraad door overbelasting smelt, springt het verklikkertje los als waarschuwing dat het patroon defect is. De ring van de passchroef (1) heeft dezelfde kleur als het verklikkertje (5) van de bijpassende smeltzekering of stop.

het elektriciteitsbedrijf de installaties opgeleverd met dergelijke smeltveiligheden, van het gebruikelijke type, het zogenaamde D-patroon (D = 'domestic' = huishoudelijk). Deze D-patronen zijn bestemd voor huishoudelijk gebruik. Ze zijn zodanig gemaakt, dat iedereen ze zonder gevaar en zonder speciaal gereedschap kan verwisselen.

De D-patronen moeten steeds worden gebruikt samen met een cilindervormig omhulsel van porselein, de zogenaamde *schroefkop*. Behalve een grove schroefdraad van metaal – voor de stroomdoorvoer – is de schroefkop voorzien van een venstertje. Onder dat venstertje ligt een zogenaamd *meldertje* of verklikker. Deze verklikker moet vastzitten; ligt hij los, dan is de smeltveiligheid kapot en moet worden vervangen.

Een ander belangrijk punt bij deze D-patronen is, dat de punt ervan een dikte heeft die overeenstemt met de waarde van de smeltveiligheid. Deze waarde wordt aangegeven in ampères. Voor de huisinstallatie wordt normaal alleen gebruik gemaakt van patronen met een waarde tot 16 A (= ampère). Behalve dat deze waarde op de patronen staat aangegeven, heeft elke waarde ook nog zijn eigen kleur van het verklikkertje: *groen* bij een zekering voor *6 ampère*, en *grijs* voor maximaal *16 ampère*.

Diezelfde kleuren komen voor op de passchroeven die zich in de groepenkast bevinden. De gaten in de passchroeven zijn afgestemd op de diameters van de kopcontacten en wel zodanig dat de zekering voor 6 ampère wèl past in een passchroef

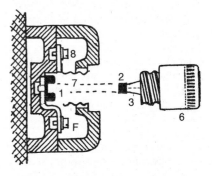

De D-patronen of 'stoppen' dienen om een beveiligde doorverbinding tot stand te brengen tussen de aansluiting van de fase-invoerdraad op de schroefklem (F) en de fase-aansluiting (8). Deze doorverbinding komt tot stand met behulp van een smeltpatroon (3), waarvan de punt (2) precies past in de passchroef (1) van de groepenkast, met aansluiting op de fase-ingang. Via een inwendige (niet in tekening zichtbare) smeltdraad wordt in het patroon een verbinding gemaakt tussen de punt (2) en de kopring, waarin het verklikkertje ligt. Via deze kopring wordt de doorverbinding gemaakt met de schroefkop (6), over de schroefkophouder (7) van de groepenkast, die weer is aangesloten op de fase-uitgangsklem (8).

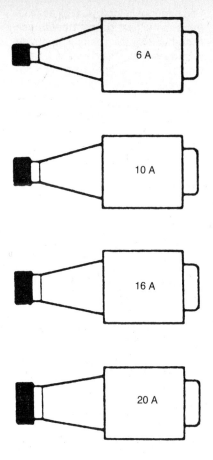

6 A

10 A

16 A

20 A

De meest gebruikte zekeringen of smeltveiligheden voor de huisinstallatie zijn de zogenaamde D-patronen. Deze worden gemaakt voor verschillende, maximaal toelaatbare stroomsterkten en gebruikt ter beveiliging van leidingen.

De belastbaarheid staat er op aangegeven in ampères en is, net als de passchroef, van een kleur voorzien. Bij de zekeringen is die kleur aangegeven op het verklikkertje of meldertje in de kop. Voor een zekering van 6 A is de kleur groen, voor 10 A rood, voor 16 A grijs, voor 20 A blauw. Hogere waarden worden als hoofdzekeringen gebruikt, achter het verzegelde kapje van de meter, met geel voor 25 A, zwart voor 35 A en wit voor 50 A. Wordt een zekering met een hogere waarde belast dan er op staat aangegeven, dan smelt de zekeringdraad in het patroon en van het verklikkertje, dat dan losspringt.

voor 10 of 16 ampère, maar niet omgekeerd. Daarentegen past een 10 ampère-zekering wel in een 16 ampère passchroef. Overigens moet men vermijden de verschillende zekeringen te verwisselen. Men kan dat in noodgevallen wel doen, maar het zal vaak een onvoldoende zware zekering voor de betreffende groep blijken, wanneer zo'n groep maximaal wordt belast.

Installatie-automaten (automatische patronen)
Een andere beveiliging van de huisgroepen dan die met D-patronen, kan met zogenaamde *installatie-automaten* geschieden. In de wandeling worden die vaak ook 'eeuwigdurende' zekeringen genoemd. Hoewel belangrijk duurder dan gewone D-patronen, hebben ze het voordeel dat ze vrijwel onbeperkt meegaan. Ook deze automaten zijn verkrijgbaar in de gebruikelijke waarden voor de huisinstallatie. Of men ze wel of niet gebruikt is vaak een kwestie van praktische overweging. Soms kan het belangrijk zijn er een groep mee te beveiligen waarop de hobbykamer is aangesloten, of de werkschuur, of misschien ook de garage. Men kan in ieder geval niet voor de verrassing komen te staan, dat er geen zekering in voorraad blijkt te zijn.

Gereedschappen
Om werkjes aan de elektrische installatie te kunnen uitvoeren, zal men over een aantal gereedschappen moeten beschikken. Schroevedraaiers en tangen zijn even onmisbaar als een solide hobby-mes. Verder zal men in veel gevallen ook niet buiten een ijzerzaagje (juniorzaagje) kunnen, en zal blijken dat ook een soldeerbout met toebehoren gewenst is.

Schroevedraaiers zijn voor vrijwel elk werkje nodig. Het is dan ook belangrijk daarvan een goede set aan te schaffen, want met één schroevedraaier komen we er niet. We moeten feitelijk voor elk type, model en grootte schroef die we ergens kunnen tegenkomen een goedpassende schroevedraaier hebben. Met een te grote schroevedraaier richten we niets uit, met een te kleine zal het soms wel lukken, maar we lopen dan de kans zowel de schroefgleuf als de punt van de schroevedraaier te beschadigen. In veel apparaten en toestellen worden zogenaamde kruiskopschroeven gebruikt en die mogen we nooit met een gewone platte schroevedraaier los- of vastdraaien. Gebruik altijd een zgn. Parker-, Phillips of kruiskopschroevedraaier die voldoende diep in de schroefkop wegzinkt. Schroeven dus altijd los- of vastdraaien met een goed passende schroevedraaier. Omdat schroevedraaiers voor vele jaren een bijzonder vaak gebruikt gereedschap zijn, zal men er verstandig aan doen geen rommel te kopen, maar alleen eerste kwaliteit. Goede merken zijn Stanley of Baco, wel wat duurder, maar het geld komt er altijd uit. Belangrijk is verder dat schroevedraaiers, net als al het andere gereedschap voor elektriciteitsklusjes, zijn voorzien van een goede isolatiegreep, het liefst nog met een gegoten isolatie-hoesje over een deel van het lemmet. Let er ook op, dat het lemmet slechts aan één zijde uit het heft of handvat komt, m.a.w. niet door het heft naar boven toe doorloopt.

Draadstriptang. Speciaal gemaakt voor het van isolatie ontdoen van draad; is bijna een precisie-instrument te noemen. De omgezette bekeinden hebben een schaarwerking en omvatten de draad met V-vormige

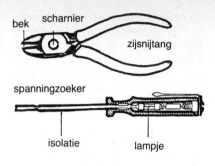

bek — scharnier — zijsnijtang

spanningzoeker

isolatie — lampje

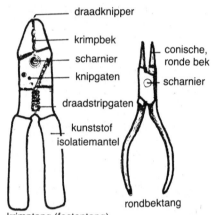

draadknipper
krimpbek
scharnier
knipgaten
draadstripgaten
kunststof isolatiemantel

conische, ronde bek
scharnier

rondbektang

krimptang (fastontang)
Niet instelbaar, maar met aantal openingen voor diversedraadkerndiameters.

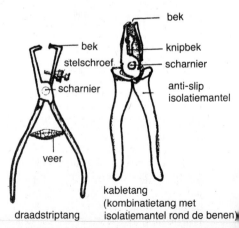

bek
stelschroef
scharnier
veer

bek
knipbek
scharnier
anti-slip isolatiemantel

draadstriptang

kabletang
(kombinatietang met isolatiemantel rond de benen)

snijmesjes. Met een stelschroefje kan de opening tussen de beide V's worden ingesteld, zodat alleen de isolatie wordt doorgesneden en niet ook de daaronder liggende draad wordt geraakt. We hebben al eerder gezien, dat het belangrijk is dat de adertjes van een samengestelde draadkern allemaal heel blijven om de belastbaarheid van de draad (snoer) niet te verminderen. Een ander type striptang is de *krimptang*.

Spanningzoekers zijn er ook in vele uitvoeringen. Voor ons doel is het eenvoudige kleine schroevedraaiersmodel (zie afbeelding) geschikt, omdat het ook voor de meeste schroefjes van stekkers, wandcontactdozen en schakelaars is te gebruiken. We zouden het een manusje-van-alles kunnen noemen, want dit speciale schroevedraaiertje is voorzien van een soort neonlampje, dat opgloeit als het onder spanning komt te staan. We gebruiken deze spanningzoeker als volgt:

Pak de spanningzoeker in bovengreep in de hand, zorg dat geen blootliggend deel van het lemmet tegen de hand komt en zet de punt van het lemmet tegen een te controleren draad of klem. Raak dan met de duim het metalen plaatje aan de bovenkant van het handvat even aan. Als nu het neonlampje opgloeit staat de draad of klem onder spanning. Ook het lemmet van een spanningzoeker dient geïsoleerd te zijn. Het kan nooit kwaad om bij werkzaamheden aan een wandcontactdoos of ander aansluitpunt, voor alle zekerheid te controleren of op een van de draden toch spanning staat, ook al is de betreffende groepschakelaar omgezet. De mogelijkheid van een 'sluiting' elders in het net is immers nooit geheel uitgesloten.

Wat de tangen betreft, moet men ook niet 'zuinig' willen doen. We hebben er zeker vier van nodig.

Kabeltang is de aanduiding voor een heel vernuftig, goedgeïsoleerd instrument, waarmee zeer uiteenlopende karweitjes kunnen worden gedaan, vandaar ook wel de naam *combinatietang*. Hoe handig ook, we kunnen een dergelijke tang beter niet gebruiken om er draad of snoer mee door te knippen of de isolatiemantel van draad te strippen. Voor die twee werkzaamheden gebruiken we de volgende twee tangen:

Knip- of zijsnijtangen, speciaal voor draad, zijn gereedschappen waarmee snel, netjes en handig alle voorkomende soorten draad en snoer op lengte kunnen worden geknipt, al dan niet met de isolatie er nog om.

Buigtangen van verschillende uitvoeringen zullen we zeker op ons verlanglijstje zetten. Ze zijn er in diverse uitvoeringen en afmetingen: met platte, halfronde en ronde bekken, soms ook uitgevoerd als een kleine combinatietang met knipmogelijkheid.

Een *Stanleymes* of een soortgelijk hobbymes met verwisselbare messen, is bijzonder handig. We gebruiken het bij het verwijderen van een stukje isolatiemantel van snoeren en kabels. Zet na gebruik steeds het beschermkapje over het scherpe mesje, dat voorkomt verwondingen als we in de gereedschapskist grabbelen. Misschien is het nog beter om een inschuifbaar mes aan te schaffen, dat werkt wat handiger en heeft het voordeel, dat een botte punt snel vervangen kan worden door een stukje van het mesblad langs een ingefreesd lijntje af te breken.

Een *beugelzaagje* zullen we vooral gebruiken wanneer we buis leggen en die op maat moeten zagen. Het bijzonder handige kleine junior-hobbyzaagje met verwisselbare zaagbladen mag feitelijk in geen enkele gereedschapskist ontbreken. Koop tegelijk een aantal reserve-zaagjes, dan zit u niet meteen verlegen, als er eens een breekt of bot is geworden. Een *priem* kan verder diensten doen bij het vastschroeven van wandcontactdozen, schakelaars of buis/kabelzadels tegen een houten of gipsplaten wand.

Een boormachine is eigenlijk ook onmisbaar, zeker wanneer we wonen in een huis met voornamelijk betonnen wanden en vloeren. Een goede boormachine moet in elk geval aan twee eisen voldoen:
– voldoende vermogen hebben (ca. 500 watt, het vermogen staat op het typeplaatje vermeld),
– dubbel geïsoleerd zijn (op het typeplaatje staat dan het teken ▣).

Met de boormachine kan men met een *slagboorkroon* of *doosfrees* gaten maken in stenen muren (in beton zal dat niet lukken), waarin lasdozen passen. Althans, men dient dat te doen wanneer men het leidingwerk 'uit het zicht' wil aanbrengen. Lasdoosgaten in gipsplaatwanden zijn te maken met een op de boormachine te monteren *gatenzaag*. Zowel de doosfrees als de gatenzaag moeten eerst worden gecentreerd, d.w.z. met een steenboor worden vóórgeboord.

Hulpmiddelen

Onder hulpmiddelen voor het verrichten van allerlei werkzaamheden aan de elektrische huisinstallatie, verstaan we alle zaken die niet direct tot het gereedschap behoren. In een gereedschapskistje mag bijvoorbeeld een hulpmiddel als een zaklantaarn niet ontbreken, want valt plotseling de stroom uit, dan zullen we ook in de meterkast gewoonlijk geen hand voor ogen kunnen zien. Bovendien zullen we soms in het donker een klusje

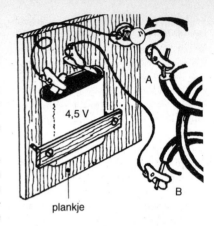

plankje

Om snoeren te kunnen 'doormeten', d.w.z. om te kunnen controleren of een snoerader niet kapot is, dient deze *tester*. U kunt hem zonder problemen zelf in elkaar zetten. Misschien leuk om uw handigheid eens 'uit te testen'? Er is voor nodig:
1 plankje of stukje multiplex van ca. 20 × 20 cm;
1 latje van ca. 15 cm lang en 2 à 4 cm breed;
1 lampje, passend in
1 dwergfitting (no. E 10);
3 stukjes enkelvoudige snoerader;
4 krokodilklemmetjes;
1 platte batterij van 4,5 volt.
In de tekening ziet u hoe met deze onderdelen de tester kan worden samengesteld. De batterij wordt met het latje en twee schroeven tegen het plankje vastgezet. Ook de dwergfitting komt op het plankje vast. De krokodilklemmen komen aan de stukjes snoer (liefst vastgesoldeerd). Slechts één stukje snoer krijgt aan beide uiteinden een krokodilklem. Wie de tekening aandachtig bestudeert komt er wel uit. Wanneer nu de polen (de blanke einden) van eenzelfde snoerader tussen de krokodilklemmetjes A en B worden gezet en het lampje gaat als gevolg daarvan branden, dan is de betreffende snoerader gaaf. Let er wel op, dat u alleen de ader met dezelfde kleur tussen de klemmetjes zet.

moeten verrichten, omdat in het betreffende vertrek de stroom is uitgeschakeld.
Het is immers zaak bij werkzaamheden aan het lichtnet altijd éérst de stroom uit te schakelen.

Een ander onmisbaar hulpmiddel bij het opsporen van storingen in snoeren is de tester, om dingen 'door te meten', zoals dat heet. Hebben we er wat geld voor over, dan kunnen we in speciaalzaken voor een paar tientjes al een heel bruikbare zakmeter kopen, die geschikt is voor verschillende doeleinden. Bij dergelijke apparaten is altijd een uitvoerige gebruiksaanwijzing bijgesloten. Heeft men geen verdergaande aspiraties, dan zal echter het zelfgemaakte testapparaatje voldoende meetmogelijkheden bieden.

Een handig hulpmiddel bij reparaties aan de huisinstallatie zelf (voor zover die althans binnen een veilig en verantwoord bereik liggen) is een *schema* van onze huisinstallatie. We zullen die in de meeste gevallen zelf moeten maken op basis van hetgeen eerder is gezegd over de opbouw van een dergelijke installatie. Belangrijk is daarbij precies te weten wat bij wàt hoort, anders gezegd, op welke groepschakelaar de verschillende aansluitpunten zijn aangesloten. In veel gevallen zal men bij reparaties aan een lichtschakelaar in bijvoorbeeld de woonkamer **(uiteraard weer nadat de betreffende groepschakelaar is omgedraaid op 'uit')** gebruik kunnen maken van een looplamp, eventueel met verlengsnoer, door deze aan te sluiten op een wandcontactdoos in de keuken, welke immers gewoonlijk op een andere groep is aangesloten. Maak voor alle zekerheid op het schema van de huisinstallatie nog een aantekening in de geest van: 'Bruin = fasedraad, via schakelaar met zwarte schakeldraad te onderbreken; blauw = nulleider, niet onderbreken; geel/groen = aardedraad, uitsluitend aansluiten op aardcontacten.'

Uitbreiding van de elektrische installatie

De groepenkast (meterkast)

Zelfs al zullen we er niet dagelijks problemen mee hebben, gebruiken doen we de huisinstallatie dagelijks van de ochtend tot de avond. Het is dan ook bijzonder nuttig er iets méér van te weten, dan alleen maar te kunnen aanwijzen waar de groepenkast zit. Die groepenkast is overigens het belangrijkste onderdeel van de hele huisinstallatie. In de eerste plaats komt daar de zogenaamde *voedingskabel* de woning binnen. Die voedingskabel is een aftakking van het net van het elektriciteitsbedrijf dat de stroomvoorziening verzorgt. De kabel komt uit de grond (vloer) en verdwijnt in een verzegeld kastje. Daarboven zit de elektriciteitsmeter, de *kilowattuurmeter* (kWh-meter is de officiële aanduiding), die met een telwerk het stroomverbruik registreert. Op basis van deze teller (meterstand) wordt het energieverbruik door het elektriciteitsbedrijf aan de verbruiker doorberekend.

Naar boven aansluitend op de kWh-meter zit de groepenkast (althans in de moderne woningen), en die groepenkast is onze huiscentrale. Afhankelijk van de grootte van de woning en het al dan niet beschikken over een elektrische boiler en/of elektrisch fornuis, zitten op het meterbord diverse knoppen en zekeringen. De eenvoudigste situatie is een kast voor twee of drie groepen bestemd voor de 'gewone' aansluitingen in de woning. De gehele huisinstallatie is van het overige net en de andere huisinstallaties gescheiden door een *hoofdbeveiliging*. Deze bevindt zich in het verzegelde kastje van de voedingskabel. Die hoofdbeveiliging voorkomt, dat ernstige storingen in

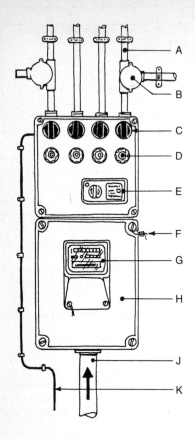

een woning zich in het verdeelnet van de andere huisaansluitingen kunnen voortzetten. Waar we vooral mee te maken hebben (dat deel is dan ook gewoon toegankelijk) is de groepenkast. De overige onderdelen voor boilers en elektrisch fornuis komen nog nader ter sprake.

Moderne huisinstallaties zijn opgebouwd uit een aantal afzonderlijke groepen van leidingen die naar de verschillende vertrekken in de woning lopen. Voor de aansluiting van die groepen op de hoofdleiding die uit de verbruiksmeter komt, dient de groepenkast. Daarin wordt de hoofdkabel (twee aders dus) opgesplitst in twee of meer groepen die via tweepolige schakelaars in- en uitgeschakeld kunnen worden. In de moderne installaties bevindt zich in de groepenkast ook de *aardklem* (zie *Aardleidingen*).

Boven de groepschakelaars in de groepenkast bevinden zich een gelijk aantal zekeringen of smeltveiligheden, de 'stoppen' waarover we het al hebben gehad. *Elke smeltveiligheid beveiligt dus een eigen groep van aansluitingen.* Per groep zien we uit de groepenkast een buis komen. De moderne installaties werken met *PVC*-buizen van een bepaalde doorsnede. Deze buizen worden vaak in de muren en plafonds van de woningen aangebracht en zijn dan niet zichtbaar dan alleen bij de aansluitpunten. Als bij de bouw de leidingen van PVC-buizen volgens het tevoren gemaakte schema zijn aangelegd, worden door de buizen de draden getrokken. Deze hebben zoals eerder gezegd verschillende kleuren, al naar gelang hun functie. Vanaf de groepenkast komen twee draden, een bruine en een blauwe, en in bepaalde gevallen een derde, geel/

Het hart van een huisinstallatie.
A = groepleiding. B = lasdoos. C = groepenschakelaars. D = zekeringen of smeltveiligheden. E = aardlekschakelaar. F = verzegeling. G = kilowatt-uurmeter met teller. H = aansluitkast met hoofdzekering. J = voedingskabel vanaf elektriciteitsnet. K = aarddraad van groepenkast.

Gewoonlijk bevindt zich in de meterkast ook de aardgasmeter en enige daaruit spruitende gasleidingen. Deze zijn hier niet getekend. De achterwand van de meterkast dient te zijn voorzien van een stevige plank of een paneel van spaanplaat van minimaal 2 cm dik, waarop de verschillende onderdelen van de groepenkast kunnen worden vastgeschroefd. De kast zelf dient ongeveer 200 cm hoog, 60 cm breed en 35 cm diep te zijn.

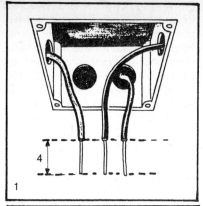

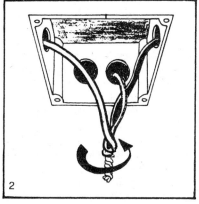

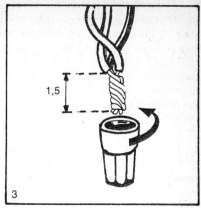

Verbinden van installatiedraden.
1. In een plafonddoos of montagedoos of lasdoos moeten alle draden van *eenzelfde kleur* aan elkaar gelast worden. (Tenzij er een contactdoos of schakelaar op komt). Knip de draden even lang af (op ca. 10 cm) en strip ze met de draadstriptang op ca. 6 cm.
2. Draai met de platte bek van een kabel- of combinatietang de draden zó in elkaar dat er een soort schroefdraad wordt gevormd.
3. Met een kniptang of de snijkant van kabel- of combinatietang knipt u de dradenschroefdraad op ca. 1,5 cm kort. Dan draait u de lasdop op de schroefdraad. Goed aandraaien, en zodanig dat er geen gestripte draadeinden meer zichtbaar zijn.

Wat niet is toegestaan.
Installatievoorschriften

groene draad. (Alle drie hebben, over de koperen kern gemeten, een doorsnede van 2,5 mm². Daaromheen zit een isolerende mantel, tegenwoordig van vinyl. In oude installaties van vóór 1956 kan men nog draad aantreffen met een rubber isolatiemantel, omvlochten met een paraffinegekleurde katoenen kous). Per groep worden dan enkele centraaldozen verbonden door er de twee (of drie) draden, bruin en blauw (eventueel met geel/groen) door te trekken. In de dozen worden alle aftakkingen van dezelfde draadkleur doorverbonden met behulp van *lasdoppen* of *lasklemmen*.

De veiligheidsvoorschriften voor laagspanningsinstallaties, en daar wordt onze huisinstallatie toe gerekend, zijn erg eenvoudig en gelden in feite vooral voor de erkende installateurs. De enige eis die door het elektriciteitsbedrijf aan de huiseigenaar/bewoner van een huurwoning wordt gesteld, is dat werkzaamheden aan de huisinstallatie onder toezicht en verantwoording van een erkend installateur moeten geschieden. De installateur zal er voor moeten zorgen dat de huisinstallatie eenvoudig van aanleg is, en dat belangrijke onderdelen goed bereikbaar zijn en gemakkelijk verwisseld kunnen worden.

Een huisinstallatie kan zowel 'in het zicht' als 'weggewerkt' worden opgeleverd. De bouwer beschikt over een bedradingsschema en het is nuttig dat bij eventuele werkjes steeds te kunnen inzien. Wat de weggewerkte delen van de installatie betreft kunnen we alleen maar op tekening zien hoe de buisleidingen in de muren en plafonds ongeveer liggen. Soms is het nodig te weten waar ze precíes liggen. Van het opbouwsysteem van 'in het zicht' gelegde installaties wordt feitelijk in de woningbouw alleen nog gebruik gemaakt voor kelders, zolders, garages en schuren. Daar zal in het algemeen geen behoefte zijn aan weggewerkte leidingen. In de woonen slaapkamers, hal, gangen, trappehuizen, keukens en badkamers wordt wel vaak gebruik gemaakt van weggewerkte leidingen. Daar liggen de buizen van het huisnet in tevoren in de muren en plafonds gefreesde sleuven, waarin buizen en dozen, schakelaars en wandcontactdozen worden verzonken en met cement afgesmeerd.

De drie voorkomende systemen zijn: het gangbare *centraaldozensysteem*, het meer en meer in zwang komende *gemodificeerde centraaldozensysteem*, en het (verouderde) lasdozensysteem.

Centraaldozensysteem

De moderne huisinstallaties werken met het *centraaldozensysteem*, waarvoor, in vergelijking met het vroeger gebruikte systeem van lasdozen op alle aftakkingen van de hoofdleiding, wel wat meer draad nodig is. Het belangrijkste voordeel is echter, dat de hoofdleiding op belangrijk minder punten onderbroken behoeft te worden.

Per groep loopt de hoofdleiding van de ene centraaldoos naar de volgende. Gewoonlijk zitten er op die manier niet meer dan een viertal centraaldozen in een groep. Deze centraaldozen worden nu uitsluitend *in* het plafond gemonteerd op de punten waar straks een lichtpunt zal worden aangebracht. Kijken we in een nieuwe woning naar het plafond, dan zien we daar op de plaatsen voor de lichtpunten meestal twee draden omlaag steken. In tegenstelling tot wat men misschien zou verwachten zijn het echter een *blauwe* en een *zwarte* draad, dus geen *bruine* fasedraad.

Zouden we immers op een blauwe plus een bruine draad een lamp aansluiten, dan ging die lamp wel branden maar was het niet mogelijk hem uít en weer áán te doen, anders dan door de lamp bijvoorbeeld uit de fitting te draaien. De bruine draad van de nulleider wordt nu vervangen door de *zwarte* schakeldraad. Bij schakelaars komen we hierop terug. Behalve de twee kleuren stroomaf-en-aanvoerende draden bruin en blauw, kunnen we in de centraaldoos (afgezien van een geel/groene aarddraad) dus ook zwarte draden vinden. Onderling worden centraaldozen van een groep echter steeds met blauw en bruin (en eventueel geel/groen) doorverbonden. Maar ook de aftakking van een centraaldoos naar een wandcontactdoos wordt gemaakt met een blauwe plus een bruine draad (en eventueel ookweer de geel/groene aarddraad).

Het centraaldozensysteem stamt uit de tweede helft van de jaren dertig. Een centraaldoos is een royale lasdoos waarop 8 of meer leidingen (buizen) zijn aan te sluiten. De dozen worden daar geplaatst waar in het plafond een lichtpunt is geprojecteerd.

De verbindingen (lassen) van de draden in de buizen worden in de centraaldoos ondergebracht. Het deksel van de centraaldoos doet tevens dienst als bevestigings- of aansluitmogelijkheid voor een verlichtingsarmatuur. Vanaf de centraaldozen lopen afzonderlijke leidingen naar iedere schakelaar, wandcontactdoos en aansluitpunt voor een toestel of wand-lichtpunt.

Met het doel een blijvend deugdelijke bevestiging te verkrijgen voor schakelaars, wandcontactdozen en vaste verlichtingsarmaturen laat men de afzonderlijke leidingen eindigen in een *montagedoos*. Het zal duidelijk zijn dat alleen al uit esthetische overwegingen het centraaldozensysteem slechts geschikt is voor montage 'uit het zicht'.

Ten opzichte van het traditionele systeem is het materiaalverbruik groter, maar daar staat tegenover, dat het systeem overzichtelijk is, de aanleg betrekkelijk eenvoudig kan verlopen, de draden met weinig weerstand te trekken zijn en ten slotte de lassen goed zijn te bereiken.

De aansluitpunten van een centraaldozensysteem

In de moderne huisinstallaties worden de *aansluitpunten* afgetakt van de centraaldozen die in het plafond zijn aangebracht. We kunnen daarbij twee typen onderscheiden: de *lichtaansluitpunten* en de *wandcontactdozen*. Een derde type vormen de speciale aansluitpunten voor o.a. kooktoestellen (elektrisch fornuis), boilers (elektrische warmwaterreservoirs) en wasmachines. Binnen de normen voor de huisinstallaties is het aantal aansluitpunten per groep beperkt. Het aantal is afhankelijk van de grootte van de totale installatie.

In het algemeen worden de aansluit-punten voor verlichting direct afgetakt van de plafondcentraaldozen, die daartoe dan gewoonlijk op die plaatsen in het plafond zijn aangebracht, waar men in de meeste gevallen een lamp zal willen ophangen. De overige aansluitpunten in de vorm van wandcontactdozen ('stopcontacten') worden per vertrek op díe plaatsen aangebracht, waar men er normaal het meeste profijt van heeft.

In de meeste gevallen zal men in een woon- of eetkamer een wandcontactdoos aantreffen bij de lichtschakelaar, al dan niet daarmee gecombineerd in een enkele doos. Teneinde schemerlampen of de televisie aan te kunnen sluiten, zonder dat het nodig is dat lelijke, lange verbindingssnoeren langs een muur omlaag hangen, worden de overige wandcontactdozen tegenwoordig veelal lager aangebracht, hetzij *dicht bij de grond*, hetzij *onder tafelhoogte*.

Omdat het aantal wandcontactdozen in oudere huizen vaak onvoldoende was en voorkomen moest worden dat bewoners zelf aanvullende contactdozen in huis gingen aanleggen, is het aantal tegenwoordig aan een minimum per vertrek gebonden. Het gebruik van de ouderwetse 'driewegstekkers' teneinde op een wandcontactdoos meer dan één apparaat aan te sluiten, is verboden. Om daaraan toch tegemoet te komen worden de wandcontactdozen tegenwoordig overwegend dubbel uitgevoerd, dus als *meervoudige* wandcontactdozen. Tot de categorie wandcontactdozen behoort feitelijk ook de in moderne keukens aanwezige aansluiting voor een elektrische keukenklok. Deze aansluiting wordt dan uitgevoerd als een wandcontactpunt zonder doos, maar met twee losse draden (bruin en blauw). Deze aansluiting staat dus bij inschakelen van de stroom op de betreffende groep direct onder spanning en kan niet met een schakelaar worden bediend. Dit aansluitpunt zit om begrijpelijke reden op een plaats wat hoger in de muur, daar waar men normaal een klok zal willen ophangen.

Het lasdozensysteem

In principe bestaat het lasdozensysteem uit één doorgaande leiding waarbij steeds op de plaats waar een aansluitpunt moet komen, een aftakking wordt gemaakt. Dat gebeurt dan door de leiding ter plaatse te onderbreken met een lasdoos.

Dit systeem stamt uit de tijd dat voor het eerst in bestaande huizen een elektrische leiding van heel beperkte omvang werd aangebracht. Voor montage 'in het zicht' is deze methode echter nog steeds geschikt en kost ze relatief weinig materiaal.

 einddoos

 einddoos met a.i.

 doorvoerdoos

 doorvoerdoos a.i.

 T doos

 T doos met a.i.

 T doos dubb. rechts

 T doos dubb. links

 vorkdoos

 vorkdoos a.i.

 T doos rechts

 T doos links

 kruisdoos

 top trekdoos

 top trekdoos a.i.

 top trekdoos rechts

Het gemodificeerde centraaldozensysteem

Dit thans meestal gebruikte systeem is een mengeling van het centraaldozensysteem met een beetje van het lasdozensysteem. Drijfveer daartoe is ongetwijfeld materiaalbesparing geweest. Het gemodificeerde systeem staat toe dat achter een schakelaar of wandcontactdoos een aftakking mag worden gemaakt als daar i.p.v. een montagedoos een lasdoos met 50 mm diepte is aangebracht.

De aftakking mag worden gebruikt voor het voeden van maximaal 2 wandcontactdozen mits dat gebeurt:
– op dezelfde muur en in dezelfde ruimte òf
– op dezelfde muur in de belendende ruimte. In dit geval behoeft dat niet 'rug aan rug' te geschieden.

In de tekst hiervoor zijn reeds de termen centraaldoos, montagedoos en lasdoos gevallen.

Duidelijk zal zijn dat de centraaldoos de plaats inneemt van de spin in een web.

De centraaldoos is een echt distributiepunt met één inkomende buis en vele uitgaande.

De koppeling tussen buis en doos geschiedt d.m.v. een *spruitstuk*.

Opbouwdozen

De meeste dozen zijn tegenwoordig van kunststof vervaardigd en de spruitstukken zijn mee aangegoten. Als men een los spruitstuk wil gebruiken, dan moet het 'poortje', dat toegang geeft tot de doos, er worden uitgestoten.

Universele centraaldozen

Er zijn ook universele centraaldozen met 16 poortjes waarin evenzovele losse spruitstukken ingesnapt kunnen worden.

Sommige dozen zijn voorzien van spruiten voor buis met een doorsnede van 19 mm. Rond of vierkant, zij zijn alle uit kunststof vervaardigd. Vierkante lasdozen zijn in een soortgelijk assortiment beschikbaar als de ronde.

Banuladozen zijn eveneens vierkante lasdozen. De spruiten ervan zijn op twee niveaus aangebracht. Hiermee wordt bereikt dat kruisingen te maken zijn zonder de buis te moeten buigen.

In de serie opbouwlasdozen bevindt zich ook een universeel type. De doos heeft een flinke lasruimte, er zijn 6 of 8 plaatsen om zelf een spruit aan te brengen.

Installatiedozen

Voordat men het verleggen of het aanbrengen van een leidingnet kan aanpakken, moet eerst bekeken zijn volgens welke methode het nieuwe leidingnet is of zal worden aangebracht. Afhankelijk van de ouderdom van de betreffende woning kan dat zijn:
– het traditionele lasdozensysteem,
– het centraaldozensysteem,
– het gemodificeerde centraaldozensysteem.

Gewone lasdozen mogen nooit als opbouwdozen worden toegepast, maar zijn bedoeld voor die situaties waarbij ze bereikbaar moeten blijven en er geen eisen worden gesteld t.a.v. het uiterlijk.

Men treft ze aan in schuren, garages, op zolders en in de meterkast. Meestal zijn ze vervaardigd van PVC; de uitgangen passen precies over 5/8 PVC-buizen.

Inbouwdozen

Ook deze dozen zijn van kunststof gemaakt. Zij zijn bestemd voor het monteren van schakelaars en wandcontactdozen bij een 'uit het zicht' aangelegde installatie. Ook hier een ruime collectie met spruiten aan de omtrek of de bodem (achterinvoer). Er zijn er die met zwaluwstaartverbindingen te koppelen zijn, bijvoorbeeld voor een rij van 3 schakelaars en een wandcontactdoos in de gang. Is de doos 50 mm diep en bestemd voor een wandcontactdoos dan mag erin worden gelast (gemodificeerd centraaldozensysteem).

Hulpstukken

Hulpstukken zijn o.a. de *lasdoppen* voor het verbinden van de draadkernen in de lasdozen. De *lasklemmen* zijn ideaal voor het bijeenbrengen van met elkaar door te verbinden draadkernen. Ze zijn gewoonlijk geschikt voor aansluiting van max. 4 of 5 draden.

Schakelaars en wandcontactdozen

Er is een onvoorstelbaar assortiment in de handel. Schakelaars zijn er in de uitvoering van wip-, druk- en sensorschakelaars, als üniverseelschakelaar (wissel of enkelpolig), serie-, kruis- en tweepolige schakelaar. Voor elke gewenste bediening is er wel een te vinden, ongeacht op- of inbouw. *Speciaal materiaal* voor installatiesystemen wordt door de meeste fabrikanten geleverd. Het is in feite 'gewoon' materiaal, echter in meer luxe uitvoering, met een bijzondere vormgeving of kleur. Voor bepleisterde en betegelde wanden van keukens en badkamers wordt speciaal hulpmateriaal gefabriceerd. Het is goed toepasbaar in een vochtige omgeving door een afdoende waterkerende constructie.

Mochten er door stukadoor of tegelzetter in een nieuwe woning installatie-onderdelen te diep of scheef zijn komen te zitten, informeer dan bij uw vakman naar de speciale dozen en verloop- of hulpstukken die speciaal voor dergelijke probleemsituaties worden gefabriceerd.

Het leggen en bevestigen van buizen en dozen

De verschillende aansluitpunten ontvangen hun 'voeding' via de draden die we in de PVC-buizen trekken. Zoals we weten zijn deze draden (die we ook wel 'installatiedraad' of VD-draad noemen) van een kunststof vinyl-isolatie voorzien.

Het aantal draden dat in een buis mag worden getrokken, hangt af van de buisdiameter en het aantal bochten dat in de buisleiding is (of zal worden) aangebracht.

De volgende tabel geeft hiervan een overzicht en is ontleend aan de geldende voorschriften.

Kerndoorsnede mm^2:	Max. aantal draden per buis bij diam.:	
	16 mm:	19 mm:
1,5	4 (5)	–
2,5	3 (4)	5
4	2 (3)	3 (4)
6	–	2 (3)

De getallen tussen haakjes gelden voor een buisleiding met niet meer dan één bocht. Bij één bocht mag in plaats van 4 draden van 2,5 mm, ook worden aangebracht 3 draden van 2,5 mm plus 2 draden van 1,5 mm. Komt er in een buisleiding meer dan één bocht voor, dan mogen er niet meer draden in worden gelegd dan 3 van 2,5 mm plus 1 van 1,5 mm. Terwille van het eventueel vervangen van de installatiedraden mogen tussen twee dozen niet meer dan 4 bochten voorkomen. Verder dienen alle draden in eenzelfde buis tot een en dezelfde eindgroep te behoren, en moeten de voorgeschreven kleuren

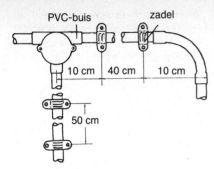

PVC-buis   zadel

10 cm | 40 cm | 10 cm

50 cm

Het bevestigen van PVC-buis en lasdozen.
In de tekening ziet u de voorgeschreven wijze waarop bevestiging dient te geschieden: zadel op 10 cm vanaf het hart van een lasdoos over elke daaruit spruitende PVC-buis; zadel op 10 cm vanaf de buitenkant van een bocht; zadels van horizontaal liggende buis onderling op max. 40 cm; zadels van verticaal lopende buis op onderlinge afstanden van max. 50 cm. Zadels dienen met (bolkop-)schroeven te worden vastgezet. Dit laatste is van belang wanneer de buizen later moeten worden afgenomen.

van de draden onderling worden gehandhaafd. Nooit mag welke kleurverwisseling dan ook voorkomen.

In het zicht gelegde PVC-buizen mogen niet tegen een plint worden vastgeschroefd: het beschadigingsgevaar is dan te groot. Bevestiging óp de plintrand is daarentegen wèl toegestaan. Bevestiging van de buizen geschiedt met behulp van *zadels*. Op die plaatsen waar het gevaar van beschadiging groot is, bijvoorbeeld bij een doorgang door een vloer of trap, moet de PVC-buis door een stalen mantelpijp worden beschermd. In de praktijk voldoet een stuk mantelpijp van slagvaste kunststof (Hostaliet, kleur grijs) echter ook uitstekend. Bij buizen die 'uit het zicht', dus in een sleuf die weer met cement wordt dichtgestreken, worden gelegd, zijn zadels of beugels overbodig. Zorg ervoor dat op dergelijke wijze gelegde buizen zonder spanning in de sleuf

liggen: ze duwen anders maar al te gemakkelijk te dozen 'weg', die dan kunnen gaan kantelen waardoor een vlakke montage van de muur- of afdekplaat onmogelijk wordt. Zaag de buis dus steeds op de juiste lengte af. Als de buis 'uit het zicht' wordt aangebracht, is de verleiding groot er maar met de pet naar te slaan. De voorschriften zeggen echter dat 'een logische weg moet worden gekozen met de kleinste kans op beschadigingen'. De uit het zicht gelegde buis moet bovendien loodrecht naar een schakelaar of wandcontactdoos lopen. *Het buismateriaal* is er ook in stalen uitvoering. Hoewel stalen buizen sterker zijn kunnen ze alleen maar in bepaalde gevallen worden gebruikt voor opbouw. (Bijvoorbeeld bovenop vliering- of zoldervloeren vindt men de stalen buis; PVC-buis zal al snel worden stukgetrapt.) PVC-buizen zijn altijd bruikbaar en er is keuze uit het gewone en het slagvaste buismateriaal. Het gewone is geschikt voor *uit*-het-zicht-leidingen, die in sleuven in de muren of de betonnen plafonds worden vastgezet. Het slagvaste buismateriaal is voor *in*-het-zicht-leidingen, die immers wat kwetsbaarder zijn.

Kostenbesparingen bij uitbreiding van lichtpunten en wandcontactdozen

Het zal duidelijk zijn, dat het 'in het zicht' leggen van buisleidingen van de huisinstallatie belangrijk goedkoper is dan het in sleuven verzinken van de leidingen. Als we dus bepaalde plaatsen in huis van extra lichtpunten of wandcontactdozen willen voorzien, zal men in de meeste gevallen overwegen of het 'in het zicht' leggen estetische bezwaren heeft. In de vertrekken die reeds van 'verzonken' leidingen zijn voorzien, zal men liever geen zichtbare buizen leggen. Men zal dan zijn toevlucht kunnen nemen tot een uitbreiding met behulp van een stopcontactblok met aansluitsnoer en stekker, of er moeten sleuven in de muren worden gemaakt om de bijgetrokken leidingen weg te werken. Maar dat is een zwaar en stoffig karwei.

Waar en wanneer men het ene of het andere systeem zal willen gebruiken is vaak een kwestie van de onderhavige situatie. In de meeste gevallen zal het neerkomen op toepassing van het *gemodificeerde centraaldozensysteem*. Dit verschilt van het 'normale' centraaldozensysteem, doordat er in beperkte mate gebruik hoeft te worden gemaakt van lasverbindingen in montagedozen. In de meeste gevallen is dit een vereenvoudiging van de installatie en geeft het een aanzienlijke besparing op de kosten van buis en draad. Bij de plaatselijke energieleverancier zijn *Informatiebladen* verkrijgbaar waarin de toegestane wijzigingen zijn aangegeven. De inhoud daarvan komt in feite op twee dingen neer: Toegestaan is het aftakken van leidingen uit dozen waarin of waarop schakelaars en dergelijke zijn gemonteerd. De afgetakte leidingen mogen uitsluitend dienen voor aansluiting van maximaal twee wandcontactdozen in hetzelfde vertrek of een aangrenzende ruimte. Van deze nieuwe wandcontactdozen mogen dan niet nog verdere leidingen worden afgetakt of doorgetrokken.

Als tweede is het toegestaan om in een verticaal doorgaande leiding een aftakking te maken voor schakelaars of wandcontactdozen. Nu zijn dat precies de punten waar het gewoonlijk op aankomt bij netuitbreidingen. Veel voorkomend is het doortrekken van een lichtleiding naar vlieringen waar door de bouwer geen rekening met verlichting is gehouden. Soms is er maar een enkel bescheiden aansluitpunt op die vliering, en kan men vandaar dus direct twee aansluitpunten doortrekken.

Denk er wel aan dat het aan te schaffen materiaal voor de lichtnetuitbreiding niet tot de kostenbesparende factoren mag behoren: er moet terdege rekening worden gehouden met de voorschriften voor dat materiaal. In geleidende vloeren, plafonds en muren moeten buizen en dozen van een harde, buigzame kunststof, polyvinylchloride (= PVC) worden toegepast. Onder geleidende vloeren, muren en plafonds verstaat men die van steen, beton, cement e.d. Voor de huisinstallatie wordt vaak PVC-schuifbuis gebruikt met een doorsnede van 16 mm (5/8"), verkrijgbaar in lengten van 4 meter. Soms is het prettiger om met zgn. flexibele buis te werken, zodat er dan geen bochten hoeven te worden gebogen. Voor in-het-zicht-leidingen gebruiken we bij voorkeur slagvast PVC, in elk geval daar waar het binnen bereik liggende leidingen in bijvoorbeeld schuur of garage betreft, of in kelders en zolders, waar kinderen toegang hebben.

Een aanvullende leiding leggen en bevestigen vormt voor een wat handige hobbyist zeker geen probleem. Er wordt uitgegaan van de plaats waar een nieuwe, extra aansluiting wordt verlangd. Daar wordt een wandcontactdoos op de muur bevestigd, of een plafonddoos tegen het plafond als het om een lichtpunt gaat. In het laatste geval zal er ook nog een opbouwschakelaar op de juiste hoogte (ca. 150 cm) bij de deur van de ruimte moeten worden bevestigd. Zijn deze onderdelen op de juiste manier stevig op hun plaats vastgeschroefd, dan worden ze met elkaar verbonden met behulp van PVC-buis. De aftakking van een reeds aanwezige centraal-doos geschiedt eveneens met behulp van dit PVC-buismateriaal.

Leidingen 'uit zicht' aanbrengen

Wanneer men nieuw leidingwerk 'uit het zicht' wil aanbrengen, dan zullen ook de PVC-buizen in in de muur gekapte sleuven moeten worden gelegd. Men kan die sleuven met de hand kappen, of met een *freesmachine* infrezen. Ook voor het frezen geldt: niet in beton. Het is verstandig om op de juiste afstand van de te frezen sleuf een lat aan te brengen die voor de noodzakelijke geleiding kan zorgen. Verder zijn geoefende armspieren gewenst...

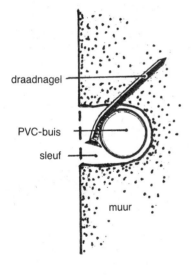

draadnagel

PVC-buis

sleuf

muur

Sommige freesmachines frezen de sleuf onder een hoek van 20°. De PVC-buizen kunnen verder gemakkelijk in de sleuven worden vastgezet, en later met een vulmiddel of met specie (1 deel zilverzand op ca. 4 delen portlandcement) gelijk met de naastliggende muuroppervlakken worden 'afgestreken'. In wanden van zgn. *Du-rox-blokken* kunnen de sleuven met een *verfkrabber* worden ingetrokken. Het verdient aanbeveling om bij het kappen of frezen een veiligheidsbril te dragen.

De buigveer of buigdoorn

Ongetwijfeld zullen in de buisleiding(en) die we met PVC-buis en lasdozen samenstellen, bochten voorkomen. Daarvoor zijn kant-en-klare bochten te koop, maar het is ook mogelijk de PVC-buis zelf te buigen. Als de temperatuur hoger is dan 5°C kan dat 'koud', d.w.z. zonder voor te verwarmen, gebeuren. We maken dan gebruik van een buigveer die een iets kleinere diameter heeft dan de inwendige buismaat. We duwen de buigveer voor een deel in de buis, en buigen dan de gewenste vorm. Door de in de buis aanwezige buigveer is het onmogelijk dat het PVC-materiaal doorbreekt of knikt. De straal van de binnenbocht mag doorgaans niet kleiner zijn dan 3 × de buitendiameter van de buis.

De trekveer

Zijn de buizen en lasdozen op hun plaats aangebracht en vastgezet, dan is men zover dat de installatiedraden erin kunnen worden aangebracht. Zonder te kunnen beschikken over een trekveer is dat een vrijwel ondoenlijk karwei. Een trekveer is 10, 15 of 20 meter lang, en is samengesteld uit een soepele staalkabel, ommanteld met een eveneens stalen spiraalveer. Aan elk einde van de trekveer bevindt zich een messing knop, het beste te vergelijken met het oog van een grote stopnaald. De trekveer is nergens dikker dan 5 mm, erg soepel, maar ook vrij kwetsbaar. Sinds enige tijd zijn er ook trekveren van nylon. Deze zijn weliswaar goedkoper en waarschijnlijk minder kwetsbaar,

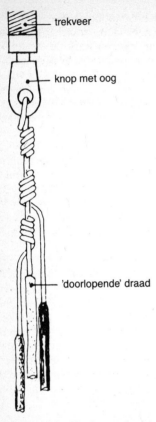

trekveer

knop met oog

'doorlopende' draad

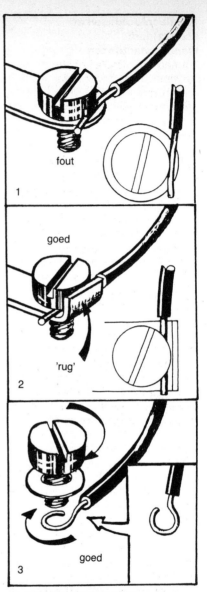

fout

1

goed

'rug'

2

goed

3

maar het nadeel is dat ze slechts één knop met een gat hebben.

Wanneer de trekveer door de buis is gebracht, dan kunnen aan één van de knoppen de installatiedraden worden vastgemaakt en door de buis worden teruggetrokken. Eén van deze draden is de *doorlopende draad*, die over 10 cm lengte van de isolatie is ontdaan. De andere draden worden over 4 cm lengte 'gestript'. De tekening toont hoe de draden aan de knop van de trekveer moeten worden bevestigd.

Draden trekken doet men het best met 2 personen: de één neemt het 'trekken' voor zijn rekening, de ander zorgt ervoor dat de draden soepel door de buis worden 'toegevoerd'.

Aansluiten van installatiedraad.
Om vonkvorming of verbranden aan aansluitklemmen te voorkomen dient het installatiedraad (VD-draad) stevig aan de klemmen te worden verbonden. In 1 is daar geen sprake van, in 2 wordt de goede manier getoond. Tekening 3 laat zien wat u in de situatie van 1 kunt doen om toch een optimale verbinding te krijgen.

Wandcontactdozen en schakelaars
Wandcontactdozen

Tot een huisinstallatie behoren ook de wandcontactdozen, die op een aantal punten in de woning zijn aangebracht. Tegenwoordig worden deze aansluitpunten voor allerlei toestellen en apparaten in huis meestal in de muren ingelaten (verzonken), in oudere woningen zijn ze in veel gevallen nog 'opgebouwd'. Groot verschil tussen *ingebouwde* en *opgebouwde* wandcontactdozen is er feitelijk niet. Het laatste type, dat dus *tegen* een muur of wand wordt bevestigd, steekt daarbuiten uit. Toepassing vinden deze opbouwinstallatieonderdelen in de woning op die plaatsen waar inbouw niet mogelijk is, of niet belangrijk. De wandcontactdozen in moderne woningen worden echter overal zoveel mogelijk ingebouwd, in hoofdzaak uit estetische overwegingen. Een ander voordeel van inbouwdozen is echter, dat ze gewoonlijk beter en steviger bevestigd zitten en door herhaald insteken en uittrekken van stekkers niet zo snel van de muur losraken.

Wandcontactdozen zijn er behalve in genoemde twee uitvoeringen, natuurlijk in de twee typen zonder en mèt randaarde. Van elk is een vrij groot aantal modellen in omloop. Behalve *enkele* en *dubbele* wandcontactdozen, zijn er ook combinaties met schakelaars verkrijgbaar. Deze laatste variatie kan vaak nuttig zijn om op de plaats van een schakelaar een gecombineerde schakelaar/wandcontactdoos te kunnen monteren. Daarbij moet men er wel rekening mee houden, dat in een schakelaar slechts een *bruine* fasedraad binnenkomt, met ernaast een *zwarte* schakeldraad.
Bouwt men dus een combinatie met wandcontactdoos op die plaats, dan zal er een blauwe draad bijgetrokken moeten worden naar de dichtstbijzijnde centraaldoos. Wat de bedrading betreft moet men voor wandcontactdozen dus rekening houden met een *blauwe* en *bruine* aansluitdraad. Is het een geaarde contactdoos, dan komt daar nog een geel/groene draad bij en gewoonlijk is de aansluitklem, waarop die aardedraad moet worden aangesloten gemerkt met het symbool ⏚ voor aarde. Dat geldt in elk geval voor de modernere installatieonderdelen. Hoe de blauwe en de bruine draad op de twee daarvoor bestemde klemmen worden aangesloten is niet belangrijk voor de wandcontactdozen als zodanig. Wel belangrijk kan dat zijn bij de gecombineerde in- of opbouwdozen met wandcontactdoos in combinatie met een schakelaar (zie bij *Schakelaars*). Natuurlijk is het voor een geaarde contactdoos belangrijk de geel/groene aardedraad ook inderdaad op de met het aarde-symbool gemerkte klem aan te sluiten.

Schakelaars

Een schemerlamp in de huiskamer wordt eenvoudig met een stekker in een wandcontactdoos aangesloten. De vaste lichtpunten aan het plafond zijn op die manier niet bereikbaar en moeten dan ook worden 'bediend' met behulp van een schakelaar (lichtschakelaar) die op een logische (soms ook wel onlogische) plaats in of op de muur of wand is aangebracht. De enkelvoudige schakelaar kan één lichtpunt bedienen, of in bepaalde gevallen twee of meer lichtpunten die achter elkaar zijn gekoppeld (*parallelschakeling*). Bij bediening van de schakelaar gaan alle lampen die daarop zijn aangesloten dus aan of uit. Wil men echter de lampen

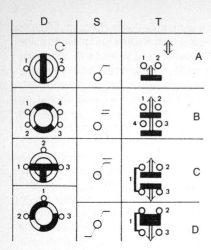

	D	S	T	
A				
B				
C				
D				

zijn doorverbonden. Type D is de zogenaamde wisselschakelaar (ook wel 'hotelschakelaar') waarmee afwisselend doorverbindingen worden gemaakt tussen de contactpunten 1 en 2 of 1 en 3. Een verbinding tussen 2 en 3 is hier niet mogelijk. In de tuimeluitvoering Dt wordt het anker verschoven en maakt een doorverbinding tussen 1 en 2, of tussen 1 en 3.

onafhankelijk van elkaar kunnen aan- en uitschakelen, dan is er voor elke lamp (lichtpunt) een afzonderlijke schakelaar nodig. In bepaalde gevallen worden dan afzonderlijke enkelvoudige schakelaars gebruikt. Men kan voor een vertrek met twee vaste lichtpunten, zoals in de meeste woonvertrekken het geval is, ook gebruik maken van een *dubbele* of zgn. *duo-schakelaar*. Dergelijke dubbele lichtschakelaars moeten niet worden verward met de ook op sommige plaatsen gebruikte tweepolige schakelaars. De dubbele lichtschakelaar bestaat in feite uit twee naast elkaar liggende *enkelpolige* schakelaars. Een *tweepolige* (of *meerpolige*) schakelaar wordt gebruikt in gevallen waarbij het wenselijk of nodig is zowel de fasedraad (bruin) als de nulleider (blauw), of in het oude systeem de fasedraad (groen) en de nullleider (rood), te onderbreken.

In de normale huisinstallatie wordt echter altijd gewerkt met de enkelpolige schakelaars, eventueel in dubbele uitvoering. Een dergelijke dubbele enkelpolige schakelaar wordt ten onrechte nog vaak aangeduid met 'serieschakelaar'. In feite is het echter een parallelschakelaar, waarbij via de schakelaar twee parallel liggende lichtpunten kunnen worden bediend, elk dus volkomen onafhankelijk van de ander.
Een lichtschakelaar dient dus als *onderbreker* van de stroomvoerende fasedraad. Maken we een lichtschake-

Schematisch overzicht van de vier meest gebruikte typen schakelaars. Voor elk van de vier is in de kolommen aangegeven het type draaischakelaar (D), het symbool (S), zoals dat in werktekeningen voorkomt, en het type tuimel- of wipschakelaar (T) met de verschillende contactpunten. De draaischakelaar, die nog maar weinig in huisinstallaties wordt gebruikt (behalve in de meterkast als groepenschakelaar), werkt volgens het principe van het maken en verbreken van doorverbindingen tussen de contactpunten, door de schakelaar steeds een kwart slag naar rechts te draaien. Wordt Ad een kwartslag naar rechts gedraaid, dan wordt er een doorverbinding tussen de contactpunten 1 en 2 tot stand gebracht. Bij een volgende kwartslag is dat contact weer verbroken, enzovoort. In de tuimelschakelaaruitvoering At worden de contacten 1 en 2 bij het omzetten van de 'wip' verbonden en bij het terugzetten weer verbroken.
Voor de dubbelpolige schakelaar B is de draai-uitvoering in feite het dubbele van schakelaar Ad. Bij de eerste kwartslag worden verbindingen tot stand gebracht tussen contactpunten 1 en 2 en tussen 3 en 4. In de tuimeluitvoering Bt wordt een dubbel 'anker' verschoven met hetzelfde resultaat. De parallelschakelaar C heeft in draai-uitvoering een T-anker, waarmee een verbinding kan worden gemaakt tussen contactpunten 1 en 2, 1 en 3 en 1 en 2 plus 3, al naar gelang de stand van het T-anker, dat rechtsom wordt doorgedraaid. Moderne uitvoeringen werken met een dubbele tuimelschakelaar, in feite dus twee stuks van type At. De contactpunten 1

158

laar open (nadat uiteraard eerst de spanning van de betreffende groep in de groepenkast is uitgeschakeld), dan zien we dat er een bruine draad (fasedraad) *binnenkomt* en een zwarte (schakel-)draad weer naar *buiten komt.* Deze verdwijnt in de buis naar het lichtpunt waar hij samen met een blauwe draad (nulleider) op de contactklemmen van de lampfitting is aangesloten. Een lamp brandt immers op de stroom die via de bruine fasedraad wordt aangevoerd en over de blauwe nulleider weer wordt afgevoerd om het circuit te sluiten. Bij de lichtschakelaar is de bruine draad echter onderbroken en de fasestroom wordt daar overgenomen door de zwarte schakeldraad. Bruin en zwart zijn dan ook in feite beide fasedraden – zwart mag dan ook nooit met blauw of geel/groen worden verwisseld of doorverbonden. Het verschil tussen de bruine en zwarte fasedraad is behalve de kleur van de isolatiemantel, vooral de dikte van de koperkern. Die kern is in de bruine, blauwe en geel/groene draad normaal 2,5 mm^2, in de zwarte draad slechts 1,5 mm^2. Dit verschil in dikte, een materiaalbesparing, is mogelijk omdat de zwarte schakeldraad nooit zo hoog wordt belast als de overige spanningvoerende draden. Op een *dubbele enkelpolige lichtschakelaar* worden door de schakeling van twee lampen (lichtpunten) dus *drie* draden aangetroffen, een bruine fasedraad naar de schakelaar toe en twee zwarte draden vanaf de beide schakelcontacten naar de twee te bedienen lampen (lichtpunten). Belangrijk bij het monteren en aansluiten van de enkelpolige, enkele of dubbele schakelaars, is het aansluitpunt voor de bruine fasedraad. Bekijken we een dergelijke schakelaar onder de afdekkap, dan zien we bij een van de aansluit-

klemmen de letter P staan. Deze P geeft de klem aan waarop de bruine fasedraad moet worden aangesloten. Jammer genoeg is deze aanduiding op ouder materiaal niet te vinden. In die gevallen echter geldt dat de bruine draad (vroeger dus groen) bij een enkele enkelvoudige schakelaar op een van de twee aanwezige draadklemmen kan worden aangesloten. De zwarte draad komt dus op de andere klem. In het geval van dubbele uitvoering van enkelvoudige schakelaars wordt de bruine draad vastgezet op de klem in een hoek tegenover de beide andere aansluitklemmen voor de schakeldraden.

Wisselschakelaars (ook wel: 'hotelschakelaars') worden vaak gebruikt in slaapkamers, voor trapverlichting of in overeenkomstige situaties. Met een wisselschakelaar kan een lichtpunt (lamp) vanaf verschillende plaatsen in de woning worden bediend. Het bekendst is zeker de trapverlichting met een schakelaar om het licht áán te doen, en een schakelaar onderaan de trap om het licht weer uit te doen of omgekeerd. Ogenschijnlijk gelijk aan de gewone enkelpolige lichtschakelaar verschilt de wisselschakelaar daarvan in zoverre, dat bij omzetten van de schakelaar enerzijds *een doorverbinding wordt verbroken*, anderzijds een andere *doorverbinding wordt gemaakt.* Gewoonlijk zijn er eveneens slechts drie draadklemmen: één P-klem en twee klemmen aan de andere kant. Het gaat er bij deze wisselschakelaar om, welke doorverbindingen er worden gemaakt bij de twee standen van de schakelaar. Hier wordt uitgegaan van de moderne typen wipschakelaars en niet van de nog maar weinig gebruikte draaischakelaars, die in principe echter op dezelfde manier werken.
In de eerste stand van de wisselscha-

kelaars moet de stroom van de P-klem naar de ene zwarte draad gaan, in de tweede stand naar de andere zwarte draad. Voor de wisselschakeling van de trapverlichting hebben we twee wisselschakelaars nodig. De eerste wordt met de P-klem aangesloten op de bruine fasedraad, de tweede met de P-klem via een zwarte draad naar de lampfitting. De twee andere klemmen van schakelaar 1 worden met zwarte draden verbonden met de twee corresponderende klemmen van schakelaar 2. Het komt er dus op neer dat beide wisselschakelaars onderling met twee zwarte draden zijn verbonden.

Slaapkamerschakelingen worden vaak ook op deze manier uitgevoerd. Bij het binnenkomen van de slaapkamer kan bij de deur het licht worden aangeschakeld en als men in bed ligt kan deze verlichting weer – vaak met een *trekschakelaar* boven het bed – worden uitgeschakeld. Omdat het ook hier een wisselschakeling betreft moeten beide schakelaars wisselschakelaars zijn – dus ook de trekschakelaar.

De *schakelaar/wandcontactdoos-combinatie* vinden we vooral in de nieuwere woningen op ruime schaal toegepast. Het is een in vele gevallen handige en meestal logische combinatie, omdat met de beschikbare materialen het aantal mogelijkheden eenvoudig kan worden uitgebreid.

Nu weten we al, dat een schakelaar alleen de fasedraad (bruin) onderbreekt welke verder loopt als zwarte draad. Voor een wandcontactdoos hebben we echter ook een blauwe draad nodig, de nulleider. (In oudere woningen vinden we achter een schakelaar dan de draadkleuren groen en zwart.) Hoewel het heel goed zelf te doen is, vereisen de voorschriften dat een dergelijke uitbreiding, dus het

Nog eens de vier meest gebruikte schakelaartypen voor de normale huisinstallatie, met links het schakelprincipe en rechts de aansluitingen van de verschillend gekleurde draden. De aansluitingen van alle typen schakelaars is in principe een verbinding van de bruine fasedraad met contactpunt 1 van de schakelaar(s), waarvan het contact 2 met een zwarte schakeldraad verbonden is met een van de contactpunten van de lampfitting (X), het andere contactpunt van deze fitting wordt doorverbonden met de blauwe nuldraad. Hoewel de dubbelpolige schakelaar (B) zelden voor een lampaansluiting zal worden gebruikt, is het principe voor andere 'stroomafnemers' gelijk aan dat voor een lampaansluiting. Zoals in de principetekening is te zien, worden zowel de bruine fasedraad als de nuldraad door een schakelcontact verbroken. Ook de parallelschakelaar (C) is in principe heel eenvoudig en moet volgens het bedradingsschema worden aangesloten. De meeste typen van deze schakelaar, zeker de modernste, zijn voorzien van een letter P (van het Engelse phase = fase) bij het aansluitpunt voor de bruine fasedraad. De beide andere contactpunten (2 en 4) krijgen elk een zwarte schakeldraad die naar de beide lampen voeren.

Iets ingewikkelder is de wisselschakelaar (D) of hotelschakelaar. Ook deze zijn van binnen gemerkt met de letter P, waarvan de eerste eveneens met de bruine fasedraad wordt verbonden. De contactpunten 2 en 3 van beide wisselschakelaars worden met zwarte schakeldraad verbonden, maar het P-contact van de tweede wisselschakelaar krijgt een zwarte schakeldraad voor doorverbinding naar de lampfitting. De blauwe draad wordt dus naar de wisselschakelaar geleid. Dat geldt immers ook voor schakelaars A en B. Alleen de dubbelpolige schakelaar (H) is een uitzondering, want daar wordt ook de blauwe nuldraad mee verbonden.

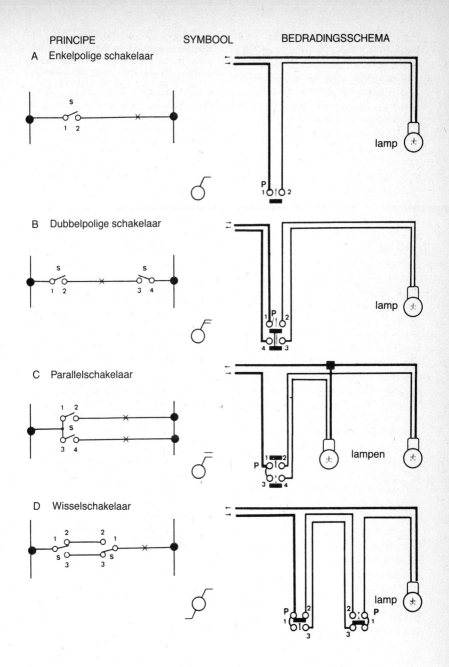

PRINCIPE   SYMBOOL   BEDRADINGSSCHEMA

A   Enkelpolige schakelaar

lamp

B   Dubbelpolige schakelaar

lamp

C   Parallelschakelaar

lampen

D   Wisselschakelaar

lamp

doortrekken van een blauwe draad, door een installateur moet worden uitgevoerd. Deze zal beginnen met de dubbelpolige groepenschakelaar op de groepenkast om te zetten, waardoor er dus geen spanning meer staat op zowel blauw als bruin. Met wat geluk is er voldoende ruimte in de buis die van de in het plafond ingebouwde centraaldoos naar de muurschakelaar loopt. Die afstand zal in normale gevallen slechts enkele meters bedragen. De installateur zal de centraaldoos vrijmaken, er het deksel afschroeven, en een spiraaldraad (ook wel 'trekveer' genoemd en bestaande uit een zeer lange metaalveer) vanaf het punt waar de schakelaar zit, in de buis naar de centraaldoos duwen. Na de trekveer te hebben 'doorgevoerd' zal het uiteinde van de veer uit een van de invoeropeningen te voorschijn komen. Aan dat spiraaleinde bevindt zich een opening welke doet denken aan het oog van een stopnaald. In deze opening zal de installateur een stuk blauwe draad bevestigen, zodat hij dat draad met de spiraal naar de plaats van de combinatie schakelaar/wandcontactdoos terug kan trekken. Voor het uitbreiden van de installatie met een geaarde wandcontactdoos zal natuurlijk op dezelfde manier nog een aarddraad (geel/groen) moeten worden doorgetrokken. Dat kan soms problemen opleveren, omdat lang niet alle centraaldozen ook een aardleiding voeren.

Hoe moet nu een combinatieschakelaar/wandcontactdoos worden aangesloten op de verschillende gekleurde draden? Voor de schakelaar weten we al, dat daar alleen de bruine fasedraad wordt aangesloten met doorverbinding naar de lampfitting via een zwarte draad. Voor de wandcontactdoos hebben we behalve de bruine ook de blauwe draad nodig. De tegenwoordig in de handel verkrijgbare combinaties zijn vrijwel altijd reeds voorzien van een doorverbinding van de schakelaar op de P-klem naar een van de klemmen van de wandcontactdoos. Op die P-klem komt dus, zoals steeds de bruine fasedraad. De andere klem van de wandcontactdoos wordt met de blauwe draad verbonden. In de plafondcentraaldoos wordt de iets ruim afgeknipte blauwe draad ten slotte verbonden met de las van de andere blauwe draden. Daarbij zal men gewoonlijk het beste gebruik kunnen maken van een lasklem met voldoende draadaansluitingen of de reeds gebruikte lasdop.

Uit het voorgaande is nu wel duidelijk geworden, waarom bij de elektrische bedradingen gebruik wordt gemaakt van materiaal met een verschillend gekleurde isolatiemantel. Zonder dat zou zelfs de vakman er niet meer uitkomen. Het geeft bovendien aan, waarom we nooit verschillend gekleurde draden met elkaar mogen doorverbinden, behalve waar een zwarte schakeldraad via een schakelaar een voortzetting is van een bruine fasedraad.

Van belang is de kwaliteit van de schakelaar. Schakelaars dienen in alle gevallen aan een aantal niet onbelangrijke voorwaarden te voldoen. Voor de huisinstallatie gelden in hoofdzaak drie eisen:
1. er moet een normale (zgn. kortsluitstroom) mee kunnen worden geschakeld,
2. de normale stroom van de huisleiding moet *constant*, en de veel hogere maar kortdurende schakelspanning (kortsluitstroom) gedurende een *bepaald aantal seconden* verdragen kunnen worden,

3. de schakelaar (eigenlijk de contactpunten van de schakelaar) moet daarom zowel de continue alsmede de kortsluitstroom kunnen onderbreken, zonder dat er beschadigingen optreden (bijvoorbeeld verbranding van de contactpunten). Het is vooral in het donker goed te zien, dat bij het inschakelen van een stroomkring binnen in de schakelaar een blauwachtige vonk ontstaat. Dit duidt op een grote warmteontwikkeling die op de duur van invloed is op de maak/breekcontacten van de schakelaar. Is de stroomkring gesloten, dan mag de schakelaar niet meer vonken of een brommend geluid maken. Is dat toch het geval, dan is er iets niet in orde en kan de schakelaar maar het best worden vervangen. De verdere eisen voor goed schakel- en ander elektrisch materiaal zijn talrijk, maar de doe-het-zelver hoeft zich daar het hoofd niet over te breken. Zolang hij goedgekeurde apparaten en materialen aanschaft, zal hij geen problemen hebben. Hij koopt geen ondeugdelijk, goedkoop materiaal, maar bij voorkeur de beste kwaliteit. Hoewel, niet altijd is het duurste ook het beste...

Houvast geeft het 'Elektriciteitsbesluit' waarin wordt voorgeschreven dat een huisinstallatie moet zijn opgebouwd uit goedgekeurde materialen. In de praktijk betekent dit, dat er op schakelaars, buizen, wandcontactdozen etc. een keurteken moet zijn aangebracht.

Snoerschakelaars

Dit type schakelaars wordt gebruikt als stroomonderbreking in snoeren voor schemerlampen, spots, en andere apparaten met een geringer vermogen. Elders in dit hoofdstuk, bij 'Reparaties aan snoeren en stekkers' vindt u instructies voor de montage.

Verlichting van kast- en bergruimten

Bij het openen van een kast raakt men soms geïrriteerd door de daarin heersende duisternis – men kan vaak niet zien wat men nodig heeft. Het is een irritatie die zich op vele plekjes in huis voordoet: in kleren- of garderobekasten, keukenkastjes of gangkasten en in wat er wellicht nog meer aan kastruimte aanwezig is.

Lichtpunt

Breng licht in deze duisternis door de desbetreffende kasten en kastjes van verlichting te voorzien. In gangkasten kan worden volstaan met een simpele gloeilamp aan het plafond en een schakelaar naast de deur om de lamp aan te steken. Men kan zelfs denken aan de montage van een drukschakelaar aan het deurkozijn: als de deur wordt geopend gaat het licht aan, sluit men de deur weer dan gaat het licht vanzelf weer uit. Het is het principe van de koelkast, daar gebeurt hetzelfde.

Een voordeel van dit schakelsysteem is dat men nooit kan vergeten het licht uit te doen en daardoor stroom bespaart. Het uit zichzelf werkende drukcontact is ook geschikt voor kleine bergingen, zoals keukenkastjes, bergmeubels, barmeubels, kastjes voor de geluidsinstallatie, buffetkastjes en ladekasten. Het is zelfs toepasbaar op klepdeuren en schuifdeuren. Als men een beetje op de hoogte is met elektriciteit, kan zo'n systeem eenvoudig zelf worden gemonteerd, dat is het probleem niet. Als er al sprake mocht zijn van een probleem dan is het die van het type lamp.

Lampen

In goed gesloten kastjes en laden zal een gewone gloeilamp te veel warmte

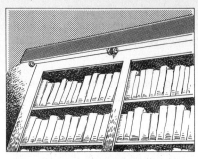

Tekeningen Raymond v. Aalst.

ontwikkelen, terwijl dezelfde gloei-lamp in bijvoorbeeld een ruime gang-kast te zwak kan blijken.

In kleine kastjes kan worden volstaan met een speciaal gloeilampje van bij-voorbeeld 15 Watt, in grotere berg-ruimten is 40-60 Watt meestal wel vol-doende. Boven de wanden van gar-derobekasten met spiegeldeuren kan men beter geen gloeilampen gebrui-ken. Daar zou over de volle breedte van de kast een doorlopende *koof* kunnen worden aangebracht met daarin fluorescentiebuizen oftewel TL-buizen, bij voorkeur de energie-besparende dunne buizen in een zachte kleur. (De tijd dat TL-buizen alleen maar 'koud licht' konden geven is allang voorbij.) Zo'n koof is een houten koker, alleen van onderen open, die over de bovenrand van de kastwand steekt en, bij het openen van een kastdeur, het licht naar bin-nen in de kast werpt.

Halogeen

Met de moderne halogeen-lampjes kan men licht 'toveren'. De aanschaf-kosten zijn weliswaar, mede door de noodzakelijke transformator, hoog, maar de mogelijkheden vrijwel onbe-perkt. Halogeenverlichting wordt dan wel door de normale 220 voltspan-ning gevoed, maar levert door tus-senkomst van de transformator een spanning van slechts 12 Volt. Zelfs niet-geïsoleerde stroomdraden (al-leen die van de transformator naar de lampjes!) kunnen zonder gevaar met blote handen worden aangeraakt. Een vreemde ervaring, zomaar stroomdraden kunnen aanraken...!

Door parallel aan bijvoorbeeld een brede boekenkast langs het plafond twee draden te spannen en daaraan een paar verplaatsbare halo-geenspotjes te hangen, bestaat de mogelijkheid zo'n boekenkast hele-maal 'uit te lichten'. De lampjes en armatuurtjes zijn verkrijgbaar in verschillende straalbundels: 'prikkende' of meer verspreid licht gevende bundels.

Boven glazen vitrines en achter glasdeuren toegepast doen halogeenlampjes vaak estetische wonderen. Dankzij hun uiterst kleine afmetingen kunnen ze in de meeste gevallen uit het zicht worden aangebracht en op velerlei manieren op uit te lichten objecten worden gericht, zonder dat er hinderlijke reflecties ontstaan. Aan de andere kant zijn de lampjes door hun minieme verschijningsvorm juist weer zó onopvallend, dat ze heel goed op een in het oog springende plaats kunnen worden gebruikt.

Halogeenlampjes worden erg heet, reden waarom ze maar beter niet in kleine, gesloten bergruimtes kunnen worden toegepast. Ook in bergruimten waar de kans bestaat dat zo'n lampje wordt aangeraakt, doet men er goed aan geen halogeen te gebruiken: voor je 't weet heb je een brandblaar. Dus toch beperkingen, blijkt maar weer.

Wel eens gedacht aan de mogelijkheid de *bodem* van een al of niet open kast(je) tot lichtbron te maken? Een stevige melkglazen plaat met daaronder een niet te warm wordende lamp of buis kan een fascinerend effect opleveren; licht van *onderen* roept bevreemding op. Men kan de zaak ook omkeren en de glazen plaat met lamp aan het kastplafond aanbrengen. Iets minder toverachtig, maar wel effectief. Een paar gaatjes boren voor ventilatie van de lampruimte is wel aan te bevelen.

De bescheiden licht gevende gloeibuisjes, niet te verwarren met de langere TL-buizen, bieden vele mogelijkheden om kastjes te verlichten. Ze zijn in enkele verschillende lengten verkrijgbaar en kunnen, desgewenst in elkaars verlengde gemonteerd, een fraai en zacht lichteffect geven. Het licht ervan is niet hinderlijk fel en daarom zeer geschikt boven kap- en badkamerspiegels. Maar er is veel meer mee te doen. Zo kan men ze in lichtkoven monteren of gebruiken als kastverlichting. Het armatuur van deze buis bevat doorgaans een drukknopje, dat kan worden gebruikt als drukcontact: monteer het armatuur verticaal tegen de kastzijwand, zodanig dat het knopje wordt ingedrukt als het kastdeurtje sluit. Wel eerst even uittesten in welke stand het lichtknopje uit- en aanschakelt.

22 tips voor elektriciteitsbesparing

1. Kies bij elektrische verwarming voor kachels die voorzien zijn van een thermostaat.

2. Een strijkijzer vraagt veel energie. Wacht dus met strijken tot u genoeg strijkgoed hebt. Bedenk verder dat de knop met de verschillende warmte-instellingen er niet voor niets op zit.

3. Een vaatwasmachine gaat niet bepaald zuinig met energie om; gebruik hem pas dan wanneer er voldoende afwas is, zodat de machine geheel gevuld kan worden.

4. Als u een trommeldroger bezit, zorg er dan voor dat het wasgoed eerst optimaal is gecentrifugeerd. Halfdroge was droogt sneller dan natte.

5. In de wasautomaat hoeft lang niet alle was bij 90° gewassen te worden. Wasgoed dat niet erg vuil is kan meestal ook heel goed bij 60° gewassen worden. Daarbij komt nog, dat dergelijke was met minder spoelen toe kan.

6. Overslaan van de voorwas kan een elektriciteitsbesparing van ca. 20% geven.

7. Plaats een koelkast of diepvriezer

niet in de buurt van de verwarming of in binnenstralende zon. Het koelgedeelte moet dan te hard werken…

8. Laat warm eten dat na de maaltijd over is, eerst goed afkoelen alvorens u het in de koelkast zet. Ook dan heeft de koelkast het wat makkelijker.

9. Op de binnenkant van een koelkast of diepvriezer afgezet ijs mag niet dikker zijn dan enige millimeters. Wanneer er een dikkere laag is ontstaan, kunt u beter overgaan tot ontdooien. Een te dikke ijslaag houdt namelijk een goede koeling tegen.

10. In vertrekken waar zelden iemand verblijft, hoeft geen licht en verwarming te branden. In sommige gevallen geeft de toepassing van een tijdschakelaar (schakelklok) een behoorlijke energiebesparing.

11. TL-buizen geven meer licht voor minder elektriciteit. Een TL-buis van 25 watt geeft evenveel licht als een 100 watts gloeilamp. Vindt u het licht van een TL-buis zo 'koud', koop dan een buis met een warmere tint. Die zijn er. De aanschaf van energiezuinige lampen is het overwegen waard.

12. Kies een lamp voor het soort licht waarvoor die lamp gemaakt is. Tussen lampen van eenzelfde wattage maar van onderling afwijkend type, bestaat soms een verbruiksverschil van wel 30%.

13. Een goede dimmer zorgt voor meer sfeer, maar kost vaak meer elektriciteit. Let op de aanwezigheid van een Kema-keurmerk.

14. Eén goede leeslamp van 100 watt geeft meestal beter licht dan bijvoorbeeld vier spotjes van 40 watt.

15. Sta er eens bij stil hoeveel energie een lamp van 60 watt levert (en gebruikt). Vroeger sprak men in plaats van watt over 'kaars'. Zet eens 60 brandende kaarsen (al is het maar in gedachten) bij elkaar en u weet wat 60 watt eigenlijk betekent…

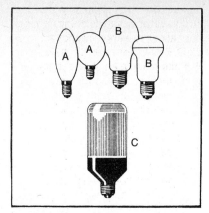

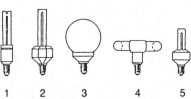

1   2   3   4   5

Bij het aanschaffen van fittingen moet rekening worden gehouden met het type gloeilamp of, beter gezegd, met de afmetingen van de schroefhuls daarvan. Er bestaan namelijk 'grote' en 'kleine' fittingen. Lampen geschikt voor kleine fittingen dragen de code E 14 (zie bij A), lampen voor grote, normale fittingen worden aangeduid met E 27 (B). De 'E' staat voor: 'Edison', de uitvinder van de gloeilamp. Als u toch nieuwe lampen moet kopen, denk dan eens aan de energiezuinige Philips SL-lamp (C) of aan een van de andere energiezuinige lampen:
1. Philips;
2. Sylvania;
3. Philips;
4. Osram;
5. Osram;

16. De circulatiepomp in een centrale verwarming, die ervoor zorgt dat het warme water door de buizen en radiatoren wordt gestuwd, kost ongemerkt ook nogal wat stroom, iets wat een heleboel mensen zich niet realiseren. Schakel zo mogelijk de cv-pomp 's zomers uit, maar wel 1 × per week een kwartier laten draaien. U kunt ook een cv-pompautomaat installeren. Dit is een eenvoudig aan te brengen ap-

paraat dat op slimme wijze het stroomverbruik van de pomp verlaagt door alleen te werken als het echt nodig is. Bovendien hoeft u zelf de pomp dan niet meer in en uit te schakelen.

17. Door een stromende kraan passeert veel meer water dan u denkt. Dus ook door een stromende warmwaterkraan. En al dat water moet eerst verwarmd worden, elektrisch of met gas. Er is maar één manier om energiebewust af te wassen: voorspoelen met koud water, een afgepaste hoeveelheid warm water nemen en dan de kraan dichtdraaien.

18. Let bij de aanschaf van een elektrisch apparaat op het stroomverbruik en kies een type apparaat dat de beste prestatie levert voor de minste stroom.

Allereerst betekent dit, dat u een apparaat van de juiste grootte moet kiezen. Er zijn grote en kleine koelkasten, grote en kleine wasmachines en vanzelfsprekend gebruikt een groot apparaat in het algemeen meer stroom.

U moet dus de apparaten die te koop zijn in de voor u juiste maat, goed met elkaar vergelijken, en niet alleen kijken naar het verbruik per dag of per keer. Dat verbruik geeft wel aan wat het gebruik u aan geld kost, maar zegt niet veel over het energiezuinig zijn van het apparaat. Daarvoor moet u het energieverbruik vergelijken, rekening houdend met de geleverde prestatie.

19. Vaak staat er een radio aan, zomaar uit gewoonte, terwijl er eigenlijk niemand naar luistert. Zelfs gebeurt het hier en daar dat onder het stofzuigen de radio volop blijft doorgalmen. Dat is natuurlijk ook zonde van al die energie, het is gek maar waar: zelfs zijn er van die mensen die een hele avond de TV laten aanstaan, terwijl ze bijv. zitten te kaarten...

20. De nieuwe Philips SL-lampen van 9, 13 of 18 W geven evenveel en even goed licht als traditionele gloeilampen (a en b). Zij hebben daarvoor 4 × zo weinig elektriciteit nodig, terwijl ze 5 × zo lang meegaan.

21. Besparing kan ook gebeuren door gebruik te maken van de 26 mm TL-lampen die 10% energie besparen en afhankelijk van het type, zelfs wat meer licht geven. Het ligt voor de hand dat díe kleur wordt gekozen die overeenkomt met de oorspronkelijke lampen.

22. Het staat inderdaad leuk om 's avonds die buitenlantaarn, en eventueel de tuinverlichting aan te hebben. Maar nodig is het natuurlijk niet. Natuurlijk, als u op een mooie zomeravond gezellig buiten zit, niemand die u dan kwalijk neemt dat u er een lichtje bij aan hebt. Maar om zomaar, terwijl u toch binnen zit te lezen of TV te kijken, nodeloos een gevel, een hek of een tuin te verlichten, dat is gewoon zonde. Zonde van het geld, zonde van de energie.

Reparaties aan snoeren en stekkers

Op het terrein van elektriciteit is een groot aantal doe-het-zelvers actief. In vele gevallen missen zij echter de nodige achtergrondinformatie en zijn zij vaak niet op de hoogte met de mogelijkheden en beperkingen. Aan elektriciteit zijn gevaren verbonden. Anders gezegd: u dient goed te weten wat u wel en wat u niet zelf kan of mag doen.

De doe-het-zelver met verantwoordelijkheidsgevoel doet er verstandig aan zich bij het Nederlandse Normalisatie Instituut (NNI) in Den Haag (Kalfjeslaan 2) het boekje 'Veiligheidsvoorschriften voor laagspanningsinstallaties' aan te schaffen. Voorts kunt u in het gemeentehuis

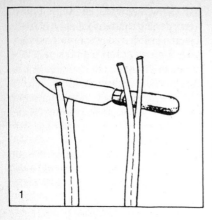

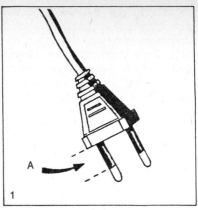

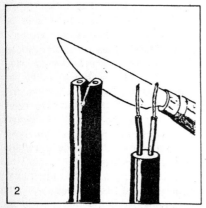

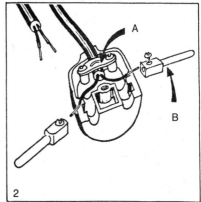

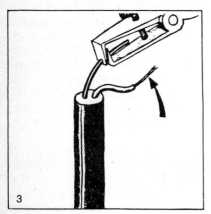

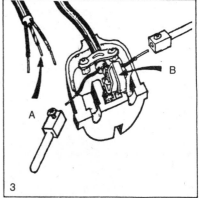

Snoer strippen.

Stekkers monteren.

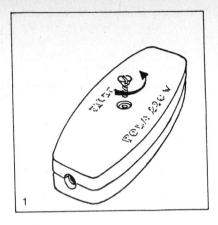

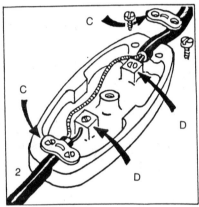

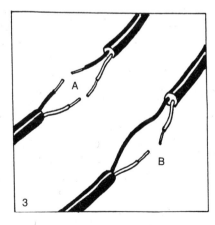

Monteren van snoerschakelaar.

van uw woonplaats de 'Modelbouw-verordening' aanvragen. In deze publikaties vindt u voorschriften en aanwijzingen waaraan uw huisinstallatie moet voldoen.

Tot de voorschriften behoort ook het 'Elektriciteitsbesluit', waarin wordt verlangd dat de huisinstallatie zal zijn opgebouwd uit goedgekeurde materialen. In de praktijk betekent dit dat er op bijvoorbeeld de schakelaars, de PVC-buizen, de wandcontactdoos en alle andere materialen een zogenaamd 'KEMA-keurteken' moet voorkomen. Materialen zonder dit keurmerk mogen dus niet worden toegepast.

Veiligheid

Er is één belangrijke eis die nergens in de eerder vermelde publikaties zo staat geformuleerd, maar niettemin letterlijk van levensbelang is: als u met ongeacht welke vorm van elektriciteit aan de gang gaat, overtuig u er dan van dat de *spanning* van de betreffende kabel of leiding is afgenomen. Trek de stekker uit de wandcontactdoos, draai de groepschakelaar van de groepenkast (meter) uit of schroef de zekering ('stop') los. Doe dit laatste ook wanneer u aan het behangen gaat en de dekplaten van wandcontactdozen, lasdozen en schakelaars moet afnemen. Kortom, wees voorzichtig met elektriciteit!
In stripvorm enkele kleine karweitjes die u zelf wel kunt uitvoeren:

Snoer strippen

1. Bij een tweelingsnoer snijdt u de twee draden op de scheidingsnaad even van elkaar los. Daarna trekken tot de gewenste lengte is bereikt.
2. Bij een mantelsnoer, dat meestal rond is, gaat het strippen wat moeilijker. Snij of knip het snoer tussen de twee aders voorzichtig in en snij de

169

mantel weg. Let er daarbij op, dat de isolatiemantels van de beide aders (bij snoeren met een geel-groene aarddraad de drie aders) niet door het mes geraakt worden.

3. Maak de kern van de aders bloot met een mes of liever nog een draadstriptang. Draai daarna de draadjes van de kern schroefsgewijs in een bundeltje, en vertin dat eventueel met wat soldeer.

Stekkers monteren

Stekkers (eigenlijk 'contactstoppen') zijn er in drie soorten:

1. Aangespoten of aangegoten stekkers vormen één geheel met het snoer. Ze kunnen niet worden gedemonteerd. Meestal passen ze ook in wandcontactdozen met randaardevoorziening. De contactpennen zijn voor een deel geïsoleerd (A).

2. Gewone stekkers zijn altijd tweepolig. De contactpennen (2) zijn zelden geïsoleerd. Goede soorten zijn die met een draadontlastingsklem (A) waarmee het snoer trekvast aan de stekker kan worden bevestigd.

3. Randaardestekkers worden op 3-aderig snoer aangesloten. Eén van die aders is de geel/groen gestreepte aarddraad (A), die aan de aardcontactklem (B) wordt bevestigd. Randaardestekkers zijn altijd van een draadontlastingsklem voorzien.

Monteren van een snoerschakelaar

1. Schroef de twee helften van de schakelaar los. Er bestaan ook schakelaars die geklemd sluiten en geen schroefjes hebben. Deze worden met een kleine schroevedraaier 'opengewrikt'.

2. Onderbreek één van beide aders door deze door te knippen (zie in tek. 3 bij B), en verbind de gestripte einden aan de contactklemmetjes van de schakelaar. Bij sommige types snoerschakelaars moeten beide aders worden onderbroken (zie in tek. 3 bij A). In dat geval heeft de schakelaar 2 × 2 contactklemmen. Koop bij voorkeur een snoerschakelaar die van trekontlastingsklemmen is voorzien (tek. 2 bij C).

Stukadoren

(Voor werken met gipskartonplaten: raadpleeg het gelijknamige hoofdstuk.)

In het algemeen gesproken heeft stukadoorswerk ('stuc-werk') de functie van conservering van bouwwerken: een pleisterlaag beschermt de ondergrond, uit welk bouwmateriaal die ook bestaat. Een andere belangrijke functie is die waarbij het aanbrengen van stuc-werk op plafonds en wanden het bouwwerk minder kwetsbaar bij brand maakt. Verder heeft stuc-werk een positieve uitwerking ten aanzien van gehorigheid en nagalm, en bevordert het de bewoonbaarheid van huizen door het vermogen tot vochtwering en vochtopvanging. En ten slotte heeft het nog een sierende functie.

Het zal duidelijk zijn dat binnen het bestek van dit boek niet zéér uitvoerig op het stukadoren kan worden ingegaan en ik mij zal moeten beperken tot díe stukadoorswerkzaamheden waarvan valt te veronderstellen dat ze door de doe-het-zelver kunnen en zullen worden uitgevoerd. Wie meer over het stukadoorsambacht wil weten doet er het beste aan zich te wenden tot de Stichting Vakopleiding Schilders- en Stukadoorsbedrijf, Burg. Elsenlaan 241 in Rijswijk.

Termen en begrippen bij het stukadoren

Afbramen
Het verwijderen van harde mortelbrokken die tussen de stenen uitsteken en niet door de metselaar verwijderd zijn. De metselaar noemt die brokken de 'baarden'.

Berapen
Een uitvlak-laag aanbrengen op een ruwe of ongelijke ondergrond. De raaplaag zelf kan dienen als basis voor een later aan te brengen afwerklaag.

Kalkspecie
Het mengsel van 1 maatdeel kalkdeeg van 6 maatdelen rivierzand noemt de stukadoor kalk*specie*. (Als we bij het stukadoren praten over *mortel*, dan bedoelen we de samenstelling van de *droge* grondstoffen. Mortel en aanmaakwater samen noemen we *specie*. Aangezien kalkdeeg niet 'droog' is, spreken we van kalkspecie.) De bouwmaterialenhandel levert kalkspecie kant en klaar af per kubieke meter (1000 liter) of in plastic zakken van 30 liter inhoud. De stukadoor voegt daaraan zelf de cement toe.

Aanmaken/aansteken
Het mengen van de kalkspecie in de metselkuip.

Volzetten
Het met de raapspaan ruw volsmeren van de ondergrond.

Aantrekken
De ondergrond onttrekt vocht aan de opgebrachte specie, ofwel de specie hecht zich aan de ondergrond.

Afreien
Met de reilat afhalen van specie op die plaatsen waar deze te dik is opgesmeerd.

Bijzetten

Het vullen van de plekken in het raapwerk die niet door de reilat geraakt
zijn tijdens het afreien.

Onder de rei brengen

Het gehele vlak recht maken.

Doordraaien/dichtschuren

Met een schuur- of raapbord de vlak
afgereide specielaag dichtschuren,
ofwel de oppervlakte van die laag verdichten.

Uitsnijden

Het met de achterkant van de spaan
of met de pleistertroffel strak afwerken van de inwendige hoeken. Ook de
ontmoeting van de specielaag met de
vloer wordt 'uitgesneden'.

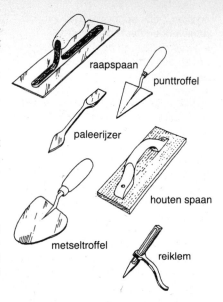

raapspaan

punttroffel

paleerijzer

houten spaan

metseltroffel

reiklem

Gereedschappen

De gereedschappen van de stukadoor wijken belangrijk af van die van
de metselaar of tegelzetter, hoewel
voor beiden geldt: gereedschap is
een verlengstuk van je handen. Een
stukadoor neemt dat letterlijk, want hij
komt nooit met zijn handen aan het

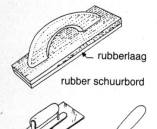

rubberlaag

rubber schuurbord

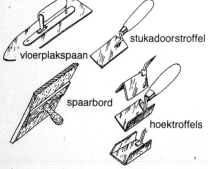

vloerplakspaan

stukadoorstroffel

spaarbord

hoektroffels

materiaal en heeft voor elke handeling een apart stuk gereedschap. De
belangrijkste zijn in dit hoofdstuk afgebeeld. Waarbij de aantekening dat
de beste gereedschappen die van het
merk 'Melkmeisje' zijn. De leverancier ervan is Themans in Zutphen.

● Een *raapspaan* wordt gebruikt
voor het berapen en pleisteren.
● Een *stukadoorstroffel* wordt gebruikt bij het scheppen van aangemaakte kalkspecie, gips, schuurspecie e.d. op het spaarbord.
● Een *spaarbord* is circa 45 × 40 cm
groot en doorgaans van multiplex gemaakt. Het wordt gebruikt voor het
meenemen van aangemaakte specie
van de kuip naar het werk en voor het
uitrapen van muren.
● Een *houten spaan*, ook wel raap- of
schuurbord genoemd, dient voor het
dichtschuren, raapwerk, opzetten
van kalkgipsspecie en schuurspecie.
● Een *punttroffel* of pleistertroffel
wordt gehanteerd bij reparatiewerk,
uitsnijden, bijwerken van inwendige

hoeken, en schoonschrapen van houtwerk en gereedschappen.

- *Hoektroffels en hoekschopjes* gebruikt men voor het pleisteren van inwendige en uitwendige hoeken.
- Een *paleerijzer* is er voor bijwerken van zeer fijn werk.
- Een *vloerplakspaan* kan voor allerlei andere doeleinden worden gebruikt dan alleen het uitvlakken van cementen vloeren. Bij stukadoorwerk is hij in bijzondere gevallen heel bruikbaar.
- Het *rubber schuurbord* is een variant op het gewone schuurbord. Het rubber bewerkstelligt een speciale structuur in het schuurwerk. Er zijn ook typen met een vilten of kunststof oppervlak.
- Een *reiklem* of *klemaak* dient voor het tijdelijk vastzetten van reilatten. De pen wordt voor een deel in de muur (de voeg) geslagen; met de aangeschoven klem kan dan een reilat tegen de muur worden geklemd.

Grondstoffen voor stukadoormortels

Kalk
Steenkalk
Deze kalk wordt aangemerkt als *luchtkalk*, omdat hij verhardt door het opnemen van koolzuur dat zich in de lucht bevindt. Luchtkalk komt voornamelijk uit de omgeving van Luik en wordt dan ook wel *Luikse kalk* of *Maaskalk* genoemd. Andere benamingen zijn: kluitkalk of kalkdeeg, omdat deze kalk tegenwoordig als een lijvige pap in plastic zakken wordt geleverd.

Schelpkalk
De grondstof hiervoor zijn de schelpen zoals die aan de Noordzeestranden worden gevonden. Om er kalk van te maken worden de schelpen in

ovens verbrand. Schelpkalk is een luchtkalk, die in zakken in de handel is. Specie van schelpkalk hecht goed aan stenen en geeft slechts een geringe kans op het ontstaan van muuruitslag of 'bloeiingen'. De zogenaamde 'schelpkalk-bloem', die nog zelden wordt verwerkt, krijgt men door de gewone schelpkalk extra te zeven. Ze wordt alleen bij zeer fijn schuurwerk nog wel eens toegepast.

Hydraulische kalk
Deze kalk heeft geen lucht nodig om te verharden. Door deze eigenschap is het als poederkalk in zakken in de handel. Op de zakken staat meestal '*Pleisterkalk*' vermeld. Hydraulische kalk is niet spierwit, maar wat grauw of roomkleurig. De toepassingsmogelijkheden zijn niet zo groot als die van luchtkalk (steenkalk en schelpkalk).

Gips
Dit is een produkt dat in de aardkorst aanwezig is in de vorm van gesteente. Het wordt in hoofdzaak door de stukadoor verwerkt. Voor buitenwerk is gips absoluut ongeschikt, omdat het niet bestand is tegen de inwerking van vocht. Toch kan gips binnenshuis in vochtige ruimten wel gebruikt worden aangezien het in beperkte mate een vochtabsorberend vermogen heeft. In Nederland wordt gips vooral gebruikt bij pleisterspecie, in hoofdzaak als snelwerkend verhardingsmiddel, en om de krimp van kalk op te heffen. Gips tast metaal aan en mag dus niet op metaaldelen worden aangebracht. De deugdelijkheid van gips kan worden getoetst door een flinke hoeveelheid in een glas water te strooien en flink te roeren. Wanneer het gips na 5 à 10 minuten is verhard, is het prima voor het gebruik. Gips moet altijd met de hand gelijkmatig in het aanmaak-

water van de mortel worden gestrooid, en wel zó dat men het water in de gips ziet 'optrekken'. De verhouding is ca. 1200-1500 gram op elke liter water.

Andere gipssoorten
Behalve het stukadoorsgips is er nog een aantal andere gipssoorten die door de stukadoor kunnen worden verwerkt. Zo zijn er Ritop, Riplus, Stucovit en Neo-gips, die meestal worden gebruikt bij wanden en plafonds van gipskartonplaten.

Kunststofgebonden materialen
Sprak men vroeger over bindmiddelen, dan bedoelde men daarmee cement, kalk en gips. Sindsdien zijn er door allerlei ontwikkelingen in de zogeheten bouwchemie nieuwe bindmiddelen ontstaan die de stukadoor minder afhankelijk maken van de steeds schaarser wordende delfstoffen leem, klei, mergel en kalksteen. Deze nieuwe kunststofgebonden produkten zijn veelal kant en klaar in de handel en moeten met water aangemaakt worden. U kunt er (en dat is

Stukadoormortels

Soort ondergrond	Raapwerk	Pleisterwerk	Schuren	Bijzondere materialen
Rode baksteen	P6	P7	P10	–
Kalkzandsteen	P6	P7	P10	–
Beton (blokken)	P3	P7	P8	P18
Gasbeton (voorbehandelen)	P6	P7	P10	P17
Gipskartonplaat	P15	P7	P10	–
Pleistergaas (bijv. steengaas)	P2	P7	P10	–

Stukadoorspecie no.	Kalkdeeg	Rivierzand	Zilverzand	Portlandcement klasse A	Stukadoorgips	Overige stoffen
P2	1	5	–	–	20 liter op 50 liter specie	–
P3	1	5	–	–	10 liter op 50 liter specie	–
P6	1	6	–	5 liter op 50 liter kalkspecie	–	–
P7	2	–	–	–	1	–
P8	1	–	2	–	12½ liter op 50 liter specie	–
P10	1	–	2	–	25 liter op 50 liter specie	–
P15	–	–	–	–	–	speciale spuitgips
P17	–	–	–	–	–	spuitgipsmortel
P18	–	–	–	–	–	spuitpleister
Voor waterdicht werk	–	3	–	1	–	waterkerend preparaat toevoegen

eigenlijk het belangrijkste voordeel van deze produkten) ook op zeer gladde en gesloten structuren mee stukadoren. Denk hierbij bijvoorbeeld aan beton.

Zand

De stukadoor gebruikt vooral rivierzand en zilverzand. Zilverzand ontleent zijn naam aan de lichte, bijna zilverachtige kleur die het heeft. Het heeft een zeer fijne korrelstructuur en wordt daarom vaak voor fijn schuurwerk gebruikt.

Sierpleisters

Er zijn talloze sierpleisters in de handel, meestal kant en klaar te leveren in zakken of grote bussen. Het voert te ver ze hier allemaal te behandelen; bij hobbywinkels, doe-het-zelf-winkels en de bouwmaterialenhandel is altijd foldermateriaal aanwezig waarin men een geschikte sierpleister kan uitzoeken.

De techniek van het stukadoren

Een stukadoor moet muren en plafonds kunnen berapen, schuren en pleisteren.

Voor het berapen gebruik je reien: latten van 2,2 cm dik, zuiver recht en vlak geschaafd. Reien moeten overal even breed zijn, zodat men ermee kan controleren of een (beraapte) muur te lood staat. In onderstaand lijstje komen de meest gangbare afmetingen van reien voor:

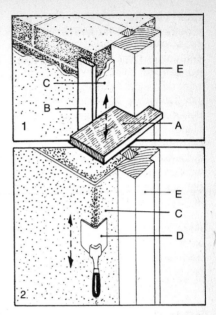

Het uitvlakken (1) en afwerken (2) van de 'negge' (het korte muurvlak dat tegen het kozijn eindigt).
A. Kort stukje rei met inkeping.
B. Rei.
C. Negge met raaplaag.
D. Hoekschopje uitwendig.
E. Kozijn.

Het stellen van reien

Om reien vast te zetten of te kunnen klemmen maakt men gebruik van klemhaken (zie bij 'Gereedschappen'). De gehard stalen punt wordt in de lint- of stootvoegen van het metselwerk geslagen, waarna de haak knellend tegen de (te lood of waterpas gestelde) rei wordt gedrukt.

Reien (afmetingen in centimeters)

Lengte:	Breedte geschaafd:	Dikte geschaafd:	Materiaal:
120	4,5 à 5	2,2	vurehout
180	7	2,2	vurehout
210	7	2,2	vurehout
275	10	2,2	vurehout
300	10	2,2	vurehout

175

Na het berapen wordt de klemhaak verwijderd en de achtergebleven beschadiging bijgewerkt.

Wanden en raam- en deuropeningen worden van reien voorzien op een wijze die in deze tekening is aangegeven. Op lengte gezaagde reien worden in de dagkant van de opening geplaatst en met stempellatten tegen die dagkanten vastgekneld. Wanneer de dagkant zèlf (de 'negge' dus) moet worden beraapt, dan maakt men weer gebruik van klemhaken en eventueel een kort stukje rei met inkeping.

Het berapen

Nadat de reien zijn gesteld, is het van belang met een lange rei te controleren of er overal genoeg specie op de wand aangebracht kan worden. In een enkel geval zal er een betonlatei boven een muuropening liggen en zal men die latei eerst van een kleeflaag moeten voorzien want de specie voor het berapen zal op het zeer gladde beton niet 'pakken'. Zo'n kleeflaag kan als volgt worden samengesteld: 3 delen cement op 1 deel natte kalk. De betonlatei eerst afborstelen en vochtig maken, daarna de kleeflaag met de raapspaan ± 2 mm dik aanbrengen. Nu kunt u met het berapen van de wand beginnen en met dezelfde specie ook de betonlatei berapen.

Berapen is een *uitvlaklaag* aanbrengen op een gemetselde, ruwe of ongelijke ondergrond. De raaplaag zelf kan dan weer dienen als basis (de

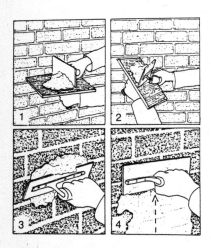

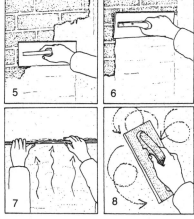

1. Neem wat specie uit de kuip en breng dat op het spaarbord. Houd de pleisterspaan loodrecht op het spaarbord, schuif hem naar voren tegen de speciekluit en...
2. laat het spaarbord kantelen. Staat het spaarbord bijna rechtop, de spaan naar boven schuiven en de specie ermee opscheppen.
3. Neem de helft van de specie op de spaan. De spaan zo vasthouden dat hij in een hoek van ca. 30° t.o.v. de muur staat.
4. De spaan met gelijkmatige druk naar boven voeren. Naarmate de specie tegen de muur wordt geperst, de spaan steeds steiler houden.

5. Breng zo speciestroken aan van rechts naar links.
6. Steeds een speciestrook naast de vorige opbrengen. Voor het bereiken van de bovenste muurhelft een trapje gebruiken.
7. Begint de specie 'af te binden' een reilat over de guides leggen en met zig-zagbewegingen langzaam naar boven schuiven. Overtollige specie boven de speciekuip afstrijken. Alle verdiepte delen in het specievlak alsnog opvullen en opnieuw afreien (het zgn. 'bijzetten').
8. Als de muur vlak is afgereid, met de houten spaan het specievlak dichtschuren.

'drager') om er een later aan te brengen afwerklaag overheen te pleisteren. Voor het normaal berapen van gemetselde muren of wanden is de speciesamenstelling:
1 volumedeel kalkdeeg (luchtkalk) plus 6 maatdelen rivierzand vormen tezamen een 'kalkspecie'.
Wanneer aan deze 'kalkspecie' portlandcement wordt toegevoegd (5 liter portland op 50 liter kalkspecie), dan hebben we *raapspecie.*
Bij muren van kalkzandsteen is het aan te bevelen om 's zomers eerst de muren te bevochtigen alvorens met berapen wordt begonnen: door de snelle droging (kalkzandsteen neemt niet veel water op en is dan ook snel weer droog) verbrandt de toegevoegde cement in de specie, waardoor het zijn functie verliest. Het vooraf bevochtigen geldt overigens ook voor muren van licht-betonblokken en baksteen met lichte scherf. Wanden van gasbeton, bijvoorbeeld Durox-blokken, kunnen beter niet met raapspecie worden afgewerkt, maar met een pure gipsspecie of een daartoe voorgeschreven afwerklaag.

Het uitlijnen van een te berapen muur

Als eerste zal de overtollige metselmortel (bijvoorbeeld de baarden) met een hamer en/of koudbeitel moeten worden verwijderd. Het uitlijnen gebeurt daarna als volgt:
1. Op ca. 20 cm onder het plafond en ca. 20 cm uit de zijwanden gemeten slaat men een draadnagel in de voeg van het metselwerk. Deze draadnagels niet te ver inslaan, zodat corrigeren nog mogelijk blijft.
2. Loodrecht onder deze twee draadnagels worden op ca. 20 cm uit de vloer weer twee draadnagels in de voeg van het metselwerk geslagen (zie tekening 1).

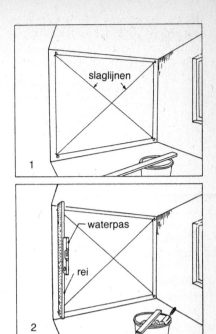

3. Nu kunt u horizontaal, verticaal en diagonaal een 'slaglijn' spannen.
4. Met behulp van een rei en een waterpas kan men de twee loodrecht boven elkaar ingeslagen draadnagels te lood stellen door één of beide draadnagels verder in te slaan (tekening 2), terwijl de afstand tussen de slaglijn en de muur bepalend is voor de raaplaagdikte van ± 1½ cm.
5. Plak nu onder de slaglijn stukjes plinthout of tegel van zo'n 10 cm lang en ongeveer 5 cm hoog in een beetje vette specie. Doe dit ter plaatse van de gestelde draadnagels èn in het midden van de muur. Het aantal plinthoutjes of tegels dat men moet plakken is uiteraard afhankelijk van de lengte en hoogte van de uitgelijnde muur en de lengte van de rei die men ter beschikking heeft.
6. Vervolgens kunt u met de rei en het waterpas controleren of de plinthoutjes of tegels goed geplakt en zuiver te lood staan. Als dit het geval is

kunnen de slaglijn en de draadnagels verwijderd worden.

Het maken van guides

Om de gehele gemetselde muur nu vlak en te lood te berapen, moet u ook nog enkele 'guides' (spreek uit kiédes) aanbrengen. Guide is het Franse woord voor 'gids' of 'geleider', en déze guide is dus een 'geleider' voor de rei, zodat daarmee ook de tussenliggende vlakken zuiver vlak beraapt kunnen worden (tekening 3). De muurgedeelten tussen stukjes plinthout of tegel die je op de muur hebt geplakt gaat u nu volrapen met verticale stroken raapspecie en reit u met een lange rei over de plinthoutjes of tegels af. Op dezelfde wijze kan men ook de horizontale guides aanbrengen. Zijn de guides voldoende gedroogd (meestal na ongeveer 20 minuten), dan kunnen de overige wanddelen beraapt worden door met een lange rei over de guides af te reien. De rei wordt hierbij steeds met schuivende, omhoog gaande bewegingen gehanteerd. Bij de ontmoeting van raaplaag en kozijn, dient het kozijn natuurlijk als 'guide'.

Het blauwpleisteren

Blauwpleisteren is: een heel dun laagje kalk/gips op een tevoren uitgeraapte muur aanbrengen. Soms noemt men het blauwpleisteren ook wel boerenpleister of betonpleister.
Als goed blauwgepleisterd geldt een muur die zó dun is gepleisterd, dat de onderliggende raaplaag er doorheen schijnt; dat geeft dan een enigszins blauwe tint, vandaar de naam.
Hoe gaat blauwpleisteren in z'n werk? Men schept 2 volumedelen natte kalk op een groot blad. Natte kalk die stijf is moet eerst met water slapper gemaakt worden, anders is het vrijwel onmogelijk om er 1 maatdeel gips

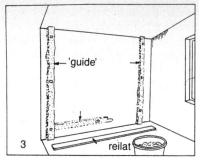

3

4

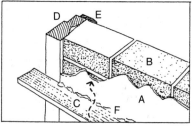

A. Raaplaag.
B. Muur.
C. Rei.
D. Kozijn.
E. Platstuk over naad kozijn/raaplaag.
F. Afgereide valspecie.

doorgeroerd te krijgen. Meng het mengsel natte kalk en gips goed dooreen tot de massa een geheel egale tint heeft. Als u op een zogenoemd tafelbord de kalk/gips aanmaakt, bereikt u betere resultaten met het goed door elkaar roeren van de kalk en de gips dan wanneer u dat in een metselkuip doet. Een tafelbord is een ca. 1 × 1 meter groot stuk multiplex van 1 à 1,2 cm dik, en wordt steeds op de kuip gelegd om niet te diep te hoeven bukken.

Maak in de vereiste hoeveelheid kalk op het tafelbord een kuiltje en giet daar wat water in. Strooi de gips in het water. Laat de gips even weken tot er geen luchtbelletjes meer zichtbaar zijn en roer de kalk en de gips dan tot een egale massa door elkaar. De kalk moet vooral voorzichtig omgeschept worden: natte kalk spettert nogal en wanneer men het in de ogen krijgt kan men in het ongunstigste geval een oog verspelen. Klop om diezelfde reden nooit de kalk/gips van de troffel af op het bord, maar neem een pleistertroffel in de andere hand en schuif daarmee de troffel regelmatig schoon tijdens het omroeren. Als de kalk/gips is aangemaakt, begint u het bovenste gedeelte van de muur 'blauw' te pleisteren. Dat doet u met de pleisterspaan. Wanneer de kalk/gips voldoende is gaan werken, oftewel is 'opgesteven', dan moet u er een tweede maal overheen gaan met wat verse kalk/gips, zodat alle bramen en oneffenheden door de spaan veroorzaakt, vlakgepleisterd worden. Sprenkel met de blokkwast wat water tegen het pleisterwerk aan en blijf onderwijl doorpleisteren met de spaan. Zo kunt u, of kan de behanger, het behang aanbrengen zonder last te ondervinden van oneffenheden van spaan-slagen.

Het maken van schuurwerk

Schuurwerk kan op een raaplaag of rechtstreeks op beton worden aangebracht. Tegenwoordig wordt schuurspecie vaak kant en klaar door de bouwmaterialenhandel afgeleverd in plastic zakken van 20-40 liter, maar wil men zelf schuurspecie maken, dan gaat men als volgt te werk:

Neem 1 *volumedeel natte kalk* op *2 delen zilverzand.* Roer de kalk eerst goed slap in een schone kuip (oppassen voor uw ogen!) en voeg het zand en het water toe. Roer de massa zorgvuldig dooreen. Leg op een andere schone kuip een fijne zeef en wrijf de schuurspecie met een harde bezem of stoffer door de zeef. De schuurspecie is dan klaar voor gebruik en men kan nu de gips óf het cement toevoegen. (Nooit èn gips èn cement; raadpleeg de tabel voor Stukadoormortels.)

Het opzetten

Zet de schuurspecie met de gips- óf cementtoeslag tweemaal met de *houten* spaan op. Draai daarna de schuurspecie met de houten spaan door en pleister de laag over en glad met de pleisterspaan. Wanneer het schuurwerk is aangetrokken, eerst de eventuele hoeken van de muur uitsnijden en met een halfnatte kwast doorwassen. (Zie voor de vaktermen het hoofdstukje *Termen en begrippen.*) Hierna wordt er met draaiende bewegingen geschuurd met behulp van een schuurblok met rubber oppervlak. Goed schuurwerk vertoont de slagen van het draaien en geeft een fraai effect. Cementschuurwerk (dus schuurspecie met cement als bindmiddel) wordt opgezet met een pleisterspaan, daarna overgezet en glad gepleisterd en geschuurd. De ondergrond van schuurwerk eerst wat vochtig maken.

Beton dat geschuurd zal worden, altijd eerst afstoffen en vochtig maken. Voor een optimale hechting kan men het beton het best eerst even voorstrijken met een zogenoemde *kunstharsdispersie* die bij de bouwmaterialenhandel verkrijgbaar is.

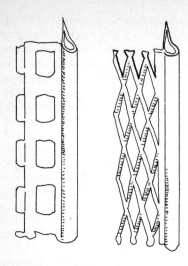

ken, in de nog zachte raapspecie. Soms is het handiger de hoekbeschermer met in de steenvoegen geslagen nagels aan de muur vast te zetten. Met een horizontaal langs de muur gehouden reilat is te controleren of de ronde rug van de hoekbeschermer overal zo'n 1½ millimeter buiten het raapwerk steekt, want die ruimte is nodig voor de latere laag schuurspecie. Wordt de hoek echter na het opbrengen van de raaplaag nog 'blauwgepleisterd', dan kan die 1½ millimeter achterwege worden gelaten.

Hoeken stucwerk snel beschadigd

Op de uitwendige hoeken van stucwerk doen zich al snel beschadigingen voor, zeker als deze zich bevinden 'in de loop' van het huiselijke voetgangersverkeer. Vroeger werden dergelijke hoeken door de timmerman met twee haaks tegen elkaar gespijkerde latten afgewerkt, maar al lange tijd wordt vanuit estetische overwegingen liever gebruik gemaakt van hoekbeschermers van gegalvaniseerd of verzinkt plaatijzer (zie de tekeningen).

Dit soort hoekbeschermers wordt algemeen toegepast en in de regel door de stukadoor aangebracht. Voor klussers die dit zelf willen doen de volgende handreiking:

● Kap de hoeken over de hoogte van de hoekbeschermer en ongeveer 10 centimeter naar beide zijden van de hoek schoon tot op het achterliggende metselwerk en breng daarop weer een nieuwe 'raaplaag' aan met een raapspecie.

● De iets uit elkaar staande bladen van de hoekbeschermer met beide handen enigszins naar binnen druk-

Beschadiging aan wanden

De tijd die wordt besteed aan het vullen van scheuren en gaten is nooit verloren tijd. Een gewoon cellulose vulmiddel voor binnen is voor de meeste reparaties aan pleisterwerk en houtwerk geschikt. Dit vulmiddel is in pastavorm gebruiksklaar in busjes en tubes verkrijgbaar, of in de vorm van poeder dat met water tot een pasta kan worden gemaakt.

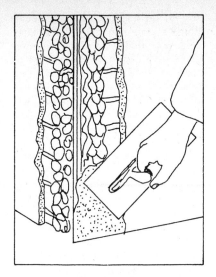

ken. Maak vervolgens een mortel bestaande uit 1 deel kalk en 1 deel gips en werk deze met een metalen pleisterspaan in de beschadigde plek. Strijk de plek vlak af en gebruik een zachte natte kwast om de overgang van nieuw naar oud onzichtbaar af te werken.

Diepe gaten worden eerst volgezet met een mortel bestaande uit 1 deel kalk, 1 deel gips en 4 delen fijn metselzand. Na droging kan worden afgepleisterd met de mortel P7 uit de tabel elders in dit hoofdstuk. Voor afpleisteren kan ook gebruik worden gemaakt van een cellulosevulmiddel. In dat geval dient het verwerkingsvoorschrift op de verpakking te worden gevolgd.

Bij fouten in de bouwconstructie ontstaan wel eens kleinere of grotere scheuren in muren en/of plafonds. Krab of hak deze zo diep mogelijk uit en verwijder alle losse delen. Maak de scheur en de omgeving ervan nat en werk hem vol met een mortel bestaande uit ¾ delen kalk, ¼ deel portlandcement en 3 delen metselzand. Het afpleisteren gebeurt weer met de mortel P7 of, als het schuurwerk betreft, met de mortel P10.

Krimpscheurtjes kunnen, na ze goed te hebben natgemaakt, worden weggewerkt met een schone lap waarop droog gipspoeder is gestrooid. Door met de lap draaiende bewegingen te maken over de krimpscheurtjes worden deze met de gips gevuld. De overtollige gips kan met een vochtige kwast worden verwijderd. In plaats van gips kan ook een vulmiddel in poedervorm worden gebruikt.

Scheurtjes of naden in gipskartonplaat dat met structuurverf is of wordt geschilderd, kunnen simpelweg met een lik onverdunde structuurverf worden weggewerkt. Deze verf volgt de normale beweging van de plaat.

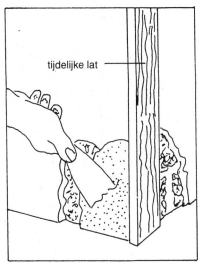

tijdelijke lat

Herstellen van beschadiging aan uitwendige hoek, zonder hoekbeschermer.

Bij het repareren van een meer dan oppervlakkige beschadiging van stuc- of pleisterwerk moet de beschadigde plek eerst goed worden schoongemaakt. Losse stukken verwijderen. De plek zelf, maar ook de omgeving ervan, goed vochtig ma-

181

Vochtige muren bepleisteren

Het heet dat door regen doorslaande muren dáár moeten worden aangepakt waar het vocht binnendringt, dus aan de buitenkant van de muur. Als een doorslaande muur alleen binnenshuis tegen het doordringende vocht wordt behandeld, zou de muur zelf nog nat blijven en zou 's winters een groot warmteverlies optreden en mogelijk de binnenshuis aangebrachte pleisterlaag afvriezen.

Een andere opvatting is dat door vochtbestrijding aan de buitenzijde het woonvocht niet meer van binnen naar buiten kan en zich ophoopt achter de waterdichte pleisterlaag aan de buitenzijde. De bestrijding van doorslaand vocht zou dus het beste binnenshuis kunnen gebeuren met materialen die wel lucht, maar geen water doorlaten.

Voor beide theorieën valt iets te zeggen. Maar doorgaans geeft het feit dat bij voorbeeld bakstenen buitenmuren er niet fraaier op worden als ze waterdicht worden gepleisterd, de doorslag om de oplossing binnenshuis te zoeken.

Toch kan de doe-het-zelver eerst proberen de buitenmuur aan de buitenzijde te behandelen. Als de muur en het voegwerk nog in goede staat verkeren, kan een bevredigend resultaat worden bereikt met het opbrengen van een zogenaamd silicaat (waterglas). Dat is kleurloos en stoot water af. Het voordeel hiervan is dat de behandeling onzichtbaar en dus qua 'uiterlijk' verantwoord is. Een nadeel zou kunnen zijn dat de behandeling na enige jaren weer herhaald moet worden.

Buitenkant

Moet of kan een buitenmuur wèl aan de buitenzijde bepleisterd worden,

dan kan daarbij het volgende van belang zijn.

1. De buitenmuur moet eerst vertind worden met een mortellaag in dezelfde samenstelling als die van de definitieve mortellaag. Deze laag kan enigszins ruw worden gemaakt met een harde bezem. Na tien tot vijftien uur, dus na één nacht, kan een tweede en definitieve bepleistering worden aangebracht. De totale bepleistering wordt hierdoor dikker en zal dus beter waterkerend zijn. Elke laag moet minstens een centimeter dik zijn.

Mortelrecept: 1 deel portlandcement en 4 delen zand. Omdat deze mortel van zichzelf niet geheel waterdicht is, verdient het aanbeveling er een waterkerend middel bij te doen. Dat is bij de bouwmaterialenhandel verkrijgbaar.

2. Op muren gemetseld van zachte baksteen is het beter niet direct een sterke cementmortel toe te passen maar eerst een 'raaplaag', bestaande uit 1 deel portlandcement, 1 deel schelpkalk en 4½ delen zand. Hieroverheen komt dan de tweede laag zoals bij 1 omschreven.

3. Breng een pleisterlaag aan zolang de te behandelen muur door de zon wordt beschenen of aan de wind wordt blootgesteld. Wacht in dat geval met pleisteren tot de muur in de schaduw staat of de wind is gaan liggen. De pleisterlaag zal anders te snel 'afbinden', waardoor krimpscheurtjes ontstaan.

Binnen bepleisteren

Hierbij kan het best gebruik worden gemaakt van Voboma- of perlietbepleisteringen. Deze materialen geven, mits volgens de door de fabrikant verstrekte aanwijzingen wordt gewerkt, zeer goede resultaten.

Uit de grond optrekkend vocht in bui-

tenmuren is een dermate lastig te ont-
leden en te verhelpen mankement,
dat vele gespecialiseerde bedrijfjes
er een goede boterham aan verdienen. Vraag vooraf een prijsopgave en
een op schrift gestelde garantie dat
het euvel definitief uit de wereld wordt
geholpen.

Als het optrekkend vocht binnenshuis zichtbaar is als een grijze tot
zwarte aanslag, soms ook met
schimmelvorming, is het de moeite
waard eerst zelf te trachten het probleem te bestrijden met de eerder genoemde Voboma of perliet. De muur
moet dan eerst van de oude pleisterlaag worden ontdaan en goed
schoongemaakt.

Tegelzetten

In Nederland ontstonden pas in de 16e eeuw de eerste tegelbakkerijen. Men neemt aan dat deze bakkerijen werden gesticht door uit Antwerpen gevluchte pottenbakkers. In 1612 en 1615 werden in Amsterdam en Delft de eerste tegelbakkerijen in de gilde-boeken van deze steden ingeschreven. Door de invloed van de Spanjaarden ging men zich toeleggen op beschilderde wandtegels die dienden ter verfraaiing van keukens, kelders en de achterwanden van schouwen en stookplaatsen. Daarbij deden echt-Hollandse voorstellingen hun intrede: schepen, molens en folkloristische gebruiken. Daarnaast beschilderde men tegels met bijbelse voorstellingen of kinderspelletjes. Al deze motieven werden niet geheel uit de vrije hand, maar door middel van papieren sjablonen op de tegels aangebracht. Men maakte daarbij gebruik van vellen papier waarin de contouren van de voorstelling waren doorgeprikt, waarna het papier met koolstof werd bestoven en het doorgeprikte motief zich in zwarte puntjes op het nog ongeglazuurde tegeloppervlak aftekende. Daarna vulde men met verf de contouren in en bracht men hier en daar een schaduw of een enkel detail aan. Bij het beschilderen was men gebonden aan de kleuren blauw, bruin, groen, paars, geel en oranje – alleen de kleurstoffen van deze kleuren waren bestand tegen de zeer hoge temperaturen van rond de 950°C. De vloertegels uit die tijd waren de zogenaamde plavuizen of *estrikken*. Deze werden uit de hand gevormd van pannenklei. Ze waren doorgaans 22 × 22 cm groot en ongeveer 3 cm dik, helderrood of blauw van kleur en soms ook bruin, geel of groen verglaasd. Tegenwoordig noemt men deze estrikken *boerenplavuizen*. In de huidige woningbouw worden tegels voor vele doeleinden gebruikt. Ze hebben dan ook vele goede eigenschappen: tegelwerk is hygiënisch, kan gemakkelijk worden gereinigd en is bestand tegen vele soorten chemicaliën. Tegelvloeren zijn in het algemeen bijzonder slijtvast en nemen weinig vuil aan. Het toepassen van tegels doorbreekt bovendien in zekere mate de gelijkvormigheid (lees: eentonigheid) van het wonen die de moderne mens wordt opgedrongen door de eveneens gelijkvormige bouwtechniek van flatgebouwen en eengezinswoningen. Tegels geven aan het interieur immers een eigen 'toon', vooral dankzij het enorme assortiment in kleuren en de mogelijkheden die de motieven op de zogenaamde decortegels de bewoner bieden.

Tegelzetten als ambacht

Het tegelzettersvak kent geen vaste tradities, zoals die bij andere ambachten voorkomen. Dat komt doordat in Nederland het beroep van tegelzetter pas sinds de jaren dertig is ontstaan. Voordien werd het tegelzetten uitgeoefend door metselaars die na verloop van tijd een grote vaardigheid kregen in het zetten van tegels. Bij grote bouwprojecten kon het dan gebeuren dat sommige van dergelijke metselaars niet meer aan hun eigenlijke beroep toekwamen, maar hun werktijd geheel besteedden aan het zetten en leggen van tegels. Een logisch gevolg hiervan was dat de metselaar als specialist werd aangezocht om ook elders tegels te zetten. Een volgende stap was dan dat hij als inmiddels ervaren 'tegelzetter' zelf ging uitzien naar karweien waar hij niet meer hoefde te metselen en zich geheel kon bezighouden met het gespecialiseerde tegelzetwerk. Aangezien hij het vak als het ware in de praktijk aan zichzelf had geleerd, bracht hij de tegels aan op een wijze die hemzelf als de beste voorkwam. Hieruit is te verklaren dat het tegelzetvak vrijwel geen ambachtelijke tradities kent.

Materialen

Alleen met het kopen van een partij wand- of vloertegels en bussen tegellijm bent u nog niet verzekerd van goede resultaten. Tegelzetten of tegels lijmen vereist, behalve een redelijke techniek, ook enige kennis van materialen.

In dit hoofdstuk zullen we de meest gebruikte materialen aan een bespreking onderwerpen.

Bij het *zetten* van tegels (het verschil in '*zetten*' en '*lijmen*' wordt elders uiteengezet) dringt water uit de aangemaakte mortel in de buitenste, ongeglazuurde laag van de tegel én in de ondergrond waarop deze tegel wordt bevestigd. Door de verharding van het cement als bindmiddel in de mortel, wordt de mortel één geheel met ondergrond en tegels. Maar ook kan het tegelwerk en de daarachter gelegen ondergrond onder invloeden van vocht en temperatuur onder bepaalde spanningen komen te staan. De bedoeling is nu, dat deze spanningen worden opgevangen door de ruimten tussen de tegels: de voegen, en daarnaast door de toe te passen mortel-

laag. Daartoe is het nodig dat ondergrond, mortel en tegels op elkaar zijn afgestemd. Bij het *lijmen* van tegels moeten de spanningen echter door de zeer dunne lijmlaag worden opgevangen. In de paragrafen '*Mortels*' en '*Tegellijmen*' zal hieraan speciale aandacht worden besteed.

Keramische tegels

Deze worden uit klei vervaardigd en onder hoge temperaturen gebakken. In Nederland en België is een groot aantal verschillende soorten tegels op de markt. De verschillen komen voort uit de gebruikte kleisoort en het fabricageproces. Keramische tegels worden onderscheiden in wandtegels, vloertegels en speciale tegels zoals traptegels, vensterbanktegels, raamdorpeltegels en plinttegels. Wandtegels zijn voorzien van een glazuurlaag. Ze zijn vrij dun en het *biscuit* (het gebakken kleilichaam van de tegel) breekt dus snel. Het biscuit ontstaat na de eerste 'brand'. Bij de tweede brand wordt het glazuur aan het biscuit vastgebakken. Het glazuur kan zowel dekkend als transparant zijn.

Kunstglazuurtegels zijn er in dikten van 4 tot 7 millimeter. Het biscuit is soms wit, soms bruin. Het glazuur kan een mat, zijdemat, glanzend of hoogglanzend oppervlak hebben. Onder de hoogglanzende kwaliteit valt ook de zogenaamde majolicategel. Kunstglazuurtegels worden voornamelijk gebruikt in natte ruimten zoals badkamers en bijkeukens. Voor toepassing in gangen, hallen, alsmede die vertrekken waar ze om decoratieve redenen worden gebruikt, worden soms de *decortegels* gebruikt. Dat zijn tegels waarop zich onder de glazuurlaag een geschilderde of gedrukte versiering bevindt, meestal een

3

Links: 1e soort tegels worden geleverd in dozen met rode opdruk, met als codeteken het Malthezer kruis. Sommige fabrikanten hebben dit codeteken ook op de achterkant van hun tegels ingeperst. 1e soort tegels leveren, op 1 meter gezichtsafstand, geen hinderlijke fouten op.
Midden: 2e soort tegels worden op de verpakking aangeduid met een in blauw gedrukt vierkant. Deze tegels hebben een

storende fout; ze vertonen echter, wat de kleur betreft, geen hinderlijke of storende fouten binnen een gezichtsafstand tussen 1 en 3 meter.
Rechts: 3e soort tegels dragen op de verpakking een groen gedrukt cijfer 3. Deze tegens tonen gewoonlijk een aantal fouten zoals kleurverschillen die op een gezichtsafstand van 1-3 meter zichtbaar zijn.

bloemmotief. De onversierde tegels heten *unietegels*.
Oudhollandse tegels worden weliswaar nog steeds volgens een eeuwenoud procédé gemaakt, maar écht *oud*hollands zijn ze natuurlijk niet. Ze worden met de hand gevormd uit klei die wordt vermengd met kalk om te voorkomen dat het glazuur gaat scheuren (het zgn. craquelé). De tegels zijn altijd dikker en minder vlak dan kunstglazuurtegels.
Echte oudhollandse tegels hebben een behoorlijke antiekwaarde. Ze vertonen meestal haarscheurtjes in het glazuuroppervlak en kleine putjes op de vier hoeken. Deze putjes zijn ontstaan bij het omgekeerd drogen op steuntjes, een methode die destijds gangbaar was. Geheel blanco oudhollandse tegels worden 'witjes' genoemd, beschilderde exemplaren heten naar de verfkleur 'blauwtjes'. Wie om andere reden dan alleen het tegelzetten geïnteresseerd is in oudhollandse tegels, kan daar veel literatuur over opslaan. Zelf vind ik het boek 'Kinderspelen op tegels' van de Stadskanaalster Jan Pluis, in 1979 uitgegeven bij Van Gorcum in Assen, bijzonder aardig. Niet alleen omdat het een goed beeld geeft van oudhollandse tegels, maar vooral

omdat het daarnaast vroegere kinderspelen behandelt – een onderwerp dat veelvuldig op deze eeuwenoude tegels te vinden is.
Splijttegels worden zowel op wanden als vloeren toegepast. De zogenaamde verglaasde exemplaren zijn in het algemeen voor wanden bedoeld. Splijttegels zijn vervaardigd uit een goed kneedbare klei die, na uit een mondstuk geperst en in stukken te zijn gesneden, eerst wordt gedroogd. Na het drogen wordt de tegel voorzien van een glazuurlaag. Aangezien de klei bij het vormen ongeveer 15% water bevat, is de splijttegel na dro-

Decortegels van Sphinx met links-onder een zgn. unitegel.

186

ging niet zo maatvast als andere tegels waarvan het waterpercentage meestal niet hoger is dan circa 6%. Splijttegels komen met de rugkant aan elkaar gebakken uit de oven. Daarna moeten ze nog 'gespleten' worden, waarbij men op een bakverlies van zo'n 10% moet rekenen. Na het splijten is de achterkant van de tegel bijzonder ruw en onregelmatig, waardoor ze echter een uitstekende hechting geven met de mortel en de ondergrond. Om diezelfde reden is het lijmen van splijttegels daarentegen praktisch onmogelijk. Door hun grote mechanische sterkte en laag vochtopnemingsvermogen zijn splijttegels geschikt voor zowel binnens- als buitenshuis. Stukvriezen komt slechts zelden voor.

Mozaïektegels zijn oorspronkelijk kleine stukjes natuursteen, gekapt op een formaat van ongeveer 1½ à 2 cm of 4 × 4 cm in het vierkent. Tegenwoordig koopt u ze op matjes van meestal 30 × 30 cm. De tegeltjes zijn dan met hun voorkanten tegelijk op een papieren of textielgazen matje

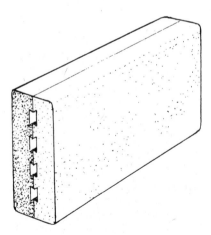

Typerend voor splijttegels zijn de zwaluwstaartvormige groeven aan de achterkant. De tekening toont een nog niet 'gespleten' tegel zoals deze uit de oven komt.

vastgeplakt, met daartussen een voegpatroon. Na verlijming of het zetten kan het matje worden verwijderd en komt de 'goede' zijde van de mozaïektegeltjes in zicht. Daarna kunnen de tegeltjes worden afgevoegd. Van belang is de matjes zodanig te verwerken dat ze later niet als aparte vierkanten herkenbaar zijn. De stukjes mozaïek zijn óf van klei gebakken tegeltjes, óf stukjes natuursteen. Ze kunnen zowel binnen als buiten worden toegepast.

Hulpstukken

De vroegere tegels met één of meer afgeronde kanten voor toepassing op randen of uitwendige hoeken, zijn niet meer in de handel. Door de fabrikanten worden thans een, twee of drie van de vier tegelzijkanten van een glazuurlaag voorzien, zodat u bij randen en hoeken steeds een geglazuurde kant in het zicht hebt. Bij 2e of 3e keus tegelsoorten wil die glazuurkant echter wel eens minder dekkend blijken, waardoor u door het glazuur heen de kleur van het biscuit ziet schemeren. In enkele gevallen komen wel partijen tegels voor waarvan veel tegels één geglazuurde zijkant hebben. In dat geval, wijst de praktijk uit, dient in elk geval 10% van deze tegels twéé geglazuurde zijkanten te hebben, wilt u tenminste niet voor verrassingen komen te staan. Het is dus van belang bij de leverancier de partij tegels zodanig te sorteren dat u aan die 10% tweekantig geglazuurde tegels komt.

Overigens hebben de geglazuurde zijkanten ook een nadeel: de hechting van de voegmortel of -pasta aan de tegel is minder goed.

Hulpstukken noemen we ook de zeepbakjes, asbakken en closetrolhouders, die in dezelfde kleur en eventueel hetzelfde decor zijn uitge-

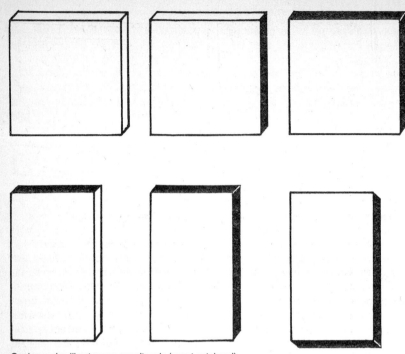

Geglazuurde zijkanten van wandtegels (zwart getekend).
Boven: bij tegels van 15 × 15 cm.
Onder: bij tegels van 10 × 20 cm.

voerd als de tegels. Er bestaan twee typen hulpstukken:
1. soorten die a.h.w. met de tegel zijn samengebakken en voor een deel *in* de muur moeten worden uitgehakt;
2. soorten die los *op* het voltooide tegelvlak worden bevestigd.

Het eerste type wordt later, wanneer het tegelwerk goed droog of uitgehard is, in een opengelaten regelruimte ingehakt, of (en dat is beter, teneinde het risico van beschadigingen te voorkomen) op een vóór het tegelen uitgemeten en aangegeven plaats ingehakt.

Vloertegels

In tegenstelling tot wandtegels bestaat er voor vloertegels geen kwaliteitsnorm. Bij vloertegels wordt slechts onderscheid gemaakt in *1e soort* en *M-soort* (2e en 3e keus tegels).

Vloertegels zijn er in verglaasde en onverglaasde uitvoering. Voor onverglaasde soorten worden zgn. kleurverbrandende kleien gebruikt, maar dat heeft een zekere beperking in het kleuren-scala tot gevolg: door het glazuren of verglazen heeft de fabrikant immers meer mogelijkheden om kleur in de tegel aan te brengen. Vloertegels zijn dichter van structuur dan wandtegels en daardoor ook slijtvaster. Bovendien zijn ze door hun gering vochtopnemingsvermogen niet alleen vochtbestendig, maar ook vorstbestendig. Voor vloertegels is de glazuurlaag van grote betekenis; de toepassingsmogelijkheden wor-

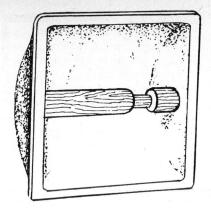

Closetrolhouder half inwendig 15 × 15 cm.

Zeepbakje 15 × 15 cm opbouw.

den in het algemeen bepaald door de dikte en de hardheid van het glazuur. Ook de vlakheid van het tegelopper- vlak speelt een rol. De hardheid van de glazuurlaag kan beoordeeld wor- den door twee tegels met de gegla- zuurde zijden stevig langs elkaar te 'schuren'. Zijn er daarna beschadi- gingen te zien, dan kan het duiden op een minder slijtvaste glazuurlaag en moeten dergelijke tegels zeker niet op intensief te gebruiken vloeren wor- den toegepast.

Hoeveel tegels?

In dit tabelletje kunt u zien hoeveel vloer- of wandtegels u per vierkante meter nodig hebt:

Dubbelhard gebakken tegels

Dit soort tegels is bijzonder hard, zeer slijtvast en vorst- en zuurbesten- dig en wordt om die reden toegepast in vloeren die intensief worden belo- pen. Het voordeel van deze tegels ten opzichte van andere vloertegels is dat ze in natte ruimten stroef blijven, waardoor er weinig kans bestaat op uitglijden. Dubbelhard gebakken te- gels zijn er in vierkant formaat (10 × 10 en 15 × 15 cm) en in langwerpig formaat (10 × 20 cm), en in typen met ribbels, nokken, zowel in geheel effen als in gevlamde oppervlakken. Als hulpstukken zijn er de zgn. holle plint- tegels en de daarbij behorende in-

	Maat	Nodig per m²	Voegbreedte
Vloertegels	20 × 20 cm	25 stuks	8-10 mm
	21,5 × 10,5 cm	42 stuks	3- 8 mm
	21,5 × 21,5 cm	20 stuks	15-20 mm
Wand- en vloertegels	15 × 15 cm	44 stuks	2- 3 mm
Wandtegels	10 × 10 cm	100 stuks	3- 5 mm
	10 × 20 cm	50 stuks	2- 3 mm
	10,8 × 10,8 cm	86 stuks	2- 3 mm
	15 × 20 cm	33 stuks	3- 4 mm
	20 × 20 cm	25 stuks	4- 5 mm

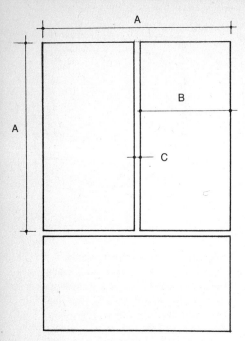

Bij keramische vloertegels en wandtegels is tweemaal de tegelbreedte (B) plus 1 voeg (C) altijd gelijk aan de tegellengte (A). De voegbreedte is dus afhankelijk van de tegellengte.

wendige en uitwendige hoekstukken (het zgn. *scheepje* en de *bokkepoot*). Uiteraard kunnen dubbelhard gebakken tegels zowel binnen als buiten worden toegepast.

Splijttegels
Over dit type is bij de bespreking van *Wandtegels* al voldoende opgemerkt. Onder de groep vloer-splijttegels rekent men ook de zgn. zoutverglaasde grèstegels.

IJzerklinkers worden gemaakt uit grondstoffen die dusdanig zijn 'gesinterd' dat ze vrijwel geen vocht opnemen. Mede daardoor zijn ze zeer geschikt voor toepassing buitenshuis. U kunt ijzerklinkers herkennen aan de korrelige structuur.

Plavuizen zijn in oorsprong niets anders dan gewone, dunne, vlakke bakstenen en daardoor zachter dan welke andere vloertegel ook. Het woord 'plavuis' heeft echter in de loop der tijd een geheel andere betekenis gekregen: men noemt iedere vloertegel al gauw een plavuis. Ten onrechte: een plavuis is minstens 2 cm dik, het biscuit is zacht en lijkt op de scherf van een aardewerk bloempot. Als hij is geglazuurd, dan is het glazuur diepglanzend en niet 'gewolkt'. De tegenwoordige plavuizen zijn meestal van een glazuurlaag voorzien. De sterkte van die glazuurlaag is nogal verschillend, ook al omdat het oppervlak van plavuizen oneffen is en de glazuurlaag dus ook onregelmatig afslijt. Het toepassen van plavuizen kunt u daarom maar het beste beperken tot ruimten waarin de vloer niet intensief wordt gebruikt. Plavuizen zouden, omdat ze gemakkelijk zijn schoon te maken, geschikt zijn voor gangen en keukens, maar het intensieve gebruik van dergelijke vloeren maakt plavuizen toch minder geschikt dan andere vloertegels. Plavuizen komen het meest tot hun recht in woonvertrekken.

Vensterbanktegels zijn bestemd voor de bekleding van vensterbanken binnenshuis. Ze zijn altijd geglazuurd en niet bijzonder hard. Het is aan te raden deze tegels niet meer dan een centimeter of drie, vier uit te laten steken, aangezien ze nogal stootgevoelig zijn en vrij snel afbreken.

Raamdorpeltegels worden toegepast onder raamkozijnen in de buitengevel. Ze dienen om het hemelwater af te voeren. Uiteraard zijn ze steeds vorstbestendig uitgevoerd en zonder of mèt glazuurlaag te verkrijgen. De meest voorkomende breedte is 10,5

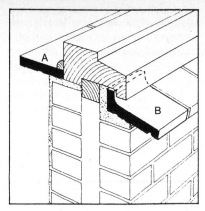

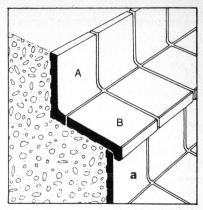

A. Vensterbanktegel.
B. Raamdorpeltegel.

Traptegels.
A. Stootbordtegel.
B. Staptegel.

cm, een breedte die is aangepast aan het in Nederland meest gebruikelijke baksteenformaat: het zgn. Waalformaat. De lengte van raamdorpeltegels is 10,5, 16,5 of 21 cm.

Traptegels zijn uitgevoerd in stroeve steensoorten, zoals kwartsiet, selsteen, baksteen of basaltlava. Ze zullen door de doe-het-zelver zelden worden toegepast omdat het betegelen van trappen een groot vakmanschap vereist. Als geen andere tegel staat een traptegel bloot aan beschadigingen.

Natuursteen

Er zijn drie natuursteensoorten die in Nederland en België het meest worden gebruikt voor muur- en vloerbedekkingen. Dat zijn:
– Solnhofer, een kalksteen afkomstig uit Duitsland;
– Noorse leisteen, een kalksteen uit Noorwegen;
– Kwartsiet, een metamorfose van zandlagen, afkomstig uit Zwitserland, Noorwegen en Italië.

Solnhofer steen bestaat eigenlijk uit dikke, goed gesloten steenlagen en is bijzonder geschikt voor vloertegels. De steen heeft een fraaie tekening met kleurschakeringen tussen geel en donkerbruin. Solnhofer is echter niet vorstbestendig en kan niet buitenshuis worden toegepast. De tegels en platen zijn in de volgende gangbare formaten verkrijgbaar: 15 × 15, 18 × 18, 20 × 20, 22,5 × 22,5, 25 × 25, 27,5 × 27,5, 30 × 30, 35 × 35 en 40 × 40 centimeter. De dikte van de wandtegels varieert tussen de 7 en 9 millimeter, die van vloertegels is altijd dikker dan 13 millimeter. Solnhofer moet altijd 'gezet' worden. Lijmen is onmogelijk.

Voor vloeren wordt soms vanwege de lagere prijs een 'wandkwaliteit' gebruikt, maar dit moet sterk worden ontraden omdat wandtegels uit meer schilferachtige steenlagen zijn gewonnen en daardoor niet geheel slijtvast zijn.

Noorse leisteen is behoorlijk slijtvast en heeft een mooi en zeer levendig getekend oppervlak. Er zijn ijzerhoudende en niet-ijzerhoudende soorten. De ijzerhoudende soort heeft een roestbruine kleur en wordt vaak 'Rembrandtsteen' genoemd. De niet-

ijzerhoudende soort is antracietkleu-
rig en heet ook wel 'Selsteen'. Noorse
leisteen komt voor als willekeurig gevormde platen, of als vierkante tegels
in afmetingen van 20 × 20, 25 × 25,
30 × 30 en zo verder tot 70 × 70
centimeter. Omdat de platen zelden
goed vlak zijn, worden ze nooit groter
geleverd dan ongeveer 120 cm lang.
Zowel platen als tegels gebruikt men
voor wanden en vloeren, maar ze
kunnen niet in lijmwerk worden toegepast, behalve een door de Utrechtse
firma Beisterveld & Zn. geleverde
leisteensoort, waarvan de onderzijde
is vlak-gefreesd zodat de tegels (30
× 30 cm en exact 1 cm dik) wèl in
lijmwerk kunnen worden aangebracht. Voorts levert de genoemde
firma Noorse leisteen in banen van 15
tot 35 cm breed. De prijs is weliswaar
hoog (f 200,- tot f 250,- per vierkante
meter, maar u kunt uzelf veel werk
besparen door de leisteen te lijmen.

Kwartsiet wordt onderscheiden in te
knippen en te kloven soorten. De
geknipte soorten tonen een gelaagde
structuur en breken op dezelfde wijze
als een plaat triplex, gekloofde soorten zijn korrelig van structuur. Noorse
kwartsiet heeft een grijsgroene kleur
in allerlei variaties. Zwitsers kwartsiet
is meer zeegroen en heeft een nogal
oneffen oppervlak. Het uit Italië afkomstig kwartsiet is verkrijgbaar in
verschillende kleuren geel, olijfgroen
en grijs. De gangbare formaten zijn:
20 × 20, 25 × 25, 30 × 30, 40 × 40,
50 × 50, 55 × 55 en 60 × 60 centimeter. De dikte varieert van 1,5 tot
4,5 cm, maar steeds met in één partij
een dikte-tolerantie van 1 cm.

De drie hiervoor genoemde natuursteensoorten kunnen niet of
slechts met grote moeite worden gelijmd. Om elk risico te vermijden doet
u er beter aan ze in mortel te zetten of
te leggen.

Gereedschappen
De meest gebruikte gereedschappen
bij het tegelzetten en lijmwerk zijn:
1. Een *papegaaibektang*. Wordt gebruikt voor het uitknippen van sleufjes
en gaten in een tegel.

2. Een *moniertang* (spreek uit: mon-
jee) dient voor het afbreken van smalle tegelstroken, nadat deze met een
tegelsnijder of tegelbeugel zijn ingekrast.
De breedte van de af te knippen te-
gelstrook of strip kan uiteraard nooit
groter zijn dan de tangbek kan omvatten.

3. Een *tegelsnijtang* berust op hetzelfde principe als een glassnijder;
het instelbare wieltje maakt een
scherpe kras waarlangs de tegel
doormidden kan worden gebroken.
Voor dat laatste is de tang ook met
een breekbeugeltje uitgevoerd.

4. Een *waterpas* dient om zuiver horizontale of verticale lijnen uit te zetten
en om het tegelwerk op waterpas liggen te controleren. Een waterpas van
60 cm lang werkt het handigst. Er zijn
houten en aluminium exemplaren te
koop.

5. De *tegelhamer* wordt meestal gebruikt voor het uittikken van een gat
midden in een tegel.

6. Een *tegeltroffel* heeft een lang
heft. De bedoeling daarvan is, dat u
door het lange heft gemakkelijk tot
onder in een emmer de mortel kunt
uitscheppen. De tegelzetter gebruikt
immers zelden een mortelkuip, dit in
tegenstelling tot een metselaar of stukadoor. Een goede tegeltroffel heeft

aan de top van het heft een hardrubber dop waarmee de tegel, nadat hij op zijn plaats in de mortel is 'gezet', in de juiste stand kan worden aangetikt. Het rubber maakt het onmogelijk daarbij het tegelglazuur te beschadigen.

7. Een *duimstok* of lange *liniaal* is onmisbaar bij het opmeten en uitzetten van tegelverdelingen op muren en vloeren.

8. Een grote *houten schrijf- of winkelhaak* kan dienen om haaks werk uit te zetten of te controleren. Zo'n zelf te maken haak wordt gemaakt van rechte latten volgens het principe van de zgn. '2-3-4-steek'. Bijvoorbeeld: als de korte zijde 40 cm (2 × 20 cm) meet, en de lange zijde 60 cm (3 × 20 cm), dan moet de diagonaal tussen de punten op de tekening precies 80 cm (4 × 20 cm) zijn. In dat geval is de haak zuiver 'haaks'.

9. Een kluwentje *metseldraad* is erg gemakkelijk om 'langs de draad' tegels aan te brengen.

10. Een *schietlood* is aan te bevelen om er zuiver verticale lijnen ('loodlijnen') mee uit te zetten.

11. Een *tegelbeugel* kan op elke gewenste tegelbreedte worden ingesteld. Hij is te vergelijken met het kruishout van de timmerman: hij schrijft af en krast tegelijkertijd in. Het hardstalen snijwieltje maakt een snede in de glazuurzijde van de tegel. Op deze snede kan de tegel worden gebroken.

12. Een *lijmkam* dient om tegellijm aan te brengen. Er zijn lijmkammen met verschillende tandingen. Hoe grover de tanding, des te meer lijm op de muur of de vloer wordt afgezet. Van het soort tegelwerk en de te gebruiken lijmsoort hangt het af welke vertanding moet worden gebruikt.

13. Twee *draadopstekers* met daartussen een bij voorkeur elastische draad worden aan de uiterst linker- en rechtertegel van een te plaatsen rij tegels gehaakt, zodat alle tegels daar tussenin 'langs de draad' gezet of gelijmd kunnen worden.

14. Bij het inwassen van voegen is een *voegrubber* een gemakkelijk stuk gereedschap. Voor het inwassen van voegen van vloeren kan het voegrubber aan een lange steel worden bevestigd, zodat niet op de knieën hoeft te worden gewerkt.

15. Een *getande plakspaan* maakt het aanbrengen van tegellijm op wanden of vloeren gemakkelijker. In plaats hiervan kunt u ook een plastic lijmkam gebruiken.

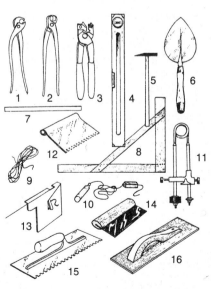

16. Een *houten spaan* wordt gebruikt bij het afstrijken van ondervloeren en het egaliseren van de ondergrond.

Tegelmortels

(Er moet op worden gewezen, dat 'mortels' alleen worden gebruikt bij het 'zetten' van tegels. Voor het lijmen gebruikt men uitsluitend tegellijm of tegelkit.)

De voor het tegelzetten bestemde mortels worden door de tegelzetter samengesteld uit een bindmiddel (meestal portlandcement) en een verschralingsmiddel (rivierzand). Beide middelen worden met leidingwater aangemaakt tot een lijvige massa die na verwerking verhardt en zich daarbij vasthecht aan zowel de tegel als de ondergrond. Die verharding kan beschouwd worden als een chemisch proces (tussen het portlandcement en het water). Dit proces mag u niet vestoren en daarom moet er voor worden gezorgd dat noch de tegel, noch de ondergrond, water aan de mortel kan onttrekken.

De vakman spreekt over een *schrale* mortel bij een laag percentage bindmiddel, en over een *vette* mortel bij een hoger percentage aan bindmiddel. Hoe vetter echter de mortel, des te meer kans er bestaat op een sterke krimp in deze mortel en dus op het loslaten van de gezette tegels.

Portlandcement klasse A is het meest geschikt als bindmiddel. Andere cementsoorten zullen vaak te snel verharden of verkleuringen in de tegel kunnen veroorzaken. Zo gebruikt men voor het tegelen met marmer bij voorkeur witte cement als bindmiddel, omdat deze witte cement geen ijzer bevat en derhalve geen verkleuringen kan veroorzaken. Witte cement verhardt echter snel, reden waarom nooit te veel mortel tegelijk moet worden aangemaakt.

Kalk is eveneens een bindmiddel. Bij het tegelzetten wordt van kalk slechts zelden gebruik gemaakt, omdat, behalve de vastheid, ook de verhardingssnelheid afneemt. Het voordeel van kalk is weer, dat het de mortel wat smeuïger en prettiger verwerkbaar maakt. Kalk heeft een watervasthoudende eigenschap en dus zuigen de tegels en de ondergrond het water in de mortel minder op, waardoor een geleidelijker harding ontstaat en de aanhechting wordt bevorderd. Daarnaast is een mortel met wat kalk als toevoeging (náást portlandcement) iets elastischer en dus minder onderhevig aan scheurvorming. Ondanks deze positieve eigenschappen moet de toevoeging van al te veel kalk worden ontraden. In onderstaande tabel worden de aanbevolen mortels-verhoudingen voor het tegelzetten vermeld:

Soort tegelwerk	Cement	Kalk	Zand
Keramische wandtegels	1	–	5
Keramische vloertegels	1	–	4
Cementtegels	1	–	5
Splijttegels	1	–	3½
Makkumer tegels	¼	1	5
Marmer tegels	1	¼	4
Solnhofer tegels	1	¾	5
Kwartsiettegels	1	–	3
Mozaïektegeltjes	1	–	5

Zand als verschralingsmiddel is bij voorkeur het zgn. rivierzand dat ook wel *scherpzand* wordt genoemd. Het bevat geen klei, leem of andere ongewenste verontreinigingen. Een vijfde tot een derde deel van het zand dient een korrelgrootte te hebben van 0 tot 1 mm, de rest van 1 tot 3 mm. Als het zand grover van structuur is, doet u er goed aan wat kalk toe te voegen om de verwerkbaarheid van de mortel te verbeteren. Duin- of zilverzand is te fijn van korrel om als verschralingsmiddel voor tegelmortel te kunnen dienen. Voor voegmortels zijn deze zandsoorten wèl geschikt.

Toeslagstoffen

De door veelal op tariefbasis werkende tegelzetters aangeprezen toeslagstoffen, die de bedoeling hebben de verwerkbaarheid van de mortel te verhogen (de zogenaamde luchtbelvormers, kleiwaters of ook het 'scheutje afwasmiddel'), mogen voor tegelzet-werk beslist niet worden gebruikt. Ze kunnen de oorzaak worden van een onvoldoende hechting. Als u zoekt naar een verbetering van de verwerkbaarheid van de mortel, voeg dan wat kalk aan de mortel toe. Een klein handje kalkpoeder op één emmer aangemaakte mortel is al voldoende.

Ook toevoeging van middelen om de verharding van mortel bij lage temperaturen te versnellen is uit den boze: ook hierdoor wordt een minder goede aanhechting bereikt en dat kan nooit de bedoeling zijn.

Mortel testen

Een simpele manier om uit te vinden of de mortel de juiste samenstelling heeft in relatie tot de tegels, is die van de '*schudproef*': breng een hoeveelheid aangemaakte mortel aan op de acherkant van een níet-natgemaakte

tegel. Keer nu de tegel om zodat de mortel zich aan de onderkant van de tegel bevindt en schud de tegel wat heen en weer. De mortel mag dan niet van de tegel loslaten. In de praktijk geldt dat bij een poreuze tegel een schrale mortel hoort, d.w.z. een mortel met verhoudingsgewijs weinig cement. Dat betekent als vanzelf, dat bij een harde tegel wat ruimer cement aan de mortel moet worden toegevoegd.

Mortel maken

De wijze waarop u mortel samenstelt en mengt is van niet te onderschatten belang. Een slecht samengestelde en/of gemengde mortel is meestal de oorzaak van loszittende tegels. De samenstelling van een mortel hangt af van de ondergrond en de soort tegels. Op een van de voorgaande bladzijden staat een tabel voor de verschillende soorten mortels, maar over het *mengen* van mortel hebben we het nog niet gehad.

Machinaal mengen (bijvoorbeeld met een elektrisch aangedreven cementmolen) is het beste, zeker als u veel mortel nodig hebt. Het mengen kan echter heel goed met de hand gebeuren. Spreid eerst de benodigde hoeveelheid zand op een schone vloer uit, of, beter gezegd, maak er een enigszins platte heuvel van. Verdeel over deze heuvel de voorgeschreven hoeveelheid portlandcement. Schep nu de droge massa dooreen, door u cirkelgewijs rond de heuvel te bewegen en steeds a.h.w. strooiend een schepvol van de droge massa te keren. Doe dit zólang tot de massa een gelijkmatige kleur heeft en nergens het zand nog van de portlandcement te onderscheiden is. Maak dan in de heuvel een soort kleine krater en giet daar water in. Schep nu vanaf de buitenkant van de heuvel een

weinig droge massa in de krater en beweeg ook hierbij in het rond. Herhaal deze handelingen totdat een goed-gemengde, aardvochtige mortel is ontstaan. Een paar dingen zijn hierbij belangrijk:
– gebruik schoon zand;
– gebruik leidingwater;
– gebruik verse portlandcement (cement waarin harde klonters voorkomen, is níet vers!);
– gebruik géén zogenaamde toeslagstoffen, tenzij die door de tegelleverancier uitdrukkelijk zijn voorgeschreven;
– maak de mortel aan op een schone, niet-poreuze vloer. Die vloer kan ook de te betegelen vloer zelf zijn, maar mag dan nog niet zijn 'aangebrand' omdat anders de aan te maken mortel zich aan de aanbrandlaag wil hechten;
– verwerk de mortel zo snel mogelijk.

Voegmortels
Voegmortels hebben niet alleen de functie eventuele maatverschillen tussen de tegels onderling op te vangen, maar ook om de spanningen in het totale tegelvlak, bijvoorbeeld door het werken (krimp en uitzetting) van de ondergrond en de tegels, te compenseren. Als u grote spanningen verwacht, dan is het aan te bevelen vrij grote voegbreedten toe te passen en die te vullen met een plastisch blijvende voegmortel.
Er zijn nogal wat verschillende voegmortels, voegpasta's en voegpoeders met evenzovele verschillende eigenschappen. Behalve de kant en klare voegpasta's en voegpoeders die door de tegellijmfabrikanten in de handel worden gebracht, kunt u ook zelf een voegmortel aanmaken. Voor zeer smalle voegen maakt u gebruik van pure portlandcement-poeder die u met een vochtige spons in de voegen wast. Voor smalle voegen gebruikt u een voegmortel bestaande uit 1 deel cement op 1 deel zilverzand; voor bredere voegen past u een mortel toe in de verhouding van 1 deel portlandcement op 2 delen zilverzand.
Aan dergelijke, zelf aan te maken voegmortels kan een (kleur-)pigment worden toegevoegd, maar dan wel tot een zeer laag aantal volumeprocenten ten opzichte van het bindmiddel. Voor een witte voeg is gewoon witte cement en zilverzand het beste.
Om verkleuring van voegen bij tegelzetwerk te voorkomen, mag de voeg niet eerder dan na één of twee weken na het zetten van de tegels worden ingewassen. Kant en klare voegpasta's of voegpoeders zijn er in bussen, papieren of plastic zakken, en in tien verschillende kleuren. De voegpasta's zijn beter bestand tegen vocht; voegpoeders zijn wat gemakkelijker te verwerken. Bij lijmwerk moet u het tegelwerk minstens 24 uur laten drogen voordat met het inwassen van de voegen kan worden begonnen. De lijm moet immers eerst voldoende zijn uitgehard. Vóór het voegen moet het tegelvlak (gevormd door alle tegels te zamen) worden nat gemaakt.
Langs aanrechtbladen, badkuipen, douchebakken en andere objecten die een ander uitzettingscoëfficiënt hebben dan de voegmortel, pasta of aangemaakte voegpoeders, wordt de zich aldaar bevindende voeg níet met deze voegmaterialen gevuld, maar met een plastisch blijvende siliconenkit. (Zie ook bij 'Schildersplakband.')
Op de verwerking van de kant en klare voegpasta's en voegpoeders zullen we hier niet verder ingaan, omdat de verwerkingsvoorschriften steeds voldoende uitvoerig op de verpakking

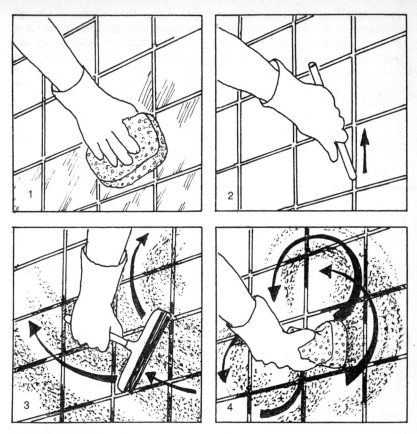

Het voegen van wandtegels.
1. Het vullen van de voegen mag niet eerder gebeuren dan na circa 24 uur. Maak het tegeloppervlak eerst wat vochtig en 'veeg' de voegmortel of de vulpasta in de voegen. Gebruik een spons en maak cirkelende bewegingen.
2. Het voegen kan ook met een rubber ruitewisser.
3. Wanneer alle voegen goed gevuld zijn, was de tegels dan voorzichtig af met een schone spons en water. Voor een mooie, iets holle voeg neemt u een stukje PVC-elektrabuis en trekt u dat met het uiteinde door de voegen. Laat alles goed drogen.
4. Was de volgende dag de cement- of voegpastasluier met veel water weg. Herhaal deze behandeling zonodig enkele malen. Als de tegels dan nog niet glanzen, voeg dan wat groene, zachte zeep aan het waswater toe.

van deze voegmiddelen staan vermeld. Als u de gegeven aanwijzingen nauwkeurig opvolgt, kan er niets verkeerd gaan.

Tegellijmen
Doordat in de huidige woningbouw de meeste muren en wanden zeer effen en vlak zijn uitgevoerd en de moderne tegellijmen een snel aanbrengen van tegels mogelijk maken, is het klassieke tegelzetten met mortel vrijwel verdrongen. Voor lijmwerk is bovendien minder vakmanschap vereist, zodat de aannemer van tegelwerk met minder hoog gekwalificeerd personeel

kan werken. Snel en goedkoop is bij dit alles het motto...
Niettemin blijkt het verlijmen van tegels lang niet zo eenvoudig als wel eens wordt gedacht. Bewijzen hiervoor zijn te vinden in de vaak voorkomende klachten over loslatende tegels. In de meeste gevallen heeft dat vooral te maken met de soort èn kwaliteit van de gebruikte lijm met betrekking tot de ondergrond en natuurlijk de tegels, die niet op elkaar waren afgestemd. Aan de relatie lijm/ondergrond/tegels kan niet te veel aandacht worden geschonken: alleen op elkaar afgestemde materialen geven optimale resultaten. Om u in de gelegenheid te stellen een juiste keuze te maken, volgt hier een korte beschrijving van de twee meest voorkomende tegellijmen. (Goede tegellijmen komen van de firma Eurocol in Wormerveer.)

Lijmen op basis van cement worden als poeder in de handel gebracht. Na het toevoegen van de juiste hoeveelheid water ontstaat een stevige massa die met een lijmkam kan worden opgebracht. Daar lijmen op cementbasis direct na het aanmaken met water al tot verharding overgaan, is het aan te bevelen niet méér lijm aan te maken dan binnen twee à drie uur kan worden verwerkt.
Tegellijm, ook wel 'kit' genoemd, is vrij gevoelig voor lagere temperaturen tijdens de verwerking. Derhalve zult u er 't best aan doen de lijm niet beneden een temperatuur van ca. + 5°C te verwerken, hoewel enkele tegellijmen reeds bij + 1° kunnen worden gebruikt. Hoe dan ook, tocht en warmte zijn bij het lijmen ongewenst, omdat de lijm dan tè snel uitdroogt. Van belang is de tijd die ligt tussen het met de lijmkam opbrengen van de lijm en het moment van het aanbrengen van de

tegel. De duur van deze 'open tijd' is door de fabrikant op de verpakking aangegeven en moet steeds consequent worden aangehouden.

Lijmen op basis van waterverdunning (vloeibare vorm)
Deze lijmen worden weer onderscheiden in soorten op basis van:
– bitumen;
– kunstharsen; en
– synthetische rubber.
Deze lijmsoorten verharden door onttrekking en verdamping van het in deze lijmen aanwezige water. Daarom moet enige dagen worden gewacht met het inwassen van de voegen. Lijmen, in vloeibare vorm in de handel gebracht, zijn meestal enigszins elastisch blijvend, zodat ze bij voorkeur worden gebruikt op ondergronden die onderhevig zijn aan krimp of uitzetting. In het algemeen zijn de lijmen op kunsthars- of synthetische basis minder goed bestand tegen vocht dan lijmen op cementbasis. De lijmen op bitumenbasis zijn wèl waterbestendig.

Lijmen in vloeibare vorm op basis van een oplosmiddel
Deze lijmen zijn doorgaans samengesteld op basis van synthetische rubber. Het oplosmiddel is vluchtig en vaak brandbaar, zodat de lijm steeds in goed geventileerde ruimten moet worden verwerkt. Voorzichtigheid met vuur is geboden. De lijmen moeten minstens tweemaal 24 uur uitdrogen alvorens met het afvoegen kan worden begonnen. Ze zijn uitstekend geschikt voor toepassing in natte of vochtige ruimten. Ook voor deze lijmen geldt: de verwerkingsvoorschriften van de fabrikant nauwkeurig opvolgen.

Voorstrijkmiddel

Wanden van een gipsachtig karakter, wanden van kalkzandsteen en vloeren waarvan het oppervlak ondanks alles 'zanderig' blijft afgeven, moeten vóór het lijmen met een zgn. voorstrijkmiddel worden behandeld. In vakkringen noemt men dat voorstrijkmiddel een 'dispersieprimer'. Deze primer wordt met een kwast of verfroller aangebracht en dringt dan in de toplaag van de absorberende wand of vloer. Na droging (ca. 2 uur) kan met het lijmen worden aangevangen. Bij vers gemetselde of gestukadoorde wanden en muren is het opbrengen van een primer eveneens aan te bevelen.

Verwerken van bakstenen muurstrippen

Deze bedriegelijk op gewone bakstenen gelijkende muurstrippen worden net als tegels op een muur of wand gelijmd. Ze hebben dezelfde lengte en breedte als bakstenen, maar zijn in de meeste gevallen slechts 1,5 à 2,5 cm dik. Baksteenstrippen zijn bedoeld om tegen bestaand muurwerk te worden gelijmd en daarna gevoegd, teneinde daarmee de illusie te wekken dat het een volwaardige, uit echte baksteen opgetrokken muur betreft. Inderdaad is het moeilijk om althans in het platte vlak een verschil met echte baksteen aan te wijzen, maar bij de aansluiting op deurkozijnen, raamkozijnen, muur-openingen of bij hoekomzettingen valt de baksteenstrip door de mand: op die plaatsen ziet men het geringe volume van de strips als wat petieterige steenplakjes. Baksteenstrippen hebben naar mijn mening één groot bezwaar – ze willen meer lijken dan ze in werkelijkheid zijn. Een wand van baksteenstrippen is niets anders dan een wand met 'stenen behang'; het is

een decormateriaal. Aan de andere kant moet worden toegegeven dat de strippen aan veel bewoners de mogelijkheid bieden hun betonnen woondozen met baksteenmateriaal een wat plezieriger aanzien en wat meer sfeer te geven. Maar dan moeten de strippen wel 'langs de draad' worden aangebracht en niet zomaar even uit de hand op de muur worden geplakt. Ik kan talloze wanden aanwijzen waar je, als je langs een horizontale rij strips kijkt, een soort op en neer golvende beweging waarneemt. Dat kan niet de bedoeling zijn geweest, maar de doe-het-zelvers dachten dat je strips 'op het oog' kon aanbrengen...

Langs de draad strippen aanbrengen, dat is de enig goede manier. De wand in kleine gedeelten van lijm voorzien en de strippen één voor een in de lijm schuiven, net als dat bij te lijmen wandtegels gebeurt. Op moeilijk bereikbare plaatsen kan de strip zèlf van lijm worden voorzien. Doe dat echter niet bij alle strippen, want de kans op het smetten van de strippen is erg groot en de lijm is niet meer te verwijderen.

Het voegen van baksteenstrippen gebeurt anders dan bij tegels. De strippen worden na het lijmen en drogen met aardevochtige voegmortel en met behulp van een voegspijker 'afgevoegd'. U kunt de voeg iets terugliggend of 'vol' uitvoeren. Een terugliggende voeg geeft meer schaduwwerking waardoor de strips meer 'spreken', maar ook een wat drukker aanzien. Een 'vol' gevoegde strippenwand is iets rustiger. 'Vol' wil zeggen dat de voegen gelijk met de voorkanten van de strippen komen te liggen. Porisette, Fimon 2000, Delta-Strip en Edelstrip zijn baksteenstrippen van bekende steenfabrieken. Ten slotte wil ik er met nadruk op wijzen dat baksteenstrippen niet zonder meer geschikt zijn voor bekleding van buitenmuren.

Techniek van het tegelzetten of -lijmen op wanden

Tegelzetten is wezenlijk iets anders dan het verlijmen van tegels. Wanneer we spreken over het 'zetten', dan hebben we het over het bekleden van muren en wanden met tegels die door middel van een cementmortel aan de ondergrond (de achterliggende muur of wand) worden 'vastgemetseld'. Bij *tegels lijmen* komt geen mortel te pas: de tegels worden met een door de fabrikant geleverde speciale lijm op de muur of wand vastgeplakt. Het spreekt dan ook vanzelf dat het tegels lijmen alleen op volkomen vlakke en effen muren kan geschieden.

In dit boek zal het onderscheid tussen tegelzetten en tegels lijmen resp. steeds als 'zetten' of 'zetwerk', en als 'lijmwerk' worden aangeduid.

Voorbereiden van de ondergrond

Altijd moeten te betegelen vlakken grondig worden gereinigd en ontdaan van losse stukken, schilfers e.d. Nieuwe betonwanden zullen met een staalborstel moeten worden behandeld om de vaak voorkomende bekistingsolie te verwijderen. Van alle ondergronden moet eventueel aanwezig stof, vette aanslag of verf worden verwijderd teneinde de aanhechting van mortel of lijm zo optimaal mogelijk te laten plaatsvinden. Muren of wanden moeten met een schietlood of waterpas op hun 'te lood staan' gecontroleerd worden. Als eventuele afwijkingen niet noemenswaard zijn, dan kunnen deze door het opbrengen van een dikkere of juist dunnere laag mortel of lijm gemakkelijk worden opgevangen. Bij lijmwerk zal zo'n geringe afwijking voor lief moeten worden genomen, óf u zult de muur opnieuw moeten *uitrapen* (met een raaplaag stukadoren, zie bij *Stukadoren*).

Zoals eerder opgemerkt zal voor lijmwerk de muur volledig effen en vlak moeten zijn. Zelfs onregelmatigheden van enkele millimeters kunnen al storend werken, zeker als de te betegelen muur door strijklicht wordt belicht. Door de spiegeling van het geglazuurde tegeloppervlak zullen onregelmatigheden, zoals holle of bolle vlakken, in de muur sterk opvallen. Bij een afwijking van 4 à 5 millimeter op elke strekkende of vierkante meter kunt u er vanuit gaan dat deze afwijking nauwelijks zal opvallen, maar grotere afwijkingen moeten gecorrigeerd worden.

Als een muur niet aan bovengenoemde eisen voldoet, dan kan het oppervlak ervan ook verbeterd worden door op die muur een steengaasbespanning aan te brengen. Het steengaas wordt dan, strakgespannen, met gegalvaniseerde of verzinkte stalen nagels of krammen aan de betreffende muur bevestigd en op de dag vóór het tegelzetten met een mortel van 1 deel cement op 4 delen zand uitgeraapt. Voor waterdicht werk (bijvoorbeeld in badkamers of kelders) past u een mortel toe van 1 op 3, terwijl aan de mortel een zogenaamd dichtingsmiddel wordt toegevoegd. Het verdient bovendien aanbeveling om voor waterdicht werk achter de steengaasbespanning, dus op de bestaande muur, eerst een bitumenlaag aan te brengen, bijvoorbeeld asfaltpapier.

De indeling en het uitzetten van tegelwerk

Het komt helaas zelden voor dat de maat van een te betegelen muur of vloer precies zó uitkomt dat er geen tegels gesneden hoeven te worden. Meestal blijkt minstens aan één zijde van het te betegelen vlak een rij resttegels te ontstaan waarvan de tegelbreedte kan variëren van 'net-geen-hele-tegel' tot een smal strookje van nauwelijks een paar centimeter. Juist zo'n rij minieme strookjes geeft de muur of vloer een slordig, onrustig karakter. In de meeste gevallen kan dit echter worden voorkomen door vooraf een indeling te maken waarbij op de volgende punten moet worden gelet:

– het te betegelen vlak moet symmetrisch (dus exact gelijk verdeeld) worden ingedeeld;
– er mogen geen tegelstroken van minder dan een halve tegel breed te zien zijn;
– gesneden tegels moeten zoveel mogelijk uit het zicht worden gehouden en mogen zeker niet midden in het vlak voorkomen.

De verdeellat
Als hulpmiddel bij een juiste indeling bewijst een *verdeellat* goede diensten. Op een verdeellat staat de gemiddelde tegelmaat plus één voeg afgetekend en u kunt de lat dus eigenlijk beschouwen als een soort 'tegelduimstok'.
De verdeellat heeft bij voorkeur een lengte die gelijk is aan de helft van het te betegelen vlak plus ca. 25 centimeter. De doorsnede van deze lat is ongeveer 7 × 2 centimeter. Vanzelfsprekend is de lat zuiver recht geschaafd, zodat hij zonodig ook als reilat kan dienen. De gemiddelde tegelmaat kunt u als volgt bepalen:
Leg 10 tegels stijf naast en tegen elkaar en meet de totale lengte. Deel de gevonden lengtemaat weer door 10. Het aldus verkregen getal is de gemiddelde maat van één tegel en dus ook van alle tegels uit de partij.

Kies een voegbreedte. (De meest gebruikelijke voegbreedte van wandtegels is ca. 3 millimeter, bij vloertegels varieert de voegbreedte tussen 8 en 12 millimeter, afhankelijk van het tegelformaat). De gemiddelde tegelmaat plus de gekozen voegbreedte is nu de maat die u op de verdeellat aftekent.
Om het te betegelen vlak zo symmetrisch mogelijk te kunnen indelen, zal eerst het zuivere midden van dat vlak moeten worden opgezocht. Teken dat zuivere midden door middel van een symmetrie-as met potlood loodrecht op de muur af, zodat u steeds vanaf die potloodlijn kunt werken. Om de *passtroken* (de op breedte te te snijden tegels) steeds groter te laten zijn dan een halve tegel, moet er op worden gelet dat het midden van het te betegelen vlak (de symmetrie-as, dus) precies overeenkomt met het zuivere midden van een tegel of het zuivere midden van een voeg.

Onderbrekingen in het tegelwerk
Bij een onderbreking in het tegelwerk, bijvoorbeeld gevormd door een deur- of raamkozijn, een aanrecht, badkuip of wastafel, kan de indeling van het tegelwerk op één van de volgende manieren plaatsvinden:
1. u deelt het te betegelen vlak in stukken en geeft aan elk stuk een eigen symmetrie-as (1a);
2. u verdeelt vanuit de betreffende onderbreking, d.w.z. u gaat daar uit van een hele of halve tegel en bekijkt hoe u in de hoeken van het vlak met de tegelmaat uitkomt (2a);
3. u begint vanuit een willekeurige hoek met een hele tegel en bekijkt vervolgens of er rondom de onderbreking en de gekozen hoek niet te kleine passtroken ontstaan (3a).
Als er op een bepaalde hoogte, bij-

voorbeeld vlak onder een raam, getegeld wordt, dan kunnen de op maat gesneden tegels zowel bij de vloer als vlak onder het raam worden gezet, maar natuurlijk zet u de gesneden tegels op díe plaats waar ze het minst in het zicht komen. Bijvoorbeeld: direct boven een aanrecht begint u nooit met een gesneden maar met een hele tegel. (Tegelwerk laat u overigens nooit helemaal tot het plafond doorlopen, maar eindigt u daarvóór met een strook stukadoorswerk. Bij het tegelzetten steekt de tegel altijd voor het stuc-werk uit; bij lijmwerk komt de tegel veelal gelijk met het stuc-werk te zitten, behalve als de tegel óp het stucwerk wordt gelijmd.)

In de hoeken van de tegelvlakken, dus daar waar de te betegelen muur haaks in een andere muur overgaat, zult u ook moeten letten op waar de gesneden hoektegels geplaatst kunnen worden en waar de laatste (hoek-)voeg terecht komt – die laatste voeg komt bij voorkeur aan die muur welke zich het minst in het zicht bevindt.

Wanden van hout of plaatmateriaal

Uit constructief oogpunt is het betegelen van houten of uit plaatmateriaal bestaande wanden ongewenst. Toch zullen zich in de praktijk gevallen voordoen waarbij dergelijke wanden zullen moeten worden betegeld.

Is de wand van spaanplaat of gipsplaat en is hij goed vlak en schoon, dan kan daarop direct met lijmwerk worden getegeld. Bestaat de wand uit houten delen of is hij niet goed vlak, dan zal zo'n wand eerst van een steengaasbespanning moeten worden voorzien en minstens één dag voor het tegelzetten worden uitgeraapt. Voor lijmwerk geldt dat uitrapen eveneens, maar u zult dan meer-

dere weken moeten wachten tot de raaplaag is uitgehard en deze daarna met een voorstrijkmiddel moeten behandelen voordat met het lijmwerk kan worden aangevangen.

Wanden van kurkplaten kunnen zowel in tegelzetwerk als lijmwerk worden betegeld, mits de kurkplaten goed aan de achterliggende wand vastzitten.

Op gipsplaten mag niet gelijmd worden met lijmsoorten op cementbasis; de in deze platen aanwezige gips gaat door deze lijmen 'verzepen', met als gevolg dat de tegels na verloop van tijd (zelfs na een jaar kan dat nog gebeuren) loslaten.

Tegels in lijmwerk

Het opbrengen en verdelen van tegellijm gebeurt met een lijmkam of getande spaan. De tanding daarvan kan grof of fijn zijn, afhankelijk van de te gebruiken lijmsoort. De lijmkam wordt daarom vaak door de leverancier van de tegellijm bijgeleverd, meestal in de vorm van een kunststof vierkant, waarvan de vier zijden elk van een andere tanding zijn voorzien. Met de lijmkam verdeelt u de lijm in zgn. 'ruggen' over de ondergrond. De lijm moet zo egaal mogelijk en zonder dikke plekken worden verdeeld, en de ruggen lopen bij voorkeur horizontaal. Direct na het insmeren kan met het vastplakken van de tegels worden begonnen, waarbij zo snel mogelijk moet worden gewerkt.

Het vastplakken van de tegels gebeurt gewoonlijk van boven naar beneden, zodanig dat de tegel eerst 'ongeveer' op zijn plaats wordt gedrukt, vervolgens enige centimeters naar beneden geschoven en ten slotte weer naar boven. Hiermee wordt bereikt dat de lijm over de hele achterzijde van de tegel wordt verdeeld en er een optimale hechting ontstaat. Een bijkomend voordeel van het schuiven is de verbreking van de dunne vlies die op de lijmlaag is ontstaan tengevolge van de snelle droging. Door de tegel te verschuiven wordt dit vliesje (te vergelijken met een vel op gekookte melk) verbroken en kan een goede hechting tot stand komen.

Bij lijmwerk mag op de wand geen enkele oneffenheid voorkomen. Doordat de opgebrachte lijmlaag zeer dun is, kan hij immers geen oneffenheden overbruggen. Zelfs een oneffenheid van één millimeter kan al storend werken, maar belangrijker is het feit dat die oneffenheid een goede hechting van de tegel verhindert.

Tot zover de techniek van het tegels lijmen. We gaan nu over tot de andere, veel moeilijker techniek: die van het tegels *zetten*.

De techniek van het tegelzetten

Na het indelen van het tegelwerk wordt de mortel aangemaakt. Ervaren tegelzetters werken bij voorkeur met zuivere cementmortel, gemaakt uit 1 volumedeel portlandcement en 4 à 5 volumedelen zand. Het werken met deze mortel vraagt echter een rappe werkwijze en een vaste hand, want het eventueel corrigeren van de stand van de tegels na het zetten is door de snelle droging nauwelijks mogelijk. De meestal droog verwerkte tegels (althans bij wandbetegeling) nemen namelijk het water in de mortel zeer snel op en zouden door het bijtikken los kunnen laten. De doe-het-zelver doet er daarom goed aan een klein beetje hydraulische (poeder-) kalk aan de mortel toe te voegen, waardoor de mortel wat 'vetter' wordt van samenstelling en de drogingstijd iets wordt verlengd. Ook is het aan te raden elke tegel gedurende een paar tellen in het water te dompelen en de ondergrond (muur of wand) met een plantenspuit vochtig te maken.

Bij wand-zetwerk wordt altijd van onder naar boven gewerkt, in tegenstelling tot lijmwerk waar u van boven

Controleren tijdens het tegelzetten.

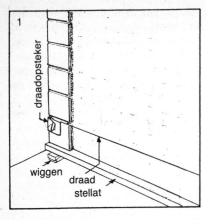

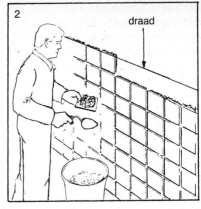

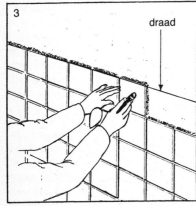

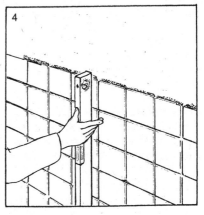

Tegels zetten.
1. Zet de eerste verticale rij tegels. Als er ook een getegelde vloer gaat komen, zet de onderste tegel dan op een lat ('onderstopt' met wiggen) die op dezelfde hoogte is gesteld als de bovenkant van de toekomstige tegelvloer. Span een draad voor de eerste rij horizontale tegels.
2. Schep met de tegeltroffel mortel op de achterkant van de tegel. Maak in het midden van deze mortel een 'keep', zodat de mortel de vorm krijgt van een kadetje.
3. Plaats de tegel 'langs de draad' tegen de wand en tik met het heft van de troffel de tegel in de juiste stand.
4. Controleer regelmatig of het tegelvlak 'te lood' staat. Gebruik daarvoor een waterpas. Kijk meteen of de tegels ten opzichte van elkaar niet tuimelen.

naar beneden werkt. De tegels worden stuk voor stuk in de hand genomen en met de in de andere hand vastgehouden tegeltroffel van zóveel mortel voorzien dat deze mortelhoeveelheid, samen met de tegeldikte, de afstand tussen muur en vooraf gespannen draad kan opvullen. De tegel wordt dan tegen de muur gedrukt en met het uiteinde van het trof-

felheft in de juiste stand getikt. Bij het tegen de muur drukken is een lichte wrijfbeweging aan te bevelen, zodat de mortel goed over het tegelvlak èn de ondergrond wordt verdeeld. Regelmatig wordt met een reilat over het gereedgekomen gedeelte bekeken of de tegels in één gelijk vlak liggen en de voegen in één lijn lopen. Ook wordt af en toe met een waterpas gecontroleerd of het tegelwerk zuiver te lood en waterpas staat.

Als het tegelwerk is voltooid, wordt er enige dagen gewacht voordat met het inwassen van de voegen wordt begonnen.

Tegelen bij aanrechten, douchebakken e.d.

Ter plaatse van tegelwerk-aansluitingen op douchebakken van keramisch materiaal zult u de tegels volgens tekening 1 (zie bij A en B) moeten plaatsen, met als consequentie dat de aansluitingen niet als lijmwerk kunnen worden uitgevoerd. De tegels moeten immers over het hoogste punt van de rand-rondingen worden heengezet, opdat er geen 'gootje' wordt gevormd. Een betere oplossing kan worden gevonden in het plaatsen van een iets kleinere douchebak en de aansluitingen van de tegels volgens de mogelijkheden C of D uit te voeren. Aansluitingen bij aanrechten worden uitgevoerd zoals in de volgende tekening is aangegeven: u zet een hele tegel bij B zodanig dat hij voor ongeveer de helft over het aanrechtblad

heen steekt. Bij A zet u eveneens een hele tegel. Nu trekt u een lijn van A over B naar C. Met behulp van de verdeellat vindt u bij C het punt waar de eerste rij horizontale tegels onder de lijn ABC kan beginnen. Door vanuit B en C verticale loodlijnen neer te laten en daarna deze lijnen met de verdeellat in te delen, vindt u de punten D en E voor de eerste rij hele tegels bij de vloer. Zie tekening 2.

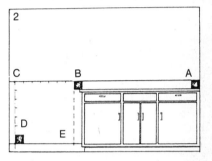

Granieten en stalen aanrechtbladen vragen elk een verschillende afwerking bij het tegelen. Elk aanrecht bezit aan de achterzijde (muurzijde) een opstaande rand als waterkering. Bij granieten aanrechten is deze rand vrij dik en kunt u eigenlijk alleen met zetwerk de aansluiting realiseren (zie bij a). Bij stalen aanrechtbladen is de rand echter zó dun dat de tegels niet óp de opstaande rand kunnen worden gezet, maar vóór, dus op het aanrechtblad zelf moeten terechtkomen. De laatste tijd maakt men de aansluiting tussen tegels en aanrechtblad zoals in c wordt getoond: de opstaande rand wordt tégen het voltooide tegelwerk geplaatst, waarbij de aansluiting wordt afgedekt met een op de tegels vastgeplakte kunststof-plint. Constructief gezien een slechte oplossing, ook al omdat er met drie verschillende materialen wordt gewerkt

205

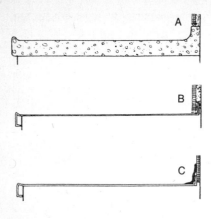

(staal, keramiek en plastic), die alle drie een verschillend uitzettingscoëfficiënt hebben. Bij een granieten aanrechtblad is dat niet het geval, en misschien mag ik de gelegenheid aangrijpen om een pleidooi te houden voor het ongeëvenaarde granieten aanrechtblad dat naar mijn mening onterecht van de keukenmarkt is verdwenen, waarschijnlijk omdat het niet 'eigentijds' genoeg meer is of slechts door echte ambachtslieden kan worden gemaakt en geplaatst.

Zelf heb ik het granieten aanrechtblad in onze keuken weer in ere hersteld en mijn vrouw is er dolblij mee. Overigens heeft het enige tijd geduurd voordat ik een 'echte' Italiaanse terazzowerker vond die ons aanrechtblad van 475 cm lang wilde maken. Met zeven man hebben we het nieuwe blad onze verbouwde keuken moeten binnendragen...

Tegelwerk in badkamers

Volgens de bouwvoorschriften moeten de voor douches en baden bestemde gedeelten van badruimten betegeld zijn tot een hoogte van 170 cm (vanaf de vloer gerekend). De overige wandgedeelten moeten tot op dezelfde hoogte in pleisterwerk

worden uitgevoerd waarvoor cement als bindmiddel wordt gebruikt. De wandgedeelten bóven een hoogte van 170 cm kunnen in wit pleisterwerk of in fijn schuurwerk worden uitgevoerd (zie hiervoor bij *Stukadoren*). Natuurlijk wordt zoveel mogelijk met hele tegels gewerkt, zodat in de praktijk de bovenkanten van de betegelde muurvlakken meestal op ongeveer 183 cm zullen liggen (9 tegels van 20 cm hoog, of 12 tegels van 15 × 15 cm, plus de voegdikten). U kunt ook overwegen de betegeling te beëindigen op een hoogte die gelijk ligt met de bovenkant van de deuropening. Het betegelen tot aan het plafond moet worden afgeraden, omdat bij het baden of douchen grote hoeveelheden waterdamp worden gevormd die ook weer moeten worden afgevoerd. Tegels, met hun waterdichte structuur, kunnen deze waterdamp niet opnemen en later weer aan de omgeving afstaan. Pleisterwerk kan dat wèl, mits het niet anders dan met een 'ademende' muurverf is behandeld.

Over de verdeling van tegelvlakken is elders in dit boek al voldoende opgemerkt, dus hoeven we er hier niet verder op in te gaan. Bij een ingemetselde badkuip (waarvan gewoonlijk één korte en één lange zijde wordt betegeld) kunt u in het geval van storingen niet meer bij de afvoer komen, tenzij u een zgn. *tegelluikje* aanbrengt. De daartoe benodigde uitsparing in het metselwerk zal echter van tevoren nauwkeurig moeten worden uitgemeten om er voor te zorgen dat het gegalvaniseerd-ijzeren kozijntje (dat precies op tegelmaat in de handel is) precies in het tegelstramien valt en later niet door allerlei pas-gesneden stukjes tegel wordt omvat. Een technisch probleempje wordt vaak gevormd door de ontmoeting van badkuipranden en de muur, ombouw of

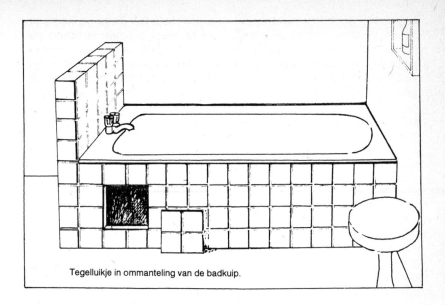

Tegelluikje in ommanteling van de badkuip.

ommanteling van de kuip. De waterdichte afwerking van de constructie
kan 't beste door middel van siliconenkit gebeuren.

Een gevulde badkuip is immers door
het gewicht en de temperatuur van
het badwater aan een zekere beweging onderhevig en die beweging
doet zich het sterkst voor bij de aansluitingen. Aan de kant van de bestaande muur kan ook een waterdichte verbinding worden verkregen door
een strook lood aan te brengen die
voor een deel achter de betegeling
verdwijnt en waarvan een ander deel
op de kuiprand rust. Deze loodstrook
moet dan wel met mortel worden ondersteund zodat de afwaterende ligging steeds behouden blijft.

Dezelfde detailleringen kunnen ook
worden toegepast bij inbouw-dou-
chebakken en spoelbakken in bijkeukens e.d.

Aanrechtbladen van tegelwerk

Het is heel goed mogelijk het oppervlak van aanrecht- of werkbladen te
betegelen. In feite maak je dan een
vloer op een verhoging. Wandtegels
mogen hiervoor nooit gebruikt worden, omdat ze te bros zijn om eventueel ruw gebruik te kunnen weerstaan.

Voor de luxueuzere aanrechtbladen
zijn speciale tegels met hulpstukken
in de handel.

De tegels zijn mat geglazuurd; het
blijkt dat matglazuur het meest stoot-
vast is. Als voegmortel wordt wa-
terafstotende voegmortel op epoxy-
basis aangeraden.

Dubbelhardgebakken tegels kunnen
eveneens voor aanrechtbladen worden toegepast, maar de kleuren van
deze 'sanitaire' vloertegels zijn niet al
te fraai. Het grootste probleem bij getegelde aanrechtbladen is de onderling afwijkende maatvoering van tegels en inbouw-spoelbakken. Alleen
bij de speciale aanrechttegels zijn bijpassende bakken verkrijgbaar, zodat
de tegels niet hoeven worden pas-
gesneden. In elk ander geval zult u uw
toevlucht moeten nemen tot bakken

waarvan de randen over het tegeloppervlak heengrijpen en de tegels voor een klein deel afdekken. Een groot bezwaar van dergelijke bakken is juist die boven het blad uitstekende rand: gemorst water kan nooit rechtstreeks van het blad in de bak lopen en moet altijd met een vaatdoekje worden 'opgenomen'.

Hier en daar ziet men wel eens roestvrijstalen bakken waarvan de omgezette rand ónder de tegels is weggewerkt, maar het nadeel daarvan is weer dat de over de rand liggende tegels snel beschadigen of dat er water in de afgedichte naden blijft staan. Wie dit alles als onoverkomelijke bezwaren ziet, zal moeten overwegen een naadloos aanrechtblad toe te passen, bijvoorbeeld een RVS-blad (ook niet ideaal) of een granieten aanrechtblad met aangegoten spoelbak.

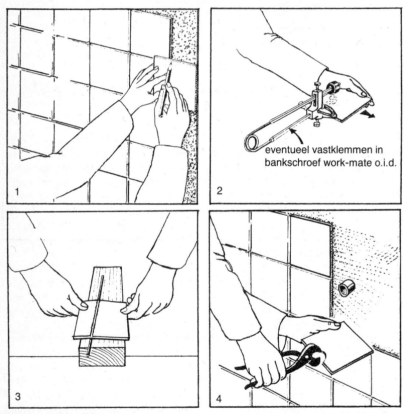

Tegels op maat snijden.

5. Komt een gat ergens midden in een tegel, boor aan de binnenkant van de afgeschreven cirkel zoveel mogelijk gaatjes (A). Gebruik een boormachine met een gewoon metaalboortje. Het boren gaat het beste als u de tegel in wat tegellijm tegen de wand drukt. Haal daarna de tegel direct van de wand en tik met de punt van een tegelhamer de cirkel uit (B).

6. Afschrijven van een ronde vorm met een blik, bus, pannetje o.i.d. Gebruik hiervoor een dunne viltstift.

7. Uitknippen van een rechthoekige opening aan de tegelrand.

8. Rechte sneden kunnen ook met een glassnijder worden gemaakt.

208

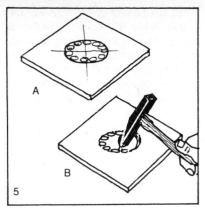

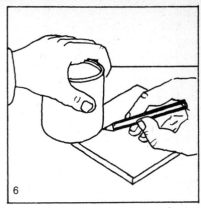

5 | 6

7 | 8

Tegels op maat snijden.
1. Plaats een tegel die op een bepaalde breedte moet worden gesneden, over de voorgaande tegel en teken de snede af op de tegel.
2. Tegelsnijder. De kras of snede wordt door het hardstalen snijwieltje op de glazuurkant van de tegel ingekrast.
3. Leg de ingekraste tegel met de glazuurkant naar boven op een stukje betonijzer of smal latje en breek hem langs de snijlijn door.
4. Knip met een moniertang of een papegaaibektang een ronde uitsparing vanuit het midden naar de snijlijn toe. Knip slechts kleine stukjes tegelijk.

Vloeren tegelen

Net als bij het plaatsen van wandtegels dient u er bij het leggen van vloertegels op te letten, dat:
– geen tegels smaller dan een halve tegel worden toegepast;
– het tegelvlak zoveel mogelijk symmetrisch wordt ingedeeld;
– aandacht wordt geschonken aan de tegelindeling zoals u die vanuit de deuropening(en) ziet. Immers, juist vanuit die deuropeningen valt de vloerindeling het meest op.

Voorbereiden van vloerbetegeling

De bestaande vloer zal eerst moeten worden vrijgemaakt van vuil, puin en stof. Resten kalk of gips van het eventueel stukadoren moeten worden ver-

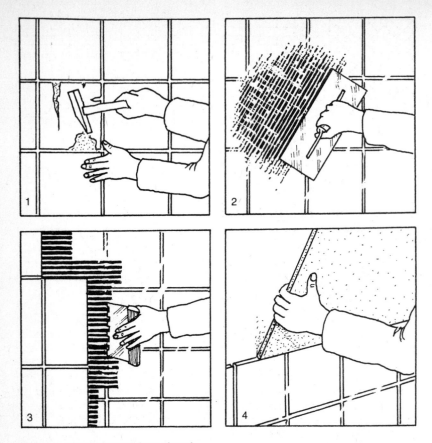

Nieuwe tegels over bestaande tegelwand.
1. Zitten er oude tegels los of zijn ze gebarsten, tik die tegels dan met een hamer kapot en verwijder de losse resten.
2. Vul de ruimte van de verwijderde tegel(s) op met een mortel bestaande uit 1 deel portland, 4 à 5 delen zilverzand en wat water. Breng de mortel met een spaan in de ruimte. Het morteloppervlak moet zuiver gelijk liggen aan de omringende oude tegels. Laat de mortel ca. 48 uur drogen.
3. Begin nu met het opbrengen van de tegellijm (een lijm geschikt voor harde, gladde ondergronden) met een lijmkam. Strijk de lijm *horizontaal* over de bestaande tegels.
4. Gipskartonplaat, spaanplaat of multiplex voor het uitvullen van het wandgedeelte boven bestaande tegels. De dikte van de plaat moet gelijk zijn aan die van de bestaande tegelwand.

wijderd, en vanzelfsprekend dient de te betegelen vloer geheel 'klaar' te zijn, d.w.z. dat niet later alsnog leidingen of iets dergelijks zouden moeten worden ingehakt. Als de vloer geheel schoon en stofvrij is, dan kan worden begonnen met het leggen van de onderlaag. De onderlaag is de mortellaag, nodig om de vloer op de ge-

wenste hoogte te brengen en die tevens dient als hechting tussen de bestaande vloer en tegels. Juist vanwege de vereiste hechting moet bij het samenstellen van de mortel vooral gelet worden op de soort ondergrond (het materiaal waaruit de bestaande vloer bestaat) en de temperatuur die in de te betegelen ruimte heerst. De

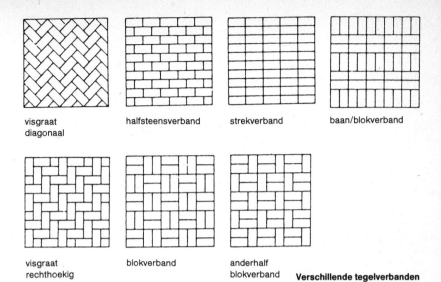

visgraat
diagonaal

halfsteensverband

strekverband

baan/blokverband

visgraat
rechthoekig

blokverband

anderhalf
blokverband

Verschillende tegelverbanden

ondergrond moet zó vochtig zijn dat tijdens de verharding van de opgebrachte mortellaag geen water uit deze mortellaag in de bestaande vloer kan trekken.

In de praktijk zal dat betekenen dat betonvloeren met weinig, en baksteenachtige (systeem-)vloeren met veel water moeten worden natgemaakt, rekening houdend met het op dat moment geldende absorptievermogen van dergelijke vloeren.

Bij warm weer drogen de natgemaakte vloer en de mortellaag sneller op dan bij kouder of vochtiger weer. Ook wind en tocht doen de mortellaag snel drogen. Wanneer tijdens het opbrengen van de mortellaag opnieuw water aan de mortel wordt toegevoegd, dan kan dat tot 'ontmenging' van de mortel leiden: een zeer ongewenst verschijnsel omdat tegels zich niet aan ontmengde mortel kunnen hechten. Te snelle droging kan voorkomen worden door de bestaande vloer eerst 'aan te branden'. Onder *aanbranden* wordt in dit geval verstaan het insmeren van de vloer met dezelf-

de mortel die voor de ondergrond wordt gebruikt, maar dan verdund met flink veel water, zodat de aldus ontstane brei met een stoffer is op te brengen. De bestaande vloer (ondergrond) raakt hierdoor verzadigd met vocht, terwijl door het aanbranden de hechting tussen deze vloer en de mortellaag wordt bevorderd.

Vierkante vloertegels kunt u beter in rustige banen leggen, zodanig dat alle voegen in elkaar doorlopen. Bedenk, dat het zgn. halfsteensverband, waarbij een voeg doodloopt op het midden van een naastliggende tegel, al gauw een onrustige indruk maakt. Alleen bij historisch verantwoord herstelwerk zal van deze ongeschreven regel kunnen worden afgeweken, omdat men vroeger inderdaad vaak het halfsteensverband toepaste.

Rechthoekige vloertegels kunnen in allerlei patronen worden gelegd, zoals in de tekening te zien is. Het tegelverband is echter niet alleen afhankelijk van persoonlijke smaak en opvat-

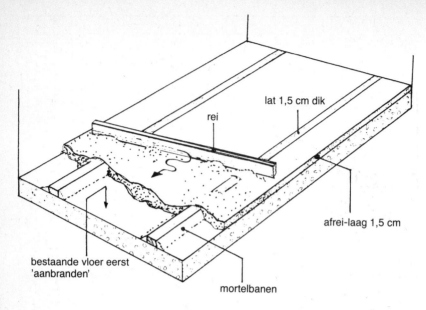

lat 1,5 cm dik

rei

afrei-laag 1,5 cm

bestaande vloer eerst
'aanbranden'

mortelbanen

Afreien van een cementbed op bestaande betonvloer.

ting, maar ook en misschien wel vooral van de afmetingen van de te betegelen vloer. Een ruimte die visueel breder of dieper moet lijken, kunt u het beste voorzien van een strekpatroon (strekverband), waarbij de tegellengte wijst in de richting die u als breder of dieper wilt accentueren.

Zeer harde tegels, bijvoorbeeld dubbelhard gebakken tegels, kunnen niet met een goedkope tegelsnijder of tegelbeugel worden gesneden. Hiervoor is een professionele tegelsnijder vereist. Of u zult ze op maat moeten maken met een carborundumschijf aan een elektrische boormachine, of ze door een steenhouwersbedrijf op maat moeten laten zagen.

Rechthoekige tegelvloeren kunt u gemakkelijk indelen. Hierbij gaat u uit van de symmetrie-as van het te betegelen vloeroppervlak. Deze symmetrie-as of lijn schrijft u op de vloer

af. Controleer met de houten schrijf- of winkelhaak of de hoek, gevormd door de kruising van de twee symmetrie-assen, zuiver haaks is. Met gebruikmaking van de verdeellat en de afgeschreven symmetrielijnen kunt u nu bepalen óf er aan de randen tegels gesneden moeten worden, en ook hoe breed die eventueel te snijden tegels moeten zijn. Hierbij moet er aan worden gedacht dat de meeste vloertegels een bredere voeg krijgen dan wandtegels.

Leg de verdeellat over één symmetrielijn evenwijdig aan de zich haaks daarop bevindende symmetrielijn. U kunt dit op twee manieren doen. De eerste manier is om de symmetrielijn te laten overeenkomen met de maatstreep op de verdeellat, of, en dat is de tweede manier, de symmetrielijn te laten overeenkomen met het precieze midden *tussen* twee maatstrepen. Bij een indeling volgens de eerste manier zal het midden van

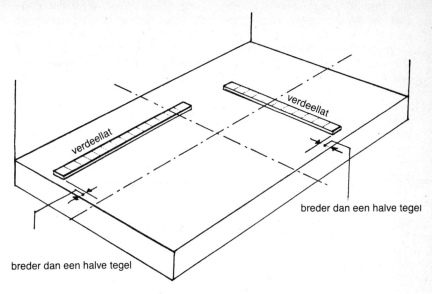

Het uitzetten van tegelwerk op een vloer.

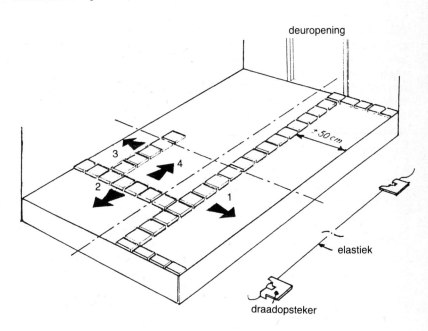

Het uitzetten van tegels in de juiste volgorde. Werk achterwaarts naar de deuropening toe en maak gebruik van twee speciale draadopstekers waartussen een elastische draad is gespannen. Langs de draad kan dan zuiver recht worden gewerkt.

de middelste *voeg* overeenkomen met de symmetrielijn; volgens de tweede manier komt het midden van de *tegel* overeen met de symmetrielijn.

Als nu het uiteinde van de verdeellat precies gelijk ligt met de rand van het te betegelen vlak (of, anders gezegd, vrijwel tegen de muur komt te liggen), dan hoeven er geen tegels te worden pasgesneden, óók niet wanneer er een gering afstandsverschil voorkomt tussen muur en uiteinde van de verdeellat. In dat geval kunt u immers dat verschil compenseren door over het geheel iets bredere voegen toe te passen. Meestal is die afstand echter zó groot, dat u wèl tegels zult moeten snijden, zoals hier is getekend.

Soms komt het voor dat de vloeren niet door stofdorpels worden onderbroken. Deze vloeren vormen dan met elkaar als het ware één grote vloer. In dergelijke situaties (zoals in de plattegrondtekening als voorbeeld aangegeven) gaat u als volgt te werk: Teken op het midden van het geheel een symmetrielijn A-B. Haaks op deze 'hoofd'-symmetrielijn brengt u dan

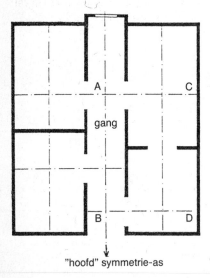

"hoofd" symmetrie-as

symmetrielijnen aan die precies midden door de deur- of wandopeningen voeren. Voor het gemak kunt u dan ook nog symmetrielijnen afschrijven in de verschillende vertrekken zelf, zodat met de verdeellat kan worden nagegaan hoe de tegelvlakken het best worden ingedeeld. In de praktijk zal blijken dat u niet overal met hele tegels zult uitkomen, maar de symmetrielijnen geven u in dat geval de meeste houvast bij uw pogingen het passnijden van tegels zoveel mogelijk te beperken. Met de symmetrielijnen en de verdeellat kunt u ook vooraf bepalen waar en hoe breed er tegels moeten worden gesneden. Zo kunt u bijvoorbeeld vanuit de lijn A-B bekijken hoe de tegels uitkomen bij punt C of D.

Diagonaal te tegelen vloeren

Vroeger werden vloeren waarop de tegels diagonaal waren gelegd, langs de kanten van passtroken voorzien. Dit werd gedaan om te voorkomen dat ter plaatse te kleine driehoekige tegelstukjes zouden ontstaan. Tegenwoordig worden passtroken nog zelden toegepast, niet zozeer vanwege de hogere arbeidskosten, maar eerder omdat een vloer met passtroken veel kleiner lijkt dan eenzelfde vloer zonder passtroken. Wilt u niettemin de vloer met passtroken uitvoeren omdat zo'n vloer er inderdaad verzorgder uitziet, dan moet u er rekening mee houden dat er aan de randen (dus bij de muren) zuiver diagonaal doorgesneden tegels komen te liggen. Dat betekent, dat de lengte en breedte van de vloer gedeeld moet worden door de zgn. *diagonale deelmaat*. De breedte van de passtroken wordt hierbij logischerwijs bepaald door de afstand tussen muur en hartlijn van de diagonaal doorgesneden tegel, rekening houdend met de

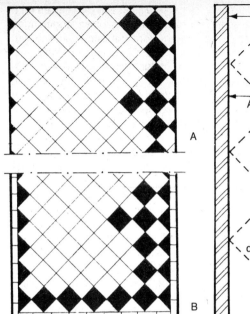

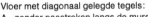

Vloer met diagonaal gelegde tegels:
A. zonder passtroken langs de muren;
B. mèt passtroken.

Diagonaal doorgesneden tegels:
A = breedte passtrook.

breedte van de voegen. U zult dus een verdeellat moeten maken waarop niet de breedte van 1 tegel plus voeg staat afgetekend, maar een verdeellat die de *diagonale deelmaat plus voeg bevat*. In de praktijk is de diagonale deelmaat van een tegel van 15 × 15 cm plus een voeg van 3 millimeter: 216 millimeter; die van een tegel van 20 × 20 cm plus een voeg van 10 millimeter: 297 millimeter.

Vloeren op 'afschot'

Het is de gewoonte om de vloeren van douches of badkamers (verder te noemen: badruimten) op afschot te leggen, d.w.z. dat de vloer een lichte helling vertoont naar een lager gelegen punt waar zich een afvoer bevindt in de vorm van een putje of een sifon met geperforeerd dekseltje. Dat af-

voerpunt zal zich in het ene geval midden in de badruimte bevinden, in het andere geval ergens aan de kant van deze ruimte, of misschien in één der hoeken. Het afschot bedraagt in badruimten doorgaans 1 cm per strekkende meter. Het heeft geen invloed op de indeling van het tegelvlak: het afschot moet altijd in de vloer zelf, dus in de ondergrond worden gevonden. In de nieuwbouw wordt het afschot al in de gestorte betonvloer aangebracht, maar bij renovatie of bij het maken van een badruimte in een vertrek dat eerder een andere bestemming had, zal het afschot in de alsnog aan te brengen mortellaag moeten worden gerealiseerd. Het spreekt vanzelf dat een dergelijk afschot niet in lijmwerk kan worden uitgevoerd.

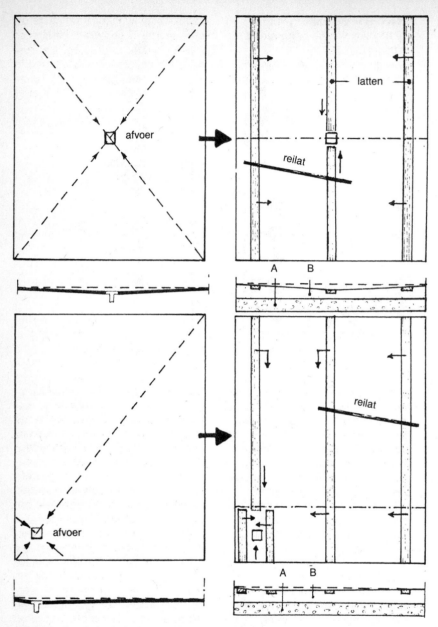

Richting van het afschot in de vloer van een badruimte (zie pijltjes).

Het plaatsen van hulplatten voor het verkrijgen van het juiste afschot. De latten dienen als 'liggende guides'.
A = bestaande steenachtige vloer.
B = op te brengen mortellaag.

Afschot in de ondergrond

De functies van de ondergrond (onderlaag) zijn:
– de vloer op de juiste hoogte en op het juiste afschot te brengen;
– een hechte verbinding te verkrijgen tussen de bestaande vloer en de tegels.

De bestaande vloer (we gaan hierbij uit van een steenachtige vloer) moet zó vochtig zijn dat tijdens de verharding van de op te brengen mortel geen water uit deze mortel in de bestaande vloer trekt. Het beste is het de vloer 'aan te branden', d.w.z. hem met een stoffer in te smeren met een zeer dunne brij bestaande uit mortel en veel water. Dit aanbranden voorkomt het te snel uitdrogen van de mortel en bevordert een goede hechting. Hierna worden er (geschaafde) hulplatten geplaatst. Deze latten worden daarbij in een lintvormig mortelbed gelegd en met een waterpas als controle-instrument op het juiste afschot in dat mortelbed geklopt. Ze dienen dus eigenlijk als horizontaal liggende 'guides'. Zoals eerder gezegd bedraagt het afschot ca. 1 cm per strekkende meter. Zijn alle hulplatten of 'guides' geplaatst, dan kan worden begonnen de ruimten tussen de hulplatten met mortel op te vullen. De mortel moet aardedroog van samenstelling zijn. Met een houten spaan klopt u de mortel stevig aan, zodat ze een dichte structuur krijgt. Op het laagste punt moet de mortel een dikte van minstens 1½ cm hebben. Wanneer de mortel aldus is aangeklopt, en de bovenkant met een reilat over de hulplatten is afgestreken, dan kunnen de hulplatten worden verwijderd, waarna de ontstane sleuven met mortel worden opgevuld en gelijkgestreken. Over de mortellaag zult u nu enige brede planken moeten leggen om het afgestreken

oppervlak te kunnen betreden, tenzij u de mortel in gedeelten aanbrengt waarbij u zich op de (nog) niet met mortel bedekte vloergedeelten kunt ophouden. Deze laatste manier is de beste, ook al omdat u daarbij niet het risico loopt aan het einde van de werkzaamheden een reeds te hard geworden mortelbad aan te treffen. Zorg er wel voor de mortel op zodanige wijze aan te brengen dat het laatste gedeelte bij de deuropening eindigt. (Niet te tellen zijn de grappen en cartoons waarin de draak wordt gestoken met lieden die zich bij het storten, beitsen of schilderen van een vloer op een ver van de deuropening gelegen plek bleken te hebben 'opgesloten'…)

Het poederen

Hoe dan ook: na het afstrijken van het mortelbed moet deze direct daarna *gepoederd* worden en ook met tegels belegd. Het mortelbed mag immers niet eerder droog worden dan nadat de tegels erop zijn aangebracht. Het poederen gebeurt met droge cementpoeder en is zeer belangrijk om een goede aanhechting van de tegels mogelijk te maken: de poederlaag voorkomt dat er tussen de mortellaag en de tegels een waterfilm ontstaat. Er mag niet te veel in één keer worden gepoederd; poeder kleine gedeelten tegelijk en houd goed in de gaten welke gedeelten wel en niet zijn gepoederd. Van niet-gepoederde gedeelten zullen de vloertegels later al gauw loslaten. Controleer daarom regelmatig of de tegels goed hechten door een enkele tegel weer uit het mortelbed op te tillen. Als er op de onderzijde van de tegel mortel uit het mortelbed wordt meegenomen dan is de hechting goed. Bedenk ook, dat het mortelbed vochtig moet zijn, als u poedert. Is het mortelbed al wat droog, maak het dan weer nat en poeder het opnieuw licht over. Het poederen moet u zien als het bestuiven van het morteloppervlak.

Na het poederen kunt u de eerste rij tegels langs de verdeellat leggen, en haaks daarop (langs de houten schrijf- of winkelhaak) de andere rij tegels. Zo, achteruit werkend naar de deuropening, wordt steeds gepoederd en gelegd. De tegels moeten bij het leggen licht in het mortelbed worden geklopt om het verschuiven tegen te gaan.

Het 'pletten'
Is de vloer geheel volgelegd (of althans het gedeelte van een tegelvlak dat in één dag kan worden gelegd) dan veegt u deze voorzichtig aan en begint u met het zgn. *pletten*: het vlak maken van het tegelvlak. Deze handeling gebeurt als volgt:
gebruik een zware houten spaan of een stevig stuk hout van ongeveer 30 cm lang en een centimeter of 5 dik, dat goed recht en vlak is. Klop daarmee het tegelvlak aan met de bedoeling dat alle bovenkanten van alle tegels in eenzelfde vlak komen te liggen. Wanneer de vloer op deze wijze geheel is bewerkt, controleer dan nog even of er door het pletten geen tegels zijn verschoven. Laat daarna de vloer minstens twee dagen met rust.

Het inwassen van de voegen gebeurt bij voorkeur pas na enige dagen, wanneer het mortelbed voldoende is uitgehard. De voegen kunnen worden gevuld met een kant en klare voegmortel of voegpasta, of met zelf aangemaakte voegmortel bestaande uit 1 deel cement op 2 delen zilverzand. Als alle voegen goed zijn ingewassen dan kunt u met een voegrubber de overtollige voegmortel verwijderen. Het tegelvlak wordt schoongemaakt door met een vochtige spons diagonaal over de tegels te sponzen. Wrijf nooit in het verlengde van de voegen, want dan loopt u de kans dat de voegen weer worden uitgewreven.
Bij enigszins zware tegelsoorten die moeilijker zijn schoon te wassen, kunt u zaagsel van vurehout gebruiken, maar de voegmortel dient dan wel voldoende te zijn opgestijfd. Strooi eerst wat vochtig gemaakt zaagsel en verwijder dat weer. Strooi daarna droog zaagsel en veeg dat na een half uur op. Nogmaals: strooi nooit zaagsel in nog natte voegen, want het zaagsel blijft in dat geval in de voegen vastzitten.

Vloeren die niet dezelfde dag geheel gelegd kunnen worden
In sommige gevallen kan een vloer zulke grote afmetingen hebben dat hij onmogelijk in één dag gelegd kan worden. Wanneer zich zo'n situatie voordoet, dient u ervoor te zorgen dat de voortzetting van het werk de volgende dag zonder aansluitingsmoeilijkheden kan geschieden.
De mortellaag moet derhalve aan het einde van de werkdag, vlak achter de laatste rij gelegde tegels scherp worden afgestoken. De volgende dag wordt de nieuwe mortellaag goed tegen de afgestoken kant afgewerkt, waarbij u er rekening mee moet houden dat deze nieuwe mortellaag een aantal millimeters *hoger* komt te liggen dan de mortellaag van de vorige dag. Die 'oude' mortellaag is immers door het pletten van de tegel iets 'ingeklonken'. Bepaal dus vooraf op hoeveel millimeters hoger de nieuwe mortellaag moet worden afgestreken of afgereid.

Het leggen van natuursteenvloeren
Natuursteen kan nooit middels lijm-

werk worden aangebracht en moet dus altijd in een cementmortel worden gelegd, alleen al vanwege het feit dat natuursteentegels vaak onderling in dikte verschillen. Vooral bij Solnhofertegels is dat het geval. Het is aan te raden een partij natuursteentegels vooraf op dikte te sorteren en de dikste tegels te gebruiken op plaatsen waar het meest zal worden gelopen. Vierkant of rechthoekig gesneden tegels worden 'langs de draad' gelegd, zogeheten *breuksteen-tegels* 'onder de rei'.

De mortel waarin de tegels gelegd worden, moet zodanig worden uitgestreken dat de tegels over hun volle oppervlak in de mortel dragen. Vooral de hoeken moeten 'vol en zat' in het mortelbed komen te liggen. Op dit laatste kan niet genoeg nadruk worden gelegd, juist omdat natuursteentegels zelden volkomen vlak zijn. Teneinde een goede hechting te bevorderen moeten de tegels niet alleen goed met een rubber hamer of de steel van een moker worden aangeklopt, maar bovendien tijdens het kloppen iets heen en weer worden geschoven. Dat heeft het voordeel dat de mortel zich bij de voegen enigszins omhoog werkt en u er dus zeker van bent dat de tegel inderdaad rondom vol met mortel raakt omsloten. Bij het leggen zult u erop moeten letten dat een afwisseling in kleurschakering ontstaat en niet alle donkere en lichtere tegels vlak bij elkaar komen te liggen. Het leggen van natuursteentegels is lang niet zo eenvoudig als het op het eerste gezicht lijkt en vereist gevoel voor verhoudingen èn variatie. Belangrijk is dat er geen *kruisvoegen* ontstaan. Om dat te bereiken is het soms nodig een aantal tegels door midden te zagen, te kappen of te snijden (bijvoorbeeld een vierkante of halve tegel in tweeën

delen). Bij natuursteen met rechte kanten wordt gewoonlijk een voegbreedte van 3 tot 5 mm aangehouden, bij breuksteen zal dat in de meeste gevallen onmogelijk blijken.

Breuksteen-tegels hebben zeer onregelmatige vormen, waardoor het leggen langs de draad vrijwel onmogelijk is. Het vlak leggen kan alleen met behulp van reilatten en een waterpas gebeuren. Op bepaalde afstanden wordt op de wanden de gewenste vloerhoogte afgetekend, zodat u aan deze afgetekende punten houvast hebt door met de reilat(ten) vanaf die punten te waterpassen. Het gemakkelijkst is om op ongeveer een meter hoogte op alle wanden een waterpaslijn af te tekenen en vandaaruit naar beneden te meten. Kan er niet langs de draad worden gewerkt, dan doet u er verstandig aan om eerst de randen van het tegelvlak te leggen, met de op de muur afgetekende waterpas-punten als 'peil-punten'. Met een lange reilat als hulpmiddel kunnen dan de overige tegels in het middenvlak worden gelegd, waarbij de randstukken als 'guides' functioneren. Breuksteen-tegels moeten zoveel mogelijk gelijke voegbreedten krijgen, maar uiteraard blijft dat slechts een uitgangspunt – de willekeurige vormen van breuksteentegels maken een consequente voegbreedte onmogelijk.

Daarom moet elk aansluitend stuk als het even kan aan de vorm van het voorgaande stuk worden aangepast, zonder dat daarbij kruisvoegen ontstaan. Juist dat op vorm brengen kan het beste gebeuren door de steenbrokken op een stevig voorwerp (een stuk stalen balk of een rechtopstaande baksteen) te laten vallen, of te proberen ze met een moker op de gewenste breuklijn te kloven.

Het leggen van kwartsiet-tegels is een

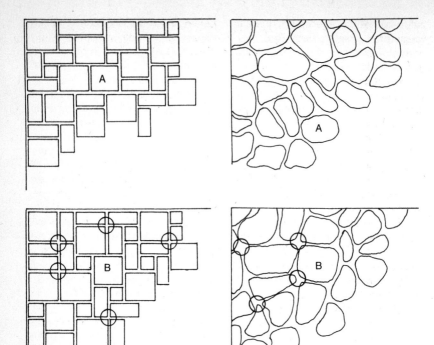

Vloeren van rechthoekige natuursteen:
A. goed, geen kruisvoegen;
B. fout, kruisvoegen.
Bij natuursteen worden de randen het eerst gelegd om zoveel mogelijk onder de rij te kunnen werken.

Vloeren van natuur-breuksteen:
A. goed, geen kruisvoegen;
B. fout, kruisvoegen.
Nog meer dan bij rechthoekige natuursteen is het van belang breuksteen eerst langs de randen te leggen.

probleem apart. Vooral aan de kanten en de hoeken zijn deze tegels nogal eens dunner dan in het midden. Ze zijn ook zelden helemaal vlak. Vaak ook hebben ze opstaande of afhangende hoeken of zijn ze enigszins scheluw.

De grotere tegels zijn aan de zijkanten niet gefreesd zoals de meeste vloertegels, maar veelal met de schaar rechtgeknipt, met als gevolg dat ze aan de onderkant schuin naar binnen lopen. Door dit verschijnsel kunnen kwartsiet-tegels al gauw gaan kantelen als ze niet zat en vol in

de mortel liggen. Twijfelt u eraan of de tegel wel goed 'vol' ligt, til hem dan weer uit de mortel en bekijk aan de onderkant of er eventueel droge plekken voorkomen waaruit blijkt dat de mortel zich niet overal aan de tegel heeft gehecht. Zo kunt u bepalen waar er mortel moet worden bijgevuld of weggehaald. Vergeet niet het mortelbed na het uittillen van de tegel opnieuw te *poederen* (zie aldaar).

Voegen van natuursteen-tegels
Omdat natuursteen erg gevoelig is voor cementvlekken en cementsluier,

220

zult u bij het invoegen aardvochtige voegmortel moeten gebruiken. Het normale *inwassen* moet zoveel mogelijk worden beperkt. Voor het invoegen gebruikt u een voegspijker waarmee u de aardvochtige voegmortel in de voegen werkt. Deze voegtechniek kan overigens alleen worden toegepast bij voegbreedten van 6 mm en breder, omdat een voegspijker ook 6 mm breed is. Bij smallere voegen zal daarom tóch van de inwas-techniek gebruik moeten worden gemaakt. In dat geval moeten de tegels eerst met een handstoffer worden nat gemaakt om daarmee te voorkomen dat de cement in het tegeloppervlak kan trekken. Gebruik nooit het trucje van de metselaar om de sluier met verdunde zoutzuur weg te werken; daar kan natuursteen echt niet tegen!

Aanslag op tegels

Vaak ontstaat er op nieuw gelegde tegels een lichte uitslag die zich vooral rond de voegen op het tegeloppervlak aftekent. Deze uitslag (die men wel de 'witte schrik' noemt) is weliswaar onschadelijk, maar doet toch afbreuk aan de schoonheid van het tegelwerk. Wat te doen?

Borstel eerst de uitslag zoveel mogelijk droog af en borstel daarna met schoon leidingwater of, nog beter, met schoon regenwater. Herhaal dit enige keren.

Een hardnekkiger uitslag is die van de *cementsluier*. Deze aanslag ziet er uit als een grijs waas en komt vooral op nieuw gelegde vloeren voor. Er zijn verschillende manieren om de aanslag te verwijderen. U kunt het tegeloppervlak een dag lang in de groene zeep zetten, of een zgn. *tegelcleaner* gebruiken.

Laat echter bij gebruik van deze cleaner de voegen zelf zoveel mogelijk ongemoeid en pas de cleaner alleen toe als de voegen volkomen droog zijn, zodat het cement in de voegen niet oplost en de tegels nog erger verontreinigt.

Persoonlijk heb ik het niet zo op die chemische middelen met namen als Liquisan, Cemtex of HG-Extra, en blijf ik de voorkeur geven aan de onschuldige groene-zeep-methode. Dat sommige tegelcleaners niet gebruikt mogen worden voor het reinigen van kalkhoudende materialen, marmer, graniet en natuursteen zegt al genoeg, evenals het feit dat deze cleaners in onverdunde vorm letterlijk met handschoenen moeten worden aangepakt...

Het betegelen van houten vloeren

In veel vooroorlogse woningen en woningen die vóór de zestiger jaren zijn gebouwd, treft men veelal houten vloeren aan. Nu kan op houten vloeren onmogelijk direct worden getegeld, maar zijn ze in goede staat, dan kunt u ze wel degelijk in een tegelvloer omtoveren. In dit verband is het woord *toveren* eigenlijk onjuist, want het tegelen op houten vloeren vereist zeker meer inspanning dan het tegelen op betonvloeren. Zo mag een houten vloer waarop een tegelvloer moet komen beslist níet doorveren. Controleer dat door er stevig op te springen. Voorts zal elke houten vloer eerst van een waterdichte onderlaag moeten worden voorzien. Het beste is een laag asfaltpapier of ruberoid waarvan de naden solide worden dichtgekit of geplakt... Deze waterdichte onderlaag moet met een 'kraag' tegen de muren worden omhoog gezet en wel zodanig dat de kraag ongeveer 2 cm boven de vloertegels uitsteekt.

De vloerdelen moeten stevig vastzitten. Liggen ze enigszins los, dan moeten ze alsnog worden vastgespijkerd, waarbij moet worden voorkomen dat de spijkerkoppen boven het hout blijven uitsteken.

Er zijn drie typen vloeren die voor een afwerking met vloertegels in aanmerking komen:

1. een vloer met gaaswapening;
2. een vloer met Lewis-platen;
3. tegel-op-houtvloer-systeem.

Deze drie vloeren zullen we in deze volgorde bespreken.

Lichte vloer met gaaswapening

Begonnen wordt met het aanbrengen van de waterdichte laag. Span vervolgens kippegaas (maaswijdte ongeveer 3 cm) over de gehele vloeroppervlakte en spijker dat met grote krammen aan de houten vloer vast. Zorg er echter voor dat de krampunten niet door het hout heen steken. Het gaas

mag niet strak op de vloer worden bevestigd, want het moet als wapening van de mortel dienen en dus omhoog in de mortel worden getrokken. Ga er hierbij vanuit dat het gaas 1½ à 2 cm in de mortellaag komt te liggen. De mortel mag niet nat zijn, maar moet aardedroog of zo u wilt aardevochtig aanvoelen. Goed aanstampen en afreien.

Zwaardere vloer met gaaswapening

Worden aan de vloer zeer hoge eisen gesteld m.b.t. het gebruik en wilt u alle risico's vermijden, dan kunt u beter, in plaats van een mortelbed, eerst een met kippegaas gewapende laag beton van ongeveer 5 cm dik op de houten vloer aanbrengen. Natuurlijk wordt eerst de waterdichte laag aangebracht. Daarna stort u ongeveer 2 cm beton. Op dit betonlaagje legt u

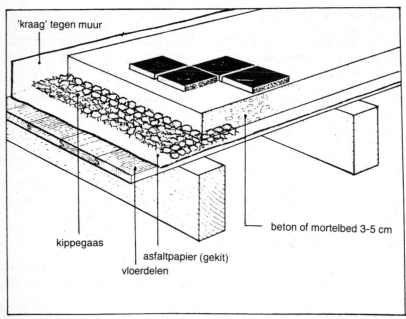

'kraag' tegen muur

kippegaas

asfaltpapier (gekit)

vloerdelen

beton of mortelbed 3-5 cm

Te storten vloer op houten ondergrond.

stevig kippegaas óf een echt krimp-net van betonijzer. Hierna wordt het beton tot ongeveer 5 cm dikte aange-vuld. Samenstelling van het beton: 1 volumedeel portlandcement, 2 volu-medelen zand en 3 volumedelen grind. Maak het beton niet te nat aan, dat voorkomt krimpscheuren.

Na een week kan worden begonnen met het opbrengen van een ongeveer 2 cm dik mortelbed waarop dan kan worden getegeld.

Vloer met Lewis-platen

De best denkbare methode om op houten vloeren een te betegelen be-tonvloer aan te brengen is die met toepassing van zgn. Lewis-platen. Dit zijn stalen platen van ca. 0,5 millimeter dik waarin zwaluwstaartvormige pro-fielen zijn gestanst. Door deze profile-ring bezitten Lewis-platen van zich-zelf al een grote stijfheid, maar waar de holten van de zwaluwstaarten nog met beton worden volgestort geven ze aan de vloer een optimale draag-kracht. In feite vormen Lewis-platen een zelfdragende betonwapening. Ze zijn in de handel op een vaste breedte van 63 cm, en in lengten van 122, 153, 183 en 200 cm. De platen kunnen di-rect op de vloerbalken worden ge-legd, óf op de te handhaven houten vloer. De uiteinden van de platen moeten steeds op de vloerbalken dragen en elkaar op dat punt mini-maal 5 cm overlappen. In de breed-terichting moet een overlapping van minimaal 2 cm worden aangehouden. Door de fabrikant wordt afgeraden de platen toe te passen wanneer de vloerbalken méér dan 90 cm uit elkaar liggen. Gewoonlijk is dat echter zel-den het geval, zodat in de meeste wo-ningen met deze platen kan worden gewerkt. De bovenkanten van de Le-

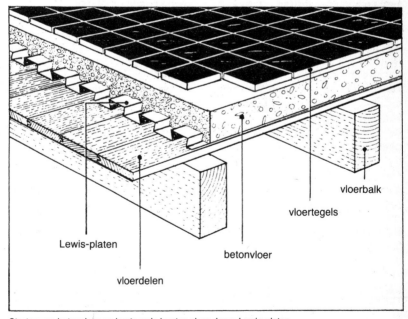

vloerbalk

vloertegels

Lewis-platen

betonvloer

vloerdelen

Storten van betonvloer op bestaande houten vloer d.m.v. Lewis-platen.

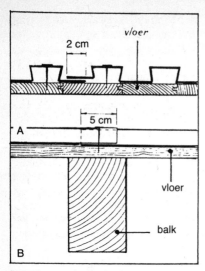

Bevestigen van Lewis-platen op een houten
vloer:
A = dwarsdoorsnede
B = lengtedoorsnede.

wis-platen mogen níet gemenied worden. Het is zelfs beter als ze van boven een beetje verroest zijn, want
door de roest hechten de platen door
een reactie met het in de beton aanwezige kiezelzuur, beter aan het beton vast. Of, beter gezegd, de beton
hecht zich beter aan de platen.
De onderkanten van de platen moeten daarentegen met een staalborstel
van eventuele roest worden ontdaan,
tweemaal worden gemenied en, wanneer de houten vloer boven een vochtige ruimte is gelegen, ook nog met
een bitumineuze pasta worden ingesmeerd. (Bijvoorbeeld met *koude
mastiek* of zogenaamde '*black var-
nish*'.)
Bij toepassing van Lewis-platen in
toekomstige badruimten verdient het
aanbeveling onder de platen toch nog
een extra waterdichte asfalt- of rube-
roidlaag aan te brengen en deze met
een 'kraag' tegen de muren op te zetten. Het beton heeft de normale sa-

menstelling (1 deel portlandcement, 2
delen zand, 3 delen parelgrind), maar
kan met wat meer water worden aangemaakt zodat het door de 'vloeibare' eigenschap beter in de zwaluw-
staartholten kan worden gebracht.
Met een stokje kan het beton eventueel in deze holten worden 'gepord'.

Tegel-op-houtvloer-systeem
Een klein aantal fabrikanten brengt
een systeem op de markt waarmee,
zonder speciale voorzieningen, een
tegelvloer op een bestaande houten
vloer kan worden aangebracht. Deze
systemen dragen verschillende namen, maar bestaan doorgaans uit de
volgende materialen:
– een ondermateriaal van speciale
kunststofschuimplaten of bitumen
persplaten;
– een mortel van cement, zand en
rubbervezels;
– een vloeibaar extra bindmiddel voor
de mortel;
– een speciale voegmortel.
Het principe van deze vloersystemen
is dat een elastische tussenlaag de
vervorming (vering) van de houten
draagvloer ten opzichte van de tegels
opvangt. De vering heeft dan geen
invloed op de tegelvloer. Alle systemen kunnen ook op reeds bestaande
tegel- of betonvloeren worden aangebracht. Voor toepassing in badruimten leveren de fabrikanten
meestal een rubberfolie op rollen
waarmee een waterdichte laag op de
houten vloer kan worden gerealiseerd. Voor de afdichting van naden
en leiding-doorvoeren wordt een rub-
berpasta bijgeleverd. Uiteraard moet
ook voor deze vloeren de bestaande
houten vloer goed vlak en van goede
kwaliteit zijn, terwijl alle fabrikanten
stellen dat de balkafstand niet groter
mag zijn dan ongeveer 65 centimeter.
Bij de tegel-op-houtvloer-systemen

is de sterkte van de tegel van belang in verband met breuk. Vuistregel daarbij is de dikte/lengte-verhouding van de tegel: deze moet minstens 1 cm dik zijn bij een lengte van 20 cm.

Omdat de systemen alle vergezeld gaan van uitstekende, gedetailleerde verwerkingsvoorschriften, is het overbodig er op deze plaats verder aandacht aan te besteden.

'Zwevende' tegelvloer

In de huidige woningbouw is en wordt nog steeds weinig gedaan aan geluidsisolatie, ondanks de in de Bouwverordening opgenomen en in 1976 herziene norm NEN 1070 'Geluidswering in woningen'.

Die norm is niet meer dan een technische norm en heeft geen enkele wetskracht. Nog steeds worden in woningbouwprojecten betonwanden en muren zonder geluidswerende voorzieningen aan elkaar verbonden met als gevolg dat vooral contactgeluid geluidshinder oplevert en vaak huizenver wordt geregistreerd. Burenruzies zijn vaak het gevolg. Geluidshinder, veroorzaakt door contactgeluid (bijvoorbeeld voetstappen, vallende voorwerpen, direct met de bouwconstructie in contact staande elektrische en/of geluidsapparatuur of muziekinstrumenten als piano's en elektronische orgels) kan worden verminderd door toepassing van een zgn. *zwevende vloer* die bovendien als een thermische isolator werkt. Een zwevende vloer is doorgaans opgebouwd uit vier lagen:

1. een veerkrachtig blijvende laag, bijvoorbeeld bestaande uit één van deze materialen: bouwvilt, drukvaste glas- of steenwol, kurkplaten of po-

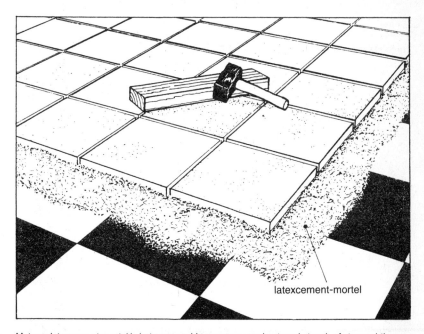

latexcement-mortel

Met een latexcement-mortel is het geen probleem om op een bestaande tegel- of steenachtige vloer of zelfs een vinylvloer rechtstreeks nieuwe vloertegels, plavuizen of natuursteen aan te brengen.

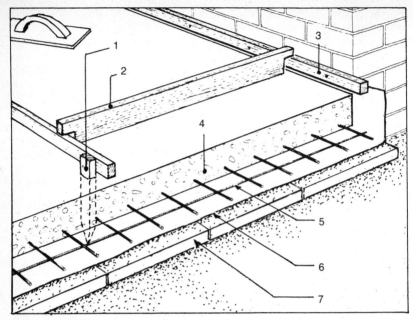

Storten van betonvloer op vaste grond, thermisch geïsoleerd.
1. Piket.
2. Reilat.
3. Lat waterpas (tijdelijk) tegen muur gespijkerd.
4. Beton.
5. Krimpnetwapening.
6. Plastic-folie.
7. Polystyreen-platen als isolatie.

lystyreenplaten (het zgn. *tempex*);
2. een dampremmende of waterdichte laag, bestaande uit asfaltpapier, ruberoid of landbouw-plastic, waarvan de naden zijn dichtgekit of afgeplakt;
3. een minstens 3½ cm dikke betonlaag, voorzien van een lichte krimpnetwapening;
4. de tegels.

Natuurlijk is een zwevende vloer niet werkelijk zwevend. Wel ligt hij rondom vrij van de omringende bouwconstructie, zodanig dat ook de dekvloer met de daarop aangebrachte tegels geen contact met de muren maakt. De veerkrachtige laag onder de dekvloer vangt de trillingen op, zodat een zwevende vloer te beschouwen is als een vloer rustend op een

soort stootkussen. Het stootkussen zorgt er dan voor dat contact-trillingen, op de vloer uitgeoefend, zich niet kunnen voortplanten naar onder- en naastgelegen vertrekken.

Een nauwgezette uitvoering is hierbij van wezenlijk belang. Wanneer maar een klein onderdeel, bijvoorbeeld één klein kiezelsteentje, contact maakt tussen de dekvloer en een muur, of tussen dekvloer en bestaande vloer, dan is de gehele zwevende vloerconstructie z'n functie kwijtgeraakt. Niet alleen ligt de dekvloer vrij van de ondervloer, hij ligt ook vrij van de muren. Dat wordt bereikt door vóór het storten van de dekvloer ook langs de muren een strook veerkrachtig materiaal aan te brengen. Deze strook moet zó hoog zijn dat hij ook het con-

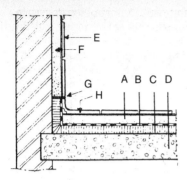

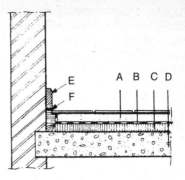

Doorsnede van zwevende vloer bij
wandtegelwerk.
A. Dekvloer.
B. Plastic-folie of asfaltpapier.
C. Veerkrachtige laag.
D. Bestaande betonvloer.
E. Wandtegels.
F. Zetmortel.
G. Elastisch materiaal (b.v. rubber).
H. Plinttegel.

Doorsnede van zwevende vloer bij gewone
muur.
A. Dekvloer.
B. Plastic-folie of asfaltpapier.
C. Veerkrachtige laag.
D. Bestaande betonvloer.
E. Houten plint.
F. Elastisch materiaal (b.v. bouwvilt of rubber).

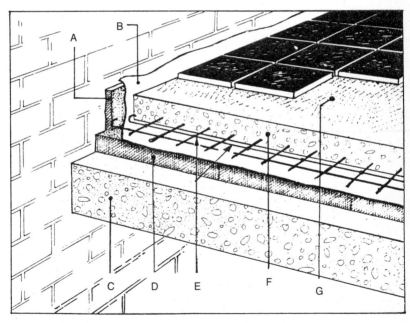

Zwevende tegelvloer op bestaande beton- of
steenachtige verdiepingsvloer.
A. Strook bouwvilt, drukvaste glaswol,
steenwol, kurk of tempex.
B. Plastic-folie.
C. Bestaande vloer.

D. Dik bouwvilt, drukvaste glaswol-, steenwol-,
kurk- of tempex-platen.
E. Lichte krimpnetwapening.
F. Nieuwe dekvloer van beton (min. 3½ cm dik).
G. Lijmlaag.

227

tact van de tegels met de muren onmogelijk maakt. Leidingdoorvoeren zullen eveneens zodanig moeten worden geïsoleerd dat de dekvloer-met-tegels niet via deze leidingen toch weer in contact komt met de omringende bestaande bouwconstructie.

In de tekeningen wordt verder voldoende duidelijk aangegeven hoe een zwevende vloer dient te worden uitgevoerd. In deze tekeningen is uitgegaan van een betonvloer als bestaande vloer. Voor houten vloeren is de constructie gelijk, zij het dat de veerkrachtige laag op de houten vloer wordt aangebracht, en dat u zult moeten onderzoeken of de balklaag het hogere gewicht van de dekvloer wel kan dragen.

Overigens: ook de tegel-op-houtvloer-systemen (zie aldaar) kunnen, wanneer ze consequent van de muren worden vrijgehouden, als zwevende vloer worden beschouwd.

Vloeren en plafonds

Vloeren

Houten vloeren

Houten vloeren stralen een natuurlijke warmte en levendigheid uit die niet te imiteren is. Ze passen in traditionele en moderne interieurs en zijn in woonruimten en ruimten met een geringe vochtigheidsgraad toe te passen. Weliswaar kunnen hardhouten vloeren ook in keukens en badkamers worden toegepast, maar er zijn toch betere oplossingen denkbaar.

Houten vloeren zijn vrij gemakkelijk te onderhouden: even vochtig afnemen en af en toe een oppervlaktebehandeling met *sealer* of vloerwas is doorgaans voldoende. Een nabehandeling met een droge doek verhoogt de glans.

Is een beschermende afwerklaag sterk afgesleten, dan de vloer in de houtdraadrichting met fijn, in terpentine gedrenkte staalwol schuren (het vertrek goed ventileren!) en zo de oude afwerklaag verwijderen. Daarna opnieuw behandelen met oxaanolie, speciale vloerlak of was. Kleine krasjes kunnen met paraffine-was op een lapje worden ingewreven. Grotere beschadigingen laten zich soms onder een speciale meubelpolish verbergen, maar u kunt de plek ook licht schoonschuren en een nieuwe afwerklaag opbrengen.

Houten vloeren veranderen of opknappen

Van een goede houten vloer liggen de planken vlak en zijn de naden niet te sterk opengetrokken. Dit is zeker van belang als u over de bestaande vloer een nieuwe (bijvoorbeeld parket-) vloer wilt aanbrengen. Vóór het schuren van een vloer moeten de draadnagelkoppen tot onder het oppervlak worden gedreven.

Is er voor losliggende vloerplanken geen direct aanwijsbare oorzaak te vinden, dan de balken controleren. Het kan zijn dat de balken zijn verzakt of verrot.

Nieuw aan te brengen houten vloerdelen of planken moeten altijd voldoende tijd hebben gehad zich aan de klimatologische omstandigheden van uw huis aan te passen.

Eenvoudige vloeren leggen

Vóór 1955 werden de meeste vloeren in verdiepings- en eengezinswoningen opgetrokken uit houten vloerbalken met daarop een vurehouten vloeren. Daaroverheen legde de bewoner dan een vloerbedekking. Doorgaans was dat balatum (het zogenoemde 'zeil'), linoleum, of een tapijtachtige vloerbedekking. Dergelijke houten vloeren hebben inmiddels plaats gemaakt voor betonvloerconstructies. De belangstelling voor houten vloeren is echter gebleven en de laatste jaren zelfs toegenomen. De in oudere huizen toegepaste vurehouten vloeren worden uit nostalgische overwegingen soms gebeitst of geschilderd, maar aangezien vurehout een zachte houtsoort is, kan men aan zo'n vloer niet dezelfde eisen stellen als aan een parketvloer.

Maar ook in nieuwbouwsituaties kan men een 'plankenvloer' (te onderscheiden van een parket- of stroken-

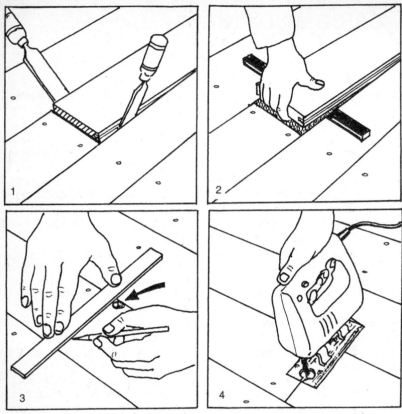

Verwijderen van een vloerplank.
1. Oude beitel(s) in de planknaad wrikken.
2. Een plat ijzer onderschuiven.
3. Na het boren (zie pijl) een lijn langs de balk

aftekenen.
4. Een schuine (!) zaagsnede langs de balk zagen.

vloer) verkiezen. In dat geval kunt u kiezen uit een aantal houtsoorten, te beginnen met 22 mm dikke vloerdelen van *oregon pine*, tot, aflopend in hardheid, Amerikaans grenen, grenen en gewoon vurehout. De laatste houtsoorten zijn financieel het aantrekkelijkst.
Vurehout is sterk en redelijk taai, maar wel erg zacht. Bij het belopen vertoont het al gauw putjes en andere lichte beschadigingen. Vurehout voor vloeren moet van kwaliteitsklasse A zijn. Het verwerken van vurehout zoals het zagen, spijkeren en lijmen le-

vert nauwelijks problemen op. Het beitsen met wasbeits daarentegen geeft vaak teleurstellende resultaten. Met waterbeits beitsen en daarna de beitslaag 'verzegelen' met een sterke vloerlak is een veel betere manier om de vloer een fraaier aanzien te geven. *Grenehout* wordt in de bouw voornamelijk gebruikt voor raam- en deurkozijnen. Het is net als vurehout een naaldhoutsoort. De kwaliteit hangt af van het groeigebied. Hoe kouder het land van herkomst des te fijner en harder het hout is.
Als gevolg van een groot harsgehalte

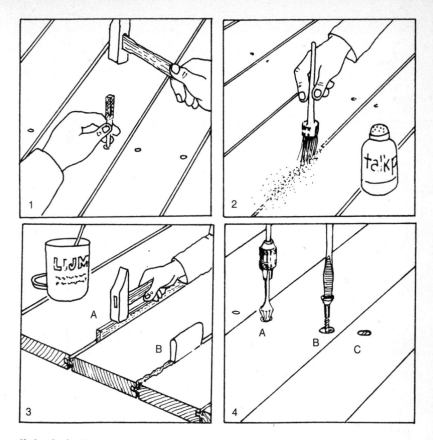

Krakende vloeren.

1. Begin in alle gevallen met het dieper indrijven van de draadnagels.

2. Kraken kan op een wel zeer eenvoudige manier verholpen worden: strooi talkpoeder in de planknaden en werk dat met een smalle kwast goed diep in de groeven en messingen. De vloerdelen blijven weliswaar hun speling behouden, maar het kraakgeluid zult u niet meer horen.

3. Naden kunnen op meerdere manieren worden gedicht. Met op dikte gezaagde latjes die, met lijm bestreken, in de planknaden worden geslagen (A). Als de lijm droog is, de latjes aan de vloer gelijk afschaven. U kunt de naden ook 'breeuwen'. Hierbij maakt u gebruik van geplozen vlastouw en transparante houtlijm. Doordrenk het vlas met de lijm en werk het in de naden met een zelfgemaakt, taps toelopend stukje hout (B).

4. Nog een manier: boor nieuwe schroefgaten in de vloerdelen, uiteraard ter plaatse van de balken. Verzink de gaten (A) en draai lange platkopschroeven in (B). De schroefkoppen moeten iets onder het oppervlak steken (C).

Vloerdelen worden nooit met verticaal ingeslagen draadnagels gespijkerd, maar met schuin ingeslagen nagels. De 'wip-mogelijkheid' van de vloerdelen is dan kleiner. De punten van de draadnagels kunnen naar elkaar toe wijzen, zoals hier is getekend, òf van elkaar afwijzen.

231

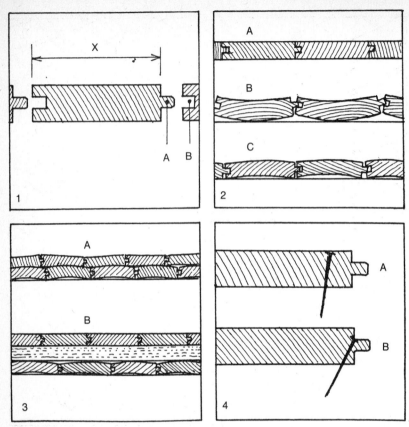

Vloerdelen.
1. De 'werkende breedte' van een vloerdeel (X): A is de 'messing', B is de 'groef'.
2. A: perfect liggende vloerdelen; B: op hobbel liggende vloerdelen; C: beter liggende vloerdelen.
3. Bij A de gevolgen van het 'zomaar' spijkeren van een dekvloer. B Toont de situatie zoals die moet zijn: dwars over de bestaande vloer worden stevige latten gespijkerd. Dáárop komen dan de nieuwe vloerdelen te liggen.
4. Bij A traditioneel gespijkerd vloerdeel, bij B een 'verdekt' gespijkerd vloerdeel.

zijn de kwasten of noesten van grenehout roodbruin van kleur. Het hars geeft het hout ook zijn specifieke, terpentijnachtige geur. Het hars kan uit het hout lopen ('zweten') en moet vóór het lijmen, schilderen of lakken verwijderd worden door het houtoppervlak te ontvetten met thinner. De voorkeur verdient grenehout met de kwaliteitsaanduiding A. U krijgt dan rechte, vlakgeschaafde vloerdelen bezorgd.

Zelf vloeren leggen

Het antwoord op de vraag hoeveel vloerdelen u voor de nieuwe vloer nodig hebt, hangt af van het aantal delen dat in een vierkante meter gaat. En dát wordt weer bepaald door de 'werkende breedte' van de vloerdeel. De werkende breedte is de plankbreedte die overblijft ná het 'schaven en ploegen' van de plank, ofwel het vlakschaven en het maken van de groef en messing.

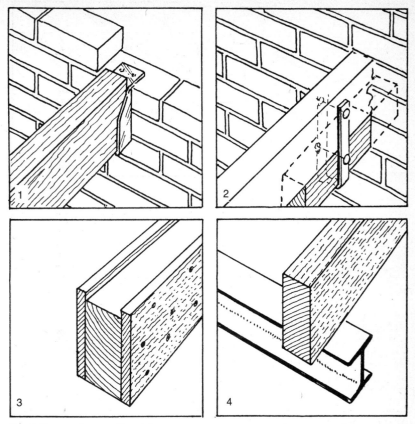

Vloerbalken vernieuwen of herstellen.
1. Balk opgelegd middels een balkhanger van gegalvaniseerd staal die in de lintvoeg van metselwerk rust.
2. Wanneer de kop van een balk is verrot, kan de balk met een zogenaamde slof of broekstuk worden opgevangen. De slof steekt ± 10 cm in het metselwerk en wordt met ijzeren beugels aan de bestaande balk vastgezet.
3. Verzwaring of correctie van een vloerbalk. Is de balk door krimp of verzakking te laag geworden, dan kan met stevige planken tegen de zijkanten geschroefd een correctie worden toegepast.
4. Balkoplegging op een stalen DIN-balk.

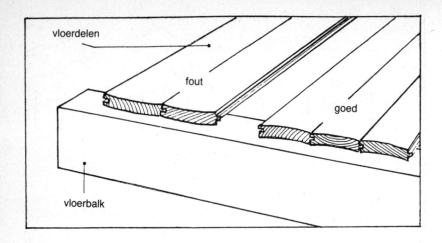

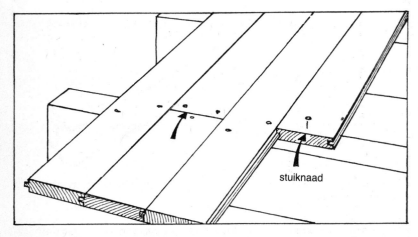

Boven: Wijze van leggen van vloerdelen; altijd met bolle kanten naar boven gericht, anders kunnen de delen 'wippen'.

Onder: De lengte van de vloerdelen is zelden gelijk aan de lengte van de vloer. Er is geen bezwaar om met kortere vloerdelen te werken, maar dan mogen er nooit twee zgn. 'stuiknaden' naast elkaar komen. Ze moeten verspringen en steeds in het midden van de vloerbalk eindigen en beginnen. Slechts één van beide vloerdelen wordt met twee draadnagels vastgespijkerd; de andere krijgt één draadnagel. Dit gebeurt om te voorkomen dat corresponderende scheuren over de draadnagels zullen ontstaan.

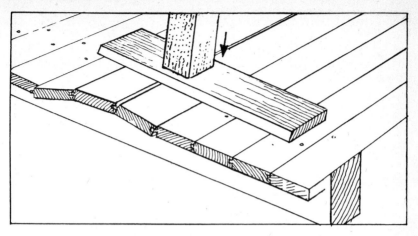

Vloerdelen.

Soms kunt u de vloerdelen 'stempelen', d.w.z. ze van bovenaf aandrukken. De vloerdelen bij de muren liggen dan op hun plaats, terwijl een aantal andere vloerdelen hun positie nog moeten vinden. Met een stevig 'stempel', stijf geklemd tussen balken van het bovenliggende plafond en de vloerdelen op de grond, worden de delen aangedrukt. De stempel wordt uiteraard eerst schuin gesteld en daarna steeds meer aangeslagen. Als de stempel verticaal staat moeten de vloerdelen zijn aangeklemd en op hun plaats liggen.

Handelsmaat in millimeters:	Tweezijdig geschaafd, met messing en groef, werkende maat in mm:	Aantal lengten vloerdeel per werkende m² vloeroppervlak:
22 × 100	19 × 92	10,87 meter
22 × 125	19 × 117	10,68 meter
22 × 150	19 × 142	10,57 meter

Aan de hand van deze tabel kunt u uitrekenen hoeveel vloerdelen u per m² nodig heeft bij een bepaalde werkende breedte. Let op het verschil in de *handelsmaat* vóór de bewerking en van de *werkende maat* ná de bewerking.

Reken bij het benodigde hout ongeveer 10% extra voor zaagverlies. Als u het hout in huis hebt, laat het dan een paar weken acclimatiseren door het binnenshuis op te slaan. Leg bij het stapelen tussen de delen dunne latjes, zodat de lucht door de stapel kan circuleren. Zorg voor een gelijkmatige temperatuur.

Wilt u de vloer straks in een donkere kleur afwerken, dan doet u er verstandig aan de messingen en groeven vooraf met het gekozen verf- of beitsprodukt in te smeren. Als de vloer naderhand gaat krimpen, (iets waarop u zeker moet rekenen) vallen de krimpnaden minder op.

235

Aanbevolen balkzwaarten voor daken en vloeren

Afst. balken hart op hart in centimeters	50 cm	55 cm	60 cm	65 cm	70 cm
Dikte en breedte in millimeters	Minimale lengte der balken in meters overspanning				
64 × 102	1,99	1,89	1,81	1,74	1,68
64 × 114	2,26	2,15	2,06	1,98	1,91
64 × 127	2,52	2,40	2,30	2,21	2,13
64 × 140	2,79	2,66	2,55	2,45	2,36
64 × 152	3,03	2,88	2,76	2,66	2,56
64 × 165	3,30	3,14	3,01	2,89	2,79
64 × 177	3,54	3,37	3,23	3,10	2,99
64 × 202	4,05	3,86	3,70	3,55	3,42
64 × 227	4,55	4,34	4,15	3,99	3,85
64 × 252	5,05	4,81	4,61	4,43	4,27
76 × 102	2,17	2,07	1,98	1,90	1,84
76 × 127	2,76	2,63	2,51	2,42	2,33
76 × 152	3,32	3,17	3,03	2,91	2,81
76 × 177	3,86	3,68	3,52	3,38	3,26
76 × 202	4,42	4,21	4,04	3,88	3,74
76 × 227	4,97	4,74	4,54	4,36	4,20
76 × 252	5,28	5,24	5,03	4,84	4,66
76 × 277	5,80	5,62	5,46	5,32	5,15
102 × 202	5,11	4,87	4,66	4,48	4,32
102 × 227	5,24	5,24	5,24	5,04	4,86
102 × 252	5,81	5,62	5,47	5,32	5,24
102 × 277	6,40	6,20	6,02	5,86	5,71

Handels-afmetingen van vloerhout in inches en centimeters

De meest voorkomende 'werkende' maten zijn:

$1 \times 4'' = 2,2 \times 9,5$ cm
$1 \times 5'' = 2,2 \times 12$ cm
$1 \times 6'' = 2,2 \times 14,5$ cm
$1 \times 7'' = 2,2 \times 17$ cm
$5/4 \times 5'' = 2,8 \times 12$ cm
$5/4 \times 6'' = 2,8 \times 14,5$ cm

Lengtematen:
Vuren en grenen van 5,5 tot 26 Engelse voet, met een gemiddelde lengte van 17 tot 18 voet (= 510 tot 540 cm).

Plinthout

Plinthout heeft steeds twee afmetingen, nl. $3/4 \times 5''$ (= 1,6 × 12,5 cm) en $3/4 \times 4'' = 1,6 \times 10$ cm. Vroeger gebruikte men de gehele breedte van 12,5 cm als plint, tegenwoordig zaagt men dit plinthout in de lengte middendoor tot plinten van 1,6 × 6 cm.

Het aanbrengen van de nieuwe vloer

Na een paar weken te hebben geacclimatiseerd kunt u de vloerdelen aanbrengen. Controleer de balklaag op kromgetrokken vloerbalken; op kromme balken kunt u de vloer niet stevig spijkeren. Corrigeer balken die op een of andere manier lager liggen dan de overige balken. Misschien moet een balk op hoogte gebracht worden of steviger in de dragende muur worden bevestigd. Het is uiteraard gemakkelijker een balk te vervangen nu u de vloer nog moet leggen, dan wanneer dat na voltooiing nog blijkt te moeten gebeuren.

Vloer op vloer

Wilt u de bestaande vloer laten zitten,

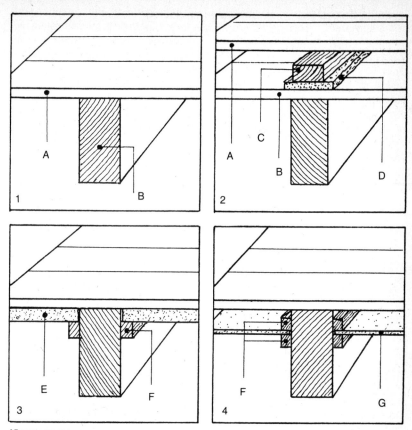

Vloeren aanpassen.
1. Bestaande vloer (A) en vloerbalk (B);
2. Aanbrengen van houten zwevende vloer: A = zwevende vloer, B = bestaande vloer, C = regel of ribbe van 4,5 × 6,5 cm, D = strook bouwvilt, 1,5 cm dik;
3. Isoleren van houten vloer van onderen af: E = isolatiemateriaal (harde glas- of steenwolplaat), F = latten van 2,5 × 4,5 cm;
4. Vloer of plafond brandwerend maken: F = latten van 2,5 × 4,5 cm, G = brandwerende plaat (Nobranda, pical, van 8 mm dik).

dan kan dat alleen wanneer u daartoe geschikte maatregelen treft. Zo dient u eerst de bestaande vloer zorgvuldig te controleren op kraken en piepen, op kromgetrokken vloerdelen etc. Krakende en losliggende vloerdelen kunt u met schuin ingeslagen draadnagels wellicht aantrekken, maar beter is het toch daar schroeven voor te gebruiken.

De nieuwe vloer kunt u in theorie parallel en direct op de bestaande vloerdelen leggen. De praktijk leert echter dat hout op hout kraakgeluiden tot gevolg heeft. U zou een laag viltpapier of een laag polystyreenfolie tussen beide vloeren kunnen leggen, maar op den duur zal dat doorslijten als er tussen de vloerdelen beweging optreedt. Daarom is het beter om óp de bestaande vloer, ter plaatse van de vloerbalken, dwarse tengels te spijkeren en daarop de nieuwe vloerdelen te spijkeren.

Zwevende vloer

Voor het isoleren van contactgeluiden kunt u op een bestaande vloer (ook als dat een steenachtige vloer is) een tweede, 'zwevende' vloer aanbrengen. Natuurlijk 'zweeft' zo'n vloer niet werkelijk, hij rust wel degelijk op (de vloerbalken van) de bestaande vloer.

Het verschil met een gewone dekvloer schuilt in de bouwviltstroken die tussen de bestaande vloer en de draagribben van de nieuwe vloer worden aangebracht. In tekening 2 van 'Vloeren aanpassen' ziet u wat de bedoeling is. De ribben moeten steeds boven de balken van de bestaande vloer worden gelegd. Bij steenachtige vloeren legt u de ribben op onderlinge afstanden van 55-60 cm. Zwevende

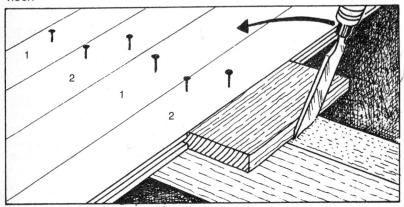

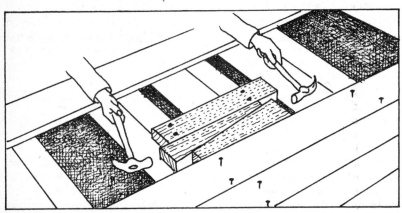

Aandrijven van vloerdelen.
Boven: met een beitel tegen een stuk afvalhout. Sla de beitel met een houten hamer schuin in de vloerbalk, de onderkant stijf tegen het stuk hout. Trek de beitel naar u toe en de vloerdelen zullen tegen elkaar worden gedrukt. De vooraf gedeeltelijk in de delen geslagen draadnagels snel inslaan en een volgende serie van 3 à 5 vloerdelen op deze wijze aandrijven.
Onder: met een stel wiggen en een stuk hout op de balken gespijkerd. Tussen het stuk hout en de laatste vloerdeel de wiggen aanslaan. De vloerdelen worden hierdoor tegen elkaar geperst. Een bewerkelijker manier dan de vorige.

vloeren mogen bij de plinten niet de wanden raken. Het is verstandig tussen zwevende vloer en de muren eveneens een strook bouwvilt aan te brengen. Het spreekt bijna vanzelf dat de ribben los op de stroken bouwvilt moeten worden gelegd, en op geen enkele wijze contact mogen maken met de bestaande vloerconstructie. De draadnagels waarmee de zwevende vloer op de ribben wordt gespijkerd, mogen de ribben aan de onderzijde niet verlaten en op die wijze contact maken met de bestaande vloer. De later te bevestigen plinten moeten twee millimeter vrij blijven van de zwevende vloer.

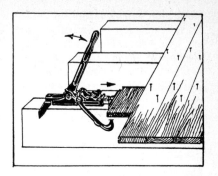

Spijkeren van vloerdelen

De eenvoudigste manier is de vloerdelen vast te spijkeren aan de vloerbalken. Drijf de draadnagels altijd wat schuin in. De draadnagelkoppen blijven echter in zicht. Wilt u dat niet, drevel de koppen dan voor een klein deel tot onder het houtoppervlak en stop de gaatjes af met kneedbaar hout (Gupa) in de kleur die de vloer zal krijgen.

Een andere methode van spijkeren is het 'verdekt' spijkeren. De draadnagel wordt hierbij schuin in de hoek van de messing gedreven. Bij deze manier van spijkeren mogen de vloerdelen echter niet breder dan ongeveer 11 cm zijn. Bredere vloerdelen krijgt u met verdekt spijkeren niet voldoende vast aangeslagen.

De vloerdelen moeten stevig tegen elkaar aansluiten (moeten zijn 'aangedreven', zoals de vakman zegt). In de tekening ziet u twee manieren om vloerdelen aan te drijven.

Vloeraandrijver

Als u veel of grote houten vloeren moet leggen, dan is het huren of lenen van dit apparaat zeker aan te raden.

Wanneer de eerste (pasgevoegde) vloerdeel tegen de muur en op de vloerbalk is vastgespijkerd, legt u ongeveer zes vloerdelen ineengeschoven daartegenaan, waarna ze met de vloeraandrijver worden aangedreven. De messingen en groeven van de vloerdelen worden hierdoor stevig tegen elkaar gedrukt en de vloerdelen kunnen vervolgens worden vastgespijkerd; de draadnagels blijven nog uitsteken zodat de volgende vloerdeel gemakkelijker zijn weg kan vinden in de messing of de groef van de pasgevoegde vloerdeel. Van de vloeraandrijver worden de beide haken met enkele hamerslagen in de balkzijkanten gedreven. Om de vloerdelen niet te beschadigen wordt bij het aandrijven steeds een lat tussen aandrijver en vloerdeel gelegd.

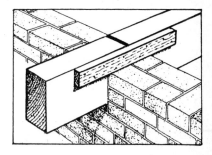

Koppelen van vloerbalken

Korte verdiepings-vloerbalken, die elk aan één uiteinde aan de gevelmuur verankerd zijn en elkaar op een binnenmuur ontmoeten, dienen aan elkaar gekoppeld te worden. Deze koppeling kan met behulp van een ijzeren anker plaatsvinden, maar ook, zoals in de tekening, door middel van een stevige, liefst hardhouten koppellat. Een nadeel van een dergelijke koppeling kan zijn, dat de gekoppelde balken trillingen van het ene naar het andere vertrek overbrengen.

Oplegging van houten balken op stalen balken

Houten balklagen worden soms gedragen door stalen 'hoofd'-balken met een H- of U-profiel. In dat geval zullen de houten balken in of op dat profiel moeten worden aangepast. Vooral aan de onderzijde moeten de houten balken een voldoende oplegging hebben.

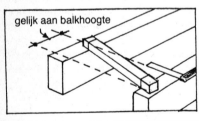

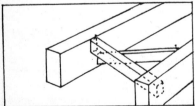

Boven: Afschrijven van andreas-kruizen. Onder: Spijkeren van andreas-kruizen tussen twee vloerbalken. De beide kruisbalkjes mogen *niet* aan elkaar worden vastgespijkerd.

Andreaskruizen

Een uitstekende manier om slappe vloeren te 'verstijven', is het aanbrengen van zogeheten *andreas-kruizen*. Elk zo'n kruis wordt gemaakt van twee balkjes van ongeveer 5 × 7 cm, en wordt slechts met steekspijkers tussen twee parallel lopende balken vastgespijkerd. Andreaskruizen hebben de functie om de trillingen in een balklaag van de ene op de andere balk over te brengen. Om die reden is het nodig op elke 150 cm een kruis aan te brengen tussen elk paar balken. Bij het leggen van (nieuwe) balken moet erop worden gelet de balken met hun ronde zijden naar boven te leggen.

Parketvloeren

Het Bouwcentrum omschrijft parket als 'Verzamelnaam voor houten vloeren bestaande uit delen die op een speciale manier zijn gedroogd en geschuurd. De oppervlaktebewerkingen, zoals in de was zetten, lakken e.a. geven het parket een min of meer glanzend, slijtvast en gesloten oppervlak. Harde loof- en geselecteerde naaldhoutsoorten worden het meest toegepast.'

Bij parket-, stroken- of mozaïekvloeren moet rondom bij de plint een krimp- of dilitatie-voeg van circa 10 mm worden vrijgehouden. Deze voegen worden later met een plint afgedekt.

Ook een oude houten vloer kan bij zorgvuldige renovatie en afwerking tot een attractieve vloer worden omgetoverd, mits hij niet te zeer wrak of beschadigd is. U kunt echter ook over elke droge en vlakke vloer een nieuwe (hardhouten) vloer aanbrengen, als de situatie dat tenminste toelaat. Bekijk vooraf of dit geen problemen oplevert bij de deuropeningen, want de deuren zullen moeten worden ingekort, terwijl ook het niveau van de

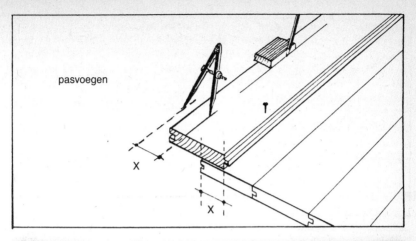

pasvoegen

X

X

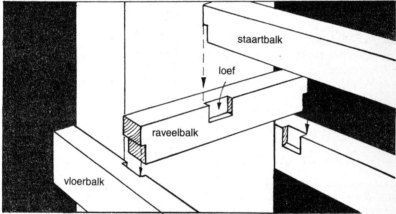

staartbalk

loef

raveelbalk

vloerbalk

Boven: Om vloerhout bij niet-rechte muren goed te kunnen laten aansluiten, wordt de tegen zo'n muur komende vloerdeel 'pasgevoegd'. Leg de betreffende vloerdeel bij de muur op de voorlaatste vloerdeel en bepaal een afstand X. Zet deze afstand uit op een voegpasser, of maak een houten klosje op een breedte gelijk aan X. Zo kunnen de afwijkingen van de muur op de vloerdeel worden afgeschreven.
Onder: Principe van een raveelconstructie rond (bijvoorbeeld) een schoorsteenmantel, waar vloerbalken nooit hun oplegging in mogen vinden gezien het brandgevaar.

nieuwe vloer ten opzichte van de vloeren van andere vertrekken verandert.

Ondervloeren

Zogenaamde ondervloeren, waaronder wordt verstaan de gecorrigeerde en uitgevlakte vloeren waarop de nieuwe parketvloer komt te rusten, kunnen bestaan uit vurehout, spaan- of hardboardplaten. Van belang is dat een ondervloer geen kraak- of piepgeluiden veroorzaakt. Stevig spijkeren of schroeven (om de 15 cm) van houten vloerdelen is een vereiste. Is de bestaande vloer bobbelig en niet goed vlak, dan is het nodig hem eerst met *egaline* te egaliseren vóórdat de ondervloer van hardboard, triplex of spaanplaat wordt aangebracht. Is er twijfel over het uiteindelijke resultaat,

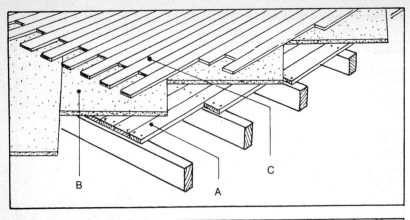

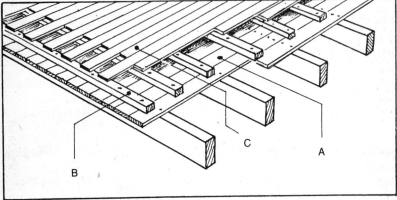

Ondervloeren voor parket- of strokenvloeren.
Boven: de ondergrond voor een strokenvloer. Spaanplaat van minstens 10 mm dik, of hardboard of triplex, afhankelijk van de toestand van de bestaande vloer. Stevig vastspijkeren.
Onder: met ribben of latten (B) kan een bestaande oude houten vloer worden vlak gemaakt. Om eventuele kraakeffecten te voorkomen, kunnen onder de ribben rubber of polystyreenstrippen worden gelegd. Ook een oplossing voor die situaties waarbij de nieuwe parket- of strokenvloer in dezelfde richting moet komen als de vloerdelen van de bestaande vloer.

dan kan men beter het zekere voor het onzekere nemen en een ondervloer van spijkerribben aanbrengen. De ribben worden met lange draadnagels door de oude vloer heen op de bestaande vloerbalken vastgespijkerd. Over deze ribben komen dan de nieuwe delen of stroken, al dan niet verdekt gespijkerd.

Houtsoorten voor parket
De sterkste houtsoort voor stroken-

en parketvloeren is Missanda. Let bij de keuze niet alleen op de houtsoort, maar ook op kleur, vlam of tekening van het hout. Hardhouten vloerplanken (de vakman spreekt van 'vloerdelen') worden als strokenparket meestal in afgepaste pakketten geleverd, waarbij de leverancier aangeeft welk vloervlak met het pakket kan worden betimmerd. Uit de bijgeleverde berekeningstabel valt eenvoudig op te maken hoeveel pakketten in to-

242

Soorten en eigenschappen van parket-hout

Houtsoort	Kleur	Hardheid
Afrormosia	bruin	vrij hard
Afzelia	roodbruin	hard
Berken	geelwit	vrij hard
Beuken	licht geelbruin	vrij hard
Bruinhart	bruin	vrij hard
Eiken	geelbruin	vrij hard
Esdoorn	geelachtig lichtbruin	vrij zacht
Essen	witachtig geel	vrij hard
Grenen Europees	geelbruin	zeer zacht
Grenen Amerikaans	licht geelbruin	zacht
Iepen	licht/donkerbruin	vrij zacht
Iroko	geelbruin	vrij hard
Limba	lichtgeel tot bruin	vrij hard
Mahonie	roodbruin	vrij hard
Makoré	licht tot donker rozerood	vrij zacht
Merbau	geel- tot donker roodbruin	vrij hard
Missanda	rood- tot donker roodbruin	extreem hard
Muhuhu	geelbruin met groene tint	hard
Oregon pine	licht geelbruin	zacht
Peroba de campos	licht olijfbruin/rozegroen	vrij hard
Purperhart	paarsblauw	zeer hard
Sucupira	donkerbruin	hard
Teak	licht goudbruin/donkerbruin	vrij zacht
Vuren	lichtgeel	zeer zacht
Wengé	donkerbruin tot bruinzwart	hard/zeer hard
Yang, keruwing	licht tot donker roodbruin	vrij zacht/vrij hard
Yarrah	idem	hard

taal nodig zijn. Bij parketvloerplaten en strokenparket zal ook bij onregelmatige vloerplattegronden weinig houtverlies optreden, omdat de reststukken in hoeken en nissen kunnen worden gebruikt.

Parket op steenachtige vloer

Onder een steenachtige vloer wordt verstaan een vloer die kan bestaan uit massief beton of een systeemvloer van baksteen- of betonelementen. Voor het aanbrengen van een parketvloer maakt dat geen verschil. Als het goed is zijn deze vloeren aan de bovenkant afgewerkt met een enkele centimeters dikke 'estrich'-laag, een afwerklaag bestaande uit een mortel van zand, cement en een toeslag (in sommige gevallen bestaat de toeslag uit zaagsel). De functie van deze estrich-laag is het egaliseren van de meestal oneffen steenachtige draag-

vloer. Op een estrich-afgewerkte vloer kan direct parket worden gelijmd of gespijkerd. Het is echter vereist dat:
– de vochtigheid van de steenachtige draagvloer niet groter is dan 3%;
– de estrich-laag absoluut vlak en volkomen droog is;
– de estrich-laag van een zodanige samenstelling is dat er zonodig goed in te spijkeren valt.

Is de draagvloer vochtig tengevolge van een vochtige kruipruimte, dan is het vooraf leggen van een *vochtscherm* (bijvoorbeeld een plastic bouwfolie) noodzakelijk. U doet er overigens goed aan de oorzaak van het vochtprobleem op te sporen en te verhelpen.
Moet massief parket direct op de steenachtige draagvloer worden gelijmd of gespijkerd (dus zonder

estrich-laag) dan is een tussenlaag van 16 mm dik spaanplaat gewenst.

Soorten parket

Parket komt van het woord 'parquet', waarmee Lodewijk XIV de houten vloeren in zijn paleis aanduidde. Parket onderscheiden we in *massief* en *gelaagd* parket. Tot het massieve parket worden gerekend:

Stroken

Dit zijn hardhouten delen, 22 mm dik, 6 tot 7 cm breed en meestal met lengten van 100 tot 370 cm lang. De stroken zijn zowel aan de zijkanten als aan de kopse kanten van messingen en groeven voorzien. Ze kunnen heel goed verdekt worden genageld, zodat de nagelkoppen niet zijn te zien. Er is ook een type strokenparket dat los van de ondervloer kan worden gelegd. De stroken worden dan aan de onderkant op regelmatige plaatsen met een metalen klem aan elkaar verbonden.

De stroken kunnen ook rechtstreeks op de balklaag worden gelegd en fungeren dan als een nieuwe, zelfdragende vloer. De balkafstand mag in dat geval niet groter zijn dan ongeveer 55 cm. Bij deze zelfdragende strokenvloer moeten de kopse aansluitingen, de 'stuiknaden' dus, steeds op een vloerbalk komen te liggen.

Er bestaat echter ook een strokenparket zonder messing en groef. De stroken zijn dan slechts 6½ millimeter dik en kunnen derhalve niet voor een zelfdragende vloer worden gebruikt. Ze worden dus bij zowel een stenen, betonnen of houten ondervloer gelijmd op een tussenlaag van spaanplaat of hardboard.

Tegenwoordig worden ook parketstroken geleverd met breedten tot ongeveer 15 cm. Daarbij worden de delen evenwijdig naast elkaar gelegd, met de aansluitinge op de kop verspringend. Zo ontstaat een strokenpatroon dat doorgaans een wat minder rustige vloer oplevert.

Plankjes

Deze 'plankjes' behoren ook tot het massieve parket. Ze zijn 3 tot 6 mm dik en worden rechtstreeks op een steenachtige vloer of op een spaanplaten of hardboard tussenvloer gelijmd. Heel vaak worden plankjes in een visgraatmotief gelegd, of tot een zogenaamd *blokpaneel* samengevoegd. Het leggen ervan vereist nogal wat vakmanschap, dus als u niet geheel zeker van uw zaak bent, kunt u het verlijmen van plankjes beter aan de vakman overlaten.

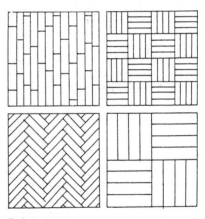

Parketpatronen.
Links boven: strokenparket.
Rechts boven: mozaïekparket.
Links onder: visgraatparket.
Rechts onder: blokpaneel.

Mozaïek

Dit patroon wordt gevormd door hardhouten plankjes van 7 tot 10 mm dik. Soms zijn er ook plankjes van 13 mm dik leverbaar. De plankjes worden per 5 à 7 stuks samengevoegd tot matjes die in een mozaïekpatroon worden gelegd en gelijmd. Ze kunnen rechtstreeks op een droge steenachtige vloer worden gelijmd. Bij een houten vloer moet eerst een tussenlaag van spaanplaat worden aangebracht.

Gelaagd parket

Lamelparket bestaat, de naam zegt het al, uit meestal twee of drie op elkaar gelijmde lagen hout. De onderste lagen zijn doorgaans van een zachte houtsoort, de bovenste laag van 4 mm dik hardhout. Op deze wijze worden panelen vervaardigd in een breedte van 14 tot 20 cm breed en een lengte van 150 tot 360 cm. De totale dikte van deze sandwich-panelen varieert tussen de 1,3 en 2,3 cm.

Lamelparket van 2,3 cm dik kan als zelfdragende vloer worden toegepast. De panelen zijn in de onderste lagen aan de zijkanten voorzien van een messing en groef en kunnen dus naadloos in elkaar worden geschoven. Als patroon kan worden gekozen uit stroken, tegels of vlechtpatronen. Lamelparket kan ook los worden gelegd op een houten of betonnen vloer.

De vakman spreekt in dat geval van 'zwevend gelegd'. Een groot voordeel is dat dit soort lamelparket verhuisbaar is. Wanneer de bijgeleverde instructies nauwgezet worden opgevolgd kunt u lamelparket zelf leggen.

Triplex parket

Dit is eveneens een gelaagd parket, opgebouwd uit drie kruislings op elkaar verlijmde lagen hout. Alleen de toplaag is van 1,5 à 2,6 mm dik hardhout. Het kan in dezelfde patronen worden gelegd als massieve parketvloeren. Triplex parket is, eenmaal gelegd, niet van massief parket te onderscheiden, maar vanwege de dunne toplaag wel kwetsbaarder. Bij een eventuele opknapbeurt is machinaal schuren niet mogelijk. Triplex parket kan worden gelijmd op betonnen en houten vloeren, in beide gevallen op een hardboard tussenlaag.

Betonvloer op een houten vloer

In bijgaande tekening ziet u hoe u een houten vloer in een betonvloer kunt veranderen. De daartoe benodigde stalen Lewis zwaluwstaartplaten zijn bij de bouwmaterialenhandel ver-

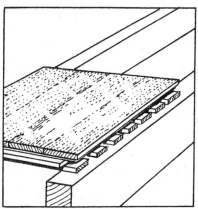
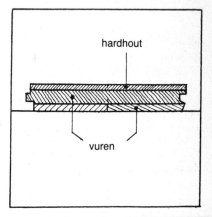

Lamelparket.
Links: Paneel als zelfdragende vloer.
Rechts: Opbouw van lamelparket.

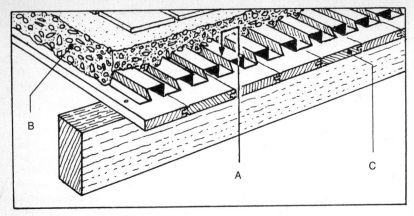

Beton op een houten vloer.
Bij de bouw van bijvoorbeeld keukens, badkamers, toiletruimten etc. bestaat vaak de behoefte de vloeren te betegelen i.c. waterdicht te maken. Op houten vloeren levert dat dan problemen op. Met stalen Lewis-platen kunt u het probleem oplossen: u spijkert deze zwaluwstaart-vormige platen gewoon op de houten vloer (met de lengterichting dwars op de vloerbalken) en stort daarop een laag beton van circa 5 cm dikte. Het grind in de beton moet vrij fijn zijn (zgn. parelgrind). Na droging kunt u op de aldus verkregen betonvloer gewoon gaan tegelen. Wel controleren of de balklaag het gewicht van de beton kan dragen. A. Lewis-platen; B. beton van 5 cm dik; C. bestaande vloerdelen.

krijgbaar. De platen worden door de vloerdelen heen aan de balken vastgespijkerd, waarna circa 5 cm beton over de platen wordt gestort. Aangezien het beton ook de inwendige zwaluwstaarten moet vullen, dient het beton te worden samengesteld met het fijnere parelgrind. Normaal grind is in dit geval te grof.

Er moet bij deze overigens eenvoudige manier om een uitstekende betonondergrond te realiseren, rekening mee worden gehouden dat het vloerpeil, inclusief 10 mm tegeldikte, met ongeveer 6 cm zal stijgen. Komt het op een paar centimeters aan, dan kunnen de bestaande vloerdelen zonder bezwaar worden weggesloopt en de Lewis-platen direct op de balken worden gelegd. Daarmee wint u in elk geval 2 cm. Uiteraard kan de aldus verkregen betonvloer ook met parket, linoleum, vinyl of tapijtachtige vloerbedekking worden belegd. (Voor de receptuur en het ver-

werken van beton, zie het hoofdstuk '*Werken met beton*'.)

Hardboardplaten leggen
Voor alle soorten vloerbedekking vormen hardboardplaten een uitstekende ondergrond, dus ook voor parket. Voor in goede conditie verkerende houten vloeren kunt u standaardplaten van 3,3 mm dik gebruiken, voor minder goede (oneffen) vloeren zijn platen van 4,8 mm dik beter. In keukens, badkamers en andere vochtige ruimten platen met zogenaamd geolied oppervlak gebruiken. De platen vóór het leggen minstens drie dagen bij kamertemperatuur rechtop en apart van elkaar laten acclimatiseren. Voor vochtige ruimten de ruwere rugzijde van de platen bevochtigen. Zorg ervoor dat de met hardboardplaten te betimmeren vloer vooraf geëgaliseerd is. Platen van 122 × 122 of 122 × 244 cm op halve grootte zagen, dit om minder krimpnaden te krijgen. Leg

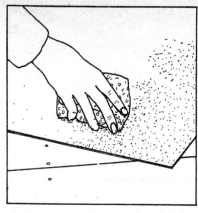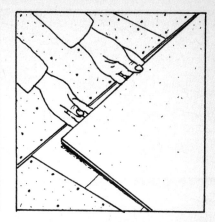

Hardboardplaten als tussenvloer.
Links: Een plaat van 240 × 122 cm aan de ruwe achterkant met ongeveer ⅓ liter water bevochtigen.
Rechts: De naden verspringend tegen elkaar leggen.

de platen in verspringend 'half-steens-verband', met de gladde kant naar onder, en spijker ze met verzinkte of gegalvaniseerde nagels aan de vloer vast. De randen van de platen om de 10 cm nagelen, de rest van het plaatoppervlak op afstanden van 15 cm spijkeren. Let er op, dat de nagelkoppen nergens boven het oppervlak uitsteken.

Vloerluik maken

Bij begane grond-vloeren van benedenhuizen is het altijd nuttig om een toegang tot de kruipruimte te hebben. In oudere woningen zijn de begane grond-vloeren dikwijls nog van hout en is er alleen een luik vlakbij de voordeur om de daaronder gelegen hoofdkraan te bereiken. Nu bijna overal centrale verwarming, douches e.d. zijn of worden geïnstalleerd, legt men de leidingen en afvoeren graag onder de vloer uit zicht. Reden temeer om de ruimte onder de vloer gemakkelijk toegankelijk te maken. Met een luik dus.

In de eerste tekening ziet u hoe u tijdens het aanbrengen van een nieuwe vloer daarin een luikconstructie kunt opnemen, in de tweede (vierdelige) tekening wordt getoond hoe een luik in een bestaande vloer kan worden gemaakt. In de ijzerhandel koopt u een zogenaamde *potring*: een plat koperen plaatje waarin een verzonken en inklapbare ring zit opgenomen. Door de gelijk aan het oppervlak liggende potring uit te klappen kunt u met uw vinger het luik omhoog trekken.

Plafonds

Het plafond van een vertrek wordt wel eens de 'vijfde wand' genoemd. Waarom is mij niet duidelijk, want als in die optiek de wanden respectievelijk eerste, tweede, derde en vierde wand heten, hoe moet dan de glaspui heten die in veel woningen van muur tot muur en van vloer tot plafond reikt en toch moeilijk als 'wand' betiteld kan worden? En is de vloer de zesde wand?

Hoe het ook zij, het plafond krijgt in veel gevallen de minste aandacht. Waarschijnlijk omdat men er tegenop ziet 'boven het hoofd' te moeten wer-

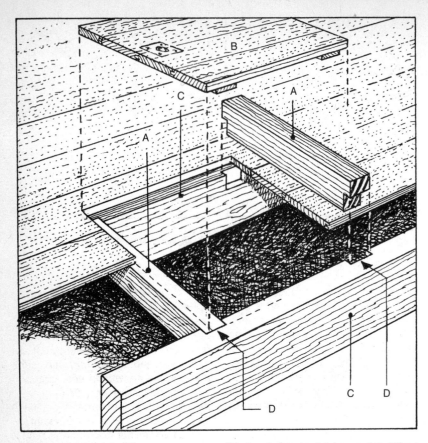

Luik in een houten vloer (bij nieuwbouw-vloer).
A. Raveel.

B. Luik met verzonken luikring voor het uittillen.
C. Bestaande vloerbalken.
D. Kepen (halve raveelhoogte).

ken, èn omdat voor werk aan het plafond meestal het hele vertrek ontruimd moet worden.

Toch heeft het plafond op zijn tijd aandacht nodig. Is het niet voor een totale vernieuwing, dan toch voor een onderhoudsbeurt. Wanneer het oppervlak in goede conditie verkeert, kan met een onderhoudsbeurt worden volstaan. Maar is het oppervlak te slecht om er een pleisterlaag of ander materiaal op aan te brengen, en de vellen er zo langzamerhand bijhangen, dan zal overwogen moeten wor-

den een gehele plafondrenovatie uit te voeren.

Van belang is te weten wat er in de loop der jaren met het plafond is uitgehaald. Misschien zit er een witkalklaag van vele jaren oud op, misschien is het plafond ooit van een olieverflaag voorzien. Juist als een plafond bladdert is er kans dat het vroeger herhaaldelijk met allerlei lagen over elkaar is behandeld, want op den duur raken al die lagen los van elkaar. Als u dus een nieuwe afwerklaag wilt

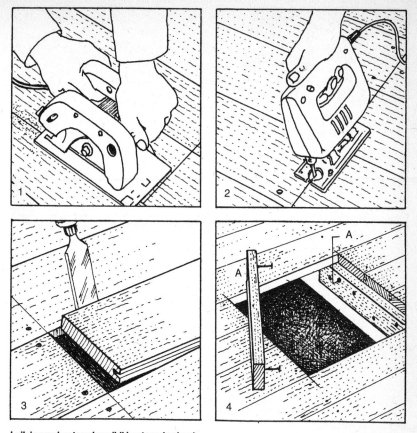

Luik in een houten vloer (bij bestaande vloer).
1. Zaag met een cirkelzaagmachine de messingen en groeven door. Het zaagblad op 2,2 cm diep stellen.
2. Met een decoupeerzaag langs de lijn aan de binnenkant van de vloerbalk zagen.
3. Een eerste vloerdeel uitnemen.
4. Aan de binnenkant van de vloerbalken (en tegen de onderkant van de vloerdelen) een stevige lat (A) (minimaal 3 × 7 cm) spijkeren. Van de uitgezaagde vloerdelen het luik maken. Aan de onderkant van het luik twee klampen spijkeren (zie ook de vorige tekening).

aanbrengen, dan zit er niets anders op dan de oude lagen zonder pardon af te steken. Een helse klus, want boven je hoofd werken is zwaar. Overigens hoeft het niet zoveel rommel te geven als u wellicht denkt. Als u telkens een gedeelte met een waterverdunbaar verfafbijtmiddel insmeert, kunt u na korte tijd de oude lagen afsteken. Wat dan naar beneden komt is een vochtige drab die letterlijk weinig stof doet opwaaien.

Zachtboard
Is het plafond, zoals in nog veel naoorlogse woningen het geval is, bekleed met zachtboard, dan moet het afsteken van oude lagen worden afgeraden. Het zachtboard zal te veel doorveren en door het steken be-

249

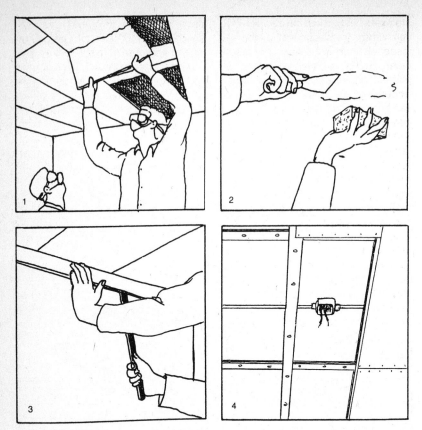

Werken aan plafond.
1. Verwijderen van een oud zachtboardplafond. Draag een stofmasker en een veiligheidsbril, er komt altijd veel stof naar beneden.
2. Verwijder kalk en losse bladders met een plamuurmes en een natte spons.
3. Breek als eerste de afwerklijsten weg.
4. Vergeet niet eventuele electriciteitsleidingen uit te breiden of te wijzigen, deze kunnen nu achter het nieuwe plafond worden verborgen.

schadigd raken. U kunt overwegen een nieuwe zachtboardbekleding aan te brengen, of besluiten het zachtboard te verwijderen en het vrijkomende latwerk te gebruiken als ondergrond voor bijvoorbeeld gipskartonplaten, triplexplaten, schrootjes of ... het onvolprezen gestukadoorde plafond.
Het verwijderen van een zachtboardplafond is niet al te lastig. Sloop eerst de afwerklatten boven langs de wan-

den, steek een beitel in een naad tussen twee zachtboardplaten en breek een gedeelte weg. Trek nu alle platen voorzichtig aan de randen naar beneden. Trek de achtergebleven nagels uit de balken en eventuele spijkerlatten.

Brandpreventie
Bij een houten plafond is het van belang aan de brandveiligheid te denken. Als het bestaande plafond uit

stucwerk bestaat kan het gewoon blijven zitten. Verwijder wel eventueel losse stukken en smeer de gaten dicht. Breng vervolgens tegen het plafond latten aan die hun houvast vinden aan de balken of de tengels van het gestukadoorde plafond. Een gestuct plafond kan een ondergrond van steengaas hebben, of (in huizen van vóór de jaren twintig) een ondergrond van riet. U haalt zich een hoop ellende op de hals zo'n plafond te verwijderen. Het is verstandiger alles rustig te laten zitten en de balken op te zoeken door met een priem in het plafond te prikken. Heeft u eenmaal twee balken gevonden, meet dan de afstanden daartussen, zet deze maten uit op het plafond, en herhaal de pogingen bij de andere balken. De kans dat u meteen raakt prikt is dan groter. Bevestig het noodzakelijke latwerk door alle latten door het gestukadoorde plafond heen aan de balken vast te spijkeren of te schroeven. Bestaat het plafond uit zichtbare houten balken met daarop de houten vloer van de bovenverdieping, dan moeten vanwege de brandpreventie tegen of tussen die vloerbalken eerst gipskartonplaten worden aangebracht. Daaroverheen brengt u dan het latwerk aan.

Schroten
Er wordt onderscheid gemaakt tussen gesloten en open schrotenplafonds. Een gesloten plafond maakt u van schroten die met messing-en-groef in elkaar passen. Bij het aanbrengen van een gesloten plafond dient u rekening te houden met het 'werken' van het hout. Is het hout wat vochtig, dan zal het tijdens het drogen

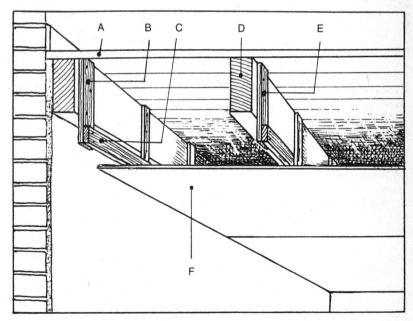

Verlaagd plafond met plaatmateriaal.
A. Bestaande verdiepingsvloer.
B. Hanglatten tegen bestaande balken.
C. Tengels als dragers voor de platen.
D. Bestaande vloerbalk.
E. Hanglatten tegen bestaande balken.
F. Platen gespijkerd aan de tengels.

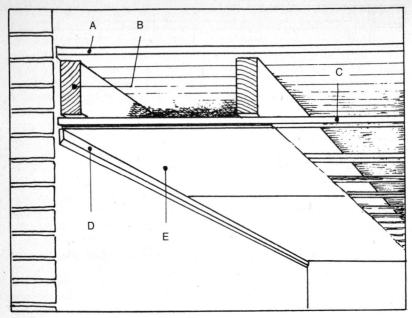

Plafond tegen balklaag.
A. Bestaande verdiepingsvloer.
B. Bestaande balk.

C. Tengel als drager voor de betimmering.
D. Afwerklijstje.
E. Betimmering (plaatmateriaal).

gaan krimpen en zullen de messing-en-groefverbindingen open gaan staan. U kijkt dan als het ware tussen de schroten door tegen het bestaande plafond aan. Is daarentegen het hout bij het aanbrengen droog, dan zal het juist de neiging hebben vocht op te nemen. Het gevolg is dan dat de schroten gaan uitzetten, bij de muur geen kant meer op kunnen en het hele plafond uit elkaar knalt.

Het is daarom van belang dat u de schroten een paar weken laat acclimatiseren door ze binnenshuis met enige tussenruimten los op te slaan. Het hout heeft dan de gelegenheid zich aan het binnenshuis heersende klimaat aan te passen. Niettemin is het aan te raden langs de wanden ongeveer 1 cm vrij te houden, zodat het plafond altijd kan blijven 'werken'. De open naden worden later met een lijstje afgewerkt. Bij een open plafond wordt gebruik gemaakt van rechthoekige latten (dus zonder messingen en groeven) die op afstanden van 10-15 mm vrij van elkaar komen te liggen. Het bestaande plafond, en ook het daartegen bevestigde latwerk, moet dan wel zwart worden geverfd. Een open plafond is lastig te onderhouden en zeker niet geschikt voor vochtige vertrekken. Soms spant men bij open plafonds, voordat de schroten worden aangebracht, eerst een zwarte plasticfolie tegen het plafond. Het plafond is dan wel 'vochtdicht', maar het kan niet meer 'ademen'. Een dergelijk plafond is alleen geschikt voor de hal, de gang, of een niet intensief gebruikt vertrek.

Voor een schrotenplafond is een zuiver recht verloop van de naden of tussenruimten van belang. Span aan de

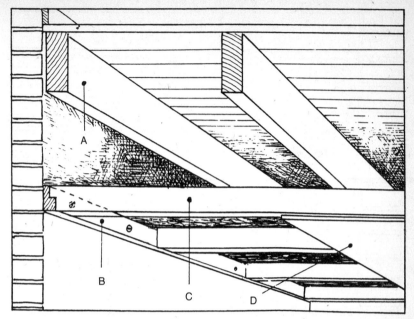

Verlaagd plafond tussen de wanden.
A. Bestaande balk van verdieping.
B. Drager aan de wand geschroefd.

C. Liggers rustend op de dragers.
D. Betimmering (plaatmateriaal e.d.).

kant waar u met het spijkeren van de eerste schroot begint, een touwtje in de richting van de schroten en gebruik dat als 'aanleg'. Wanneer de schroten of rechthoekige latten in de lengterichting van de kamer worden aangebracht, kan het voorkomen dat het hout te kort is om die gehele lengte te overspannen. Er moet dan gebruik worden gemaakt van zogenaamde stuiknaden: de ontmoetingsnaden van twee in elkaars verlengde liggende schroten. Die stuiknaden vallen het minst op wanneer u ze willekeurig laat verspringen; dit geeft het plafond bovendien een levendiger aanblik. Spijkert u de schroten of latten dwars op de lengterichting van het vertrek, dan doet dat het vertrek breder lijken.

Gipskartonplaten
Op gipskartonplaten kan vrijwel elke afwerklaag worden aangebracht. In het hoofdstuk '*Gipskartonplaten*' wordt aan dit onderwerp aparte aandacht besteed.

Plafondtegels en akoestische tegels
Plafondtegels zijn in een grote verscheidenheid in materiaal, structuur en afmetingen verkrijgbaar. De meest gebruikte zijn wel de houtvezeltegels, die door verschil in persing in allerlei structuren worden vervaardigd. Plafondtegels worden meestal geleverd met messing-en-groefranden, zodat de tegels vrijwel naadloos in elkaar grijpen. De bevestiging geschiedt met behulp van een speciale lijm.
Akoestische tegels zijn vervaardigd van minerale vezels, die d.m.v. zeefdruktechniek van een patroon zijn voorzien. Sommige tegelsoorten zijn afwasbaar en kunnen ook in

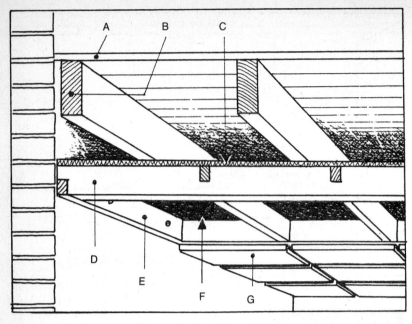

Verlaagd plafond tussen de wanden, met vakverdeling.

A. Bestaande vloer van verdieping.
B. Bestaande vloerbalk.
C. Brandwerend materiaal (Nobranda, pical o.i.d.).

D. Ligger.
E. Drager tegen de wand geschroefd.
F. Onderkant brandwerend materiaal.
G. Plafondtegels.

vochtige ruimten worden toegepast. Andere zijn voorzien van een metaalfolie en bieden een spiegelend oppervlak dat het licht reflecteert.

Verlaagd plafond

Soms is een vertrek te hoog om je er prettig in te voelen. Een verlaagd plafond is hier de oplossing. Het kan zowel 'vast' tussen de wanden als 'zwevend' bevestigd worden. Een vaste bevestiging vindt dan plaats door middel van tegen de wanden bevestigde dragers; hierop rust het eigenlijke plafond. In elk type verlaagd plafond kan een sfeerverhogende verlichting worden aangebracht. Het fraaist werken op strategische plaatsen aangebrachte inbouwspots.
Net als elk nieuw aan te brengen plafond is ook voor verlaagde plafonds een lattenconstructie nodig, maar de latten worden niet tegen het bestaande plafond aangebracht. U kunt een verlaagd plafond op twee manieren realiseren. De eerste manier is die waarbij op de gewenste hoogte tegen de vier wanden een stevige 'drager' wordt geschroefd. Op deze vier dragers rusten een aantal liggers die van muur tot muur reiken. De liggers steken met een lip in kepen, die om de 60 cm vooraf in de dragers zijn uitgehakt (zie de tekening). In de onderkanten van de liggers worden, eveneens om de 60 cm, kepen gezaagd waarin straks tengels (latten van 5 × 2 of 7 × 2 cm) passen. Het voordeel van dit systeem is, dat alles op de vloer kan worden voorbereid en u dus niets anders hebt te doen dan het hele raamwerk tussen de wanden in elkaar te

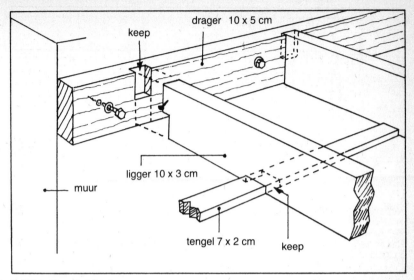

keep

drager 10 x 5 cm

ligger 10 x 3 cm

muur

tengel 7 x 2 cm

keep

Details verlaagd plafond.

Verlaagd plafond.
Markeer met een duimstok en een touwtje of het koord van een schietlood, de te verlagen afstand op de wand.

zetten en te spijkeren. U schroeft daartoe eerst de dragers zuiver waterpas tegen de wanden, en schuift van bovenaf de op maat gemaakte en van kepen voorziene liggers eenvoudig in de kepen van de dragers. Met een steekspijker zet u het geheel vast, waarna u van onderaf de tengels

in de kepen vastspijkert. U hebt zo over het gehele plafondoppervlak een lattenverdeling van 60 × 60 cm verkregen en kunt dan overgaan tot het betimmeren. Zonodig kunt u tegen doorhangen van de liggers in het midden ervan een draadbevestiging maken, waarbij de liggers met ijzerdraad of stukken ketting hangen aan schroefogen die u in het bestaande plafond hebt geschroefd.

Vrijhangend verlaagd plafond
Een vrijhangend plafond heeft als belangrijkste kenmerk dat het bij de muren op enige afstand daarvan hangt. U ziet dus een brede 'kier' tussen plafond en de wanden. De constructie is zo licht mogelijk, want het geraamte van het plafond hangt als een stijf, zelfdragend raamwerk met haken en ogen onder het bestaande plafond en mag dus niet te zwaar zijn.
U kunt een dergelijk plafond op de grond in elkaar zetten. Gebruik geschaafde latten van 10 × 3 cm. Deze latten staan op hun smalle kant en

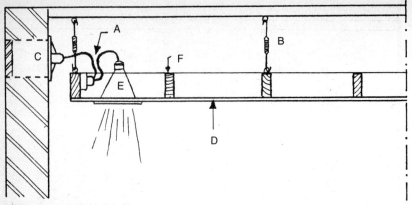

Vrijhangend verlaagd plafond.
A. Meervoudige contactdoos.
B. Ketting of metaaldraad met draadspanners.
C. Eventuele ventilator.

D. Plafondbetimmering.
E. Inbouwspots.
F. Latten of ribben 6,5 × 4,5 cm of 10 × 3 cm.

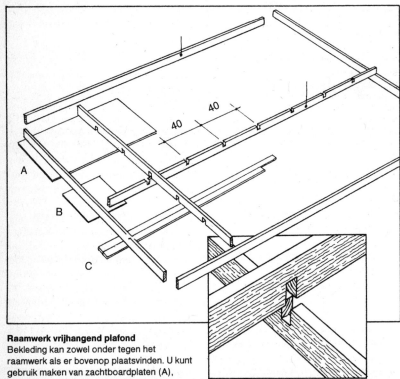

Raamwerk vrijhangend plafond
Bekleding kan zowel onder tegen het raamwerk als er bovenop plaatsvinden. U kunt gebruik maken van zachtboardplaten (A), plafondtegels (B), of dunne schroten van ± 10 mm dik (C). Te denken valt ook aan een bespanning met textiel. Heeft een vrijhangend verlaagd plafond uitsluitend een visuele functie, dan kan het raamwerk ook 'oningevuld' blijven. Het zal dan een sprekende kleur moeten krijgen, terwijl de bovenliggende ruimte (tussen bestaand plafond en het raamwerk) donker wordt geverfd.

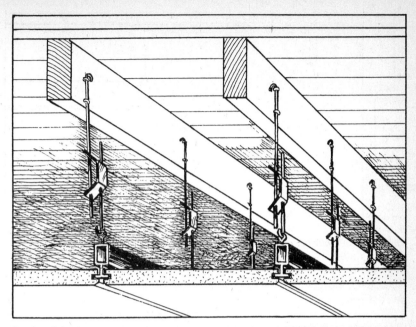

Systeemplafond.
Ontwikkeld voor de utiliteitsbouw, maar ook toepasbaar voor particuliere woningen. Aan het bestaande plafond wordt met behulp van pendels een raamwerk van metalen strippen gehangen. Het raamwerk kan voor elk systeem weer anders zijn, maar het principe blijft gelijk. Is het raamwerk eenmaal aangebracht, dan kunnen tegels, platen of lamellen eenvoudig worden ingehangen. Een voordeel van systeemplafonds is, dat wanneer tussen de bestaande vloer en het systeemplafond een reparatie of wijziging moet plaatsvinden, deze zonder breekwerk kan worden uitgevoerd. Men verwijdert eenvoudig een of meer platen of tegels en legt deze naderhand weer terug.

worden stevig met lijm en draadnagels tot een rechthoek gevormd, die dezelfde vorm heeft als het plafondoppervlak, alleen is het 'ophangplafond' zoveel kleiner als twee keer de afstand die u tussen het plafond en de wanden wilt zien. De afstanden tussen de latten kunt u het best op 40 cm stellen. Het raamwerk kan ook als een 'vakkenplafond' worden gezien: het wordt dan niet bekleed, maar u kijkt door de vakken van 40 × 40 cm heen naar het donker (nachtblauw of matzwart) geverfde bestaande plafond. Hierdoor ontstaat een optische vertekening: men ervaart het raamwerk als de plafondhoogte, terwijl het

donkere geschilderde deel a.h.w. verdwijnt in een niet te peilen ruimte.

Plafondsystemen
Er zijn geprefabriceerde plafondsystemen waarin men allerlei apparatuur kan integreren, zoals bijvoorbeeld verlichtingsarmaturen en luidsprekerboxen. De decoratieve afwerking kan bestaan uit mineraalvezelplaten of andere materialen.

Gordijnkoof
Als het plafond opnieuw zal worden betimmerd of gestukadoord, is het de moeite waard meteen rekening te houden met voorzieningen voor gor-

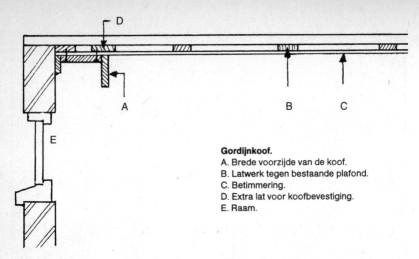

Gordijnkoof.
A. Brede voorzijde van de koof.
B. Latwerk tegen bestaande plafond.
C. Betimmering.
D. Extra lat voor koofbevestiging.
E. Raam.

dijnen, jaloezieën e.d. De koof onttrekt de meestal weinig fraaie gordijnrails aan het zicht en maakt het vastschroeven van de accessoires gemakkelijker.

Stucwerk op betonnen plafond
Het stukadoren van een betonnen plafond is voor de doe-het-zelver eigenlijk onbegonnen werk. Het is een gespecialiseerd karwei waarvoor een vakman moet worden ingeschakeld. Voor degene die het toch aandurft: maak het bestaande plafond met een harde bezem schoon en stofvrij. Strijk het beton met een blokkwast voor met een hechtmiddel op kunststofbasis, waaraan wat zilverzand en cement is toegevoegd. Laat dit minstens 12 en niet langer dan 24 uur drogen en zorg voor een goede ventilatie, zodat de hechtingslaag zo snel mogelijk kan drogen (zie ook de verwerkingsvoorschriften op de verpakking). De eigenlijke pleisterlaag moet gedurende de periode van 12 tot 24 uur worden opgebracht.
Een andere mogelijkheid is het gebruik van materialen als Geelbandgips, Roodbandgips, Stucroc Goldstar, of Knauf MP 75. Aan deze pleistermaterialen is een poedervormig hechtmiddel toegevoegd, zodat er geen speciale voorbehandeling nodig is. Zie ook het hoofdstuk 'Stukadoren'.

Steengaasplafond
In tekening A ziet u hoe de *beschieting* voor een steengaasplafond kan plaatsvinden. Aan de uiteinden van elke vloerbalk, zo dicht mogelijk bij de muur, worden stevige klampen gespijkerd, waaraan balkjes van ca. 12 × 5 cm doorsnede worden opgehangen (spijkerverbinding). Deze plafondbalkjes zijn alleen aan de uiteinden van de vloerbalken bevestigd, omdat daardoor de trillingen en de doorbuiging van de vloerbalken zo min mogelijk op het plafond worden overgebracht. Trillingen doen zich immers bij de muur het minst voor en in het midden van de balk het meest. Tegen de plafondbalkjes worden vervolgens ongeschaafde *tengels* van 5 × 2 cm of 7 × 2 cm gespijkerd op een onderlinge afstand van circa 30 cm hart op hart. Op deze tengels kan dan het steengaas worden gespannen. Het spreekt vanzelf dat, wanneer u het plafond wilt isoleren, het isolatiemateriaal vóór het steengaas moet worden aangebracht en dat de isola-

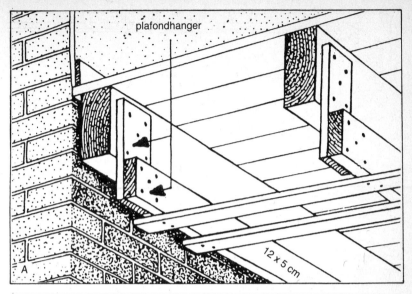

plafondhanger

12 x 5 cm

A

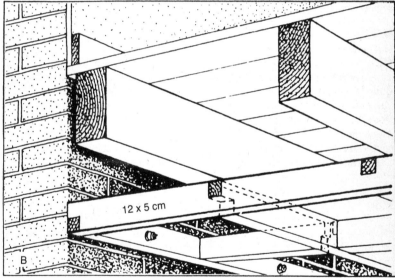

12 x 5 cm

B

tie boven op de tengels moet rusten. Wanneer de vrijdragende lengte van de plafondbalkjes te groot is en dreigt door te buigen, dan worden óf zwaardere balkjes gebruikt, óf u brengt een schoorconstructie aan (tekening C). De plafondbalkjes worden dan tegen

doorbuigen verzekerd, terwijl de trekbelasting toch naar de vloerbalk-uiteinden wordt overgebracht.

Tekening B toont een geheel vrijhangend, verlaagd plafond, waartegen een houten betimmering of een plaat-

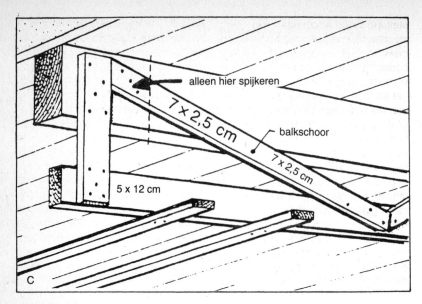

alleen hier spijkeren

7 × 2,5 cm

balkschoor

7 × 2,5 cm

5 x 12 cm

C

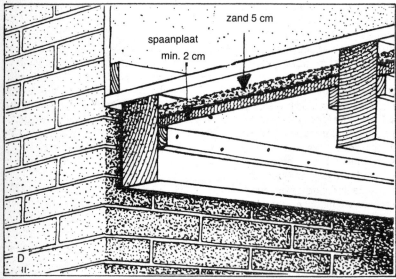

zand 5 cm

spaanplaat
min. 2 cm

D

materiaal bevestigd kan worden. Voor een steengaasplafond is deze constructie beslist te zwak. De dragende *liggers* zijn met *keilbouten* aan de muren vastgezet, de *dwarsliggers* in de liggers ingekeept. Een vaak voorkomend gebrek van houten vloe-ren is de vrij grote geluids- en warmteoverdracht. Dit is te voorkomen door tussen de balken een isolatiemateriaal aan te brengen. Een optimale *geluidsisolatie* is eigenlijk alleen te bereiken met het aanbrengen van ... zand. Zand is een werkelijk uitstekend isolatiemateriaal. Het heeft slechts één nadeel: het hoge eigen gewicht. Het droog volumegewicht bedraagt 1600 kg per kubieke meter. Wanneer echter met dit gewicht bij het aanbrengen van nieuwe vloerbalken rekening kan worden gehouden of door de balkafstanden te verkleinen, staat niets het toepassen van een zandisolatie in de weg. U spijkert tegen de balken geschaafde tengels of panlatten (resp. 5 × 2 cm, 2½ × 4 cm) en legt daar, goed aansluitend, dikke gipsplaten, spaanplaten of heraklithplaten overheen. De dikte van het plaatmateriaal moet minstens 2 cm zijn. Op deze platen legt u lappen plasticfolie die tegen de zijkanten van de balken circa 10 cm omhoog wordt gezet en die elkaar minstens 30 cm overlappen. Daarop stort u een laag zand van 5 cm dik. Het zand moet grof van samenstelling zijn. De vloer kan nu worden aangebracht en het plafond verder afgewerkt (tekening D).

Plafonplast

De firma Alabastine brengt een grove en fijne 'Plafonplast' op de markt. Dit produkt onderscheidt zich door zijn zeer grote flexibiliteit, waardoor scheurtjes, barsten en gaatjes in het plafond blijvend worden afgedicht. Eerst de beschadigingen wegwerken met een vulmiddel en vervolgens simpelweg de Plafonplast met een grote kwast opbrengen en ten slotte uitrollen met een verfroller. De werking van de ondergrond, tengevolge waarvan de scheurtjes en barsten optreden, wordt door dit produkt 'gevolgd', zodat de gebreken definitief onzichtbaar blijven.

Aluminium lamellen

Lamellen plafonds lijken wat hun vorm betreft een beetje op houten schroten. Ze zijn echter veel makkelij-ker aan te brengen. Als u er van houdt zijn het aantrekkelijke plafonds omdat u de keuze heeft uit heel fraaie kleuren. Ze zijn er ook in spiegelende tinten als koper, brons en goud. Aluminium lamellenplafonds worden op maat en compleet geleverd, met dragers en desgewenst met veren en draden voor een verlaagd plafond. De ophangstiften zijn er in diverse lengten: 5, 10, 15, 20 en 25 cm.

De bevestiging is eenvoudig: na het aftekenen van de bevestigingspunten en het aanbrengen van de ophangstiften door middel van geboorde gaten voor de schroefogen, worden aan deze schroefogen de draden en veren gehangen, waaraan de dragers worden vastgeklemd. (De dragers kunnen overigens ook direct tegen het bestaande plafond worden vastgeklemd.) Vervolgens stelt u de dragers op hoogte met behulp van een waterpas. De lamellen worden nu met de bijgeleverde klemmetjes aan de dragers gehangen. Als 'voegmateriaal' tussen de lamellen wordt steeds vaker gebruik gemaakt van formica-voegstrippen die in een groot aantal kleuren verkrijgbaar zijn. Na het bevestigen van de lamellen kunt u eventuele inbouwspots e.d. aanbrengen.

Isoleren van plafonds

In het hoofdstuk 'Isoleren' vindt u alles over het isoleren van plafonds, zowel wat geluids- als warmte-isolatie betreft.

Muren en wanden

Het onderwerp muren en wanden is dermate gevarieerd, dat u het in dit boek op meerdere plaatsen tegenkomt.
– Voor het metselen van wanden of muren van baksteen, kalkzandsteen, baksteen- en Durox-blokken, kunt u het hoofdstuk 'Metselen' raadplegen.
– Voor het stukadoren slaat u het hoofdstuk met de gelijkluidende titel op.
– Over het schilderen van wanden en muren vindt u alles in het hoofdstuk 'Schilderen'.
– Tegelzetten vindt u in het gelijknamige hoofdstuk.

Scheidingswanden

Scheidingswanden worden gerekend tot de niet-dragende wanden. Anders gezegd: ze maken geen deel uit van de bouwconstructie en kunnen dus op elk gewenst moment worden aangebracht of verwijderd, zonder dat daarvoor bouwkundige ingrepen nodig zijn. Er wordt onderscheid gemaakt tussen scheidingswanden die een bestaand vertrek in twee kleinere vertrekken delen, en deel-scheidingswanden die naast een decoratieve ook een visuele functie vervullen (tekeningen 1 en 4). Tot de laatste categorie behoren ook lamellengordijnen (bijvoorbeeld Luxaflex) die dwars op een muur tegen het plafond worden aangebracht en voor een deel in de kamer steken, met de bedoeling de indeling van het vertrek te veranderen. De lamellen kunnen naar behoefte 'open' of 'gesloten'

staan, zodat ook sfeer en lichtinval kan worden 'geregeld' (tekening 2).

Aan doorzonkamers, met hun ononderbroken, langgerekte vorm, kan met een dwars op een van de langste muren geplaatste deel-scheidingswand een geheel andere beleving worden gegeven. De vaak als hinderlijk ervaren doorkijk van voor naar achter wordt met zo'n scheidingswand onderbroken, waardoor meer privacy ontstaat. Bovendien krijgt de kamer aanzienlijk meer gebruiksmogelijkheden: ineens blijkt er ruimte voor een werktafeltje, een kastje of ander gebruiksvoorwerp.
Maar ook met een los in de ruimte staand 'zetstuk' kan aan een vertrek een geheel andere dimensie worden gegeven, zoals geschetst in tekening 3, waar zo'n zetstuk op ongeveer een meter afstand van de deur is gedacht, zodat ter plaatse een soort open toegangssluis ontstaat, waarvan het zetstuk kan worden gebruikt om er een meubel tegen te plaatsen of een opvallend verlichtingsarmatuur aan te bevestigen. Een houten deel-scheidingswand kan het beste van vloer tot plafond reiken en daaraan worden bevestigd, anders zal de wand te weinig stabiliteit bezitten. Wil men een vrijstaande, niet tot het plafond reikende deel-scheidingswand zoals in tekening 4, dan kan beter met dikke Durox-blokken, sierblokken of baksteen worden gewerkt om de vereiste stabiliteit te krijgen.

Als de doe-het-zelver met een scheidingswand een extra kamertje wil

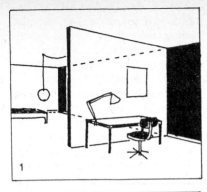

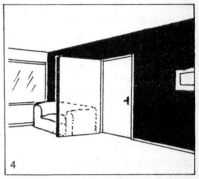

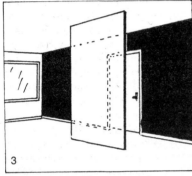

Visuele scheidingswanden.

creëren, kan het van belang zijn dat die scheidingswand een zo goed mogelijke geluidsisolerende werking heeft. Hiervoor is glas- of steenwol geschikt, maar de wand zal dan aan beide zijden bekleed moeten worden. Bovendien zal de wand 'luchtdicht' op de bestaande muren, vloer en plafond moeten aansluiten.

Een dergelijke scheidingswand kan op de volgende manieren worden gemaakt: plaats tegen de bestaande muren, het plafond en op de vloer (nadat met een waterpas of schietlood de exacte plaats is bepaald) geschaafde regels van circa 4½ × 6½ cm. De regels worden aan de contactzijde van een strook *compriband* of *bouwvilt* voorzien. Schroef de regels stevig vast, zodanig dat het

compriband of bouwvilt door het aanschroeven enigszins wordt ingeknepen. (Een werktekening vindt u in het hoofdstuk 'Gipskartonplaten'.)

Spuit de naden dicht met een plastisch blijvende kit. Zet tussen plafond- en vloerregels vervolgens zuiver verticaal staande regels op onderlinge afstanden, gelijk aan de breedte van het te gebruiken plaatmateriaal. De regels worden stijf tussen plafond- en vloerregels geslagen en met steekspijkers vastgezet. Bevestig tussen de verticale regels korte dwarsregels op 60, 120 en 180 cm vanaf de vloer. Bevestig aan één zijde van het regelwerk het plaatmateriaal (gipskarton, spaanplaat of een ander bekledingsmateriaal).

Daarna worden de ruimten tussen de

regels gevuld met glas- of steenwolplaten die ruim aan de maat zijn gesneden zodat ze stijf in de ruimten passen. Ten slotte wordt ook de andere zijde van het regelwerk bekleed. Bij de vloer komt aan beide zijden een plint.

Komt er in de scheidingswand een deur, dan zal de geluidsisolatie niet optimaal kunnen zijn. Tochtstrippen en een dorpelstrip zijn hulpmiddelen waarmee de deur zoveel mogelijk geluidsdicht kan worden gemaakt. Hoe zwaarder het gewicht (de massa) van de deur, des te beter hij geluiden tegenhoudt.

Wandbetimmering

Een betimmering kan een vertrek ruimtelijker en attractiever maken. Met een wandbetimmering heeft u de mogelijkheid om een onregelmatig wandoppervlak uit te vlakken en tegelijk een fraaie decoratie te realiseren. Bij het aan de kamerzijde betimmeren van buitenmuren kan achter de betimmering een isolatiemateriaal (liefst minerale wol) worden aangebracht en eventueel nieuwe leidingen en bedrading worden verborgen.

Een betimmering kan bestaan uit een bekleding van planken, triplex-panelen, of de bekende wandschrootjes. Er zijn twee soorten planken: die met messing-en-groefverbinding, en de planken met een sponning waarmee elke plank de vorige met een halve houtdikte overlapt (rabatdelen genaamd).

Betimmeringsmateriaal wordt in velerlei vormen aangeboden. Goedkope panelen bestaan uit een fotografische reproduktie van een houtstructuur, gedrukt op een dunne laag vinyl; met hout heeft dat weinig te maken.

Hout voor wandbetimmering

Hout kent per definitie duidelijke verschillen in nerf, kleur en eigenschappen. Kies dus hout dat zowel voor het betimmeren zelf als voor de betreffende ruimte geschikt is. Met beits, vernis of verf kunt u de kleur en glans van het houtoppervlak veranderen. Bij transparante beits en vernis blijft de tekening en de nerf zichtbaar. Hardhout is altijd duurder dan zachtere houtsoorten.

Betimmeren met zachthout (bijvoorbeeld vuren) kost u globaal een derde van de prijs die u voor hardhout betaalt, en ongeveer de helft van grenehout. Grenen met veel kwast is iets goedkoper dan kwastvrij grenen, maar niettemin half zo duur als vurehout.

Met gefineerd plaatmateriaal kunt u een fraai wandoppervlak creëren tegen een billijke prijs. Ruwweg zijn de prijzen gelijk aan gewoon, massief grenen. Wandplaten van hardboard met reliëf-oppervlak bewegen zich op hetzelfde prijsniveau als gefineerde platen, terwijl platen met bedrukte kunststoffolie ongeveer de helft kosten.

Losse messing-en-groef-delen bieden een grote variatie aan tekening en structuur en hebben een levendiger uiterlijk dan wandplaten. Daartegenover staat dat wandplaten zó groot zijn, dat ze in één stuk van vloer tot plafond reiken. Met een klein aantal wandplaten kan snel een hele wand worden bekleed. Voor een groot wandoppervlak blijven losse delen of planken echter het meest geschikt, omdat de naden in het geheel nauwelijks opvallen.

Doorgaans moet achter de betimmering een latwerk worden aangebracht. Daarvoor kunt u het best geschaafde latten van 25 × 50 mm (zogenaamde *tengels*) gebruiken. Voor buitenmuren de latten tegen rot met een milieuvriendelijk impregneermid-

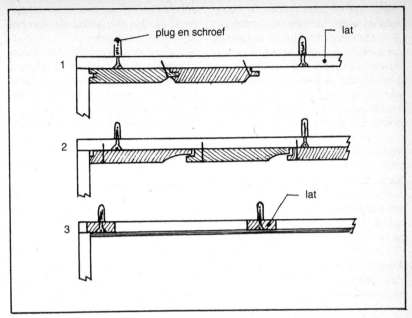

Bevestiging van schroten, rabatdelen en triplex-panelen (horizontale doorsnede).

1. Verticaal geplaatste schroten op geschroefde latten. De schroten kunnen 'verdekt' worden gespijkerd, zodat de koppen van de draadnagels niet of nauwelijks zichtbaar zijn.
2. Verticaal geplaatste rabatdelen op geschroefde latten. Rabatdelen kunnen moeilijk 'verdekt' worden gespijkerd.
3. Horizontaal geplaatste delen, maar ook triplex-panelen, kunnen op verticaal aangebrachte latten worden bevestigd.

del behandelen. Moet de betimmering behalve een decoratieve ook een isolerende functie hebben, gebruik dan glas- of steenwol als isolatiemateriaal. Kunststofschuimplaten zijn alleen milieuveilig zolang er geen brand ontstaat. Mocht dat onverhoopt toch gebeuren (niets in deze wereld is onmogelijk), dan gaat kunststofschuim smelten en druipen en geeft een giftig gas af. Brandweerlieden hebben de pest aan kunststofschuim!

Voor een wandbetimmering staat u een ruime kleurkeuze ter beschikking. Bij het bepalen van de keuze dient u er rekening mee te houden dat een erg donkere houtkleur al snel een claustrofobisch effect veroorzaakt en de ruimte kleiner en donkerder doet lijken. Een geprononceerde tekening in de houtstructuur zal de betimmering meer doen opvallen dan een rustige tekening. Verder is alles een kwestie van smaak. Probeer echter de betimmering aan te passen bij de stijl van het vertrek.

Panelen met echt fineer afgewerkt, zijn gewoonlijk al voorbehandeld en hebben geen verdere nabehandeling nodig.

Berekenen van het materiaal

Meet de breedte en hoogte van het wandoppervlak. Planken met messing-en-groef aaneenschuiven, rabatdelen met de sponningen over elkaar schuiven. Bij het berekenen van de planken of delen moet u rekening houden met de 'werkende breedte' (= zichtbare plankbreedte zonder de messingen, groeven of sponningen). Bij verticale betimmering deelt u de breedte van de wand door de maat van één werkende breedte: de uitkomst geeft het aantal benodigde planken of delen.

Panelen zijn meestal 244 cm hoog en 60,5 of 122 cm breed. De vereiste lengte wordt bepaald door de hoogte tussen plafond en vloer. Een paar centimeter verschil kan achter de later aan te brengen plinten worden verborgen.

Voorbereiding
De bestaande wand zal achter de betimmering verdwijnen, reden dus om er voor te zorgen dat zo'n wand goed wordt geprepareerd. Een wat vochtige of poreuze wand op beschadigingen van de steenvoegen onderzoeken. Eventueel losse mortel en stenen verwijderen en/of vernieuwen en de wand met een waterafstotend middel op siliconenbasis behandelen. Het is zinvol een vochtige buitenmuur van binnen eerst met een polyethyleen (plastic-)folie af te dekken en daaroverheen de lattenconstructie aan te brengen. Om plaats aan de latten te verschaffen de plinten, schilderijlijsten en andere mogelijke obstakels verwijderen. Isolatiemateriaal *tussen* de latten aanbrengen.

Bij een verticaal verloop van de planken of panelen moeten de latten overwegend horizontaal op de wand worden bevestigd. De latten met een waterpas als controle zuiver horizontaal plaatsen. Het hangt van de soort wand af of u de latten (eventueel met stalen draadnagels) kunt spijkeren of met pluggen en schroeven moet vast-

zetten. Oneffenheden in de wand kunt u met stukjes hardboard of hout achter de latten 'uitvullen'.

Als 'spijkerhout' voor de plinten kunt u bij de vloer extra stukjes lat verticaal tegen de wand vastzetten. Het is aan te raden deze stukjes plinthout op regelmatige afstanden te plaatsen, zodat u ze na het betimmeren gemakkelijk kunt terugvinden.

Bij een horizontaal verloop van de plank- of paneelbetimmering moeten de latten natuurlijk verticaal worden aangebracht. Bij voorkeur op afstanden van 30 of 60 cm, hart op hart gemeten. De onderste horizontale plank moet wel tot achter de plint reiken, maar niet tot op de vloer. Gaat het in uw geval om een houten vloer, vul de ruimte tussen de onderste plank en de vloer dan op met een dichtingskit of met plastic tochtband; dat scheelt weer mogelijke tocht over de vloer. Bevestig ook hier extra, korte stukjes lat tegen de voet van de wand om straks de plint aan te kunnen vastspijkeren.

Plaatbetimmering
Voor een wandbetimmering met triplexpanelen (eigenlijk triplexplaten) moeten horizontale latten aan de wand worden bevestigd. Daarnaast moeten daartussen ook verticale latten worden aangebracht, waarvan het midden overeen moet komen met de verticale naden tussen de panelen. Komt de paneelbetimmering tegen een lichte scheidingswand, bijvoorbeeld een wand van vrij dunne gipsblokken of Durox-blokken, dan kunt u beter geen lattenconstructie aanbrengen en de platen triplex direct met lijm op de wand bevestigen. Bestaat de wand uit een houten raamwerk met een bekleding van bijvoorbeeld gipskartonplaten, dan de verticale staanders ervan opzoeken en

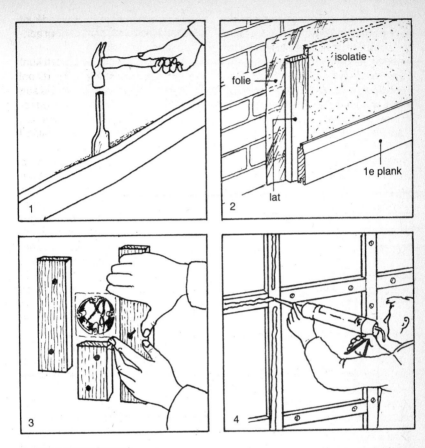

Voorbereiden van de wand.
1. Wanneer u de plinten later weer wilt gebruiken, neem ze dan voorzichtig af door ze met een plat breekijzer los te wrikken.
2. Isoleer buitenmuren met een plastic-folie en tussen de latten isolatiemateriaal.
3. Spijker, schroef of lijm naast schakelaars en stopcontacten stukken lat. Met speciale correctie-ringen kan de montagedoos op het niveau van de betimmering worden gebracht. Zorg ervoor, dat de stroomspanning is uitgeschakeld.
4. Alleen wanneer u de betimmering niet spijkert: breng met speciale plaatlijm stroken lijm op de latten aan. Panelen of latten van onder naar boven tegen de latten drukken. Werk snel, liefst met twee personen.

daartegen de latten vastnagelen. Aan gipskartonplaten zelf kan niet worden genageld. Staan de wanden goed 'te lood', dan kunnen de triplexplaten met lijm in een kitspuit eveneens direct worden vastgelijmd.

In alle andere gevallen op afstanden van 30 of 60 cm horizontale latten aanbrengen en bovendien ter plaatse van elke verticale plaatnaad een verticale lat bevestigen.

Het is belangrijk de platen zuiver te lood en 'op stoot' tegen elkaar te plaatsen, of ze juist duidelijk te accentueren door enige ruimte tussen de naden aan te houden.

Als de platen zonder tussenkomst van latten op een nogal oneffen wand

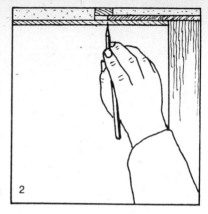

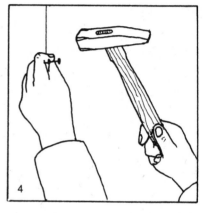

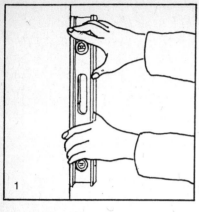

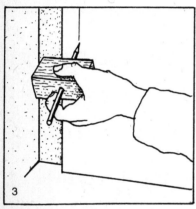

Hoekpanelen op maat maken.
1. Het paneel dat tegen de hoek van de wand moet komen, met een waterpas zuiver te lood uitrichten. Afstand tot de hoek opmeten.
2. Het einde van het voorlaatste paneel op het hoekpaneel markeren. De afstand nauwkeurig opmeten.
3. De opgemeten afstand overbrengen op een klosje. Met dit klosje, tegen de andere wand gehouden, de zaaglijn aftekenen.
4. Het paneel op maat zagen en tegen de latten vastzetten.

worden gelijmd, dan kunt u het beste een lijm met vullende eigenschappen kiezen. De oneffenheden in de wand kunt u dan met deze lijm a.h.w. uitvlakken door ter plaatse de lijm dikker aan te brengen.

Afwerking
Wanneer u triplexplaten met de naden op stoot hebt aangebracht, dan kunnen deze naden worden afgedekt met smalle latjes, of u laat ze zoals ze zijn. Bedenk, dat de naden na verloop van tijd door werking van het hout een beetje gaan openstaan. Juist om de betimmering de gelegenheid te geven te 'werken', dus ook uit te zetten, doet u er verstandig aan bij de hoeken van de wand de planken of panelen ongeveer 5 mm van de hoek te laten eindigen. Zonder die 5 mm kan de betimmering niet werken. De kier kunt u met

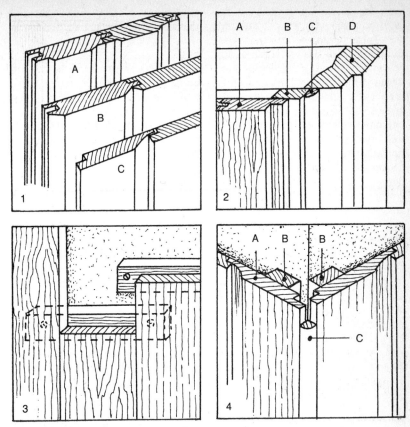

Wand betimmeren.
1. Wandschrootjes (A), planken met 'velling'-geschaafde randen (B), rabatdelen (C).
2. Beëindiging van de betimmering bij een kozijn. A = betimmering, B = lat, C = zgn.
'kwart-rondje', D = bestaand kozijn.
3. Onder de stuiknaden van planken of delen altijd een stuk lat aan de wand bevestigen.
4. Afwerking van een uitwendige hoek. A = betimmering, B = lat, C = kwart-rondje.

een latje aan het zicht onttrekken.
Met profiellatjes kunt u de mogelijk
niet helemaal geslaagde naadloze
overgang tussen wand en plafond
met de mantel der liefde bedekken.
Aan de voet van de wand komt de
plint, dus daarmee worden zelfs grotere kieren goed afgedekt.

Obstakels
Een probleem kan zich voordoen bij

obstakels als lichtschakelaars en
stopcontacten. Zijn die van een 'opbouw'-model dan is er niets aan de
hand: u verlengt de bedrading met
behulp van *lasdoppen*. Schakel wel
eerst de desbetreffende groep in de
meterkast uit! Knip stukjes installatiedraad van ongeveer 15 cm lang en
strip de isolatie aan beide uiteinden
over een lengte van ongeveer 2,5 cm.
Verbind één van de uiteinden met die

van de bestaande installatiedraad door ze met een combinatietang tot één wartel te draaien (zie in de tekening bij A) en op die wartel een lasdop (B) te 'schroeven'. Voer de verlengde draden door stukken PVC elektrabuis. Later kunnen opbouwschakelaars en contactdozen gewoon op de betimmering worden geschroefd.

Van inbouw-montagedozen en inbouwmonturen zullen straks alleen de dekplaten van de schakelaars en contactdozen op de betimmering worden gemonteerd. Ook hier is verlenging van de installatiedraden nodig, maar de montagedoos zelf blijft op zijn plaats in de muur zitten. Hoe zet u nu de dekplaten vast? Door op de montagedoos eenvoudig een of meer zogenaamde correctieringen te schroeven (zie de tekening). Op de laatste correctiering monteert u de dekplaten.

Zorg ervoor dat de kleuren van het installatiedraad bij elkaar passen. Zwart op zwart, bruin op bruin, blauw op blauw en, indien aanwezig, de groen-geel gestreepte aarddraden eveneens bij elkaar. Verbinden van draden met onderling verschillende kleuren geeft onherroepelijk kortsluiting!

Bij het betimmeren rond elektrische schakelaars en stopcontacten eerst een passend, kartonnen sjabloon knippen. De uitgeknipte vorm op de plank of het paneel aftekenen en vervolgens met een decoupeerzaag uitzagen.

Binnenmuren slopen?

Hoeveel groter zou de woonkamer niet kunnen worden als die ene muur er niet was. En de keuken zou een open keuken moeten zijn, maar ook daar staat een muurtje in de weg... Is het eigenlijk een dragende muur of een binnenmuurtje dat zonder bezwaar kan worden weggebroken?

Het is verbazingwekkend hoevelen zich deze vraag niet vooraf stellen en meteen maar beginnen met het omver halen van een binnenmuur. Met alle gevolgen van dien: een doorzakkend plafond of een plotseling in de lucht hangende balklaag van de bo-

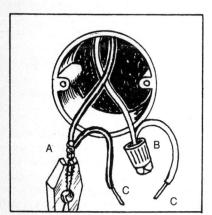
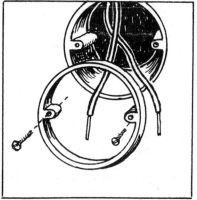

Links: Verlengen van installatiedraden in de montage- of lasdoos. A. maak een wartel van twee draden van eenzelfde kleur; B. schroef op de wartel een lasdop; C. deze draden kunnen weer worden aangesloten op de lichtschakelaar of contactdoos.
Rechts: Voor inbouw-montage- of lasdozen zijn er correctieringen waarmee de doos a.h.w. naar voren kan worden gehaald.

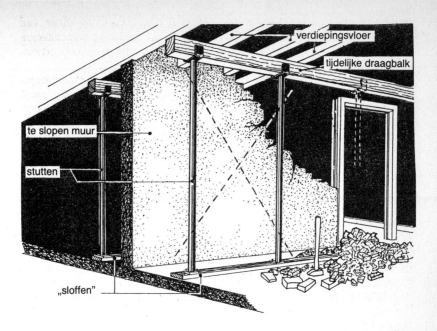

verdiepingsvloer

tijdelijke draagbalk

te slopen muur

stutten

„sloffen"

venverdieping. Er zijn gevallen bekend waarbij na het slopen van een binnemuur de hele verdieping naar beneden kwam. Wilt u zelf een muur verwijderen, dan zult u zich eerst terdege op de hoogte moeten stellen hoe het huis constructief in elkaar zit. U zult moeten weten of het een 'dragende' dan wel een simpele scheidingsmuur betreft. We spreken van een dragende muur wanneer deze een vloer van een bovengelegen verdieping draagt of op een andere wijze een deel van de bouwconstructie ondersteunt. Zo is elke muur waarop een last rust, een dragende muur. Een muur die alleen als scheiding tussen twee vertrekken dient en die geen balken, bovengelegen muur of een ander deel van de constructie draagt, is een 'scheidingsmuur'. Een scheidingsmuur kan dus, zonder de constructie te verzwakken, worden verwijderd. Het enige wat er daarna te doen valt, is het herstellen en bijwerken van de vloer en het plafond, daar waar de

verwijderde binnenmuur littekens heeft achtergelaten. Soms moeten voor het slopen leidingen en buizen worden omgelegd.

Een dragende muur kan in de meeste gevallen ook wel worden gesloopt, maar niet eerder dan nadat een aantal voorzorgsmaatregelen en ingrijpende voorzieningen is getroffen. Het zal duidelijk zijn dat de last of druk, die op een dragende muur rust, al vóór het slopen van die muur zal moeten worden overgebracht op een tijdelijke ondersteuning die we het 'stutwerk' plegen te noemen.

In de tekening ziet u hoe dat moet gebeuren: aan beide zijden van de te slopen muur worden stutten geplaatst, bestaande uit houten of stalen pilaren. Onder de bovengelegen constructie worden draagbalken geplaatst die op deze pilaren rusten. De last van de constructie wordt hierdoor op het stutwerk overgebracht en de muur kan worden gesloopt. Daarna moet de bovengelegen construc-

271

tie natuurlijk definitief worden opgevangen door een zware houten of stalen balk, die met de uiteinden in de twee tegenover gelegen dragende muren moet zijn opgelegd. Is dat niet mogelijk, dan zal deze balk op zijn beurt met pilaren moeten worden ondersteund. De afmetingen van de definitieve draagbalk moeten door een bouwkundige zijn berekend om er zeker van te zijn dat de balk zijn last wel kan dragen.

Onachtzaamheid

Stutwerken bij verbouwingen, muurdoorbrekingen of bij het vernieuwen van muurgedeelten moeten met medeweten van de plaatselijke Dienst van Bouw- en Woningtoezicht worden uitgevoerd. De aanwijzingen van deze dienst moeten steeds worden opgevolgd. U doet er bij stutten en slopen goed aan dit niet te gemakkelijk op te vatten, met in uw achterhoofd de gedachte dat bij onachtzaamheid zeer gevaarlijke situaties kunnen ontstaan.

Het is belangrijk rekening te houden met mogelijk optredende trillingen in de stutconstructie ten gevolge van passerend verkeer, de vastheid van de grond of de onderslag waarop de stutconstructie komt te dragen (belasting) en de mate van vastheid van de stutconstructie zelf. In sommige gevallen is het noodzakelijk de stutten onderling van kruisschoren te voorzien om die vastheid te waarborgen (zie de stippellijnen in de tekening).

Al met al kunt u niet te voorzichtig zijn bij het slopen van binnenmuren en lijkt het verstandig het advies van een deskundige te vragen wanneer u maar de geringste twijfel hebt over de bouwtechnische haalbaarheid ervan. Dat u bovendien de last moet dragen van een vaak ongelofelijke stofbende, hebt u zich natuurlijk al gerealiseerd.

Roetuitslag binnenshuis

Roet ontstaat door een onvolledige verbranding van rookgassen en door condensatie daarvan in de schoorsteen. Een ongewenst verschijnsel waar de bewoner die vaste brandstof stookt(e) schuldig aan is: óf zijn schoorsteenkanaal is te wijd of te nauw, óf hij stookt vochtige of ongeschikte brandstof. Vaak is er sprake van een combinatie van deze oorzaken.

Bij moderne, gasgestookte huisverwarming treedt nauwelijks roetvorming op; roet of creosoot ontstaat eerder bij het onjuist stoken van kolen, hout en olie. Het zet zich af tegen de wanden van het rookkanaal en wordt op den duur door constant stoken, voor een deel min of meer vloeibaar. Als een soort teer 'kruipt' het door het metselwerk naar een plaats waar het minder heet is. Die plaats is dan meestal de zogeheten boezem: dat deel van een gemetselde schoorsteenconstructie dat zich binnenshuis in het vertrek bevindt. Ook komt uitslag op de buitengevel voor, uiteraard op de plaats waar de schoorsteen is gemetseld. Soms ook zet de uitslag zich voort in naastgelegen buiten- of binnenmuren.

Het optreden van roet kan worden voorkomen door op de juiste wijze te stoken en door een uitgekiend rookgasafvoerkanaal, waarvan de diameter en lengte aan de grootte van het warm te stoken vertrek en aan die van de kachelcapaciteit zijn aangepast. Maar als roetafzetting zich al als een probleem voordoet, zijn bovengenoemde stookadviezen natuurlijk slechts geschikt als preventie in de toekomst.

Hoe kan roetuitslag op binnenmuren worden bestreden, beter gezegd worden geïsoleerd van de andere bouwmaterialen, en hoe kan verdere uitslag worden tegengegaan?

Ossebloed

Heel vroeger bestreden mensen roetuitslag met ossebloed, dat eenvoudig in enige lagen over de roetlaag werd gesmeerd. Maar van behang of latexverf hadden de doe-het-zelvers van toen nog geen weet, zodat zich de vraag voordoet hoe zo'n ouderwetse behandeling zich in relatie tot onze moderne wandbekledingsmaterialen en verven gedraagt.

Aluminiumverf

Wat wél zeker is, is het resultaat dat met aluminiumverf wordt bereikt: doorgaans goed. Maar alleen dan wanneer de roetuitslag eerst zo zorgvuldig mogelijk is weggeborsteld, het voegwerk is hersteld en de aluminiumverf zorgvuldig in minstens drie lagen opgezet is, de tweede laag een week na de eerste, de derde laag weer een week later. De aluminiumverf kan dan met de normale synthetische of dispersieverven worden overgeschilderd.

Een andere, zekere methode is die waarbij een vloeistof op basis van silicaat (ook 'waterglas' genoemd) wordt gebruikt. Een merknaam: Sikalite Waterproof. De vloeistof wordt in de door de fabrikant opgegeven verhouding eerst met water verdund en daarna toegevoegd aan de pleisterspecie waarmee de vervuilde plaatsen opnieuw bepleisterd dienen te worden, uiteraard nadat deze plaatsen eerst goed schoon, stofvrij en daarna vochtig zijn gemaakt. Een dergelijk middel is verkrijgbaar bij de goede bouwmaterialenhandel of bij een gevelimpregneringsbedrijf.

Raadpleeg daarvoor bijvoorbeeld de Gouden Gids.

De specieverhouding: 1 deel portlandcement, 4 delen droog zand (bij gebruik van nat metselzand wordt de verdunningsfactor silicaat/water verstoord). Binnen twaalf uur moet de specie zijn verwerkt.

Na droging kan over deze pleisterlaag normaal worden geschilderd of behangen.

Voorzetwandje

Ten slotte is er nog een oplossing waarbij de roetuitslag weliswaar niet wordt bestreden, maar wel aan het oog wordt onttrokken. Het is een oplossing alleen geschikt in die gevallen waar de bron van de vervuiling, de schoorsteen dus, niet meer wordt gebruikt, zodat geen uitbreiding van roetuitslag te verwachten is.

De thuisklusser kan over het vervuilde muurvlak een latwerk aanbrengen waarop een bekledingsmateriaal wordt bevestigd. Te denken valt aan gipskartonplaat, spaanplaat of wandschrootjes. Voor alle zekerheid: het kan geen kwaad het muurvlak eerst te bedekken met plasticfolie en daarop het latwerk aan te brengen.

Vochtproblemen bij muren

Vocht is er altijd. De lucht om ons heen bevat vocht, zowel binnen- als buitenshuis, en zelf produceren we vocht door uitademing en transpiratie. Door die transpiratie, te zamen met het vocht van douchen, wassen en koken, brengt een gezin van vier personen ruw geschat zo'n 10 liter vocht in de lucht van de woning. Doorgaans verdwijnt al dat vocht wel weer langs de normale ventilatiewegen. Niettemin kunnen er vochtproblemen ontstaan die vaak zijn te herkennen aan schimmels, loslatend behang, ongedierte, rottend hout of langdurig beslagen ramen.

De verschijnselen

Schimmels zien er meestal uit als donsachtige plekken. Soms gaan ze gepaard met een muffe lucht.

Loslatend behang of stucwerk zijn vaak een teken van te veel vocht.

Ongedierte gedijt op vochtige plaatsen. Als er ergens pissebedden en zilvervisjes binnenshuis worden aangetroffen, is dat vrijwel zeker een gevolg van een te hoog vochtgehalte.

Rottend hout vindt men vaak bij plinten en vloeren. Geverfd hout vertoont blazen en bladders, een aangetaste vloer gaat steeds sterker doorbuigen. Ook hierbij doet zich vaak een muffe geur voor.

Zoutuitslag of 'bloei' lijkt op het eerste gezicht op schimmel. Het doet zich in de meeste gevallen voor op muurgedeelten vlakbij de vloer van benedenhuizen. De vochtplekken ontstaan doordat het zout of de alkali in de muur vocht uit de lucht aantrekt.

Beslagen ramen komen in de meeste woningen voor waar geen dubbelglasruiten in de vensters zitten, of waar er veel mensen in een vertrek vertoeven, of vlak na het baden, douchen of koken. We noemen dat ook wel 'condens'. Maar als deze condens niet na korte tijd is verdwenen of wellicht zelfs altijd aanwezig is, wijst dat op een te hoog vochtgehalte in huis.

De vochthuishouding

Zoals eerder opgemerkt, de mens zelf zorgt voor veel vocht in huis. Door uitademing en door de natuurlijke verdamping via de huid. Gemiddeld produceert ieder mens op deze wijze 1 tot 1½ liter vocht per dag! Daarnaast komt er door het koken en verwarmen veel damp vrij. Behalve via de stoom uit de pannen ook uit het verbrandingsproces van het gas zelf. Dan zijn er nog de planten die regelmatig water krijgen en wellicht het aquarium waaruit water verdampt.

Het is dus van belang steeds de ventilatie in de gaten te houden. Het potdicht isoleren van de woning betekent niet dat ook ventilatiekanalen mogen worden dichtgestopt, of dat alle ramen en deuren hermetisch gesloten moeten zijn. Als in de keuken een raamventilator draait, of een afzuigkap aanstaat, dan zal er ook verse lucht moeten worden aangevoerd. Met de keukendeur dicht wordt dat problematisch. Maar het verwijderen van een deur met de bedoeling meer ruimte in huis te scheppen of de doorloop te vergemakkelijken, kan weer een verstoring van de luchtstroom en dus ook van het totale binnenklimaat veroorzaken.

Afvoer- of ventilatiekanalen kunnen in de loop der tijd verstopt raken, waardoor een verkeerde balans tussen de verschillende ventilatiepunten ontstaat. En als de afzuigkap in de keuken niet op tijd wordt schoongemaakt, kan de lucht niet goed meer doorstromen. Een brandende geiser veroorzaakt veel condens en heeft alleen daarom eigenlijk altijd een apart afvoerkanaal nodig.

Condensatie

Warme lucht kan meer vocht bevatten dan koude lucht. Als nu warme lucht langs een koud oppervlak stroomt, zoals bijvoorbeeld vensterglas, koelt het af en 'condenseert'. Die condens zien we als druppels op het vensterglas. Hetzelfde verschijnsel doet zich in de nieuwbouw bijvoorbeeld wel voor bij een betonnen latei boven een raam dat in een directe, niet-geïsoleerde verbinding staat met de koude buitenlucht. We spreken dan van 'koudebruggen'. Koudebruggen moeten worden gezien als constructiegebreken die al bij de bouw zijn ontstaan. Dergelijke gebreken kunnen alleen door de vakman worden verholpen.

Vocht in de kruipruimte

Als de muren bij een begane-grondvloer vocht optrekken, is er vaak sprake van optrekkend grondwater. Zeker in gebieden met een hoge grondwaterstand is optrekkend vocht een probleem. In enkele gevallen ligt de oorzaak bij lekkende of niet goed aangesloten afvoerleidingen die onder de vloer liggen. Als de kruipruimte onder de vloer vochtig is, kan vochtige lucht via kieren in de vloer de woning binnendringen. Een eerste maatregel is deze kieren en openingen dicht te maken. De muurroosters in de gevel, die voor het ventileren van de kruipruimte zorgen, mogen 's winters nooit worden dichtgestopt, een regel waartegen nog te vaak wordt gezondigd.

De grond van een vochtige kruipruimte kan met plasticfolie worden afgedekt. We spreken in dat geval van een 'bodemafsluiter'. Nog beter is het daaroverheen een laag waterdicht beton aan te brengen. Het kan verder geen kwaad de vloer aan de onderzijde te isoleren. Met deze maatregel wordt de atmosfeer er in huis een stuk beter op; de energierekening daalt en men krijgt niet langer koude voeten.

Is er sprake van in de muren optrekkend grondwater, dan biedt het aanbrengen van een bodemafsluiter alleen geen uitkomst. In dat geval zal in de funderingsmuur een scheidingslaag van lood of een ander speciaal materiaal moeten worden aangebracht, of met een vloeibaar impregneermiddel moeten worden gewerkt, dat via geboorde gaten in het inwendige van de fundering wordt geïnjecteerd.

Regendoorslag

Gemetselde muren zijn zelden echt waterdicht. Daarom worden buitenmuren sinds de jaren dertig als *spouwmuren* uitgevoerd, d.w.z. twee halfsteensmuren met daartussen een geventileerde ruimte die de *spouw* heet. Die spouw zorgt ervoor dat het regenwater niet via de buitenste muur bij de binnenste muur kan komen. Wanneer er dan toch regenwater door de muur heenkomt, dan kunnen daar meerdere oorzaken voor zijn. Of de muur is geen spouwmuur, of er zitten stukken valspecie in de spouw, of het isolatiemateriaal in de spouw is verkeerd aangebracht. Ook de baksteenkwaliteit kan een rol spelen: hoe zachter de steen, des te groter het absorptievermogen. Doorslaande buitenmuren kunnen waterdicht worden gemaakt door aan de buitenzijde een coating op basis van siliconen aan te (laten) brengen. Zo'n coating is waterafstotend maar heeft toch het vermogen te 'ademen'.

Lekkage

Lekkage kan zich op vele plaatsen voordoen. Meestal tengevolge van bouwkundige fouten, veroudering van het huis, of door slecht onderhoud. Verstopte of verwaarloosde dakgoten zijn eveneens veroorzakers van lekkage. Als huurder is men zelf verantwoordelijk voor gootonderhoud. Mastiekdaken dienen eens in de 10-15 jaar vernieuwd, afgewaaide dakpannen zo snel mogelijk vervangen te worden. Hiervoor is de huiseigenaar verantwoordelijk.

Lekkende of 'zwetende' kelder

Meestal zijn het de kelderwanden en de vloer waardoorheen grondwater

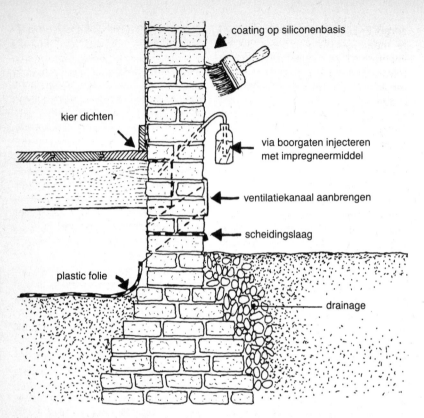

Mogelijke maatregelen ter bestrijding van vochtoverlast via de fundering, kruipruimte of buitenmuur.

binnendringt. Er zijn speciale, twee-componenten afdichtingsmortels in de handel, waarmee zelfs drijfnatte keldermuren waterdicht kunnen worden gemaakt. Men kan de verwerking maar beter aan de vakman overlaten.

Bouwvocht

Dit is een vochtprobleem waar men zich weinig zorgen over hoeft te maken; bouwvocht doet zich voor bij recent in gebruik genomen nieuwbouwhuizen en gerenoveerde woningen. Het verdwijnt vanzelf wanneer men het huis goed verwarmt en intensief ventileert, maar het kan in ongunstige omstandigheden wel 1-2 jaar duren

voordat alle bouwvocht is verdwenen. De oorzaak ligt o.a. in metsel- en stukadoorsspecie en beton waarvan het water nog niet is verdampt, soms ook in verven op waterbasis, e.d. Bedacht moet worden dat uit elke nieuwbouwwoning van gemiddelde grootte zo'n 1500 liter bouwvocht moet verdampen.

Vochtproblemen voorkomen en tegengaan

Aan de dagelijkse vochtproduktie valt weinig te veranderen. Door echter goed te ventileren en te luchten kan er voor een binnenklimaat met een aanvaardbaar vochtgehalte worden gezorgd. Er zijn nog wel een paar andere maatregelen te noemen die de vochtproduktie kunnen verminderen. Bijvoorbeeld de was goed centrifugeren en als het even kan deze buiten te drogen hangen, en tijdens of na het douchen of baden een raampje open zetten en de badkamerdeur gesloten houden. Het onmiddellijk na het baden droogmaken van de vloer en de wanden geeft belangrijk minder vocht dat eerst weer zou moeten verdampen.

Condenswater dat van het vensterglas afloopt, wordt vaak afgevoerd door een speciaal aangebracht aluminium 'gootje'. In dat gootje horen een aantal gaatjes te zitten die in verbinding staan met buiten. Wanneer de gaatjes verstopt zijn heeft het condenswater geen uitweg meer. Houd dus de gaatjes open. Beter nog: vervang, als de portemonnee het toelaat, het enkelglas door dubbelglasruiten. Of breng voorzetramen aan. Te zamen met een goede ventilatie zullen condensatieverschijnselen dan meestal tot het verleden behoren. Bovendien bespaart men op stookkosten en verhoogt men het comfort.

Stoken ofwel verwarmen heeft een grote invloed op de luchtvochtigheid binnenshuis. Koude lucht heeft een lagere vochtigheidsgraad dan warme lucht en als de verwarming erg veel lager wordt gezet, kan het vocht mogelijk neerslaan op ramen en de buitenmuren. Als er vochtproblemen zijn, zet dan de cv nooit lager dan ongeveer 15°C. Overigens kan de relatieve luchtvochtigheid (r.v.) in huis worden gecontroleerd met behulp van een hygrometer. In onderstaande tabel is aangegeven hoe hoog de r.v. in het stookseizoen mag zijn bij een combinatie van binnen- en buitentemperatuur. Wijst de hygrometer een hoger getal aan, dan zit er waarschijnlijk iets fout met de vochtproduktie of de ventilatie. De juiste werking van de meter kan worden gecontroleerd door hem gedurende één uur op een vochtige doek te leggen. Daarna moet de meter 95 à 100% r.v. aanwijzen.

Mechanische ventilatie

In de meeste na 1980 gebouwde woningen zorgt een mechanisch afzuigsysteem voor de juiste ventilatie in keuken, badkamer en WC. Let wel, het is een mechanische *afzuiging*, dus het is haast vanzelfsprekend dat er ook gezorgd moet worden voor *aanvoer* van verse lucht. Dat kan door een raampje of een bovenlicht op een kier te zetten, of door een klein raamventilatortje lucht naar binnen te laten blazen. De filters en ventilatie-openingen van de mechanische afzuiging dienen regelmatig te worden gereinigd. Het systeem werkt pas optimaal wanneer de verse lucht de hele dag alle vertrekken van de woning bereikt en op die wijze het hele huis ventileert. Voorwaarde daarbij is dat het systeem minstens (op de laagste stand) ingeschakeld blijft, ook als men niet thuis is. Bij het koken, baden, dou-

Buitentemperatuur	Maximum r.v. bij een vertrektemperatuur van				
	12°C	15°C	18°C	20°C	22°C
–10°C	50%	46%	43%	41%	40%
– 5°C	59%	54%	50%	48%	45%
0°C	69%	64%	59%	58%	53%
5°C	80%	74%	68%	64%	61%
10°C	93%	87%	80%	75%	71%

chen en (af-)wassen kan de mechanische afzuiging het best in de hoogste stand worden gezet.

Vochtoverlast aanpakken in de fundering

Sommige huizen uit de late jaren vijftig hebben een in het funderings-metselwerk opgenomen vochtwerende strook van lood of kunststof. Als dat bij uw huis het geval is zult u geen last hebben van vochtige muren want de vochtwerende strook verhindert het optrekken van vocht (grondwater).

Bij huizen met spouwmuren wordt de absorbatie van regenwater in de muren tegengehouden door de spouw: het vocht kan de binnenmuur niet bereiken, als tenminste aan de voet voor een wateraflloop is gezorgd. Theoretisch kan het geabsorbeerde regenwater zich zonder zo'n afloop in de spouw ophopen en vocht naar de binnenmuur transporteren.

Treedt niettemin vochtoverlast op, dan is de vochtwerende strook waarschijnlijk lek of zijn de ventilerende muurroosters verstopt. Deze roosters zorgen voor een constante luchtcirculatie onder de beganegrondvloer ofwel in de kruipruimte, en verhinderen mogelijke zwam- en schimmelvorming. Met het dichtstoppen van deze roosters spant u het paard achter de wagen – de vochtoverlast zal alleen maar toenemen.

Chemische vochtwering

Zit er in de fundering geen vochtwerende strook en treedt er optrekkend vocht op in de muren van de beganegrondverdieping, dan kunt u wel degelijk maatregelen treffen, maar dat is dan geen klus van een paar uurtjes. De minst arbeidsintensieve maatregel is die waarbij in de funderingsmuur een chemische vochtbarrière wordt aangebracht. De betreffende muur wordt voor een deel met een vloeistof doordrenkt, die als het ware de structuur van de stenen en voegen verandert en voor vocht ondoordringbaar maakt.

Meestal gebeurt dat in de kruipruimte. In ieder geval moet de behandeling ónder de begane-grondvloer en bóven het grondwaterpeil plaatsvinden. Bij deze methode worden in de muur om de tien centimeter schuin naar beneden gericht gaten geboord. Bij een 11 cm dikke muur worden vanaf één zijde 7½ cm diepe gaten geboord. Bij een 21 cm dikke muur, dus ook een spouwmuur, moeten de gaten in beide zijden worden geboord, óf in twee werkgangen van één zijde. Kan men niet bij de andere zijde van de muur komen, dan gaat u eerst te werk als was de muur slechts 11 cm dik. Dus 7½ cm diepe gaten boren en deze verzadigen met de chemische vloeistof. Daarna boort u dezelfde gaten tot op 19 cm diep en vult u ze met nieuwe vloeistof. De muur moet zó van vloeistof verzadigd zijn dat hij gaat 'zweten', een teken dat de behandeling op die plaats beëindigd kan worden. Dan de boorgaten met een cementmortel (1 cement, 3 zilverzand) dichtsmeren.

De binnenmuur pas opnieuw pleisteren of stukadoren als het steen volkomen droog is. Per 25 mm muurdikte moet u rekenen op een droogtijd van 4 weken. Bij een steenmuur van 21 cm duurt het drogen dus ongeveer $8 \times 4 = 32$ weken!

Indien er geen bereikbare kruipruimte aanwezig is, zult u 'van bovenaf' moeten werken: u verwijdert bij de muur een of twee vloerplanken, hakt de vochtige pleisterlaag tot op de kale steen weg, en boort op ongeveer 15 cm boven de vloer schuine gaten 7½ cm diep in de muur. Boor ook van

Chemische vochtwering.
1. Op afstanden van ± 10 cm schuin naar beneden gaten in de muur boren.
2. Een fles gevuld met de vloeistof via een slangetje in de gaten plaatsen en de vloeistof in de gaten laten lopen.
3. Als de muur 'verzadigd' is, de fles wegnemen en de gaten met cementmortel dichtmaken.
4. Dit is het effect van deze methode: er ontstaat in de muur een vochtbarrière.

buitenaf gaten in de buitenmuur en verzadig de muur met de chemische vloeistof.

Bitumen- of loodplaten
Het inbrengen van waterdichte stroken over de volle dikte van een muur vergt veel tijd en inspanning, maar na voltooiing ervan is de muur dan wel absoluut waterkerend.
Met een elektrische steencirkelzaag worden sleuven in de lintvoegen van de muur gezaagd. Natuurlijk kan dat niet gelijktijdig over de gehele muurlengte worden gedaan – de muur zou immers over een zaagsnede dik naar beneden zakken... Om dit te voorkomen worden lintvoegdelen van ongeveer 80 cm ingezaagd. In de zaagsnede wordt dan een plaat lood, koper, bitumenvilt of een speciale kunststof geschoven, waarna de overblijvende ruimte van de zaagsnede met aardedroge cementmortel wordt dichtge-

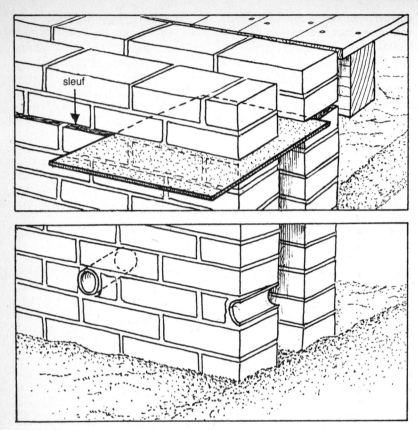

Boven: Een vochtbarrière van lood- of bitumenplaat.
Onder: Drainage van een vochtige muur.

zet ('in-gekaud'). Nadat dit deel is uitgehard, wordt het naastliggende deel
van 80 cm ingezaagd, van een plaat
voorzien en dichtgemaakt. Zo gaat
men deel voor deel verder. U kunt ook
óm de 80 cm sleuven zagen en platen
inbrengen, dus steeds een deel van
80 cm voorlopig ongemoeid laten en
na verharding alle tussenliggende
delen behandelen.

Drainage/ventilatie
Aardewerk drainagebuisjes kunnen,
licht naar de buitenzijde aflopend, in
de buitenmuur worden geplaatst. U
hebt hiervoor een steenboor nodig

waarvan de diameter net zo groot is
als de drainagebuis. Of u hakt eerst
ruime gaten voor de buisjes en werkt
het geheel af met een zeer 'magere'
mortel zonder cement, bijvoorbeeld
een mortel van 1 deel kalk op 6 delen
grof zand. Het vocht in de muur wordt
in de drainagebuisjes verzameld en
samen met ventilatielucht naar buiten
afgevoerd. Deze methode wordt om
onbekende redenen zelden door bedrijven of vaklieden uitgevoerd.

Dichten van lekkende kelder
Een lekkende of doorslaande kelder
zal aanvankelijk eenmaal afdoende

vochtvrij gemaakt, aan het verhogen van woongenot bijdragen; de kelder kan dan ook voor andere doeleinden dan alleen opslag dienen, vooral als hij ook wordt opgeknapt en goed geschilderd.

Lekkage van een kelder is meestal een gevolg van een stijgend grondwaterpeil. Een verhoogd grondwaterpeil doet zich voor wanneer in de omgeving een andere bemalingswijze is ingesteld, of wanneer het langdurig geregend heeft. Het gestegen grondwater oefent in die gevallen een constante druk uit op de keldervloer en een deel van de muren. Op den duur dringt dan doorslaand vocht of zelfs een grote hoeveelheid water naar binnen en staat de kelder 'blank'.

Omdat een kelder slechts in uitzonderlijk gunstige gevallen geheel ontgraven kan worden om aan de buitenzijde te worden gerepareerd of afgedicht, heeft men produkten ontwikkeld die in het inwendige van de kelder kunnen worden aangebracht. Zo zijn er twee-componenten afdichtingsmortels op basis van epoxyharsen van *Simatec* en *Sica* bij de bouwmaterialenhandel verkrijgbaar. Deze middelen zijn nogal agressief van aard, en ze moeten dan ook met inachtneming van een aantal veiligheidsmaatregelen worden verwerkt. Deze maatregelen staan op de verpakking aangegeven. Een nauwkeurig opvolgen van de verwerkingsvoorschriften is absoluut noodzakelijk om bevredigende resultaten te krijgen. Sommige afdichtingsmortels kunnen zelfs onder water worden verwerkt.

Treedt de doorslag van vocht in slechts geringe mate op, dan kan worden gedacht aan een zgn. *vloercoating*. Er zijn coatings op basis van bitumen en op basis van portlandcement en kwartszand.

Ongeacht het soort afdichtingsmiddel moet de ondergrond goed worden gereinigd van stof, gruis, eventuele schimmelvorming en uitslag van zouten e.d. Gezien die verschillen in merken en gebruiksaanwijzingen is een algemeen geldende instructie hier niet te geven.

Nadat een kelder met een van de genoemde produkten is behandeld en u er zeker van bent dat het resultaat gunstig is, kunt u de vloer schilderen met bijvoorbeeld betonverf, en de muren met een ademende muurverf.

Metselen

Als fervent doe-het-zelver hebt u misschien al eens overwogen zelf metselklusjes aan te pakken. Een muurtje of barbecue in de tuin, een bloembak op het balkon, of een scheidingswand van schoon metselwerk binnenshuis. Wellicht bent u van plan te bouwen of te verbouwen en zelf het metselwerk uit te voeren.

Eerst een korte bespreking van de gereedschappen die u nodig hebt. Als u reeds metselgereedschap in huis hebt, kunt u alsnog nagaan of het aan de eisen voldoet.

De hierbij afgebeelde gereedschappen geven afmetingen aan die u slechts als richtlijnen moet zien, want bij voorbeeld bij het kiezen van een troffel is het belangrijk hoe hij in de hand ligt. Uit eigen ervaring kan ik wel zeggen, dat deze gereedschappen heel plezierig zijn te hanteren.

Troffel

Bij het aanschaffen van een troffel moet u erop letten dat de arend hoog genoeg is. Door de troffel omgekeerd op de winkeltoonbank te leggen, kunt u zien of het blad de juiste stand heeft ten opzichte van het heft: de metalen ring aan het heft moet dan circa 1,5 cm vrij liggen. Aan het blad van de troffel bevindt zich een zuiver rechte en een flauw gebogen zijde. De rechte zijde wordt gebruikt voor het afstrijken van de 'baarden', ofwel de uit de voegen puilende metselspecie, de gebogen zijde dient om de stenen op maat af te hakken. Er zijn troffels voor rechts- en linkshandigen. Voor rechtshandigen bevindt de gebogen zijde zich rechts van de troffel.

Een *voegspijker* moet van verend staal zijn gemaakt. Het blad moet vlak en recht zijn en tijdens het voegen deze stand steeds hernemen. De lengte van een lintvoegspijker is meestal 160 mm.

Een *stootvoegspijker* is niet in de handel verkrijgbaar, die moet u zelf maken door een stuk van het blad van een lintvoegspijker af te zagen. Een prima bladlengte voor een stootvoegspijker is ongeveer 60 mm.

Een *kaphamer* heeft (zonder steel) een gewicht van ongeveer 500 gram. De lengte moet 220 mm zijn en de breedte aan de kapzijde, dus de 'bek', 45 mm. De vierkante kop meet ongeveer 25 × 25 mm. De steel is van essehout of hickory en heeft een lengte

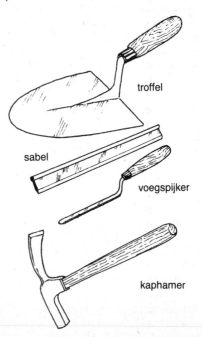

troffel

sabel

voegspijker

kaphamer

van 280 mm. De hamerkop moet met een in de steel geslagen wig tegen uitschieten beveiligd zijn.

Voor nauwkeurig hakwerk aan metselstenen is een zogenoemde *sabel* erg plezierig te hanteren. De sabel komt voort uit de vroegere cavaleriesabel, die, als hij werd afgedankt, door de metselaar in drieën werd gedeeld. Met één zo'n deel kapte de metselaar zijn stenen op maat. De huidige sabel koopt u in de winkel.

Hulpmiddelen

Behalve de troffel, voegspijkers en kaphamer heeft u voor het metselen nog andere gereedschappen en hulpmiddelen nodig, zoals een duimstok, een kluwen metseldraad, een waterpas, een schietlood, een schep of 'bats' en, uiteraard, een metselkuip. Daarnaast een kruiwagen en als het even kan een cementmolen, die bij sommige doe-het-zelf zaken kan worden gehuurd. Voor het afschrijven van een bepaalde maat op een steen gebruikt de metselaar geen potlood, maar een stukje lei of griffel. Van steen is een potloodlijn bijna niet te verwijderen, lei of griffel spoelt er vanzelf af.

'Vakjargon'

In het metselvak gebruikt men natuurlijk ook 'vakjargon'; bepaalde termen, begrippen en benamingen die iedereen, van architect tot metselaar, hanteert teneinde vergissingen te voorkomen. Om te weten waarover we het hebben, geef ik u een aantal van die benamingen door:
De lange smalle zijde van een baksteen heet *strek*; de korte zijde heet *kop*; de grootste platte zijde heet *platte kant* en de dikte van de steen heet *laag*.
Als een steen op het werk op een bepaalde maat moet worden gehakt om

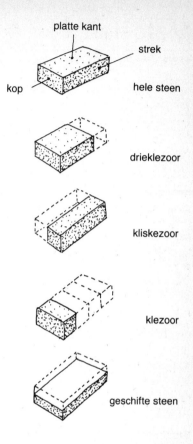

daarmee een aan het doel beantwoordend metselverband te krijgen, komen daarin de volgende afmetingen voor: *drieklezoor* is een driekwart steenlengte; *halve steen* is een halve steenlengte; *klezoor* is een kwart steenlengte; *klisklezoor* is een halve steenbreedte. De trapvormige lijnen, ontstaan door het verspringen van de stenen t.o.v. elkaar, noemt men de vertanding.

Als in één laag alle stenen met hun strek zichtbaar zijn dan heet die laag een *strekkenlaag*, *streklaag* of *strekse laag*. Als in één laag alle stenen met hun kop zichtbaar zijn, dan spreekt men van een *koppenlaag*, *koplaag* of *patijtse laag*. Bij dikkere muren dan

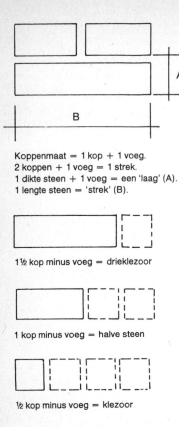

Koppenmaat = 1 kop + 1 voeg.
2 koppen + 1 voeg = 1 strek.
1 dikte steen + 1 voeg = een 'laag' (A).
1 lengte steen = 'strek' (B).

1½ kop minus voeg = drieklezoor

1 kop minus voeg = halve steen

½ kop minus voeg = klezoor

een halfsteensmuur (dat is niet een muur uit halve stenen opgetrokken, zoals u zou kunnen denken, maar een muur waarvan alle stenen in de lengterichting zijn gemetseld en die dus een dikte heeft van een kop ofwel een halve steen) komen in een strekkenlaag altijd twee platte kanten naast elkaar te liggen. De voeg tussen die twee platte kanten heet de *hartvoeg*. U heeft inmiddels wel begrepen dat het metselen niet alleen maar een kwestie is van stenen op elkaar stapelen, hoop ik. Daarom later iets over de wijze waarop de stenen onderling in een bepaald 'verband' kunnen worden gemetseld. Steenverbanden dus. Wezenlijk voor de sterkte en het uiterlijk van een muurvlak.

Baksteen

Nergens ter wereld worden zoveel verschillende soorten en kleuren baksteen aangetroffen dan in Nederland en België. Het is een logisch gevolg van hun ligging: rivieren die door Europa stromen, monden uit in de zee langs de kust, maar zetten eerst de grondstof voor baksteen, de klei, af in de uiterwaarden. Langs die uiterwaarden vindt men dan ook de meeste steenfabrieken. Elke kleisoort en elke menging levert na het bakproces weer een andere kleur op.

Baksteen is een steensoort die zowel binnen als buiten uitstekend gebruikt kan worden. Ze wordt vervaardigd en geleverd in een viertal formaten die in de jaren zeventig in de norm NEN 2489 werden vastgelegd. De vier formaten zijn:

Waalformaat: 21 × 10 × 5 cm
Vechtformaat: 21 × 10 × 4 cm
Dikformaat: 21 × 10 × 6,5 cm
Modulair
formaat: 23 × 10 × 5,7 cm

Daarnaast kan elke steenfabriek bakstenen van afwijkende formaten op de markt brengen. Voor restauraties van historisch waardevolle gebouwen wordt bijvoorbeeld nog de zogenaamde *kloostermop* gebakken, een steen met het middeleeuwse formaat van 27 × 13 × 9 cm.

Baksteen wordt behalve in formaten ook ingedeeld in klassen. Bij klasse 1 mogen de onderlinge afwijkingen binnen één partij stenen niet meer bedragen dan 2 mm. In klasse 2 mogen de afwijkingen maximaal 3 mm zijn en bij klasse 3 maximaal 4 mm. Voorts wordt baksteen geleverd in de volgende soorten:

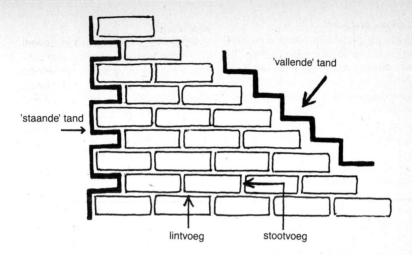

'vallende' tand

'staande' tand

lintvoeg   stootvoeg

1. Machinale vormbaksteen
2. Handvormsteen
3. Geperforeerde strengperssteen
4. Niet-geperforeerde strengperssteen.

Bakstenen zijn in aflopende hardheid te verdelen in *klinker, hardgrauw, boerengrauw* en *rood*. Klinkers zijn het hardst, rode stenen het zachtst. Harde stenen, zoals klinkers, zijn goed waterkerend en kunnen grote druk weerstaan. Ze kunnen echter ook sneller breken en door hun hardheid weerkaatsen ze geluiden heel sterk.

Zachte stenen nemen sneller vocht op, maar absorberen het geluid beter. Om die reden zal men voor binnenmuren in schoon metselwerk een zachtere steen kiezen.

Baksteen is klein, vertrouwd, en sfeerbepalend. Het heeft door structuur en kleur een geheel eigen, letterlijk 'natuurlijk' karakter. Het is geen synthetisch produkt. En, belangrijk bij woningbouw, het 'ademt': het neemt vocht op en staat dat vocht ook weer af. Baksteen is als een bijzonder veilig bouwmateriaal te beschouwen. Wie met baksteen bouwt kan 'op zijn twee

oren slapen', zoals een oud gezegde luidt.

Er zijn behalve baksteen en kalkzandsteen nog een paar andere steensoorten:

Betonsteen
Betonsteen wordt tegenwoordig veel toegepast in tuinen of voor lichte bouwwerkjes. Betonsteen wordt in de volgende formaten geleverd:
Waalformaat: 21 × 10 × 8,3 cm
Modulair formaat: 19 × 9 × 9 cm

Porisosteen
Dit is een steensoort met een wat men noemt *lichte scherf*, veel gebruikt voor lichte binnenmuren. De steen is licht van gewicht.
Formaten:
21,5 × 10 × 5, 7 of 9 cm;
19 × 14 × 9 cm.

Fimonsteen
Eveneens een steen met lichte scherf, alleen toepasbaar voor lichte muren en sier-metselwerk.
Formaten: 21 × 10 × 5, 7 of 9 cm. Er worden door dezelfde fabrikant ook steenstrippen van fimonsteen op de markt gebracht.

Kalkzandsteen

Naast de gebakken steen is er ook een metselsteen die 'gekookt' wordt: de kalkzandsteen. De noodzakelijke verharding van kalkzandsteen geschiedt namelijk in een *autoclaaf*, een soort reusachtige snelkookpan. Daar gaan de onverharde stenen in, die zijn samengesteld uit gebluste kalk $Ca(OH)_2$, alsmede zand, in zuivere vorm kiezelzuur SiO_2. Door inwerking van stoom onder hoge druk reageren die twee grondstoffen met elkaar tot calciumhydrosilicaat $CaO.SiO.H_2O$. Een chemische verbinding dus. Met als resultaat kalkzandsteen.

In wezen is kalkzandsteen al een erg oud bouwmateriaal. Bij de bouw van Salomo's tempel in Jeruzalem werd al een voorloper van de moderne kalkzandsteen gebruikt: een mengsel van kalk, zand en water, dat langdurig werd blootgesteld aan de buitenlucht, zodat het werd verhard door de inwerking van koolzuur uit de atmosfeer.

Dit al oeroude bouwmateriaal blijkt door de eenvoudiger produktiemethode goedkoper dan baksteen, maar daar staat tegenover dat kalkzandsteen een weinig boeiend uiterlijk heeft. Kalkzandsteen wordt tegenwoordig ook in een aantal verschillende kleuren gefabriceerd.

Kalkzandsteen-formaten

Kalkzandsteen wordt geleverd als steen en als 'blok' in verscheidene formaten:

In steen:
Waalformaat: 21,4 × 10,2 × 5,5 cm;
Amstelformaat:
21,4 × 10,2 × 7,2 cm;
Maasformaat: 21,4 × 10,2 × 8,2 cm.
In blok:
Halfsteensblok:
32,7 × 10,2 × 24 cm;

Driekwart-blok: 32,7 × 14,7 × 24 cm;
Steensblok: 32,7 × 21,4 × 24 cm;
Anderhalfsteensblok:
21,4 × 32,7 × 24 cm.

De blokken hebben door hun relatief zwaar volumegewicht een behoorlijke isolatiewaarde. Ze worden niet gemetseld, maar met een lijmmortel aaneen gelijmd. De toepassing ervan heeft voor de doe-het-zelver weinig zin omdat er speciaal hulpgereedschap voor nodig is.

Eigenschappen en verwerking van kalkzandsteen

Net als baksteen heeft kalkzandsteen een gunstig 'ademend vermogen'. Met kalkzandsteen kan men zowel binnen- als buitenmuren optrekken. De enige plaats waar kalkzandsteen *niet* mag worden toegepast, is daar waar contact met zuren of zoutoplossingen mogelijk is. Dit betekent bijvoorbeeld dat buitenmuren van kalkzandsteen in de directe nabijheid van zeewater niet kunnen worden gebruikt, omdat ze anders worden aangetast.

Het ademend vermogen van kalkzandsteen is slechts iets geringer dan dat van gewone baksteen. Vergelijkenderwijs ziet voor 10 centimeter dikke muren het beeld van de 'waterdampgeleidingscoëfficiënt' er als volgt uit:

glas:	(als uitgangspunt) 0
beton:	80
kalkzandsteen:	200
baksteen:	230

Voor gebruik van buitenmuurstenen is er een speciale kalkzandsteen in zgn. 'gevelsteenkwaliteit', waarvan de duurzaamheid aan alle gestelde eisen voldoet. Het is hierbij van belang te weten dat van gebouwen en huizen, gebouwd in de begintijd van de kalkzandsteenindustrie (1898), de duurzaamheid van kalkzandsteen inmiddels kan worden afgelezen. Uit de praktijk is bewezen dat kalkzandstenen in gevelsteenkwaliteit goed bestand zijn tegen vorst, regen, sneeuw, droging, luchtverontreiniging e.d.

Gevelstenen zijn in een aantal kleuren verkrijgbaar: edelwit, paars, appelbloesem, muisgrijs, antraciet, crème, geel. In deze kleuren kunnen zeer kleine verschillen optreden, maar bij stenen binnen een zelfde partij mag geen onderlinge kleurafwijking voorkomen.

Voor schoonwerk binnenmuren kan worden volstaan met kalkzandsteen in de kwaliteiten 'Gewoon speciaal' of 'Klinker-speciaal'.

Het trasraam van gemetselde funderingen (daarvoor alleen klinkers gebruiken) moet ten minste 60 cm hoog zijn, terwijl de bovenkant ervan tenminste tot 25 cm boven het maaiveld moet reiken. Dat betekent dat kalkzandsteenklinkers niet boven het maaiveld van een trasraam gebruikt kunnen worden, omdat ze door hun witte kleur te sterk afwijken van de op de fundering rustende baksteenmuren. Het verdient om die reden aanbeveling om de uit kalkzandsteenklinkers opgetrokken fundering niet verder dan tot op ongeveer 30 cm (of zes lagen van het waalformaat) beneden het maaiveld te metselen, en dan verder over te gaan op baksteen of de zgn. gevelsteen van kalkzandsteen in het geval de gevels van kalkzandsteen worden gemetseld.

Bij een trasraam van kalkzandsteen in een zonarme, bosachtige omgeving, waar de kans bestaat op vocht en zwamvorming, is het aan te raden een beschermende (bitumen)-laag op de muur aan te brengen van ± 10 cm boven het maaiveld tot ± 30 cm daaronder.

Schraal winddroog verwerken

Kalkzandsteen dient schraal winddroog verwerkt te worden. Het is daarom van belang kalkzandsteen tijdig aan te voeren en zo mogelijk tegen regenval af te dekken.

Als kalkzandsteen nodig is voor 'schoonwerk', dient deze ook als zodanig besteld te worden. U loopt dan niet het risico steen te ontvangen die wel aan de normale eisen voor kalkzandsteen voldoet maar niet die speciale zorg heeft gehad, die een 'schoonwerk'-steen krijgt.

Kalkzandsteen heeft, evenals zovele andere materialen, de eigenschap uit te zetten bij vochtopname en te krimpen bij vochtafgifte. Hoe natter u een kalkzandsteen verwerkt, des te groter is het volume en des te meer zal hij, naarmate hij uitdroogt, kleiner worden. Dit kleiner worden zal, als de voeg niet meegeeft, leiden tot trekspanningen. Als deze spanningen de treksterkte van de steen en de voeg overschrijden, zal de muur scheuren (krimpscheur).

Het ligt dus voor de hand om te stellen: 'Verwerk kalkzandsteen zo droog mogelijk', dan heeft hij immers zijn kleinste volume. Maar aangezien het verwerken van een uitgedroogde steen ook moeilijkheden geeft, geldt het metseladvies: 'Verwerk kalkzandsteen schraal winddroog', d.w.z. dek kalkzandsteen in regenachtige perioden af en maak de steen bij langdurige droogte minstens één dag voor de verwerking *matig* nat. In de meeste gevallen behoeft de steen niet nat gemaakt te worden.

Als de stenen droog verwerkt worden, zult u geen metselmortel kunnen toepassen met uitsluitend (portland-) cement als bindmiddel. Immers, voor de verharding van dit hydraulische bindmiddel zal water nodig zijn. Het aanmaakwater, dat zich in de mortel bevindt, zal voor een gedeelte door de droge steen worden opgezogen, waardoor er te weinig vocht overblijft voor de verharding van de metselmortel.

Een pure cementmortel is een hydraulische mortel en dus voor het verwerken van droge kalkzandsteen ongeschikt.

Een ander nadeel van een pure cementmortel is de starre structuur na de verharding. Er zijn dan geen inwendige verschuivingen, hoe gering ook, meer mogelijk.

Voor de juiste mortels voor kalkzandsteen wordt verwezen naar het hierna volgende hoofdstuk.

Metselmortels

Om te kunnen metselen, d.w.z. de stenen onderling te kunnen verbinden, is een mortel nodig. Sommigen spreken ook wel van *specie*. Een mortel bestaat uit een bindmiddel (bijvoorbeeld cement of kalk), een verschralingsmiddel (zand), en water.

U kunt een mortel zelf samenstellen of deze kant en klaar kopen. Het voordeel van kant en klare mortels is dat de mengverhoudingen altijd precies gelijk zijn, maar een nadeel is weer dat ze veel duurder zijn dan wanneer u de mortel zelf samenstelt.

Cement, dat grijze poeder in zakken van 50 kg, is het bindmiddel van de metselmortel. Eigenlijk is het vreemd dat dit cement zelfs bij het opmetselen van een eenvoudig laag muurtje gebruikt wordt, want er bestaan veel andere middelen om een goede metselmortel te maken. Het zgn. *portlandcement* is de meest gebruikte. U kunt er bij wijze van spreken wolkenkrabbers en bomvrije bunkers mee bouwen, zó sterk is het. Als u buitenmuren wilt bouwen, neemt u natuurlijk portlandcement als bindmiddel, want

met portlandcement krijg je sterk, waterdicht metselwerk, maar voor binnenmuren is dat helemaal niet nodig. Metselmortel op basis van kalk is voor binnenmuren goed genoeg, tenzij het vochtige ruimten betreft. Onze voorouders metselden met kalk als enig bindmiddel, dus waarom wij eigenlijk niet? Het antwoord is niet zo moeilijk: bijna niemand denkt eraan dat het kán. Iedereen is al zó aan de zakken portlandcement gewend...

Laten we alle cementsoorten eens aan een korte beschouwing onderwerpen. Misschien geeft het aanleiding om ook andere bindmiddelen te gaan gebruiken.

Portlandcement wordt gemaakt van mergel. Grote mergelblokken worden verpulverd en gemengd met water, pyrietas en klei. De aldus ontstane pap wordt fijngemalen en in een oven tot sinterens (korrelvormig materiaal) gebrand. Daarna wordt alles afgekoeld en met wat gips opnieuw fijngemalen. Dan heb je portlandcement.

IJzerportland-cement bestaat uit een mengsel van 70% portlandcement en maximaal 30% hoogovenslakken (het afvalprodukt van ruwijzerbereiding).

Hoogovencement wordt eveneens van portlandcement en van hoogovenslakken gemaakt, maar dan in een andere verhouding.

Natuurcement bestaat uit kalk en mergel, dat op dezelfde wijze wordt gemaakt als portlandcement. De kwaliteit ervan is echter minder bestendig.

Kalkcement wordt gemaakt van gebluste kalk. De kalk is gebrand in ovens, met als grondstof kluitkalk van kalksteen, of schelpkalk, waarbij koolzure kalk ontstaat. Bij hoge temperatuur en lage druk ontwijkt daaruit het koolzuur en verkrijgt men de ongebluste kalk (CaO), die met water weer geblust wordt. Gemengd met zand kunt u deze gebluste kalk gebruiken als cement. Het zand bevordert de toetreding van koolzuur en daarmee de hechtheid van de mortel. Deze cementsoort noemt men ook wel 'vette kalk' of 'luchtkalk'. Het is minder goed bestand tegen vocht en water en wordt zowel in poedervorm als in kluitvorm geleverd.

Mager kalkcement (ook wel hydraulische kalk genoemd) is gemaakt van een mengsel van minder zuivere kalksteen, vaak gemengd met tras- of tufsteen van vulkanische oorsprong, Dit cement werd al door de Romeinen gebruikt en is goed bestand tegen vocht en water.

Zoals u ziet, bestaan er naast de drie cementsoorten op portlandbasis ook drie op basis van kalk. Het hangt af van de eisen die u stelt welk cement u wilt gebruiken. Het is goed te weten dat muren, met cement op kalkbasis gemetseld, gemakkelijk gesloopt kunnen worden, waarbij de gebruikte stenen heel blijven, hetgeen bij muren die met portlandcement zijn gemetseld, is uitgesloten. Want mortel van portlandcement wordt na verharding keihard en hecht zich buitengewoon stevig aan de steen.

Beoordeling van de mortelkwaliteit

Voor elke steensoort is een mortel nodig die in zijn samenstelling zo optimaal mogelijk is aangepast aan de eisen die de te gebruiken steensoort stelt. Maar niet alleen de steensoort, ook de plaats waar het metselwerk zich bevindt en de functie die het heeft zijn van belang. Weersinvloeden, druk- en trekkrachten, temperatuur, waterdruk e.d. spelen een rol van betekenis. Nu is het niet zo dat de mengverhouding van metselmortels werkelijk zeer nauwkeurig luistert; de do-

seringen behoeven niet extreem precies te zijn. De voorkeur verdient in elk geval een 'schrale' mengverhouding boven een 'vette'. Met 'schraal' wordt bedoeld een mortel waaraan naar verhouding iets minder bindmiddel (cement) is toegevoegd. Een 'vette' mortel, een mortel dus met een naar verhouding hoog cementgehalte, zal de kans op uitslagvorming (cementsluier) verhogen.

Een praktische manier om te kunnen beoordelen of de metselmortel qua samenstelling goed is aangepast aan het zuigvermogen en het daaruit volgende aanhechtingsvermogen, is de volgende: Breng op de platte zijde van één steen een mortellaag aan en druk op deze laag een tweede steen licht aan. Trek na ongeveer een minuut de beide stenen *loodrecht* op de platte zijden onderling vaneen. De mortellaag moet nu over de platte vlakken van beide stenen zijn verdeeld. Als dat niet het geval is, en de mortellaag zich bijna nog geheel op de eerste steen bevindt, dan kunnen daar twee oorzaken voor zijn:

1. De mortel houdt te weinig water vast om een goede hechting met de te sterk water opzuigende steen te hebben. Dit kan worden verbeterd door de steen vooraf met water te bevochtigen.

Ook kan worden overwogen het kalkgehalte van de mortel te *verhogen*, als tenminste de verlangde eigenschappen van de mortel dit mogelijk maken. Vraag uzelf daarbij af of een verhoging van de hoeveelheid kalk geen nadeel inhoudt m.b.t. de waterdichtheid, de sterkte van de mortel of de drogingssnelheid.

2. De steen is te gesloten van structuur (bijv. bij stenen van harde klinkerkwaliteit is dat al gauw het geval) en heeft te weinig zuigend vermogen om de vochtige mortel in zich te kun-

nen opnemen. Een verbetering kan worden bereikt door *verlaging* van het kalkgehalte in de mortel.

Samenvattend kan over metselmortels voor baksteen het volgende worden gezegd:

Mortels bestaan uit mengsels van

a. een *bindmiddel*. Dit kan zijn: portlandcement, hoogovencement, ijzerportlandcement, natuurcement, kalkcement of magere kalkcement. Of een combinatie van portlandcement en kalk.

b. een *verschralingsmiddel*. Hiervoor gebruikt u zand.

c. *water*.

Afhankelijk van de verhouding tussen het bindmiddel en het verschralingsmiddel wordt een mortel 'vet' dan wel 'mager' genoemd. Hoe meer bindmiddel, hoe vetter de mortel.

Alleen voor waterdruk-kerend, waterdicht of zeer zwaar belast metselwerk worden mortels toegepast, die als bindmiddel uitsluitend portlandcement of hoogovencement (klasse A) bevatten.

Hoogovencement en ijzerportlandcement worden, wegens hun geringe kalkgehalte, aanbevolen voor mortels die te lijden kunnen hebben van de inwerking van agressief (grond-) water.

De sterkte van een mortel neemt af naarmate meer kalkhoudende cement en minder portlandcement als bindmiddel wordt gebruikt. Hiertegenover staat dat toevoeging van kalk de mortel beter verwerkbaar maakt en een betere voegvulling wordt verkregen. De elasticiteit van kalkhoudende mortel is bovendien groter, waardoor de kans op scheurvorming kleiner is. Kalkbestanddelen in de mortel verminderen de opzuiging van het mortelwater door het poreuze steenmateriaal en bevorderen hierdoor de aanhechting tussen steen en mortel. Kalk vermindert bovendien de kans op muuruitslag (uitbloeiing).

Het verschralingsmiddel zand moet goed schoon zijn. Het beste zand voor de aanmaak van mortels is rivierzand; het bevat slechts zelden verontreinigingen. Leemachtige verontreiniging, organische stoffen (bijv. planteresten) verminderen de vastheid van de mortel. Zuren en zouten kunnen uitslagvorming op het metselwerk veroorzaken. Daarom ook is zeezand niet bruikbaar; het is te veel verontreinigd door schelpresten en zout, maar ook zijn zeezandkorrels te rond van vorm en te weinig verschillend in grootte.

Zand dient om het krimpen van de mortel tegen te gaan. Mortel, bestaande uit alleen cement en water, zou enorm verharden en krimpen. Het zand maakt de toetreding van lucht in de mortel mogelijk, waardoor ook het binnenste van de mortel kan verharden. Bovendien neemt het de drukkrachten in de metselconstructie op. Rivierzand bestaat uit 40% ruimte tussen de korrels, en het bindmiddel (cement en/of kalk) zal ruimten moeten opvullen.

De verhouding bindmiddelen/zand varieert van 1:2 voor werk waaraan hoge eisen worden gesteld, tot 1:3 voor normaal metselwerk. Bij een sterke, harde steen hoort een sterke mortel.

Bij de cement/kalkverhouding in het bindmiddel moet steeds naar een hoog percentage kalk worden gestreefd, met inachtneming van bovengenoemde punten. De sterkte van het metselwerk vermindert nauwelijks door veel kalk. Zo is bijv. de eindsterkte van metselwerk in de steensoort 'hardgrauw' met een mortel 1 cement – 1 kalk – 6 zand slechts

4% minder dan met een mortel 1 cement – 3 zand.

Kalk kan zijn luchtkalk (kalkdeeg of poederkalk) of hydraulische kalk. Luchtkalk verhardt met koolzuur uit de lucht. Als er geen lucht tot de kalk kan toetreden, vindt geen verharding plaats. Hydraulische kalk heeft meer cement- dan kalkeigenschappen en verhardt dan ook grotendeels met water eerder dan door koolzuur uit de lucht.

Bij de dosering zoals die in de morteltabellen voor baksteen-, kalkzandsteen- en isolatiesteenmetselwerk staan aangegeven, kan worden uitgegaan van:

1 zak cement =
50 kg = 40 liter cement,
1 zak poederkalk =
25 kg = 45 liter (kalkdeeg),
1 zak schelpkalk =
33 kg = 40 liter (kalkdeeg).

Bij het aanmaken van kleinere hoeveelheden met de hand of door middel van een cementmolen kan het samenstellen van een mortel ook heel best gebeuren door gewoon een spade of een emmer als gewichtseenheid te gebruiken. Bijvoorbeeld: 1 emmer cement en 2 emmers zand is de mortel voor baksteenmetselwerk. Of: 1 spade vol cement, 2 spaden vol kalkpoeder en 8 spaden vol zand geeft een mortel voor opgaande buitenmuren van kalkzandsteen.

Het mengen van de mortel

Metselmortels worden altijd eerst droog aangemaakt. Dat wil zeggen dat eerst de bindmiddelen met het zand goed dooreen moeten worden gewerkt alvorens het water daaraan mag worden toegevoegd. Bij het *met de hand* mengen maakt u eerst van de juiste hoeveelheid zand een heuveltje waar boven op de bindmiddelen worden uitgestort. Met een spade of bats

wordt deze droge massa dooreengewerkt, waarbij u zich cirkelgewijs om het heuveltje beweegt. Als het zand en de bindmiddelen goed zijn gemengd, maakt u van de droge massa opnieuw een heuveltje en voorziet dat van een kuiltje. U hebt dus als het ware een krater in een berg gemaakt. In de 'krater' stort u het water, en vanaf de voet van de berg schept u steeds wat droge massa in het water. Ook hierbij maakt u steeds omtrekkende bewegingen. Dit alles herhaalt u net zo lang tot een lijvige, evenwichtige massa is verkregen. Onmiddellijk daarna schept u deze massa in de metselkuip(en) om uitdroging van de mortel te voorkomen.

Bij gebruik van een *beton-* of *cementmolen* wordt precies dezelfde volgorde aangehouden: eerst het zand in de molen, daarna de bindmiddelen. Pas dáárna wordt de molen in beweging gezet, waardoor de droge massa gemengd wordt. Vervolgens voegt u water toe. De molen blijft daarbij draaien, want anders kun je niet zien hoeveel

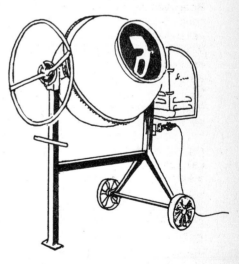

Elektrisch aangedreven beton- of cementmolen.

291

water de droge massa in zich opneemt. Blijf dus kijken hoe lijvig de massa wordt en voeg niet in één keer te veel water toe, maar doe dat in kleinere hoeveelheden tegelijk.
Als de mortel gereed is, zet dan onder de draaiende trog een kruiwagen en laat de mortel langzaam uit de trog in de kruiwagen lopen. Maak de lege trog direct daarna van binnen met water schoon. Een hogedruk-waterspuit is hiervoor uitstekend geschikt.

Samenstelling van de mortel voor baksteenmetselwerk

		Volume-delen		
Soort steen:	Cement:	Kalkpoeder of kalkdeeg:	Zand:	Soort metselwerk:
Klinker	1	–	2	Keldermuren, bestand tegen waterdruk
Hardgrauw	2	–	5	Keldermuren boven grondwater; trasraam; kolommen en muurdammen met belasting boven 14 kg/cm²
Hardgrauw/klinker	6	1	20	Kolommen en muurdammen met belasting boven 14 kg/cm²
Boerengrauw of rood	4	3	19	Massieve buitenwanden en spouwmuren, niet vallend onder het bovenstaande
Boerengrauw of rood	4	3	22	Fundamentmuren; dragende en niet dragende binnenwanden

Samenstelling van de mortel voor poreuze isolatiesteen (in volume-delen)

Merk van de steen:	Cement:	Kalk:	Zand:	Toepassing:
Fimon isolatiesteen	1	1	6	Binnenmuren
Poriso	1	1	6	Binnenmuren

Samenstelling van de mortel voor kalkzandsteen-metselwerk (in volume-delen)

	Zomerwerk			Winterwerk beneden +5°C		
Soort metselwerk:	Cement:	Lucht-kalk:	Zand:	Cement:	Lucht-kalk:	Zand:
Opgaande binnenmuren	1	2	9	1	1	6
Opgaande buitenmuren	1	1	6	2	1	9
Kelders en trasraam (klinkers)	1	1	6	1	1	6
Waterdicht werk	1	⅛	2¼	1	⅛	2¼

Verwerk kalkzandsteen winddroog (5-8%)

Metselen in beeld

Metselen is, zoals zoveel soorten van handwerk, op zichzelf vrij eenvoudig. Maar een werkelijk perfecte beoefening ervan is zeker niet gemakkelijk en vereist veel ervaring. Goed metselen leert u alleen door zèlf te metselen. Van belang is daarbij dat u het in het begin rustig aan doet en van tevoren alles goed overweegt: wat eenmaal gemetseld en verhard is, staat er jarenlang. Voor de beginnende metselaar heeft het bouwen van een muurtje in de tuin, het optrekken van een schuurtje of een barbecue of iets anders, één belangrijk gegeven waar-

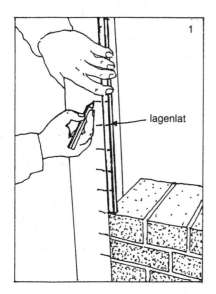

lagenlat

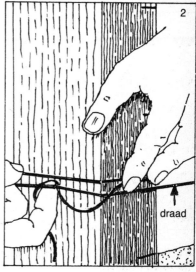

draad

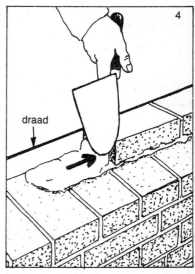

draad

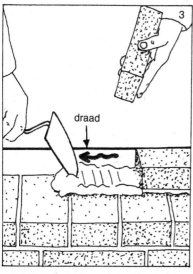

draad

uit een voordeel valt te halen: de fundering van dat bouwsel. Juist bij het metselen van de (noodzakelijke) fundering kan de beginner zijn vaardigheid ontwikkelen. Een fundering is na voltooiing immers aan het oog onttrokken en daarmee ook alle fouten en missers die bij het metselen zijn gemaakt. Pas bovengronds komt het er op aan. Misschien hebt u, met het metselwerk daar aangekomen, dan al voldoende handigheid verkregen.

Bij het metselen in de open lucht bent u zowel van het weer als van de temperatuur afhankelijk. Zo kan metselen in de winter door vorst tot slecht metselwerk leiden. Ook bij voortdurende regenval is het beter het werk stil te leggen en het reeds gemetselde object tegen de regen te beschermen

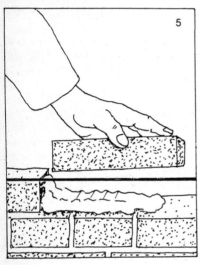

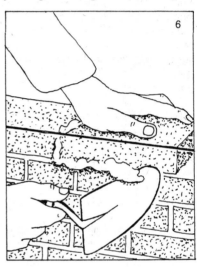

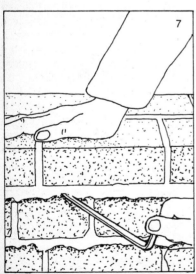

door er planken, plastic folie of stukken asfaltpapier overheen te leggen. De stenen moeten altijd goed 'vol' en 'zat' in de specie worden gewreven. Nooit mag een steen in de specie worden 'getikt' zoals nog vaak gebeurt, dat verhindert een goede hechting van de steen. Stenen die een enigszins holgebogen vorm hebben (dit komt bij zeer hardgebakken stenen nogal eens voor) worden met de holle kant naar boven gelegd, zodat de twee hoogste punten 'aan de draad' liggen. In de hierbij gaande tekeningen worden de meest voorkomende handelingen belicht:

1. Teken als dat nog niet is gebeurd, met behulp van een duimstok, de hoogten van de lagen (steen met specie) op de zijkant van een profiel af.

2. Span een metseldraad tussen beide profielen en wind het einde van de draad enkele keren om het profiel, terwijl de draad onder spanning wordt gehouden.

3. De bovenkant van de mortellaag wordt met een troffelpunt van een golvend patroon voorzien.

4. Met een vloeiende beweging wordt het bovenste deel van het morteloppervlak naar de kop van de vorige steen teruggetrokken en daar tegenaan gewerkt, zodat er een mortelzoom ontstaat die als stootvoeg dient.

5. De nieuw te plaatsen steen wordt op twee tot drie centimeter vanaf de vorige steen in de mortellaag gedrukt en vervolgens met een licht wrijvende beweging tegen de mortelzoom en langs de draad geplaatst.

6. De uitpuilende mortel, wordt met de rechte zijde van de troffel afgestreken en weer in de metselkuip teruggegooid.

7. Aan het einde van een werkdag, of zoveel eerder als de mortel in de voegen nog niet hard is, wordt met een voegspijker de mortel een tot twee centimeter uitgekrabd. Het voegijzer wordt schuingehouden zodat de punt ervan tegen de bovenliggende steen drukt. Zo wordt de voeg eruit gesneden. Eerst schuin naar beneden, dan schuin naar boven en ten slotte de stootvoegen.

8. Na dat uitkrabben van de voegen wordt het hele muuroppervlak met een schone, droge stoffer of borstel schoongeveegd.

9. Bij 'vuil' metselwerk, metselwerk dat later niet in zicht komt, is het hakken met de sabel niet per se nodig. De stenen kunnen in dat geval met de kaphamer op maat worden gehakt. De plaats waar de steen moet worden doorgehakt markeert u met een kras van de beitelkant van de kaphamer.

10. Ter plaatse van de kras hakt u de steen af. Het breukvlak is uiteraard minder recht dan met gebruik van de sabel, en moet eveneens met de kaphamer zonodig iets worden bijgewerkt.

11. Bij een zachte steensoort kan het hakken zelfs met de troffel gebeuren. Daartoe wordt de gebogen zijde van de troffel als kaphamer aangewend. Nooit mag u met de rechte troffelkant hakken, omdat die anders al gauw hol zou slijten, hetgeen het afstrijken van de specie-baarden bemoeilijkt.

12. Recht afgehakte stenen krijgt u doorgaans alleen wanneer u de sabel gebruikt. Klem de steen tussen uw dijbenen. De snede van de sabel wordt vlak en haaks op de gewenste plaats gezet, de linkerduim (bij rechtshandigen) dient daarbij als steun en rust tevens tegen de zijkant van de steen. Met de hamerkant van de kaphamer slaat u krachtig op de rug van de sabel. Na een, twee of drie tikken zal de steen op de gewenste plaats afbreken.

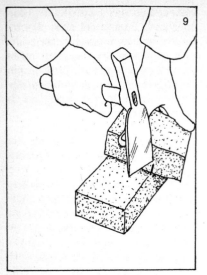

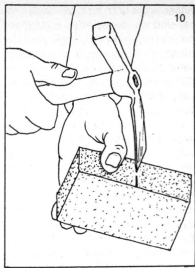

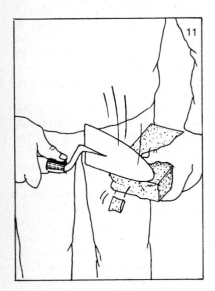

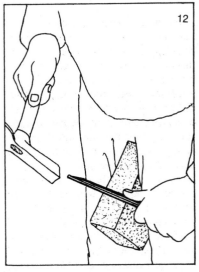

Voegen en voegwerk

In het algemeen zullen lintvoegen van 8 à 10 mm en stootvoegen van 5 à 7 mm voor normale baksteen voldoende zijn. Hoe dikker echter de strekzijde ('laag') van de steen, hoe breder ook de voegen zullen moeten zijn. Bij het verwerken van bijvoorbeeld Fimon isolatiesteen, die een dikte van 10 cm heeft, zal een lintvoeg van 8 mm een te iele indruk maken. Een voeg van 12 mm is in dat geval wel een minimale breedte.

Na het metselen worden de voegen

binnen enige uren en in elk geval aan het eind van de werkdag goed diep (tot op ongeveer 1½-2 cm) met de voegspijker uitgekrabd en met een harde stoffer schoon geboend.

(Soms echter, als dat overeenkomt met het karakter van een gemetselde muur, kunnen de voegen al meteen tijdens het metselen worden afgewerkt door de metselmortel met de troffel gelijk met de voorkant van de stenen af te strijken. U krijgt dan een 'platvolle' voeg, die overigens minder strak is dan een voeg die met de voegspijker is ingewerkt. Deze werkwijze wordt ontraden bij regenachtig weer, omdat de regen de voegen enigszins kan uitspoelen, waardoor de stenen met uitgelopen mortel kunnen worden bevuild.)

Zoals reeds eerder opgemerkt, wordt het uiterlijk van een muur bepaald door het toegepaste metselverband, de kleur en de structuur van de steen maar ook door de dikte, de kleur en de wijze van afwerking van de voegen. Het karakter van de voegen moet dan ook in overeenstemming zijn met dat van de gebruikte steensoort. Een kantige, strakke steen vraagt een andere, strakkere voeg dan een ruige handvormsteen. Regel is, dat strakke stenen ook strakke, scherpgesneden voegen verlangen, en ruigere stenen een eenvoudige, platvolle of geborstelde voeg. Ook dient u te bedenken dat verdiept uitgevoerde voegen het regenwater niet goed laten afwateren. Aan de andere kant geven verdiepte voegen door hun schaduwwerking een meer plastisch karakter aan het uiterlijk van het metselwerk. Daaruit volgt dat verdiepte voegen alleen geschikt zijn voor muren die *niet* op de regenkant staan.

De *kleur* van de voegen bepaalt eveneens in sterke mate de totale indruk van het muurvlak: de steen krijgt een schijnbaar andere tint door de omlijsting van de voegkleur. Bij twijfel over de indruk die een voeg in het metselwerk zal maken, verdient het aanbeveling om de gewenste voegkleur in een te metselen 'proefmuurtje' uit te proberen.

Proefmuurtje

Metsel daartoe een muurtje van ongeveer een vierkante meter en voeg dat in met een paar verschillende voegtypen en -kleuren. U zult opmerken dat, hoe meer de voegkleur naar wit neigt, hoe sterker de voeg zal 'spreken'. Een proefmuurtje moet steeds gemetseld worden in dezelfde richting als het definitieve metselwerk, teneinde geen verkeerde indruk te krijgen doordat de zon vanuit een andere richting op het proefmuurtje valt dan op het 'echte' metselwerk het geval zal zijn.

Werkwijze

Zodra het metselwerk geheel is voltooid en de voegen zijn uitgekrabd, wordt het te voegen muurvlak van boven naar beneden afgeborsteld met een oplossing van 1 volume-deel ruw zoutzuur of azijnzuur op 8 volume-delen water. Voordat u echter met deze oplossing gaat borstelen, moet de muur eerst met schoon water worden bevochtigd of nat gemaakt, om het opzuigen van de zuuroplossing in de stenen en de uitgekrabde voegen te voorkomen. Als dit vooraf bevochtigen wordt vergeten, kan dit aanleiding geven tot een later optredende muuruitslag.

Na het borstelen met de zuuroplossing wordt het muurvlak direct met veel schoon water afgespoeld. De beste manier om dat te doen, is door het hanteren van een waterslang waarop een sproeimond is gemonteerd die een krachtige, gespreide waterstraal afgeeft.

Als witte, crème of geelkleurige stenen zijn toegepast, kan het borstelen met een zuuroplossing beter worden nagelaten, omdat bij deze stenen de kans bestaat op het ontstaan van verkleuringen of zelfs lelijke, donkere vlekken.

Het voegen van het schoongespoelde, nog vochtige muurvlak gebeurt als volgt:

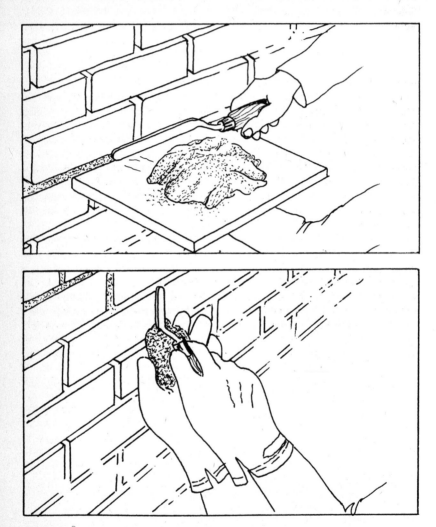

Het voegen.
Boven: De lintvoegen worden als eerste gevoegd. Schep een voorraadje voegmortel op een spaarbord en werk daar vanaf de mortel in de voegen. Gebruik een normale voegspijker.
Onder: Maak van een handvol voegmortel een soort ei, houd dat in de ene hand en werk met de andere hand, met behulp van een *korte* voegspijker de voegmortel in de stootvoegen. De korte voegspijker is gemaakt van een gewone voegspijker.

Het voegen

a. *Lintvoegen.* Op een pleisterspaan of het blad van een troffel legt u een hoeveelheid voegmortel. De zijkant van het spaanblad of het troffelblad houdt u tegen de onderkant van de lintvoeg. Met de lange voegspijker schuift u de voegmortel vanaf het blad in de lintvoeg.

b. *Stootvoegen.* Een handvol voegmortel maakt u tot een enigszins eivormige bal. Houd het smalle gedeelte van het 'ei' vlak naast de stootvoeg. Met de korte voegspijker vanaf het ei de nodige hoeveelheid mortel in de stootvoeg werken.

Bij het voegen gelden de volgende regels:

Zowel lint- als stootvoegen worden met een krachtige druk op de voegspijker nagewreven; de structuur van de voegmortel in de voeg dient zo dicht en glad mogelijk te zijn. Bij erg droog weer moet het gevoegde muurvlak tegen te snelle droging worden beschermd door het met schoon water goed vochtig te houden. Het is het beste om het voegwerk niet in zonnewarmte uit te voeren, maar zoveel mogelijk in de schaduw.

Als er is gemetseld met een metselmortel waarin slechts weinig (portland)cement is verwerkt, is het beter om het voegwerk zo lang mogelijk uit te stellen, zodat de metselmortel de kans krijgt geheel te drogen. Vooral in de winter is dit van belang en kan het voegen beter tot aan het voorjaar worden uitgesteld.

Voegmortels

Voegmortels moeten, wat hun samenstelling betreft, in principe gelijk zijn aan de mortel waarmee gemetseld is. Een uitzondering moet worden gemaakt voor voegmortel voor trasraamwerk. Trasraam is meestal gemetseld met mortel die alleen uit portlandcement en zand bestaat, en deze mortel is niet erg geschikt om mee te voegen.

Omdat het voegwerk steeds op een later tijdstip zal geschieden, zult u rekening moeten houden met eventueel andere weersomstandigheden. Om een goede hechting met de metselmortel in de voeg te verkrijgen, moet u ervoor zorgen dat de hoeveelheid

Samenstelling afwijkende voegmortels*)

Bij toepassing van	Cement	Poeder-kalk	Zand	Schelp-kalk	Kalkdeeg	Opmer-kingen
Buitensteenmuren, baksteen	⅛	–	3½	1	–	
Schoorstenen buitendaks, baksteen	1	1	5	–	–	Niet bij loodslabben e.d.
Schoorstenen buitendaks, baksteen	1½	–	4	–	–	Contact met lood toegestaan
Kalkzandsteen	1	1	5½	–	–	
Schoorsteenkanalen binnendaks, baksteen	⅓	–	4¾	–	1	
Baksteen, kalkzandsteen	1	–	6¼	–	¾	

*) In principe hebben voegmortels dezelfde samenstelling als de gebruikte metselmortels. Deze tabel geldt alleen voor bijzondere toepassingen.

portlandcement in de voegmortel voldoende is. Dit gezien het vorstgevaar of het gevaar voor regenslag, die beide de verharding van de voegmortel kunnen vertragen.

Voegmortel wordt altijd met weinig water aangemaakt, en wel zodanig dat de massa ervan op vochtige aarde lijkt. Voegmortel is dus weinig 'plastisch'. Het te gebruiken zand voor de meeste voegmortels is het gewone rivierzand, maar als de gebruikte steensoort zeer hard en dicht van structuur is, zal een voegmortel met zilverzand als verschralingsmiddel gebruikt moeten worden. Zilverzand geeft immers aan de voegmortel een uiterst fijne, zeer dichte korrelstructuur en dat is juist wat u bij harde steensoorten nodig zult hebben.

Aan voegmortels kunnen kleurstoffen worden toegevoegd, mits de hoeveelheid daarvan niet meer dan 5% van het bindmiddel (het cement en de kalk samen) bedraagt. Te veel kleurstoffen zullen de sterkte van de voegmortel negatief beïnvloeden.

Voor witte voegen kan witte cement worden gebruikt, die gewoon in de handel verkrijgbaar is.

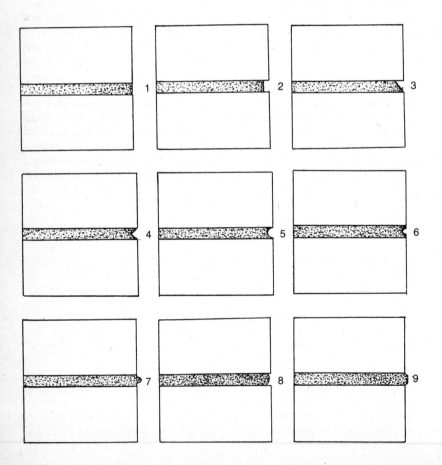

Voegsoorten

In de tekening ziet u negen verschillende voegvormen. Enkele daarvan worden echter nauwelijks meer gebruikt omdat de vakmensen die dergelijke voegen konden maken vrijwel zijn uitgestorven. Bijvoorbeeld het maken van de geknipte voeg vereist een groot vakmanschap.

1. *Platvolle voeg.* Sterk, passend bij een wat ruigere baksteensoort.
2. *Verdiepte voeg.* Kwetsbaar bij muren op de regenkant. Mooie schaduwwerking.
3. *Schuin terugliggende voeg.* Minder kwetsbaar. Toch schaduwwerking.
4. *Driehoekig ingesneden voeg.* Moeilijk te maken, vooral bij de ontmoeting van stoot- en lintvoegen. Wel sterk.
5. *Holle voeg.* Zie 4.
6. *Voeg met hol.* Nogal kwetsbaar. Zeer moeilijk uit te voeren.
7. *Voeg met dol.* Zeer kwetsbaar. Verder als 6.
8. *Geknipte voeg.* Moet langs een rei worden gevoegd.
9. *Gesneden voeg.* Als 8. Voor beide moet zilverzand worden gebruikt.

Het stellen van metselprofielen

Om een muur te kunnen metselen dient u de beschikking te hebben over een aantal gegevens. Zo moet om te beginnen de *koppenmaat* en de *lagenmaat* worden vastgesteld en op een koppenlat worden afgetekend.

Niet alle stenen binnen een partij zijn steeds even dik en lang. De steenfabrieken leveren hun stenen met een tolerantie van 2 mm. Anders gezegd: binnen één partij afgeleverde stenen kunnen zowel de koppen als de strekken van de stenen onderling een verschil tonen van 2 mm. Dit is niet altijd het geval, maar u kunt beter het zekere voor het onzekere nemen door een gemiddelde steendikte- en lengte vast te stellen.

Lagenmaat en koppenmaat

De *koppenmaat* kan worden bepaald door 10 stenen met hun strekken als een patijtse laag (dus op hun plat, met de strekken naast en tegen elkaar) neer te leggen en daarbij het aantal stootvoegen op te tellen. Deel het verkregen aantal centimeters weer door 10 en u hebt de gemiddelde koppenmaat vastgesteld. Breng die koppenmaat over op een lange lat: die lat is de *koppenlat*, waarmee u de lengte van de muur in het aantal koppen kunt verdelen. En ook het aantal strekken, want u weet dat één strek gelijk is aan twee koppen plus een stootvoeg.

Bij het bepalen van de koppenmaat ontstaat vaak een probleem bij de eerste kop en stootvoeg, dus daar waar het metselwerk begint. De koppenmaat is weliswaar altijd gelijk aan 1 kop plus 1 stootvoeg, maar op de hoek van het metselwerk gaat dat niet op, want daar wordt immers begonnen met een kop zónder stootvoeg. Als u de koppenmaat op de koppenlat zodanig afschrijft dat de eerste koppenmaat is: kop plus *halve* voeg, zijn de andere maten gelijk aan kop plus hele stootvoeg (zie tekening).

De *lagenmaat* van het te metselen werk kunt u vaststellen door 10 stenen op hun kant tegen elkaar te leggen. Bij de verkregen totaalmaat worden de lintvoegdikten opgeteld en het geheel weer door 10 gedeeld. Het aldus verkregen getal is de gemiddelde steendikte plus één lintvoeg = de lagenmaat. Deze lagenmaat zet u met een duimstok en potlood uit op een lat van ongeveer 150 cm lang en ongeveer 2 × 3 cm in doorsnede. De potloodstreepjes worden met een fijngetande zaag even verdiept ingezaagd,

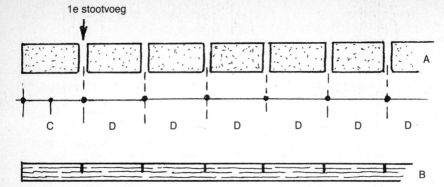

1e stootvoeg

A
C   D   D   D   D   D   D
B

Bepalen van de koppenmaat.
A. Koppen van de stenen plus stootvoegen.
B. De koppenlat met daarop afgetekend de eerste kop met *halve* voeg (C) en de andere koppen met een *hele* voeg (D).

zodat de maatverdeling zichtbaar blijft, ook wanneer de lat met specie besmeurd is. Hiermee heeft u een *lagenlat* verkregen. Met behulp van deze lagenlat kan de laagverdeling op de metselprofielen worden afgeschreven.

Metselprofielen
Dit zijn zuiver rechtgeschaafde houten ribben met een doorsnede van ongeveer 10 × 10 of 10 × 7,5 cm, en een lengte van circa 250 cm. Ze worden gebruikt voor het zuiver te lood metselen (het zogeheten 'ophalen') van muren. Op elke hoek van de te metselen muur wordt een profiel gesteld met behulp van een lange waterpas of een schietlood. Ook op de plaats waar de muur een inspringing, kruising met een andere muur, of andere verandering ondergaat, wordt een profiel geplaatst.
Op de metselprofielen worden pas nadat ze zuiver te lood staan, met behulp van de lagenlat en potlood de lagen afgetekend.
De onderzijde van het profiel kan op verschillende manieren worden vastgezet, afhankelijk van de situatie, en

afhankelijk of dat binnens- of buitenshuis gebeurt. Soms is het noodzakelijk het profiel op een plankje te zetten en vervolgens met een in de grond geslagen piket te verankeren. In andere gevallen zal een metselprofiel op een bestaande vloer moeten worden vastgezet. Hoe dan ook zal het profiel van onderen met een steekspijker of op andere wijze tegen wegschuiven moeten worden behoed. De rechtgeschaafde zijden staan natuurlijk naar het te metselen werk gericht.
Als het profiel van onder stevig op de juiste plaats is vastgezet, wordt het met behulp van een waterpas of een schietlood zuiver rechtop ofwel 'te lood' gesteld en via twee schoren of *zwiepingen* aan piketten of een andere voorziening vastgespijkerd. De draadnagelkoppen laat u een stukje uitsteken, zodat u ze later weer gemakkelijk kunt uittrekken wanneer het profiel van plaats moet veranderen. De zwiepingen zodanig plaatsen dat ze u bij het opmetselen niet hinderen en uiteraard ook niet zo dat de zwieping door het vooralsnog denkbeeldige metselvlak steekt, want dan zult

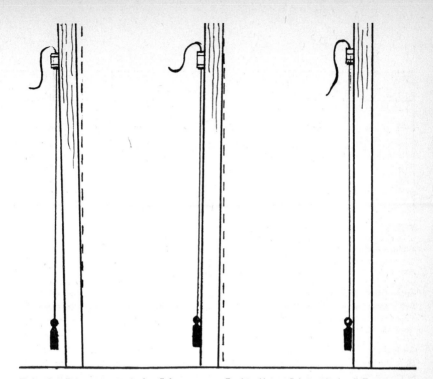

Te lood stellen van een metselprofiel.
Links: Het lood 'vliegt'.
Midden: Het lood 'sleept'.

Rechts: Het profiel staat 'te lood'. Tussen profiel en het lood tekent zich slechts een heel dun streepje licht af.

u hem op gegeven moment moeten weghalen als u nog aan het metselen bent.

Metseldraad waterpas

Tussen de twee tegenover elkaar staande profielen wordt vervolgens op willekeurige hoogte een waterpas lopende lijn uitgezet. Die willekeurige hoogte is dus wel op beide profielen hetzelfde. Het beste gebruikt u hiervoor een zogenaamd slangwaterpas (zie de tekening).

Met de uitgezette waterpaslijn als basis kunt u vervolgens met de lagenlat de metsellagen op de profielen aftekenen. De op de profielen gemarkeerde potloodtekentjes corresponderen met elkaar. Bijvoorbeeld: het achtste streepje van het ene metselprofiel,

vanaf de grond gerekend, ligt zuiver waterpas t.o.v. het achtste streepje op het andere metselprofiel.

Langs de potloodstreepjes kunt u straks de *metseldraad* spannen. En langs die metseldraad metselt u de stenen...

Metselverbanden

Aan goed metselwerk kunnen de volgende eisen worden gesteld:

a. Het metselverband moet zijn aangepast aan de functie die het moet vervullen en bovendien passen bij de omgeving. Bij 'vuil' metselwerk, is dat minder van belang, omdat dit soort metselwerk hetzij achter een betimmering, hetzij achter een stuc-laag aan het zicht zal worden onttrokken.

b. Stukken, kleiner dan een halve

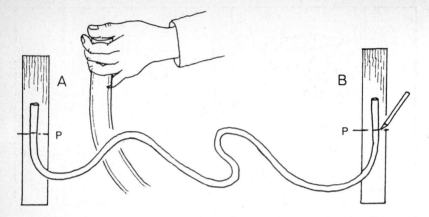

Slangwaterpas.

Voor het uitzetten van een zuivere waterpaslijn waarvan de twee uiteinden erg ver uit elkaar liggen, kan gebruik worden gemaakt van een slangwaterpas. U kunt zo'n instrument zelf maken van een *transparante* tuinslang die met water wordt gevuld. De lengte van de slang is onbelangrijk, maar hij moet natuurlijk wel de gewenste meetpunten kunnen bereiken. De slang vanaf slechts één uiteinde vullen, anders vormen zich in de slang luchtbellen. Een slangwaterpas wordt altijd door twee personen bediend. Het water in de slang gedraagt zich als communicerende vaten en staat dus altijd op gelijke hoogte. De beide personen tekenen het in de slang zichtbare peil op een paaltje, lat, metselprofiel e.d. af. De twee afgetekende punten staan nu ten opzichte van elkaar *waterpas.*

Bij het verplaatsen van de slang sluit men met de duim de opening van de slang af, zodat het water niet weg kan lopen (zie detail).

steen in het vierkant, mogen niet verwerkt worden, uitgezonderd daar waar dat niet anders mogelijk is, bijvoorbeeld bij het aanmetselen van kozijnen en muuropeningen;

c. Twee stootvoegen mogen nooit boven elkaar samenvallen, dus nooit in elkaars verlengde liggen.

Voor het metselen is een inzicht in de verschillende metselverbanden noodzakelijk. Maar ook het type muur is van belang. Zo kennen we half-steensmuren, steensmuren, anderhalfsteens-muren, enzovoort. We zullen deze stuk voor stuk bespreken.

Halfsteensmuren

De dikte van dergelijke muren is nooit groter dan een halve steen, of, anders gezegd, niet dikker dan de kopbreedte van een steen.

Hieruit volgt, dat alle stenen met hun strekken evenwijdig aan de lengterichting van de muur lopen.

De verschillende lagen, zowel de doorlopende als de niet-doorlopende, zijn dus in aanzicht *streklagen*, waarin de stenen ten opzichte van elkaar zodanig gerangschikt zijn dat de stootvoegen van de ene laag altijd midden boven of onder die van de andere laag zijn gelegen. De staande tand heeft ook altijd de diepte van een halve steen, terwijl de vallende tand steeds zeer regelmatig een halve steen verder verspringt. Het begin of het einde van een in halfsteensverband gemetselde muur kan dan ook nooit met een klezoor of drieklezoor geschieden.

Waar op vele regels ook uitzonderingen bestaan, is het bij het metselen niet anders: u kunt namelijk ook heel

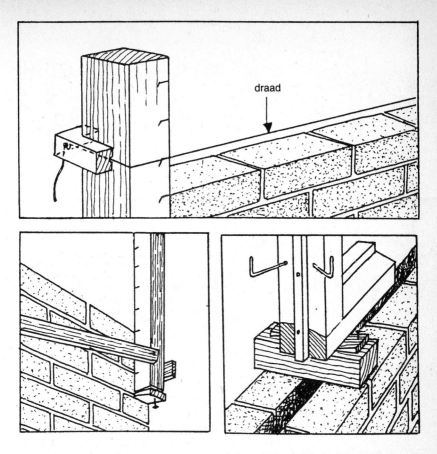

draad

Boven: Metseldraad spannen door middel van een zelfgemaakt houten klosje, waar doorheen een gaatje is geboord. Door de strakke spanning op de draad wordt het klosje vanzelf tegen het profiel geklemd.

Onder links: Als het metselwerk hoger reikt dan het profiel lang is, wordt het op drie à vier lagen van boven vastgezet d.m.v. een houten wig die in de uitgekrabde lintvoeg is geslagen. Op deze wig komt het profiel te rusten; een steekspijker houdt het op zijn plaats. Twee schoren of wel zwiepingen houden het profiel te lood. Ook aan de bovenzijde wordt het profiel met zwiepingen vastgezet.

Rechts onder: Het stellen van een raamkozijn d.m.v. zgn. *stelhout* alsmede een paar wiggen. Door het aanslaan van de wiggen kan het kozijn op hoogte en waterpas worden gesteld.

best halfsteensmuren in allerlei andere verbanden uitvoeren. Het nadeel is dan wel dat er veel hakwerk aan te pas komt om de verschillende halve stenen, klezoren en drieklezoren, nodig in een bepaald metselverband, op maat te maken. Bijvoorbeeld: een patijtse laag van een steensmuur in kruisverband, wordt in een halfsteensmuur in kruisverband een laag van allemaal op halve lengte gehakte stenen. Het spreekt vanzelf dat dit alleen zin heeft als het een halfsteensmuur in *schoon werk* betreft en aan het karakter van de muur bepaalde decoratieve eisen worden gesteld.

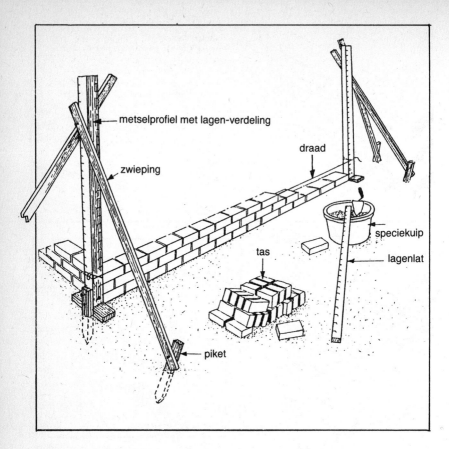

metselprofiel met lagen-verdeling

zwieping

draad

speciekuip

tas

lagenlat

piket

Bij dikkere muren dan halfsteens-mu-
ren kunnen allerlei fraaie metselverbanden worden toegepast. We laten
ze hierna volgen:

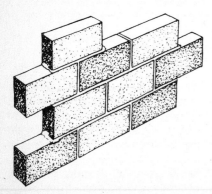

Klampmuur.
Een dergelijke muur of wand bestaat uit stenen
die op hun smalle kant (de zgn. 'strek') op
elkaar zijn gemetseld. Zo'n muur is slechts
geschikt voor zeer lichte scheidingswanden,
of als bekleding tegen dikkere muren. Op de
dikkere muur wordt dan eerst een waterdichte
mortellaag aangebracht alvorens de klamp
daartegenaan gemetseld kan worden.

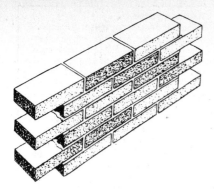

Halfsteensmuur.
Een halfsteensmuur bestaat niet uit halve stenen, maar uit hele stenen die alle in de lengterichting van de muur zijn geplaatst. De dikte van de muur is die van een kop of een halve steenlengte, vandaar de naam. Een halfsteensmuur is geschikt voor schuurtjes, garages, loodsen of zomerhuisjes, maar dan niet op de regenkant. Ook wordt hij veel als binnenmuur toegepast. Hij kan ook een balklaag dragen, maar in verband met het risico van doorknikken (vooral bij hoog opgemetselde muren) is het toepassen van een steensmuur beter.

binnen

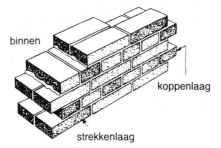

koppenlaag

strekkenlaag

Steensmuur.
Deze muur heeft de dikte van één steenlengte. Op de regenkant is ook deze muur niet als waterdicht te beschouwen. Hij is uitstekend geschikt als balkdragende muur. Door zijn steenverband is hij fraai om te zien: hij kent een afwisseling van steeds een koppenlaag (patijtse laag) en een strekkenlaag. Binnen deze afwisselende lagen kunnen verscheidene steenverbanden worden toegepast.

Anderhalfsteensmuur.
Bij zorgvuldige uitvoering is deze muur als waterdicht te beschouwen, maar het volkomen dichtwerken (volmetselen) van de voegen is dan wel een eerste vereiste. Net als de steensmuur is hij in allerlei verbanden uit te voeren.

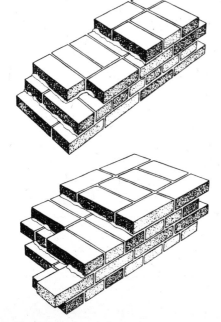

Tweesteensmuur.
Deze muur wordt zelden toegepast, tenzij voor zeer zware funderingen of als opgaande muur die een extreem zware belasting krijgt te verduren. De tweesteensmuur is al gauw 43 cm dik en vereist veel materiaal.

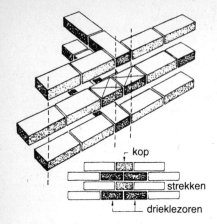

Halfsteensverband.

Bij het halfsteensverband hebt u doorgaans een minimum aan hakverlies, omdat het een zeer regelmatig verband is: boven en onder het midden van iedere strek ligt een stootvoeg van de erboven en eronder liggende streklaag. Pas bij de ontmoeting van een andere muur kan een onderbreking in de regelmatigheid van het verband ontstaan. De twee elkaar ontmoetende muren moeten met elkaar verbonden worden, en het gevolg is dat steeds om de andere laag een kop zichtbaar wordt. Daarmee wordt dus het verband verbroken, want een halfsteensmuur bestaat in principe uit hele strekken. Om het doorgaande verband te kunnen herstellen, wordt ter plaatse van de muurontmoeting gebruik gemaakt van drieklezoren, zoals deze tekening laat zien.

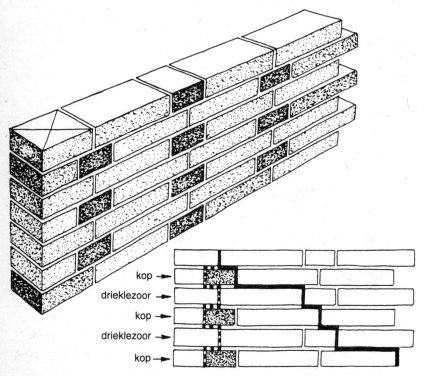

Kettingverband.

Ook wel Noors verband genoemd. Met dit verband wordt een verticaal accent verkregen. Bij steensmuren bedraagt het aantal voorwerkers drie-vijfde van het totaal aantal gebruikte stenen, hetgeen een gevolg is van de vele patijtse koppen. Ingeval van halfsteensmuren moeten deze koppen uit hele stenen worden gehakt, maar dit geeft uiteraard geen hakverlies.
De staande tand is zeer regelmatig en een klezoor diep. De vallende tand is zeer flauw en vrij onregelmatig.

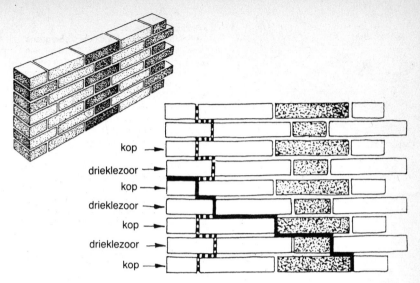

kop ➡
drieklezoor ➡
kop ➡
drieklezoor ➡
kop ➡
drieklezoor ➡
kop ➡

Engels verband.

Evenals het kettingverband zeer decoratief. Bij toepassing in steensmuren vormt het aantal voorwerkers vier-zevende deel van het totaal aantal te gebruiken stenen.
De hartvoeg van het Engels verband loopt in steensmuren voor een deel door, hetgeen in constructieve zin als een verzwakking is aan te merken.
Vrij veel hakwerk bij halfsteens-uitvoering: er zijn veel koppen nodig. De vallende tand is nogal flauw van lijn. De staande tand is een klezoor diep.

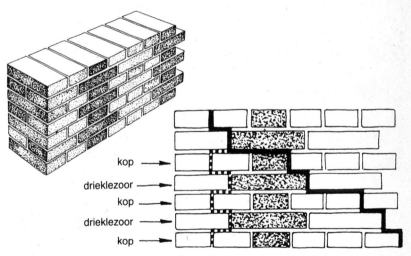

kop ➡
drieklezoor ➡
kop ➡
drieklezoor ➡
kop ➡

Staand verband.

Dit verband kan gebruikt worden als de muur minstens één steen dik is. In het aanzicht van dit verband komen twee verschillende lagen voor, te weten *patijtse* en *strekken*lagen. De stootvoegen van de patijtse lagen liggen alle verticaal boven elkaar, hetgeen ook het geval is met de stootvoegen van de strekkenlagen, die ten opzichte van de koppen steeds één klezoor verspringend opschuiven. De vallende tand is onregelmatig; de staande tand heeft de diepte van een klezoor, hetgeen een minder sterk verband geeft.

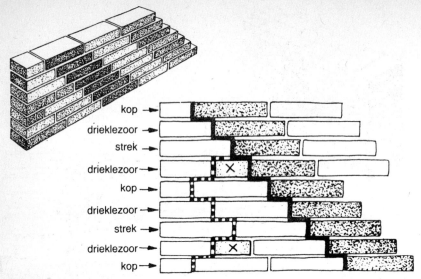

kop →
drieklezoor →
strek →
drieklezoor →
kop →
drieklezoor →
strek →
drieklezoor →
kop →

Lopend klezoorverband.

Ook bij dit klezoorverband begint u op de hoeken met afwisselend een *kop* en een *drieklezoor*, maar om de 5 lagen komt een strek voor. Typerend voor dit verband is het plotseling (eveneens om de vijf lagen) verschijnen van een kop na een drieklezoor (zie kruisjes), die echter verder in het verband niet meer terugkomt.

Het lopend klezoorverband toont een optische, diagonale lijn, en is om die reden minder fraai te noemen dan het staand klezoorverband. De staande tand is onregelmatig, de vallende tand juist weer zeer regelmatig.

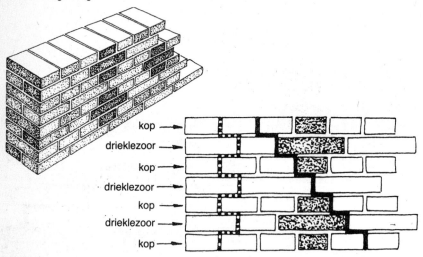

kop →
drieklezoor →
kop →
drieklezoor →
kop →
drieklezoor →
kop →

Kruisverband.

Het kruisverband kan worden toegepast als de dikte van de muur één steen of meer moet bedragen. Ook bij dit verband zie je in aanzicht twee verschillende lagen, nl. een patijtse en een strekkenlaag. De stootvoegen van de patijtse lagen staan alle verticaal boven elkaar, die van de strekkenlagen verspringen ten opzichte van elkaar een halve steenlengte, en ten opzichte van de patijtse lagen een klezoor.

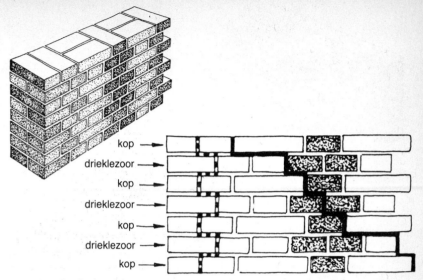

kop →
drieklezoor →
kop →
drieklezoor →
kop →
drieklezoor →
kop →

Hollands verband.
Dit verband lijkt veel op het Vlaams verband. In aanzicht zijn twee verschillende lagen te
onderkennen, t.w. patijtse lagen waarvan de stootvoegen verticaal boven elkaar staan, en lagen
bestaande uit een aaneenschakeling van koppen én strekken waarvan eveneens de stootvoegen
boven elkaar geplaatst zijn. De stand van de stenen in de verschillende lagen is zodanig, dat
telkens een kop midden onder of boven een strek ligt. De vallende tand vertoont om de vier lagen
een onregelmatigheid, de staande tand is een klezoor diep.

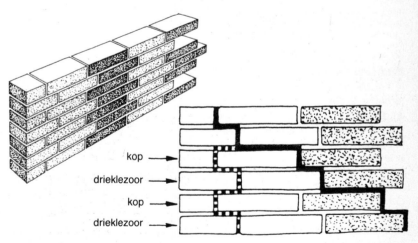

kop →
drieklezoor →
kop →
drieklezoor →

Staand klezoorverband.
Dit verband vereist wat meer hakwerk op de hoeken: daar komen geen strekken voor. Het
verband wordt verkregen door op de hoeken te beginnen met afwisselend een *kop* en een
drieklezoor. De strekken schuiven hierdoor één klezoor ten opzichte van elkaar op, maar
bevinden zich ook steeds verticaal 'staand' boven elkaar. Regelmatige staande tand. De vallende
tand behoorlijk regelmatig.

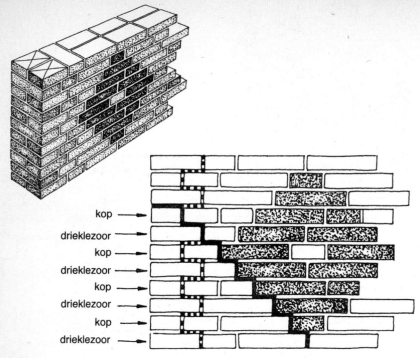

kop →
drieklezoor →
kop →
drieklezoor →
kop →
drieklezoor →
kop →
drieklezoor →

Amerikaans verband.

Het Amerikaans verband doet nogal 'druk' aan. Dit is een gevolg van de vrij ingewikkelde verdeling van de lagen: één laag bestaat uit enkel strekken, de andere laag uit een kop-strek-kop-strek verdeling. Het Amerikaans verband kent een klezoorverloop. De staande tand is een klezoor diep, de vallende tand is zeer regelmatig. Een nadeel is weer, net als bij het Vlaams verband, dat de hartvoegen binnen in de muur samenvallen.

Muurafdekkingen

Het afwerken van muren met een waterdichte afdekking is vooral van belang bij balustrades, beëindigingen van topgevels of tuinmuren. Bij het bepalen van het soort afdekking moet u ervan uitgaan dat de betreffende muur tegen het opnemen van vocht moet worden beschermd en dat u de gekozen afdekking zó moet metselen dat er tegelijk sprake is van het geheel afwerken van die muur. Anders gezegd: sommige muren moeten worden afgedekt, maar de afdekking zal tevens moeten dienen als 'finishing touch' van het metselwerk aan die muur.

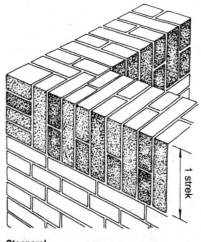

1 strek

Steensrol.

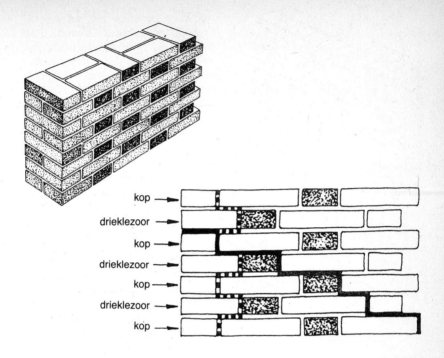

kop →
drieklezoor →
kop →
drieklezoor →
kop →
drieklezoor →
kop →

Vlaams verband.

Soms ook Pools of gotisch verband genoemd. Uitsluitend voor steensmuren toepasbaar. Uit het aanzicht blijkt duidelijk de gelijksoortigheid van de verschillende lagen. Elke laag bestaat uit een regelmatige aaneenschakeling van koppen en strekken, zodanig geplaatst dat de koppen van de ene laag steeds midden over en boven de strekken van de andere laag liggen. De staande tand is een klezoor diep, terwijl de vallende tand een vrij regelmatig verloop toont.

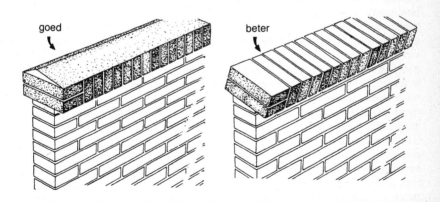

goed

beter

Liggende halfsteensrol.

313

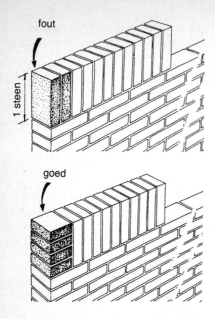

fout

1 steen

goed

Staande steensrol.

Maak een muurafdekking nooit uitbundig en ingewikkeld. Een simpele rollaag over de schuine zijden van een topgevel is niet alleen bestemd als waterkering, maar ook in zijn eenvoud afdoende en goedkoop. Zo'n rollaag kan eventueel zonder veel extra moeite met een *overstek* worden gemetseld, zodat de overstekende laag dienst doet om het regenwater enigszins vrij van de muur te laten afdruipen. Bovendien geeft het overstek iets meer dimensie aan de muur. Muurafdekkingen moeten steeds uit harde steen en sterke mortel worden gemetseld, opdat het vocht zo min mogelijk kan indringen.

U kunt een rollaag gelijk met de onderliggende muur opmetselen, of met een *overstek*. Gelijk met de muur gemetselde rollagen hebben het bezwaar dat het regenwater direct langs de muur naar beneden druipt, terwijl een met overstek gemetselde rollaag

het water op enige afstand van de onderliggende muur afvoert. Het spreekt vanzelf dat de wind het druipwater tegen de muur kan blazen, maar dat neemt niet weg dat een overstek de muur wel degelijk beschermt tegen een te grote vochtigheid.

Rollagen bestaan uit op hun kant gemetselde stenen. Er zijn halfsteens, steens, anderhalfsteens en tweesteens rollagen. De benamingen van deze rollagen slaan niet op de dikte van de muur, maar op de *hoogte* van de rollaag. Bijvoorbeeld: een steensrollaag bestaat uit verticaal geplaatste hele strekken en/of twee koppen. De eenvoudigste afdekking met overstek is die van de *liggende halfsteensrol*, die aan de bovenzijde is afgesmeerd met een afwaterende laag sterke cementmortel, zodat het water naar de voorkant van de muur kan afvloeien. Deze oplossing is echter weinig fraai door de egaal grijze mortellaag, die een weinig ambachtelijke indruk maakt. Beter is de rol die van zichzelf op enig *afschot* is gemetseld; het karakter van het metselwerk wordt hiermee geen geweld aangedaan.

Horizontaal op de hoek gemetselde stenen, onverschillig of dat halve stenen, drieklezoren of hele stenen zijn, hebben een groter aanhechtingsvermogen door een groter morteloppervlak, en vormen daardoor een steviger hoekbeëindiging. Een uiterst stevige en ook fraaie hoekbeëindiging bij muurafdekkingen is die door middel van een goed passend blok natuursteen of van tevoren gegoten sierbeton.

De stenen van rollagen moeten, omdat ze steeds rechtopstaand worden gemetseld, eerst worden *aangebrand*. Dat wil zeggen dat de stenen aan hun platte kant met de troffel van een laag mortel worden voorzien vóórdat ze in positie worden geplaatst. De aan te branden steen ligt daarbij in de hand en wordt langs de met mortel gevulde troffel gewreven.

Aandachtspunten bij het optrekken van metselwerk

Funderingen

Een fundering is een constructie die het gewicht van het metselwerk en de belasting van het hele bouwwerk, en alles wat zich daarin bevindt, op de vaste grond overbrengt en verdeelt. Er bestaan in hoofdzaak twee soorten funderingen:
1. fundering op houten of betonnen palen,
2. fundering 'op staal'.

Door de toenemende toepassing van beton heeft de wijze van funderen sinds de laatste 50 jaar een grote verandering ondergaan. Tegenwoordig worden er bijvoorbeeld nog maar weinig geheel gemetselde funderingen gemaakt. Alleen op het platteland, en vooral in de zandstreken, worden hui-

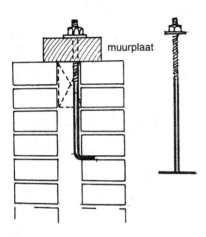

muurplaat

Muurplaten.
zijn houten balken die op de muren dragen en waarop een eveneens houten constructie wordt bevestigd. Muurplaten moeten daarom met *muurplaatankers* aan de muren worden verankerd. Bij voorkeur vindt deze verankering aan het binnenblad van een spouwmuur plaats. In sommige gevallen worden de gootklossen ook aan de muurplaat vastgezet. Het plaatsen van de ankers is het werk van de metselaar; het omgezette deel van het anker wordt in de lintvoeg ónder de vierde steen van boven af opgenomen.
Bij (massieve) steensmuren wordt het anker geheel ingemetseld. Voor spouwmuren geldt: om intrekken van spouwvocht in de muurplaat tegen te gaan, wordt de ruimte onder de muurplaat met een rollaag of op hun plat gemetselde stenen dichtgewerkt (zie stippellijnen op de tekening).

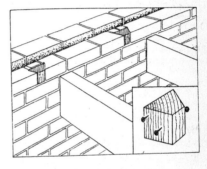

Plintklossen inmetselen.
U zult veel plezier kunnen hebben van voorzieningen die tijdig in het metselwerk worden opgenomen. Een voorbeeld daarvan zijn de zogeheten *plintklossen*, waartegen later de plinten kunnen worden gespijkerd. Zulke klossen worden gemaakt van grene- of vurehout van ongeveer 5 × 7 cm. Ze hebben een tapse vorm, waarvan de smalle zijde zichtbaar blijft. Voordat de klossen worden ingemetseld, worden ze van enige half ingeslagen draadnagels voorzien en goed in de menie gezet. Ze worden om de 50 à 60 cm aangebracht en moeten goed vol in de mortel worden gewerkt. Plintklossen zijn even hoog als de stenen dik zijn, maar mogen niet even breed zijn: achter de klossen moet zich nog een gedeelte metselwerk bevinden om het vochtig worden van de klossen te verhinderen en het onmogelijk te maken dat bij het vastspijkeren van de plinten de klossen naar achteren kunnen worden weggedrukt. Als de muur later wordt bepleisterd, is het het beste om de klossen 1 cm uit het metselwerk naar voren te laten uitsteken, zodat het pleisterwerk de klossen niet bedekt en onzichtbaar maakt.

315

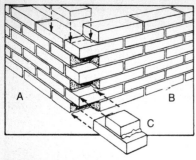

Voorbeeld van een vertanding.

Aan de onderlinge verbinding van muren moet steeds veel aandacht worden besteed. Vooral bij binnenmuren zullen slechte aansluitingen het doordringen van geluiden gemakkelijk maken en de vereiste samenhang en stabiliteit schaden.

In dit voorbeeld is de vertanding van twee halfsteensmuren die elkaar ontmoeten niet eveneens halfsteens uitgevoerd, maar zijn de stenen van muur A één klezoor diep in muur B gewerkt. Op die wijze is de aansluiting van beide muren op zichzelf al geluidsdicht gemaakt, zodat de latere aansluiting van muur C daarop van minder belang is, hoewel een zorgvuldige uitvoering steeds is aan te bevelen.

zen nog vanaf de ongeroerde zand-laag met gemetselde constructies opgetrokken, hoewel ook daar een strookfundering van beton steeds meer wordt toegepast. In andere delen van ons land, waar de draag-krachtige grondlagen op grotere diepte liggen, moet veelal geheid wor-den, een funderingswijze waarbij houten of betonnen palen tot op de draagkrachtige grondlaag worden in-geslagen en waarbij de fundering bo-ven op de paalkoppen komt te rusten. Soms ook wordt de gehele fundering (al dan niet voorzien van een kelder) vanaf de zandlaag tot aan de eerste balklaag uit beton vervaardigd. Bij funderingen op staal moet de grond ter plaatste geheel tot op de dragen-de grondlaag worden uitgegraven. In het geval van paalfunderingen is dat niet nodig, behalve als er onder het huis een kelderruimte is opgenomen. In het kader van dit hoofdstuk zal aan het funderen d.m.v. heipalen worden

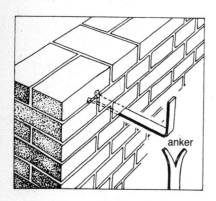

anker

kas en anker

Kassen en vertandingen noemt men die in het metselwerk vrijgehouden voorzieningen die het mogelijk moeten maken om een later te metselen muur of muren onwrikbaar met de voorgaande muur te verbinden. Ze worden gemaakt in gevallen waarbij bijvoorbeeld de opstelling van een steiger het direct in het werk meemetselen van de andere muur onmogelijk maakt, of een voorgevel pas later kan worden aangesloten op de zijmuren. Het gedeelte van de latere muur dat tot binnen in de opengehouden kassen wordt gemetseld, heet 'het blok'.

Vertandingen zijn vaak de uit het metselverband voortvloeiende beëindigingen, die eveneens worden gebruikt om er later metselwerk op te laten aansluiten.

De verschillende vertandingen (de 'vallende' en de 'staande' tand) worden in het hoofdstuk 'Metselverbanden' besproken.

316

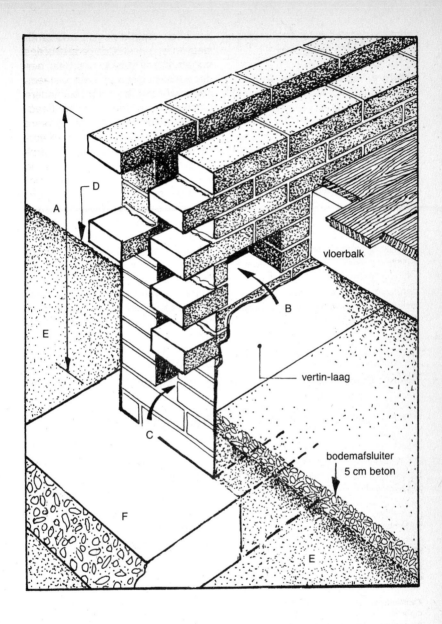

vloerbalk

vertin-laag

bodemafsluiter
5 cm beton

A. Kalkzandsteen tot 2 à 3 lagen onder het maaiveld.
B. Ventilatie-opening kruipruimte/buitenlucht (aan buitenzijde met muisdicht rooster).
C. Spouw.
D. Maaiveld.
E. Zandaanvulling.
F. Betonnen funderingsstrook.

voorbijgegaan en alleen het funderen op staal worden behandeld.

Funderen op staal

Bij het zogeheten funderen 'op staal' komt geen staal te pas; het is een term om aan te geven dat de fundering zonder tussenkomst van heipalen direct op de ongeroerde (zand-, klei- of leem-)laag rust.

Van staalfunderingen spreekt men als de vaste grond op een diepte van 1 tot 2 meter ligt. De vaste grondlaag wordt in dat geval door het weggraven van de erboven liggende, niet-draagkrachtige grond blootgelegd, en op de bodem van de aldus ontstane 'sleuven' wordt de funderingsaanleg geplaatst. In elk geval moet de diepte van de aanleg op 60-80 cm onder het maaiveld liggen, omdat deze diepte als *vorstvrij* geldt. Het is bij het ontgraven van belang de sleuven op een zodanige breedte te maken dat u straks naast de funderingsaanleg de stenen en metselkuipen kwijt kunt. Meestal is een loopruimte van 1 meter voldoende. Bij ondiepe sleuven, als de metselkuipen en de stenen op de rand van de sleuven kunnen staan en vanaf de sleufbodem bereikbaar zijn, kan worden volstaan met een loopruimte van ±40-50 cm.

Funderen moet met veel zorg gebeuren, omdat fouten vaak scheurvorming en zelfs verzakkingen tot gevolg kunnen hebben. Een eerste vereiste is dat u zoveel mogelijk weet over de samenstelling en (dus) het draagvermogen van de grondlaag. De globale draagkracht van verschillende grondsoorten wordt in dit tabelletje aangegeven:

Globale draagkracht van verschillende grondsoorten

Grondsoort:	Draagvermogen per cm^2:	Opmerkingen:
Rotsgrond	10-30 kg	
Harde mergel	3-10 kg	
Zandgrond	2-5 kg	Mits ongeroerd
Ingewaterd zand	0,5-1 kg	Sterke klink. Trillen of stampen is beter. Zand moet vochtig zijn.
Slappe klei	0-0,9 kg	Ongeschikt als dragende grond
Kleigrond	4-5 kg	Vaak veel 'zetting'
Leemhoudende grond	0,8-2 kg	Vaak veel 'zetting'
Veen	–	Ongeschikt als dragende grond
Gemengde gronden	–	Meestal ongeschikt

Funderingen op staal (schematisch).
1. Gemetselde fundering op ongeroerde zand-, grind- en kleigronden. Diepte voor buitenmuren op 80 cm onder het maaiveld. Aanlegbreedte voor een halfsteensmuur.
2. Idem voor een steens- of spouwmuur.
3. Versnijdingen.
4. Aanlegbreedte van beton (zie 'Werken met beton').
5. Funderingsaanleg op stampbeton (zie 'Werken met beton').
6. Funderingsaanleg op zandaanvulling. Ligt de vaste grond dieper dan de vorstgrens (80 cm), dan wordt de sleuf ontgraven tot op de draagkrachtige grond en met schoon zand laagsgewijze ingewaterd. Beter nog is het vulzand aan te stampen of te trillen.

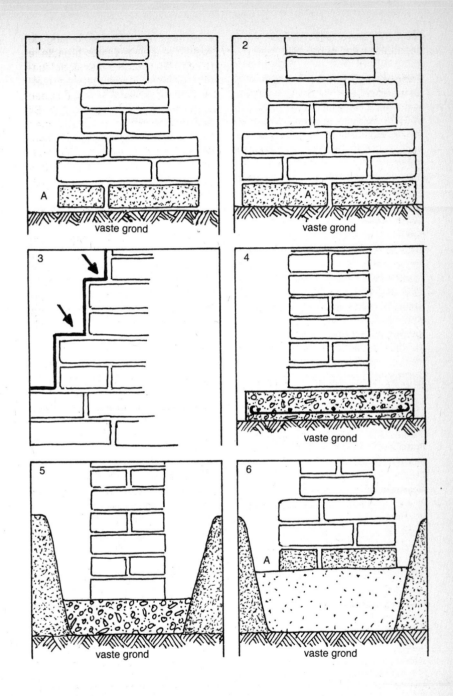

1. A — vaste grond

2. A — vaste grond

4. vaste grond

5. vaste grond

6. A — vaste grond

319

Voor normale bouwwerken kan bij de plaatselijke dienst van Bouw- en Woningtoezicht worden geïnformeerd naar de vereiste funderingsaanleg, maar bij werken van grotere omvang zal aan een deskundige opdracht moeten worden gegeven de bodem op draagvermogen te onderzoeken. (De verbrede voet van een muur die op vaste grond rust, dient om de last van de muur gelijkmatig te verdelen en de stabiliteit ervan te vergroten. Zoals eerder opgemerkt, moet de funderingsvoet op minstens 60 cm onder het maaiveld liggen. In Nederland geldt als *vorstgrens* een diepte van tussen de 60 en 80 cm. Bóven deze diepte zal het ontdooien van bevroren grond tot gevolg kunnen hebben dat in de fundering verzakkingen optreden. In sommige gemeenten gelden echter andere eisen m.b.t. de funderingsdiepte, en om die reden is het verstandig daar vooraf naar te informeren.)

Funderingen op staal kunnen op verschillende manieren worden uitgevoerd. Er zijn gemetselde en betonnen funderingen, die elk weer op verschillende soorten van onderslag kunnen dragen.

Gemetselde fundering

Hierbij wordt de fundering geheel van baksteen of kalkzandsteen gemetseld. De verzwaring van de voet wordt gevormd door de bouwmuur trapsgewijs om de twee lagen te verbreden. Die verbredingen heten *versnijdingen*. De aanlegbreedte van een goede fundering is gewoonlijk op 2 à 3 × de muurdikte te stellen. Dat wil zeggen dat de aanlegbreedte (= de *vlijlaag*) van bijvoorbeeld een halfsteens-muur op 3 × 11 = 33 cm = 1½ steens wordt genomen. Voor een steens-muur (dus ook een spouwmuur) geldt: 2½ × 21 cm = 53 cm =

2½ steens. Nogmaals wijs ik erop dat dit slechts globale maten zijn en dat er niet van mag worden uitgegaan dat ze onder alle omstandigheden kunnen worden gehanteerd.

Betonfundering

Hierbij wordt de funderingsaanleg niet van baksteen maar van beton gemaakt. Er zijn twee mogelijkheden:
a. stampbeton
b. gewapend beton

Stampbeton ontleent zijn naam aan een samenstelling van 1 portlandcement, 6 zand en 8 grind, die met weinig water wordt aangemaakt. Stampbeton heeft een 'aardedroge' structuur, wordt laagsgewijs aangebracht en regelmatig met een stamper aangestampt.

Gewapend beton
Als de grondlaag onbetrouwbaar is, of de nodige aanlegbreedte vrij groot moet worden i.v.m. een hoge drukbelasting, dan kunt u tijd en materiaal besparen door gewapend beton toe te passen. Beton is weliswaar uitermate bestand tegen drukbelasting, maar niet of nauwelijks tegen trekkrachten. Om de trekkrachtweerstand te verhogen, wordt in het betonlichaam een wapening van ijzeren staven aangebracht. In het hoofdstuk 'Werken met beton' wordt hier verdere aandacht aan besteed.

Funderingssleuven waarvan de bodem met grondwater bedekt is of die zelfs dreigen vol te lopen, moeten tijdens de metselwerkzaamheden drooggepompt worden en, zolang het werk duurt, ook drooggepompt blijven. Metselwerk mag nooit met het grondwater of regenwater in aanraking komen voordat de metselmortel geheel versteend is. Meestal is dat pas na één week gebeurd. Wordt echter het water niet weggepompt, dan kan de mortel tussen de stenen niet verharden, want metselmortel zal alleen vrij van water, dus door het koolzuur in de lucht, geheel kunnen verstenen. Metselen onder water is onmogelijk, en het is begrijpelijk dat de funderingssleuven steeds moeten worden drooggelegd voordat u met het metselen kunt beginnen.

Als het funderingsmetselwerk tot aan het maaiveld is gevorderd, wordt dit met slappe metselmortel *vertind*. U werpt met de troffel de mortel met een opwaartse beweging tegen het metselwerk, smeert dit met de troffel of de pleisterspaan zo dun mogelijk uit en wast de dunne laag met een natte stoffer na. Voor het vertinnen van de muurzijde aan de achterkant van de muur legt u eerst een voorraad mortel aan de bovenkant van de muur en begeeft u zich naar de andere muurzijde, waar u de mortel gebruikt om daar te vertinnen.

Het vertinnen is nodig om de overmatige toetreding of opzuiging van (grond-)water tegen te gaan en schimmelvorming in de openingen en de voegen van het metselwerk te voorkomen. Bij het nawassen met de stoffer mag daarvoor geen grondwater worden gebruikt, omdat het daarin voorkomende veenzuur een schadelijke invloed heeft op de mortel.

Het funderen op een zandaanvulling wordt toegepast als de vaste grond zich op een grotere diepte dan ± 1 meter beneden het maaiveld bevindt. Het lijkt in dat geval een verspilling van stenen en mortel om vanuit die grotere diepte een fundering op te metselen. Goedkoper en sneller werkt het om het metselwerk beneden de vorstgrens (dus beneden ± 80 cm) door gewoon zand te vervangen. De

sleuven moeten dan net als anders tot op de vaste grond worden ontgraven, maar óp die vaste grond wordt dan een pakket *aanvulzand* gestort. Dit gebeurt in lagen van ± 15 cm die elk steeds met een zware stamper stevig worden aangestampt, zodat het zand a.h.w. verdicht wordt. Voor grotere zandaanvullingen wordt vaak een trilmachine gebruikt.

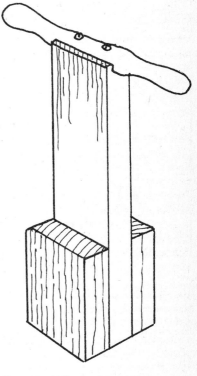

Om zandaanvullingen of stampbeton aan te stampen, maak je dit simpele werktuig. Deze stamper is gemaakt uit een stuk badding (vloerbalk) van ± 95 cm lengte, dat aan de voet met twee klossen is opgedikt. De handgreep is van een latje van ± 40 cm lengte gemaakt. De beide handvatten zijn iets afgerond, om blaarvorming aan de handpalmen te voorkomen.
Het stampen gebeurt het effectiefst als u het werktuig opheft en met het eigen gewicht laat neerkomen, waarbij u de kracht uit uw armen toevoegt aan de neergaande beweging.

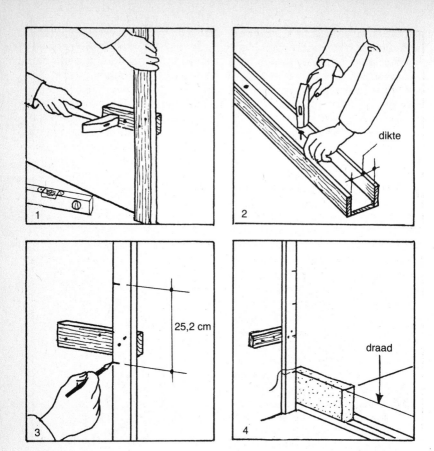

Profiel stellen voor Durox-blokken.
1. Spijker of schroef op de muur een stellat die zuiver verticaal staat (met een waterpas controleren). Doe dit ook op de tegenoverliggende muur.
2. Maak een vloer-profiel. Bij houten vloeren op een houten regel, bij steenachtige vloer een soort lange bak waarvan de rechtopstaande zijden meteen de plint vormen.
3. Teken op de stellat de lagenmaat af: de hoogte van een Durox-blok + 2 mm voor de voegdikte = 25,2 cm. Span op de merktekens een draad tussen de beide stellatten.
4. Zet de eerste laag Durox-blokken langs de draad.

Het verdichten van het zand kan ook gebeuren door het in de onder water gezette sleuven te plempen, maar dan wel zodanig dat het zand het water voor zich uit stuwt én het water de mogelijkheid heeft te ontsnappen. Kan het opgestuwde water niet weglopen, dan kan een drijfzandlaag ontstaan, en het is duidelijk dat dit een onbetrouwbare zandaanvulling oplevert. Bij het met water aanplempen is het een voorwaarde dat het grondwaterpeil *beneden* de vaste grondlaag ligt, óf dat het grondwaterpeil d.m.v. pompen tijdelijk wordt verlaagd. Zelfs als de zandaanvulling met de uiterste zorg is uitgevoerd, bestaat er toch kans op 'inklinken', zodat deze wijze

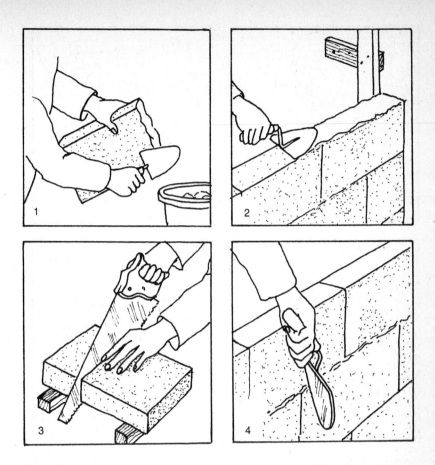

Lijmen van Durox-blokken.
1. Smeer elke kop van een Durox-blok in met durox-lijm. Bij de 1e (onderste) laag géén lijm aan de onderzijde aanbrengen.
2. Elke laag aan de bovenkant met lijm insmeren. Voegdikte niet groter dan circa 2 mm.
3. Durox-blokken kunnen gezaagd worden met een oude handzaag waarvan de tanden ruim zijn gezet. Er is echter ook een speciale gasbetonzaag in de handel.
4. Verwerk de Durox-blokken altijd in halfsteens-verband of in een overlappend verband van minimaal 10 cm. Verwijder de lijmresten zo snel mogelijk.

van werken ongeschikt is voor funderingen van bouwwerken die aan een al langer bestaand perceel moeten worden vastgebouwd: door het 'zetten' van het nieuwe bouwwerk zal dit van het bestaande komen los te staan.

'Metselen' met Durox-blokken
Durox-blokken hebben een behoorlijk warmte-isolerend vermogen. Door de grote afmetingen (50 × 25 cm) werkt men sneller dan met baksteen of kalkzandsteen. Er zijn drie dikten verkrijgbaar: 5, 7 en 10 cm. De blokken worden van gasbeton vervaardigd en dat betekent dat ze een

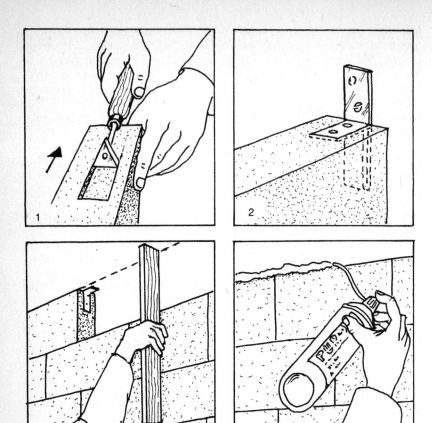

Lijmen van Durox-blokken.
1. Durox-blokken moeten aan de bestaande mu(u)r(en) verankerd worden met een flexibel veeranker. De dikte van dit anker dient *in* het blok te worden ingelaten. Krab die dikte uit met een verfkrabber. Plaats op elke drie lagen blokken een veeranker.
2. Bevestiging met veeranker. In de Durox-blokken kunnen de ankers met draadnagels worden vastgezet.
3. Zaag de bovenste laag blokken op hoogte, maar houd een speelruimte van ongeveer 1 cm. Plaats tegen het bestaande plafond om de twee blokken een veeranker.
4. Dicht de kier tussen bovenste laag Durox-blokken en het plafond met een elastisch blijvende kit of met PUR-schuim. Na droging de resten afsnijden.

relatief licht gewicht hebben. Ze kunnen worden gezaagd, geboord, gespijkerd of geschroefd. Voor niet-dragende binnenmuren, van normale verdiepingshoogte en met een totale lengte die niet groter is dan tweemaal de hoogte, moeten de blokken mini- maal 7 cm dik zijn, maar beter is het vanwege de stabiliteit 10 cm dikke blokken te gebruiken. Voor dragende binnenmuren doet men er beter aan eerst te laten uitrekenen of Durox-blokken de last wel kunnen dragen. Buitenmuren moeten minstens 15 cm dik zijn, vooral i.v.m. de waterdichtheid, maar ook hier geldt: eerst bouwkundig advies vragen!

De blokken worden niet gemetseld, maar gelijmd met een speciale lijm die Durofix heet. De lijm wordt in poedervorm geleverd, in zakken van 25 kilogram of in emmertjes van 5 kilogram. De lijm wordt met water aangemaakt. De juiste vloeibaarheid kan worden gecontroleerd door met een vinger een diepe voor in de aangemaakte lijm te trekken. Als die voor blijft openstaan moet de lijm verder met water worden verdund, hij is pas goed als de voor juist niet volledig dichtvloeit. De voegdikte van de gelijmde voegen mag hoogstens 2 mm bedragen.

Als gereedschap hebt u genoeg aan een emmer, een lijmkam, een troffel, een hamer, een duimstok, een potlood, waterpas, oude handzaag, en metseldraad. Als een Durox-muur wordt afgewerkt met schrootjes of met muurverf, kunnen deze rechtstreeks aangebracht worden, zonder dat de muur hoeft te worden voorbehandeld.

Voor tegels en steenstrips moet de muur eerst worden 'vertind' met een ongeveer 2 mm dikke laag *Durokote voorzetmortel*. Voor sierpleisters zoals Granol, maar ook voor behang moet de muur eveneens worden vertind en zonodig met een pleistermortel *Duroskin*. Voor het stukadoren van wanden: zie bij '*Stukadoren*'.

In het boekje 'Durox Tips' vindt u allerlei aardige suggesties omtrent de toepassing van Durox blokken. Inlichtingen: Durox Gasbeton b.v. te Vuren.

Het verbruik aan blokken en lijm is als volgt:

Blokkenformaat in cm	Aantal blokken per m²	Kilogram lijm per m²
50 × 25 × 5	8	1,2
50 × 25 × 7	8	1,7
50 × 25 × 10	8	2,4

Isoleren

Isoleren van kap tot kruipruimte
Wat kan een beetje handige doe-het-zelver aan isolatie doen? Eigenlijk alles, behalve dubbelglasruiten aanbrengen en isoleren van bestaande spouwmuren; met het zelf plaatsen van dubbelglasruiten raakt hij zijn garantie kwijt en het na-isoleren van spouwmuren kan alleen door een erkend bedrijf met speciale apparatuur geschieden.

In maximaal vier weekeinden kan iedereen zijn huis van kap tot kruipruimte isoleren en winterbestendig maken. Aan materiaal kost dat, afhankelijk van de ligging en de grootte van het huis, gemiddeld 400 tot 800 gulden. De bewoner van een eengezinshuis in een rij hoeft minder aan materialen te investeren dan de bewoner van een hoekhuis of een vrijstaand huis.

Dak (1 en 2)
Dakisolatie aan de buitenzijde door middel van geprefabriceerde isolerende dakplaten, gespijkerd op de spanten of gordingen. Nadeel: alle pannen en panlatten moeten eerst worden verwijderd.

Van de meeste nieuwbouwwoningen bestaat de dakbekleding uit de bekende, van een isolerende laag voorziene dakplaten. Daar is geen omkijken naar. Maar bij traditioneel uitgevoerde dakconstructies is een houten dakbeschot op de spanten of gordingen gespijkerd. Daar kan de

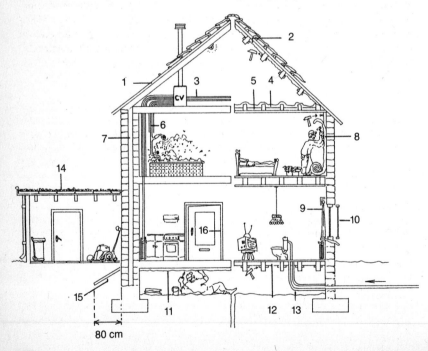

eerste ingreep plaatsvinden: spijker of niet aan de binnenzijde tussen de spanten en tegen het houten dakbeschot glas- of steenwoldekens die van zogenaamde spijkerflenzen zijn voorzien.

De dampremmende laag (meestal gebitumineerd papier) van deze dekens moet naar de binnenzijde van het huis zijn gekeerd. Liggen de spanten te ver uit elkaar, dan kan beter voor platen gekozen worden, die overeenstemmig de afstanden tussen de spanten op maat worden gesneden. De platen steunen plat op panlatten die in de lengterichting tegen de spanten worden vastgespijkerd. Als afwerking kan gebruik worden gemaakt van gipskartonplaten, (formaldehyde-vrije) spaanplaten, triplex-platen of houten wandschrootjes.

CV-leidingen (3)

Staat op zolder een cv-ketel, dan zijn de aan- en afvoerleidingen niet altijd geïsoleerd. Niet-geïsoleerde leidingen staan warmte af aan de koudere omgeving; energie die niet ten goede komt aan de vertrekken die wel verwarmd moeten worden. Hier helpt het toepassen van leidingisolatie. Kant-en-klaar te koop in verschillende uitvoeringen en diameters. Ze kunnen met een mes op de juiste lengte worden gesneden en simpel om de leidingen geklemd, ook in de bochten. Een paar uur werk zonder inspanning.

Vliering (4 en 5)

Sommige huizen hebben een vliering die niet beloopbaar is, omdat er op de balken geen vloer is aangebracht. Meestal hebben de balken van zo'n vliering te weinig draagkracht om er alsnog een vloer op te spijkeren. Omdat de vliering toch niet gebruikt wordt, is het eenvoudig om boven op de balken glas- of steenwoldekens uit te leggen. De dekens goed tegen elkaar laten aansluiten en de naden afplakken met speciaal plakband.

Heeft de vliering wèl een vloer en dient hij voor opslag, dan wordt het wat ingewikkelder, omdat op de vloer niet zomaar een isolerende laag kan worden aangebracht. De vloer moet eerst worden opgebroken om eronder een isolerend materiaal te kunnen aanbrengen. Een ingrijpend karwei dat kan worden vermeden door niet de vlieringvloer maar de dakvlakken aan de binnenkant te isoleren.

Vlieringisolatie van wel-beloopbare vloeren: met glas- of steenwol, polystyreenplaten ('piepschuimplaten') of andere kunststofplaten. Nadeel: vloer moet eerst worden opgebroken.

Heetwaterleidingen (6)

Isoleer sanitaire heetwaterleidingen die uit het zicht liggen. Heetwater cv-leidingen die door te verwarmen vertrekken voeren niet isoleren; leidingen naar douche en/of bad wel, in verband met zogenaamd 'stilstandsverlies'.

Spouwmuren (7)

Vrijwel alle huizen die na 1975 zijn gebouwd, bezitten geïsoleerde spouwmuren. Een bestaande spouwmuur van vóór die tijd kan niet zelf geïsoleerd worden. Er zijn gespecialiseerde bedrijven. Zij boren een aantal gaten in de voegen van de buitenmuur en 'blazen' daardoor een uit vlokken, korrels of schuim bestaand isolatiemateriaal in de spouwruimte. De gaten worden daarna weer dichtgemaakt.

Buitenmuur (8)

Dit is alleen aan te raden als het spouwloze, massieve buitenmuren betreft. Het eenvoudigste en goedkoopste is tegen de binnenkant van de buitenmuur verticale latten van ongeveer 4 centimeter dik te schroeven of spijkeren, bij voorkeur op onderlinge afstanden van 60 cm. Tussen deze latten worden glas- of steenwoldekens van 60 cm breed en 5 cm dik geniet, of isolatieplaten gezet die met een enkele steekspijker tijdelijk in het gareel worden gehouden. Als de buitenmuur uit baksteen bestaat en niet is behandeld met een waterdicht preparaat, dan kan het beste een dampremmende laag van bijvoorbeeld plastic folie over het isolatiemateriaal heen worden vastgeniet. Daarna kan de muur worden afgewerkt met gipskartonplaten, hardboard, spaanplaten of wandschrootjes. Gaat het om een vochtige muur, dan is het aan te raden de verticale latten aan de muurzijde eerst tweemaal met houtmenie te behandelen, of achter de latten een strook asfaltpapier of dakleer aan te brengen.

Overgordijnen (9)

Wil iemand gemakkelijk energie besparen, dan is het 's avonds sluiten van de overgordijnen wel de meest voor de hand liggende en goedkoopste manier. De overgordijnen mogen echter niet tot voor de cv-radiatoren hangen, maar moeten op de vensterbank eindigen.

Voorzetramen (10)

Er is een grote verscheidenheid aan aluminium of kunststof voorzetraamprofielen in de handel. Ze worden geleverd met zeer duidelijke instructies. Het glas moet zelf worden gekocht. Ook voor de wijze van opmeten van het voorzetglas geven de fabrikanten duidelijke aanwijzingen. De beste resultaten worden verkregen bij montage aan de (koude) buitenzijde van het bestaande raam. Omdat sommige kunststof profielen niet langdurig bestand zijn tegen de inwerking van ultraviolette stralen moet in het algemeen aan aluminium profielen de voorkeur worden gegeven. Het beste zijn de typen die een scharnierende zijde bezitten; de binnenkant kan dan altijd gemakkelijk worden schoongemaakt door het voorzetraam met het losdraaien van een schroefje of werveltje te openen.

Voorzetramen zijn vele malen goedkoper dan de dubbelglasruiten en bij inachtneming van de montagevoorschriften zeker niet minder effectief. Er bestaan ook heldere plasticfolies die door bouw- en hobbymarkten worden aangeprezen als een goede vervanging voor dubbelglas en voorzetramen. Deze folies zijn echter uiterst kwetsbaar en zeker niet geschikt voor raamisolatie met een redelijk lange levensduur.

Betonnen begane-grondvloeren (11)

Daartoe moet de kruipruimte onder de vloer bereikbaar zijn, want alleen van die kant kan de vloer op de eenvoudigste en goedkoopste wijze geïsoleerd worden. Polystyreen ('piepschuim') platen van ongeveer 3 à 5 cm dik zijn erg gemakkelijk te verwerken en worden met polystyreenlijm simpel tegen de onderzijde van de betonvloer vastgeplakt. De platen moeten goed aaneengesloten worden verlijmd. Bij betonnen elementvloeren, die aan de onderzijde niet vlak zijn, kan met speciale 'stickclips' worden gewerkt: metalen clips die om de 30 cm met montagelijm of Ankerkit tegen de elementdragers worden gelijmd. Eenmaal toch onder de vloer kunnen de aanwezige water- en cv-leidingen tegen bevriezing of warmteverlies worden geïsoleerd.

Houten begane-grond-vloeren (12)

Ook hier is isoleren vanaf de onderzijde aan te raden. Het gemakkelijkste is te werken met polystyreenplaten of harde, zelfdragende steen- of glaswolplaten. Deze kunnen wel tegen de onderkant van de vloer worden gelijmd, maar vanwege het mogelijke doorveren van de belopen vloerdelen is het beter langs de balken korte stukken panlat te spijkeren en daarop de isolatieplaten te laten rusten. Kòrte stukken panlat, want ze moeten door het vloerluik in de kruipruimte zijn te steken. Vergeet vooral niet isolatiemateriaal aan te brengen in de ruimten tussen de beide, op enige centimeters van de funderingsmuur parallel liggende zogeheten strijkbalken. (13) Ook hier: meteen even kijken of er in de kruipruimte waterleidingen of cv-leidingen kunnen worden geïsoleerd.

Achter cv-radiatoren kan reflecterende folie worden aangebracht.

Plat dak (14)

Als zo'n plat dak vanaf de binnenzijde zou worden geïsoleerd, dan wordt de houten draagvloer tussen de mastieklaag en het isolatiemateriaal opgesloten, met als gevolg dat die vloer gaat rotten. Dus het platte dakvlak aan de buitenkant isoleren. Eerst het grind verwijderen en controleren of de mastieklaag in goede conditie is. Daarna op de mastieklaag van sponningen voorziene Roofmate-platen (platen van geëxtrudeerd, watervast polystyreen) uitleggen. Géén dakbedekkingslaag over de platen meer aanbrengen. Een grindpakket – of ballasttegels wanneer het dakvlak beloopbaar moet blijven – blijft nodig omdat de polystyreenplaten niet bestand zijn tegen de inwerking van ultraviolette straling van de zon. Bij dit 'omgekeerd' dak loopt het regenwater onder de platen door op de bestaande mastieklaag en vandaar langs de normale weg naar de regenpijp.

Grondisolatie (15)

Goed aaneengesloten, afwaterend ingegraven Roofmate-platen van ongeveer 5 cm dik, die voorkomen dat bij strenge vorst de koude in de funderingsmuur, de kelder, kruipruimte of betonvloer kan doordringen. De zogenoemde vorstgrens, die in Nederland op 60 tot 80 centimeter ligt, kan door grondisolatie worden verlegd.

Tochtstrippen (16)

Er zijn vele soorten tochtstrip, van sponning- tot borstelstrip. Let erop of montage-aanwijzingen zijn meegeleverd. Het aanbrengen van de tochtstrippen is daarmee zó simpel geworden, dat verdere uitleg niet nodig is.

Isoleren de moeite waard

De meest rendabele vorm van energiebesparen bestaat uit het isoleren van radiatorleidingen. Dat blijkt uit onderzoek van de Consumentenbond. Deze consumentenorganisatie heeft een lijst samengesteld van de financieel aantrekkelijkste isolatiemaatregelen. Deze handige 'bespaarladder' is hier kort weergegeven. Het financiële gewin is bij de eerstgenoemde voorzieningen het grootst en bij de laatstgenoemde het minst.

● CV-leidingisolatie: de buizen van de centrale verwarming kunnen met pijpisolatie worden bekleed in alle ruimten die niet verwarmd worden, zoals zolder en kruipruimte. Optimale dikte: 10 tot 20 millimeter.

● Radiatorfolie: tegen de wand of achter de cv-radiator plakken. De spiegelende kant richting radiator aanbrengen.

● Tochtwering: door kieren bij ramen verdwijnt een kwart van de warmte uit het huis. Woning in verband met noodzakelijke ventilatie niet potdicht afsluiten.

● CV-pompschakelaar: daardoor draait de pomp van de verwarmingsketel alleen wanneer het nodig is.

● CV-ketel: wanneer een oude cv-ketel versleten is, kan de vervanger een verbeterd- of hoog-rendementketel zijn. De HR-ketel is een duurdere investering.

● Spaarlampen: gebruiken veel minder elektriciteit dan gloeilampen die evenveel licht geven. Ze gaan vijf tot tien keer zo lang mee. Omdat ze ook veel duurder zijn, zijn ze niet op alle plaatsen in huis rendabel; wel in ruimten waar het licht langdurig aan is.

● Spouwmuurisolatie.

● Vloerisolatie: vooral als onder de vloer een koude ruimte ligt, zoals een onverwarmde kelder, garage of kruipruimte.

● Dakisolatie: wie zelden op de zolder komt, is voordeliger uit met het isoleren van zoldervloer in plaats van het dak.

● Voorzetramen en dubbel glas: leveren een flinke energiebesparing op, maar door de fikse investering minder tot nauwelijks financieel gewin, zelfs niet over een lange periode gerekend.

Zo werkt isolatie

Lucht is van zichzelf een uitstekende warmte-isolator. Zo zou lucht binnen in de spouwruimte van een spouwmuur een prima, gratis isolatie vormen, ware het niet dat er voor warmte-isolerende eigenschappen nog een voorwaarde bijkomt, namelijk dat die lucht ook stil moet staan. Want als lucht wordt verwarmd, wordt hij lichter, gaat stijgen, voert daarbij de op-

genomen warmte mee en wordt ten slotte door verse (koude) lucht vervangen.

Bij een niet-geïsoleerde spouwmuur is een voortdurende luchtcirculatie aan de gang, waardoor de warmte van de binnenmuur via de circulerende lucht wordt afgevoerd. Het is dus zaak om de luchtcirculatie te verhinderen, willen we tenminste de hoge warmteweerstand van lucht benutten.

Moderne isolatiematerialen bootsen in feite de oplossing na die de natuur heeft gevonden: bij vogels en zoogdieren wordt de lucht tussen de veren of de haren van de vacht vastgehouden. Die lucht staat dus stil. Glas- en steenwol, beide vallend onder de term 'minerale' wol, zijn nagebootste vachten waarbij de haren zijn vervangen door vezels. Een kunststofschuim bevat grote aantallen kleine, open of gesloten luchtcellen, waardoor wordt voorkomen dat de daarin aanwezige lucht kan gaan circuleren.

Vochtig

De isolatiewaarde van een isolatiemateriaal gaat sterk achteruit wanneer dat materiaal vochtig of nat wordt. Belangrijk is dus dat het materiaal droog blijft. Weer vinden we bij de vogels en zoogdieren de oplossing: door vetafscheiding van de huidklieren heeft de natuur de veren en haren waterafstotend gemaakt. Bij minerale wol hebben de producenten ervan dit geïmiteerd door sommige produkten met minerale olie wat vettig en dus waterafstotend te maken, bij andere is een dampremmende laag aangebracht.

Samengevat: een isolatiemateriaal geeft de beste resultaten wanneer:

● de structuur ervan zo is dat de luchtstroming erin wordt tegenge-

gaan (gesloten cellen bij kunststof, vezels bij minerale wol);
● de warmteweerstand van de grondstof zelf (kunststof, glas, steen) hoog is;
● het materiaal vooral droog is.

Licht in de duisternis van de isolatietheorie

In de meeste publikaties en reclamefolders over isolatie en stoken wordt de consument lastig gevallen met termen en begrippen die hem weinig of niets zullen zeggen. Er wordt geschermd met lambda-waarden, K-waarden en R-waarden. Om licht in de duisternis te brengen wordt hieronder de eenvoudigste manier gegeven om zelf te berekenen hoe dik het isolatiemateriaal moet zijn.

Wat is R-waarde?

De R-waarde is de weerstandswaarde tegen warmteverlies van een bepaald materiaal. Alle isolatiematerialen kunnen met elkaar vergeleken worden volgens hun weerstand tegen warmteverlies, uitgedrukt in R-waarde. Hoe hoger de R-waarde van een bepaald materiaal, hoe effectiever de werking van dit materiaal tegen het voorkomen van warmteverlies.
Een R-4 materiaal bijvoorbeeld, biedt twee keer meer weerstand tegen warmteverlies dan een R-2 materiaal. Men denkt vaak dat de isolatiecapaciteit van een materiaal afhankelijk is van de dikte. Dit is onjuist. De doeltreffendheid van een isolatiemateriaal wordt niet door de dikte alleen bepaald, maar wel door de R-waarde.
Een 12 cm dikke laag glaswol bijvoorbeeld, biedt evenveel weerstand te-

gen warmteverlies als een 190 cm (!) dikke stenen muur.
Als we bovenstaand theoretisch voorbeeld nemen: men heeft tweemaal de dikte van het B-materiaal nodig om dezelfde warmteweerstand (R-waarde) te krijgen als het A-materiaal.
Ook al is het B-materiaal goedkoper dan het A-materiaal, het feit dat men tweemaal zoveel nodig heeft om dezelfde R-waarde te verkrijgen, maakt het B-materiaal duurder. Als men isolatiemateriaal kiest is het derhalve verstandig te letten op de verhouding tussen de prijs en de R-waarde.

Welke R-waarde?

Hieronder vindt u de aanbevolen R-waarde voor daken, muren en vloeren volgens de klimaatzone waarin uw woning staat. Als u isolatiemateriaal koopt moet u de R-waarde van het materiaal kennen (vaak staat die op de verpakking aangegeven), zodat u zelf kunt berekenen hoe dik het in uw situatie moet zijn.

	Zone A	Zone B
Dak	R 5	R 4
Muren	R 2,5	R 2
Vloeren	R 2	R 2

In deze tabel is rekening gehouden met het heersende klimaat in de betrokken gebieden en de huidige kostprijs van de energie die nodig is om een woning te verwarmen.
Er zal een hogere R-waarde nodig zijn in koudere gebieden, waar immers de weerstand tegen warmteverlies groter moet zijn.

Materiaal	R-waarde	Dikte	Prijs per m^2	Prijs R-waarde
A	4	10 cm	10	2,4
B	2	10 cm	8	4,0

Warmteweerstand (R) van diverse bouw- en isolatiematerialen

Materialen	In W/m² K per cm dikte	
	Binnen droog maximaal	Buiten vochtig minimaal
Hout en houtachtige materialen		
Zachte houtsoorten	0,072	0,058
Hardhoutsoorten	0,057	0,043
Multiplex en triplex	0,057	0,043
Hardboard	0,056	0,035
Zachtboard	0,123	0,112
Spaanplaat	0,1	0,035
Houtwolcementplaat	0,108	0,057
Metselwerk		
Klinkers hardgrauw	0,015	0,0095
Rode steen	0,017	0,010
Kalkzandsteen	0,011	0,0065
Beton		
Gewapend beton	0,0052	0,0051
Ongewapend beton	0,0058	0,0046
Natuursteen		
Basalt en graniet	0,0029	0,0028
Zandsteen	0,0052	0,0043
Kalksteen, marmer	0,0059	0,0052
Tegels		
Hardgebakken tegels (sanitaire tegels)	0,0087	0,0076
Plavuizen	0,0120	0,0095
Diversen		
Gipskartonplaat	0,044	0,022
Glas	0,123	0,0123
Asfaltpapier	0,095	0,1
Mastiek	0,017	0,017
Riet	0,125	0,112
Rubber	0,058	0,058
Schuimrubber	0,287	–
Lucht	0,509	0,431
Water	0,017	–
Isolatiematerialen		
Kurk	0,295	0,191
Asbest	0,086	–
Steenwol	0,287	0,221
Glaswol	0,287	0,221
Polyurethaanschuim (PU-schuim)	0,286	0,240
Polystyreenschuim (PS-schuim)	0,287	0,251
PVC-schuim	0,284	0,259
Vilt	0,216	–
Houtwol	0,156	–
'Roofmate' geëxtrudeerd PS-schuim	0,372	0,334
Geëxpandeerd Perlite	0,204	0,190

Overzicht meest gebruikte isolatiematerialen

Hieronder een overzicht van de door de doe-het-zelver meest gebruikte isolatiematerialen met daaraan toegevoegd enkele praktische tips voor het gebruik ervan.

Minerale wol (glas- of steenwol)

In Finland, waar 's winters barre weersomstandigheden heersen, worden de in aanbouw zijnde houten huizen rondom ingepakt met 20 centimeter dikke dekens van uitsluitend minerale wol. De Finnen doen dat niet zonder reden: minerale wol heeft een grotere brandbestendigheid èn een hogere geluidsisolatiewaarde dan andere isolatiematerialen.

Minerale wol is er in vele verschijningsvormen. Zo zijn er dekens op de rol, al of niet voorzien van een dampremmende laag van bitumenpapier of aluminiumfolie en al of niet voorzien van zogenaamde spijkerflenzen, er zijn zelfdragende platen met of zonder afwerklaag, spouwplaten, akoestische platen, drukvaste platen en brandvaste platen die temperaturen van zo'n 1.000° Celsius kunnen weerstaan.

De normale isolatiedekens hebben het voordeel dat ze vervormbaar zijn en dus niet heel precies op maat hoeven worden gesneden. Dekens zijn verkrijgbaar op rollen van 6 meter lang en 60 centimeter breed.

In het Nederlandse klimaat kan in de meeste gevallen worden volstaan met een glas- of steenwoldikte van tussen de 5 en 7½ centimeter.

Isolerende gipskartonplaten

Deze zijn aan de achterzijde voorzien van een isolerende laag. Purgips en Rigitherm leveren gipsplaten met een 25 of 35 millimeter dikke polyurethaan of polystyreen schuimlaag; Isover brengt de Calibelplaat met een glaswolisolatie. Isolerende gipskartonplaten hebben een gewicht van tussen de 9 en 13 kilogram per vierkante meter, waardoor de massa behoorlijk hoog is. Een hoge massa is gunstig voor geluidsisolatie.

Als behalve warmte-isolatie ook geluidsisolatie wordt verlangd, dan moet aan de Calibelplaten de voorkeur worden gegeven. Plaatformaten: diverse lengten tussen 260 en 300 centimeter; breedten meestal variërend van 60 tot 125 centimeter.

Isolerende gipskartonplaten kunnen worden gelijmd, geschroefd of gespijkerd met de door de fabrikant aanbevolen bevestigingsmiddelen.

Alkreflex 2-L-II

Dit soort isolatiemateriaal bestaat uit twee lagen aluminiumfolie waartussen een polyethyleen luchtkussenfolie is aangebracht. De totale dikte bedraagt slechts 8 millimeter, iets wat in sommige situaties een groot voordeel kan betekenen. Alkreflex is ontwikkeld vanuit het stralingsprincipe;

het materiaal weerkaatst de warmte van binnen ook naar binnen terug; de koude van buiten wordt eveneens teruggekaatst. Het materiaal dient geheel vrijhangend te worden aangebracht, dat wil zeggen dat aan beide zijden ervan een luchtspouw van ongeveer 20 millimeter moet zijn vrijgehouden.

Een afgeleide van Alkreflex is het slechts 4 millimeter dikke Handisol, geschikt voor isolatie binnenshuis: vloer-, plafond-, dak- en cv-radiator-isolatie. Alkreflex en Handisol wordt geniet of genageld. Het is verkrijgbaar op rollen van 6 tot 25 meter lang en 60 centimeter breed.

Polystyreenplaten

Polystyreen – vaak met de namen 'Tempex' of 'piepschuim' aangeduid – is een materiaal dat zijn bezwaren heeft wanneer het binnenshuis wordt toegepast. In geval van brand maakt zich uit dit materiaal een voor de gezondheid schadelijk gas vrij. Het zogenaamde geëxpandeerd polystyreen heeft open cellen en is vrij vochtgevoelig. De drukvastheid is gering. Geëxtrudeerd polystyreen heeft een langere en dichtere cellenstructuur en is daardoor minder vochtgevoelig. De drukvastheid is ook hoger. Plaatlengten: 100, 200 en 300 centimeter, breedten 50 en 100 centimeter. Dikten 2, 3, 4 en 5 centimeter.

Vanuit de praktijk redenerend: polystyreen liever niet binnenshuis toepassen en zeker niet op vochtige of brandgevaarlijke plaatsen. Lijmen kan geschieden met PS-lijm, die in blikken verpakt verkrijgbaar is.

Isolerende houtwolcementplaat

De ouderwetse houtwolcementplaat (ook wel Heraklith genoemd) is een beetje uit zicht geraakt. Het is in zijn oude vorm ook niet veel meer dan een decoratieve bekledingsplaat, overigens met hoge brandwerende eigenschappen. Bij de fabricage wordt het geïmpregneerde en met magnesiet bestoven houtwol onder hoge temperatuur tot platen gevormd. De platen bezitten een regelmatige structuur en worden niet bros. Tegenwoordig zijn er ook isolerende platen, bestaande uit een polystyreen kern met aan één of twee zijden een dunne houtwolcementlaag van ongeveer 5 millimeter. Deze platen hebben afhankelijk van de dikte een redelijk tot hoog warmteisolerend vermogen en zijn ideaal als ondergrond voor stucwerk, hoewel ze ook onbepleisterd een aantrekkelijke structuur tonen.

Lengte en breedte respectievelijk 200 centimeter en 50 centimeter. De dikten variëren van 1½ tot 9 centimeter. De platen kunnen gemakkelijk op maat worden gezaagd en al even eenvoudig worden gespijkerd, geschroefd of gelijmd.

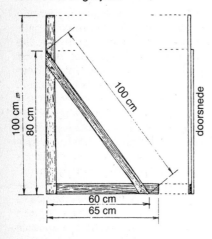
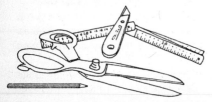

Dikte van isolatiematerialen

Uiteraard is de dikte van het isolatiemateriaal bepalend voor de mate van warmte-isolatie. In het algemeen kan als minimale dikte worden aangehouden:
● kunststofschuim (bijv. polystyreen) 3 tot 5 centimeter;
● glaswol 4 tot 5 centimeter;
● steenwol 4 tot 5 centimeter;
● kurk 4 tot 5 centimeter;
● houtwolcementplaat met isolatiekern 5 tot 8 centimeter.

Gereedschap

Bij het zelf isoleren zijn maar weinig gereedschappen nodig. De doe-het-zelver kan het af met:
● een duimstok;
● snijgereedschap (Stanleymes, een oude handzaag of een oud broodmes met fijne zaagtandjes);
● een rechte lat of liniaal van circa honderd centimeter;
● een zo groot mogelijke schaar;
● een hamer;
● een nietapparaat.

Afhankelijk van de bevestigingsmethode zijn ook hulpmaterialen nodig, zoals lijm, lijmkam, nietjes en spijkers. Erg handig is een zelf te maken schrijf- of winkelhaak (zie tekening). Hiermee kunnen isolatieplaten of -dekens precies haaks en op maat worden afgesneden.

Spouwmuurisolatie: specialistenwerk

Niet alle isolatiewerkzaamheden kan een bewoner zelf verrichten. Zo is voor spouwmuurisolatie, een bijzonder effectieve energiebesparende maatregel, de inzet van een gespecialiseerd bedrijf noodzakelijk.

Daarbij is het raadzaam te kiezen voor een gerenommeerd bedrijf dat een goede garantie geeft op het materiaal en onder toezicht staat van het Bureau Kwaliteitsbewaking Spouwmuurvullingen (BKS). Adressen van erkende firma's zijn verkrijgbaar bij de Provinciale Directies voor Volkshuisvesting of het gemeentehuis.

Al naar gelang het gebruikte materiaal kan de garantie variëren van tien tot vijftig jaar. Ook is het wenselijk te laten garanderen dat er minstens tien jaar lang geen regendoorslag optreedt.
Voor spouwmuurisolatie worden vooral de volgende zes soorten 'vulling' gebruikt: glaswol- of steenwolvlokken, gesiliconiseerde perlite, gebonden polystyreenparels, PU-schuim en UF-schuim. Dit laatste materiaal is de laatste jaren enige malen kritisch onderzocht, omdat gevreesd werd dat de component formaldehyde de woning zou binnendringen. Vooral mensen met aandoeningen aan de luchtwegen zouden daar last van hebben. Na het onderzoek is bepaald dat UF-schuim niet in muren met schoon metselwerk mag worden toegepast. Muren zonder pleisterwerk zouden te poreus zijn.

Spouwmuurisolatie is een ingrijpende operatie waarvoor speciale apparatuur nodig is. Er moet een goede keuze worden gemaakt uit de beschikbare materialen. Een goede oriëntatie is daarom nodig. Dat kan gebeuren bij enkele gespecialiseerde bedrijven.
Klachten over het vullen van spouwmuren kunnen schriftelijk worden voorgelegd aan het Bureau Kwaliteitsbewaking Spouwmuurvulling, Postbus 20714, 3001 JA Rotterdam.

Warmte ook 's zomers binnen
Het is een fabeltje dat dubbelglasruiten en voorzetramen de warmte in de zomer buiten het vertrek houden. Integendeel, de zonnestralen warmen de lucht in het vertrek juist op en die warmte wordt door het isolerende glas binnenskamers gehouden.
In sommige extreme gevallen kan het in de zomer binnenshuis zelfs zó warm worden dat een zonwering moet worden aangebracht. Ook kan worden gedacht aan één ruit van een soort glas dat met een zeer dun laagje metaal is overdekt, waardoor het zonlicht (en de daarmee gepaard gaande warmte) wordt getemperd. Een nadeel is de iets donkerder kleur van dit type glas, met als gevolg dat men van binnen naar buiten kijkend andere kleurschakeringen waarneemt.

Door gesloten luiken blijft warmte binnen
Het raamluik zoals we dat kennen aan de buitenkant van voornamelijk oudere gebouwen, wordt tegenwoordig nog nauwelijks toegepast. Het is de vraag of dat wel zo vanzelfsprekend is, want gesloten raamluiken houden bijzonder veel warmte binnen. Volgens uitgevoerde metingen geeft een geïsoleerd luik, inwendig voorzien van een 5 cemtimeter dikke isolatielaag, acht maal zoveel warmte-isolatie als een enkel raam. Een bijkomend voordeel van raamluiken is de preventie tegen inbraak en vandalisme. Daarom verdient het overweging aan de raamkozijnen van de woning weer luiken te hangen. En dan niet gewone, enkelvoudig uitgevoerde luiken, maar goed geïsoleerde exemplaren. Eenvoudig zelf te maken uit twee lagen watervast multiplex met daartussen een isolatie van 5 centimeter dikke polystyreen.

De binnenzijde van zo'n luik kan nog worden voorzien van een plaatje aluminium om de warmte van binnenshuis terug te kaatsen wanneer het luik gesloten is.

Het luik moet aan de bovenzijde van een schuine, afwaterende lat zijn voorzien, en uiteraard zorgvuldig worden geschilderd of gelakt. De sluiting kan plaatsvinden door valgrendels. De scharnieren moeten van een model zijn dat het plat tegen de muur wegklappen van het luik mogelijk maakt. Vraag bij de ijzerhandel naar staldeurhengsels of gehengen met een 'uitval'.

Iemand die opziet tegen het zelf maken van raamluiken, kan ze ook laten fabriceren, bij gespecialiseerde bedrijven. Als indicatie voor de kosten van raamluiken kan gelden een bedrag van ongeveer 250 gulden per m², inclusief montage, hang- en sluitwerk en met afwerking.

De firma 'Isoluik' in Klazienaveen maakt uitstekende, geïsoleerde raamluiken. De montage verzorgt deze firma zelf, nadat ze ook de maten heeft genomen. De fabrikant geeft drie jaar garantie op de luiken. Bij goed onderhoud kunnen de luiken zeker dertig jaar mee.
(Informatie: telefoon 05913-15456.)

Voorzetraam zelf maken

Als uw woning is geïsoleerd, maar de ramen nog steeds uit een enkele ruit bestaan, wordt het tijd ze van een voorzetraam te voorzien. Zonder al te technisch te worden: de zogeheten K-waarde van enkel glas ligt rond de 6, dat is hoger dan welk ander constructiedeel van de woning ook. Bij het aanbrengen van een tweede ruit voor of achter het bestaande raamglas, daalt de K-waarde prompt tot ongeveer de helft, en zo u misschien weet, hoe lager de K-waarde, hoe minder warmteverlies. Een koud vlak, dus ook een raam van enkel glas, geeft *koudestraling* af. Deze koudestraling ervaart u meestal als erg onaangenaam: u heeft het gevoel dat het tocht. In werkelijkheid is dat echter zelden het geval. Bij dubbelglas of voorzetramen is de temperatuur van de ruit aan de binnenkant veel hoger, met als plezierig gevolg dat de koudestraling veel minder groot is en het ook vlakbij het raam behaaglijk is.

Enkel glas heeft nog een ander nadeel: de mogelijkheid dat het glas beslaat is vrij groot. Dat is niet alleen hinderlijk bij het naar buiten kijken, het gaat ook gepaard met langs het glas druppen van condenswater dat de houten sponning aan de voet van het raam aantast.

Het is een misverstand te menen dat voorzetramen pas de laatste jaren in ontwikkeling zijn. Al in het begin van deze eeuw was het voorzetraam bekend. Zo'n raam bestond uit een tweede houten raam met een in de sponning rustende ruit, dat aan de buitenkant op het reeds aanwezige raam of op het kozijn werd vastgeschroefd. Om de vereiste ventilatie tussen beide ramen te bewerkstelligen werd het voorzetraam d.m.v. koperen ringetjes op enige millimeters afstand van het bestaande raam of het kozijn gehouden. Er was dus rondom een dunne luchtspleet aanwezig. Dit traditionele houten voorzetraam doet niet onder voor de huidige typen van aluminium en kunststof, en fervente houtbewerkers kunnen hun voorzetramen dan ook best uit hout vervaardigen. Het enige nadeel van houten voorzetramen is de tweejaarlijkse verfbeurt die ze nodig hebben.

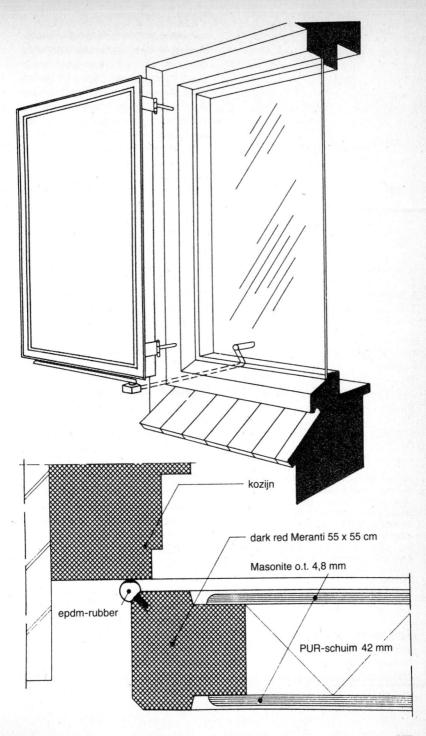

kozijn

dark red Meranti 55 x 55 cm

Masonite o.t. 4,8 mm

epdm-rubber

PUR-schuim 42 mm

337

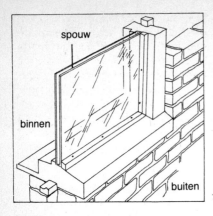

spouw

binnen

buiten

Principe van een ruit van dubbelglas.

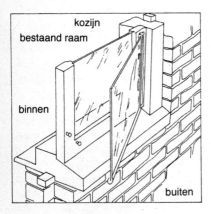

kozijn

bestaand raam

binnen

buiten

Het principe van een voorzetraam. Bij een bevestigingswijze zoals op de tekening wordt alleen warmte/koude-isolatie verkregen. Wanneer het voorzetraam op het kozijn wordt bevestigd, zal het bestaande raam niet meer kunnen draaien, maar kan een spouw van 6 cm gemakkelijk worden gerealiseerd. Een 6 cm spouwbreedte geeft een redelijke geluidsisolatie en doet geen afbreuk aan warmte-isolatie.

Zelf doen

Voorzetramen zijn ook door minder handige klussers eenvoudig zelf te maken uit op maat gesneden glas, en aluminium of kunststof profielen die te kust en te keur in de handel zijn, compleet met een uitvoerige handleiding en de benodigde hulpmaterialen. Ook hier zien we de voordelen van voorzetramen: er hoeven bij de bevestiging geen kunstgrepen te worden toegepast. Bij fabrieksmatig vervaardigde dubbelglasruiten moeten bijvoorbeeld de glassponningen in het raam worden aangepast en zullen speciale glaslatten de vaak zeer dikke en helaas ook dure dubbelglasruiten hermetisch en waterdicht moeten afsluiten. De bestaande ruit moet bovendien worden verwijderd. Niets van dit al geldt voor voorzetramen, daar gaat het allemaal simpeler: ze kunnen met schroeven afneembaar, scharnierend of schuifbaar op het raam of het kozijn worden bevestigd zonder dat er sloop- of breekwerk aan te pas komt.

Scharnierend is altijd beter, u kunt dan een of tweemaal per jaar de inwendige ruimte (de zogeheten 'spouw') tussen beide ruiten schoonmaken door eenvoudig het voorzetraam open te draaien. Bent u van plan een voorzetraam voor een venster zonder opendraaiend raam en bovenlicht aan te brengen, dan kunt u overwegen het voorzetraam niet op het bestaande raam, maar op het raamkozijn te bevestigen. De thermische isolatiewaarde wordt daar niet erg veel groter van, daarentegen wél de geluidsisolatie – als u kans ziet het voorzetraam op ongeveer 6 centimeter of meer van de bestaande glasruit op het kozijn te plaatsen, dan hebt u daarmee een uitstekende afweer tegen verkeerslawaai of andersoortige geluidshinder verkregen.

Binnen of buiten?

Het maakt niet veel verschil of u een voorzetraam aan de binnen- of buitenkant plaatst, maar wel moet, om

338

condensatie in de luchtspouw op de buitenste ruit te voorkomen, de binnenste ruit hermetisch afgesloten zijn. Komt het voorzetraam aan de binnenkant, dan is het aan te raden in zowel de boven- als de onderdorpel van het bestaande raam een paar gaatjes (in afwaterende richting) te boren waarmee de spouw met de buitenlucht in verbinding wordt gebracht. Als u in de geboorde gaatjes een luchtig propje glaswol aanbrengt, zullen deze propjes door hun filterwerking stof buiten de spouw houden. De ventilatiegaatjes dienen zo gelijkmatig mogelijk over de breedte van het raam verdeeld te worden, zowel vanonder als vanboven. Bij hogere ramen blijken in de praktijk minder ventilatiegaatjes nodig te zijn dan bij lage ramen, dit als gevolg van een betere 'trek' in de spouw van de hogere voorzetramen. Aluminium en kunststof profielen zijn in vele soorten leverbaar. Aluminium is bij toepassing aan de buitenkant onderhevig aan corrosie, vandaar dat geanodiseerd aluminium in dat geval de voorkeur verdient. Kunststof profielen (meestal PVC) zijn leverbaar in crème, bruin of wit, voor glasdikten van 4, 5 of 6 mm. Bij de meeste typen moeten de hoeken in verstek worden gezaagd of gesneden.

Het glas in voorzetramen wordt gekenmerkt door de grote duurzaamheid en de sterkte, stijfheid en weerstand tegen krassen. In bepaalde situaties kan het gewicht ervan een nadeel betekenen. Een mogelijk alternatief is dan een 'beglazing' die niet uit glas maar uit kunststof bestaat, meestal een polymetylmethacrylaat (PMMA), een kunststof die ongeveer tweemaal zo duur is als gewoon glas. Het wordt in dikten van 4 tot 6 mm geleverd, maar de stijfheid is belangrijk minder dan glas, terwijl ook de krasbestendigheid geringer is. Om die reden wordt het uitsluitend binnenshuis toegepast. Er zijn voorts heldere plastic folies in de handel, die door bouw- en hobbymarkten worden aangeprezen als goede vervangers voor dubbelglas en voorzetramen. Deze folies zijn echter uiterst kwetsbaar en zeker niet geschikt voor raamisolatie met een redelijk lange levensduur.

Kit- en spuitbusafdichtingen?

Er wordt veel reclame gemaakt met allerlei spuitbussen, elastische kitten en 'sealers' waarmee men kieren en naden tegen vocht, geluid en warmteverlies in een oogwenk kan dichten. Dergelijke produkten zijn niet altijd milieuvriendelijk te noemen. Vaak bevatten ze stoffen die schadelijk kunnen zijn voor de gezondheid, in het bijzonder voor de ademhalingsorganen. In het hoofdstuk 'Milieu en binnenklimaat' hebben we het over schone lucht binnenshuis en waarschuwen we tegen het binnenhalen van allerlei produkten die met elkaar de concentratie van schadelijke stoffen in onze woning alleen maar verhogen. Als u niettemin spuitbussen en kitten gebruikt omdat ze zo makkelijk en snel werken is dat uw zaak. Maar er zijn alternatieven die dat onnodig maken.

Kieren bij raam- en deurkozijnen

Het is bijvoorbeeld het overwegen waard of men met doodgewoon zilverzand en wat portlandcement niet dezelfde resultaten bereikt dan met die ongezonde kitten en spuitbussen. Met 1 deel portlandcement op 4 delen zilverzand goed dooreen gemengd en met wat water tot een dikke mortel gemaakt, kan men de meeste kieren die aan metsel- of betonwerk grenzen

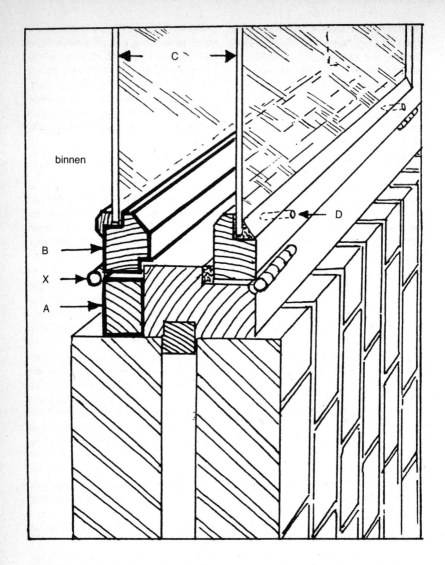

Houten voorzetraam in bestaand raamkozijn.
Het met dikke lijnen getekende hout vormt de opbouw (A) en het eigenlijke voorzetraam (B). De scharnieren (X) maken van het voorzetraam een naar binnen draaiend raam, waardoor regelmatig onderhoud van de spouw (C) mogelijk is. Let erop, dat de spouw met *buitenlucht* geventileerd moet worden. Daartoe zijn in het bestaande buitenraam enige kleine gaatjes geboord (A) die, van buitenaf gerekend schuin omhoog lopen, zodat er geen regenwater kan binnendringen.
Door de brede spouwruimte wordt een uitstekende geluidsisolatie verkregen (men rekent voor optimale geluidsisolatie een 6 cm brede spouw).

te lijf. Het metselwerk of beton eerst even vochtig maken met bijvoorbeeld de waternevel van een plantenspuit, daarna de aangemaakte mortel met een plamuurmes of een voegspijker in de kieren werken. Doe dit bij raam- en deurkozijnen altijd van binnenuit en nooit aan de buitenzijde van het kozijn, want dan kan aanwezig buiten-vocht niet meer verdampen. Een hinderlijk zichtbare mortelzoom kan zonodig met een vastgespijkerd latje worden afgedekt.

Voor hen die tegen deze wijze van kieren dichten opzien en onze waarschuwing terzijde schuiven, zijn er de spuitflacons met PUR-schuim of de dichtingskit in schroefkokers.

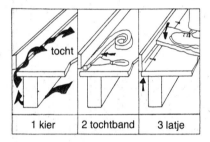

| 1 kier | 2 tochtband | 3 latje |

Kieren tussen vloer en plint

Tussen plint en houten vloer van wat oudere huizen bevinden zich vaak flinke kieren. Deze zijn de oorzaak van 'tocht over de vloer' en natuurlijk ook van warmteverlies, zeker wanneer de vloer boven een kruipruimte ligt (1). Remedie: stop de kieren eerst dicht met stroken schuimplastic tochtband, die men met een plamuurmes of ander stomp voorwerp in de kieren werkt. De schutpapieren zijde van het band moet naar de vloer zijn gericht. Het schutpapier níet verwijderen (2). Neem latjes van ongeveer 5 × 1,5 cm in doorsnede en zet deze in de hoogte tegen de plint. Leg op de bovenkant van de nieuwe latjes een korte plank en ga daar met uw volle gewicht op staan (3). Spijker in die houding de latjes tegen de bestaande plint vast. Natuurlijk blijft het raadzaam de vloer boven een kruipruimte aan de onderzijde te isoleren en daarbij aandacht te besteden aan de kieren tussen vloer en muren.

Tochtstrippen

Er zijn talloze tochtwerings-voorzieningen in de handel, maar de bekendste en beste zijn die van de firma Ellen. Ze zijn verkrijgbaar in diverse soorten en uitvoeringen, zoals in aluminium en kunststof, in bruin en in wit. Alle tochtstrippen (uitgezonderd de zogenaamde borstelstrippen) zijn voorzien van een soepel blijvende rubber of PVC-lipkraal. Met een EL-RO-deurset kan men zowel de stijlen als de bovendorpel van een deur van een tochtwering voorzien. Voor de afdichting aan de onderkant, bij de drempel dus, dient men een dorpel-strip te monteren. Ook hiervan zijn verschillende typen leverbaar.

Tochtstrippen worden geleverd met bijpassende koperen nageltjes, de dorpelstrippen met schroefjes.

De zogenaamde borstelstrippen zijn bestemd voor deuren waaronder zich geen stofdorpel (drempel) bevindt. De kunststof borstel, door een behandeling in de fabriek met siliconen stof- en vuilafstotend gemaakt, zwaait bij het openen over de vloer. Ook op schuifdeuren kan een borstel-strip worden gemonteerd.

Een universeel toepasbare dorpel-strip is de Port-O-Mat, die zonder over de vloer te slepen kieren tot 21 mm kan afsluiten. Een roestvrij stalen veer doet het draaiende gedeelte van de strip bij het openen van de deur uitklappen, en dichtklappen

dorpelstrip

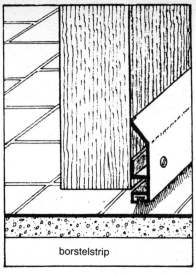

borstelstrip

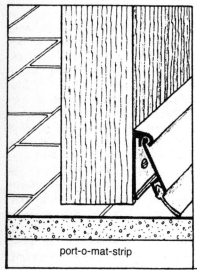

port-o-mat-strip

Linksboven: Ellen dorpelstrip van aluminium of kunststof.
Rechtsboven: Ellen borstelstrip ADS-B van aluminium.
Linksonder: Ellen Port-O-Mat dorpelstrip, met veerconstructie.

wanneer de deur wordt gesloten.
Voor hen die met een duidelijk zichtbare strip in ethetische zin wat moeite hebben, is er de zogeheten Ellen-Matric, een dorpelstrip die in een aan de onderzijde van de deur ingefreesde sleuf wordt geplaatst en door middel van een pal met drukveer omhoog of omlaag wordt gedrukt. Door de constant uitgeoefende druk op de PVC-lip is de afsluiting bij de dorpel altijd perfect.

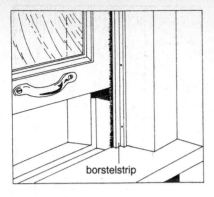

borstelstrip

Kieren van schuiframen kunnen niet met de gangbare tochtprofielen worden afgedicht. Een goede afdichting kan worden verkregen met borstelprofielen. De goedkoopste uitvoering voldoet uitstekend. De afdichting bij de ontmoeting van schuifraam en bovenlicht kan met behulp van een normaal tochtprofiel plaatsvinden, of met behulp van een PVC-dorpelstrip met een brede flap.

Schuimplastic tochtband

Dit band, dat u kent als een lint van zacht schuimplastic met een papieren schutstrookje op de kleeflaag, is minder geschikt als definitieve tochtwering. Het schuimplastic blijkt in de loop der tijd te verdrogen en te verkruimelen, zodat er van de afdichting maar weinig overblijft. Liever niet gebruiken, moet het advies zijn.

Isoleren buitenmuur kan aan twee kanten

De mens beschermt zich met kleding tegen te grote temperatuursverschillen. In de buitenlucht moet de kleding het alleen doen (althans, wanneer het buiten kouder is), maar het constant dragen van zoveel beschermende kleding zou op den duur niet erg bevallen en zelfs hinderlijk worden.

Vandaar dat we proberen in onze woningen een binnenklimaat te scheppen waarbij we ons met minder kle-

ding toch behaaglijk voelen. De ervaring heeft geleerd dat die behaaglijkheid optreedt bij een gemiddelde binnentemperatuur van 20°C.

Vooral bij ramen en buitenmuren is 's winters de zogenaamde oppervlaktetemperatuur aan de interieurzijde vanzelfsprekend hoger dan aan de buitenzijde, want door diezelfde ramen en muren stroomt toch veel warmte naar buiten. Warmte die verloren gaat. We noemen dat *transmissie*.

Als de transmissie te groot is kan de kamerlucht niet voldoende warmte aanvoeren en blijft de oppervlaktetemperatuur aan de binnenzijde van de muren en ramen veel lager dan de luchttemperatuur in de kamer. De muur of het raamglas voelt dan koud aan en het gevolg is een gewaarwording van koudestraling. Hoe beter nu de begrenzing tussen binnen en buiten is geïsoleerd, des te minder kans op een lage oppervlaktetemperatuur.

Spouw of massief

Vrijwel alle woningen die na 1975 zijn gebouwd, zijn tijdens de bouw al voorzien van spouwmuurisolatie. Sinds dat jaar is immers het isoleren van woningen verplicht. Woningen van daarvóór kunnen ongeïsoleerde spouwmuren hebben, of zelfs massieve muren zonder spouw wanneer ze vóór de jaren twintig, dertig zijn gebouwd. Ongeïsoleerde spouwmuren kunnen alsnog door gespecialiseerde bedrijven van een spouwisolatie worden voorzien, maar bij massieve muren is dat natuurlijk onmogelijk.

Heeft u een huis met massieve buitenmuren, dan zijn er voor u slechts twee mogelijkheden: van binnen of van buiten isoleren. Het isoleren aan de binnenzijde is het eenvoudigst en het goedkoopst, hoewel isoleren aan de

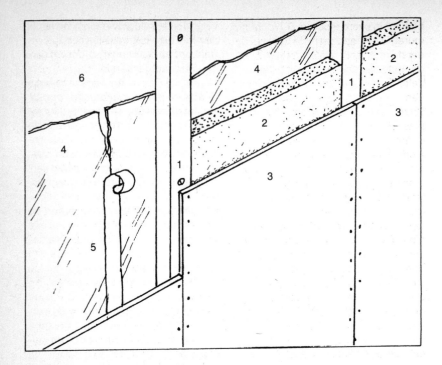

Isoleren van een buitenmuur aan de binnenzijde van de woning.
1. Houten regels 4,5 × 6 cm aan de muur geschroefd.
2. Minerale wol.
3. Gipskartonplaten of ander plaatmateriaal.
4. Plastic folie tegen de bestaande buitenmuur.
5. Plastic afplakband over de folie-naden.
6. Bestaande buitenmuur.

buitenkant de voorkeur verdient omdat de massieve muur wordt 'vrijgehouden' van weersinvloeden en daardoor als (droge) binnenmuur kan gaan functioneren, de dikte van het isolatiepakket en de afwerklaag de binnenmaten van het interieur niet verminderen, de eventuele scheuren en vorstschade in de buitenmuur geen afbreuk doen aan de isolatiewaarde.

Bij isolatie aan de binnenkant van de muren hebt u geen last van onderhoudswerkzaamheden. Toch moet ook hier met een aantal zaken rekening worden gehouden. Begin met een inspectie van de bestaande toestand. Als de muur aan de binnenkant vochtig is, moeten daartegen maatregelen worden genomen. Is de muur van binnen afgewerkt met een waterdichte laag zoals bijvoorbeeld vinylbehang, en aan de buitenzijde afgewerkt met een eveneens waterdichte laag verf op olie- of kunstharsbasis, dan zal de binnenste laag moeten worden verwijderd. Dat is nodig om de muur ook na het isoleren te kunnen laten 'ademen'.

Om diezelfde reden mogen buitenmuren die bekleed zijn met tegels of gemetseld uit geglazuurde stenen, nóóit geïsoleerd worden. Bij vochtige muren is het raadzaam de buitenzijde eerst met een waterafstotend en dampdoorlatend preparaat te behandelen, voordat u aan de binnenzijde een isolatiemateriaal aanbrengt. Span over de muur eerst een laag plasticfolie of bitumenpapier, breng daarop een regelwerk van ongeveer 4 cm dikke latten aan, en zet tussen die latten het isolatiemateriaal, liefst steenwol of glaswol in plaatvorm. De latten moeten 60 cm hart op hart gemeten uit elkaar komen.

Op de latten spijkert u ten slotte gipsplaten die u kunt behangen, of een ander plaatmateriaal dat geschilderd kan worden. Vermijd toepassing van spaanplaat, alleen al om de kans op het binnenhalen van formaldehydegassen uit te sluiten. Cara-patiënten ondervinden vaak veel hinder van deze gassen. Gipsplaat is wat minder schadelijk en mensen met aandoeningen aan de luchtwegen zijn hier in de regel niet zo gevoelig voor.

Het verdient aanbeveling om tussen de verticaal staande regels een dwarsregel te plaatsen op de hoogte van bijvoorbeeld een stoelleuning of het tafelblad. Die dwarsregel voorkomt het doordrukken en beschadigen van de kwetsbare gipsplaat. Hetzelfde doet u ter plaatse van de plinten. Gebruik voor het bevestigen van de gipsplaten de daartoe speciaal geleverde montageschroeven of -spijkers. Volg bij het verdere afwerken de voorschriften van de fabrikant.

Isoleren in beeld

Op de hierna volgende pagina's worden de verschillende muur-, vloer- en dakisolaties die men zelf kan uitvoeren, in beeld gebracht. Voor het isoleren van ramen raadplege men de paragraaf 'Voorzetraam zelf maken'.

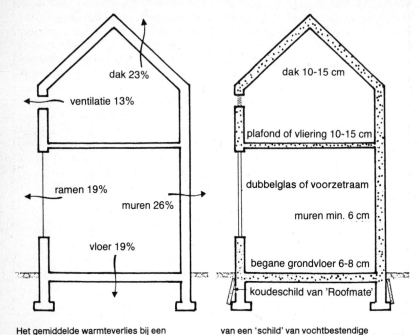

Het gemiddelde warmteverlies bij een niet-geïsoleerde woning (links).
Voor een flatwoning liggen deze cijfers anders: ventilatie 15%, muren 21%, dak 26%, ramen 25% en vloer 13%.
Rechts de aanbevolen isolatiediktes, uitgaande van isolatie met glas- of steenwol. Wanneer in het huis een ongebruikte vliering aanwezig en geïsoleerd is, hoeft het dak niet noodzakelijkerwijs geïsoleerd te worden. Begane-grondvloeren op volle grond (dus vloeren zonder kruipruimten) kunnen rondom van een 'schild' van vochtbestendige isolatieplaten worden voorzien. Deze platen dienen dan 100 cm diep in de grond te worden geplaatst, omdat de koudegrens doorgaans op 80 cm wordt gesteld. In alle overige gevallen worden begane-grondvloeren bij voorkeur geheel geïsoleerd. Binnenmuren of -wanden, en ook verdiepingsvloeren, grenzend aan trappehuizen of onbewoonde vertrekken, kunnen met een geringe isolatiedikte volstaan (2 tot 4 cm).

Vloerisolatie (houten vloer).

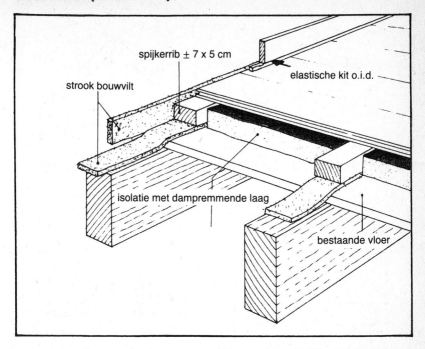

spijkerrib ± 7 x 5 cm

strook bouwvilt

elastische kit o.i.d.

isolatie met dampremmende laag

bestaande vloer

Bovenaanzicht van een zwevende vloerconstructie, boven op een bestaande houten vloer.
Het isolatiemateriaal moet van een dampremmende laag zijn voorzien.

Dampremmende laag naar de warme zijde gericht!
Stroken bouwvilt isoleren de nieuwe dekvloer rondom van de bestaande bouwconstructie.

Het aandrijven van een zwevende vloer (zie hierboven) met behulp van een zware hakbeitel.
1. Nieuwe vloerdelen van de zwevende vloer (dekvloer).
2. Stuk vloerhout.
3. Spijkerrib.
4. Strook bouwvilt.
5. Bestaande vloerbalk.
6. Bestaande vloer.
7. Isolatie met dampremmende laag naar boven.
8. Strook bouwvilt tussen nieuwe dekvloer en bestaande muur.

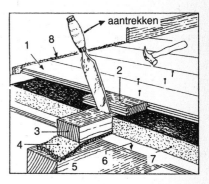

aantrekken

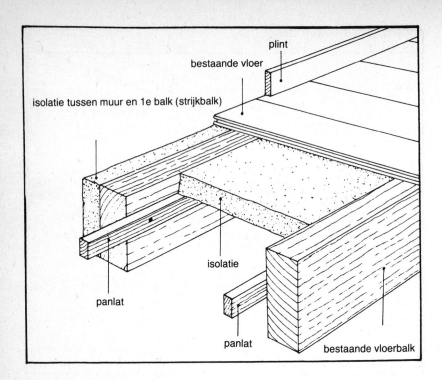

plint

bestaande vloer

isolatie tussen muur en 1e balk (strijkbalk)

isolatie

panlat

panlat

bestaande vloerbalk

**Bovenaanzicht van een tussen de balken te
isoleren vloer met toepassing van harde,
zelfdragende isolatieplaten.**
De platen rusten op tegen de zijkanten van de
balken bevestigde panlatten. Via de
kruipruimte aan te brengen, maar ook wanneer
het een nieuw te leggen vloer betreft.

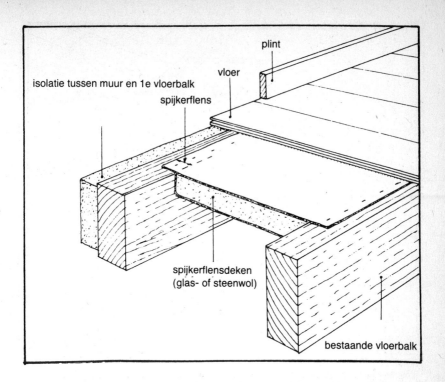

Labels in figure:
- plint
- vloer
- isolatie tussen muur en 1e vloerbalk
- spijkerflens
- spijkerflensdeken (glas- of steenwol)
- bestaande vloerbalk

Bovenaanzicht van een tussen de balken te isoleren houten vloer door middel van spijkerflensdekens.
Alleen mogelijk wanneer de oude houten vloer is weggenomen, of wanneer het een nieuw aan te brengen vloer betreft.

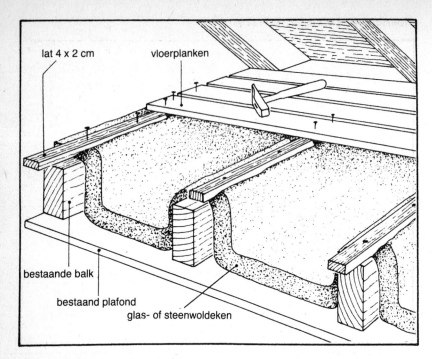

lat 4 x 2 cm

vloerplanken

bestaande balk

bestaand plafond

glas- of steenwoldeken

Isoleren van een vliering met glas- of steenwoldekens.

Houten vloer met vrijhangend plafond en minerale woldekens.
Plafonddragers vrij van bestaande balklaag, opgehangen aan de twee tegenover elkaar liggende muren.
A. bestaande houten vloer.
B. bestaande vloerbalk.
C. nieuwe plafonddrager.
D. glas- of steenwoldeken.
E. nieuwe plafondafwerking, bijvoorbeeld gipskartonplaten, houten schroten, o.i.d.

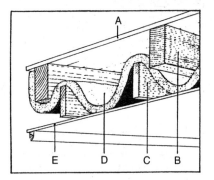

A

E   D   C   B

Vloerisolatie (systeemvloeren).

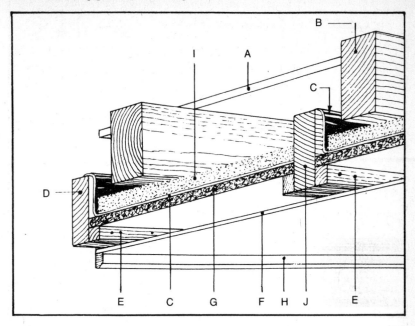

Houten vloer met vrijhangend plafond en zandverzwaring.

A. houten vloer (bestaand).
B. bestaande vloerbalk.
C. plastic folie.
D. nieuwe plafonddrager tegen muur.
E. houten regel min. 4 × 4 cm.
F. gipskartonplaat 1 cm dik.
G. houtwolcementplaat min. 3 cm dik.
H. muurlat 5 × 3 cm.
 I. zandpakket 5 à 6 cm.
J. nieuwe plafonddrager.

Onderaanzicht van een systeemvloer met vlakke onderzijde. Het isolatiemateriaal kan direct tegen de onderzijde van een dergelijke vloer worden gelijmd.

Vloerisolatie (betonvloeren).

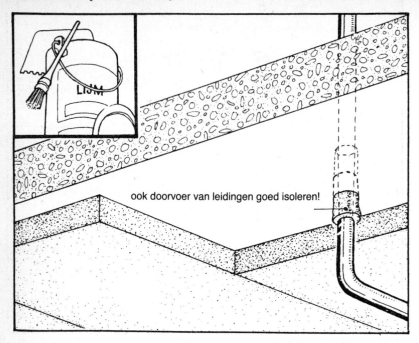

ook doorvoer van leidingen goed isoleren!

Onderaanzicht van een massief betonnen vloer met gelijmd isolatiemateriaal tegen de onderzijde. Het spannen van draden is hier niet nodig.

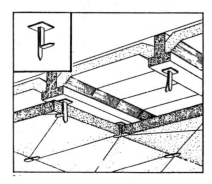

Onderaanzicht van een systeemvloer met gewelfde onderkant. Isolatiemateriaal bevestigd door middel van zgn. stick-clips, die tegen de betonnen liggers zijn gelijmd, en zig-zagsgewijs gespannen draden.

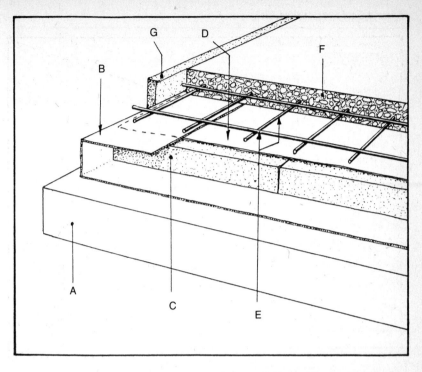

Bovenaanzicht van een zwevende, betonnen
dekvloer, aangebracht op een bestaande
betonvloer op volle grond, dus daar waar
onder de bestaande vloer geen kruipruimte
aanwezig is. De uitvoering is bijna gelijk aan
een vloer boven een kruipruimte. Het verschil
zit in de extra laag plastic-folie.
A. bestaande betonvloer.
B. omgeslagen flap van de onderste folie-laag.
C. harde glas- of steenwolplaat.
D. bovenste folie-laag.
E. krimpwapening.
F. nieuw gestorte betonlaag.
G. strook glas- of steenwol tussen bestaande
   muur en nieuwe betonlaag.

Muurisolatie (spouwmuur).

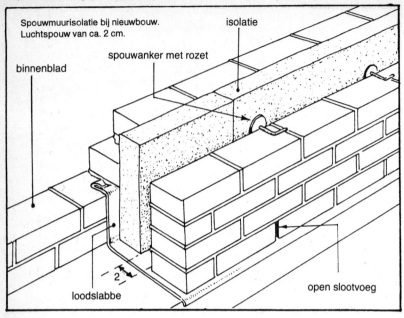

Spouwmuurisolatie bij nieuwbouw.
Luchtspouw van ca. 2 cm.

isolatie

spouwanker met rozet

binnenblad

loodslabbe

2

open slootvoeg

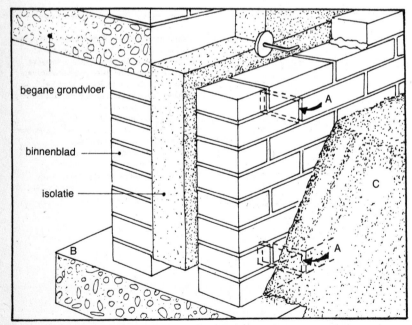

begane grondvloer

binnenblad

isolatie

A

C

B

A

Spouwmuurisolatie bij nieuwbouw.   B = Fundering (betonstrook).
A = Open stootvoegen.   C = Grondaanvulling.

Muur- en wandisolatie.

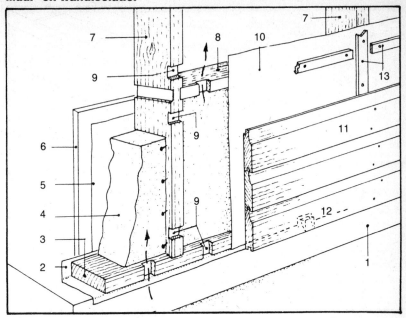

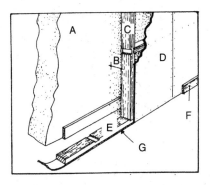

Buigslappe voorzetwand van gipskartonplaat of ander plaatmateriaal voor het weren van akoestische geluidsoverdracht.

A. Bestaande muur.
B. Afstand minimaal 5 cm.
C. Regelwerk 4,5 × 6 cm in doorsnede.
D. Plaatmateriaal 2 cm dik.
E. Vloerlat 3,5 × 6 cm.
F. Nieuwe plint.
G. Bouwvilt- of rubberstrook.

Constructie van een geïsoleerde houten buitenwand.

1. Fundering boven maaiveld.
2. Voetlood.
3. Voetbalk.
4. Isolatiemateriaal (glas- of steenwol).
5. Dampremmende laag (plastic-folie).
6. Binnenbetimmering.
7. Stijl van houtskelet.
8. Ligger van houtskelet.
9. Ventilatie-kepen.
10. Ventilatie-folie (bijv. Ventifol).
11. Buitenbetimmering van zgn. rabatdelen.
12. Keep corresponderend met keep in voetbalk (9).
13. Tengels van ±4 × 1 cm.

Dakisolatie (plat dak).

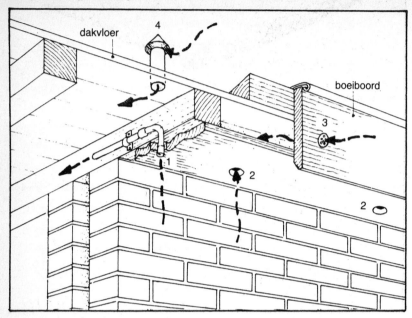

Ventilatie van een ongeïsoleerd plat dak: een absolute noodzakelijkheid.
Tussen elke twee parallel-lopende balken moet een ventilatievoorziening aanwezig zijn die de ruimte binnen deze balken over de volle lengte en breedte van buitenlucht voorziet.
Hier vier manieren om een dergelijke ventilatie te realiseren:
1. via stukjes PVC-elektrabuis van 16 mm in doorsnede;

2. via in het overstek geboorde gaatjes van ca. 16 mm in doorsnede;
3. via in het boeiboord geboorde gaatjes, gedekt met zgn. 'tramroostertjes';
4. via zinken pijpjes door het dakoppervlak.
Deze 4 manieren mogen nooit gecombineerd worden toegepast.

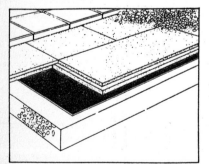

Een zgn. 'omgekeerd' dak van geëxtrudeerd polystyreenschuim. De platen worden met een sponningverbinding 'koud' tegen elkaar gelegd.
De bestaande dakbedekking moet in waterdichte staat zijn; het regenwater loopt *onder* de Roofmate-platen op deze dakbedekking en wordt van daar langs de normale weg afgevoerd.
Als ballast en als 'scherm' tegen ultraviolette zonnestralen wordt *direct* op de polystyreen-schuimplaten een laag grind aangebracht.
Wordt het platte dak regelmatig belopen, dan zullen, in plaats van grind, speciale, waterdoorlatende ballasttegels moeten worden toegepast.

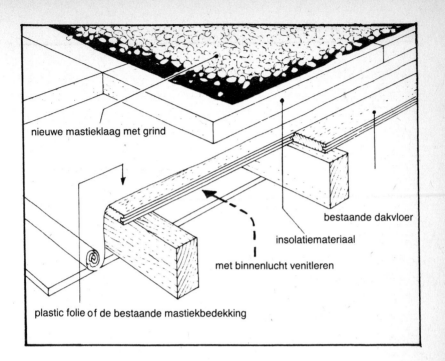

nieuwe mastieklaag met grind

bestaande dakvloer

insolatiemateriaal

met binnenlucht venitleren

plastic folie of de bestaande mastiekbedekking

Een plat houten dak moet altijd aan de
(koude) bovenzijde geïsoleerd worden. De
ruimte tussen de dakvloer en eventueel
aanwezig plafond moet *altijd* geventileerd
worden, maar in dit bijzondere geval met
binnen-lucht.

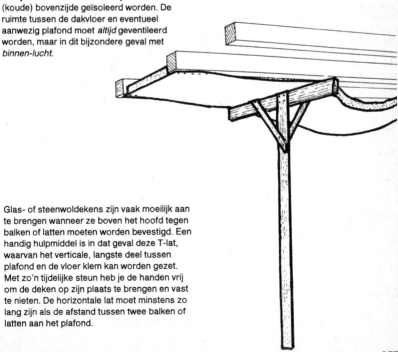

Glas- of steenwoldekens zijn vaak moeilijk aan
te brengen wanneer ze boven het hoofd tegen
balken of latten moeten worden bevestigd. Een
handig hulpmiddel is in dat geval deze T-lat,
waarvan het verticale, langste deel tussen
plafond en de vloer klem kan worden gezet.
Met zo'n tijdelijke steun heb je de handen vrij
om de deken op zijn plaats te brengen en vast
te nieten. De horizontale lat moet minstens zo
lang zijn als de afstand tussen twee balken of
latten aan het plafond.

Dakisolatie (schuin dak).

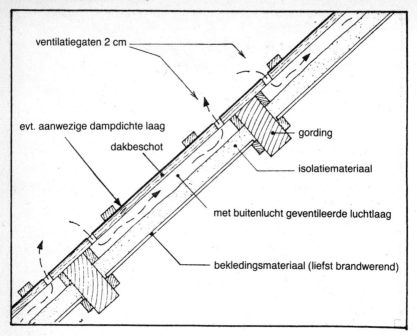

ventilatiegaten 2 cm

evt. aanwezige dampdichte laag

dakbeschot

gording

isolatiemateriaal

met buitenlucht geventileerde luchtlaag

bekledingsmateriaal (liefst brandwerend)

Doorsnede-tekening van schuin pannendak waarop reeds een water- of dampdichte laag aanwezig is.
Bij aanwezigheid van een dampdichte laag onder de dakpannen is isolatie aan de binnenzijde alleen mogelijk wanneer een geventileerde luchtlaag (spouw) is toegepast. De vereiste ventilatie bereikt men door het langs de gordingen boren van gaten met een diameter van ca. 20 mm. De ventilatiegaten zorgen voor een open verbinding van de spouw met de buitenlucht.

Bij het voorbereiden van de 'ondergrond' voor het isolatiemateriaal is het raadzaam om zodanig steun- of klemlatten aan de gordingen te spijkeren, dat de tussenruimten van deze steun- of klemlatten gelijk zijn aan de breedte of lengte van het isolatiemateriaal minus 1 centimeter. Daarmee krijgt u zo weinig mogelijk snij- of knipverlies van het isolatiemateriaal.
De dikte van steun- of klemlatten is afhankelijk van de dikte van het isolatiemateriaal. Ze kunnen met zgn. 'steekspijkers' tussen de gordingen worden bevestigd.

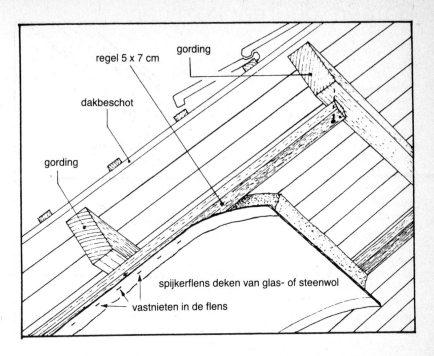

gording

regel 5 x 7 cm

dakbeschot

gording

spijkerflens deken van glas- of steenwol

vastnieten in de flens

Bevestigen van een spijkerflensdeken, met tussenkomst van houten regels die onder tegen de gordingen zijn gespijkerd.
Een voordeel hierbij is de als vanzelf tot stand gekomen diepe spouwruimte. Eventueel kan over het geheel een afwerklaag (gipskartonplaten, triplex, multiplex, zachtboard e.d.) worden aangebracht.

Houten kap met dakbeschot en dakpannen.
Voordat u gaat isoleren: eerst dakpan oplichten om te zien of óp het dakbeschot een dampremmende laag (asfaltpapier, plastic-folie o.i.d.) ligt. Indien dat het geval is, moeten er aan weerszijden van de gordingen gaatjes van 2 cm geboord worden die onder de dakpannen uitmonden. Gaatjes om de strekkende meter boren.

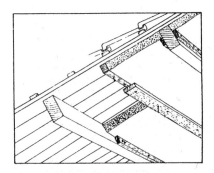

Als een met pannen gedekt dak geen dampdichte laag op het dakbeschot heeft, en u stelt geen eisen aan de afwerking aan de binnenzijde, dan kunt u met glas- of steenwol direct tegen de onderkant van het dakbeschot isoleren. Wel glas- of steenwol met een dampremmende laag gebruiken. De dampremmende laag in het zicht houden. Omdat de gordingafstand waarschijnlijk te groot zal zijn, brengt u tussen en parallel aan de gordingen een regel aan. Tussen deze regel en de gording snijdt u de glas- of steenwol op maat. De aansluitingen met latten afdekken. Eventueel kunt u zelf een dampremmende laag aanbrengen door over de glas- of steenwol een plastic-folie te spannen.

Ramen, deuren, kozijnen

Onderhoud van kozijnen

Vensters hebben drie belangrijke functies te vervullen: ze laten licht door, ze maken het van binnen naar buiten kijken mogelijk en vergemakkelijken het ventileren of luchten van de woning. Maar ook staan ze als geen ander onderdeel bloot aan weersinvloeden, waardoor ze, vooral wanneer het onderhoud in de afgelopen jaren niet optimaal is geweest, vroeg of laat gerepareerd of zelfs vervangen moeten worden.

Dat vervangen is in de Nederlandse situatie meestal lastiger dan in de Duitse of Belgische; daar worden de raamkozijnen pas tegen de voltooiing van de bouw van binnenuit in vrijgehouden muuropeningen geplaatst en vastgeschroefd. In Nederland worden de kozijnen tijdens het optrekken van de muren 'mee-gemetseld', hoewel men in nieuwe woningen de buitenlandse methode soms al ziet overgenomen. Het vervangen van het kozijn is in dat geval gemakkelijker. Er hoeven slechts wat schroeven of bouten te worden losgedraaid, waarna het oude kozijn eenvoudig kan worden uitgenomen. Bij de traditionele, Nederlandse bouw zal een te vervangen kozijn moeten worden ingezaagd en weggebroken.

Werk voor de aannemer?

Is men eraan toe een of alle kozijnen te vervangen, dan kan natuurlijk een aannemer worden ingeschakeld. Hij maakt de nieuwe kozijnen op maat en plaatst ze ook. Daarmee maakt men het zichzelf erg makkelijk, maar er zal diep in de beurs moeten worden getast. In ieder geval dieper dan wanneer men het karwei zelf aanpakt. Men kan diezelfde aannemer vragen de kozijnen te maken en ze dan zelf in de gevel te zetten, of voorgefabriceerd kozijnhout kopen en daarvan zelf kozijnen maken. In het laatste geval is een zekere ervaring op houtbewerkingsgebied toch wel noodzakelijk.

Het (her)plaatsen van aluminium, stalen of kunststof kozijnen is werk voor de vakman. Een waterdichte en tochtdichte afsluiting is van niet te onderschatten belang en vereist veel inzicht. Een nadeel van metalen ramen en kozijnen is de grote koude-overdracht: het metaal brengt de koude van buiten naar binnen over en in termen van isolerend vermogen is dat nauwelijks acceptabel.

Kunststof kozijnen

Met kunststof kozijnen ligt dat anders. Kunststof is een slechte koudegeleider en aan daaruit vervaardigde kozijnen mogen uitstekende isolerende eigenschappen worden toegeschreven. Ook al omdat de kozijnprofielen meerdere 'kamers' bevatten die elk de isolatiewaarde nog meer vergroten. Kunststof kozijnen worden uitsluitend met bijpassende ramen in dubbelglasuitvoering geleverd. Deze ramen kan men in allerlei typen bestellen. Zo zijn er tuimelramen, draairamen, taatsramen en schuiframen verkrijgbaar, alle in de fabriek van isolerend dubbelglas voorzien. Kunststofkozijnen behoeven geen onderhoud; schilderen is niet nodig. Wat dat betreft wordt dus op onderhoudskosten bespaard. Ze zijn echter duur in aanschaf, zodat een kostenvergelijking met houten kozijnen zeker aanbeveling verdient. Hierbij dient rekening te worden gehouden met de factor plaatsingskosten. Kan men houten kozijnen met enige handigheid nog zelf plaatsen, bij kunststof kozijnen is dat vrijwel uitgesloten. De fabrikanten geven, heel begrijpelijk, geen garantie op hun door derden geplaatste kozijnen, aangezien de montage zeer nauw luistert. Zelfs het opmeten kan beter aan de leverancier worden overgelaten. Een bijkomend voordeel hiervan is dat een eventueel door hem gemaakte meetfout ook onder de garantiebepalingen valt.

Oude huizen

Trotse eigenaars van oude, karakteristieke huizen doen er verstandig aan kunststof kozijnen met enige terughoudendheid te bezien. In het algemeen doen de uitermate strakke en gladde kunststof kozijnen en ra-

men met hun geprononceerde afmetingen, afbreuk aan de totaalindruk van de gevel. In dat geval kan men beter houten kozijnen toepassen, die immers geheel volgens de stijl en vorm van de oorspronkelijke kozijnen kunnen worden vervaardigd, iets wat met kunststof kozijnen zelden mogelijk is.

Oud kozijn verwijderen

Voordat een nieuw kozijn (dat altijd een centimeter minder breed en hoog moet zijn dan het bestaande kozijn) in een bestaande gevel kan worden geplaatst, zal het oude kozijn moeten worden verwijderd. Het snelst en eenvoudigst gaat dat op de wijze zoals die in de tekeningen worden getoond. Zaag in de boven- en onderdorpel twee schuine, naar binnen gerichte zaagsneden (1). Dat de zaagtanden op sommige momenten het metselwerk zullen raken, dient voor lief te worden genomen; de zaag kan men weer (laten) slijpen, dus zo erg is het ook weer niet. Als het kozijnhout

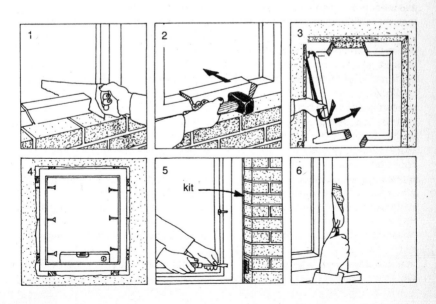

aldus over de volle breedte en diepte is ingezaagd, slaat men de twee tussenliggende stukken met een moker uit (2). Hiermee is er ruimte gecreëerd om de zijstijlen met een koevoet of breekijzer los te wrikken (3). Borstel het vrijgekomen muurwerk schoon en plaats het nieuwe kozijn waarvan de zijden die met het muurwerk in aanraking komen, tweemaal zijn gemenied.

Nieuw kozijn plaatsen

Stel het kozijn waterpas door in de ruimten tussen kozijn en metselwerk een aantal houten hulpwiggen te slaan (4), en boor in elke stijl een drietal gaten waarvan de diameter overeenkomt met die van bij de ijzerhandel aangeschafte kozijnschroeven. Boor deze schroefgaten met een steenboor dóór in de naastliggende muur. Sla in de geboorde gaten een kozijnschroef (de schroeven bezitten al een plug) en schroef hiermee het kozijn aan de muren vast (5). Werk de kieren tussen kozijn en metselwerk dicht, eerst met PUR-schuim (polyurethaan-schuim), ten slotte met siliconenkit. Pleister eventuele beschadigingen aan de binnenzijde van het kozijn glad met een mortel op basis van kalk en gips (zie het hoofdstuk 'Stukadoren'), of betimmer de neggen met hout.

Als het kozijn vrij groot is, en het nog niet is vastgeschroefd, wees dan voorzichtig met het spuiten van de PUR-schuim: tijdens het drogen vertoont dit produkt dermate krachtige uitzettingsverschijnselen dat de kozijnstijlen er door verbogen kunnen worden. Deze ongewenste werking kan worden opgevangen door in het inwendige (de 'dag') van het kozijn, in het midden, zowel horizontaal als verticaal tijdelijk een stevig balkje te klemmen. Hiermee halveert men als

het ware de stijllengte en wordt de druk van het PUR-schuim afdoende opgevangen. Laat het schuim 24 uur drogen alvorens de kieren met siliconenkit worden dichtgezet. Vroeger was siliconenkit niet overschilderbaar, tegenwoordig zijn er ook kitten die kunnen worden geschilderd. Een plezierige eigenschap die het onzichtbaar wegwerken van de kitrand mogelijk maakt. Raadpleeg de aanwijzingen op de verpakking.

(Voor het schilderen van ramen en kozijnen: zie het hoofdstuk 'Schilderen binnen en buiten'.)

Beschadigde deuren

Het is nauwelijks te vermijden: elke deur is in de loop der tijd wel aan een beschadiging onderhevig. De kinderen stootten met hun fiets of autoped tegen de verf, en toen het nieuwe bankstel was gebracht, werd de volgende dag een flinke buts in de blankgelakte gangdeur geconstateerd.

Hoe verhelp je zoiets? Als de deur geschilderd is zit er niets anders op dan de beschadigde plek schoon te krabben, te gronden en te plamuren, en ten slotte met de verf die hopelijk nog in voorraad is, opnieuw over te schilderen.

Bout en vochtige doek

Bij blank hout gaat het herstel van een deuk of buts wat lastiger, want plamuren is er in dat geval niet bij. Dep de beschadigde plek met een vochtige doek en verwarm een oude ijzervijl of een soldeerbout zodanig, dat de warmte ervan op circa 15 cm afstand van het gezicht voelbaar is. Leg een vochtige doek over de deuk en druk daar met het warme ijzer op, het onderwijl licht heen en weer bewegend. De ontstane stoom zal de houtvezels iets omhoog trekken en dus de deuk opheffen. Schuur daarna de plek en

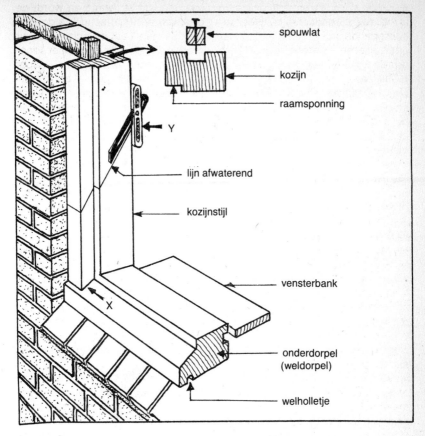

spouwlat

kozijn

raamsponning

Y

lijn afwaterend

kozijnstijl

vensterbank

X

onderdorpel
(weldorpel)

welholletje

Raamkozijn.
U ziet hier het gangbare type. Wil men een deel van de kozijnstijl vernieuwen omdat het aan de onderzijde verrot is (bij oudere huizen komt dat nogal eens voor), dan zal het vernieuwde stuk 'afwaterend' in de bestaande kozijnstijl moeten worden geplaatst en goed moeten aansluiten op het schuingeschaafde (afwaterende) deel van de weldorpel (zie bij X).
Gebruik een zweihaak om de schuinte over te nemen en af te schrijven (Y).

de omgeving ervan met fijn schuurpapier.
Van gebeitste deuren kan een deuk of kras met een stopwasstaafje aan het oog worden onttrokken. Dergelijke staafjes zijn in vele kleuren verkrijgbaar en kunnen direct gebruikt worden. Houd het staafje enige tijd in de hand, zodat de was enigszins kneedbaar wordt. Met het spitse deel van een houten wasknijper kan men wat

was van het staafje afnemen en daarmee de beschadiging wegwerken.

Stukje hout inlijmen
Is de hoek, gevormd door zijkant en voor- of achterkant, van de deur zó zwaar beschadigd dat plamuren niets uithaalt, dan zal ter plekke een nieuw stukje hout moeten worden ingelijmd. Kras de omtrek van de beschadiging in met behulp van een kruishout en

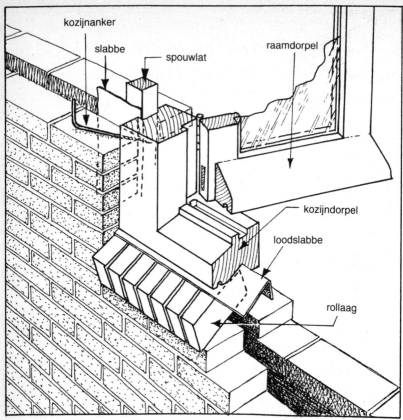

Aansluiting van raamkozijn in spouwmuur (spouwisolatie is hier niet getekend).
Om indringen van optrekkend vocht uit de fundering in de houten dorpel te voorkomen, wordt tussen de dorpel en de stenen rollaag een loodslabbe aangebracht, die tevens als tochtwering dient. In feite heeft ook de slabbe tussen spouwlat en buitenmuur een tochtwerende functie. Het kozijn wordt met (meestal 2 à 3) kozijnankers in elke stijl in het naastliggende metselwerk verankerd. De spouwlat zit tussen binnen- en buitenmuur gemetseld. Let op de zogeheten welholletjes aan de onderzijde van raam- en kozijndorpel. Welholletjes verhinderen het 'doorkruipen' van door wind opgestuwd druipwater onder ramen en kozijnen.

steek langs de afgetekende krassen het hout weg. Zaag een stukje hout (liefst van dezelfde houtsoort) waarvan de vorm overeenkomt met de uitgestoken plek, maar dan wel zó, dat het ongeveer 2 mm boven het houtoppervlak uitsteekt. Lijm het pasgemaakte stukje hout in de uitgestoken ruimte en laat het een dag drogen. Schaaf vervolgens het nieuwe hout gelijk aan de omgeving, schuur het

glad en schilder of lak het in de originele kleur.

Zwellen
Nog een mogelijkheid: maak met een scherp mes een serie insnijdingen in de vezelrichting van het hout. Vul de insnijdingen met water en laat dit intrekken. Laat het hout zwellen met behulp van een vochtige doek en een hete soldeerbout of strijkbout. Na het

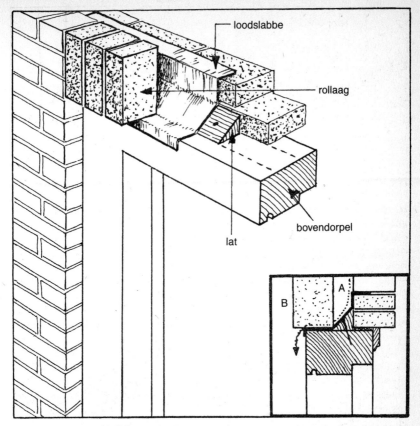

Aansluiting van raamkozijn in spouwmuur.
Zeker als het raam op de regenkant is gesitueerd, moet de bovendorpel afwaterend worden
vormgegeven. Wanneer men een nieuw kozijn in een bestaande muuropening plaatst, moet
derhalve grote aandacht worden besteed aan het verhinderen dat regenwater via de spouw de
constructie kan binnendringen. In de inzet ziet u de route die het regenwater (de buitenmuur B kan
bij langdurige neerslag van water verzadigd raken) wordt opgedrongen: de schuingeschaafde lat,
bekleed met lood, zorgt voor waterafvoer naar buiten de spouw. De loodslabbe moet twee
steenlagen hoog in de lintvoeg van de binnenmuur worden gezet en aan de buitenzijde circa 1 cm
over de bovendorpel reiken. Een en ander betekent, dat bij renovatie een aantal lagen metselwerk
boven het kozijn opnieuw moet worden gemetseld (de opnieuw te metselen lagen zijn hier
gestippeld getekend).

drogen goed gladschuren, daarna de gewenste beschermlaag opbrengen.

Binnen- en buitendeuren

Deuren krijgen eigenlijk te weinig aandacht, hoewel daar de laatste jaren enige verandering in schijnt te komen. Sinds een paar jaar kan men bij vrijwel iedere bouwmaterialenhandel en bouwmarkt hardhouten 'stijldeuren' kopen. Vooral rustieke deuren met panelen, kruisroeden, sierglas en fraai beslag worden goed verkocht. Voor dit soort hardhouten deuren moet flink worden betaald, maar ze zijn dan wel uitstekend afgewerkt. Het is schrijver dezes echter niet geheel duidelijk waarom dergelijke deu-

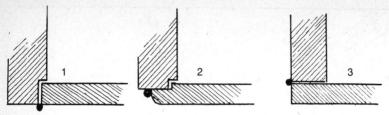

1. Stompe deur.
2. Opdekdeur.
3. Opgelegde deur.

ren altijd van (tropisch) hardhout moeten zijn, want zeker 50% ervan is bedoeld als binnendeur. Maar voor veel minder geld kan een binnendeur net zo goed van Scandinavisch vure- of grenehout zijn gemaakt. Daar komt nog bij dat de bekendste hard-houtsoorten, merbau en meranti, een flink aandeel leveren in de kaalslag van de tropische regenwouden. En wat dat betekent mag inmiddels als bekend worden verondersteld.

Voordat u een nieuwe deur koopt, de breedte van het kozijn op meerdere plaatsen opmeten. Dan de hoogte meten. Meet wel tot in de sponningen. Is de oude deur nog goed aan de maat, dan kunt u ook daarvanaf de maat opnemen. De deur moet, een-maal afgehangen, 2 × 2 = 4 mm smaller zijn dan het kozijn, en van bo-ven een 2 mm brede kier hebben. Aan de onderkant, dus bij de stofdorpel, moet de deur vrij van de vloerbedek-king kunnen opendraaien.

Wanneer u geen standaard-deur in een standaard-kozijn kunt gebruiken dan een iets bredere en/of hogere kopen en deze zelf op maat zagen en schaven. Begin met een schrijfhaak de hoeken van het kozijn en de deur op haaksheid te controleren. De scharnierzijde van het kozijn moet zuiver te lood staan en goed recht zijn. Is dat niet het geval, dan zal het kozijn óf vernieuwd, óf aan de scharnierzijde met een over de volle hoogte lopende lat gecorrigeerd moeten worden.

Bij het op maat schaven of inkorten van een nieuwe deur kunt u zich beter niet alleen op de opgemeten maten verlaten, maar doet u er verstandig aan de deur op een paar houten wig-gen of op de stofdorpel tegen het ko-zijn te plaatsen en zo de afmetingen op de deur af te tekenen. Gaat het om slechts weinig maatverschil, dan met een blokschaaf voorzichtig wat van de deur afschaven. Grotere afwijkin-gen zullen met een zaag moeten wor-den gecorrigeerd.

Deur afschaven

Als van de deur slechts weinig hoeft te worden afgenomen, is een schaaf daarvoor het beste gereedschap. Voor de onderkant van de deur is een gewone blokschaaf genoeg (teke-ning 1), maar voor de lange zijde is een zogeheten *reischaaf* of *voorlo-per* geschikter, want alleen daarmee kan een zuiver rechte zijde worden geschaafd. In beide gevallen erop let-ten dat de afgeschaafde kant in een rechte hoek ten opzichte van het deuroppervlak verloopt, behalve aan de slotkant, waar de deur een ietsje 'arm' wordt geschaafd.

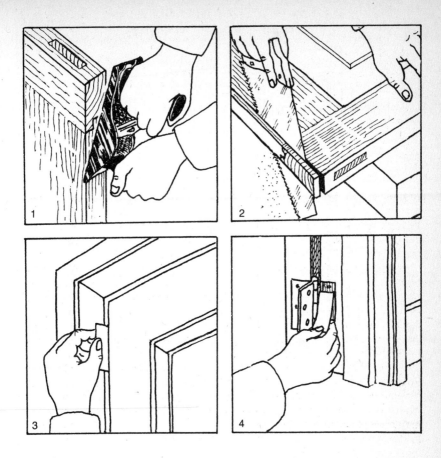

Deur afzagen

Moet de deur aan de onderkant, bijvoorbeeld tengevolge van een verhoogde vloer, een flink stuk korter worden, dan kunt u dat stuk het beste afzagen (tekening 2). Een gewone handzaag is hiertoe geschikt. Niet vlak langs de afgetekende potloodlijnen zagen, maar iets daar vanaf, zodat u de zaagkant straks tot op de potloodlijn kunt gladschaven. Bij hardboard binnendeuren doet u er goed aan de af te zagen lengte over de boven- en onderkant te verdelen, anders zaagt u aan de onderkant wellicht de holle ruimte van de deur open.

Klemmende deuren

Klemt de deur ergens, zonder dat u kunt zien wáár dat precies gebeurt, houd dan een stukje carbonpapier in de sponning en sluit de deur (tekening 3). Het carbonpapier tekent op de klemmende plek een kleur af. De gekleurde plek afschaven.
Zijn de scharnierbladen te diep ingelaten, dan klemt alleen de scharnierzijde van de deur. Schroef alleen de scharnierbladen in het kozijn los en leg achter de bladen een op maat gesneden stukje karton (tekening 4).
Schroef de scharnierbladen weer vast en beproef of de deur niet langer

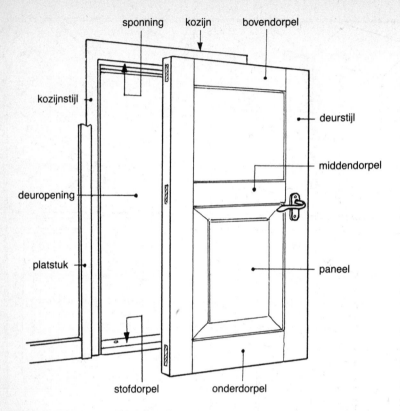

sponning   kozijn   bovendorpel

kozijnstijl

deurstijl

middendorpel

deuropening

platstuk

paneel

stofdorpel   onderdorpel

Benamingen van een deur en deurkozijn.

klemt. Is het euvel nog niet geheel verholpen, neem dan een dubbelgevouwen stukje karton.

Gebroken ruit vervangen
Voordat het gebroken glas wordt verwijderd, is het aan te raden op de vloer of grond kranten neer te leggen om de scherven op te vangen. Het dragen van werkhandschoenen en een veiligheidsbril kan ook geen kwaad – ze beschermen tegen rondvliegende glassplinters.
Indien mogelijk eerst voorzichtig de grootste glasfragmenten verwijderen, dan de kleinere stukken wegnemen. De resterende scherven en

de oude stopverf of de glaslatten wegnemen. Moet het glas nog verder gebroken worden, dan eerst plakband over het glasoppervlak plakken om de scherven te zamen te houden, een doek eroverheen vasthouden en de ruit met moed, beleid en een hamer stuktikken. Glaspunaises of -pennetjes die de ruit hebben vastgehouden, met een tang uittrekken, de glassponning goed stofvrij borstelen en met grondverf behandelen.
In de meeste gevallen zal de nieuwe ruit door de glashandelaar op maat worden gesneden. Meet de afmetingen van de ruit door op verschillende plaatsen, zowel verticaal als horizon-

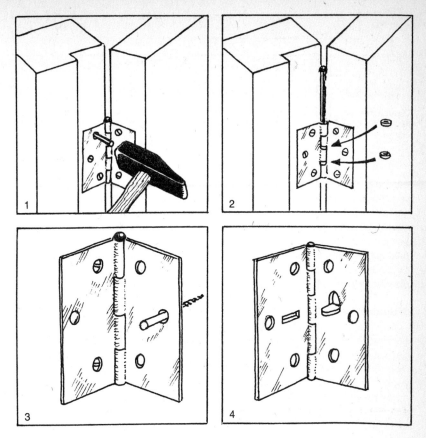

1. Te ruime schroefgaten kunt u opvullen met deuvels of houten propjes.
2. Ingesleten scharnierknopen: sla de pin omhoog en schuif tussen de knopen kleine, dikke ringetjes (eventueel zelf te buigen van ijzerdraad).
3 en 4: Wanneer u de scharnieren van buitendeuren of ramen vervangt, voorzie ze dan ook gelijk van een 'dievenklauw' (links). Er zijn ook speciale anti-inbraakscharnieren te koop (rechts).

taal, de afstanden tussen de tegenover elkaar liggende glassponningen te meten. Trek van de gevonden maten 3 mm af; dat is de juiste maat voor een nieuwe ruit.
Als de glassponningen met grondverf zijn behandeld vervolgens een 3-4 mm dikke laag slappe stopverf in de sponningen drukken. De goede manier is een kluit stopverf in de hand te nemen en deze met duim en wijsvinger te verdelen (tekening 1).

Welpasta

Beter is voor dit deel van het werk zogeheten *welpasta* te gebruiken, omdat dit de eventuele oneffenheden in de glassponningen beter opvult en later het aandrukken van de ruit vergemakkelijkt. Daarna de ruit plaatsen en voorzichtig bij de randen tegen de stopverf of welpasta drukken. De ruit blijft nu uit zichzelf vastkleven. Druk niet in het midden van de ruit. Aan de scharnierzijde, in de onderste hoek,

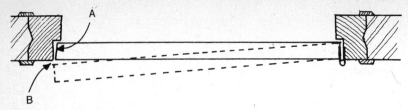

Dwarsdoorsnede van deur en deurkozijn.
Als de deur aan de slotkant niet iets 'arm' wordt geschaafd (A), dan zal hij bij het sluiten de hoek van het kozijn raken (B).

een paar lucifers onder de ruit schuiven (tekening 2). De glaspunaises of glaspennetjes op afstanden van ongeveer 30 cm plat tegen de ruit drukken en met de zijkant van een oude beitel in de sponningen slaan. U kunt de beitel zonder bezwaar over het glas laten glijden (tekening 3).

Stopverf
Tot slot een stopverfrand aanbrengen en onder een hoek van 45° met gelijkmatige druk 'besnijden' (tekening 4). Het stopmes regelmatig wat vochtig maken om het vastkleven aan de stopverf tegen te gaan. De besneden stopverf met een nat kwastje nastrijken, daarna de ruit met spiritus reinigen. De stopverf pas na een week of twee met grondverf behandelen; er moet eerst een vliesje op de stopverf ontstaan.

Gronden en afschilderen
Bij het schilderen van buitenramen of -deuren dient de verf bij de glassponningen circa 2 mm óver het glas te worden geschilderd. Dit heeft tot doel dat regenwater niet tussen het glas en de stopverfrand kan dringen. Zie verder het hoofdstuk 'Binnen en buiten schilderen'.

Glaslatten
Bij ruiten met glaslatten gaat men op dezelfde wijze te werk, met dit verschil dat als de ruit eenmaal stevig in de welpasta is gedrukt, er geen glaspunaises of glaspennetjes worden toegepast. De schoongemaakte of de nieuwe glaslatten worden aan de glas- en sponningzijden goed met grondverf behandeld, daarna van een dunne lint welpasta voorzien. Druk de glaslatten tegen het glas totdat de welpasta tussen glas en glaslat uitpuilt. De ruit rust dus aan beide zijden in de welpasta. Vervolgens de glaslatten met gegalvaniseerde of verzinkte nagels vastspijkeren. Het risico dat een nagel tegen het glas terechtkomt, kan vermeden worden door de nagels vooraf voor een deel in de glaslatten te slaan. De nagelkoppen gelijk aan het houtoppervlak inslaan, daarna de latten schilderen of lakken.

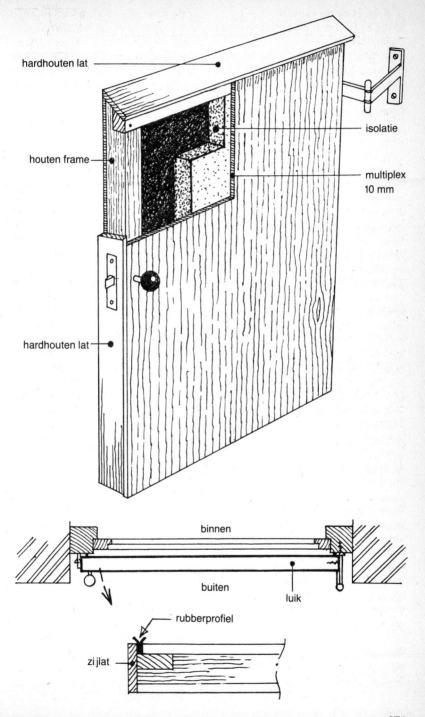

hardhouten lat

houten frame

hardhouten lat

isolatie

multiplex
10 mm

binnen

buiten

luik

rubberprofiel

zijlat

Luiken voor de ramen

Het raamluik zoals we dat kennen aan de buitenkant van voornamelijk oudere gebouwen, wordt tegenwoordig nog nauwelijks toegepast. Het is de vraag of dat wel zo vanzelfsprekend is, want gesloten raamluiken houden bijzonder veel warmte binnen. Volgens uitgevoerde metingen geeft een geïsoleerd luik (inwendig voorzien van een 5 cm dikke isolatielaag) zesmaal zoveel warmte-isolatie als een enkel raam en tweemaal zoveel als een raam van dubbelglas. Een bijkomend voordeel van raamluiken is de preventie tegen inbraak en vandalisme (in ons land wordt jaarlijks rond de tweeëneenhalf miljoen gulden uitgegeven aan alleen al het herstel van door baldadigheid vernielde ruiten).

Het kan dus de moeite waard zijn te overwegen aan de kozijnen van uw huis weer net als vroeger luiken te hangen, want 's avonds gesloten luiken houden in de winter veel koude tegen en 's zomers uw huis koel. Wie een beetje handig is kan zelf raamluiken maken. Maar dan niet van die gewone, enkelvoudig uitgevoerde luiken, maar goed geïsoleerde. Eenvoudig zelf te maken uit twee lagen watervast multiplex met daartussen een isolatie van 5 cm dikke polystyreen. De binnenzijde van zo'n luik zou nog kunnen worden voorzien van een plaatje aluminium om in de winter de warmte van binnenshuis terug te kaatsen wanneer het luik gesloten is. Het luik moet van boven van een schuine, afwaterende lat zijn voorzien en uiteraard zorgvuldig worden geschilderd of gelakt.

Klassiek aanzien

Wie het luik een wat klassieker aanzien wil geven, kan het luik van messing-en-groef geschaafde planken maken. Grenehout is het beste. Voor-af de messing-en-groefkanten goed in de grondverf zetten. De planken verticaal toepassen om een goede afwatering te bevorderen. Grenehout eerst met thinner of terpentine ontvetten (zie voor het schilderen van buitenwerk het desbetreffende hoofdstuk.

Als het luik gesloten is, moet het zo mogelijk luchtdicht tegen het raamkozijn aansluiten. Daarvoor bestaan rubber profielen, al dan niet in de vorm van tochtstrippen, voorzetraam-rubber of zelfklevend rubberband. Bij doe-het-zelf-winkels of bij de bouwmaterialenhandel zijn ze te vinden. Het afsluiten van de luiken kan plaatsvinden met windhaken, grendels, harpoensloten of zelfs cilindersloten. Als de ramen naar binnen opengaan zijn de luiken ook van binnenuit te openen of te sluiten. Is het omgekeerde het geval, dan moet men naar buiten om de luiken te kunnen sluiten.

De scharnieren vormen een hoofdstuk apart. Het type scharnier is afhankelijk van de kozijn- en gevelconstructie. In aanmerking komen bochtfitsen, bochtgehengen, vleugelscharnieren of kruisscharnieren. Hoe dan ook moeten de luiken in geopende toestand plat tegen de buitenmuur kunnen worden vastgezet. Bedenk, dat elke scharnier (door de smid) in een bepaalde hoek of bocht gezet kan worden. Aangezien luiken behoorlijk van de weersinvloeden te lijden kunnen hebben, is het gebruik van watervaste lijm en gegalvaniseerde of koperen draadnagels en schroeven aan te raden. Goed schilderen of lakken maakt de kans op een lange levensduur van de luiken natuurlijk alleen maar groter.

Ziet men tegen het zelf maken van raamluiken op, dan kan men ze ook láten maken. In Klazienaveen is het bedrijf 'Isoluik b.v.' gevestigd, dat op

bestelling en op maat isolerende luiken maakt, zowel in binnen- als buitenuitvoering, zowel warmte- als geluidsisolerend. Het opmeten en de montage van de luiken verzorgt Isoluik zelf. Als indicatie voor de kosten van raamluiken geeft de fabrikant op: f 250,- per m², inclusief BTW, montage, hang- en sluitwerk en met grijze grondverflaag. Adres: Postbus 136, 7890 AC Klazienaveen. Telefoon 05913-15456.

Ramen en raamkozijnen

Een raam is een houten, metalen of kunststof lijstwerk waarbinnen een glazen ruit, hetzij van enkel-, hetzij van dubbelglas, is gevat. Het raam op zijn beurt zit altijd in een raam*kozijn*. Zonder dat zou een raam niet kunnen draaien, tuimelen of schuiven. Sommige raamkozijnen bevatten zowel een vast als een te openen raam. Naar de wijze van openen onderscheiden we de volgende typen: enkel of dubbel draairaam (tekening 1), tuimelraam (2), verticaal schuifraam (3), jaloezieënraam (4), en het naar binnen vallend raam (6). Voor een betere isolatie kunnen de ramen van dubbelglas of een voorzetraam worden voorzien. Sommig isolerend glas kunt u zelf aanbrengen, ander isolerend glas zal uitsluitend door een erkend glasbedrijf moeten worden geplaatst (zie voor isolerend glas bij '*Isoleren*').

De meest toegepaste ramen zijn draairamen, zij behoren tot het type dat om een loodrechte as draait. Ze zijn in vele standaardmaten verkrijgbaar, sinds enige jaren ook als bouwpakket.
Steeds meer in de huidige woningbouw toegepast zijn de tuimelramen die in het midden om een horizontale as draaien. Omdat ze van binnenuit

zijn schoon te maken, zijn ze vooral als verdiepingsramen geschikt. Een nadeel is dat ze vrij gemakkelijk zijn te openen: kinderen hebben er weinig moeite mee en kunnen erdoor naar buiten kruipen. Schuiframen, althans die welke verticaal schuiven, komen steeds minder voor. Dat komt voornamelijk door de schuif- en balansconstructie, waarvan de vervaardiging nogal kostbaar is. Bovendien is de tochtafdichting vaak een probleem. Verticale schuiframen zijn echter gemakkelijk te reinigen en bieden goede ventilatiemogelijkheden. Ze hebben grotendeels plaatsgemaakt voor de horizontaal schuivende typen. In de duurdere woningbouw vindt men de zogeheten taatsramen, die zowel om een verticale als een horizontale as kunnen draaien. Een taatsraam maakt een optimale ventilatie mogelijk en kan aan beide zijden van binnenuit worden schoongemaakt. Voor het openen en sluiten moeten meerdere handelingen worden verricht, hetgeen een zekere 'kindveiligheid' betekent.

Kunststoframen en -kozijnen

Vooral in de oudere woningbouw kan het voorkomen dat het raam in slechte staat verkeert of niet meer voldoet aan de huidige eisen. Een goede oplossing is dan het kunststofraam, dat zonder al te ingrijpend breekwerk in de bestaande muuropening kan worden gemonteerd. Dat kan men echter niet zelf doen, althans niet zonder dat men de garantie op het raam kwijtraakt; het is werk voor gespecialiseerde bedrijven. Zelfs het opmeten kan men beter aan de leverancier overlaten. Bij de aanschaf is het van belang een goed bekendstaande firma te benaderen, dit om teleurstelling te voorkomen.
Kunststoframen en -kozijnen zijn uit-

stekend geïsoleerd en hebben weinig of geen onderhoud nodig; schilder- en onderhoudswerk behoort tot het verleden. Wil men de oorspronkelijke glans van het kunststof behouden, dan moet het regelmatig worden ge- reinigd met hetzelfde schoonmaak- middel waarmee men ook het glas schoonmaakt. Gebruik van oplos- middelen zoals aceton, vlekkenwa- ter, remover, tri, thinner, wasbenzine, e.d. is uit den boze.

Als nadeel van kunststoframen en -kozijnen geldt dat bij verbranding van het PVC giftige gassen vrijkomen en het materiaal gaat druipen. Dit mag men gevaarlijke verschijnselen noe- men, omdat dit het vluchten tijdens een brand kan verhinderen. Daarbij komt nog, dat gloeiende PVC-drup- pels aan de huid kunnen gaan vast- kleven, waardoor ernstige brand- wonden ontstaan. (Een interessant aspect dat het vermelden waard is, is het verbod op de toepassing van kunststoframen, dat een toenemend aantal gemeenten in Duitsland, vooral in Beieren, uitvaardigt. Hier en daar spreekt men zelfs over een wets- voorstel voor een algemeen verbod op toepassing van gevelelementen van kunststof. Als grootste bezwaar geldt de afvalverwerking tijdens de produktiegang. Als reactie hierop heeft de kunststoffenindustrie te ken- nen gegeven extra aandacht te zullen gaan besteden aan de ontwikkeling van een milieuvriendelijke afvalver- werking. Denkt men echter in groot verband, dan moeten kunststof- ramen als milieu-onvriendelijk wor- den beschouwd.)

Glassoorten
Het tegenwoordige glas is doorgaans 'float-glas', zo genoemd omdat het glas in nog vloeibare toestand uit de oven over een gesmolten tinlaag wordt uitgegoten. Door deze wijze van fabriceren krijgt het glas een zeer glad oppervlak en een zeer heldere doorzichtigheid. Een variatie hierop wordt gevormd door het veiligheids- glas.

Bij de keuze van glas dient u er steeds vanuit te gaan dat glas als bouwma- teriaal een hoog risico vormt. Begla- zing lager dan circa 80 cm boven de vloer, deuren en ramen die al dan niet door tocht of ruwe behandeling tegen muren slaan, alsmede glasvlakken die door hun grootte zeer kwetsbaar zijn, dit alles brengt een zeker gevaar met zich mee.

Een andere belangrijke factor, spe- ciaal bij buitenglas, is de winddruk die het glas moet kunnen weerstaan. Hoe groter deze druk, des te dikker het glas moet zijn. In gebieden met weinig wind, of bij ramen die op het noorden uitzien, kunt u voor kleinere ramen een glasdikte van 3 mm aanhouden. Ruiten tot 100 cm breed moeten 4- 5 mm dik zijn, nog grotere ruiten min- stens 6 mm. In risicodragende situa- ties is het aan te bevelen alleen ramen van minder dan 0,2 m² toe te passen. Bij 5 mm dik glas is het grootst toe- gestane oppervlak 0,8 m². Glas van 6 mm dik mag niet groter zijn dan 1,8 m², en glas van 10 mm dik niet gro- ter dan 3,3 m². Voor nóg grotere rui- ten moet beslist veiligheidsglas wor- den gebruikt. Dit brengt ons meteen op het veiligheidsaspect...

Veiligheidsglas
Ramen die als inbraakgevoelig wor- den gezien, kunnen het best met draadglas of met voorgespannen glas worden toegerust.
Draadglas heeft een dun staaldraad- net dat het glas weliswaar niet sterker maakt, maar bij breuk de scherven bij

elkaar houdt. Het is erg lastig in draadglas een opening te maken.

Voorgespannen glas ondergaat een speciale hitte-behandeling en is daardoor buig-, stoot- en slagvast. Het is vijfmaal sterker dan gewoon glas. Zelfs zó sterk, dat het niet mogelijk is het zelf te snijden.

Dan is er het *gelamineerd* of '*sandwich'-glas*, een veiligheidsglas met een hoog-elastische kunststoffolie tussen twee glaslagen. Dit glas heeft een zeer grote weerstand tegen breuk. Gebeurt dit laatste toch, dan houdt de folie de scherven en splinters bijeen.

Om 'inkijk' tegen te gaan kan men overwegen *gefigureerd* glas in deuren of benedenramen te plaatsen. Deze glassoort is van een decoratief, gekleurd en gestructureerd oppervlak voorzien, waardoorheen het wel (getemperd) licht doorlaat, maar waar men niet doorheen kan kijken.

Warmtewerend glas wordt gebruikt voor grotere ramen op het zuiden en zuidwesten, en houdt al te sterke zonnewarmte buiten. Een zelfklevende reflectiefolie op een gewone ruit geplakt geeft overigens hetzelfde effect. Ten slotte het '*gedraaid' glas*, met een structuur die doet lijken alsof er grote flesbodems met het glas zijn samengesmolten. Daardoor ontstaat een zeer vertekende doorkijk. Men vindt gedraaid glas soms in oude en rustieke huizen. Het glas wordt nog steeds gemaakt, soms in geel- of groengekleurde, soms in gegraveerde uitvoering.

Tips en aandachtspunten
● Draag bij het werken met glas werkhandschoenen.
● Bij het opmeten van nieuwe ruiten de ramen op meerdere plaatsen, in 'de dag' van de sponning, meten ingeval de breedte niet overal gelijk is.

● Hoe groter het raam, hoe dikker het glas moet zijn.
● Bij het inbouwen van een nieuw raamkozijn zorgvuldig meten – het kozijn mag niet meer dan 15 mm kleiner zijn dan de oorspronkelijke muuropening.
● Na het beglazen met stopverf: de stopverf ongeveer twee weken laten drogen; op de stopverf moet eerst een vliesje komen voordat u het de eerste keer met grondverf behandelt.
● Is het gewichtkoord van een verticaal schuivend schuifraam gebroken, vervang dan ook meteen het andere koord.

Dakramen en dakvensters
Dakramen zijn geschikt voor plaatsing in schuine pannendaken, maar wanneer bepaalde eisen worden gesteld aan ventilatie en lichttoetreding (bijvoorbeeld bij zolderkamers die als slaap- of werkvertrek dienen), dan voldoet een dakvenster of dakkapel beter.

Er zijn *dakramen* van metaal en kunststof. De duurzaamheid van kunststof dakramen is tegenwoordig heel behoorlijk. In de nieuwste exemplaren is gewapend polyester en dubbelglas toegepast.

De maat van een dakraam wordt bepaald door het aantal dakpannen dat het bedekt. Voor een kleine zolderruimte is een vierpans of zespans dakraam voldoende, voor een grotere ruimte is een negenpans raam meer geschikt.

Dakvensters zijn eigenlijk geperfectioneerde dakramen. Ze komen in aanmerking voor woon-, slaap- en werkvertrekken, omdat ze, meer als dakramen, een goede daglichttoetreding mogelijk maken. Aan isolatie, tochtwering, ventilatie en waterdichtheid is grote aandacht besteed.

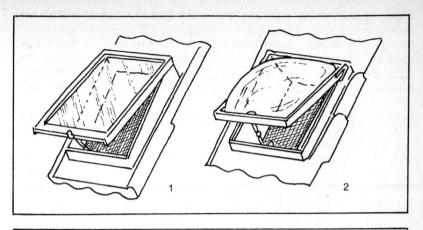

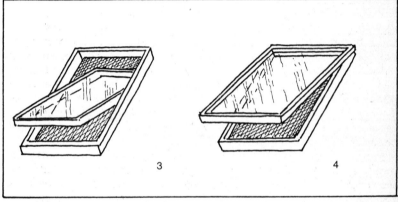

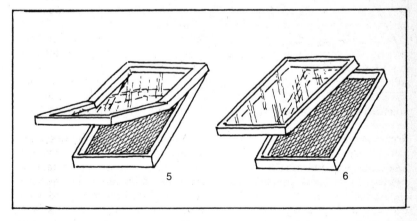

1 en 2. Dakramen. Links plaatstalen dakraam,
rechts kunststof dakraam.
3. Tuimeldakvenster.

4. Uitzetdakvenster.
5. Uitzet/tuimeldakvenster.
6. Uitzet/schuifdakvenster.

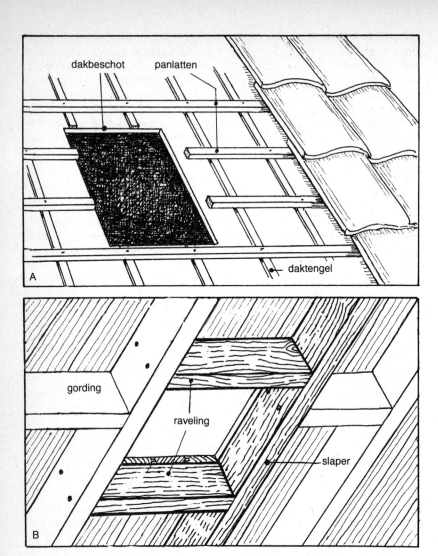

A. Het gat in het dakvlak, van buitenaf gezien.

B. Hetzelfde gat van binnenuit gezien.

Praktisch alle gewenste afmetingen zijn verkrijgbaar.

Naar type zijn dakvensters in vier systemen verdeeld: uitzetdakvenster, tuimeldakvenster, uitzet/tuimeldakvenster en uitzet/schuifdakvenster. Uitzetdakvensters zijn de goedkoopste, maar ze zijn lastig schoon te maken.

Dakraam of dakvenster zelf plaatsen.

Een dakraam of dakvenster kunt u gemakkelijk zelf plaatsen. In tegenstelling tot wat vaak wordt beweerd is het beter het raam van *buitenaf*, dus vanaf het dak, aan te brengen. Alleen daar kunt u direct en zonder misrekening de exacte opening voor het raam bepalen. Inderdaad is het een nadeel dat u daartoe op het dak moet klimmen, maar dat moet uiteindelijk tóch als het dakraam wordt gemonteerd en de loodslabben in de pannenlijn moeten worden aangeklopt.

In de tekeningen A en B ziet u hoe u het gat voor een dakraam of dakvenster in het dakvlak kunt zagen. Voordat u daarmee begint is het zaak nauwkeurig te bepalen waar het gat precies moet komen. Zorg ervoor dat er geen pannen doorgezaagd hoeven worden (de meeste dakramen en dakvensters zijn op de pannenmaten gemaakt). De pannenmaat is trouwens doorslaggevend: de opening dient overeen te komen met een aantal hele panbreedtes, terwijl aan de onderkant hele dakpannen aanwezig moeten blijven.

Haal om te beginnen een ruim aantal dakpannen weg en teken op het dakbeschot de omtrek van het dakraam af. Boor op de hoeken van de rechthoek zo groot mogelijke gaten en zaag van daaruit het geheel met een elektrische decoupeerzaag uit. Ook de panlatten en daktengels worden doorgezaagd. In de meeste gevallen zal ter plaatse van de gezaagde opening een gording moeten worden doorgezaagd. Dat zal echter de kapconstructie verzwakken, vandaar dat de gording a.h.w. moet worden opgevangen door een of twee zogenaamde *slapers* en mogelijk ook een of twee *ravelingstukken*.

Bepaal de af te zagen lengte van de gording: deze plaats wordt bepaald door de zijden van de opening + aan weerszijden de dikte van de aan te brengen slapers. Plaats, als tijdelijke ondersteuning, op ongeveer 20 cm van de opening, aan weerszijden een stevige stut onder de gording. Zaag vervolgens de gording op beide plaatsen zuiver haaks door. Spijker met lange, zware draadnagels de slaper(s) tegen de doorgezaagde koppen van de gording (in tekening B gearceerd getekend). Breng zo nodig ook een of twee ravelingstukken aan. Als alles stevig is vastgespijkerd, kunt u de stutten weghalen en het dakraam aanbrengen en afwerken.

Breng als eerste de buitenbak aan en plaats de waterkerende goten. Schuif de pannen weer aan en plaats het raam in de buitenbak.

Ramen en deuren herstellen

Vooral in oudere huizen, maar ook in niet al te degelijk opgetrokken nieuwbouwwoningen, vormen ramen en deuren vaak een bron van ergernis. De ramen klemmen of rammelen in hun kozijnen, de deuren 'slepen' over de dorpels, kortom, ze sluiten niet goed. Soms is een raam of deur 'scheluw', hetgeen wil zeggen dat het raam of de deur over het hele oppervlak gezien *krom* is getrokken. Meestal is dat te zien aan een niet overal gelijke kier tussen de deur of het raam en de kozijnsponning.

Is een deur of raam niet zuiver haaks, dan is hij 'geschrankt'. Met een schrijfhaak in de hoeken van het kozijn gehouden èn in de hoeken van het raam of de deur, kunt u constateren of het manco zich in het kozijn of in de deur of het raam zelf voordoet. Aan geschrankte kozijnen is weinig te doen. Geschrankte ramen of deuren kunnen echter weer 'in de haak' worden gemaakt.

Geschrankt raam

Laten we aannemen dat het een raam betreft: neem het uit de scharnieren en verwijder het glas. Leg het raam op de werkbank en dwing het met gebruikmaking van twee lange lijmtangen in een weer haakse stand. Heeft u geen lange lijmtangen, gebruik dan

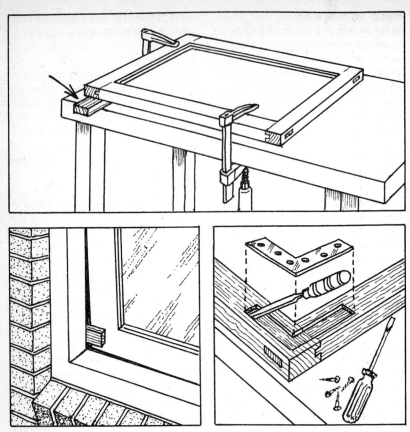

Boven: **Een scheluw raam** (of deur) **weer vlak maken**: leg het raam (zonder glas!) plat op de werkbank en bepaal waar de constructie omhoog wijkt. Leg onder de diagonaal tegenoverliggende hoek een stukje hout van de dubbele dikte van de afwijking en van hoogstens 5 cm lang (zie pijl) en klem het raam met klemtangen tegen het werkblad vast. Laat het raam zo enige weken liggen. Als het raam nog niet is geschilderd of gelakt, dan het hout vochtig maken. Hak in de hoeken van het raam vier raamhoeken (zie tekening rechts-onder).
Links: Kan het raam niet worden uitgenomen, zet dan een stukje hout tegenover de hoek waar het raam wijkt en sla met een lange draadnagel het raam door het klosje heen aan het kozijn vast. Laat het raam zolang mogelijk met rust.
Rechts: Raamhoeken versterken de pen-en-gatverbinding. De bovenkanten van de raamhoeken moeten enigszins *onder* het houtoppervlak komen.
Met een reparatiepasta op kunstharsbasis de hoeken weg-plamuren.

een houten hamer en een stuk afvalhout als bescherming en slá het raam weer in zijn oorspronkelijke stand. Boor in elk van de vier hoeken, dus door de pen- en gatverbindingen heen, twee gaatjes waarin goed passende, van wat lijm voorziene deuvels worden geslagen. Verstevig de vier hoeken bovendien met metalen raamhoeken, die iets dieper dan hun dikte worden ingehakt, zodat ze, na te zijn vastgeschroefd, met een vulpasta op kunstharsbasis onzichtbaar kunnen worden weggeplamuurd.

Hang- en sluitwerk

Er is een enorm aanbod van hang- en sluitwerk, waaronder we verstaan alle materialen voor het laten openen, sluiten, glijden en afsluiten van ramen en deuren. De keuze van sloten, scharnieren, knoppen, krukken, klinken, grepen, grendels en dergelijke zaken is niet alleen een kwestie van smaak, maar wordt zeker ook bepaald door de functie die ervan wordt verlangd. Op nieuw geschilderde of gelakte deuren kan oud en onooglijk beslag associaties oproepen met de bekende vlag op de modderschuit.

Glanzend messing of verguld deurbeslag komt op eveneens glanzend afgewerkte deuren heel fraai 'uit de verf', terwijl houten, porseleinen of kunststofbeslag het voor binnendeuren goed doet.

Pas modern vormgegeven hang- en sluitwerk toe in moderne huizen, en traditioneel vormgegeven materiaal uitsluitend in oudere, karakteristieke huizen. Wordt de keus voornamelijk bepaald door de prijs, bedenk dan dat men tegenwoordig in kunststofbeslag een goede vervanging vindt.

Messing, verguld staal en aluminium schranieren bieden een stevig houvast aan zware draaideuren.

Hang- en sluitwerk is verkrijgbaar bij de ijzerhandel, woninginrichting, en bij bouw- en hobbymarkten. U kunt het hang- en sluitwerk via de zogenaamde 'displays' of rekken kiezen, of bestellen uit catalogi van de verschillende fabrikanten.

Denk eraan dat hang- en sluitwerk (uitgezonderd sloten en scharnieren) pas ná het schilderen definitief wordt aangebracht. U kunt het materiaal wel eerst pasmaken en toetsen, maar het is beter ze dan weer te demonteren om ze na het schilderen te monteren. Sloten en scharnieren moeten van tijd tot tijd geolied worden. Als nylon beslag piept of knarst, dan de schroeven iets losser draaien.

Scharnieren

Het is belangrijk het juiste type scharnier van passende grootte te kiezen. In het algemeen kan gesteld worden dat een bladhoogte van 75 mm voor binnendeuren en 100 mm voor paneel en buitendeuren het best voldoet. Van belang is ook hoe ver de deur moet kunnen opendraaien. Een gewoon scharnier heeft een openingshoek van circa 95°. Voor een verder openen zullen scharnieren met 110°-hoek worden gekozen. Met scharnieren van 170° kan de deur of het raam vrijwel plat tegen de naastliggende muur worden geklapt. Wordt de deur niet met een slot gesloten, dan zal men een veerscharnier kunnen toepassen. Zogenaamde bommerscharnieren maken het mogelijk dat de deur naar twee kanten openslaat en vanzelf terugveert in zijn normale stand. Dergelijke scharnieren vindt men wel toegepast in de 'doorslaande' deuren van openbare gebouwen en restauratiekeukens.

Moet de deur naar rechts opendraaien (men rekent de draairichting vanuit de positie waarbij men in de deuropening met de rug naar de scharnierzijde staat: draait de deur open in de richting van de rechterarm, dan gaat het in dat geval om een rechtsdraaiende deur), dan heeft men ook een rechtsdraaiend scharnier nodig. Bij normale knoopscharnieren met een losse pen kan men het scharnier een andere draairichting geven door de pen andersom in de knopen van het blad te steken.

Gebruik voor lichtere deuren en ramen twee scharnieren en voor zwaardere deuren en ramen een derde scharnier dat op halve draaihoogte wordt geplaatst.

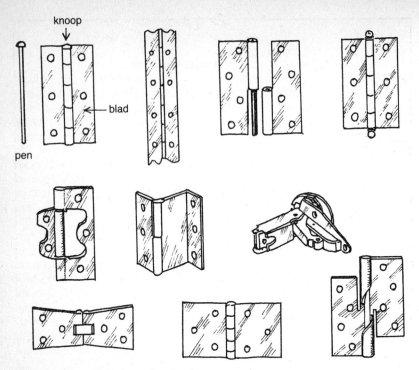

Enkele van de meest voorkomende scharnieren.
Van boven af en van links naar rechts: Knoopscharnier, pianoscharnier, paumelle, knopscharnier, vlakscharnier, bochtfits of meubelpaumelle, standaard-kastscharnier, lessenaarscharnier, tafelfits, hef-fits (oplopende paumelle).

Het bekende, traditionele knoopscharnier, dat in een rechthoekige uitsparing wordt geschroefd, is een van de meest gebruikte scharnieren voor het afhangen van kamer- en kastdeuren. De ontwikkeling van gemakkelijk in elkaar te zetten meubelen heeft echter geleid tot veel nieuwe typen scharnieren. Deze scharnieren worden boven op het oppervlak gemonteerd of ingelaten in geboorde of gefreesde gaten.

Bij normale binnen- en buitendeuren worden de scharnieren 15 cm vanaf de bovenkant en 17,5 cm vanaf de onderkant geplaatst. Bij paneeldeuren worden de scharnieren in lijn met de dwarsliggers aangebracht. Een scharnier wordt echter altijd minstens op zijn eigen lengte vanaf de bovenkant van een raam of deur geplaatst en anderhalf maal zijn eigen lengte van de onderkant. De positie van de knoop van een scharnier bepaalt hoe ver een raam of deur kan opendraaien. Scharnieren die 180° kunnen opendraaien, worden vaak op keukenkastdeurtjes toegepast, dit om ruimte te sparen.

Scharnieren zijn verkrijgbaar in verschillende materialen. Messing scharnieren worden gebruikt bij fijn meubelwerk en buitendeuren. Gewone stalen scharnieren (bij voorkeur met een koperen pen) in binnendeuren.

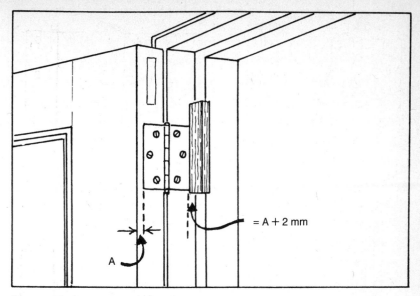

= A + 2 mm

A

Om een scharnier meteen goed te kunnen bevestigen zonder de deur of het draairaam in de sponning te laten 'spannen', dient dit **maatlatje**. Het latje is 2 mm dikker dan de afstand bij A. Langs het latje kan de afstand scharnierblad/sponning worden afgetekend.

Scharnieren monteren

Over de plaats waar de scharnieren moeten komen hebben we het al gehad, en dat voor zware deuren en ramen een derde scharnier nodig is, ook. Bij het opnieuw afhangen van een bestaande deur in een eveneens bestaand kozijn, is het eenvoudiger de reeds aanwezige scharnierpositie aan te houden. Bij het afhangen van nieuwe deuren kan de volgende werkwijze worden gevolgd: Markeer eerst de plaats van de scharnieren met gebruikmaking van één scharnierblad (tekening 1). Hak met een steekbeitel de twee korte zijden in, en steek de dikte van het scharnierblad in het hout uit. Het scharnierblad moet iets verdiept onder het houtoppervlak komen te liggen en zó ver buiten de zijkant van de deur uitsteken dat de scharnierpen gemakkelijk kan worden uitgenomen. Houd de beitel met

de vouw naar beneden (2), zodat de bodem van de uitgestoken scharniersleuf plat en vlak wordt en er niet te veel hout kan worden weggestoken. Schroef het scharnierblad met één (middelste) schroef aan de deur of het raam vast, maar boor de schroef eerst voor met een dun boortje. Gebruik altijd platkopschroeven van hetzelfde materiaal als de scharnieren (3).

Zet de deur of het raam vervolgens in de juiste positie in het kozijn, zet hem vanonder op een wigvormig stukje hout, kijk of de deur van boven, over de volle breedte, een kier van ongeveer 2 mm vertoont en teken de positie van de scharnieren op het kozijn af. Neem de deur of het raam weer weg en hak en steek de scharniersleuven in het kozijn (4). Schroef de andere bladhelften in het kozijn (weer met slechts één schroef). Plaats de

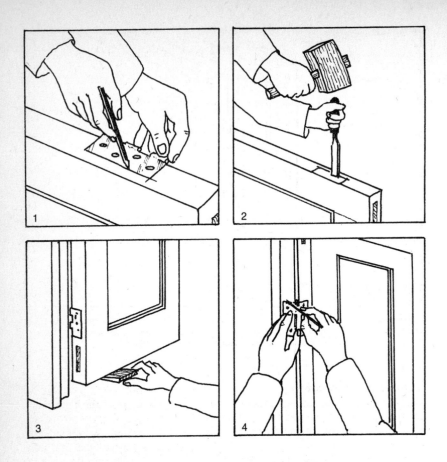

deur in het kozijn, laat de knopen van de scharnierbladen in elkaar grijpen en steek de pen in. Als de deur of het raam goed draait en sluit, dan pas alle schroeven indraaien.

Nieuw kozijn plaatsen

Hieraan wordt elders in dit hoofdstuk aandacht besteed. Het gaat daar over het vernieuwen van een raamkozijn, maar de handelingen zijn vrijwel gelijk als wanneer u een binnendeurkozijn moet vernieuwen. Hiernaast ziet u hoe de gaten voor kozijnschroeven worden geboord wanneer het kozijn

uit de muuropening is weggesloopt (1), en hoe het nieuwe kozijn wordt geplaatst (2). De kieren tussen nieuw kozijn en muur kunnen met een kit of PUR-schuim worden gedicht. PUR-schuim heeft een bijzonder groot hechtvermogen en verstevigt de verankering van het kozijn aan de muur, maar het is een milieu-onvriendelijk spul en het zet tijdens het drogen ongelooflijk uit. U zult bij gebruik ervan een of twee latten in de dag van het kozijn moeten klemzetten, zodat het PUR-schuim de kozijnstijlen niet naar binnen kan drukken.

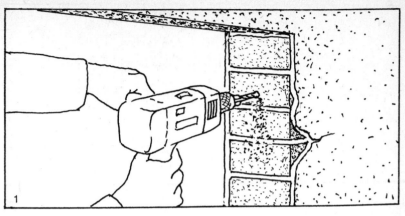

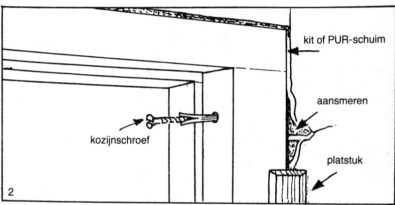

kit of PUR-schuim

aansmeren

kozijnschroef

platstuk

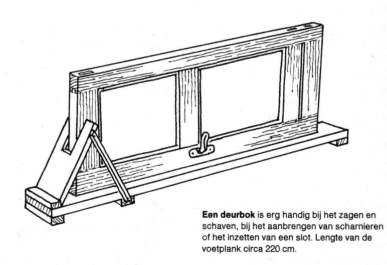

Een deurbok is erg handig bij het zagen en schaven, bij het aanbrengen van scharnieren of het inzetten van een slot. Lengte van de voetplank circa 220 cm.

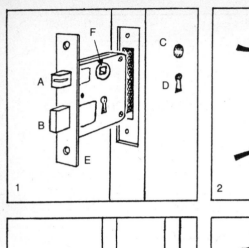

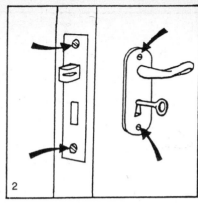

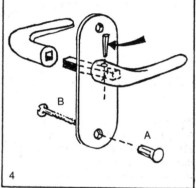

Deurslot plaatsen

De meeste binnen- en buitendeuren (van de laatste categorie zijn dat vooral de achterdeuren of tuindeuren) hebben zogenaamde *insteeksloten*, d.w.z. sloten die ín de deur steken en er dus niet zijn opgeschroefd. In woningen van na de jaren zestig zijn dergelijke sloten genormaliseerd en kunt u ze in de meeste gevallen door een nieuw exemplaar vervangen zonder dat u het slotgat hoeft aan te passen. Bij uitzondering zult u hier en daar wat hout uit de deur moeten wegsteken om het nieuwe slot te kunnen plaatsen.

Insteeksloten zijn er in twee uitvoeringen: het type *dagslot*, dat alleen een zogenaamde *dagschoot* A bezit en dus niet met een sleutel kan worden afgesloten, en het type *dag- en nachtslot* waarin naast de dagschoot ook een *nachtschoot* B voorkomt. Bij F ziet u de *deurkruktuimelaar*. Deze nachtschoot kan alleen met een sleutel op slot worden gedraaid. De dagschoot wordt bediend door de kruk, waaraan een vierkante pen zit. Het spreekt vanzelf dat zowel het sleutelgat als het deurkrukgat (in de tekening resp. D en C) in de deur, moet corresponderen met dezelfde voor-

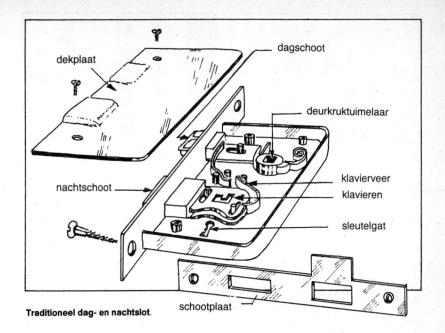

Traditioneel dag- en nachtslot.

dekplaat

dagschoot

deurkruktuimelaar

nachtschoot

klavierveer

klavieren

sleutelgat

schootplaat

zieningen in het slot. Van een insteekslot is eigenlijk alleen de *slot-plaat* in het smalle deel van de deur zichtbaar (tekening 1).

Als het slot moet worden uitgenomen, schroeft u allereerst de slotplaat en de krukplaat los (tekening 2). Vervolgens neemt u de kruk met de krukpen uit (zie ook tekening 4). Ga niet met een breekijzer of schroevedraaier onder de slotplaat proberen te wrikken om het slot uit de deur te krijgen, maar pak met een nijptang de vooraf met de sleutel uitgedraaide nachtschoot beet en trek daaraan het slot uit de deur. Is de slotplaat in de loop der jaren steeds meegeschilderd, snij dan eerst de verfranden rond de slotplaat in (3).

De eenvoudiger deurkrukken hebben aan één zijde een wigvormig pennetje dat door de krukhals en de vierkante krukpen heen is geboord. Het pennetje is uitneembaar, maar soms is

het lastig uit de krukhals te krijgen. Sla met een dunne drevel of draadnagel vanonder tegen het pennetje, totdat het aan de bovenkant van de kruk met een nijptang te pakken is. Als het pennetje verloren raakt, vervang het dan bij het opnieuw monteren van de deurkruk simpelweg door een op lengte geknipt draadnageltje met verloren kop. Op lengte wil in dit geval zeggen: zó lang dat de punt niet aan

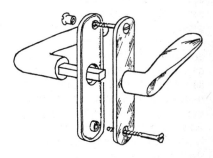

Deurkruk met krukplaat en boutjes.

387

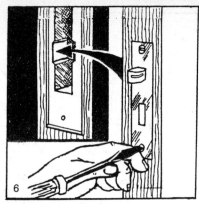

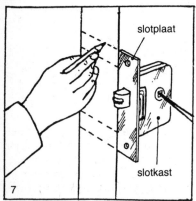

slotplaat

slotkast

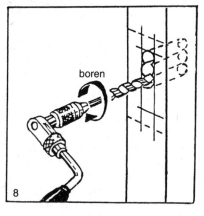

boren

de onderkant van de kruk uitsteekt en de handen zou kunnen beschadigen. De krukplaat wordt bij de huidige sloten vastgezet met boutjes die door het slot heenlopen (tekening 4). Deze boutjes bestaan uit een bus A en een schroef B. De bus kan doorgaans niet worden (los-)geschroefd, omdat de kop geen keep voor een schroevedraaier bevat. Om voor de hand liggende redenen komen de bout-busjes altijd aan de buitenkant van de deur, als het tenminste een buitendeur betreft, want bij binnendeuren maakt dat natuurlijk niets uit.

Zoals eerder opgemerkt, zijn de moderne insteeksloten min of meer gestandaardiseerd. Toch is het zaak er bij aanschaf van een nieuw slot op te letten of de plaatsen van sleutelgat en deurkruk wel overeenkomen met die van het oude slot. Bovendien zult u moeten controleren of de gaatjes voor de doorlopende krukplaatboutjes wel in het slot aanwezig zijn (5).

Soms geeft een insteekslot ter hoogte van de schoten een verdikking aan de buitenkant van het slothuis te zien. In dat geval moeten deze verdikkingen in het hout van de deur worden uitgestoken (zie pijl in de inzet, tekening 6).

Het plaatsen van een *nieuw insteekslot* is niet bijzonder moeilijk; de enige

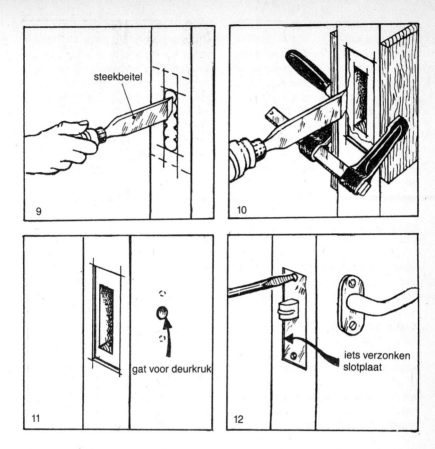

steekbeitel

9

10

gat voor deurkruk

11

iets verzonken
slotplaat

12

eigenschap die u er bij nodig hebt is
nauwkeurigheid. Het 'plaatsen' van
het slot houdt eigenlijk niet meer in
dan het inboren ervan en vooraf-
gaand daaraan het zo nauwkeurig
mogelijk aftekenen op de deur. Sloten
met alleen een dagschoot worden
ook wel 'loopsloten' genoemd, omdat ze slechts dienen om de deur, via
het openen van de dagschoot te passeren, dit in tegenstelling tot de
nachtsloten, die het mogelijk maken
deuren voor de nacht af te sluiten.
Het slot wordt met de zijkant tegen de
deur vastgehouden, waarbij de hoogte van de slotkast en de slotplaat met
potlood op de deur wordt afgetekend.
Met een priem wordt bovendien het

precieze midden van het krukgat op
de voorkant van de deur met een
gaatje aangegeven (7). Nadat ook de
dikte van de slotkast is afgetekend,
worden vlak boven elkaar een aantal
gaten geboord. De dikte van de boor
moet overeenkomen met de breedte
van het slotgat. Houd er rekening mee
dat de slotplaat straks iets onder het
oppervlak van de smalle deurzijde
moet komen te liggen, dit om het later
mogelijk te maken de deur iets af te
schaven wanneer hij zou gaan klemmen. Het afgetekende krukgat, het
priemgaatje dus, wordt van twee zijden ingeboord (tekening 8).
De boor is in dit geval 3 à 4 mm groter
dan de ronde tuimelaar voor de

389

deurkruk; hierdoor wordt enige speling verkregen.

De rondingen van de ingeboorde gaten voor de slotkast worden met een scherpe steekbeitel gelijkgestoken (9). Een eventuele ruimte voor de buiten de slotkast stekende schoot wordt meteen uitgestoken (zie ook tekening 6), zodat de schoot straks niet in het slotgat vastklemt.

Voordat u de slotplaat verdiept in de deur uitsteekt, brengt u aan beide kanten van de deur een stuk lat of ander hout aan, die u met een of twee lijmtangen stevig tegen de deur vastklemt (tekening 10). De geklemde stukken hout geven tegendruk wanneer u met een scherpe steekbeitel langs de aftekenlijnen de omtrek en het oppervlak van de slotplaat uit het hout steekt. Steek ongeveer 1,5 mm dieper dan de slotplaat dik is, zodat deze, wanneer het slot definitief wordt vastgeschroefd, iets onder het houtoppervlak komt te liggen (zie ook tekening 8).

Als alles klaar is, ligt de zaak er zó bij: het slotgat, de verdiept uitgestoken ruimte voor de slotplaat, en het doorlopende gat voor de deurkruk (11). Afhankelijk van het type slot is het mogelijk dat er ook nog twee gaatjes door-en-door moeten worden geboord voor de boutjes van de krukplaat of krukrozet (zie tekening 4).

Het slot kan nu in het slotgat worden gestoken en zit met de slotplaat iets verdiept in de deur. Door in het geboorde krukgat te kijken, kunt u alsnog controleren of de deurkruktuimelaar in het midden van het gat ligt. Houd er rekening mee dat het slot bij het aanschroeven van de slotplaat altijd een millimetertje verder in het slotgat wordt getrokken (tekening 12). Eventueel kunt u het krukgat wat bijvijlen met een ronde rasp of zogeheten rattestaart. In ieder geval moet de hele deurkruktuimelaar zichtbaar zijn. Hierna schroeft u de slotplaat vast met twee platkopschroeven. Nu kan de deurkruk aangebracht worden; hij moet zodanig zijn gemonteerd dat hij bij het neerdrukken niet in die stand blijft staan. De dagschoot moet zonder weerstand of wrijving kunnen worden ingedrukt en uit zichzelf terugveren.

Schilderen binnen en buiten

De lezer(es) dient zich bij het lezen van de komende bladzijden telkens te realiseren dat er binnen het onderwerp Schilderen een duidelijk onderscheid wordt gemaakt tussen *buiten-* en *binnen-schilderwerk*. Om verwarring hierover te voorkomen is dit hoofdstuk consequent onderverdeeld in een deel 'Algemeen', een deel 'Schilderen binnen' en een deel 'Schilderen buiten'.

Algemeen

Verf en veiligheid
In onze 'moderne' tijd (je zou die soms wel eens wat ouderwetser willen) worden veel stoffen in de handel gebracht die gevaarlijke eigenschap-pen bezitten en risico's kunnen opleveren voor de gebruiker. Een aantal verfprodukten vormt hierop geen uitzondering: ze bevatten één of meer stoffen in hoeveelheden die als gevaarlijk moeten worden beschouwd. Het gevaar wordt op de verpakking van dergelijke produkten aangeduid met een symbool en onder dit symbool wordt de naam van het gevaar aangegeven. Hieronder volgen de verschillende symbolen en worden definities gegeven van de aard van het gevaar.

Voorzorgsmaatregelen
Behalve een symbool moet op de verpakking van een gevaarlijke stof bevattend verfprodukt zijn aangegeven

Oxyderend   Licht ontvlambaar   Vergiftig   Schadelijk Irriterend

Definitie.
Oxyderend. Een gevaarlijke stof is oxyderend wanneer deze stof bij aanraking met andere stoffen reacties geeft waarbij veel warmte vrijkomt.
Licht ontvlambaar. Een gevaarlijke stof is licht ontvlambaar wanneer deze stof bij normale temperatuur aan de lucht blootgesteld, zonder toevoer van energie in temperatuur kan stijgen en ten slotte kan ontbranden; in vaste toestand gemakkelijk kan worden ontstoken en blijven branden of gloeien; in vloeibare toestand een vlampunt heeft beneden de 21°C; in gasvormige toestand, bij normale druk, met lucht ontvlambaar is; bij aanraking met water of vochtige lucht licht ontvlambare gassen in een gevaarlijke hoeveelheid ontwikkelt.

Vergiftig. Een gevaarlijke stof is vergiftig wanneer die stof door inademing of door opneming via de mond of de huid gevaren van beperkte aard kan opleveren.

Irriterend. Een gevaarlijke stof is irriterend wanneer die stof niet corrosief is, maar bij directe, langdurige of herhaalde aanraking met de huid of de slijmvliezen een ontsteking kan veroorzaken.

welke bijzondere gevaren er aan die stof verbonden zijn. Daarnaast moet worden vermeld welke voorzorgsmaatregelen ter vermijding van gevaren genomen moeten worden. Tot goed begrip: symbolen, zoals eerder afgebeeld, komen alleen voor op verpakkingen van echt gevaarlijke stoffen en verfprodukten. Veel verfprodukten zullen geen symbolen en speciale waarschuwingszinnen en veiligheidsaanbevelingen vertonen omdat ze geen gevaarlijke stoffen bevatten in de zin van het Besluit Aflevering Gevaarlijke Stoffen (BAGS). Bij de toepassing van deze verfprodukten zijn dus geen speciale voorzorgsmaatregelen noodzakelijk, tenzij bijvoorbeeld grote hoeveelheden in een kleine ruimte worden verwerkt. Wel dienen bij het verwerken de zgn. *algemene voorzorgsmaatregelen* in acht te worden genomen, want geen enkel verfprodukt is absoluut onschadelijk te noemen. Altijd zijn deze maatregelen van belang:

● voor het eten en voor het toiletbezoek handen wassen met warm water en zeep;

● geen voedsel nuttigen in de werkruimte;

● direct verzorgen van (ook kleine) verwondingen;

● met verf besmeurd gereedschap niet in de mond nemen;

● geen sigaret rollen of roken met vuile handen;

● zorgen dat er voldoende ventilatie in de werkruimte is;

● werkkleding regelmatig wassen.

Gifvrije verf

De normale verven bevatten vaak een loodverbinding en zijn in principe dus giftig. Sinds enige tijd zijn er echter fabrieken die verven zonder loodverbindingen maken. Deze verven zijn herkenbaar aan het woord '*bis*' achter het op de verpakking vermelde codenummer. Tenminste, als het goed is, want aan de codering mankeert nog wel het een en ander.

Gif in oplos- en verdunningsmiddelen

Verdunners en oplosmiddelen kunnen, als ze in het grond- of oppervlaktewater terecht zijn gekomen, daar niet meer uitgehaald worden. Spoel daarom deze stoffen niet door de gootsteen, WC of het rioolputje buitenshuis. Neem voor kwastreiniging een pot of bus die met een laagje water is gevuld en daarna bijgevuld met het oplosmiddel. De uitgeweekte verfstoffen zakken dan in het water en het oplosmiddel blijft langer helder en werkzaam.

Oplos- en verdunningsmiddelen bevatten vaak giftige stoffen als *tolueen* en *xyleen*, stoffen die nauwelijks kunnen worden afgebroken. In terpentine (ook wel 'peut' of 'white spirit' genoemd) en wasbenzine komen gelukkig geen hoge gehaltes aan tolueen en xyleen voor, thinner daarentegen, een oplosmiddel voor nitro-celluloselak, bevat hoge concentraties aan tolueen. Tolueen en xyleen zijn zogenaamde aromaten die zeer giftig zijn bij inname via de mond, en beperkt giftig bij opname via de huid. Ze ontvetten de huid zeer sterk en geven daardoor huidirritaties.

Pentachloorfenol wordt toegevoegd aan buitenbeitsen die als houtconserveringsmiddel dienst moeten doen. Het is een oergemeen fungicide dat de eigenschap heeft door de poriën van de huid te kunnen dringen en in de bloedbaan terecht te komen. Het veroorzaakt bloedkanker of leukemie. Bij verbranding van met pentachloorfenol behandeld hout komt er het beruchte *dioxine* uit vrij.

Kopernaftenaat bevat giftig koper, maar is relatief gesproken redelijk veilig te noemen. Het wordt gebruikt om zwam- en schimmelvorming te voorkomen of tegen te gaan. Het wordt in een dun laagje opgebracht en na droging voorzien van een beitslaag of vernislaag. De groene tint van kopernaftenaat wordt vaak een nadeel genoemd, maar ervan uitgaand dat kopernaftenaat uitsluitend op balklagen onder de beganegrondvloer wordt toegepast, lijkt dat nadeel niet groot.

Zinknaftenaat is nog de meest onschuldige stof om zwam of schimmel te bestrijden. Het wordt verdund met terpentine of zuivere terpentijn in een dunne laag aangebracht. Over deze laag komt een *oliebeitslaag*, die als functie heeft het zinknaftenaat af te dekken.

Loodwit is een witte verfstof die reeds door de oude Egyptenaren werd toegepast. Het is een zeer giftige stof die thans in de meeste verven is vervangen door het *titaandioxide*, een pigment dat volkomen gifvrij is en zelfs in tandpasta wordt verwerkt.

Milieuvriendelijke verven

Werkelijk milieuvriendelijke verven bestaan eigenlijk niet. We kunnen slechts spreken over 'minder milieubelastend'.

Lijnolieverf

Zelfs in lijnolie- en zogenaamde 'natuurverven' zitten nog stoffen die ónvriendelijk zijn. Maar fabrikanten van milieuvriendelijke verven (laten we deze term gemakshalve maar gebruiken) zien af van lood als drogingsmiddel en dat is al heel wat. Als alternatief gebruiken zij zirkonium- en mangaansiccatief, of ook wel siccatief met kobalt, stoffen die evenmin honderd procent onschadelijk mogen heten, maar ze zorgen in ieder geval voor verven met een belangrijk lagere schadelijkheid dan de alkydharsverven.

Acrylverf

De firma Histor brengt verven op de markt die op basis van acrylaat zijn vervaardigd. Deze acrylverven zijn echter alleen geschikt voor binnenwerk. Water is bij acrylverven het verdunnings- en oplosmiddel: het water, nodig om deze verf verwerkbaar te maken, verdampt tijdens het drogen. Wat overblijft is een laag verf van goede kwaliteit, die goed hecht, blijvend elastisch is en daarbij ongevoelig voor ultra-violette stralen. Dat betekent dat de acrylverf mooi blijft, ook na jaren. Vooral binnenshuis is dat een plezierige eigenschap, want het vergelen van lichte kleuren is daarmee verleden tijd. Nu nog acrylaatverven voor toepassing buitenshuis en we zijn weer een flinke stap verder op weg naar echte milieuvriendelijke verf.

Natuurverf

Sommige 'natuurverven' bevatten lijnoliehars. Hiermee wordt het veelgehoorde bezwaar van deze verfsoorten verklaard: de langzame droging. Op zichzelf hoeft dat echter helemaal geen probleem te zijn; het is alleen maar lastig omdat de omgeving ook langere tijd stofvrij moet worden gehouden. De hoogglans-kwaliteit blijft altijd wat elastisch, dus wordt afgeraden deze verfsoort te gebruiken voor bijvoorbeeld vensterbanken en dergelijke kwetsbare objecten. Weliswaar kan aan de verf een *verhardingslak* worden toegevoegd, maar dit produkt bevat terpentine en polyurethaanalkydhars en deze stoffen hebben weinig met 'natuur' te maken. Bij bepaalde merken lijnolieverf wordt het drogingsmiddel siccatief apart van de verf geleverd. Hierdoor hoeven de fabrikanten geen anti-stollingsmiddel in de verf te doen, wat andere fabrikanten wèl moeten.

Resumerend: de 'ouderwetse' lijnolieverven en de nieuwe acrylverven zijn minder belastend voor het milieu en ook minder schadelijk voor mens, dier en plant. Ondanks hun beperkingen verdient het aanbeveling ze te verkiezen boven de verven die met terpentine moeten worden verdund.

Verfprodukten

Verven kennen we als min of meer vloeibare produkten die, in dunne lagen aangebracht, voorwerpen tegen verwering en/of bederf beschermen en ze bovendien verfraaien. Tot verfprodukten worden gerekend:
● grondverven;
● afschilderverven;
● beitsen;
● plamuren;
● stopmiddelen (poriënvullers, stopverf);
● welpasta's en kitten.

Binnen de grondverven en afschilderverven geeft men de verven ook wel benamingen die duidelijker aangeven waarvoor de verf precies is bestemd:
● grondverf voor binnenwerk;
● grondverf voor buitenwerk;
● roestwerende grondverf voor ijzer of staal;
● lakverf (afschilderverf) voor binnenwerk;
● lakverf voor buitenwerk;
● veegvaste muur- of plafondverf;
● wasbare muur- of plafondverf;
● blanke lakken.

Alle verven en verfprodukten worden door de fabrieken onder eigen merknamen vervaardigd en geleverd, maar helaas gebeurt dat nog steeds zonder vermelding van het gebruikte bindmiddel. Helaas, omdat de eigenschappen van een verf en eigenlijk het belangrijkste, die van de verf*laag*, sterk afhankelijk zijn van de in de verf verwerkte grondstoffen en vooral het bindmiddel. Zo kennen we bijvoorbeeld:
● oliegrondverf;
● alkydharsgrondverf;
● alkydharslakverf;
● nitrocelluloselak;
● dispersie-emulsieverf (bijv. latex);
● lijmverf (veegvaste muurverf).

Een vaste verflaag ontstaat door droging van opgebrachte vloeibare verf. Twee of meer verflagen op één ondergrond noemt de vakman een *verfsysteem*, ongeacht de gebruikte verfsoort. Zelfs verf van uitstekende kwaliteit garandeert niet zonder meer een goede verflaag, net zo min als uit meerdere verflagen een goed verfsysteem ontstaat. Een en ander is afhankelijk van omstandigheden als:
● de soort ondergrond;
● de toestand van de ondergrond;
● de invloed van de ondergrond op de verflaag;
● de wijze en mate van verdunnen van de verf;
● het gebruikte gereedschap;
● de omstandigheden tijdens de droging van de verf;
● de invloed van weersomstandigheden (voor binnenhuis het klimaat dat daar heerst) op de aangebrachte verfla(a)g(en).

Het voert te ver hier op alle eigenschappen van bindmiddelen, pigmenten, pigmentkleurstoffen, verdunnings- en oplosmiddelen en wat dies meer zij uitputtend in te gaan. Theorieën over en de samenstelling van verfprodukten zijn té gecompliceerd om deze in een kort bestek te kunnen samenvatten. Daarom ga ik er vanuit dat u in de doe-het-zelf-praktijk uitsluitend gebruik zult maken van verfprodukten die kant en klaar in de handel zijn en zonodig door de verfhandelaar op kleur zijn gemaakt. Wel van belang is het te weten hoe u met verfprodukten dient om te gaan.

Roestwerende verven voor metaal

Omdat staal en ijzer snel door corrosie worden aangetast, zijn roestwerende verven hierop afgestemd. Een laag roestwerende verf moet bovendien een ondergrond vormen voor (een) volgende aan te brengen verfla(a)g(en). De laagdikte is bij roestwerende verven van groot belang. Meestal worden daarom twee of drie lagen aangebracht.

Loodmenieverf wordt gekenmerkt door de oranje-rode kleur. Deze kleur verbleekt al gauw wanneer ze aan de buitenlucht is blootgesteld. Een laag loodmenieverf moet daarom zo snel mogelijk na de uitharding worden overgeschilderd met een volgende verf. Loodmenieverf is nog steeds de beste roestwerende verf, maar nadelen zijn de hoge prijs en de grote giftigheid, veroorzaakt door de loodverbindingen in deze verf. Lood komt vroeg of laat in het milieu terecht en kan de gezondheid bedreigen. Moet de loodmenie om een of andere reden toch worden gebruikt, wees dan voorzichtig, draag een maskertje tegen het inademen en was na het opbrengen onmiddellijk de handen. Gebruik loodmenie nooit voor kinderspeelgoed of voor het behandelen van voorwerpen die met voedsel in aanraking komen.

Loodijzermenie is samengesteld uit bepaalde percentages loodmenie en ijzeroxydebruin. De kleur is roodbruin. De verwerkbaarheid en het dekvermogen is groter dan dat van loodmenieverf. Omdat het minder loodverbindingen bevat zou men het wat minder gevaarlijk kunnen noemen. Niettemin is het beter om *zinkchromaatverven* (de zgn. 'primers') of gewone *ijzermenie* te gebruiken. Deze bevatten geen loodverbindingen.

Houtverduurzamingsmiddelen

Naast de eerder genoemde verfprodukten zijn er produkten die in de strikte betekenis geen verf zijn. Te denken valt aan carbolineum, buitenbeitsen en produkten op basis van kopernaftenaat. Deze vloeistoffen bevatten bestanddelen die giftig zijn, zoals *pentachloorfenol, creosootolie* of *koperverbindingen*. De schimmeldodende en desinfecterende werking van deze stoffen is voor mens, dier en plant zeer schadelijk. Als het even kan moet u de toepassing van deze verduurzamingsmiddelen liever maar achterwege laten. Met deze waarschuwing komen we als vanzelfsprekend op de risico's verbonden aan het werken met bepaalde verfprodukten. Zie hiervoor '*Verf en veiligheid*'.

Blanke lakken

Blanke lakken zijn verfprodukten die matte tot hoogglanzende, transparante en vrijwel ongekleurde lagen geven. Ze worden toegepast als beschermende en verfraaiende lagen op ondergronden waarvan de eigen structuur en kleur zichtbaar moeten blijven, voornamelijk houtsoorten die een mooie tekening van de houtnerf bezitten.

Blanke alkydharslakken zijn hoog-glanzend, niet goed bestand tegen de inwerking van water en chemische stoffen, en worden daarom niet buitenshuis toegepast.

Blanke boot- of *jachtlakken* geven eveneens hooglganzende lagen die zeer goed bestand zijn tegen weersinvloeden, dus ook tegen de inwerking van water. Omdat ze soms fenol- en formaldehydeharsen bevatten is toepassing binnenshuis niet aan te raden.

Blanke matlakken drogen geheel mat, kleurloos en transparant op. Ze worden overwegend toegepast voor binnenwerk, zowel direct op blank hout als op verflagen die om een of andere reden een matte afwerking nodig hebben. Een milieuvriendelijke matlak is bijvoorbeeld die van Jotun, een matlak die als 'panellak' in de handel wordt gebracht.

Cellulose- of *nitrolak* is een blanke en transparant-gekleurde lak die nitrocellulose bevat. Door deze zeer vluchtige stof droogt de laglaag zeer snel. Een andere eigenschap van nitrocellulose is dat het diverse stoffen week maakt, vandaar dat de lak niet op met alkydharsverven afgewerkte oppervlakken kan worden aangebracht. Eigenaardig genoeg kan het wel andersom: met cellulose-lak kunnen poreuze materialen eerst worden 'afgesloten', waarna deze materialen met gewone verf kunnen worden behandeld.

Acrylsatinverf

Dit is een vrij nieuwe verf op water-basis die zeer gemakkelijk verwerk-baar is. Ze bevat een 100% acrylaat-binding en dat is de oorzaak dat de verf niet spat, zakt of traant. Een groot voordeel is het ontbreken van giftige bestanddelen en acrylsatinverf kan daarom als een redelijk milieuvrien-delijke verf worden bestempeld. De verf dekt zeer goed, al moet men haar wel wat dikker opbrengen dan gewone verf. Na droging ontstaat een fraai, strak oppervlak. Wanneer met deze verf twee lagen worden aangebracht, dan mag tussen deze lagen niet geschuurd worden. Acrylsatin is voor alle binnenwerk geschikt. Op deuren, meubels, wanden en muren kan ze toegepast worden. Op pleisterwerk moet eerst met een speciale *primer* worden voorgelakt, evenals op cement, kunststof en metaal. Als enig nadeel zou men het zeer matte, zelfs wat 'dode' uiterlijk kunnen zien.

Alkydharsverven kennen we als de grond- en afschilderverven die in de bekende doe-het-zelf-bussen bij de verfhandelaar in de rekken staan. Histor en Flexa zijn wel de bekendste merken. De benaming alkyd is afge-leid van de woorden *alcohol* en *acid* (het Engelse woord voor 'zuur'). De grondstoffen voor alkydharsen zijn derhalve alcoholen en verschillende organische zuren, gecombineerd met bindmiddelen als fenolharsen, chloorrubber etc. Alkydharsverven zijn niet geschikt voor verwerking op alkalische ondergronden, d.w.z. vers beton of vers pleisterwerk. De verf 'verzeept' dan en droogt niet. Met speciale voorstrijkmiddelen of *primers* kan dit euvel worden voorko-men, maar beter is het de beton of het pleisterwerk een half jaar de tijd te gunnen om op natuurlijke wijze te dro-gen en uit te harden.

Betonverf is een speciale verfsoort, geschikt voor het (in kleur) schilderen van betonnen muren, vloeren en pla-fonds, mits de beton goed droog, schoon en vooral vetvrij is. Betonverf droogt snel, is weerbestendig en zeer slijtvast. Ze wordt met een blokkwast opgebracht.

Oplos- en verdunningsmiddelen

De meeste verven bevatten naast de grondstoffen die na droging de eigenlijke verflaag vormen, ook grondstoffen die pas tijdens het drogingsproces verdampen. Die verdampende grondstoffen zijn de vluchtige bestanddelen van de verf, die meestal de *oplos- en verdunningsmiddelen* worden genoemd. Ze zijn in veel verven onmisbaar, want ze dienen om de bindmiddelen in de verf op te lossen en om de verf verwerkbaar te maken. Een bekend oplos- en verdunningsmiddel is bijvoorbeeld *terpentine*, evenals wasbenzine en thinner een mengsel van voornamelijk koolwaterstoffen. Deze middelen worden ook wel aangeduid als 'peut'.

Elke verf kan slechts met een bepaald verdunningsmiddel worden verdund en voor verwerking geschikt gemaakt. Past een verdunner niet bij een bepaalde verf, dan is het vrijwel zeker dat er na het doorroeren dikke klonters of slierten ontstaan. De verf is daarmee dan onverwerkbaar geworden. Het tabelletje geeft een beknopt overzicht van geschikte en ongeschikte verdunners.

Muurverven geven door hun benaming nogal eens aanleiding tot verwarring. Zo wordt vaak gedacht dat ze uitsluitend op muren en wanden kunnen worden toegepast. In principe is dat onjuist. Er zijn typen muurverf die vooral bedoeld zijn om buitenmuren te impregneren, andere soorten muurverf zijn alleen voor toepassing binnenshuis geschikt, zoals de zgn. veegvaste verven of binnenlatexverven. Andere 'muurverf', bijvoorbeeld die op basis van acryl, kan ook worden aangewend voor het schilderen van houtwerk, deuren, meubels etc. Gewoonlijk wordt met muurverf 'latexverf' bedoeld, een verf die zich goed op allerlei ondergronden laat aanbrengen. Muurverfsoorten die een gesloten, niet-ademende laag vormen, zijn niet geschikt voor toepassing in vochtige ruimten als badkamers en keukens en uiteraard ook niet voor verwerking op buitenmuren. Alle muurverven die met water kunnen worden verdund, moeten vorstvrij worden bewaard. Bij de aanschaf van een muurverf is het belangrijk te letten op de verwerkingsvoorschriften en andere aanduidingen op de verpakking, juist omdat er binnen muurverven zoveel verschillende soorten bestaan.

Olieverven zijn verven waarvan het belangrijkste bindmiddel *lijnolie* is. Deze verven zijn sinds 1940 bijna geheel verdrongen door de alkydharsverven, maar momenteel staan ze weer volop in de belangstelling en zijn ze bij de goede verfhandel verkrijgbaar. Ze worden toegepast in situaties waar aan het aspect 'gifvrij' waar-

Verftype:	Te verdunnen met:	*Niet* te verdunnen met:
alkydharsverf	terpentine	water
olieverf	terpentijn	water
lijmverf (veegvaste muurverf)	water	terpentine
dispersieverf (latex)	water	terpentine
emulsieverf	water	terpentine
celluloselak	speciale verdunner	water of terpentine

de wordt toegekend (zie ook bij 'Verf en Veiligheid'). Bij verwerking is het aan te bevelen aan de verf circa 2% siccatief toe te voegen. Dit bevordert de droging en uitharding. Bij sommige merken wordt de siccatief los bijgeleverd.

Plamuur is een min of meer pastavormig produkt dat dient voor het vullen van lichte oneffenheden en het vlak maken van de ondergrond. Het wordt met een plamuurmes in één of twee lagen aangebracht, uitsluitend op ondergronden die vooraf van een grondlaag zijn voorzien. De plamuurlaag wordt na droging en gladschuren opnieuw van een grondlaag voorzien, want plamuur moet, gezien de gevoeligheid voor vocht, steeds worden 'opgesloten' tussen twee grondverflagen. Alvorens die tweede grondverflaag wordt aangebracht wordt de plamuurlaag nat of droog gladgeschuurd of gepolijst. Er zijn meerdere soorten plamuur in de handel: lakplamuur, lakemulsieplamuur en gipsplamuur. Elk hebben ze hun specifieke eigenschappen en toepassingsmogelijkheden.

Stopverf wordt gemaakt door gemalen krijt te vermengen met een mengsel van rauwe en gekookte lijnolie. Om er goed mee te kunnen werken mag stopverf niet te stijf maar ook niet te kleverig zijn. Is stopverf te slap dan kan ze wat stijver worden gemaakt door er wat droog krijt door te kneden. Hard geworden stopverf is niet meer verwerkbaar te maken; kneedt men er lijnolie door, dan verhardt het niet meer. Voor het stoppen van ruiten in metalen sponningen moet een speciale stopverf worden gebruikt: staalstopverf of 'stopstara'. Na het stoppen van ruiten in glassponningen moet ongeveer 2 weken worden gewacht voordat u de eerste grondverflaag eroverheen brengt. Doet u het eerder, dan bestaat de kans dat de stopverf niet verhardt of rimpelig opdroogt. Stopverf op basis van lijnolie blijft altijd wat elastisch.

Isoleergrond is een strijkbaar preparaat, dat wordt gebruikt wanneer de muur of wand van binnenuit 'doorslaat' met vocht, roet, of zouten uit het metselwerk, waardoor een goede hechting van het verfsysteem wordt verhinderd. Isoleergrond zorgt ervoor dat het uittreden van de genoemde stoffen wordt tegengegaan; het heeft een afsluitende werking. Tegen roetdoorslag kan een muur met aluminiumverf worden behandeld. Van belang is dat u bij aanschaf van een isoleergrond de gebruiksaanwijzingen op de verpakking nauwkeurig navolgt. Er zijn verschillende merken en soorten die allemaal hun eigen verwerkingsvoorschriften kennen.

Soort plamuur:	Eigenschappen:	Toepassing:
Lakplamuur	Moeilijker verwerkbaar, bevat geen water, droogt snel	Binnen- en buitenwerk, niet op kaal hout, dus eerst gronden
Lakemulsieplamuur	Goed verwerkbaar, bevat water	Binnen- en buitenwerk, niet op kaal hout, dus eerst gronden.
Gipsplamuur	Vrij bros, snel drogend, gevoelig voor water	Vullen van grote gaten en oneffenheden, niet geschikt voor buitenwerk en vochtige ruimten

Veiligheidstips

● Draag bij gebruik van chemische afbijtmiddelen altijd plastic- of rubberhandschoenen, een veiligheidsbril en beschermende kleding. Niet roken tijdens het werk. Meubelen en vloerbedekking tegen spatten beschermen.

● Bij verf afbranden de handen niet in de hete vlam of luchtstroom houden. Brandende verfresten niet op een oude krant afvegen, maar direct in een blikken bus doen.

● Een heteluchtbrander na gebruik onmiddellijk uitschakelen.

● Inademen van de lucht van verf en oplosmiddelen brengt een zeker gevaar met zich mee. Zorg altijd en onder alle omstandigheden voor goede ventilatie op de werkplek; er bestaat geen verfprodukt dat volstrekt onschadelijk is.

● Verzamel alle afgebrande verf, resten van verfprodukten en oplosmiddelen en ook de verfbussen zelf, in een container, een oude plastic afwasbak o.i.d. Breng het verzamelde afval naar een verzamelpunt voor chemisch afval of geef het mee aan de 'chemo-kar' die wellicht regelmatig bij u in de buurt komt. Gooi het afval in ieder geval nooit in de vuilnisbak en spoel vloeistoffen niet door de gootsteen of de closetpot.

● Laat bij het afwassen van een muur geen water achter elektrische schakelaars, wandcontactdozen etc. terechtkomen.

Gereedschappen en hulpmiddelen

Goed gereedschap is het halve werk; als dat érgens voor geldt is dat wel voor schildergereedschap. Zo is het gebruiken van goede kwasten een absolute voorwaarde om een eindresultaat te bereiken dat gezien mag worden.

Kwasten

Kwaliteitskwasten zijn voorzien van Chinees zwart of wit varkenshaar, hoewel moderne kwasten met synthetische haren daar niet veel voor onder doen. Paardeharen kwasten zijn van mindere kwaliteit: paardehaar is poreuzer en minder veerkrachtig dan varkenshaar. Het slijt ook veel sneller en laat praktisch altijd een wat streperiger resultaat achter. Synthetische haren zijn wat dat betreft iets beter. Deze haren zijn te herkennen aan hun hoge glans. Varkensharen kwasten hebben de gunstige eigenschap dat de haren over de gehele lengte splijtbaar zijn. Elke haar loopt iets taps toe en is aan de punt gespleten. Daardoor ontstaat de zogenaamde 'bles': een enigszins donzige kwasttop waarmee men vrijwel streeploos kan verven. De steel van een kwast is bij voorkeur van hout. Plastic stelen zijn soms gevoelig voor oplos- en verdunningsmiddelen die in de meeste verfprodukten voorkomen.

Een nieuwe kwast kunt u niet meteen voor aflakwerk gebruiken, want in het begin verliest elke kwast wat van zijn haren. Het beste is het om zo'n kwast eerst nat te maken en hem daarna gedurende ongeveer 10 minuten stevig over een stuk waterproof schuurpapier te halen. Daarna wast u de kwast in water met groene (zachte) zeep. Een andere manier om een nieuwe kwast 'in te werken' is om hem eerst voor het gronden te gebruiken. Kwasten komen in velerlei vormen en modellen voor: *rond, ovaal, platovaal, plat* en *blok*. Het soort werk en de soort verf bepalen te zamen welke kwast het best gebruikt kan worden. Grote vlakken (muren, wanden, vloeren, plafonds) worden bij voorkeur met de *blokkwast* geschilderd. Vlakke deuren schildert u met ovale of plat-

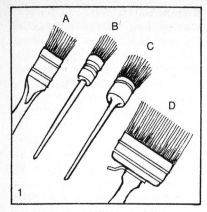

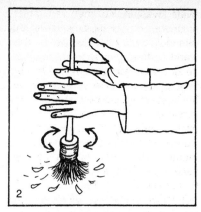

Kwasten.

1. Kwasten zijn er in vele modellen en vormen, maar u kunt als doe-het-zelver voldoende uit de voeten met:

A. platte kwast voor het beitsen en vernissen;
B. ronde kwast voor het schilderen van ramen, deuren, kozijnen e.d.;
C. ronde of zinkwitkwast voor het gronden en afschilderen van iets grotere vlakken;
D. blok- of witkwast voor het schilderen van grote vlakken zoals wanden, muren, vloeren en plafonds.

2. Wanneer het schilderwerk is gedaan, moet de kwast worden schoongemaakt in een reinigingsmiddel (kwastreiniger, terpentine ofwel 'peut'). Daarna moet hij worden gewassen met warm water en groene zeep. Sla het water uit de haren door de kwast met hoge snelheid tussen de handpalmen 'droog te draaien'.

3. Hang de kwast stofvrij weg of wikkel om de haren een stuk aluminiumfolie en draai daar een elastiekje omheen. Vernis- of lakwasten bewaart u bij voorkeur in een hoge bus of pot, met de haren hangend in een vloeistof bestaande uit 50% lijnolie en 50% terpentine. Boor een gaatje onder aan de kwaststeel en steek daar een ijzerdraadje of een stuk breinaald door.
Een alternatief is de aanschaf van een 'kwastinette': een bij de doe-het-zelfmarkt verkrijgbare kunststof bus met luchtdichte afsluiting waardoor de terpentine niet verdampt.

4. Span een stevig draadje over de bus om tijdens het schilderen de kwast even weg te kunnen leggen.

ovale kwasten. Kozijnen van ramen en deuren, en ook de ramen zelf, worden met ronde of ovale kwasten bewerkt. De toe te passen verfsoort is bij de keuze van kwasten eveneens van belang: dikke, taaie verven kunnen het beste met ronde kwasten worden verwerkt; iets dunnere verven met grote, ovale of plat-ovale kwasten. Dunne verven, zoals bijvoorbeeld muurverven, brengt u het gemakkelijkst met blokkwasten op.

Wanneer u een nieuwe kwast koopt is het ook van belang op de steel te letten. Een steel mag niet te dik zijn en zal gemakkelijk in de hand moeten liggen. Een kwast met ronde steel zal tijdens het gebruik regelmatig gedraaid moeten kunnen worden, hetgeen voor zo'n kwast noodzakelijk is om een eveneens regelmatige slijtage van de bles te bereiken. Verder maakt het verschil of de steel gemaakt is voor gebruik met 'de hand' of met 'de vuist': voor het gebruik met de hand zijn langere en dunnere stelen vereist, voor gebruik met de vuist zijn de stelen kort en dik (zoals bijvoorbeeld die van een blokkwast).

De vroeger veel toegepaste truc om nieuwe kwasten eerst een nachtje in het water te zetten om de haren vaster aan de steel te klemmen, heeft bij kwasten met een metalen bus of ring geen enkele zin.

Zoals gezegd zijn varkensharen kwasten de beste, als ze tenminste geheel uit een goede kwaliteit varkenshaar zijn vervaardigd. Tegenwoordig maakt men ook goedkopere kwasten door een vulling van minder goed varkenshaar, soms nog vermengd met paardehaar, te omringen door een 'krans' van beter, veerkrachtig varkenshaar. Deze krans is in de meeste gevallen te herkennen aan een andere kleur. Ook maakt men kwasten wel met een vulling bestaande uit een mengsel van kunstvezel en varkenshaar. Hoewel dergelijke kwasten iets minder verf opnemen en wat meer spatten, is de veerkracht en slijtvastheid uitstekend te noemen.

Reeds eerder is opgemerkt dat een kwast tijdens het gebruik, dus tijdens het schilderen, af en toe gedraaid moet worden. Laat u dat na, dan 'beslijt' de kwast eenzijdig en krijgt wat de vakman noemt 'ezelsoren'. Bij te veel draaien wordt de kwast daarentegen weer te puntig.

Wanneer de werkzaamheden worden gestaakt en de volgende dag zullen worden hervat, zet u de kwast dan gewoon tot aan de bus of ring in het water of in de terpentine, afhankelijk van de verfsoort. Het beste is het om de haren vrij van de bodem te houden. Dat kan door in de kwaststeel een gaatje te boren en de kwast op te hangen (zie tekening).

Wanneer het schilderwerk geheel is voltooid moet de kwast eerst worden schoongemaakt in een daartoe geschikt reinigingsmiddel. Daarna moet hij worden gewassen in warm water waaraan zachte zeep is toegevoegd. Sla het water zo veel mogelijk uit de haren en wrijf de gehele kwast schoon met een doekje. Zorg ervoor niet tegen de haren in te strijken. Hang de kwast stofvrij weg of wikkel de droge haren in een stukje aluminiumfolie met een elastiekje eromheen.

Verniskwasten bewaart u in een hoge, gesloten bus, met de haren hangend in een mengsel van half (lijn)-olie en half terpentine.

Penselen
Voor het schilderen van hoekjes en gaatjes waar men met een normale kwast niet bij kan komen, zijn de zogeheten *Lyonse penselen* erg handig. Er bestaan platte en ronde Lyonse

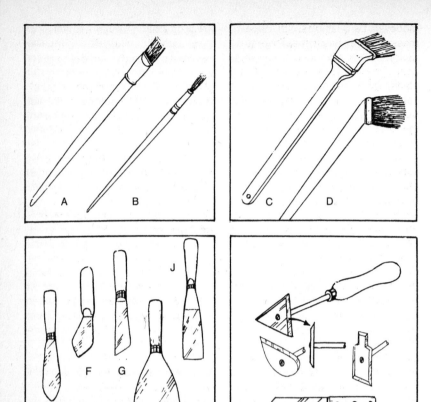

Links boven: Plat lyons penseel (A), rond lyons penseel (B).
Rechts boven: Radiator-kwast (C), bokkepoot (D).
Links onder: Engels plamuurmes (E), stopmes (F), stopmes (G), breed plamuurmes (H) en smal plamuurmes (J).
Rechts onder: Enige bladmodellen van verfkrabbers. Bij K een hakmes.

penselen die gemaakt kunnen zijn van lang en halflang varkenshaar, runderhaar of marterhaar. Voor het normale huisschilderswerk is marterhaar echter onnodig duur. De metalen busjes, die de haren omvatten, moeten naadloos zijn aangezien gesoldeerde busjes nogal gauw los gaan zitten waardoor het penseel zijn haren verliest. Penselen mogen niet in water worden weggezet. De dunne en daardoor slappe haren zullen onder het gewicht van de steel in elkaar zakken en krom gaan staan waardoor de penselen onbruikbaar worden. Bij voorkeur worden ze, nadat ze zijn schoongemaakt met verfverdunner en gewassen met water en zachte zeep, opgeborgen in een penselenkoker of een speciaal penselenmatje.

Plamuurmessen
dienen om met plamuur een ondergrond goed vlak te maken. Er zijn verschillende soorten verkrijgbaar: brede, smalle, gesmede en gestanste

modellen. De gesmede, zgn. Engelse messen zijn de beste, maar tevens de duurste. Ook hier geldt: alle waar naar zijn geld. Een goedkoop, stug plamuurmes werkt niet plezierig en zal altijd een wat streperig resultaat opleveren. Daarom is een kwaliteitsmes steeds van soepel en veerkrachtig staal gemaakt. Aangezien de zogeheten 'gebruikskant' tijdens het plamuren wat rond slijt, moet het plamuurmes steeds met dezelfde kant naar beneden gehanteerd worden: aan elk mes zit één iets langere zijkant en wanneer u die aan de duimzijde houdt, kunt u zich nooit vergissen. Gebruik altijd twéé messen: een brede waarop u een voorraadje plamuur hebt liggen, en een smallere waarmee u geregeld wat plamuur van het brede mes afneemt en op de ondergrond aanbrengt. Het blad van een plamuurmes is vrij kwetsbaar, juist omdat het zo dun is. Om de strijkkant niet te beschadigen wordt een plamuurmes dus nooit gebruikt om bussen te openen of om verf of kalk af te steken. Maak het mes na gebruik meteen goed schoon.

Het is plezierig om een set messen van verscheidene breedten te bezitten. Elk werk eist immers een ander mes. Grote vlakken vragen brede messen, sponningen van deuren en ramen bijvoorbeeld weer smalle. Plamuurmessen zijn er om die reden in breedten van 2 tot 14 cm.

Stopmes

Een ander stalen gereedschap is het stopmes. Ook hiervan zijn er verschillende modellen in de handel. De beste is dát exemplaar dat het beste in de hand ligt en waarmee u het gemakkelijkst denkt te kunnen werken. Speciale eisen worden aan een stopmes niet gesteld, of het moest deze ene zijn: het blad moet van een iets veerkrachtig staal zijn gemaakt. Het stopmes wordt gebruikt voor het 'aanstoppen', d.w.z. het aanbrengen van stopverf in de sponningen van ruiten. Daarnaast wordt het mes gebruikt voor het stoppen van spijkergaten en grotere oneffenheden in te verven oppervlakken. Een stopmes moet steeds schoon en vooral glad zijn, want bij het aanstoppen van ruiten met een vuil of beschadigd stopmes zal de stopverf aan het blad blijven kleven.

Steekmes

Voor het afsteken van oude verflagen (hetzij d.m.v. afbranden, hetzij d.m.v. afbijten), kalk of oud behangpapier, gebruikt u een *steekmes* en beslist géén plamuurmes. Een steekmes lijkt weliswaar sterk op een plamuurmes, maar heeft een veel steviger, stugger blad en meestal ook een langer handvat. Dit laatste is van belang bij het afbranden of afbijten van oude verflagen, om te voorkomen dat de vingers met de afgebrande of afgebeten verf in aanraking komen.

Verfkrabbers

Om oude verflagen af te schrapen maakt u gebruik van een verfschrapper of -krabber. Daarvan zijn ook weer verschillende soorten in de handel, maar de meest gebruikte is de zogenoemde *driehoek-krabber*. Het blad is driehoekig van vorm en van gehard staal vervaardigd. De steel behoort door het houten handvat te lopen en aan het eind daarvan omgeklonken te zijn. Zowel door handvat als steel is een borgpen geslagen met het doel het draaien van het blad aan het handvat te voorkomen.

Het blad wordt snel bot en moet dus vrij vaak geslepen worden. Het best kan dat op een slijpmachine gebeuren. Bij het slijpen moeten de 'vouwen' van het blad (de schuingeslepen delen van het blad) onder een hoek van ongeveer 60° geslepen worden. De krabber blijft dan langer scherp. Er zijn ook andere soorten verfkrabbers, zoals de *Skarsten krabber*. Hierbij wordt gewerkt met verschillende bladen, eigenlijk mesjes, die in de steel geschoven kunnen worden. De steel kan verschillende lengten hebben. Hoe langer de steel, des te gemakkelijker kan de krabber gehanteerd worden. Voor het uitkrabben van profielen of gebogen werk worden aparte mesjes geleverd.

Glassnijder

Glas wordt met een glassnijder op maat gesneden. Een diamant glassnijder is het beste type, maar voor de doe-het-zelver onnodig duur. Een rolglassnijder voldoet uitstekend en is veel goedkoper. Dit type bestaat uit een klein houten handvat met aan de onderkant een metalen deel waarin zich 6 snijwieltjes bevinden. Deze zijn van gehard staal. Is één wieltje bot geworden, dan kan door middel van een stelschroef en een schroevedraaier een ander wieltje worden

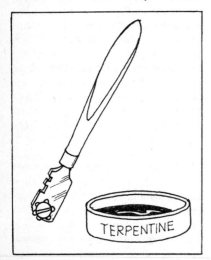

TERPENTINE

voorgedraaid. Bij het glassnijden doet u er goed aan de glassnijder regelmatig in terpentine of petroleum te dopen, waardoor hij beter snijdt en langer scherp blijft. In één zijde van het metalen gedeelte bevinden zich voorts nog een paar rechthoekige openingen van verschillende grootte. Daarmee kunnen glaspunten die bij het niet zuiver afbreken op de snijlijn aan het glas blijven zitten, worden 'vergruisd'. Om risico van verwondingen aan de handen te voorkomen, wordt de glassnijder in dat geval met het handvat omhoog gehanteerd.

Hakmes

Een echt 'onderhouds-gereedschap' dat niets met slagersgereedschap te maken heeft: wanneer ruiten moeten worden vernieuw, wordt eerst de oude verharde stopverf met het hakmes verwijderd. Het hakmes is, als het goed is, gemaakt van een niet te zachte en niet te harde staalsoort, bijvoorbeeld die van het merk Sheffield. De bovenkant van het lemmet is verbreed, omdat daar met een hamer op geslagen moet worden. Het soms leren handvat zorgt ervoor dat de trillingen tijdens het hakken enigszins worden opgevangen. Verder moet aan het lemmet een vrij scherpe punt zijn geslepen om ook in de hoeken van de raamsponning te kunnen komen. De snijkant mag niet te scherp zijn omdat anders het raamhout gemakkelijk kan beschadigen.

Schuurpapier

Het eigenlijke schuren gebeurt in principe met een groot aantal slijpkorrels die op een ondergrond van papier, linnen of zelfs metaal zijn aangebracht. De gradatie van de korrel wordt veelal uitgedrukt in de cijfers van 40 tot 240 voor schuurlinnen, en met de cijfers 1 t/m 4 voor schuurpapier. Zowel vellen schuurlinnen als vellen schuurpapier hebben meestal afmetingen van circa 28 × 23 cm. Voor een grote vlakschuurmachine (er bestaan twee afmetingen) gaan er dus 2 stroken van 28 cm uit een vel, voor het kleinere type haalt u 3 stroken van 23 cm uit een vel. Omdat met een schuurmachine veel intensiever wordt geschuurd, is het aan te bevelen daarvoor een sterkere papiersoort te gebruiken, bijvoorbeeld de kwaliteit B of C. De A-kwaliteit is meer geschikt voor handschuurwerk.

Schuurpapier met kunstmatige schuurkorrels (dus niet van glas), zoals bijvoorbeeld carborundum ofwel *silicium carbide* en ook korund (*aluminium oxyde*) blijft langer scherp omdat de schuurkorrels tijdens het schuren telkens afbreken en daardoor elke keer weer scherpe punten vormen.

In het volgende tabelletje worden de eigenschappen en toepassingsmogelijkheden van schuurpapier en -linnen vergelijkenderwijs op een rijtje gezet.

Voor vlakschuurmachines (zie het hoofdstuk 'Elektrische gereedschappen') zijn er kant-en-klare schuurpapierstroken in twee afmetingen en verschillende gradaties verkrijgbaar. Dat lijkt wel erg gemakkelijk, maar u betaalt er een veel hogere prijs voor dan voor gewone standaardvellen van 28 × 23 cm. Ten slotte nog deze tip: bewaar niet-waterproof schuurpapier op een droge plaats. Door vocht laten de korrels van de gewone schuurpapiersoorten los van de ondergrond omdat de lijmlaag week wordt.

Ammoniak of ammonia is een kleurloze en scherp ruikende vloeistof. Het gas ervan heeft een sterk prikkelende, zelfs 'adembenemende' werking op de ademhalingsorganen. 1 liter ammonia van 25%, toegevoegd aan een emmer water, is geschikt voor het ontvetten en schoonmaken van oud schilderwerk dat moet worden overgeschilderd. Na het schoonmaken moet steeds met schoon water worden nagespoeld om de opgeloste stoffen te verwijderen.

Soda is een op grof zout gelijkend wit poeder dat oplost in water. Door 250 gram soda in een emmer water op te lossen krijgt u een goed schoonmaakmiddel dat vuil en vette aanslag oplost en oud schilderwerk reinigt. Een soda-oplossing moet na gebruik worden nagespoeld met schoon water.

Zeep is eveneens geschikt voor het

Schuur-kwaliteit:	vrij zacht	middelhard	hard	zeer hard
Toepassing op:	hard- en zachthout	hard- en zachthout	hardhout	hardhout en meubelplaat
Te gebruiken voor:	schilderwerk droog gladschuren	met de hand of schuurmachine	algemeen	nat schuren van schilderwerk
Algemene opmerkingen:	schuurt langzaam, slijt vrij snel	verkrijgbaar in zeer fijne korrelgrootte	zeer geschikt voor schuurmachine, ook bekend als korund	ook bekend als carborundumpapier en het zgn. waterproofpapier

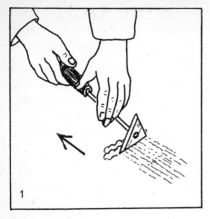

1

2

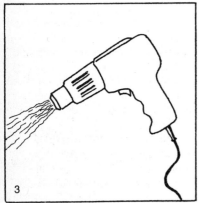

3

afbijt en oude verfresten

4

Verwijderen van oude verflagen.

1. De meest 'gezonde' manier is het afkrabben van de verf. Daarvoor is vrij veel kracht èn een scherpe verfkrabber nodig.

2. Afbijten of logen is gevaarlijk voor de ogen en de huid. Draag rubber handschoenen en een (veiligheids)bril.

3. Met een elektrische verfstripper (zie ook bij 'Elektrische gereedschappen') is een oude verflaag vrij eenvoudig te verwijderen.

4. Gooi gebruikte afbijt, oplosmiddelen en verfresten in een grote bus en breng deze, na voltooiing van de werkzaamheden, naar een verzamelpunt voor chemisch afval. Bedenk, dat alle opschudding over dioxineverspreidende afvalverbrandingsinstallaties deels veroorzaakt wordt door onachtzaamheid met chemisch afval dat in het gewone huisafval terechtkomt.

schoonmaken van oude verflagen. Los 250 gram zachte zeep ('groene zeep') op in een emmer water, of snipper daarin twee stukken *Sunlight*-zeep. Nadat met het aldus verkregen sop de bestaande verflaag is schoongemaakt, moet deze met schoon, lauw water worden nagespoeld. Met zeepsop maakt u ook op veilige wijze schilderwerk schoon dat niet behoeft te worden overgeschilderd: het is dus een prima onderhoudsmiddel.

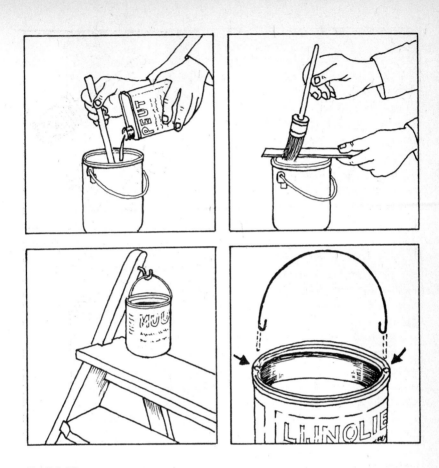

Handigheidjes.

Links boven: Voeg aan synthetische verven alleen terpentine (ook wel 'peut' genoemd) als verdunningsmiddel toe. Voor lijnolieverven mag alleen terpentijn worden gebruikt. Roer het geheel goed dooreen.

Rechts boven: Doop een schone, stofvrije kwast halverwege de haarlengte in de verf en strijk daarmee enige malen de verf van de kwast af. Gebruik daartoe een spatel of een latje. Zo raakt de kwast verzadigd met verf en kunt u meteen zien of de verf goed vloeit.

Links onder: Een lat langs het trapje spijkeren, op de juiste hoogte een schroefoog zodanig indraaien dat de verfbus na het ophangen net op de bovenste trede staat. Dit trucje voorkomt een mogelijke knoeiboel wanneer de verfbus zou kantelen...

Rechts onder: Maak van ijzerdraad een hengsel aan de bus waaruit u met de verf werkt. Sla met een priem of dikke spijker twee gaatjes in het 'gootje' van de busrand.

407

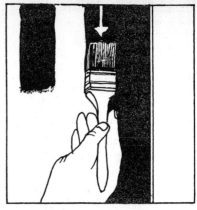

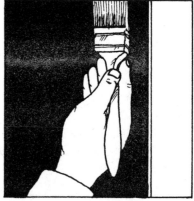

Basistechniek bij het gronden en aflakken.
Links boven: Kwast halverwege de haarlengte in de verf dopen en de haren tegen de *binnenkant* van de bus en *niet* over de rand ervan 'af-dippen'.
Rechts boven: Begin met benedenwaarts gerichte bewegingen de verf op te brengen. Maak twee of drie streken en sla steeds één kwastbaan over.
Links onder: Verdeel dan de verf horizontaal.
Rechts onder: Strijk het geheel na met verticale streken.

Verwijderen van oude verflagen

Het (opnieuw) schilderen van houtwerk en muren wordt door nog tevelen gezien als een eenvoudig klusje dat niet meer inhoudt dan 'een nieuw kleurtje' geven. Niets is minder waar: de resultaten vallen dan erg tegen, omdat aan de ondergrond geen aandacht is besteed. Echt schilderen begint bij het verwijderen van de oude verflagen, althans die verflagen die in slechte staat verkeren doordat ze los zitten of bladderen. Het verwijderen van oude verflagen kan op drie manieren gebeuren:

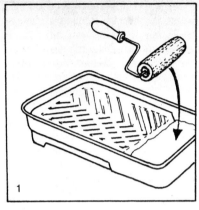

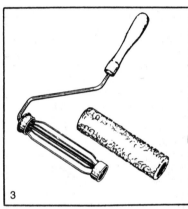

Verfroller.
1. Doop de roller halverwege in de verf.
2. Breng de verf op met zig-zag bewegingen, zonder dat er roller-randen in het verfoppervlak achterblijven.
3. De betere rollers zijn uitneembaar en hebben een rol van lamswol of mohair.
4. Na gebruik de rol goed uitspoelen en uitknijpen.

Afschrappen of afkrabben. Hierbij maakt u gebruik van een verfkrabber, het liefst een model met een driehoekig blad. De vouwen (de schuine kanten) moeten scherp geslepen zijn. Een verfkrabber bedient u met twee handen; op die wijze kan de meeste kracht worden uitgeoefend.

Afbijten of logen. Dit gebeurt met het opbrengen van een afbijtmiddel, een produkt vervaardigd van zeer vluchtige oplosmiddelen, zoals benzol of aceton. Dit zijn behoorlijk agressieve stoffen, zodat u er goed aan doet handschoenen te dragen en te zorgen dat er goed geventileerd wordt. De afbijt wordt met een oude kwast op de verflaag gesmeerd en moet 10 à 20 minuten inwerken. Daarna kan de week geworden verf met een plamuurmes worden afgestoken. Met warm water en een scheutje azijn wordt ten slotte het houtwerk afgenomen, dit om de oplosmiddelen te neutraliseren.

Afbranden gebeurt met een hete-luchtbrander of elektrische verfstrip-per. Doordat de elektrische stripper geen open vlam heeft, is het werken ermee zonder gevaar, dit in tegen-stelling tot een gasbrander die het on-derliggende hout zó kan verhitten dat het verkoolt of in brand vliegt. Elek-trische verfstrippers kosten onge-veer net zoveel als vier bussen verf, dus de aanschaf is zeker verant-woord. Overigens dient u tegelijk met de stripper een verfkrabber of oud plamuurmes te gebruiken. In het hoofdstuk '*Elektrische gereed-schappen*' wordt aan de verfstripper nader aandacht besteed.

Algemene basistechniek schilderen

Kijk voor u begint even na of u alles bij de hand hebt: voldoende verf, de ge-schikte kwasten, een stofborsteltje.

Een verf op waterbasis kan na het doorroeren direct vanuit de bus of plastic emmer gebruikt worden, maar aangebroken bussen en emmers be-vatten vaak een vel of korst op de verf. Verwijder die door langs de binnen-kant van de bus de korst los te snijden en uit te nemen. U kunt de verf 'zeven' door hem door een over een schone bus gespannen nylonkous te laten lo-pen. De verontreinigingen blijven op de kous liggen. Dan de inhoud goed doorroeren. De speciale niet-drui-pende verven, de zogenoemde 'thixotrope'-verven, worden nooit verdund of doorgeroerd.

Grond- en lakverf

De schone kwast niet te diep in de verf dopen. Een teveel aan de binnenkant van de bus afdippen. Met twee of drie kwaststreken in de richting van de houtnerf, of (bijvoorbeeld bij een deur) verticaal beginnen en steeds één kwastbaan overslaan. Geen nieuwe verf opnemen, maar de verf eerst in dwarse richting verdelen. Strijk ten slotte de verf na in hori-zontale richting. Neem weer verf op de kwast en schilder op dezelfde wijze de rest van het oppervlak, maar telkens met een kwastbreedte tus-senruimte. Synthetische verf moet minstens 12 uur drogen, dus laat het werk rustig de tijd. Verven op lijnolie-basis (dat zijn de meeste 'milieuvrien-delijke' verven) vragen een droogtijd van minstens 48 uur.

Zowel voor synthetische als lijnolie-verven geldt: na droging iedere laag lichtjes opschuren met een fijn schuurpapier. Het schuurstof zorg-vuldig verwijderen.

Muurverf (dispersieverf)

Omdat dispersieverven doorgaans voor grotere vlakken zijn bedoeld en sneller drogen dan synthetische of lijnolieverven, dient een brede kwast te worden gekozen: minstens 10 tot 12 cm breed. Meestal is dat een 'blok-kwast'. Roer de verf goed door en giet een zo grote hoeveelheid verf in een schone bus of plastic emmer, dat de blokkwastharen niet verder dan hal-verwege in de verf reiken. De kwast ruim van verf voorzien, even tegen de binnenkant van de bus of emmer af-dippen, en in horizontale streken van ongeveer 60 cm lang de verf op de wand brengen. Werk van het licht áf. Strijk zo snel mogelijk, om het nastrij-ken te vergemakkelijken en geen zichtbare kwaststrepen te krijgen.

Glanzende muurverven, zoals bij-voorbeeld zijde- of eiglans, drogen sneller dan matte verfsoorten. In dat geval is het beter om, te beginnen bij een bovenhoek, de verf in radiale streken naar beneden toe te verwer-ken. Matte verven brengt u kruisge-wijs op, zijdemat met lichte opwaart-se streken nastrijken.

Rollertechniek

Voor het rollen van verf hebt u een verdeelbak en een roller nodig. En verf, uiteraard. Met de roller kunt u grotere oppervlakken snel schilderen, maar hij is eigenlijk alleen geschikt voor dispersie- en emulsieverven en niet voor kunsthars- of olieverven.

Een verfroller kan op twee manieren worden gebruikt:

1. De verf met een kwast opbrengen en verdelen, daarna met de roller overrollen zodat de kwaststrepen verdwijnen en er een fijn, enigszins korrelig verfoppervlak ontstaat.
2. De verf direct met de roller opbrengen.

Voor het rollen met dispersie-(muur-) verven wordt de roller eerst met water nat gemaakt, waardoor de verf er minder diep intrekt en bovendien de vezels van de rol beter gaan uitstaan. Gebruik voor gladde wanden een korthatige, voor lichte structuren een middellange, en voor grove structuren een langharige roller. Er zijn ook schuimplastic rollers, maar voor normaal werk geven lamswol- of mohairrollers toch de beste resultaten.

Rollers met waterverdunbare verven wast u met warm water en een scheutje afwasmiddel gemakkelijk weer schoon. Als u de roller voor kunstharsverf (de bekende synthetische verven) hebt gebruikt, de roller met terpentine of kwastreiniger zorgvuldig uitspoelen, naspoelen met water en zachte zeep, goed uitknijpen en uitslaan en dan te drogen hangen. Gooi het residu van deze schoonmaakbeurt niet in het toilet of de spoelbak, maar verzamel het en breng het later naar een verzamelpunt voor chemisch afval. De verfverdeelbak kan in aluminiumfolie worden gewikkeld, dan hoeft hij niet te worden schoongemaakt.

Werken met de roller

Giet de verf in het verdiepte deel van de verdeelbak. Doop het onderste deel van de roller in de verf en strijk ermee over de ribbels die in het verhoogde gedeelte van de bak zijn aangebracht; de verf wordt hierdoor beter over de roller verdeeld.

De verf met onregelmatige bewegingen zig-zag over het te verven oppervlak uitstrijken. Let erop, dat er geen rollerranden in het geverfde vlak achterblijven. Neem niet te veel verf op de roller en beweeg deze niet te wild, anders bespettert u de omgeving. De hoeken van het oppervlak met een klein kwastje voor- en nastrijken.

Schilderen binnen

Voorbereiden bij schilderen

Voor te schilderen muren is meer voorbereiding nodig dan bij behangen. Zelfs kleine oneffenheden treden bij geschilderde muren onbarmhartig aan het licht als ze niet eerst zorgvuldig zijn gevuld of weggeschuurd.

● Als een verder in goede staat verkerende muur is overdekt met een netwerk van kleine krimpscheurtjes, kan het oppervlak beplakt worden met kaasdoek. Over dat kaasdoek kan dan met elke soort verf worden geschilderd.
● Nieuw gepleisterde muurvlakken dienen minstens enige weken te drogen voordat ze met een voorstrijkmiddel of verdunde dispersieverf 'verzegeld' worden.
● Nieuwe gipskartonplaten kunnen met een laag gipsplaat-primer worden voorgestreken.
● Een eerder met dispersieverf (bijvoorbeeld latexverf) geschilderde muur die moet worden overgeverfd, eerst grondig van *onder naar boven*

met water en zeep afwassen en naspoelen. Een met olieverf of synthetische verf geschilderde muur is schoon te maken met water en een scheut ammonia. Zorg ervoor dat geen water terechtkomt in lichtschakelaars en wandcontactdozen.

● De conditie van een oude verflaag kan worden getest met kleefband: komt er bij het weer lostrekken van het kleefband verf mee, dan zit er niets anders op dan de oude verflaag te verwijderen.

● Het eerste waar rekening mee moet worden gehouden is het licht: begin nooit te schilderen bij daglicht om te eindigen bij kunstlicht. Soms gebeurt het dat daardoor eenzelfde vlak tweemaal wordt geschilderd omdat bij kunstlicht niet meer is te zien waar men is gebleven. Daarom moet de muur in één werkgang worden voltooid. Als het werk halverwege voor een pauze wordt onderbroken, blijven de droge verfstreken later zichtbaar onder de voltooide verflaag.

● Begin bij muren aan de bovenkant bij het venster. Bestrijk de muur met brede, horizontale streken en werk zo naar de plint beneden. Rond raam- en deurkozijnen is het beter met een smallere kwast te werken. Voordat met dispersieverf (muurverf op waterbasis) wordt begonnen, eerst de ramen sluiten om de verf niet te snel te laten drogen, zodat er dus genoeg tijd is om ook hoeken en randen bij te werken.

● Is het werk gereed, de ramen weer openen om de droogtijd te versnellen. Ruwe oppervlakken met verdunde verf voorstrijken, bij reeds geschilderde vlakken is dat niet nodig. Als de verf niet goed dekt, dan niet een dikkere laag proberen op te brengen, maar rustig wachten tot de eerste laag droog is en dan pas de tweede laag opbrengen. Een perfect geschilderde muur bestaat vaak uit twee of drie lagen.

Schilderwerk binnenshuis is anders dan buiten. In huis hoeft de verf het materiaal niet zo sterk te beschermen tegen verwering. De verfraaiende functie is veel belangrijker. Toch zijn er in huis ook plaatsen waar de verf tegen vocht of slijtage moet worden beschermd.

Bescherming is nodig bij de binnenkanten van ramen en buitendeuren, maar ook in badkamers, keukens en bijkeukens, waar meestal een vochtig klimaat heerst. Daarnaast zijn er houten vloeren en cv-radiatoren die tegen slijtage en roestvorming moeten worden beschermd.

Schilderen binnenshuis vereist meer voorbereiding. Meubels, wandversieringen en vloerbedekking moeten worden afgevoerd of afgedekt met oude lappen of plastic. Verder moet het te schilderen vertrek zeer goed geventileerd worden, zodat schadelijke dampen weg kunnen. Ramen en deuren open dus. Maar pas op voor tocht. Schilder daarom bij voorkeur in het zachte voorjaar.

Muurverf
Misschien wel de bekendste muurverf is latex. Het lost niet op in water en heeft een redelijk ademend vermogen. Dat maakt deze verfsoort ook heel geschikt als plafondverf. Bedenk echter dat latex niet over veegvaste muurverf mag worden gebruikt. Dat kan wèl als er eerst een fixeermiddel over de veegvaste muurverf wordt aangebracht.

Bij twijfel over de aard van de bestaande verflaag: veeg er over met een natte vinger. Komt er verf op de vinger, dan is de verf 'veegvast'.

Schilderwerk dat moet worden vernieuwd, is op twee manieren te behandelen. De eerste manier: verwijder loszittende lagen en bladders met een plamuurmes of verfkrabber. Schuur houtwerk met middelgrof schuurpapier en maak het goed stofvrij. Breng een grondverflaag aan en plamuur daarna kale plekken en oneffenheden glad. De plamuurlaag na droging bijschuren met fijn schuurpapier, stofvrij maken en van een tweede grondverflaag voorzien. Deze laag lichtjes bijschuren, vervolgens een afschilderlaag van glans-, satijn- of matte verf opbrengen. Voor donkere afschilderkleuren grijze grondverf toepassen, voor heel lichte afschilderkleuren witte grondverf.

De tweede manier: verwijder loszittende verflagen en/of bladders met een plamuurmes of verfkrabber. Maak het houtwerk schoon met water, waaraan een flinke scheut ammonia is toegevoegd. Was het hout na met schoon water. Schuur het vlak na droging met fijn schuurpapier en stof het af. Breng een eerste grondverflaag op en plamuur deze grondig bij met een lakplamuur. Schuur de plamuurlaag na het drogen glad en vlak en breng daarna een tweede grondverflaag aan, hetzij witte, hetzij grijze grondverf. Deze grondverflaag lichtjes en fijn opschuren en vervolgens afschilderen.

De mooiste resultaten worden bereikt door het werk na de laatste grondverflaag voor te lakken met een met terpentine verdunde hoogglansverf of, beter nog, met een voorlaklaag bestaande uit vijftig procent grijze of witte grondverf en vijftig procent hoogglansverf in de gewenste kleur. Als deze voorlaklaag goed droog is kunt u de definitieve afschilderlaag opbrengen.

Tip
Nog een tip: waar een kwaststreep eindigt, moet de volgende beginnen. Nat sluit aan op nat. Zorg er bij het verdelen van de verf voor, dat er geen nieuwe verflaag op een tevoren aangebrachte, halfdroge laag terecht komt. Die strepen blijven altijd te zien.

Muren met structuur

Er wordt onderscheid gemaakt tussen structuur*pleister* en structuur*verf*. Zeer in het algemeen gesteld zijn structuurpleisters bedoeld voor een meer reliëfrijk effect en structuurverven voor rustiger effecten.

Structuurpleisters

Op vet- en stofvrije harde ondergronden, zoals beton, baksteen, gasbeton, spaanplaat, gipskartonplaat en stucwerk, kunt u met structuurpleisters werken. Van behangen wanden moet eerst het behang worden verwijderd (zie het hoofdstuk 'Woningstoffering'), aangezien de zware pleister met behang en al van de wand zou kunnen vallen. De ondergrond moet dus goed schoon zijn.

Het is gewenst eerst een grondlaag aan te brengen van een speciale *primer* voor muurverven. Of u gebruikt een verdunde kwartsverf.

Voor de verwerking van de meeste structuurpleisters zijn er speciale structuurrollers in de handel. Dergelijke rollers zijn voorzien van een cilindrische spons waarin vrij grote gaten zitten. Met de roller brengt u ongeveer 1 m² pleister op de wand, waarna u onmiddellijk overgaat tot het eigenlijke structuur of reliëf aanbrengen. Voor het motief of het patroon kunt u alle mogelijke attributen gebruiken. Een grashark, een grove kam, een harde borstel, een spons, zelfs een autoband of het blad van een oude handzaag. Te denken valt ook aan

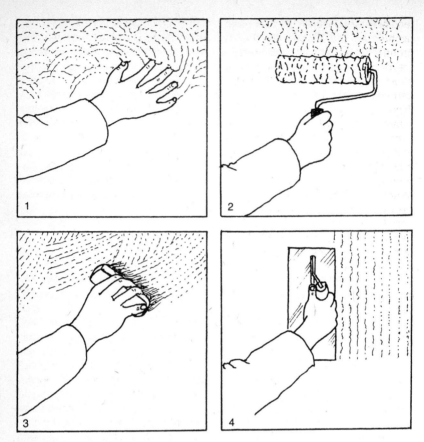

Opbrengen van structuurverven en pleisters.
1. Wanneer u niet bang bent voor vuile handen, kunt u de wand met een heel aparte structuur opfrissen. Wel steeds de 'open tijd' van pleisters in acht nemen.
2. Met speciale rollers die al zijn voorzien van een patroon, kunt u verrassende effecten realiseren.
3. Structuren en reliëfs kunt u maken met borstels, boenders, lijmkammen en andere attributen. U kunt zelfs met een oude autoband over de muur 'rijden'...
4. Structuurpleister, eenmaal opgebracht, kan met een plakspaan of stukadoortroffel aardige effecten opleveren. Door met de spaan alleen maar beurtelings te 'wrijven en oplichten' wordt een soort ribbelstructuur bereikt.

een zelf te maken motief dat u uit een hard stuk plastic knipt of zaagt. Maak eerst op een stuk hardboard of spaanplaat een proefstukje om te zien of de aangebrachte structuur u aanstaat.
Erg gewild zijn wanden met een boomschors-effect. Er zijn pleisters op basis van kunststofdispersie in de handel, die grote korrels bevatten waarmee u dat effect krijgt. Met de plakspaan een laag opbrengen die even dik is als de grootste korrels, en daarna de spaan bijvoorbeeld verticaal over de pleister bewegen.
Zeer ruige structuren zijn te bereiken door de pleister letterlijk tegen de wand te smijten. Hiervoor zijn uitslui-

tend pleisters geschikt die zeer goed hechten en snel drogen. De ondergrond moet droog en vooral hard zijn. Op poreuze wanden kunnen deze structuurpleisters niet of nauwelijks gebruikt worden.

Fijner van structuur worden wanden waarop een schuurspecie is gezet die uithardt door toegevoegd gips (zie ook bij 'Stukadoren'). Door de opgebrachte pleister te deppen met een borstel is ook in de schuurspecie een structuur aan te brengen.

Het moet in het algemeen worden afgeraden in één keer een groter oppervlak dan circa 1 m² pleister op de wand aan te brengen, omdat de verwerkingstijd van de pleister ongeveer 15 minuten bedraagt. Pleister die al bezig is te drogen levert ten opzichte van de rest een afwijkende structuur op.

Na 48 uur is de pleister voldoende uitgehard en kunt u de pleisterlaag eventueel met latexverf een kleur geven.

Structuurverven

Meestal zijn structuurverven plastische verven waar doorheen fijne kwartsdeeltjes zijn vermengd, vandaar dat ze ook wel kwartsverven worden genoemd. Structuurverven zijn zowel binnen als buiten aan te brengen. Praktisch elke ondergrond kan er mee behandeld worden, zelfs goed vastzittend behang. In het laatste geval is het raadzaam om de naden en oneffenheden glad te schuren en kieren en gaatjes op te vullen met een waterverdunbaar vulmiddel, want door de fijne structuur van de verf treden onvolkomenheden onherroepelijk aan het licht.

Structuur- of kwartsverf dient met een grote kwast (een zogeheten blokkwast is zeer geschikt), te worden opgebracht, waarna het uitrollen met een structuurroller voor fraaie resultaten zorgt. De beste effecten ontstaan wanneer met water verdunde kwarts wordt voorgestreken. Na droging kan de definitieve, niet-verdunde verflaag worden opgebracht. Ook voor structuurverf geldt: binnen een kwartier verwerken en daarna niet meer rollen of vegen; de verflaag is dan al te veel opgedroogd.

Structuurverf is in vele kleuren en tinten verkrijgbaar. Kwasten, roller en ander gereedschap na gebruik met water schoon spoelen.

Nieuw werk en onderhoud

Binnenshuis schilderen verschilt in een aantal opzichten van buitenschilderwerk. Zo speelt de factor 'bescherming' binnenshuis een minder grote rol, terwijl aan 'verfraaiing' meestal hogere eisen worden gesteld. Niettemin zijn er ook binnenshuis onderdelen te vinden die wel degelijk moeten worden 'beschermd' tegen verwering of de inwerking van vocht. Bescherming is bijvoorbeeld noodzakelijk bij binnenkanten van ramen en buitendeuren, en in badkamers, keukens en bijkeukens waarin meestal een vochtig klimaat heerst. Daarnaast zijn er dan nog houten (parket-)vloeren en cv-radiatoren, eveneens objecten die resp. tegen slijtage en roestverschijnselen moeten worden beschermd.

Schilderen binnenshuis vereist ook meer voorbereiding. Denk maar aan hoeveel werk u eerst moet verzetten voordat u met het eigenlijke opknappen van een vertrek kunt beginnen: meubels, wandversieringen en vloerbedekking moeten eerst worden afgevoerd of in ieder geval afgedekt met oude lakens of plastic. Hoe gek dat ook mag klinken: u kunt niet of nauwelijks schilderen wanneer het winter is, ook niet binnenshuis, hoezeer het in Rijswijk zetelende Bedrijfschap Schildersbedrijf ook zijn best doet het 's winters binnenschilderen ingang te doen vinden. Wie wel eens in een geheel gesloten vertrek met verfprodukten aan de gang is geweest, zal begrijpen wat ik bedoel: wil men binnenshuis schilderen, dan zal het betreffende vertrek zeer goed geventileerd moeten worden, zodat de schadelijke dampen een uitweg kunnen vinden. In de praktijk betekent dat: alle ramen open! (Maar dan wel zonder dat het kan tochten.) En dát betekent weer, dat u niet gauw in de winter aan een verfklus zult of kunt beginnen. Niet alleen omdat het in het vertrek dan te koud is voor uzelf, maar ook omdat de verf praktisch onverwerkbaar is. Het gezegde: 'Bezint eer ge begint' is bij het schilderen binnenshuis dus heel toepasselijk. Het getuigt van bezinning om het binnenshuis schilderen, net als het *buitenshuis* schilderen trouwens, uit te stellen tot het voorjaar.

Plafonds repareren en schilderen

Niet voor niets beginnen we onze instructies bij het plafond: dat bevindt zich boven in het vertrek en u weet inmiddels dat u bij het schilderen altijd bovenaan moet beginnen en dat muurverven altijd vóór olie- of synthetische verven moeten worden aangebracht. Het plafond moet natuurlijk eerst worden schoongemaakt, maar niet eerder dan nadat u erachter bent gekomen met welk verfprodukt het plafond eerder is behandeld. Hoé komt u daarachter?

Witkalk

Als een gestukadoord plafond sinds ongeveer 1950 niet meer is geschilderd, dan is het bijna zeker dat het plafond met witkalk is behandeld. U kunt dat voelen (als u er over wrijft merkt u dat het oppervlak wat zanderig is) of proeven (als de oude verflaag wordt afgestoken en u binnen korte tijd een wat zoetige smaak proeft, dan gaat het om witkalk). De witkalklaag kan maar het best helemaal worden afgestoken, als hij in slechte toestand verkeert. In het andere geval kan de kalklaag blijven zitten en worden schoongemaakt met een sopje van lauw water en zachte zeep. Een enkele bladder haalt u weg, de ontstane oneffenheid plamuurt u met Alabastine of een ander vulmiddel dat met water kan worden aangemaakt. Nogmaals: als het plafond met bladders is overdekt, blijft er niet veel anders over dan het geheel af te steken. Een onplezierige klus, aan te pakken met een afsteekmes, en uit te voeren op een kamersteiger, veilige trap of ladder die u in staat stelt met uw hoofd net onder het plafondvlak te staan, zodat u niet te veel 'in de hoogte' hoeft te werken. Een hoofddekseltje en een veiligheidsbril zijn attributen die zeker hun nut bewijzen.

Als het plafond schoon is kunt u het opnieuw behandelen met twee of drie dunne lagen witkalk of met een veegvaste muurverf die eveneens in twee of drie lagen wordt opgezet. Bij het werken met witkalk moet de nodige voorzichtigheid worden betracht; spatten in de ogen kunnen vervelende gevolgen hebben. Draag dus een veiligheidsbril die ook aan de zijkanten dicht is.

Veegvaste muurverf als plafondverf

Veegvaste muurverf heet nu eenmaal zo, maar het zou net zo goed veegvaste 'plafondverf' kunnen heten; er is geen verschil. Als een plafond al eens eerder met dit type verf (men spreekt ook wel van *lijmverf*) is behandeld, was het plafond dan schoon met water zonder enige toevoeging. Omdat veegvaste muurverf niet watervast is kunt u het dus gemakkelijk afwassen. Als u twijfelt over de aard van de gebruikte verf, maak dan een vinger nat en veeg ermee over het plafond; wanneer er verf op uw vinger komt is er sprake van veegvaste muurverf. Was het plafond nog een keer schoon en plamuur eventuele gaatjes en scheurtjes bij met gipsplamuur, Alabastine, of een ander vulmiddel op waterbasis. Vervolgens twee of drie dunne lagen veegvaste muurverf aanbrengen.

Latexverf als plafondverf

Misschien wel de bekendste muurverf is latex. Het lost niet op in water en heeft een redelijk ademend of vochtregulerend vermogen. Dat maakt deze verfsoort heel geschikt als plafondverf.

Om te weten wat er voor soort verf op het plafond zit, maakt u een stukje van het plafond weer wat nat. Lost de verflaag niet op en wordt het water ook niet direct aangezogen, dan hebt u naar alle waarschijnlijkheid te maken met latexverf of een normale afschilderverf. Wilt u een oude latexlaag verwijderen, dan zult u met het afsteekmes moeten werken. Is het oppervlak nog in goede staat, dan hoeft u niet veel méér te doen dan wassen met water waaraan een klein scheutje ammoniak is toegevoegd. Een met latex behandeld plafond moet bij voorkeur ook weer met latex worden overgeschilderd. In sommige publikaties wordt weliswaar beweerd dat latex en normale afschilderverven over elkaar heen kunnen worden aangebracht, maar in de praktijk blijkt het resultaat toch tegen te vallen. Latex is een enigszins ademende verf, normale afschilderverf (hiermee wordt bedoeld de verven op lijnoliebasis en die op basis van kunsthars zoals alkydharsverven) is een verf die de ondergrond juist afsluit. Alleen al om deze tegenstrijdige eigenschappen moeten de genoemde verven niet 'door elkaar' worden aangebracht, en dus ook niet óver elkaar.

Latexverf is een gemakkelijk verwerkbaar produkt. Het kan met een blokkwast of een verfroller worden opgebracht. Denkt u eraan, dat latex evenmin over veegvaste muurverf mag worden gebruikt. Dat kan alleen als er eerst een *fixeermiddel* (niet te verwarren met een voorstrijkmiddel of een fixerende *primer*) over de veegvaste muurverf wordt aangebracht.

Synthetische verf als plafondverf

Een met olie- of alkydharsverf behandeld plafond moet ook weer met hetzelfde verfsysteem worden overgeschilderd. Het plafond afwassen met water waarin wat ammoniak is gedaan, licht opschuren met fijn schuurpapier, en dan gronden. Eventueel plamuren met lakplamuur waaraan wat gips is toegevoegd. Nogmaals gronden en vervolgens afschilderen met matte of satijnverf. Hoogglanzende verf is voor plafonds overigens minder geschikt vanwege optredende, hinderlijke licht-reflecties.

Nieuwe plafonds kunnen bestaan uit pleisterwerk op steengaas, uit hardboardplaten, zachtboardplaten, houtwolcementplaten, gipskartonplaten, of houten schroten. In vrijwel alle gevallen (behalve daar waar het betonnen plafonds betreft) zijn deze plaatmaterialen of schroten aangebracht op een tegen het plafond bevestigd raamwerk, bestaande uit zgn. *tengels*: vurehouten latten van ±7 × 2 cm of ±5 × 2 cm in doorsnede.

Meer hierover vindt u bij '*Gipskarton-platen*' en '*Vloeren en plafonds*'.

Behangen muren en wanden repareren en schilderen

Met een beetje geluk kunt u oud behang soms zonder meer verwijderen, maar dat geluk van moeiteloos af te trekken behangbanen doet zich helaas zelden voor. Meestal lukt het pas met behulp van een emmer water met zachte zeep. Smeer dat sopje met een zachte borstel in ruime mate over het behang en laat het een uurtje intrekken. Herhaal deze handeling totdat het behang met een afsteekmes is te verwijderen. Gebruik geen plamuurmes, dat is voor dit werk 'te slap' en veroorzaakt te veel beschadigingen aan de gestukadoorde ondergrond. Nog beter is een *behangafsteker*, een soort afsteekmes met ronde hoeken, waarmee het beschadigen van de ondergrond vrijwel onmogelijk is.

Afwasbaar behang zal zich door zeepwater niet laten verwijderen, zodat andere maatregelen nodig zijn. Raadpleeg hiervoor het hoofdstuk '*Woningstoffering*'.

Als het oude behang is verwijderd en de muur of wand geschilderd zal worden, dan moeten eventuele gaatjes ervan en andere beschadigingen worden weggewerkt met Alabastine, een mengsel van krijt, gips en water, of een mengsel van kalk, gips en water. Handel verder als bij normaal plamuren. Vervolgens schuurt u het oppervlak met niet te fijn schuurpapier. Hierbij worden de geplamuurde plekken vlak- en gladgeschuurd, en mogelijke resten behangpapier verwijderd. Daarna kunt u een verfsysteem beginnen op te zetten. Hiervoor komen in principe alle verfsystemen in aanmerking, maar latexverf, veeg-

vaste muurverf of acrylverf zijn de gemakkelijkste, omdat daarvoor geen voorstrijkmiddel en grondverf hoeft te worden toegepast. Voor andere systemen, bijvoorbeeld alkydhars muurverven, olieverven en betonverven moet de ondergrond wèl worden voorgestreken. Niet omdat de gepleisterde ondergrond te vers zou zijn, maar omdat ze door het schoonmaken met water weer vochtig is geworden. Zit het behangpapier nog stevig op de muur of wand, en is het papier niet of nauwelijks beschadigd, dan kunt u het met latex, veegvaste muurverf of acrylverf direct overschilderen. Alleen als er gaatjes zijn ontstaan door bijvoorbeeld uitgetrokken schilderijhaken, draadnagels of schroeven, worden deze beschadigingen met Alabastine of een ander vulmiddel weggeplamuurd en gladgeschuurd. Hierna een eerste laag verf opbrengen.

Muurbekleding van board, plaat en hout

Zachtboard is verkrijgbaar in een dikte van ca. 12 mm. De voor- en achterkanten ervan zijn verschillend van structuur: de voorkant enigszins 'gewelfd', de achterkant iets 'korrelachtig'. Zachtboard is in geringe mate geluidsabsorberend, in sterke mate poreus, en vrij zwak te noemen. Aangetast door water zwelt het sterk op. Zachtboard schildert u uitsluitend met de bekende muurverven.

Hardboard heeft een dikte van ongeveer 4 mm. De voorkant is glad en weinig poreus, de achterkant toont een regelmatig, ruitachtig reliëf dat juist sterk poreus is. Sommige soorten hardboard hebben een vrij vettig oppervlak, die vóór het schilderen ontvet moeten worden met bijvoorbeeld terpentine of wasbenzine.

Hardboard kan worden geschilderd met alle verfsystemen.

Spaanplaat is in vele dikten verkrijgbaar: van ± 5 tot 25 mm. Het is zwaar, niet erg poreus, maar kan sterk opzwellen als het met vocht in aanraking komt. Voor buitenwerk is het dus absoluut ongeschikt. Sommige soorten bevatten het beruchte UF-gas (ureumformaldehyde), dat schadelijk kan zijn voor de ademhalingsorganen. Bij aanschaf doet u er om die reden goed aan spaanplaat met enig wantrouwen te bezien. Spaanplaat kan worden geschilderd met alle verfsystemen. Het oppervlak moet, wanneer een volkomen glad uiterlijk wordt verlangd, doorgaans geheel van een plamuurlaag worden voorzien, behalve die soorten die door de fabriek met een gladgepolijst oppervlak worden afgeleverd.

Houtwolcementplaat heeft een dikte van 2,5 tot 5 cm. Het wordt gemaakt van o.a. houtwol, magnesiet en enige andere toevoegingen. De platen hebben een hoge weerstand tegen vuur. Ze kunnen ook gestukadoord worden, maar dan is een lichte gaaswapening nodig over alle naden en in- en uitwendige hoeken. De structuur is zó grof, dat plamuren is uitgesloten. Alleen de aan de oppervlakte liggende vezels kunnen worden geschilderd tenzij u van een verfspuit gebruik maakt waardoor ook de dieper liggende vezels worden bereikt. Houtwolcementplaat kan met de meeste verfsystemen worden behandeld.

Kurkplaat is in allerlei lengten, breedten, dikten, kleuren en structuren verkrijgbaar. Het wordt geplakt met een bij te leveren, speciale lijm. Het wordt niet geschilderd.

Hout is voor een muur- of wandbekleding ideaal. Het is verkrijgbaar als triplex, multiplex, meubelplaat, planken en schroten. Door de vaak natuurlijke, fraaie structuur heeft hout als voordeel dat het niet per se geschilderd hoeft te worden. Je kunt zelfs zeggen dat het vaak zonde is om het van een dekkende laag te voorzien; een laagje blanke, kleurloze lak of transparante *binnen*beits (gebruik nooit de schadelijke stoffen bevattende buitenbeits!) is meestal voldoende om het hout tegen al te sterke verkleuring of vergeling te beschermen, terwijl de houtnerf zichtbaar blijft. Tegen vochtige muren of wanden toegepast verdient het aanbeveling de achterkanten van het hout tweemaal goed te gronden teneinde te voorkomen dat het ter plaatse vocht opneemt. Om esthetische redenen moet een binnenbetimmering van horizontaal aangebracht rabathout worden ontraden: de rabatdelen doen in dat geval sterk denken aan een afwaterende buitenbetimmering. Logischer is het om gewone (vloer-) planken te gebruiken waaraan twee zgn. 'vellingkantjes' zijn geschaafd; deze geven een veel 'natuurlijker' aanzien.

Gipskartonplaat is uitermate geschikt voor wandbekleding bij enigszins vochtige muren en wanden, mits daartoe de wandplaatkwaliteit wordt gebruikt. Wandplaten zijn meestal dikker en sterker dan plafondplaten, omdat ze doorgaans meer te lijden hebben van stoten en andere beschadigingen. Ze worden bij voorkeur op een houten raamwerk bevestigd, dus niet direct op een muur of wand, hoewel ze ook met een speciale lijm direct kunnen worden verlijmd. Gipskartonnen wandplaten kunnen worden geschilderd, of afgepleisterd met een speciale pleister die door de fabrikanten wordt geleverd. De naden vragen om een speciale behandeling wanneer u de wand geheel naadloos wilt afwerken, iets wat bij schilderen of behangen van belang kan zijn. Gedetailleerde instructies voor het werken met *gipskartonplaten* vindt u in het gelijknamige hoofdstuk.

Techniek van het houtwerk schilderen

Reeds bestaand schilderwerk dat moet worden vernieuwd, kunt u op twee manieren behandelen.

1. Loszittende verflagen en/of bladders verwijderen met een afsteekmes of verfkrabber. Schuur het houtwerk met middelgrof schuurpapier en maak het goed stofvrij. Breng een grondverflaag aan en plamuur daarna eventuele kale plekken en oneffenheden. De plamuurlaag na droging bijschuren met fijn schuurpapier, stofvrij maken en opnieuw gronden. De laatste grondverflaag lichtjes bijschuren, vervolgens een eerste afschilderlaag van glans-, satijn-, of matte verf opbrengen. Indien de oude verflaag licht van kleur was en nu in een donkere kleur geschilderd zal worden, gebruik dan grijze grondverf. In het omgekeerde geval gebruikt u witte grondverf.

2. Loszittende verflagen en/of bladders verwijderen met een afsteekmes of verfkrabber (óf met behulp van een afbijt- of loogmiddel: zie bij '*Oude verflaag verwijderen*'). Maak het houtwerk schoon met water waaraan een hoeveelheid ammonia is toegevoegd (zie de laatste alinea's in het hoofdstuk '*Gereedschappen en hulpmiddelen*'). Nawassen met schoon water. Als het werk droog is, schuren met middelgrof schuurpapier of middelfijn waterproof schuurpapier. Na het schuren goed afstof-

fen. Een eerste grondverflaag opbrengen en deze zonodig plamuren. Schuren met fijn schuurpapier en opnieuw een grondverflaag opbrengen, hetzij witte, hetzij grijze grondverf, in elk geval in overeenstemming met de gewenste afschilderkleur. De grondverflaag lichtjes opschuren met zeer fijn schuurpapier en vervolgens de afschilderverf opbrengen.

Plamuren van binnenwerk kan met allerlei soorten plamuur gebeuren, behalve als het vochtige ruimten betreft. Over plamuursoorten hebben we het in het hoofdstuk '*Verfprodukten*' al gehad, maar daar hebben we niet gesproken over *gipsplamuur*. Dit type plamuur is niet kant en klaar in de handel, dus u moet het zelf maken uit 1 deel gewone lakplamuur op 1 deel gips. Maak de gips eerst met water aan tot een stevige brij is ontstaan en meng deze brij met evenveel gewone lakplamuur. Omdat gips snel droogt doet u er goed aan slechts kleine hoeveelheden tegelijk aan te maken.

Gipsplamuur is geschikt om er grotere gaten mee te plamuren, maar wordt níet toegepast voor schilderwerk in vochtige ruimten omdat het zeer gevoelig is voor vocht. Bovendien is het niet elastisch. Deze twee min of meer negatieve eigenschappen maken gipsplamuur ook minder geschikt als plamuur voor de binnenkanten van buitendeuren, ramen en kozijnen. Ook bij nieuw en jong hout moet het gebruik van gipsplamuur worden ontraden aangezien dergelijk hout meestal nog wat krimpt of uitzet en de gipsplamuur deze bewegingen niet kan volgen. In deze situatie kunt u beter lakplamuur of lakemulsieplamuur gebruiken.

In alle andere situaties mag u gerust gipsplamuur toepassen, vooral voor grotere gaten en oneffenheden in het

Plamuren.

1. Neem uit de bus of tube een gering voorraadje plamuur op de top van het brede plamuurmes. Werk de plamuur lichtjes dooreen en neem dan met het smalle plamuurmes een kleine hoeveelheid van het brede mes af.

2 en 4. Strijk met het smalle mes de plamuur op het te plamuren oppervlak. Druk daarbij met twee vingers op het blad, zodat het mes iets doorbuigt. De bedoeling is dat er alleen plamuur wordt achtergelaten in putjes, gaatjes en andere oneffenheden in het oppervlak. Plamuren is immers alleen nodig om het oppervlak een strak en glad aanzien te geven, niet om het verfwerk sterker te maken. Trek de plamuur onder het plamuurmes naar u toe en haal onmiddellijk een teveel weg. Vermijd de aanwezigheid van 'ruggen'.

3 en 4. Strijk een teveel aan plamuur regelmatig terug op het brede mes en werk de plamuurvoorraad steeds goed dooreen. Neem dan weer een hoeveelheid op het smalle mes en herhaal de handelingen. Als het werk moet worden onderbroken, leg de beide messen dan plat op elkaar met de plamuurvoorraad daartussen, dat voorkomt uitdroging. Laat een plamuurlaag altijd 24 uur drogen voordat u hem gladschuurt en een tweede grondverflaag aanbrengt.

te behandelen oppervlak. Laat na het gipsplamuren het oppervlak ervan goed uitharden: minstens 24 uur. Breng daarna een tweede, alleen uit gewone plamuur bestaande plamuurlaag aan. Laat ook deze plamuurlaag goed doorharden en schuur hem vervolgens goed glad en vlak met fijn schuurpapier. Schuur op deze wijze meteen ook het overige houtwerk. Afwassen met schoon water en laten drogen. Daarna gronden, licht opschuren en afschilderen.

Houtwerk voorlakken

De mooiste resultaten worden bereikt door het werk na de laatste grondverflaag vóór te lakken met een met terpentine (bij lijnolieverven met terpentijn) verdunde hoogglansverf, of, nóg beter, met een voorlaklaag bestaande uit 50% hoogglansverf en 50% grondverf in de voorgeschreven witte of grijze kleur. Wordt het houtwerk straks in twee of meer verschillende kleuren afgelakt, dan begint u bij het voorlakken met de lichtste kleur op te brengen, en pas als deze droog is de donkere kleur. Als ook die voorgelakte donkere kleur droog is, schuurt u de oppervlakken licht bij met water en waterproof schuurpapier van fijne kwaliteit. Hierna wast u het werk met schoon water na, maakt het stofvrij en voorziet het ten slotte van de definitieve aflaklaag.

Houtwerk aflakken

Aflakken of schilderen kan gebeuren met een matte, halfmatte (satin of satijn) of hoogglanslak. Zoals eerder opgemerkt, kunt u grote vlakken beter niet met hoogglansverf schilderen, omdat bij dit soort verf vaak hinderlijke spiegelingen en lichtreflecties optreden. Voor smalle oppervlakken als kozijnhout, raamhout

of deuren waarin een groot glasoppervlak zit gevat, kan hoogglans zonder bezwaar worden toegepast. Omdat hoogglanzende verven sterker zijn en ook minder stof en vuil aantrekken, is het bij uitstek geschikt voor het schilderen van plinten en voorwerpen die met de handen vaak worden aangeraakt. De halfmatte en matte verfsoorten kunnen meestal in een iets dikkere laag worden opgebracht. Dit heeft te maken met hun geringere neiging tot 'tranen' of 'zakken'.

Deuren schilderen

De volgorde van de handelingen is bij deuren niet anders dan bij ander schilderwerk. Er zijn echter een paar factoren die het noodzakelijk maken de techniek van het schilderen van deuren te wijzigen. Een binnendeur bestaat immers in de meeste gevallen uit een groot oppervlak, waardoor het moeilijker wordt een mooi 'sluitend' verfoppervlak te krijgen, een oppervlak dus waar geen verfstrepen op te zien zijn. Wilt u deze moeilijkheid uit de weg gaan, dan kunt u de deur schilderen met behulp van een verfroller, bij voorkeur een roller van mohair. Gebruik zo'n roller echter alleen voor matte of halfmatte verfsoorten, want de roller pleegt op hoogglanzende verf nogal eens wat stofdeeltjes achter te laten die altijd zichtbaar zullen blijven. Een verfroller, vooral een mohairroller heeft namelijk de vervelende eigenschap tijdens het rollen statisch te worden 'opgeladen'.

Aan het rollen van de verf op grote oppervlakken gaat het opzetten met de kwast vooraf: met de kwast worden eerst verticale en van daaruit horizontale verfstrepen opgezet. Probeer het te schilderen oppervlak in gedachten in vier vlakken op te delen en vul elk vlak zo snel mogelijk met

Deur schilderen.

1. Zet de deur open en plaats tussen de vloer en de onderkant een houtwig. De deur staat dan klem en de scharnier- en slotkant is gemakkelijk te bereiken. Zorg ervoor, dat de stofdorpel niet besmeurd raakt.

2. Schilder bij paneeldeuren altijd eerst de panelen, daarna de dwarsregels en ten slotte de buitenstijlen en randen.

3. Als er in huis een niet-gebruikt vertrek is, leg daar dan de deur plat neer en schilder het oppervlak. Hierdoor wordt het 'tranen' van de verf voorkomen. Een nadeel is dat de geschilderde kant van de deur een dag of twee moet 'overstaan' voordat u de andere kant kunt schilderen.

4. Verwijder van te schilderen deuren de krukken. Laat het slot echter zitten, maar schilder *niet* de schoot.

verfstrepen. Zo snel mogelijk, omdat hoe minder de verf de tijd krijgt op te stijven, hoe beter hij te rollen is. Na het met verf vullen van het oppervlak neemt u onmiddellijk de verfroller ter hand en rolt u de opgebrachte verf in verticale richting uit. Van onderen naar boven, niet omgekeerd, om zakkers en tranen te voorkomen. Aan de onderzijde van een deur, dus bij de dorpel, kan een dode hoek optreden waar de roller niet bij kan. Haal in dat geval de deur uit zijn scharnieren en plaats hem met de onderkant op twee balkjes.

Plinten schilderen

Plinten worden altijd het laatst geschilderd, vooral omdat ze tijdens de schilderswerkzaamheden het meest van schuurstof en stoten van de stoffer of stofzuiger te lijden hebben gehad. Het meeste stof ligt op de bovenkant van de plint, en het is dus zaak juist aan die bovenkant veel aandacht te besteden. Was de plint af met schoon water en kijk of hij niet is beschadigd. Gronden, schuren en plamuren gebeurt als bij ander houtwerk, maar er moet voor gewaakt worden dat noch de muur, noch de vloer met verf en plamuur wordt besmeurd. Met een stuk karton of stevig papier kan dat worden voorkomen (zie de tekening). Omdat glansverf sterker en beter vuilafstotend is, is het de beste verf om er plinten mee te schilderen. Plinten van kunststof kunnen worden geschilderd door er eerst een kunststof pri-

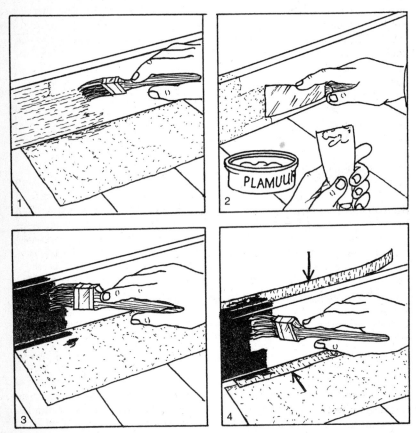

Schilderen van plinten.
1. Plinten gronden. Bij het schilderen kan het smetten van de wand of de vloer worden voorkomen door deze met een stuk dun karton of blik af te dekken en op te schuiven met het werk mee.
2. Houd bij het plamuren steeds wat plamuur op een tweede plamuurmes in voorraad.
3. Na het gronden, plamuren en licht opschuren een tweede grondverflaag opbrengen.
4. Plinten aflakken. Heeft u een wat onvaste hand, plak dan de plint op deze wijze af met schildersplakband (zie pijltjes). Na het aflakken de plakband meteen verwijderen.

mer op aan te brengen. Wel eerst de kunststof met schuurpapier vetvrij schuren. Over de primer kan vervolgens met gewone grondverf worden gewerkt. Daarna hoogglansverf gebruiken.

Houten vloeren schilderen of beitsen

Voordat u een houten vloer gaat schilderen of beitsen: controleer eerst of de vloer niet te veel doorbuigt; een niet-gave, niet-stevige vloer is nauwelijks bevredigend met verf of beits te behandelen. Sterk verende vloeren doen de verf barsten en bladderen, vooral op de naden tussen de vloerdelen. Is de vloer echt slecht, overweeg dan een nieuwe aan te brengen, hoewel dan meestal ook de balklaag gerepareerd of in het ongunstige geval vernieuwd moet worden.
In het hoofdstuk '*Vloeren en plafonds*' wordt hieraan de nodige aandacht besteed.

Houten vloer beitsen

Het beitsen is alleen geschikt voor in goede staat verkerende houten vloeren die weinig beschadigingen vertonen. U kunt de vloer met *wasbeits* behandelen, maar hij moet dan regelmatig in de boenwas worden gezet en wordt daardoor erg glad. Beter is het op kleur beitsen met *waterbeits*, hoewel die met een slijtvaste, transparante vernis moet worden afgewerkt. Waterbeits is kant-en-klaar of in poedervorm verkrijgbaar. Voor de laatste soort neemt u een conservenblik waarvan de bodem bedekt is met een laagje water. Giet 100 à 125 gram beitspoeder in het water en wacht totdat een klonterige massa ontstaat. Dan giet u het blik halfvol water en roert u de massa goed dooreen. Na enige tijd is de poeder opgelost en is een geconcentreerde waterbeits ver-

kregen. Deze kunt u in de gewenste kleurintensiteit brengen door er meer of minder water aan toe te voegen. Giet een scheutje ammonia in de beits en roer nogmaals door. De ammonia zorgt ervoor dat de beits dieper in het hout trekt. Breng een laag waterbeits met een platte, brede kwast (blokkwast met zachte haren) op de vloer en zorg ervoor dat de beits egaal wordt verdeeld. Ziet u ergens een donkerder plek waar per ongeluk te veel beits is terechtgekomen, dep die plek dan met een schone doek voorzichtig op en strijk de plek bij. Laat de beits nu goed drogen. Is het oppervlak te licht naar uw zin, breng dan een tweede laag aan. Als de vloer droog is moeten er (na het licht opschuren van de door de beits omhoog gekomen houtvezels) vervolgens twee lagen slijtvaste vernis over worden aangebracht.

Speciale vloerbeitsen vereisen geen afwerklaag van vernis; die zit eigenlijk al in de vloerbeits zelf. Betonverf kan ook gebruikt worden op houten vloeren. U krijgt dan een dekkende slijtvaste laag.

Vloer vernissen

Zowel blanke als gebeitste vloeren (uitgezonderd met wasbeits behandelde vloeren) kunnen worden gevernist. Is de vloer van hardhout of als parketvloer uitgevoerd, dan brengt u uiteraard geen beits maar een blanke vernis aan. *Oxaanolie* is weliswaar geen vernis, maar niettemin zeer geschikt als blanke, transparante afwerklaag. Het is zeer slijtvast. Ook *Glitsa*, een blanke parketlak, is voor dit doel uitstekend bruikbaar. De mooiste resultaten worden verkregen door drie lagen met een brede, zachte kwast met lange haren op te brengen. Tussen elke laag moet een droogtijd van minimaal 24 uur worden aangehouden. Zie verder de verwerkingsvoorschriften op de verpakking.

Geverniste vloeren moeten elke twee jaar met een nieuwe vernislaag worden 'nagelopen'. Bij niet-intensief gebruikte vloeren kan met een onderhoudsbeurt eens in de drie of vier jaar worden volstaan.

Vloerolie is er in meerdere soorten en merken. Persoonlijk geef ik de voorkeur aan de reeds eerder genoemde *oxaanolie* die direct op een goed schone en goed geschuurde vloer kan worden aangebracht. De verwerking is gelijk aan een vernis. Wanneer een eerste laag is aangebracht is de olie vaak nog dof, maar bij een tweede laag gaat de vloer al glanzen. Oxaanolie is sterk en slijtvast. Het kan met boenwas worden ingewreven, hoewel de vloer dan wel erg glad zal worden. Vloerolie kan, behalve op houten vloeren, ook op plavuizen worden aangebracht. Vooral bij poreuze vloerplavuizen doet een laagje vloerolie wonderen: de plavuizen lichten als het ware óp en de poriën worden afgesloten door de olie, zodat er minder onderhoud nodig is. Ook hardboard kan met vloerolie worden behandeld en geeft aan het hardboard een verrassend fraaie glans. Een met oxaanolie behandelde vloer van hardboardtegels blijkt vaak een opvallend effect op te leveren. Hoe meer lagen olie er op worden aangebracht, hoe donkerder het hardboard wordt. Oxaanolie kan voorts gebruikt worden voor het 'opsluiten' van gruizende en stoffige betonvloeren. Twee lagen olie zijn voldoende om de betonvloer slijtvast en stofvrij te maken. Tussen elke laag minimaal twee dagen droogtijd aanhouden.
De kwasten waarmee vloerolie is ver-

werkt kunt u schoonmaken met *spiritus*.

Vloer schilderen
Een houten vloer kan uiteraard ook met de gewone, dekkende (alkydhars-)verven worden geschilderd. Deze verven zijn echter niet slijtvast. In slaapkamers kunnen ze zonder bezwaar worden gebruikt, want daar wordt de vloer doorgaans minder intensief belopen. Door het grote assortiment kleuren hebt u de gelegenheid om met prachtige kleurtegenstellingen en tinten een bijzondere vloer te realiseren. Het voordeel van een dekkende verf is, dat ze onooglijk uitziende vloeren weer 'als nieuw' doet lijken. (Spijkergaten en mogelijke beschadigingen kunnen onzichtbaar worden weg-geplamuurd.) Aanbevolen wordt een hoogglanskwaliteit, aangezien deze wat sterker is dan een matte of halfmatte kwaliteit, en bovendien minder vuil opneemt. Over alkydharsverf kan níet met een vernis of vloerolie worden gewerkt. Wilt u een zeer sterke slijtvaste, dekkende verf, gebruik dan *betonverf*, die is meer op zijn taak berekend.
Een nieuwe houten vloer kan wel degelijk met een oorspronkelijk dekkende verf transparant worden geschilderd. Neem hiertoe een verdunde grondverf (ongeveer 20% terpentine toevoegen en zeer goed doorroeren) en smeer die uit over de vloer. Onmiddellijk daarna wrijft u de nog natte vloer af met een droge, niet-pluizende lap. Laat de grondverf een dag drogen en breng dan twee lagen oxaanolie, Glitsa, of een andere vloervernis aan. Hiermee krijgt u een aardig effect, nog versterkt door de glanzende olie- of vernislaag.

Trappenhuis schilderen
Trappenhuizen trekken veel stof aan,

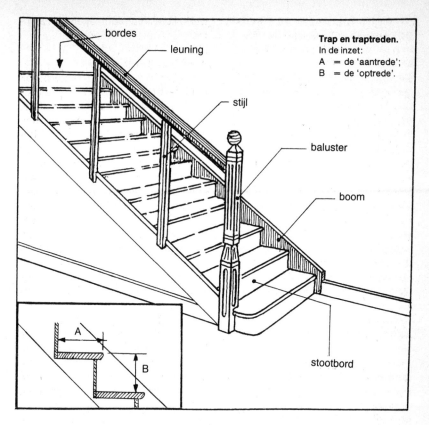

bordes

leuning

stijl

baluster

boom

stootbord

Trap en traptreden.
In de inzet:
A = de 'aantrede';
B = de 'optrede'.

A

B

dus ligt het in de lijn om ze als laatste onderdeel van een woning te schilderen; er moet immers zo min mogelijk kans bestaan dat meegevoerd stof en vuil tijdens het dagelijkse woonverkeer over het trappenhuis wordt verspreid.

Het blijft moeilijk om tijdens het schilderen het trappenhuis stofvrij te houden. Een mogelijkheid is het schilderen tijdens de avonduren aan te pakken, zodat gedurende de nacht de verf kan 'aandrogen'.

De keuze van de soort en kleur verf is van het grootste belang, omdat een trappenhuis als centraal gelegen punt van het huis bepalend is voor de vormgeving en de kleurstelling van de overige vertrekken.

Als eerste moet een veilig werkplatform worden opgebouwd, om met behulp daarvan ook moeilijk bereikbare plekken te kunnen schilderen. Een hoog trappenhuis schilderen draagt wel enig risico in zich, dus u doet er verstandig aan stevige ladders en/of trappen te gebruiken. Bij grote oppervlakken is een eenvoudige kamersteiger aan te bevelen (zie bij 'Ladders en trappen').

Traplopers en beslag, bijvoorbeeld traproeden en wandleuningen, verwijderen, het gehele trappenhuis reinigen en alle beschadigingen herstellen. Krakende of ingesleten traptreden eerst repareren.

Begin bij het plafond, dan de muren van boven naar beneden, en als laatste de leuning, treden en stootborden. Beperk het gebruik van de trappen tot een minimum om opdwarrelend stof te voorkomen.

De balustrade van boven naar beneden grondig reinigen en alle treden daarbij tegelijk meenemen. Wordt er een traploper gebruikt, dan alleen de in zicht blijvende delen van de treden en stootborden schilderen, rekening houdend met een tapijt-overlapping van ongeveer 3 cm.

De treden kunnen slijtvast worden geschilderd met een speciale vloerverf, of met een alkydhars- of olieverf waaraan een verhardingslak is toegevoegd. Sla bij het schilderen van de treden steeds één trede over, zodat u via de niet-geschilderde treden de trap kunt blijven belopen.

Schilderen van keukens en badkamers

Vocht, damp en condenswater vormen een probleem dat vóór het schilderen moet worden opgelost. Raadpleeg hiervoor het hoofdstuk 'Muren en wanden'. De muren van keukens en badkamers kunt u het beste schilderen met een ademende muurverf, zoals dispersieverf. Er zijn crèmekleurige verven op oliebasis die een vochtregulerende werking hebben en op de meeste bestaande verflagen kunnen worden aangebracht.

Dekkende lakverf is ongeschikt voor muren van erg vochtige ruimten; ze 'ademen' niet en verhevigen zelfs de condensatie.

Schilderen van cv-radiatoren

Het is al te gemakkelijk te beweren dat het schilderen van cv-radiatoren een fluitje van een cent is. Het tegendeel is waar en dat komt onder meer doordat radiatoren met hun achterkanten dicht tegen een muur staan en meestal ook nog onder een raam met een overstekende vensterbank. Je zou ze eigenlijk moeten kunnen loskoppelen om ze aan alle kanten onder handen te nemen, maar loskoppelen is een riskante zaak; bij centrale verwarming hebt u te maken met water, druk en lucht, naast een vrij grote storingsgevoeligheid.

Radiatoren zijn er in drie types: de inmiddels ouderwetse ledenradiator, de paneelradiator en de nieuwe, vlakke plaatradiator. De ledenradiator is lastig te schilderen, met al zijn 'leden' of 'schalmen' waartussen zich moeilijk bereikbare holtes en rondingen bevinden. De paneelradiator is wat dat betreft makkelijker te bewerken, zolang het tenminste een enkel paneel betreft. De dubbele radiator van dit type maken het bewerken ook weer lastig.

Voor de moeilijk bereikbare tussenruimten van de leden kunt u een radiatorkwast gebruiken (zie bij 'Gereedschappen en hulpmiddelen' in dit hoofdstuk). De omgebogen en dunne platte steel met de eveneens platte kwast maakt dat u met deze kwast op plaatsen kunt komen waar een ronde of ovale kwast niet bij kan. Voor gemakkelijk bereikbare plaatsen neemt u een ronde of ovale kwast.

Als de radiator er nog goed uitziet, dan schuurt u hem alleen wat op met middelfijn waterproof schuurpapier. De kraan en de koperen aansluitstukken in de leidingen eerst afplakken met papier en schildersplakband. Na goed afstoffen kunt u de radiator direct aflakken met een speciale radiatorverf, een aflakverf die een temperatuur van 150°C kan verdragen. Overigens wordt de radiator pas geschilderd als hij koud is: een warme radiator zal de lak te veel doen druipen en te snel doen drogen. Nooit mag een gewone afschilderverf worden toegepast, want door de hitte van de radiator zal zo'n verf gaan schroeien en een irriterende stank verspreiden.

Zijn de radiatoren in minder goede conditie, ofwel vertonen ze roestplekken, probeer dan te ontdekken of die roest wellicht is ontstaan tengevolge van lekkage. Als dat laatste het geval is, dan zal de radiator gerepareerd moeten worden. Niet-doorlekkende roestplekken moeten worden schoongeschuurd met een staalborstel, staalwol en schuurlinnen. Lukt dat niet zo best omdat u er niet goed bij kan, behandel de plek dan met een *roestomvormer*. Als alles is schoongeschuurd, brengt u een grondlaag aan. Gebruik hiervoor géén menie, maar een speciale *radiator-primer*. Begin bij het schilderen aan de achterkant van de radiator en werk vandaaraf naar de voorkant. Hiermee voorkomt u veel smetten en spatten. Over spatten gesproken: leg onder de radiator een aantal uitgespreide kranten of een stuk plasticfolie of karton. Plaats ook een stuk stevig papier of karton tussen de muur en de radiator. Laat de geschilderde radiator minstens enige dagen drogen voordat u hem weer aanzet. In tegenstelling tot wat nog wel eens wordt gedacht heeft de kleur van de radiator geen enkele invloed op de mate van warmte-afgifte. Het idee dat een zwart geschilderde radiator meer warmte afgeeft dan bijvoorbeeld een wit geschilderd exemplaar is onjuist. Als u toch bezig bent de radiatoren een goede beurt te geven, denk dan eens aan het aanbrengen van een reflecterende radiator-folie: met zo'n folie kan het rendement van de radiator worden verhoogd, ofwel het warmteverlies worden gereduceerd.

Schilderen van leidingen

Koperen buizen en leidingen kunnen met een gewone grondverf en een dekkende lakverf geschilderd worden; een *primer* of menie is niet nodig. Normale alkydhars- en olieverven zijn bestand tegen temperaturen van rond de 90°C, maar witte verf zal bij een temperatuur van 65-70°C geel verkleuren. Als alternatief voor heetwaterleidingen is er een speciale metaalverf die corrosie- en hittebestendig is.

Waterverdunbare verven kunt u niet op leidingen toepassen, omdat ze bij verhitting week worden en gaan bladderen. Reeds eerder geschilderde leidingen alleen afwassen met water en een scheut ammonia, licht opschuren en direct aflakken.

Muurschildering is weer eens wat anders

Wanneer het aanzien van een binnenmuur wat slordig is geworden, of als er bij de bewoner(s) een hang is naar 'wat anders' dan alleen een muur met prenten en schilderijen, dan kan worden overwogen een muurschildering aan te brengen. Zo'n muurschildering maken is geen kunst. Of juist wel.

Het resultaat hangt natuurlijk van zaken als inventiviteit en creativiteit af. Als ontwerp kan een bestaande foto, tekening of andere voorstelling dienen. Een geheel eigen ontwerp is wellicht nog aardiger.

Teken op millimeterpapier een ontwerp of teken direct op de beschikbare voorstelling een verdeling in ruitjes. Verdeel de muur in hetzelfde aantal ruitjes, uiteraard op een grotere schaal. Nummer de ruitjes op het ontwerp en die op de muur met codes zoals die ook bij een schaakbord worden gebruikt: A1, A2 enzovoorts. Schets met potlood het ontwerp op de muur.

De vakken binnen de potloodlijnen kunnen nu met verf worden ingekleurd. Heel gemakkelijk werkt u met acrylverf. Wel iedere kleurgang goed laten drogen alvorens een tweede kleur daartegenaan wordt opgezet. Bij kleurovergangen dunne penselen gebruiken of deze overgangen eerst afplakken met schildersplakband. De verf zo dik mogelijk opbrengen om een te groot aantal verflagen van eenzelfde kleur te vermijden. Ten slotte het plakband verwijderen en eventuele missers bijwerken.

Schilderen buiten

Onderhoudsschema voor buitenschilderwerk

Vaklui in het schildersbedrijf hanteren vaak verschillende onderhoudsschema's, gebaseerd op eigen ervaring, maar ook op de soort verf die bij dat onderhoud is of zal worden gebruikt. Bovendien spelen factoren als de ligging van het huis ten opzichte van zon en regen, en de milieu-omstandigheden een rol. Een huis kan bijvoorbeeld in de nabijheid liggen van vervuilende industrieën of in de omgeving van de zee. Hiermee rekening houdend kunt u uitgaan van het volgende onderhoudsschema:

Onderhoudsschema buitenschilderwerk

Jaar:	Nieuw of geheel schoongekrabd hout:	Bestaand schilderwerk:
1e	Eventueel ontvetten. Schuren, gronden, plamuren, schuren, gronden, aflakken met afschilderverf.	Geen onderhoud. Waar nodig wat bijwerken.
2e	Geen onderhoud	Idem als boven. Bij buitenbeits nieuwe laag aanbrengen.
3e	Geen onderhoud. Waar nodig wat bijwerken. Bij buitenbeits een nieuwe laag aanbrengen.	Waar nodig bijwerken. Geen onderhoud bij buitenbeits.
4e	Verfoppervlak afwassen met water waaraan een scheut ammoniak is toegevoegd. Daarna schuren, gronden, plamuren, schuren, gronden en aflakken. Geen onderhoud bij buitenbeits.	Werkzaamheden als hiernaast omschreven. Bij veel verflagen over elkaar heen, bij loszittende verf en bladders, het hout kaal maken en handelen als in het 1e jaar. Verder als bij nieuw-hout-schema.
5e	Geen onderhoud.	
6e	Geen onderhoud. Waar nodig wat bijwerken. Bij buitenbeits een nieuwe laag aanbrengen.	
7e	Verf goed controleren op gebreken. Zonodig bijwerken. Geen onderhoud bij buitenbeits.	
8e	Als bij 4e jaar enzovoort.	

Buitenschilderwerk dient bij goed droog weer te geschieden. Schilder nooit in de volle zon en nooit wanneer het vochtig weer is.
Als regel geldt: in het voorjaar gronden, in de maanden juni t/m augustus aflakken. In de herst kan nog wel gegrond worden, maar beslist niet afgelakt. Grondt u in de herfst, dan wordt het werk in het voorjaar eerst weer licht opgeschuurd en voorgegrond om een goede hechting te krijgen met de herfstlaag. Een plamuurlaag moet na één dag al worden overgegrond, stopverf na ca. 2 weken.

Nieuw werk en onderhoud

We gaan er vanuit, dat het houtwerk goed is schoongemaakt, ongeacht of dat nu door middel van afbranden of door afbijten, logen of krabben is gebeurd. Het hout is daarna zorgvuldig geschuurd met grof schuurpapier en daarna met een fijnere soort nageschuurd. De ondergrond is nu klaar voor de eerste grondverflaag. Let er bij de aanschaf van verf op, dat het echte *buiten*verf betreft en neem nooit de goedkope soorten.

Gaat u gronden over een in nog goede staat verkerende oude verflaag, dan is het nodig die oude verflaag eveneens te schuren, omdat daarmee die verflaag wordt ontvet en door de schuurkorrels van het schuurpapier duizenden fijne krasjes krijgt. Die krasjes vergroten als het ware het hechtingsoppervlak van de oude verflaag en bieden dus een goede ondergrond voor de nieuw op te brengen eerste grondverflaag. Dit schuren kan eigenlijk het beste gebeuren met een puimsteen of een *loogsteen*: een kunstmatig gevormde schuursteen waarin behalve schuurkorrels ook loogachtige stoffen zijn verwerkt. In combinatie met water wordt hiermee de oude verflaag 'doodgeschuurd', zoals de vakman dat noemt. Na het schuren met de loogsteen wordt het werk nagewassen met water waaraan wat azijn is toegevoegd. Hierdoor worden de loogresten geneutraliseerd. Het schuren kan overigens ook wel met waterproof schuurpapier gebeuren (ook hier komt water aan te pas), maar het hechtingsvermogen van de oude verflaag is dan wat minder groot. Hoe ook geschuurd wordt: het werk goed afstoffen en met een droge, schone lap nawrijven.

Het gronden

De volgende handeling is die van het gronden. De bedoeling hiervan is het verzekeren van een goede aanhechting van het verfsysteem aan de ondergrond, om te voorkomen dat de volgende verflagen erdoor worden opgezogen. Voor lichte afschilderverven wordt met witte grondverf gegrond, voor donkere afschilderverven wordt voor de grondlaag een grijze grondverf gebruikt. De grondverf mag niet met te veel verdunningsmiddel (meestal terpentine) worden verdund, want dat beïnvloedt de kwaliteit van de grondverf in negatieve zin. Lees daartoe de verwerkingsvoorschriften op de verfbus. Ook grondverf wordt gebruiksklaar in de handel gebracht en moet voor het gebruik stevig worden doorgeroerd, aangezien zich op de bodem van de bus meestal een laag pigment bevindt die men tijdens het schilderen niet kan missen. Een heel goede grondverf voor buitenwerk is loodwit. Helaas is loodwit een behoorlijk giftige stof, vandaar dat het bijna geheel is verdrongen door de alkydharsverven die géén loodwit bevatten. Voor beter *buiten*schilderwerk is het echter aan te raden de alkydharsverf bij de verfhandelaar te laten mengen met een deel loodwit, en zonodig op de juiste viscositeit (dikte) te laten brengen met wat lijnolie en terpentine. Nogmaals: gebruik verf met loodwit alleen voor *buitenschilderwerk*!

Bij het gronden van ramen moet de nodige aandacht worden besteed aan de glassponningen. Nieuw aan te stoppen stopverf houdt beslist niet op ongeschilderd hout, reden waarom de glassponningen liefst tweemaal worden gegrond, zodat de lijnolie uit de stopverf niet in het raamhout kan worden opgezogen. Bovendien heeft de praktijk uitgewezen dat vooral de onderste, horizontale glassponning veel te lijden heeft van indringend druipwater. Over hoe dat moet worden voorkomen hebben we het later nog. Nieuwe kozijnen die nog moeten worden ingemetseld, worden aan de buitenzijden, de zijden dus die met metselwerk in aanraking komen of er door worden ingesloten, tweemaal met een laag loodmenie bestreken. Weliswaar is ook loodmenie giftig, maar aangezien we er later nooit meer bij kunnen is de toepassing in dit geval wel verantwoord. Werk bij het meniën dan wel in de openlucht en niet binnenshuis. De in het zicht blijvende delen van het kozijn worden van een normale grondverflaag voorzien; beslist níet van menie. Breng de grondverf niet te dik op; twee dunne lagen over elkaar (elke laag eerst laten drogen) is altijd beter dan één dikke laag. Nieuwe kozijnen van grenehout, merbau of meranti moeten voor het gronden eerst worden ontvet met een sterk vluchtige stof als tri, thinner, wasbenzine of terpentine. Ook dit ontvetten geschiedt bij voorkeur in de open lucht.

Stoppen en plamuren

Na het gronden worden eventuele gaatjes en de glassponningen (uiteraard pas als de ruiten zijn geplaatst, zie hiervoor bij 'Glas snijden en zetten') met stopverf aangestopt. Daarna kunt u beginnen met plamuren. Nu is plamuur, zeker bij buitenschilderwerk, de zwakke schakel in het verfsysteem. Vandaar dat er nooit te dik geplamuurd mag worden. Ook mag de plamuur niet te lang onbedekt blijven, want de pigmentstoffen binden vocht aan zich en worden daarmee opslagplaatsen van vocht. Geplamuurde vlakken worden dus zo snel mogelijk overgegrond, maar wel nadat de plamuur is uitgehard en vlak-

geschuurd. Om duidelijke reden wordt de plamuurlaag *droog* vlakgeschuurd. Overigens, als u de geplamuurde delen gaat overgronden, maak dan van de gelegenheid gebruik om het héle werk nog een keer dun over te gronden. Met dit gronden over een plamuurlaag (ook wel onterecht voorlakken genoemd) worden de poriën in de plamuurlaag afgedicht, zodat de afschilderverf straks niet meer in de plamuur kan worden opgezogen. Ten slotte wordt ook deze tweede grondverflaag lichtjes geschuurd met een fijnkorrelige schuurpapiersoort. Nu kan worden begonnen met het afschilderen of aflakken.

Draag een veiligheidsbril, wanneer u 'boven uw hoofd' schildert. Verfspetters in het oog leiden tot onaangename consequenties. Zorg ook voor voldoende houvast als u op een trap of ladder staat.

Afschilderen (aflakken)

Bij kwaliteitsschilderwerk wordt vaak voorgelakt met een iets verdunde afschilderverf of een mengsel van 50% grondverf en 50% afschilderverf. Een dergelijke verflaag heeft echter wat meer tijd nodig om goed te drogen. Er zal dus minstens twee dagen moeten worden gewacht voordat deze laag lichtjes kan worden geschuurd of geslepen en vervolgens afgelakt. Bij het afschilderen worden eerst de lichte kleuren opgezet. Pas na het drogen daarvan worden de donkere kleuren aangebracht. Ook hier geldt: twee dunnere lagen zijn beter dan één dikke die al gauw gaat zakken of tranen. Doe-het-zelvers die niet beschikken over de zogenaamde vaste hand, doen er goed aan de ruiten ter plaatse van de glassponningen met *schildersplakband* zo recht mogelijk af te plakken. Dit geeft de mogelijkheid om bij het schilderen van de stopverfranden toch een strakke, rechte afwerking te krijgen: de 'geknoeide' verf komt op het plakband terecht. Direct na het schilderen wordt dit plakband weer verwijderd. Gebeurt dat niet meteen, dan bestaat de kans dat de opgedroogde verf met het plakband wordt meegetrokken en er een rafelige rand achterblijft. Hebt u de noodzakelijke vastheid wèl, dan kan zonder bezwaar 'uit de hand' de stopverfrand worden 'besneden', zoals dat heet. Eventueel kan hierbij een speciaal daartoe geschikt '*besnijkwastje*' worden gehanteerd. In beide gevallen moet de verf 1 à 2 mm over de stopverfrand, dus óp het glas worden aangebracht. Dit voorkomt het indringen van vocht tussen de stopverf en het glas.

Schilder steeds in de richting van de houtnerf en van boven naar beneden. De beruchte 'zakkers' kunt u dan in benedenwaartse richting uitstrijken. Doe dit nooit andersom, want dat heeft geen effect.

Glansverf of matte verf?

Glansverven geven, zoals de naam al zegt, een glanzend oppervlak. Binnenshuis toegepast geeft glansverf vaak een hinderlijk, spiegelend effect:

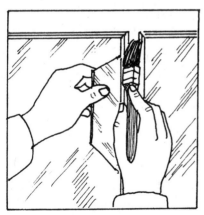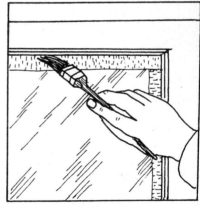

'Besnijden' van stopverfranden in een raam.
Links: Het glas afdekken met een speciaal, metalen afdekplaatje.
Rechts: De glasrand afplakken met schildersplakband. Zorg ervoor dat de verf tot ongeveer 2 mm óver het glas reikt, zodat ter plaatse geen vocht tussen het glas en de stopverf kan trekken.

lichtstralen kaatsen er op af. Voor buitenwerk is glansverf alleen maar aan te bevelen. Niet alleen omdat daar reflecties weinig hinder veroorzaken, maar vooral omdat glansverf doorgaans sterker is en minder vuil aanhangt.

Wilt u niettemin met matte verf (halfmat, satijnglans en satin zijn de andere benamingen) afschilderen, dan is het aan te bevelen eerst een voorlaklaag van glansverf in dezelfde kleur aan te brengen. Wanneer deze laag na droging licht wordt geschuurd kan de matte verf worden opgebracht. Hiermee wordt een sterkere matlaag verkregen.

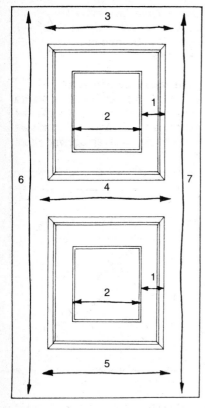

Het opzetten in volgorde bij het schilderen van een (paneel-)deur.

Grote vlakken schilderen

Het spreekt haast als vanzelf dat het schilderen van (paneel-)deuren, brede goten en lijsten een iets andere aanpak vraagt dan het schilderen van ramen en kozijnen. Het houtwerk van ramen en kozijnen is immers vrij smal en kan in de praktijk met een of twee streekbreedten worden geschilderd. Met grote vlakken ligt dat anders: daar moet de verf in kleinere vlakken en delen worden opgezet.

Zet als eerste een paar verticale verfstrepen die u met dwarse kwaststrepen naar links en rechts verdeelt en ten slotte weer verticaal nastrijkt.

Bij paneeldeuren gebeurt het opzetten altijd in een vaste volgorde. Zowel deurstijlen als dorpels worden dan gezien als grote vlakken die, zoals de tekening laat zien, opeenvolgend worden geschilderd. Krijgt zo'n deur verschillende kleuren of tinten, dan wordt met de lichtste kleur of tint begonnen. De donkere kleur of tint wordt pas opgezet wanneer de lichte kleur is gedroogd; meestal is dat na 24 uur het geval.

Gevolgen van het werken van hout

Nieuw hout en zelfs al wat ouder hout heeft de voor de schilder vervelende eigenschap te zwellen of te krimpen. Dit zogeheten 'werken' van het hout heeft tot gevolg dat er krimpnaden ontstaan ter plaatse van bijvoorbeeld de houtverbindingen. In de tekening zien we die verschijnselen uitgebeeld aan de hand van een raam. Op de plaatsen van de pijltjes ontstaan barsten in het verfsysteem en ziet men doorgaans opengetrokken naden en losgekrompen stopverf. De pijltjes genummerd met 1 geven de plaatsen aan waar het kopse hout zich buiten het overige raamhout bevindt. Dit komt doordat hout uitsluitend in de breedte en dikte krimpt en vrijwel niet in de lengte. Vooral kops hout zuigt water op, omdat de structuur ervan poreus is. Steekt kopshout voorbij het omringende hout, dan moet het vóór het gronden daarmee worden gelijkgeschaafd. De krimpna-

den moeten tijdens het gronden worden 'ingeverfd', d.w.z. enigszins met verf worden gevuld maar niet geheel dichtgeverfd. Na droging worden deze naden met stopverf gedicht. Daarna kunnen we met het eigenlijke gronden beginnen, althans wanneer we

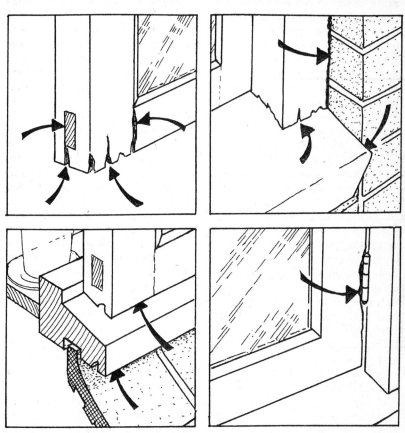

Aandachtspunten bij ramen, deuren en kozijnen.
Kozijnen, deuren en ramen in de buitengevel verdienen de grootst mogelijke aandacht.
Onder invloed van regen, wind en zon kan het hout gaan krimpen en uitzetten en op den duur afbladderen van de verf tot gevolg hebben. Het gevolg dáárvan is dan weer dat het hout onbeschermd is en vocht kan opzuigen.

Bij de pijltjes ziet u de punten waar het schilderwerk aan het raam- of kozijnhout het eerst begint te verslechteren. Schoonkrabben van de door vocht aangetaste delen is in dat geval noodzakelijk, waarna onder gunstige weersomstandigheden, dus na een tijdje droog en winderig weer, de aangetaste plekken met bijvoorbeeld Porion-vuller of een ander vulmiddel op basis van epoxyhars kunnen worden hersteld en bijgewerkt. Na droging wordt de vuller vlak- en gladgeschuurd en van een eerste laag grondverf voorzien. Is het hout al te veel aangetast, dan valt er niet veel anders te doen dan het hele raam of kozijn door een nieuwe te vervangen.

435

ook de nodige aandacht besteed hebben aan losse stopverf in de glassponningen (zie 'Glassnijden en zetten').

Wees er steeds zeker van dat het houtwerk goed droog is voordat u gaat schilderen. Nat of vochtig hout zal bij droog en warm weer de oorzaak zijn van blazen onder de verflaag: op die plaatsen wil het vocht verdampen. Over *droog* gesproken: schilder nooit wanneer de zon op het werk schijnt, want dan wordt ten eerste de verf te dun en ten tweede droogt ze te snel met als gevolg dat er in de verflaag kleine barstjes ontstaan. Al het werk is dan voor niets geweest. Zorg ervoor dat kozijnen, ramen en deuren niet alleen *buiten* goed zijn geschilderd, maar ook *binnen* goed in de verf zitten. Slecht schilderwerk aan de binnenzijde is er de oorzaak van dat vandaar vocht in het hout kan trekken. In dat geval wordt de buitenverf van binnenuit aangetast of gaat het hout rotten omdat het vocht erin geen uitweg naar buiten kan vinden. Alle oorzaken hebben een gevolg: rotte plekken in het hout kunt u niet meer wegschilderen. Let er bij het overschilderen van ramen en deuren op dat ze door nieuwe verflagen in hun kozijnen kunnen gaan klemmen. Is die mogelijkheid aanwezig, schaaf het raam of de deur vóór het schilderen dan goed op maat. Een speling van ±2 mm tussen raam, deur en deszelver kozijn is voldoende.

Gebreken in hout

Multiplex vinden we meestal als watervast verlijmde panelen in gevelbekleding of in een deel van puien en vensterpartijen, soms ook als gootlijsten. Blank gelakt geven ze soms wit-uitgeslagen vlekken te zien. De oorzaak is een reactie van de *fenol* bevattende lijm die bij de fabricage van het multiplex is gebruikt. Enige malen wassen met gewoon water is de remedie. Als de vlekken zich opnieuw gaan vertonen kunt u het multiplex na het wassen maar beter met een dekkende beits of verf afschilderen.

Blank Merbau is tamelijk gevoelig voor de inwerking van ultraviolette (UV) stralen van het zonlicht. De gevolgen hiervan zijn soms zichtbaar als grijze of grauwe vlekken. Wassen helpt hier niet, voorzichtig schuren wèl. Daarna het hout lakken of schilderen met een UV-bestendige afschilderlak of -verf.

Noesten of kwasten zijn hinderlijke dingen die verflagen zelfs kunnen doen barsten. Dit komt doordat ze weinig krimpen. Het omringende hout krimpt echter wel, met als gevolg dat de kwasten buiten het hout lijken te treden. Het verdient aanbeveling de kwast iets verdiept uit te hakken en na het opnieuw gronden het ontstane kuiltje met stopverf of Porion te dichten. Stopverf moet eerst een week of twee drogen voor u het kunt gronden.

Harsvlekken komen vooral in vuren en grenen voor. De hars vormt onder de verflagen een blaasje, of druipt soms wel door de verflagen heen naar buiten. Handel aldus: maak de plek schoon met een verfkrabber (niet met een brander, want hars is zeer brandbaar) en verwijder de hars met een sterk vluchtig oplosmiddel als wasbenzine, tri of aceton. Druipt de hars uit een noest, handel dan als beschreven bij Noesten of kwasten.

Andere houtconstructies

Behalve kozijnen, ramen, deuren, goten en lijsten heeft een huis aan de buitengevel soms nog andere hout-constructies. Te denken valt aan de met houten rabatdelen of schroten ingevulde vlakken tussen de raampartijen, of aan geheel uit hout bestaande muurbekleding. Daarnaast zijn er dan nog de houten schuurtjes, bergingen of schuttingen. Deze onderdelen kunnen op verschillende manieren met verfprodukten worden beschermd en verfraaid. Over bescherming met gewone verven hebben we het al gehad, over de zgn. buitenbeitsen en carbolineum nog niet.

Buitenbeitsen zijn er in twee soorten: de dekkende en de transparante beitsen. De dekkende beits is eigenlijk een vochtregulerende verf die de laatste tijd steeds vaker wordt toegepast. Toch heeft deze beits (evenals zijn transparante broertje) een belangrijke beperking: hebt u eenmaal het systeem van buitenbeits toegepast, dan zult u dat systeem ook bij onderhoud moeten blijven gebruiken. Omgekeerd kan een buitenbeits uitsluitend op onbehandelde of geheel blank gemaakte ondergronden worden toegepast.

Sommige buitenbeitsen bevatten creosootolie, andere soorten bevatten oplossingen van pentachloorfenol, bepaald geen onschuldige stoffen. Om deze reden mogen buitenbeitsen nooit en te nimmer binnenshuis worden gebruikt. De belangrijkste eigenschap van buitenbeits is zijn vermogen om vrij diep in het hout te dringen en na verdampen van de oplosmiddelen een stof achter te laten die het hout beschermt tegen aantasting door schimmels en zwammen. Ook de beruchte houtworm en de boktor maken bij buitenbeits geen kans.

Transparante buitenbeits wordt doorgaans toegepast op hardhoutsoorten als merbau, meranti of eiken, opdat van deze houtsoorten de structuur zichtbaar blijft. Bij vure- en grenehout blijkt dat de beits nauwelijks in het hout dringt. Het gevolg is dat deze beits bij het ramen lappen nogal snel wordt weggewassen en de beschermende functie daarmee teniet wordt gedaan. Vuren en grenen kunnen dus beter met een normale verf worden geschilderd.

Sommige transparante buitenbeitsen bevatten een pigmentstof die de beits ultraviolet-bestendig maakt, zodat zonnestralen weinig vat op de beits hebben. Transparante beits wordt met een platte, langharige kwast opgebracht. Het onderhoud is aanzienlijk eenvoudiger dan bij normale verf: in de praktijk kunt u volstaan met een tweejaarlijkse onderhoudsbeurt. Hierbij wordt het oppervlak met een harde borstel afgenomen en met een vochtige doek nagewreven. Daarna kan het oppervlak direct van een nieuwe beitslaag worden voorzien. Let echter goed op de verwerkingsvoorschriften op de bus, die kunnen van merk tot merk enigszins verschillen.

Met dekkende beits kunt u op vrijwel dezelfde wijze te werk gaan. Het is in vele kleuren verkrijgbaar en gemakkelijk te verwerken, zelfs op vochtig hout. Afhankelijk van het merk moet een onderhoudsbeurt jaarlijks of tweejaarlijks plaatsvinden. Sommige soorten zijn erg goed bestand tegen de inwerking van zouten. Dat maakt ze geschikt voor toepassing op zomer- en strandhuisjes aan zee. Dekkende beits wordt met een ronde of ovale kwast opgebracht.

Carbolineum is een produkt op teerbasis. Dit betekent dat u dit spul absoluut niet moet verwerken als de zon op het werk schijnt, want de daarbij vrijkomende vluchtige stoffen hebben in dat geval een sterk brandende werking op de huid. Carbolineum wordt voornamelijk gebruikt voor het beschermen van houten schuttingen, tuinhuisjes en afrasteringspalen. Dit laatste moet eigenlijk worden afgeraden aangezien in de omgeving van met carbolineum behandelde paaltjes plantengroei onmogelijk is. Hieruit blijkt wel, dat carbolineum lang niet zo onschuldig is als vaak wordt gedacht. Vanwege deze negatieve eigenschap zal carbolineum natuurlijk niet binnenshuis mogen worden gebruikt. De lucht ervan blijft vele maanden lang in huis hangen en is niet bepaald bevorderlijk voor de ademhalingsorganen.

Carbolineum kan alleen op onbehandeld hout worden aangebracht. Het beste is 't om met een *bokkepoot* (zie bij '*Gereedschappen*') te werken. Door de lange steel van een bokkepoot is de afstand tussen handen en carbolineum groter en dus veiliger. Het dragen van werkhandschoenen is trouwens geen overbodige voorzorgsmaatregel, evenmin als het dragen van een bril.
Carbolineum kan niet met een ander verfsysteem worden gecombineerd. Onderhoud moet elke twee jaar plaatsvinden: gewoon een nieuwe laag aanbrengen. De kleurkeuze beperkt zich tot groen, bruin en antraciet.

Schilderen van metaal buitenshuis

IJzeren ramen, deuren, scharnieren, muurankers, gootconsoles en andere metalen onderdelen zijn snel aan roestvorming onderhevig. Zijn ze doorgeroest, dan zult u ze moeten vervangen. Minder ernstige roestvorming gaat u te lijf met middelen die de roestlaag fixeren en er tegelijk een beschermend laagje op vormen, de zgn. *roestomvormers*. Van deze roestomvormers mag overigens niet te veel worden verwacht: op den duur blijkt de roest toch sterker en gaat ze náást de behandelde plek aan het werk...
Een roestproces kent, simpel gezegd, drie fasen:
Bij de eerste fase ontstaat op het ijzer een lichtbruine, poederachtige korst, die met staalwol nog wel kan worden weggeschuurd. Bij de tweede fase is er sprake van een donkerbruine, korrelige laag, die met een staalborstel of een elektrisch aangedreven schuurschijf kan worden verwijderd. De derde fase is die waarbij de roest uit meerdere lagen is opgebouwd. Gaat u die lagen verwijderen, dan blijft er slechts een zeer dun metaal over dat meestal reeds te zwak is om de gewenste functie nog goed te kunnen vervullen. Het schilderen van ijzeren of stalen voorwerpen heeft dus alleen zin wanneer de roest zich niet verder dan in de tweede fase bevindt.
Na het schoon en gladschuren moet het blanke ijzer of staal gegrond worden (zie bij '*Roestwerende verven voor metaal*' in het hoofdstuk '*Verfprodukten*').

Aluminium en *zink* zijn metalen die niet roesten, maar oxyderen. Echter: anders dan bij roest sluit de oxydelaag het metaal luchtdicht af. Zodra het oxydatieproces is voltooid, stopt de oxydatie en is het onderliggende metaal beschermd. Niets aan de hand, dus. Maar wilt u aluminium desondanks schilderen, dan moet u het eerst nat slijpen met fijne staalwol of zeer fijn waterproof schuurpapier. Gebruik hierbij echter geen water, maar spiritus. De spiritus heeft een enigszins etsende werking en dat is precies wat er nodig is om het aluminium daarna met een *primer* te kunnen gronden. Na licht opschuren kan direct daarna met een normale verf worden afgelakt.

Zink mag daarentegen niet geschuurd worden, omdat de *primer* niet hecht op blankgeschuurd zink; wèl op het oxydelaagje. U hoeft dus niets anders te doen dan het zink met een sopje af te nemen en na te spoelen met schoon water. Als het zink droog is kunt u het gronden met een primer. Dezelfde handelingen voert u uit bij gegalvaniseerd staal, dat immers ook een zinklaagje heeft. Nieuwe ijzeren of stalen voorwerpen die aan de buitenlucht zullen worden blootgesteld, moeten eerst met aceton worden ontvet en vervolgens met staalwol worden schoongeschuurd. Goed afstoffen en dan een eerste laag menie of primer opbrengen. Twee dagen laten drogen en een tweede laag menie of primer opbrengen geeft het beste resultaat. Na droging, dus na vier dagen, licht opschuren met een fijn schuurpapier en dan gronden met een normale grondverf. Wéér licht opschuren en ten slotte aflakken.

Schilderen van kunststof

In veel nieuwbouwwoningen maakt men tegenwoordig op ruime schaal gebruik van kunststof kozijnen, ramen, deuren, en niet te vergeten PVC goten en regenpijpen. Deze voorwerpen kunnen geschilderd worden met een speciale *kunststofprimer* als grondverf. De kunststof dient eerst vetvrij te worden gemaakt en met waterproof schuurpapier te worden opgeschuurd. Door dat schuren krijgt het oppervlak een wat ruwe structuur en biedt daardoor een betere hechting aan de speciale primer. De primer

minstens 24 uur laten drogen, licht opschuren met fijn schuurpapier en ten slotte aflakken met gewone verf. Vele kunststofprimers kunnen ook worden gebruikt voor het gronden van hout en als roestwerende primer op staal of ijzer.

Een andere manier voor het schilderen van PVC heb ik zelf ontdekt: ik schuur het PVC-oppervlak schoon en breng meteen daarop een laag *standgroen* aan. Dat is alles. Standgroen is de naam van een verf die bestaat uit chromaatgroen, standolie, mengvernis en Bremergroen. Het is deze laatste toevoeging die standgroen buitengewoon weerbestendig maakt. Standgroen is overigens een 'klassieke' verf en niet speciaal voor het schilderen van kunststof ontwikkeld.

Houten gevelbekleding

Houten gevelbekleding bestaat doorgaans uit *gepotdekselde* betimmeringen of als een betimmering van *rabatdelen*. In beide gevallen komt het erop aan, dat behalve de direct aan weersinvloeden blootgestelde oppervlakken, ook de achterkanten en de onderlinge aansluitingen goed in de verf of beits worden gezet. Hiermee wordt voorkomen dat tussen de delen onderling een ongeverfde rand zichtbaar aan het licht treedt wanneer ze gaan krimpen, en dat vochtige lucht bij de achterkanten kan komen en ze ter plaatse enigszins nat maakt. Als het hout aan de achterzijde ongeverfd blijft en alleen aan de voorzijde in de verf of beits staat, kan dat een extreem kromtrekken tot gevolg hebben, vooral als de felle zon op de betimmering inbrandt. Nooit kan worden gedacht: 'de regen komt toch niet aan de achterkant'. Op zich is deze gedachte natuurlijk niet onjuist, maar bij buitenschilderwerk hebt u nooit alleen te maken met zon en regen. Ook mist is vochtig en trekt overal in; stuifsneeuw wordt vaak tot in de kleinste kiertjes geblazen.

Houtverbindingen buitenshuis

Van pergola's, tuinhekjes, buitendeuren en -ramen e.d. zijn de onderdelen met houtverbindingen aan elkaar verbonden. Wanneer u zelf een van deze objecten aan het maken bent, breng dan op of tussen deze verbindingen geen houtlijm aan, maar zet ze vooraf goed in de grondverf. Hiermee voorkomt u dat bij het werken van het hout, waarbij de verbindingen onherroepelijk wat van elkaar los krimpen, kaal hout zichtbaar wordt en vocht gaat aantrekken. Kaal hout dat nat wordt, gaat rotten. Houtlijm is niet weersbestendig en kan evenmin het krimpen en uitzetten van hout tegengaan.

Schilderen van buitenmuren en gevels

Baksteen, beton en pleisterwerk zijn wat men noemt steenachtige bouwmaterialen. Ze worden meestal niet geschilderd omdat ze van zichzelf weersbestendig zijn, maar in sommige gevallen, bijvoorbeeld bij minder goede baksteensoorten, verweerde beton of kalkzandsteen, of in slechte conditie verkerend pleisterwerk, kan het aanzien worden verbeterd met het aanbrengen van een verfsysteem. Hiervoor komen eigenlijk de meeste buitenverven in aanmerking: alkydharsverven, chloorrubberverven, betonverven en bepaalde emulsie- of dispersieverven zoals latex of acryl. Voordat u een verfsysteem kiest zult u met zekerheid moeten weten of de betreffende buitenmuur wel of niet moet blijven 'ademen'. In veel gevallen is dat noodzakelijk bij geheel massieve baksteenmuren, muren dus die niet van een spouwruimte tussen binnen- en buitenmuur zijn voorzien. Hier

moet altijd een ademende buitenverf worden toegepast, zoals bijvoorbeeld acrylverf, een zeer elastische, vochtregulerende (!) verf op kunstharsbasis. Deze verf heeft in vergelijking met andere verfsoorten een zeer lange levensduur en verzeept niet op een kalkhoudende ondergrond, allemaal eisen die aan goede buitenmuurverf gesteld moeten worden. Laten we echter bij het begin beginnen.

Het reinigen van buitenmuren

Buitenmuren en gevels kunnen door velerlei oorzaken vuil worden. Niet alleen door de inmiddels beruchte 'zure regen', maar ook door andere verontreinigende stoffen of door 'uitbloeiingen' van de baksteen zelf. Over dergelijke vuile muren kunt u niet zonder meer gaan schilderen, ze zullen eerst gereinigd moeten worden. Soms is dat een nogal hachelijke zaak, want weliswaar hecht de verf beter op een schoongemaakte muur, in bepaalde gevallen kan muurreiniging echter verwering van de ondergrond in de hand werken in plaats van tegengaan. Bij vrijwel elke reinigingsmethode wordt de muur immers wat ruwer en poreuzer. En een poreuze muur is in principe ook een natte muur omdat het regenwater en de buitenluchtvochtigheid aantrekt in plaats van afstoot. De op het eerste gezicht beste reinigingsmethode: het *zandstralen*, maakt de muur inderdaad goed schoon, maar door het onder hoge druk stralen met water en zandkorrels, of met chemische middelen, worden de poriën van de muur opengespoten zodat ze na de behandeling meer water opnemen dan ervoor. Probeer dus eerst de muur gewoon stevig af te borstelen met een harde borstel (geen staalborstel!) en daarna met een stevige waterstraal af te spoelen. Kijk dan eens of met het aanbrengen van een proefstukje schilderwerk bevredigende resultaten kunnen worden bereikt.

Er wordt in vakkringen gesteld, dat doorslaande muren dáár moeten worden aangepakt waar het water naar binnen dringt, dus aan de *buitenzijde*. Als in deze opvatting een doorslaande muur alleen binnenshuis tegen doordringend water zou worden behandeld, dan zou dit tot gevolg hebben dat de muur zelf nog steeds nat blijft waardoor 's winters een groot warmteverlies optreedt en mogelijk de binnenshuis aangebrachte pleisterlaag kan afvriezen of minstens vochtig blijft.

Een andere opvatting zegt dat als de vochtbestrijding aan de buitenzijde plaatsvindt, het woonvocht niet meer van binnen naar buiten kan ontwijken en zich ophoopt tegen de waterdichte pleisterlaag of verflaag aan de buitenzijde. De bestrijding van doorslaand vocht zou dus het best *binnenshuis* kunnen plaatsvinden en wel met materialen of verfstoffen die een vochtregulerend vermogen hebben.

Voor beide theorieën valt iets te zeggen. Maar doorgaans geeft het feit dat bijvoorbeeld bakstenen muren er door ze te bepleisteren en/of te schilderen niet altijd fraaier op worden, de doorslag om de oplossing binnenshuis te zoeken.

Bij het schilderen van buitenmuren zijn de volgende overwegingen van belang:

Bij doorslaande buitenmuren kan aan de binnenzijde het best gebruik worden gemaakt van *Voboma* of *perliet*-bepleistering. Deze materialen geven, mits volgens de door de fabrikant verstrekte aanwijzingen verwerkt, zeer goede resultaten. De muur zal dan echter aan de binnenzijde eerst van de oude pleisterlaag moeten worden ontdaan. Aan de buitenzijde zal deze muur met ademende ofwel vochtregulerende verf moeten worden behandeld.

Mos- of algengroei op buitenmuren

Als er op de muur mossen groeien of als hij met een alg-achtige uitbloeiing is bedekt, behandel de muur dan eerst met een mosdodend middel, dat in de bouwmaterialenhandel verkrijgbaar is. Geen prettig middel, toegegeven, maar wel de enige mogelijkheid om de muur schoon te krijgen. (Soms wil een soda-oplossing ook wel eens helpen.) Lees vooral de aanwijzingen op de verpakking van dergelijke middelen. Na de behandeling spoelt u de muur zorgvuldig schoon met een sterke waterstraal en laat u de zaak goed drogen.

Cementsluier,

de soms op baksteenmetselwerk voorkomende witte uitslag ten gevolge van opgeloste zouten in de metselspecie, kan met een sterk verdunde oplossing van *zoutzuur* worden verwijderd. De muur wordt dan vóór de behandeling goed natgespoten, waarna de oplossing met een zachte borstel wordt opgebracht, en weer wordt schoongespoten. Neem geen harde borstel, want daarmee krijgt u sneller spatten. Zoutzuur is een agressieve stof. Draag dus beschermende kleding, handschoenen van rubber en een (veiligheids-)bril. Als er desondanks toch spatten op de huid komen, spoel dan intensief met veel lauw water. Cementsluier kan ook verwijderd worden met een iets veiliger middel: *remover*, eveneens bij de bouwmaterialen- of tegelhandel verkrijgbaar. Volg nauwgezet de aanwijzing op de verpakking.

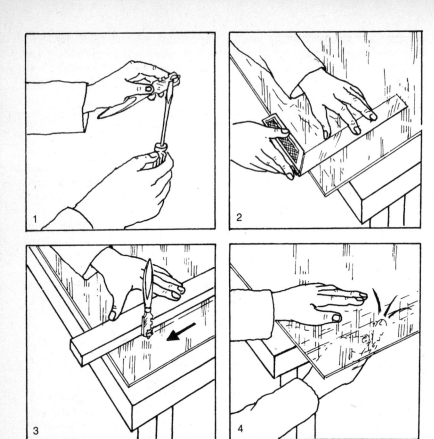

Glas snijden.

Glas snijden en glas zetten
Ramen vormen de zwakke plekken in het woningonderhoud. De omlijstingen ervan (de kozijnen, de stopverf, de glaslatten etc.) hebben veel te lijden van weersinvloeden. Hoe groter de glasoppervlakte, des te dikker het glas moet zijn om aan de winddruk voldoende weerstand te kunnen bieden. Meer hierover vindt u in het hoofdstuk 'Ramen, deuren en kozijnen'.
Glasdikten worden door de vakman als volgt benoemd:

enkeldik	= 2 mm dik
dubbeldik	= 3 mm dik
imitatiespiegel of dikglas	= 4 mm dik.

Binnen deze glasdikten kent men de kwaliteiten AA, A, B en C. De kwaliteit AA is de mooiste: glas zonder zogeheten trekstrepen, maar ze wordt weinig in de woningbouw toegepast. Kwaliteit B is de normale kwaliteit die meestal in ramen en deuren van de particuliere woningbouw te vinden is. Glas in de C-kwaliteit heeft te veel trekstrepen en wordt alleen toegepast in broeikassen, schuren en berghokken.

Glas snijden (bij de tekeningen)
Voor het op maat snijden van glas hebt u een glassnijder nodig. U koopt die bij de verfwinkel of de gereed-

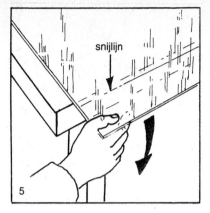

5

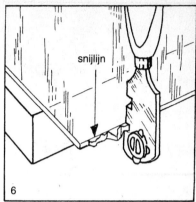

6

7

8

schapswinkel. Aan de glassnijder zit een aantal hardstalen wieltjes die u met het schroefje kunt voordraaien. Het voorgedraaide wieltje moet over de onderkant van de glassnijder uitsteken en scherp zijn (tekening 1).

Leg de nieuwe ruit op een zachte doek op het (schone en vlakke) werk- of tafelblad. Controleer met een winkelhaak of tekendriehoek of de ruit haaks is. Zet vanuit die haakse hoek de juiste maten uit en teken deze af met een stukje schoolbordenkrijt of, beter nog, kleermakerskrijt. Houd er rekening mee dat de ruit aan zowel één lange zijde als één korte zijde een

paar millimeters kleiner moet zijn dan de sponningmaat van het raamhout (tekening 2).
Leg op ongeveer 2 mm afstand binnen de afgetekende lijn een zuiver rechte lat die, eventueel met assistentie, goed op zijn plaats moet worden gehouden. Doop het snijwieltje van de glassnijder in wat peut (terpentine, thinner, spiritus o.i.d.) om het te ontvetten. Snij nu langs de lat een kerf in het glas. Houd de glassnijder rechtop en druk er stevig op. Als het goed is hoort u een helder knarsgeluid (tekening 3).

Als u de 'kerf' aan de bovenzijde van

443

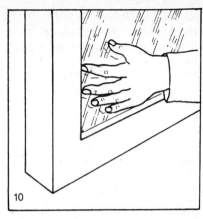

de ruit hebt ingesneden, dan komt er een handeling die enig gevoel vraagt: tik met de metalen kop van de glassnijder aan de *onderkant* van het glas tegen de snijlijn. Doe dat op regelmatige afstanden en over de volle lengte van de lijn, met korte, niet te harde tikken. De bedoeling is, dat de snijlijn zich door het tikken ook naar de onderzijde van het glas doorzet. Of dat inderdaad gebeurt kunt u waarnemen: de kerf splijt dan over de dikte van het glas door (tekening 4).

Door het splijten zal het glas echter niet vanzelf op de snijlijn afbreken. Daarom pakt u het af te breken deel vast en breekt dat met een beneden-

waartse beweging af. De eerste neiging zal zijn om dat heel voorzichtig te doen, maar dat lukt eerst niet. Een zelfbewuste, zekere aanpak is vereist. Van belang is verder dat de snijlijn niet verder dan ongeveer 2 à 3 cm over de tafelrand steekt. Om het gebrek aan ervaring niet tot verwondingen te laten leiden is het verstandig een paar werkhandschoenen te dragen (tekening 5).

Mocht het glas niet helemaal zuiver over de snijlijn zijn afgebroken en hier en daar splintering vertonen, 'knabbel' dan de splinters af met de inkepingen aan de glassnijderkop.

Hanteer de glassnijder in dat geval zonder er enige benedenwaartse druk op uit te oefenen. Alleen hefboom-bewegingen sorteren het gewenste effect (zie het pijltje). De voorkant van de inkepingen van de glassnijderkop mogen niet voorbij de oorspronkelijke snijlijn raken (tekening 6).

Glas zetten (bij de tekeningen)
Als dat nog niet gebeurd is moet u het alsnog doen: het uit de sponning hakken van de oude stopverf en het verwijderen van de (eventueel gebroken) oude ruit. Trek om te beginnen werkhandschoenen aan om verwondingen aan de handen te voorkomen. Gebruik voor het uithakken een zogeheten *schildershakmes*, een gereedschap waarvan de rug van het lemmet is verbreed, zodat daar met een hamer op geslagen kan worden. Verder is het lemmet in een punt geslepen om ook in de hoeken van de raamsponning te kunnen komen. De snijkant mag echter niet te scherp zijn, omdat anders het raamhout te gemakkelijk beschadigd zou kunnen raken. Besteed de nodige aandacht aan de sponning: verwijder eventuele glasspijkertjes en andere ongerechtigheden. Borstel de sponning goed schoon en controleer of hij goed droog is. Nat hout kan niet geschilderd worden omdat het aanwezige vocht in dat geval wordt opgesloten en er ten gevolge daarvan rot optreedt (tekening 7).

Geef de droge en schone sponning een goede grondverfbeurt. Het beste is grondverf op loodwitbasis. Het inademen van de loodwitdampen kan weliswaar gevaar opleveren voor de gezondheid, maar omdat glaszetten doorgaans buitenshuis gebeurt is er voldoende ventilatie en is risico uit-

gesloten. Controleer de toestand van de onderdorpel; omdat die het meeste regenwater 'vangt' heeft hij het meest te lijden. Een extra grondverflaag kan nooit kwaad (tekening 8).

Laat de grondverf een dag drogen en begin daarna met het aanbrengen van een laag *welpasta* tegen de opstaande kanten van de sponning. Met een plamuurmes gaat dat het makkelijkst. Welpasta vangt evnetuele ongelijkmatigheden op en sluit de naden af (tekening 9).

Plaats de op maat gesneden ruit. Druk hem aan de randen (nooit in het midden van het glas!) stevig en gelijkmatig tegen de welpasta in de sponning. Laat de welpasta aan de binnenzijde uit de sponning puilen. Zet de ruit aan de onderkant op twee liggende luciferhoutjes. Als de ruit goed is aangedrukt kunt u hem rustig loslaten, want hij kleeft uit zichzelf vast (tekening 10).

Sla nu op een aantal plaatsen zogenaamde *glaspunaises* of *glaspennetjes* in de sponning. Laat de hamerkop hierbij langs het glas schuiven, dat kan geen kwaad en voorkomt het mogelijk slaan òp de ruit. Druk de punaises of pennetjes goed vlak tegen het glas. Drie stuks in de hoogte en twee in de breedte van de ruit is voldoende (tekening 11).

Begin met het aanbrengen van de stopverf. Vorm een kneedbare 'slang' van ongeveer 1,5 cm dikte en druk deze met de vingers stevig in de sponning en tegen het glas. Trek vervolgens met langzame bewegingen, met een schoon en glad stopmes langs de stopverf. Oefen de grootste druk uit op de buitenrand van de sponning en let erop dat de stopverf recht en vlak

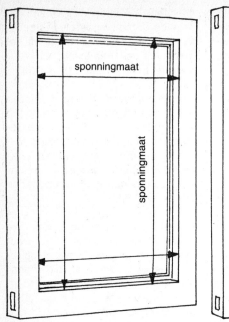
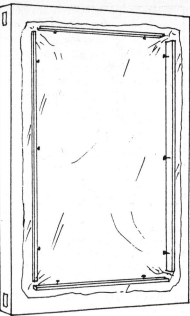

Maat nemen van een ruit.
Meet op vier plaatsen hoogte en breedte de glassponningen. Trek van de gevonden hoogtemaat 3 mm af, en van de breedtemaat 6 mm. Dat wordt gedaan omdat een ruit aan de bovenzijde en beide zijkanten een speling moet hebben van ±3 mm. De afmeting van een ruit mag nooit exact gelijk zijn aan de sponningsmaat.

Tijdelijk afdichten van raamopening.
Wanneer u een ruit in een bestaand raam moet vervangen, hebben wind en regen vrij spel door de glasloze raamopening, om over tochtverschijnselen maar niet te spreken.
Maak in dat geval de opening tijdelijk dicht met transparant plastic, een opengeknipte vuilniszak o.i.d. Bevestig deze met latjes en spijkertjes *in* de glassponningen, *niet* tegen de voorkant van het raamhout; dat laatste geeft beschadigingen in de verflaag.

wordt afgesneden en gelijk komt te liggen met de sponninghoogte die u door het glas heen ziet. Maak het stopmes af en toe nat met water of speeksel, dan glijdt het beter en blijft er geen stopverf aan kleven. De overtollige welpasta aan de binnenzijde (achterzijde) van het glas verwijdert u pas daarna met het plamuurmes. Laat de stopverf ongeveer twee weken drogen, zodat er een drogingsfilmpje op kan ontstaan. Begin dan met het opbrengen van de eerste laag

grondverf. Daarna kan een afschilderlaag worden aangebracht, die ongeveer 2 mm over de stopverf op het glas moet komen liggen. Dit heet het 'besnijden' van de stopverf, het voorkomt dat er straks water tussen stopverf en glas kan binnendringen (tekening 12).

Bij stalen of aluminium ramen worden uiteraard geen glaspennetjes gebruikt, maar speciale *glasveren*. Ook moet er van een speciale stopverf ge-

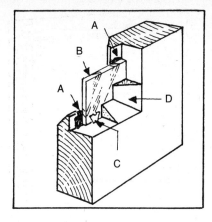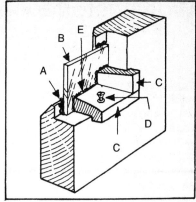

Ruit inzetten met stopverf.
A. Vóór het plaatsen van de ruit aangebrachte welpasta.
B. Ruit ca. 3 mm vrij van de boven- en zijsponningen.
C. Glaspennetjes.
D. Stopverf.

Ruit inzetten met glaslatten.
A. Vóór het plaatsen van de ruit aangebrachte welpasta.
B. Ruit ca. 3 mm vrij van boven- en zijsponningen.
C. Glaslatten van hardhout.
D. Koperen schroeven.
E. Ná het plaatsen van de ruit aan te brengen kit of welpasta tussen ruit en glaslat.

bruik worden gemaakt (zgn. staal-stopverf of 'stopstara'), want gewone lijnolie-stopverf houdt niet op metaal. Verder zijn de werkzaamheden gelijk aan die bij houten ramen.
Bij ruiten die niet van stopverfbevesti-ging worden voorzien, maar van glaslatten, wordt eveneens welpasta in de glassponningen aangebracht.

Glaslatten zijn bij voorkeur van hard-hout en hebben een afwaterend pro-fiel. Ze kunnen het best worden *ge-schroefd* met bolverzonken, koperen schroeven. Wanneer ze met draad-nagels worden vastgezet, dan zal dat later, wanneer de ruit moet worden vervangen, wrik- en breektoestanden geven.

Woningstoffering

Tapijt leggen (algemene inleiding)

Tapijt leggen is een weliswaar eenvoudig te leren vak, maar het blíjft een vak. De doe-het-zelver kan overigens best zijn of haar eigen tapijt leggen wanneer hij zich tenminste niet 'vertilt' aan de techniek ervan. Om die reden gaat het hier uitsluitend over de eenvoudigste technieken: het nagelen en/of plakken van tapijt en ondertapijt.

Het bekende kamerbreed tapijt laat zich gemakkelijk in rechthoekige vertrekken van plint tot plint leggen. Het wordt geleverd op rollen van verschillende breedten: bij geweven tapijt in 200 en 250 centimeter breed, bij geknoopt tapijt in 400 en 500 centimeter breed. Lopers zijn meestal tussen de 65 en 125 centimeter verkrijgbaar; ze worden doorgaans toegepast in onregelmatig gevormde vertrekken en op trappen.

Tapijt met juterug

Is het ondertapijt gelegd, dan kan het eigenlijke tapijt over de vloer worden uitgerold. Erop letten dat de 'strijk' (de pool) van het daglicht áf is gericht, om ongelijkmatige schakeringen te voorkomen.

Het tapijt zo leggen dat het in een hoek over de twee aansluitende nagellatten ongeveer 1 centimeter tegen de wanden omhoogstaat. De tapijthoek over een stuk van circa 30 centimeter met de handen aandrukken, zodat de tapijtrug zich in de punten van de nagellat vasthaakt. Met de zijkant van een houten hamer over de nagelpunten ritsen.

Dan het tapijt met behulp van een tapijtspanner dwars over de vloer naar de tegenoverliggende (tweede) hoek spannen en het daar vastzetten. De wand tussen beide hoeken verder afwerken. Span het tapijt naar de andere (derde) hoek en bevestig het daar aan de nagellat langs de andere wand. Ten slotte diagonaal aanspannen en ook bij de laatste (vierde) hoek vastzetten.

Worden tapijtnagels in plaats van nagellatten gebruikt dan het tapijt op 15 centimeter vóór de plint tijdelijk vastspijkeren. Na het spannen in alle richtingen de tapijtranden omslaan en door de 'zoom' heen op afstanden van 15 centimeter tapijtnagels inslaan en deze in de vloer drijven. Daarna de tijdelijke nagels verwijderen.

Tapijt met schuimplastic rug

Dit type tapijt hoeft niet gespannen, zelfs niet genageld te worden. Simpelweg uitleggen, de randen langs twee aansluitende wanden leggen en tegen de andere wand passend snijden. Leg het tapijt verder in positie, net als een tapijt met juterug. Voor tapijt met schuimplastic rug zijn wel nagellatten met extra lange puntjes verkrijgbaar, maar het is eenvoudiger de randen met dubbelzijdig plakband of met nietjes aan de vloer vast te zetten.

In banen

Voor tapijt in baanvorm zijn er twee mogelijkheden: de randen met vijf centimeter breed tapijtkleefband of met latexlijm 'lassen' of, indien de naden in een veel te belopen doorgang vallen, dubbelzijdig plakband gebruiken.

Bestrijk de ene bandhelft van het tapijtkleefband met lijm, evenals de rand van de ene baanrugzijde. Is de lijm vrijwel droog, dan de beide delen samendrukken. Tweede bandhelft en de rand van de tweede baanrugzijde met lijm bestrijken en na droging ook deze samen aandrukken. Bewerk zo alle banen. Bij ongezoomde tapijtranden alle randen met tapijtkleefband aan de vloer vastplakken.

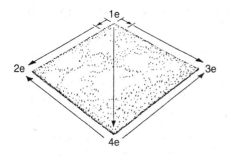

Vloertapijten hebben goede onderlaag nodig

Alle vloertapijten hebben een goed ondertapijt nodig. Voor de meeste tapijten is een rubber met jute- of papierrug het beste. Bij vertrekken met vloerverwarming dient een zware, vilten ondertapijt te worden gebruikt. Schuimplastic ondertapijt wordt vooral toegepast in slaapkamers, maar het wordt al snel platgelopen, reden waarom er eerst een viltpapierlaag onder gelegd moet worden, zodat het schuimplastic niet met de ondervloer verkleeft.

Viltpapier, 91 of 181 centimeter breed, is ook onder een schuimplastic on-

dertapijt noodzakelijk wanneer van houten vloeren de planknaden niet met een plakmateriaal kunnen worden verborgen.

Een ondertapijt van goede kwaliteit verhoogt de warmte- en geluidsisolatie van de vloer en de levensduur van het boventapijt. De twee belangrijkste soorten ondertapijt zijn die van rubber en van vilt.

De bevestigingswijze hangt af van het te gebruiken materiaal en van de soort vloer. Meestal is het 't beste om het tapijt boven op het ondertapijt voor een deel uit te rollen: hierdoor zal het ondertapijt niet verschuiven als het boventapijt gelegd wordt. Het tapijt wordt alleen even teruggerold daar waar het ondertapijt moet worden vastgezet.

Ondertapijt met papier- of juterug altijd met de rubberzijde naar onder leggen. Ondertapijt eerst grof op maat snijden, in een hoek beginnen met half uitgerold tapijt. Op houten vloeren kunnen zogenaamde nagellatten met nagels of krammen langs de plinten worden vastgezet. Bij massieve (betonnen) vloeren de nagellatten met 'dotten' lijm vastplakken.

De punten van de nagellatnageltjes moeten naar de plint zijn gericht. De latten tot op ongeveer 6 millimeter van de plint vastzetten. In plaats van nagellatten kunnen ook tapijtnagels worden gebruikt, maar daarvan blijven de koppen altijd zichtbaar.

Tapijt weer uitrollen, aan de andere kant oprollen en daar verdergaan met het bevestigen van de nagellatten. De rest van het ondertapijt leggen en vastzetten. De randen zo snijden dat ze tegen de nagellatten stuiten. Wanneer met tapijt in baanvorm wordt gewerkt, de banen iets overlappend en langs een liniaal met een scherp mes doorsnijden. De randen met lijm, krammen of nagels vastzetten.

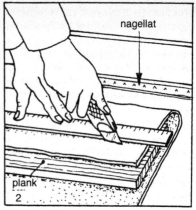
nagellat

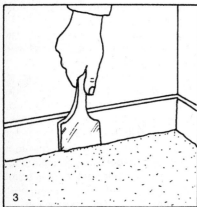

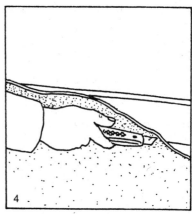
kussen

plank

1. **Tapijt spannen**. Spanner op het tapijt drukken. De punten van de spanner zo instellen, dat ze in de tapijtrug grijpen zonder de vloer te raken. Met de knie tegen het stootkussen naar voren drukken. Tapijt met de handen gladstrijken.

2. **Randen besnijden**. Tapijt bij de plint omslaan, aan de rugzijde een snijlijn aftekenen. Tapijt weer terugleggen en er een houten plank of lat onder leggen. Langs de lijn doorsnijden. Tapijt weer omslaan en tegen de plint leggen. 10 mm tegen de plint omhoog laten staan.

3. **Randen inwerken**. Na het besnijden van de randen de opstaande 10 mm tapijt met een tapijtijzer of een plamuurmes o.i.d. in de ruimte tussen plint en nagellat drukken.

4. **Tapijt met schuimplastic rug besnijden**. Het mes in een rechte hoek, met het handvat naar u toe en enigszins tégen het tapijt gedrukt, in de rug laten snijden.

Grootte en vorm vertrek bepalen mede tapijtkeus

Tapijt is te koop in een groot aantal verschillende materialen en afmetingen. Er kan onderscheid worden gemaakt in geweven, geknoopte en nietgeknoopte soorten en er zijn wollen, katoenen, vilten en synthetische tapijten. De kwaliteit is minder afhankelijk van de fabricagemethoden dan wel van de sterkte en de levensduur van het gebruikte materiaal.

Tapijt wordt aangeboden in banen, rollen en lopers van uiteenlopende breedten en in de vorm van tegels. De grootte en vorm van het vertrek bepalen de keuze: rechthoekige karpetten van de rol hebben meestal ongezoomde randen en zijn voornamelijk bestemd voor kleine ruimten, waarin ze tot aan de plinten worden vastgezet.

Hetzelfde tapijt, maar dan wel met gezoomde randen, wordt als karpet midden in de ruimte gelegd, waarbij eromheen delen van de vloer zichtbaar blijven.

Tapijttegels zijn heel gemakkelijk te leggen. Ze worden zelden gelijmd of gespijkerd en kunnen eenvoudig worden opgenomen en vervangen.

Bij tapijtgarens wordt onderscheid gemaakt tussen drie grondtypen: echte wol, synthetische vezel en een combinatie van beide.

Het soort materiaal dient, samen met de andere eigenschappen, duidelijk bij elk tapijt te worden vermeld. Elk tapijt dat een wolmerk draagt is getest op krimpweerstand, duurzaamheid en slijtvastheid. Wol is duur, maar ook warm, duurzaam, vuilafstotend, van nature vlamdovend en gemakkelijk schoon te houden.

Tapijt met een geweven rug moet over een rubber ondertapijt met papier- of juterug worden gelegd. Voor tapijten met schuimstofrug is uitsluitend een viltpapieren 'ondertapijt' geschikt.

De tekeningen in stripvorm geven verder voldoende informatie om zelf met het leggen van tapijt te kunnen aanvangen.

Bevestigen van een traploper

Traplopers kunnen op twee manieren worden bevestigd: met behulp van speciale nagellatten of met tapijtnagels; de bevestigingswijze hangt samen met die van het ondertapijt. Als de loper wordt genageld, dan moet ook het ondertapijt worden genageld. We kiezen in dit geval voor de eenvoudigste bevestigingswijze: het nagelen van tapijtloper op een rechte trap. Teken met potlood de loperbreedte af op de bovenste trede en let erop dat de vrije ruimten naast de loper even breed zijn (zie tekening 1). Op 2 centimeter binnen het potloodlijntje een tweede lijn aftekenen voor het ondertapijt. Hetzelfde doen bij de onderste trede. De lijntjes op de bovenste en onderste treden met een strakgespannen koordje en nageltjes met elkaar verbinden. Het koord vastzetten en er langs de loperbreedte op alle treden aftekenen (tekening 2).

Leg een strook ondertapijt over de treden zodanig dat het de hele treden én een deel van het stootbord bedekt. De achterrand van het ondertapijt 20 millimeter vanaf het stootbord op de trede vastnagelen, de voorkant van het tapijt aan het stootbord daaronder (tekening 3).

Is het ondertapijt gelegd, dan kan daarover de tapijtloper worden aangebracht. Lopers met een rug van schuimplastic zijn voor trappen niet geschikt. Kies tapijt waarvan de pool niet 'open' gaat staan wanneer het rond de neus van de traptrede wordt gebogen.

Het uiteinde van de loper ongeveer acht centimeter omslaan en op afstanden van tien centimeter op de bovenste trede vastnagelen. Het erboven liggende stootbord wordt met het tapijt van het bordes afgedekt. Erop letten dat de loper goed wordt uitgericht en de pool naar onderen wijst. Loper stevig over de trede in de hoek bij het stootbord daaronder trekken. Eerst aan één zijkant van de treden vastnagelen, over de trede spannen en dan de andere kant vastnagelen. Tussen deze beide genagelde zijkanten de overige nagels inslaan. Deze

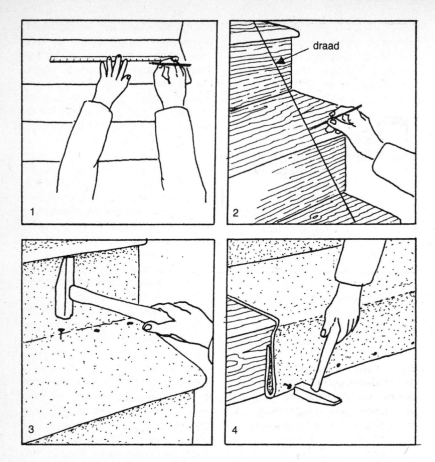

Ondertapijt op een trap.

1. Teken de loperbreedte af op de treden.
2. Span een draad voor het aftekenen van elke trede.
3. Leg een strook ondertapijt over de treden, zodanig dat het de hele trede èn een deel van het stootbord bedekt. De achterrand van het ondertapijt 20 mm vanaf het stootbord op de trede vastspijkeren, de voorkant van het ondertapijt aan het stootbord daaronder.
4. Door de zoomdikte vastnagelen. (Alleen bij het onderste stootbord.)

handelingen voor de overige treden herhalen. Loper strak over de onderste trede trekken, 8-10 centimeter omslaan en de knik van de omslag in de hoek bij het onderste stootbord laten uitkomen. De randen van de omslag naar binnen slaan, zodat de aldus ontstane 'zoom' niet te zien is. Door de omslag heen vastnagelen aan het onderste stootbord (tekening 4).

Tapijt leggen

Goed gereedschap onontbeerlijk

Voor tapijt met een juterug is een tapijtspanner onontbeerlijk.

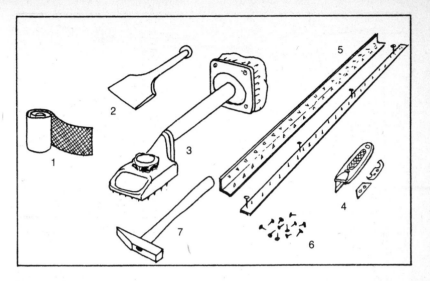

1. Tapijt-kleefband.
2. Tapijtijzer.
3. Tapijtspanner.
4. Stanley-mes met diverse mesvormen.

5. Nagellatten.
6. Tapijtnagels.
7. Hamer.

Bij grotere doe-het-zelfzaken en vloerbedekkingwinkels is zo'n spanner te huur. Hij heeft een kop met voorwaarts gerichte pennetjes die naar de tapijtdikte instelbaar zijn. Aan het andere eind bevindt zich een zacht kussen. De kop wordt zo op het tapijt gelegd dat de pennetjes in de rug van het tapijt grijpen. Door met het dijbeen, vlak boven de knie, de spanner naar voren te drukken wordt het tapijt aangespannen.

Verder zijn nodig, afhankelijk van de tapijtsoort: een scherp mes, een duimstok, een liniaal, een hamer, nagellatten bestaande uit ongeveer 25 millimeter brede triplex stroken waar schuine nagelpuntjes door steken, een tapijtijzer waarmee het tapijt achter de nagellatten wordt gedrukt, tapijtkleefband, dubbelzijdig plakband voor het verbinden van twee banen of voor het plakken van gesneden kanten, tapijtnagels van 19 millimeter

lengte en ten slotte een koordje om het middelpunt van de kamer te bepalen.

Aan de rol

Sommige tapijten zijn opgerold nauwelijks door twee personen te vervoeren. Dit werk kan worden vergemakkelijkt door in de open binnenruimte van de rol een stevige houten rib (minimaal 7 × 5 centimeter doorsnede) te steken, die aan beide uiteinden ongeveer 50 centimeter uit de rol steekt.

Oppervlakte berekenen

Veel winkeliers berekenen gratis de grootte van het vertrek en het benodigde tapijt. Die maat is echter ook zelf te nemen: de lengte en breedte van het vertrek opmeten, een baanbreedte kiezen die een minimum aan snijverlies oplevert en daarvan de benodigde lengte(n) uitrekenen.

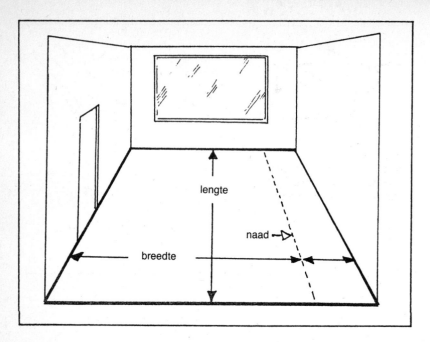

Wanneer het vertrek bijvoorbeeld 408 × 380 cm meet en er geen 400 centimeter brede rol verkrijgbaar is, kan één baan van 250 centimeter breed en één baan van 130 centimeter breed worden gekozen. Ook kan een 500 centimeter breed tapijt worden gekocht.

Bij het berekenen altijd op de poolrichting van het tapijt letten; deze moet van het licht áf worden gelegd. Een eventuele naad kan beter zo ver mogelijk verwijderd van de toegangsdeur worden gelegd en in een dwarse hoek ten opzichte van de raamwand.

Trappen

Het is gemakkelijk om aan de winkelier een precieze tekening te overleggen of, bij het zelf berekenen, de volgende punten in acht te nemen:

● Het tapijt op het trapbordes moet de bovenste tredeneus overlappen. Vanaf het bovenste stootbord over alle treden en stootborden tot aan de voet van de trap de loperlengte opmeten.

● Voor de dikte van het ondertapijt 4 centimeter extra per trede rekenen. Reken verder 50 centimeter extra voor eventuele afwijkingen of verschuivingen naar boven of onder.

● Voor de loperbreedte de breedte van de treden opmeten. Is de trap een open trap, dus zonder stootborden, dan per trede 1½ cm extra rekenen voor de omslag aan de onderzijde van de treden.

● Bij wenteltrappen of trappen met een 'slag' de langste tredebreedte opmeten. Neem 4 centimeter extra voor het ondertapijt en nog eens totaal 50 centimeter extra lengte voor het opvangen van eventuele afwijkingen en verschuivingen.

Voorbereiden van de vloer

Voor het leggen van tapijt dient de vloer vlak, schoon, droog en stevig te zijn. Zorgvuldige voorbereiding voor-

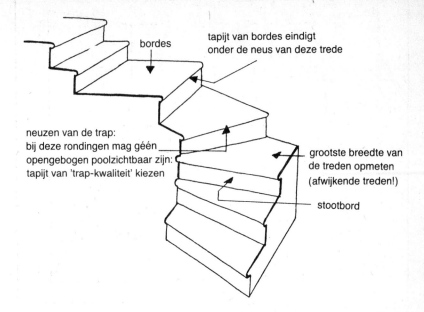

bordes

tapijt van bordes eindigt
onder de neus van deze trede

neuzen van de trap:
bij deze rondingen mag géén
opengebogen poolzichtbaar zijn:
tapijt van 'trap-kwaliteit' kiezen

grootste breedte van
de treden opmeten
(afwijkende treden!)

stootbord

komt een later noodzakelijk opnemen van het nieuwe tapijt om de fouten te herstellen.

In de meeste gevallen moet de bestaande vloerbedekking eerst worden verwijderd. Soms hoeft dat niet met in goede staat verkerend linoleum, balatum, vinyl en andere PVC-vloerbedekkingen, maar om elk risico uit te sluiten is het toch beter de vloer 'kaal' en stofvrij te maken en lijmresten en bladders af te steken met een plamuurmes. Het vloeroppervlak zonodig egaliseren met een egaliseerpasta. Eerst een laag PVA-hechtingsmiddel versterkt de kleefkracht van de egaliseerpasta.

Vochtprobleem

Als u vochtige plekken ontdekt, dan dient u eerst de oorzaak vast te stellen. Is er sprake van condensatie binnenshuis of van vocht dat van buitenaf toetreedt? Hiertoe kunt u een vochttest uitvoeren. Wordt het vocht-

probleem niet tijdig onderkend, dan breidt het zich uit en ruïneert het het nieuw gelegde tapijt. Meer informatie over het behandelen van vochtproblemen vindt u in het hoofdstuk 'Vocht in huis'.

Ondertapijt

Een ondertapijt van goede kwaliteit verhoogt de warmte- en geluidsisolatie van de vloer en de levensduur van het tapijt. De twee belangrijkste soorten ondertapijt zijn die van rubber of schuimrubber, en die van vilt. De wijze van bevestigen hangt af van het gekozen materiaal en van de soort vloer. Meestal is het 't beste om het tapijt boven op het ondertapijt voor een deel uit te rollen: hierdoor zal het ondertapijt niet verschuiven als het boventapijt wordt uitgelegd. Het tapijt wordt dan alleen even teruggerold daar waar het ondertapijt vastgezet moet worden.

Wordt het tapijt over thermoplasti-

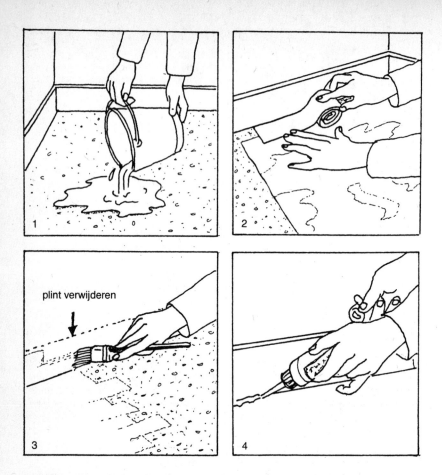

1. **Egaliseerpasta opbrengen**. Diepe gaten met cementspecie opvullen. Oude lijm of verf met staalwol verwijderen. Voorstrijkmiddel aanbrengen op niet-poreuze vlakken. Egaliseerpasta met water tot een vloeibare massa roeren, over de vloer gieten en met een plakspaan uitstrijken. De pasta bindt snel af, dus na 24 uur kunt u met het leggen van de vloerbedekking beginnen.

2. **Vochttest**. Plastic folie met kleefband over de vochtige ondergrond plakken, de randen zorgvuldig afdichten. Wordt de folie aan de *bovenkant* vochtig, dan is er condensatieprobleem. Wordt de folie aan de *onderkant* vochtig, dan ligt het probleem in toetreding van vocht via de vloer zelf.

3. **Vochtproblemen behandelen**. Sloop de plint van de muur, maak de ondergrond stofvrij, breng een laag PVA-hechting op en vul alle naden en kieren. Daarna de vloer met een waterdicht vulmiddel behandelen en deze tot minstens 10 cm hoog op de wand strijken. Lagen drogen, en nieuwe plinten aanbrengen.

4. Als u toch bezig bent, kit de kieren bij de plint dicht om tocht via de kruipruimte tegen te gaan (meestal alleen bij houten vloeren).

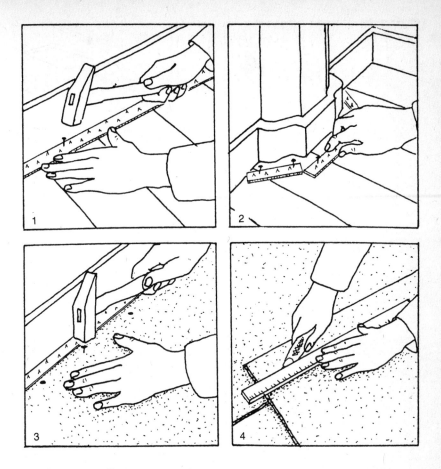

1. Nagellatten vastspijkeren.
2. Nagellatten op niet-rechte plekken. De nagellatten in korte stukken zagen en vastspijkeren.
3. Het ondertapijt *tegen* de nagellatten vastzetten.
4. Overlappende banen ondertapijt te zamen, langs een liniaal doorsnijden.

sche tegels gelegd, dan steeds een viltpapieren onderlaag en géén rubber of schuimrubber ondertapijt gebruiken.

Nagellatten

Vóór het leggen van het ondertapijt langs de wanden (plinten) nagellatten bevestigen, met de scherpe punten naar de plint gericht. De latten op ongeveer 6 mm afstand van de plint vastzetten en ze ononderbroken naast elkaar plaatsen. Bij houten vloeren de nagellatten eenvoudig vastspijkeren, bij steenachtige vloeren (bijvoorbeeld beton) stalen nagels gebruiken of een geschikte lijm. In plaats van met nagellatten kunt u het tapijt natuurlijk ook met tapijtnagels direct aan de vloer spijkeren, maar dan blijven de spijkerkoppen altijd zichtbaar.

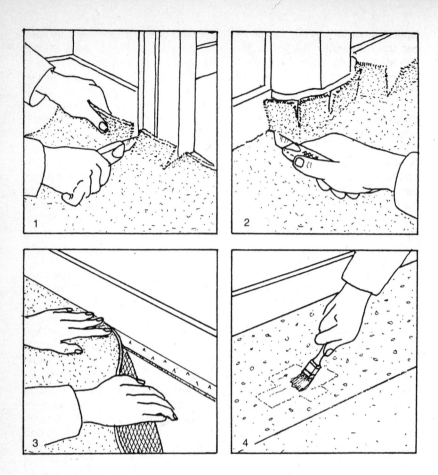

1. **Passnijden**. Een aantal insnijdingen maken tot het tapijt vlak aanligt. Dan de vorm zo nauwkeurig mogelijk bijsnijden, tot slechts 10 mm tapijt tegen de plint of het kozijn omhoog ligt. Deze 10 mm-rand achter de nagellat drukken.

2. **Passnijden**. Tapijt ± 25 mm omhoog laten staan tegen (in dit geval) schoorsteenmantel. In elke in- en uitwendige hoek insnijdingen maken. Tapijt naar beneden drukken tot het vlak ligt. Verder handelen als in 1.

3. Druk het tapijt op de nagellat.

4. Bij betonvloeren het ondertapijt of viltpapier met streken lijm vastzetten.

Ondertapijt leggen

Ondertapijt met een papier- of juterug altijd met de rubberzijde naar onder leggen. Ondertapijt eerst grof op maat snijden, in een hoek beginnen met half-uitgerold boventapijt. Bevestig de nagellatten – op houten vloeren met nagels of nieten op afstanden van ongeveer 30 cm.

Bij massieve, steenachtige vloeren de latten niet spijkeren, maar van lijm voorzien. Tapijt weer uitrollen, aan de andere kant óprollen en daar verdergaan met het bevestigen van de nagellatten. De rest van het ondertapijt leggen en vastzetten. De randen zo snijden dat ze *tegen* de nagellatten komen te liggen. Als u met een ondertapijt in baanvorm werkt, dan de banen iets overlappend leggen en met een stanley-mes langs een liniaal te zamen doorsnijden. De randen met lijm, nieten of tapijtnagels vastzetten.

Viltpapier leggen

Viltpapier als 'ondertapijt' is aan te bevelen bij tapijten met een schuimplastic rug, zodat de schuimstof niet aan de vloer vastkleeft. De banen vilt eerst met plakband verbinden, dan over de vloer uitleggen. Op houten vloeren met krammetjes of nieten vastzetten, op betonvloeren met plakband.

In beide gevallen het viltpapier niet verder dan tot op 5 cm van de plinten leggen, zodat het tapijt met de schuimplastic rug later met dubbelzijdig plakband op de vrijgehouden plaatsen kan worden vastgeplakt.

Wordt viltpapier onder een rubber of schuimplastic ondertapijt toegepast (aan te bevelen op oudere houten vloeren waardoor geen stof en vuil door de planken naar boven kan dringen), dan zal het tot tegen de nagellatten moeten worden gelegd. Het is niet aan te raden een viltpapieren onderlaag dubbeldik te leggen; het gevolg zou slechts zijn dat er vouwen en kreukels optreden waardoor het tapijt minder strak komt te liggen.

Ondervloerplaten

Sinds enige tijd zijn er zogenaamde ondervloerplaten in de handel. Deze platen hoeven niet gespijkerd te worden en hebben zowel een egaliserende als isolerende werking. Ze zijn daarom uitstekend geschikt voor verdiepingsvloeren, vooral als men een parketvloer wil leggen. Ondervloerplaten zijn gemaakt van vervezeld populierehout en zijn volgens de fabrikant 100% milieuvriendelijk.

De kwaliteit 'Superfelt' is in de meeste gevallen geschikt als ondervloer voor tapijt en parket. Binnen deze Superfelt-kwaliteit is er nog een type plaat die aan één zijde is voorzien van een eveneens milieuvriendelijke kleeflaag. De 'First floor'-kwaliteit (waarom gebruiken fabrikanten en leveranciers altijd zo graag Engelse benamingen?) is een combinatie van ondervloerplaten. De bovenzijde is van hardboardplaat en de onderzijde van zachtboard, beide verspringend op elkaar gelijmd, waardoor een soort liplas-constructie ontstaat en de platen met de zijkanten in elkaar grijpen. Deze first floor-platen gebruikt men bij voorkeur voor linoleum-, kurk-, mozaïekparket- en vinylachtige vloeren.

Ondervloerplaten moeten altijd verspringend in halfsteensverband worden gelegd en ca. 1 cm van de wanden vrijblijven om eventuele werking mogelijk te maken. 'Superfelt' kan met een stanley-mes gesneden worden, 'first floor' moet gezaagd worden. Om het verschuiven van de buitenste ondervloerplaten te voorkomen moet men deze vastzetten met tweezijdige kleefband. De overlappende rand bij 'first floor' is in veel gevallen reeds fabrieksmatig voorgelijmd en dient na het leggen stevig aangeklopt te worden om een hechte verbinding te verkrijgen.

Praktisch altijd worden ondervloerplaten los gelegd waardoor ze verhuisbaar blijven. Er kunnen zich echter situaties voordoen waarbij de ondervloerplaten wel vastgelijmd moeten worden, hiervoor kan vloerlijm (kit) gebruikt worden. Let hierbij echter nauwkeurig op de z.g. open tijd die in de gebruiksaanwijzing beschreven wordt zodat geen overtollig lijmvocht onder de vloerplaat achterblijft dat spanning in de vloerplaat kan veroorzaken.

Voor huishoudelijk gebruik kan gesteld worden dat tot 15 m² vloeroppervlak tapijt en linoleum los op de ondervloerplaten gelegd kan worden. Veiligheidshalve deze dan wel bij deuren en verbindingsnaden even vastzetten met tweezijdige kleefband. Bij grotere kamers eveneens vastzetten bij de deuren, langs de wanden en eventuele verbindingsnaden. Afhankelijk van de soort en kwaliteit kan het nodig zijn het tapijt ook in het midden van de kamer op enkele plaatsen vast te lijmen.

Vloerbedekking leggen in beeld (Leggen van linoleum, vinyl en andere, niet-tapijtachtige vloerbedekking.)

Een onbedekte, niet-afgewerkte vloer is de zogenaamde ondervloer, waarbij geen onderscheid wordt gemaakt tussen houten of steenachtige vloeren. De kwaliteit van zo'n ondervloer is erg bepalend voor welke werkzaamheden vooraf moeten worden uitgevoerd alvorens de vloerbedekking kan worden gelegd.

Steenachtige vloeren (systeemvloeren van baksteen- of betonelementen) zijn vaak al van een vlakke cementlaag voorzien. Eventuele oneffenheden kunnen met een *egaliseerpasta* worden weggewerkt.

Houten vloeren zijn doorgaans van vurehout, een houtsoort die lange tijd 'werkt', zodat het is aan te bevelen onder de vloerbedekking eerst een tussenlaag aan te brengen. De beste methode is het aanbrengen van een laag hardboard, spaanplaat of triplex. Daarmee ontstaat dan een vormvast en vlak oppervlak.

1

Spijker platen hardboard van 122 × 61 cm op de ondervloer, nadat deze zich eerst een paar dagen aan het klimaat van het vertrek hebben kunnen aanpassen. Als de vloerbedekking straks wordt gelijmd, spijkert u de platen met de ruwe kant naar boven op de ondervloer. Leg ze in een verspringend verband, met tussen de naden een ruimte van 1-2 mm. Bij de plinten laat u een ruimte van ongeveer 4 mm. De draadnagels komen op afstanden van 10-15 cm. De koppen moeten goed zijn weggewerkt.

2

Om contactgeluiden te vermijden kan onder de hardboard- of spaanplaten eerst een laag van zachtboardplaten (122 × 244 cm en 1 cm dik) worden gelegd. De zachtboardplaten worden niet vastgespijkerd en de naden ervan moeten door het hardboard of spaanplaat zijn bedekt.

3

Een 'zwevende' houten dekvloer op spijkerribben geeft een uitstekende geluidsisolatie, mits tussen de spijkerribben glas- of steenwol wordt aangebracht en de ribben op stroken bouwvilt worden gelegd. De ribben worden níet aan de ondervloer gespijkerd, maar liggen los op de bouwviltstroken!

Zelf vloerbedekking leggen is iets waar je je hand niet voor hoeft om te draaien. Het wordt de doe-het-zelver steeds gemakkelijker gemaakt door de verschijning van vloerbedekkingen die zonder veel kennis van zaken gelegd kunnen worden. Bij doe-het-zelf zaken of hobbymarkten kunt u allerlei gereedschappen huren, of de leverancier van de vloerbedekking is in vele gevallen wel bereid u het nodige gereedschap voor een weekendje in bruikleen te geven. Het gereedschap dat u nodig hebt is gauw opgesomd: een hamer, een potlood, een duimstok, een stanleymes (zie

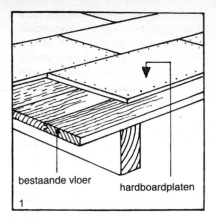

bestaande vloer   hardboardplaten

1

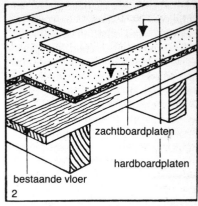

zachtboardplaten

hardboardplaten

bestaande vloer

2

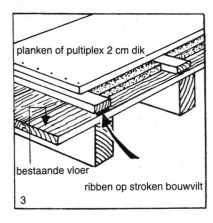

planken of pultiplex 2 cm dik

bestaande vloer

ribben op stroken bouwvilt

3

4

5

6

tekening 12), een schaar en een afschrijver. Dit laatste is eigenlijk het enige woningstoffeerdersgereedschap, maar het kan eenvoudig worden vervangen door een latje waarin een spijker wordt geslagen. De punt van de spijker moet aan de onderkant van het latje uitsteken en even scherp worden bijgevijld, zodat een fijne punt ontstaat waarmee een scherpe, duidelijk zichtbare kras kan worden gemaakt. Daarover later meer.

4
Bij het uitrollen van vloerbedekking is enige voorzichtigheid geboden, vooral bij vloerbedekkingen zoals balatum (het bekende viltzeil), vinyl of linoleum. Meestal is op de rol de 'goede kant' van de vloerbedekking naar buiten gericht. Leg de rol aan een zijde van het vertrek plat op de grond en trek de flap omhoog. Duw met een voet de rol naar de muur terug en loop achterwaarts naar de andere zijde van het vertrek.

5
Rol de vloerbedekking zó uit. Als de rol bijna is afgerold, leg dan het laatste stuk plat op de vloer.

6
Schuif de platliggende vloerbedekking ongeveer op zijn plaats. Zet een voet òp en een andere voet ònder de vloerbedekking, schop zo nu en dan wat lucht onder de vloerbedekking en trek het tegelijkertijd in de goede richting.

7
Het op maat snijden van de zijkanten (aan de lange zijde van het vertrek) gebeurt met de afschrijver ofwel het latje dat we daartoe zelf hebben gemaakt. De plinten zullen vaak wat onregelmatig verlopen, dus wordt de vloerbedekking tegen het meest naar voren gelegen plintgedeelte gelegd. Nu wordt de spijker zo in het latje geslagen dat de afstand tussen de spijkerpunt en de kopse kant van het latje minstens even groot is als de grootste afstand tussen de zijkant van de vloerbedekking en het meest naar *achteren* gelegen deel van de plint. Daarna kunt u de afschrijver dwars tegen de plint houden en daarlangs voeren. De spijkerpunt maakt hierbij in de vloerbedekking een kras die alle oneffenheden volgt.

8
Bij bijvoorbeeld verwarmings-, gas- of waterleidingbuizen wordt hetzelfde gedaan als bij 7, alleen het snijden verloopt anders. Soms staat de vloerbedekking tegen de buis op. Maak een insnijding vanuit het hart van de buis tot op de kras van de afschrijver. Schuif de vloerbedekking tegen de plint en snij vervolgens de diameter van de buis uit.

9
Als de vloerbedekking aan één lange zijde op maat is gesneden (op dat snijden komen we nog terug), zijn de korte, kopse kanten aan de beurt. Daarvoor zet u eerst langs de op maat gesneden kant een potloodstreepje op zowel de vloerbedekking als de vloer. Schuif de vloerbedekking hierna zo ver terug dat ze aan de korte kant tegen de plint ligt. De afstand waarop de beide potloodstreepjes van elkaar af zijn komen te liggen (zie X) meet u op en brengt u over op de afschrijver.

10
De gevonden maat (X) zet u op het latje uit, waarna u op het maatstreepje een spijker inslaat, op de wijze zoals in het begin van dit hoofdstuk is uit-

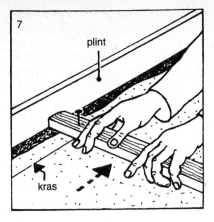

7

plint

kras

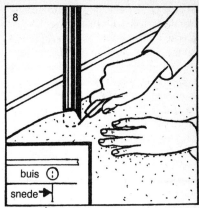

8

buis ⊙

snede ➡

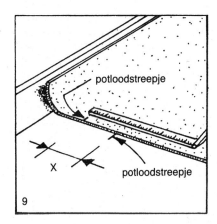

potloodstreepje

X

potloodstreepje

9

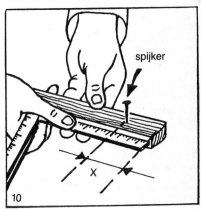

spijker

X

10

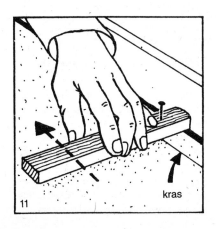

kras

11

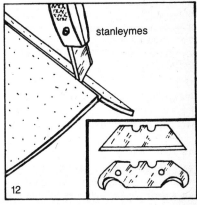

stanleymes

12

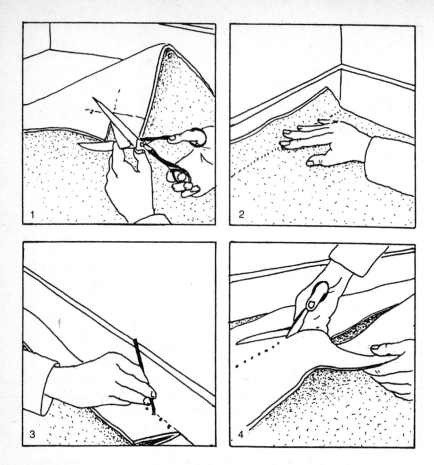

Vinyl leggen.
1. De hoeken van het vertrek altijd als eerste passnijden. De vinylbaan voorzichtig in de hoek drukken, zodanig dat een 5 cm brede rand tegen de plint opstaat. Rand terugvouwen en de vorm van de hoek met rijtje puntjes op de rugzijde aftekenen. Een insnijding maken tot in de hoekpunt.
2. Kleine stukken tegelijk van de rand afknippen totdat de baan vlak en recht langs de plint ligt.
3. Het vinyl stevig in de hoek plint/vloer drukken, de rand van 5 cm terugvouwen en langs de lijn met puntjes markeren.
4. Baanrand omgekeerd leggen, de puntjes met elkaar verbinden en langs de lijn met de schaar afknippen.

eengezet. Daarna kan ook een korte kopse kant van de vloerbedekking worden afgeschreven.

11
Trek de afschrijver op het latje met twee handen naar u toe en houd het steeds haaks op de plintrichting. Druk

steeds stijf tegen de plint en zorg voor een goed diepe kras. De andere kanten van de vloerbedekking worden op dezelfde manier op maat afgetekend.

12
Sommige vloerbedekkingssoorten kunt u over de ingesneden kras ge-

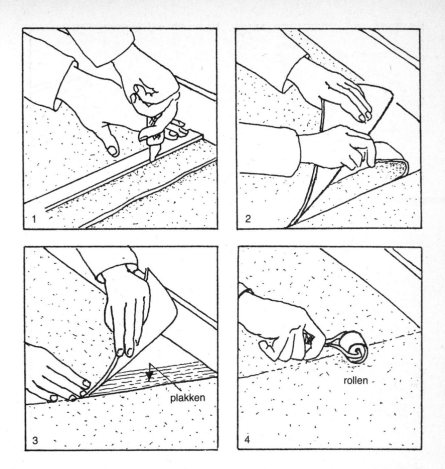

Naden van vinyl besnijden.

1. Over de overlappende banen een stalen liniaal leggen en daarlangs, met een scherp stanley-mes loodrecht gehouden, beide banen tegelijk doorsnijden.

2. Bovenste reststrook wegnemen, beide baanranden omslaan en ook de onderste reststrook verwijderen.

3. Een strook dubbelzijdig plakband in het midden van de aansluitnaad plakken, of daar PVC-lijm aanbrengen, alle randen 'op stoot' samenvoegen.

4. De naden met een zogenaamde nadenroller stevig aandrukken.

woon doorbreken, andere soorten moeten worden gesneden of geknipt. Snijden werkt het zuiverst; hiervoor kan het best een stanleymes worden gebruikt, het liefst met een verwisselbaar haakmesje (zie onder in de inzet). Deze mesjes zijn te koop in kleine doosjes van 5 stuks. Het voordeel is dat ze niet zo snel uitschieten en minder kans op verwondingen geven. Bij het op maat snijden van sommige soorten vloerbedekking moet er rekening mee worden gehouden dat ze in de lengte- en/of breedterichting enige werking kunnen vertonen. In zo'n geval is het aan te raden de vloer-

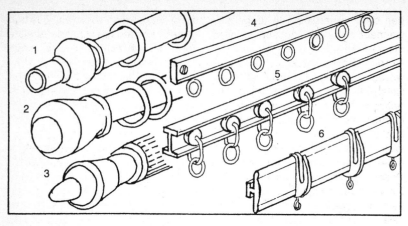

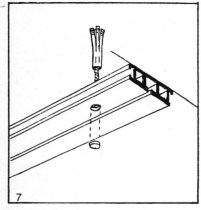

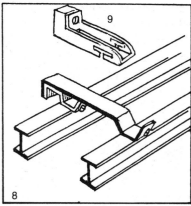

Gordijnrails.
1. Houten roe met houten ringen.
2. Metalen roe met metalen ringen.
3. Metalen, gecanneleerde roe.
4. Platte koperen rail.

5. Traditionele aluminium rail.
6. Platte profielrail.
7. Opbouw plafondrail.
8. Overlapsteun.
9. Afstandsteun.

bedekking iets tegen de plint op te laten staan en pas 'echt' op maat te gaan snijden wanneer het zich aan de omstandigheden heeft aangepast (in de praktijk: wanneer het voldoende is 'uitgelopen').

Gordijnen, rails en roeden
Gordijnen moeten vrij en geplooid afhangen. Daartoe zijn er vele systemen uitgedacht, elk bepaald door on-

der meer de soort stof, de stijl van de kamer en, uiteraard, de persoonlijke voorkeur en smaak. Dit zijn de factoren die tot een eenheid moeten worden gebracht, wil de kamer tenminste de gewenste atmosfeer uitstralen. Er zal dus een keuze moeten worden gemaakt tussen rail of roeden, de wijze van draperen of plooien, en voor lange of korte gordijnen. Draperieën aan de zijkanten van de vensters kunnen beter alleen worden toegepast wanneer het raam optisch smaller moet lijken.

Gordijnrail of roeden kunnen 'in zicht' worden bevestigd, of met koven, sierlijsten of vallen aan het oog worden onttrokken. In koven kan men niet alleen de rail of roe, maar ook de bovenkant van het gordijn bergen.

Welk ophangsysteem u ook kiest, u moet er wel op letten dat de rail voldoende lengte heeft, want het koppelen van twee stukken rail is onpraktisch en bovendien in de meeste gevallen onmogelijk. Het ophangsysteem moet voldoende sterk zijn om het gordijn te kunnen dragen. Moet een erker of ander gebogen vorm van gordijnen worden voorzien, kies dan een rail die eveneens naar de vereiste vorm gebogen kan worden. Let er ook op of er wel of niet een trekkoord kan worden toegepast; bij de meeste typen rechte rail is dat zonder meer mogelijk, maar er bestaan ook typen waarbij dat onmogelijk is.

De traditionele koperen gordijnroeden zijn grotendeels vervangen door nylon-, plastic- en aluminiumrails. De runners of glijders daarvan zijn bijna allemaal van nylon.

Net als de ouderwetse koperen roeden zijn de moderne rails bedoeld voor gebruik in koven en sierlijsten. De rails zijn sterk en laten zich doorgaans makkelijk buigen.

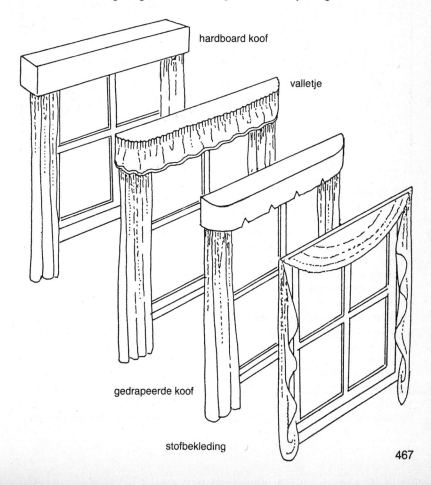

hardboard koof

valletje

gedrapeerde koof

stofbekleding

467

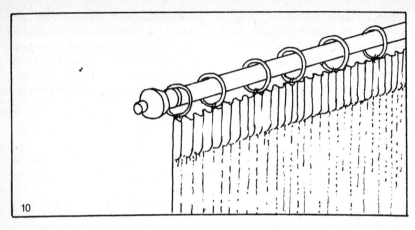

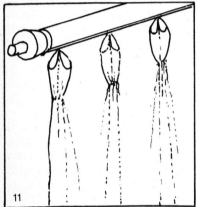

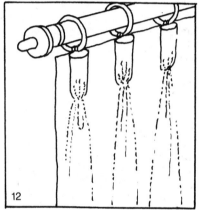

Plooiwijzen bij roeden.

Vele typen roe en rail kunnen op korte of langere draagbeugels worden bevestigd, zodat de gordijnen zonodig op flinke afstand van het raam of de wand kunnen hangen.

Als uitbreiding van de normale beugels zijn er ook andere soorten verkrijgbaar. Lange beugels houden de gordijnen van de wand af, met overlapsteunen kunnen twee raildelen elkaar a.h.w. passeren, zodat de gordijnen over elkaar heen sluiten. Eindstoppen houden het gordijn aan de uiteinden vast en voorkomen dat

het tè ver kan worden opengetrokken.

Koven

Strakgevormde vensters verlangen een strakke, zakelijke decoratie. Daarvoor laten simpele rails of roeden voldoende speelruimte. Romantisch aangebrachte gordijnen passen alleen bij romantisch gevormde vensters, sterk geprononceerde raamindelingen of ronde bogen. Om een raampartij opvallend te maken zijn koven en 'valletjes' de aangewezen middelen. Ze verbergen bovendien de rail of de roe en kunnen zo bijvoorbeeld kleine, nietszeggende ramen tot een aandacht trekkend middelpunt vormen wanneer een rijk geplooid of gedrapeerd gordijn uit een zelfgemaakte, met stof beklede koof afhangt.

Ook zonder vaste koof van hout of valletjes van gordijnstof kan een venster smaakvol worden omkaderd. Overgordijnen kunnen over een houten of messing roe gedrapeerd worden en aan één zijde van het raam afhangen. Bijzonder geraffineerd is een arrangement waarbij het raam is 'bekleed' met verschillende materialen die echter toon bij toon zijn gehouden. Naar wens kan een dergelijke decoratie met rolgordijnen of binnenjaloezieën gecombineerd worden.

Voor gordijnkoven is hardboard een uitstekend materiaal omdat het bij de hoeken kan worden rondgebogen. Valletjes moeten op de lengte van het gordijn zijn afgestemd. Ideale verhouding: hoogte van het valletje = 10% van de gordijnhoogte. De valletjes kunnen aan een gordijnrail bevestigd of aan een houten gordijnlat opgehangen worden.

Soorten plooien

De plooitechniek zorgt ervoor dat het gordijn in regelmatige, van boven naar onderen doorgevoerde plooien valt. Bij een normale rail of roe kunnen de plooien worden gevormd met behulp van opgenaaid rimpelband, dat onder zorgvuldig aanschuiven van de stofkant zó ver wordt ingenomen totdat het gordijn de gewenste breedte heeft gekregen en tegelijkertijd van begin tot einde in gelijke plooitjes 'gerimpeld' is. Een tweede manier is die waarbij met speciale plooiband en de daarbij behorende haakjes wordt gewerkt. Hiermee kunnen zowel enkele als dubbele plooien worden samengesteld. Gelijksoortige systemen zijn er ook voor roeden. De eenvoudigste manier is natuurlijk de gordijnen geheel op maat te bestellen; de plooien zijn dan al ingenaaid en u hoeft niets anders meer te doen dan de haken of ringen aan te brengen.

Rolgordijnen

Rolgordijnen kunt u kant en klaar, op breedte en lengte gemaakt, bij de woninginrichter bestellen. Maar er zijn ook doe-het-zelf-sets verkrijgbaar, waarbij u alleen nog zelf de stof moet kopen.

Zo'n rolgordijn-set bestaat uit een houten veerstok, een treklat die de stof strakhoudt, een trekkoord en de benodigde beugeltjes en schroeven. Veerstokken zijn in verschillende lengten verkrijgbaar en u kunt ze dus zelf inkorten. Daartoe wordt de eindkap met de *ronde* stift afgenomen en de stok op die plaats op de gewenste lengte gezaagd. De stok dus niet aan de veerzijde met de rechthoekige stift afkorten, want dan raakt de werking van het veermechanisme verstoord.

Rolgordijnen kunnen 'in de dag' (= tussen de twee zijkanten van de vensteropening) worden bevestigd, of tegen de wanden naast de vensteropening. De bijgeleverde beugeltjes zijn voor beide toepassingen geschikt. Zoals gezegd, de stof moet u zelf kopen. Soms zal de gekozen stof te slap zijn om direct als rolgordijn te kunnen functioneren. In sommige doe-het-zelf-sets wordt een flacon stijfsel meegeleverd waarmee u dergelijke stof kunt stijven.

Behangen

Nog zelden bestaan de moderne behangpapieren geheel uit papier, er worden steeds vaker synthetische vezels toegevoegd, die het behang een afwasbare kwaliteit verlenen. De-

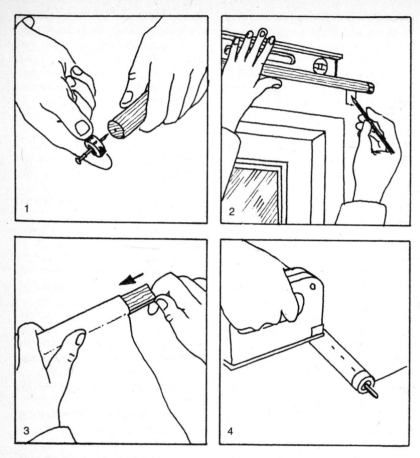

Rolgordijn monteren.
1. Na het afkorten van de veerstok (op stofbreedte + 1 cm) de eindkap met stift weer aan de stok vastzetten.
2. De plaats van de draagbeugeltjes aftekenen en de stand van de stok met een waterpas controleren.
3. De treklat afkorten (stofbreedte minus 1 cm) en in de zoom schuiven.
4. De stof aan de veerstok lijmen en met nieten verder vastzetten.

ze deels synthetische soorten behang kunnen ook sneller en gemakkelijker worden verwerkt dan de vroegere behangpapieren. Zo is vinylbehang net zo gemakkelijk te reinigen
als schilderwerk, en het zogenaamde
'droge' behang kan zonder water
weer worden verwijderd. Verbeterde
druktechnieken, fraaiere kleuren en

motieven bieden de koper een zeer
ruime keuze. Bovendien wijzigen de
meeste fabrikanten ongeveer elke
twee jaar hun collectie.
Begin, zodra u uw keuze hebt bepaald, alle muurvlakken nauwkeurig
op te meten. De uitkomst nog een
keer narekenen om mogelijke vergissingen te corrigeren. De kleur- en mo-

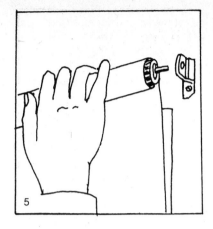
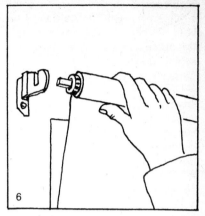

5. De veerstok eerst met de ronde stift in de beugel met het gaatje hangen.
6. Vervolgens de rechthoekige veerstift in de beugel met het open sleufje plaatsen. De veerspanning uitproberen. De veerspanning kan worden vergroot door het vasthouden van de veerstift en het opdraaien van de veerstok.

tiefkeuze zal voor een groot deel afhangen van de prijs, ligging van het vertrek en de aanwezige meubels. De prijzen voor eenzelfde soort behang kunnen soms sterk verschillen. Wanneer u behang uit voorraad koopt, bent u goedkoper uit dan wanneer u het moet bestellen. In tegenstelling tot schilderwerk kunt u het behangen in verschillende fases uitvoeren.

Behang dekt eventueel voorkomende gebreken van de muur beter af, maar een goede voorbereiding van de muur blijft toch nodig.

Gereedschappen
Een complete behangersuitrusting vergt gelukkig geen grote investering omdat de meeste gereedschappen al als huishoudelijke gereedschappen aanwezig zullen zijn.

Het duurste gereedschap is een stoomapparaat om oud behang te verwijderen. Black & Decker heeft sinds kort een stoomapparaat voor doe-het-zelvers op de markt gebracht, een uitermate handig stuk ge-

reedschap dat u voor ongeveer 125 gulden in huis hebt. Is het behangen een karwei dat u slechts zelden uitvoert, dan kunt u ook een stoomapparaat huren bij een DHZ-markt of de winkelier waar u het behang hebt gekocht.

Ook de inklapbare behangerstafel kunt u huren.

Een plamuurmes is erg nuttig voor het afsteken van oud behang. Verder is een lange, goedgeslepen schaar nodig, een spons of vochtige doek om de lijmresten weg te vegen, en uiteraard een duimstok of meetlint. Een schietlood of waterpas verleent nuttige diensten bij het uitzetten van een zuivere loodlijn.

Voorts dient u bij het plakken de beschikking te hebben over een plakborstel of een oude brede kwast die niet verhaart, een emmer met daaroverheen een draad gespannen (om de kwast op te leggen) en een plastic vuilniszak voor de afsnijdsels.

471

Tips vooraf

● Altijd een plakmiddel gebruiken dat voor het behang wordt aanbevolen. (Moderne cellulose-plaksels zijn geschikt voor alle behangsoorten, behalve voor vinyl, dat een lijm met antischimmelpreparaat vergt. Kant en klare kleefpasta's zijn alleen voor zware textielbekledingen te gebruiken, en koudwaterplaksel alleen bij normaal behangpapier. Koop voldoende plakmiddel.)

● Vóór het uitpakken van de rollen de codenummers vergelijken.

● Vóór het behangen het schilderwerk in het vertrek voltooien.

● Draag een overall of schort met grote zakken voor het bij de hand houden van de schaar, de behangersborstel en andere kleinere zaken.

● Als u ook het plafond wilt behangen, dan eerst dat plafond en pas dan de wanden behangen.

Oud behang verwijderen

Oude wandbekleding moet bij voorkeur verwijderd worden, want de naden, de mogelijk losgeraakte delen en dominerende patronen of motieven kunnen door het nieuwe behang heen zichtbaar worden. Bovendien kan het verse behangplaksel mogelijk het nieuwe behang mèt het oude behang losweken. Bij het verwijderen van het oude behang dient u voorzichtig te werk te gaan. Het behang niet met geweld afsteken, anders kan het onderliggende pleisterwerk beschadigd raken. Word niet ongeduldig bij weerbarstige plekken, maar probeer het nog een keer en week de plek opnieuw met water. Normaal behang wordt met een natte spons en warm water flink nat gemaakt tot het met een plamuurmes eenvoudig kan worden afgestoken. Een beetje zeeppoeder of afwasmiddel aan het water toegevoegd maakt het weekmiddel stroperiger, waardoor er meer tijd is om het behang te weken. Bovendien loopt het weekwater minder snel langs de muur naar beneden.

Stevig vastzittend behang kan beter met een stoomapparaat te lijf worden gegaan. Zeer moeilijk te verwijderen behang, zoals afwasbaar behang of overgeschilderd behang, kan met een staalborstel worden opgeruwd, met de bedoeling dat het weekwater van het stoomapparaat onder het papier kan dringen. Als het oude behang verwijderd is, steek dan in de schroefgaten van schilderijen, plankendragers en andere zaken die van de wand zijn gehaald, een lucifer en laat deze circa 5 mm uitsteken. Bij het nieuwe behang plakken drukt de lucifer door het papier en markeert op deze wijze het schroefgat.

Was het van oud behang ontdane muurvlak af met warm water om mogelijke lijm- en papierresten te verwijderen. Breng op vochtige muren een dekkende onderlaag aan van een *primer* of een voorstrijkmiddel op oliebasis, waarmee de muur als het ware wordt 'afgesloten'. Het hier bedoelde voorstrijkmiddel is een gelatine-achtig preparaat dat het onttrekken van water uit de lijm of de plaksel tegengaat. Verdund behangersplaksel heeft hetzelfde effect, maar het is toch verstandiger om een geschikt voorstrijkmiddel op een vochtig muuroppervlak aan te brengen. Dat kan met een kwast of een verfroller. Het preparaat maakt de muur wat glibberig, tengevolge waarvan het op zijn plaats schuiven van de nieuwe behangbanen wordt vergemakkelijkt. Bovendien heeft men na het voorstrijken veel minder plaksel nodig. Er zijn verschillende voorstrijkmiddelen in de handel. Laat u door de winkelier adviseren.

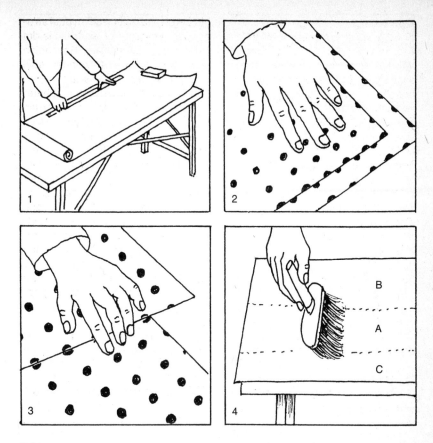

Behangen.
1. Baanlengte uitmeten en als speling 10 cm extra bijrekenen.
2. Bij gelijk motiefverloop een gelijke lengte afknippen.
3. Let erop, dat de motieven tegen elkaar aansluiten, knip dan pas de volgende baan op lengte.
4. Smeer eerst de middenstrook met plaksel in (A) dan de dichtstbijgelegen strook (B), ten slotte de verst afgelegen strook (C).

Hulplijn uitzetten

De eerste baan komt altijd het dichtst bij de muur met het (grootste) raam. U behangt dus 'van het licht áf'. Breng op de dwars op het raam gesitueerde muur een loodlijn aan: meet vanuit de hoek naast het raam een baanbreedte minus ongeveer 1,5 cm af, en teken vanuit dat punt een loodlijn op de muur. Die loodlijn is de lijn waarlangs de zijkant van de eerste behangbaan

komt te liggen. De andere zijde van de baan steekt straks dus logischerwijs ongeveer 1,5 cm *over* de hoek van de muur waarin zich het raam bevindt.

Meten en op maat knippen

Om de maximum baanlengte vast te stellen meet u de hoogte van de muur aan de uiteinden èn in het midden. Tel bij de gevonden maat 10 cm op; dat is dan de baanlengte en het geeft u 5 cm

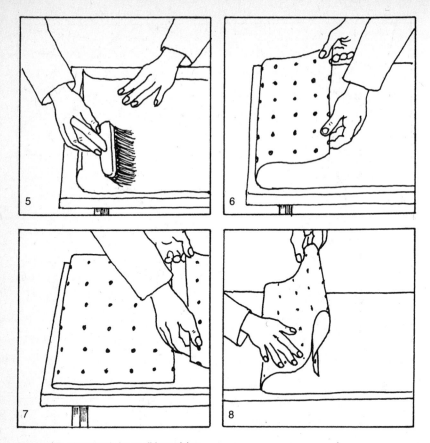

5. Plaksel verder over de lange zijde verdelen.
6. Ingesmeerde helft van de behangstrook inslaan.
7. Tweede ingesmeerde helft insmeren en inslaan.
8. Papier inslaan, plaksellaag tegen plaksellaag.

speling bij het plafond en bij de vloer (= op de plint) (tekening 1).
Het behang op de behangerstafel iets uitrollen om het vereiste verloop van de motieven of patronen vast te stellen. Leg voor het laten overeenstemmen de opeenvolgende banen naast elkaar (tekeningen 2 en 3) om ze pas dan op lengte te knippen. Het begin van elke rol eerst recht en haaks afknippen. De banen aan de achterkant doorlopend nummeren en aan de bovenkanten voor alle zekerheid een markeringsteken-

tje zetten. Bij het met plaksel insmeren kan de ene baan wat indrogen terwijl u de volgende baan van plaksel voorziet (tekeningen 4 en 5).

Plakken en 'inslaan'
Nadat u de banen op lengte hebt geknipt en met plaksel ingesmeerd, moeten ze op een bepaalde manier worden gevouwen om ze te kunnen opnemen en tegen de muur te plakken. Dit vouwen noemen we het 'inslaan'.
Het plaksel moet goed zijn doorge-

9. Behangbaan harmonika-gewijs op elkaar stapelen.
10. Plaats het eerste baangedeelte tegen een vooraf getekende markeringslijn.
11. Baan aanstrijken om eventuele luchtbellen en blazen weg te drukken.
12. In de hoek muur/plafond een vouw trekken. Een dichte schaar is hiervoor het meest geschikt.

roerd en mag geen klontjes of harde stukjes bevatten. Laat na het aanmaken de plaksel vijf minuten rusten. Bij een dunne kwaliteit papier moet ook een wat dunnere plaksel worden aangemaakt door er wat meer water bij te gieten dan op de verpakking staat vermeld.

Sommige behangsoorten moeten eerst enige tijd inweken voordat ze op de muur kunnen worden aangebracht. Bij middelzware behangsels duurt dat 5 minuten, bij zware kwaliteiten 10-15 minuten. De banen na het insmeren op een droge tafel terzijde leggen.

Bij het met plaksel insmeren van een buitenste deel de baanrand over de tafel laten hangen, zodat geen plaksel op de tafel en dus ook op de voorkant van het behang terechtkomt (tekening 4).

Voor het inslaan raadpleegt u de tekeningen 6 t/m 9.

Het plakken van de banen
Zet een stevig trapje dicht tegen de muur en leg de ingeslagen behang-

475

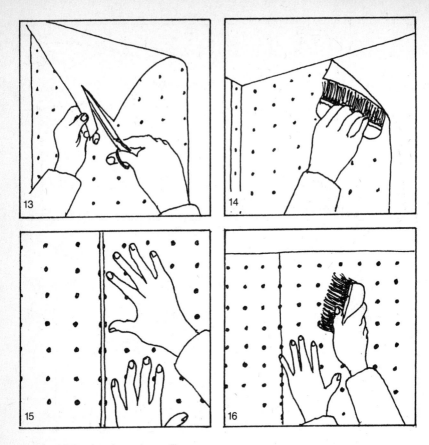

13. Knip met de schaar langs de vouwlijn.
14. Strijk de baan weer aan.
15. De volgende baan 'op stoot' tegen de vorige aanschuiven.
16. De naad goed laten sluiten en aanwrijven.

baan met het uiteinde naar boven over de arm (tekening 17). Met het gezicht naar de muur op het trapje klimmen en de bovenste baanhelft uitvouwen, langs de markering van de getekende loodlijn leggen en ongeveer 5 cm over het plafond laten steken (tekening 10). Met een borstel (*niet de plakselkwast!*) stevig over het middendeel naar de zijkanten van de baan strijken om luchtbellen en blazen weg te drukken (tekening 11). Ligt de bovenhelft van de baan tegen de loodlijn aan, dan wordt ook de onder-

helft uitgelijnd. Klopt de uitlijning niet, dan de bovenhelft weer losmaken en nogmaals aanleggen. In de plafondhoek en bij lijsten en plinten, de rug van de schaar met een lichte druk over de baan trekken en aldus een markeringsvouw in het papier maken (tekening 12). Het behang wat terugslaan en de reststrook langs de gemaakt vouw afknippen (tekening 13). De baan nu definitief vastborstelen (14), de tweede baan op dezelfde wijze tegen de eerste baan aanleggen en de motieven, schuivend en met

17. De ingeslagen baan zo over de arm leggen dat het roleinde naar boven wijst. Zo kunt u, zonder plaksel op uw kleren te morsen, met de baan het trapje of de ladder opklimmen.
18. Plakken van voorgelijmd behang: de bovenkant van de afgerolde baan voorzichtig omhoog trekken en het water terug laten lopen.

lichte druk, op elkaar laten aansluiten (15). Laat de beide stootnaden een ietsje tegen elkaar opstaan (16). Als het behangpapier tijdens het drogen van de lijm iets krimpt, blijft er vanzelf een goed sluitende stootnaad over. Met de borstel over de naden strijken en na enige minuten met een naden-roller vastdrukken, tenzij het een structuurbehang betreft dat daar-onder te lijden kan hebben.

Voorgelijmd behang

Dit soort behangpapier is aan de ach-terzijde van een droge lijmlaag voor-zien, die pas wordt geactiveerd als ze met water in aanraking komt. U hoeft dus niet zelf een behangersplaksel op te brengen, waardoor u zichzelf een hoop geknoei bespaart. U kunt sa-men met het behang een bij te leveren bakje aanschaffen, of een langwer-pig, plastic plantenbakje gebruiken dat breed genoeg is om er een be-hangrol in te leggen.
Vul het bakje halfvol water. Voordat u begint eerst langs de plinten wat kran-ten of een stuk plastic folie uitleggen.

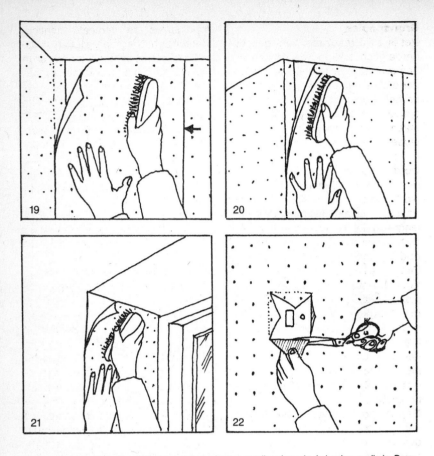

19. **Inwendige hoeken**. Hang alle banen op, totdat een smallere baan in de hoeken nodig is. Deze baan op breedte knippen, van plaksel voorzien en ophangen. Let erop, dat de zijkant tegen de voorgaande baan komt te liggen (zie pijl).

20. **Uitwendige hoeken**. Net als bij inwendige hoeken de laatste volle baan tot de hoek opmeten. In dit geval echter 25 mm bijtellen. De vereiste baanbreedte knippen, plaksel insmeren en ophangen. Voorzichtig om de hoek gladstrijken.

21. Plak altijd eerst de dagkanten of neggen. Het stuk behang zodanig op breedte knippen dat het precies op de hoek uitkomt.

22. Bij schakelaars en stopcontacten diagonalen naar de hoeken inknippen, dan vierkant afwerken.

Dan de rol in passende banen knippen en een baan met de motiefkant naar u toe in de bak met water afrollen. Zorg er voor, dat het water de gehele lijmlaag bereikt en dat het zogenaamde 'vrije' roleinde ook werkelijk aan de bovenkant komt. Laat het water een minuut inwerken. De baan loodrecht uit de bak tillen en het water er in laten teruglopen (tekening 18). De baan tegen het plafond plaatsen, met een schone spons vaststrijken, vanuit het midden naar de zijkanten. Lijmsporen met de spons afwassen.

Grondpapier

Het is altijd raadzaam vers geschilderde of gestukadoorde vlakken met een grondpapier te beplakken. Zonder dat zal een behangpapier al snel na het drogen van de plaksel gaan scheuren of bij de naden gaan openstaan, omdat de plaksel door de verse ondergrond wordt opgezogen en derhalve de plakkracht teniet wordt gedaan. Grondpapier (soms ook wel 'onderbehang' of 'voerpapier' genoemd) wordt bij voorkeur *horizontaal* geplakt, dus moet de baanlengte gelijk zijn aan de wand*breedte*. Dit horizontaal plakken wordt gedaan opdat de naden van grondpapier en behang elkaar nergens ontmoeten. Voor grondpapier wordt dezelfde plaksel gebruikt als voor het behang, maar na het insmeren moet het onmiddellijk op de muur worden aangebracht – het mag dus niet worden 'ingeweekt'. Laat het geplakte grondpapier minstens 48 uur drogen voordat met het eigenlijke behangen wordt begonnen.

Gebruik nooit kortere stukken want een precieze aansluiting van de naden is in dat geval nauwelijks mogelijk. Plak de banen grondpapier altijd van boven naar beneden, de bovenste baan ongeveer 25 mm over het plafond laten steken en na het plakken afknippen, zoals in tekening 12 getoond. Elke baan in de hoeken ongeveer 12 mm over de naastliggende muur laten steken. De banen onderling 'op stoot' plakken. Overlappingen van banen vermijden aangezien ze later door het behang heen zichtbaar zullen zijn.

Polystyreen grondpapier

Er bestaat ook polystyreen grondpapier, een 'kleef-aan-de-wand' materiaal dat zowel horizontaal als verticaal kan worden geplakt. Het eenvoudigst is de verticale richting. Meteen bij het begin erop letten dat de plaknaden niet samen kunnen vallen met die van het eigenlijke behangpapier. De muur wordt over de volle baanlengte met een speciale lijm bestreken en moet grondig drogen voordat met het behangen kan worden begonnen. Polystyreen is nogal broos en breekbaar, dus voorzichtigheid is geboden. Het beste is de baan licht tegen de plint te drukken en zo een paslijn af te tekenen.

Vanwege de broze structuur wordt polystyreen grondpapier *niet* bij de hoeken van twee muren omgezet.

Muurhoeken en neggen behangen

Behangnaden in de hoeken van een muur vallen minder op. Wanneer een behangbaan niet toevallig in de hoek eindigt, wordt hij over de lengte in twee stroken geknipt. Inwendige en uitwendige hoeken worden op dezelfde wijze behandeld. Is tot aan de hoek geen volle baanbreedte nodig, dan de afstand van de laatste volle baan tot de hoek opmeten, de te knippen baan omgekeerd uitleggen en de vereiste breedte er op aftekenen. Even nagaan of van de goede kant uit gemeten is, anders kloppen de motiefaansluitingen niet. Met een potlood aantekenen welke kant in de hoek moet komen en de baan vastplakken (tekeningen 19 en 20). Het afgeknipte deel kunt u misschien nog voor een andere muur gebruiken.

Bij het behangen van de 'neggen' (smalle stukjes muur die de 'dag' van een vensteropening begrenzen) wordt de baan altijd tot precies op de uitwendige hoekrand geplakt (tekening 21). Later wordt de baan van het naastliggende muurvlak ongeveer 1,5 cm óver de smalle negge-baan geplakt.

Gipskartonplaten

Wanden en plafonds van gipskartonplaten

Steeds meer gaat men ertoe over wanden en plafonds uit gipskartonplaten, bevestigd op een houten regelwerk, op te trekken en deze te bepleisteren, te behangen, te schilderen of zelfs (de wanden) te betegelen. (Dit laatste moet echter worden ontraden, aangezien gipskartonplaten te flexibel zijn om een star tegelvlak naar behoren te kunnen dragen. Wanneer u een nieuwe wand van regelwerk wilt betegelen, dan zult u daarom multiplex of spaanplaat van minstens 2 cm dik als ondergrond moeten toepassen. Plaatmateriaal van deze dikte is stevig genoeg om eventuele verticale druk op te vangen.)

Moet een wand van gipskartonplaten worden gestukadoord, dan zal met een aantal voorwaarden rekening moeten worden gehouden. In dit hoofdstuk zullen we deze bespreken.

Gipskartonplaten

bestaan meestal uit lagen karton waartussen een kern van gips is samengeperst. Dergelijke platen zijn trekvrij en behoorlijk brand- en vochtbestendig. Er worden twee plaattypen in de handel gebracht:
1. Platen die slechts geschikt zijn om te worden behangen of geschilderd.
2. Platen waarop stukadoorwerk kan worden aangebracht, onverschillig of dat pleisterwerk of schuurwerk betreft.

Te bepleisteren of in schuurwerk te behandelen platen hebben meestal ronde of enigszins afgeschuinde kanten en zijn te verkrijgen in de maten 110 of 200 cm lang; 40 cm breed en 9,5 mm dik. De naden van deze platen moeten eerst met zgn. *voegband* en een *voegmiddel* worden afgewerkt, alvorens met het eigenlijke stukadoren kan worden begonnen.

De bevestiging op een houten ondergrond kan gebeuren met behulp van

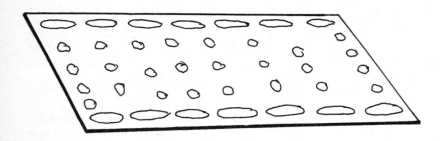

Bij zeer bobbelige of uit het lood staande ondergronden kan men de gipskartonplaten voorzien van ferme 'dotten' lijm. Door de plaat ter plekke steviger of juist minder zwaar aan te kloppen, kunnen de oneffenheden van de ondergrond gemakkelijk worden gecorrigeerd of kan de plaat zuiver te lood worden gesteld.

roestvrijstalen nagels of nieten, dit om roestvorming door het in de natte pleisterlaag aanwezige water te voorkomen. Beter is het om de speciale montageschroeven of nagels te gebruiken die de fabrikanten van de gipskartonplaten op verzoek bijleveren.

Er zijn verschillende manieren om gipskartonplaten toe te passen: op steenachtige muren, zoals bijvoorbeeld betonmuren of baksteenmuren, of op houten ondergronden zoals een vooraf te construeren houten regelwerk.

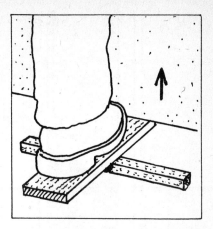

Werkwijze bij steenachtige muren

Op steenachtige muren kan gipskartonplaat alleen met een speciale lijm worden bevestigd, bijvoorbeeld met *Sefda P1*-lijm. Als voegmiddel kan bijvoorbeeld *Rigiplast* van de firma Rigips worden gebruikt. Als lijm kan ook gewone gips dienen.

Het aanbrengen gebeurt als volgt:
– Meet de hoogte van de muur en trek van de gevonden maat ongeveer 1,5 cm af. Snij de plaat op deze lengte.

wig

– Maak de lijm aan door 10 liter water in een schone emmer of kuip te gieten en daar 25 kg Sefda P1-lijm aan toe te voegen. Roer dit mengsel krachtig tot een homogene, gladde massa is ontstaan.
– Breng de lijm op aan de achterzijde van de gipskartonplaat (bijvoorbeeld met een troffel) in brede stroken van 10 à 15 cm breed en op onderlinge afstanden van eveneens 15 cm.
– Plaats beneden aan de muur, op de vloer, een houten wig van ongeveer 1 cm dikte.
– Richt de gipskartonplaat nu op, terwijl hij met de onderkant op de wig rust (tekening links).
– Duw de plaat tegen de muur en druk hem stevig aan.
– Klop het oppervlak van de plaat vlak tegen de muur met behulp van een stevige lat of lichte balk, zonder deze te laten terugveren.
– Controleer de stand van de plaat met een rechte lat en een waterpasinstrument. Plaats zo alle platen en zorg ervoor dat tussen alle naden een kleine opening blijft van circa 3 mm.
– Breng tussen deze naden een voegvulling aan. Gebruik hiervoor een gewoon plamuurmes.
– *Belangrijk:* Betonnen muren moe-

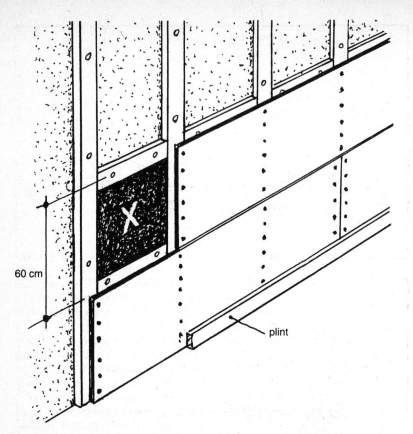

60 cm

plint

Gipsplaten op wand van houten regelwerk. De platen worden steeds in 'halfsteensverband' aangebracht. Eventueel kan in het inwendige een isolatiemateriaal worden geplaatst (zie bij X), dit ter bevordering van de thermische isolatie.

ten altijd eerst worden bestreken met een *hechtmiddel* of zgn. *'primer'*. Op reeds bestaand stukadoorswerk kan niet worden gelijmd. Als op de verpakking van de lijm een andere werkwijze staat vermeld, vergeet dan het bovenstaande en volg díe aanwijzingen op.

Snijden of zagen van gips-kartonplaten
Gipskartonplaten kunnen met een gewone, niet al te grove handzaag op maat worden gezaagd. Het werkt echter sneller door één papierzijde met een scherp mes (stanley-mes

o.i.d.) in te snijden en de plaat vervolgens met de ingesneden zijde naar boven op een lat of balk te leggen. Met een stevige tik kan de gipskern dan worden doorgebroken. Daarna kan ook de papierzijde aan de onderkant worden doorgesneden.

Wenken bij het aanbrengen
Gipskartonplaten op een 'drager' van latwerk worden altijd in zgn. halfsteensverband aangebracht, d.w.z dat de kopse kanten nooit in elkaars verlengde komen te liggen. De platen worden steeds met roestvrije nagels

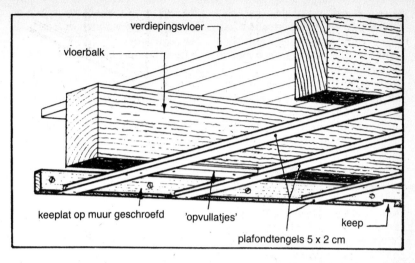

vloerbalk

verdiepingsvloer

keeplat op muur geschroefd   'opvullatjes'

keep

plafondtengels 5 x 2 cm

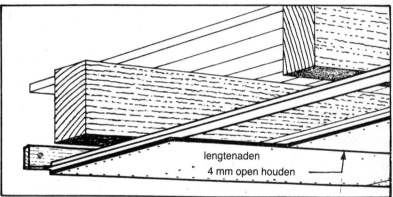

lengtenaden
4 mm open houden

Voorbereiden van houten plafond waartegen te pleisteren gipskartonplaten zullen worden bevestigd.

De plafondtengels worden op onderlinge afstanden van 40 cm hart op hart tegen de balklaag gespijkerd. Tussen de plafondtengels, tegen de onderzijde van de vloerbalken, worden korte stukjes tengel gespijkerd. Bij de muuraansluiting wordt een keeplat tegen de muur geschroefd. In deze keeplat zijn kepen gezaagd die overeenkomen met de doorsnede van de plafondtengels. Let op: gipskartonplaten worden *dwars* op de richting van de plafondtengels vastgezet. De lengtenaden worden dus niet op de tengels gespijkerd of geniet; dit gebeurt alleen met de korte zijde van de platen en verder op al die plaatsen waar de platen over de breedterichting kunnen worden vastgezet. Tussen de lengte-naden wordt 3 à 4 mm ruimte gehouden, de kopse kanten van de platen komen echter stijf tegen elkaar.

of niet tegen de ondergrond bevestigd. De van stempel-opdruk voorziene kant komt altijd naar de muur of het plafond, de kopse kanten stijf tegen elkaar aangesloten; de lange zijden met een 'kier' van ongeveer 3 mm vrij van elkaar. Van platen die in de lengterichting op maat zijn afgesneden, komen de gesneden kanten (bij plafonds) tegen de muur, of (bij wanden) tegen het plafond of de vloer, dus nooit tegen een naastliggende plaat: de gipskern van een gesneden plaat mag niet in aanraking komen met de natte raaplaag.

Op 2 cm vanaf de kopse kanten worden de platen genageld of geniet. De lange zijden van de plaat worden *niet* gespijkerd of geniet, ook niet als er zich spijkerhout onder deze naden bevindt, dit om het ontstaan van krimpscheuren te voorkomen. Bovendien moet de voegvulling immers door de opengehouden langsnaden worden gewerkt en aan de achterkant van deze naden kunnen 'uitpuilen'.

Op elke kopse zijde en op al die plaatsen waar een houten lat of tengel in de breedterichting van de plaat loopt, worden circa vijf nagels of nieten aangebracht. Deze nagels of nieten moeten goed stijf worden aangeslagen, maar mogen de gipskern niet beschadigen.

Werkwijze bij niet-vlakke muren of bij vrijstaande wanden op een houten regelwerk

In geval de bestaande muur niet vlak is, moet op zo'n muur eerst een raamwerk van latten worden bevestigd, welk raamwerk de oneffenheden in de muur opheft. U begint dan eerst met verticale latten op de muur te spijkeren die zuiver 'te lood' worden gesteld door ze aan de muurzijde *op te stoppen* met stukken hout van de vereiste dikte. De verticale latten zullen ook in de lengterichting van de muur te zamen één lijn moeten vormen.

Bij dit werk kunt u volstaan met latten van 7 × 2 cm in doorsnede, tenzij het raamwerk vrij op afstand van de bestaande muur komt te staan. In dat geval zullen de latten (ze heten dan regels) een minimale doorsnede van 7 × 5 cm moeten hebben. Bij toepassing van gipskartonplaten met een dikte van 9,5 mm moet de onderlinge

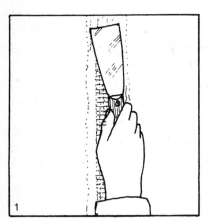
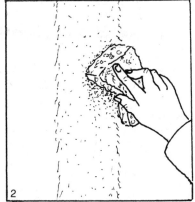

Afwerking van de naden.
1. De naden van de platen met een smalle strook vulmiddel overdekken, maar eerst ter plaatse een smalle kartonstrook afscheuren om het vulmiddel optimale hechting te geven. Vervolgens lange stroken voegband over de naden in het vulmiddel drukken. Met een plamuurmes het vulmiddel door het voegband 'plamuren'. Bij afgevlakte plaatranden zoveel vulmiddel opbrengen dat de verdiepte naad of voeg gelijk ligt aan het plaatoppervlak.
2. Met een vochtige spons de randen van de vulmiddelstrook gelijkvegen. Is het vulmiddel afgebonden, dan met een troffel of spaan een dunne laag gipspleister opbrengen en de randen weer met een vochtige spons nawrijven.

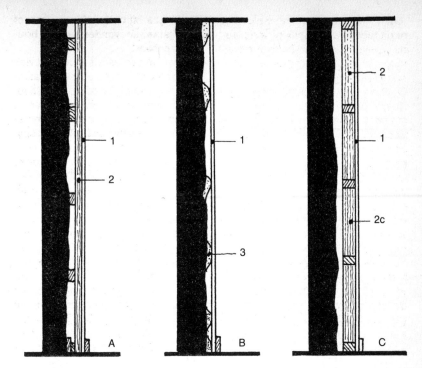

Uitvlakken van muren met niet-vlakke oppervlakken.
A. Met stukken lat en opvul-klossen.
B. Met 'dotten' gipskarton-lijm.
C. Met een vrijstaande voorzetwand (de tussenruimten 2c kunnen worden gevuld met een isolatiemateriaal).

1 = gipskartonplaten;
2 = latwerk;
3 = lijmdotten.

afstand van de latten of regels 40 cm zijn, hart op hart gemeten. Bij een plaatdikte van 12,5 mm of 18 mm mag deze onderlinge afstand 62,5 cm bedragen. De afstanden gelden zowel in de breedte als in de hoogte van het wandvlak.

Bepleisteren van gipskartonplaten
Gipskartonplaten moeten zo mogelijk onmiddellijk na het aanbrengen beraapt worden, het liefst op dezelfde dag, omdat anders de platen te veel vocht opnemen. Het berapen gebeurt door een ongeveer 4 mm dikke raaplaag van speciaal gips aan te brengen. Deze speciale gips wordt geleverd door dezelfde fabrieken die de gipskartonplaten leveren, en wordt harder dan normale gips. Ze zet niet uit tijdens het uitharden.

De raaplaag wordt na het aanbrengen met een bezem ruw gemaakt. Met het definitieve bepleisteren of schuurwerk moet worden gewacht totdat de raaplaag geheel is 'afgebonden'. Voor de pleisterlaag gebruikt u een mortel van gelijke delen kalk en gips;

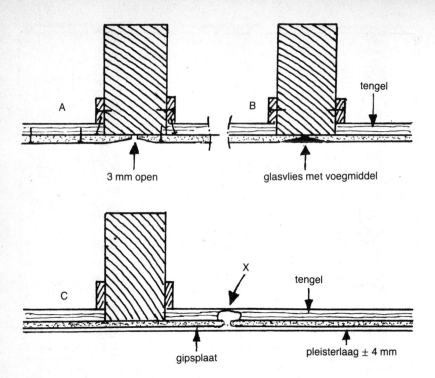

A

3 mm open

B

tengel

glasvlies met voegmiddel

C

X

tengel

gipsplaat

pleisterlaag ± 4 mm

Bevestigen van gipskartonplaten op houten regelwerk.
A. Met roestvrijstalen nagels.
B. Met lijm.
C. Het doel van het openhouden van de naden, wanneer het plaatmateriaal moet worden bepleisterd (X).

voor schuurwerk gelijke delen kalk en schuurspecie. Meer over stukadoren: zie het desbetreffende hoofdstuk.

Wandje van gipskartonplaten

De wand wordt opgebouwd uit regels of balkjes van 4½ bij 6½ centimeter. Twee-bij-drietjes, noemt de vakman die. De staanders laat u één centimeter diep in de regels bij vloer en plafond in. U kunt ook klosjes op vloer- en plafondregels vastzetten en daar de staanders tegenaan schroeven. U werkt het makkelijkst door eerst de vloerregel aan te brengen. Dan de staanders en de plafondregel aan elkaar spijkeren. Staanders en plafond-

balk op de vloerregel schuiven, klem slaan en waterpas afstellen. Vervolgens het geheel vastspijkeren. Gebruik voor de bevestiging aan plafond, muren en vloer pluggen en schroeven.

De gipskartonplaten zijn 60 of 125 centimeter breed. Vandaar dat de staanders, hart op hart gemeten, 30 centimeter van elkaar behoren te zitten. Wilt u de wand ook een geluidsisolerende functie geven, breng dan tussen de staanders glas- of steenwol aan. Polystyreenschuim of het bekende tempex of 'piepschuim' heeft geen geluidsisolerende eigenschappen. Die gebruikt u alleen wanneer warmte-isolatie wordt verlangd.

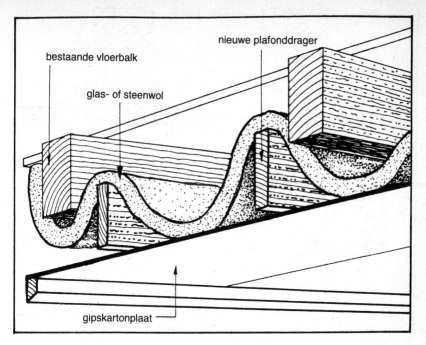

bestaande vloerbalk

nieuwe plafonddrager

glas- of steenwol

gipskartonplaat

Warmte-isolatie d.m.v. verlaagd plafond en dekens van glas- of steenwol. De plafonddragers behoeven in deze constructie niet zwaarder te zijn dan ca. 10 × 4 cm, want hun taak is slechts de gipsplafondplaten en de isolatiedekens te dragen.

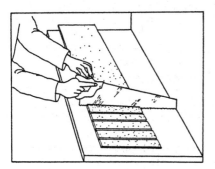

Als een gipskartonplaat gebogen moet worden, zaag dan om de 2 à 3 cm sneden op halve diepte.

De plaat kan dan gebogen worden.

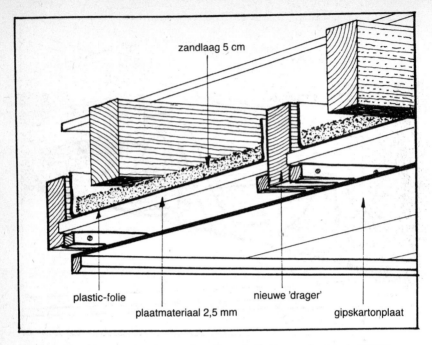

zandlaag 5 cm

plastic-folie

plaatmateriaal 2,5 mm

nieuwe 'drager'

gipskartonplaat

Geluidsisolatie d.m.v. verlaagd plafond en 5 cm dik zandpakket tussen nieuw aan te brengen 'dragers'. U zult er zeker van moeten zijn dat deze dragers het gewicht van het zand kunnen dragen. Deze wijze van geluid isoleren is de best mogelijke.

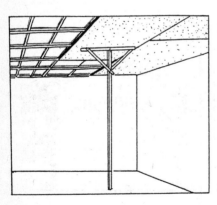

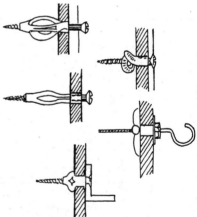

Met een provisorische houten ondersteuning houdt u gipskartonplaten op hun plaats tegen het plafond. Na het vastzetten van de desbetreffende plaat neemt u de ondersteuning weg.

Bevestigingsschroeven voor holle gipskartonwanden.

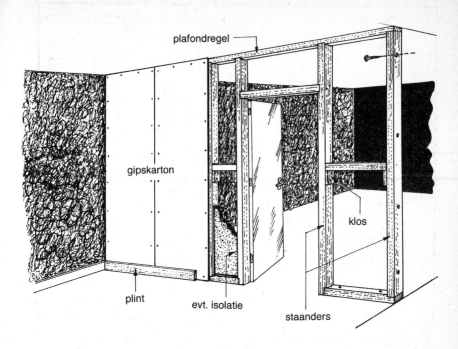

Het maken van een scheidingswand.

In the figure above, the following labels appear: plafondregel, gipskarton, klos, plint, evt. isolatie, staanders.

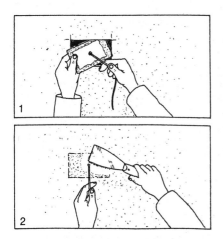

Reparatie aan wand van gipskartonplaat.
Snij een stuk gipskartonplaat iets groter dan het (rechthoekig gemaakte) gat. In het midden een klein gaatje boren en daar een touwtje doorheen steken. Het touwtje aan de achterkant aan een dwarsliggende draadnagel vastknopen. Vulmiddel op de zichtzijde van het stuk gipsplaat smeren, het touwtje strak in de handen houden en het plaatje in de holte van de wand brengen (1).
Plaatje aan het touwtje tegen de achterzijde van de wand trekken, nog meer vulmiddel opbrengen en dat tot 3 mm onder het wandoppervlak uitstrijken (2). Laten drogen, touwtje doorsnijden, de plek bevochtigen en verder vlak uitvullen.

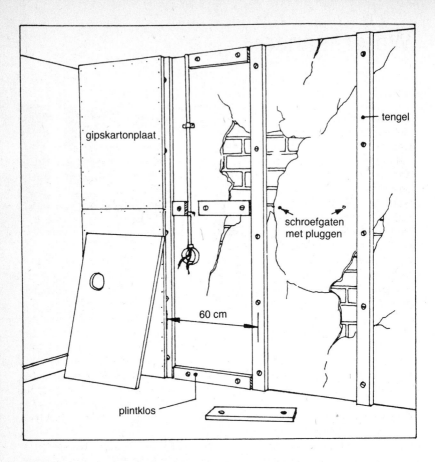

En labels in de afbeelding: gipskartonplaat, tengel, schroefgaten met pluggen, 60 cm, plintklos

Nieuwe muur- of wandafwerking van gipskartonplaat op tengels. De tengels worden met schroeven aan de bestaande muur of wand vastgezet. Als de muur vochtig is, dan worden de tengels aan de achterkant tweemaal in de menie of grondverf gezet. Betreft het een massieve buitenmuur, dan wordt onder de tengels eerst een laag asfaltpapier of ruberoid aangebracht om doorslaan van vocht te voorkomen. Neem gipskartonplaat van dikke 'wandkwaliteit'. Breng eventueel meteen nieuwe elektraleidingen met lasdozen tussen de tengels aan.

Wastafel

Wanneer aan de wand een wastafel of ander zwaar voorwerp moet komen te hangen, breng daar dan voor het met gipskarton bekleden een stuk multiplex van circa 20 millimeter dikte aan. Door het gipskarton heen kunt u dan later in het multiplex schroeven. Komt er in de wand een deur, dan zal de geluidsisolatie zelden optimaal kunnen zijn. Tochtstrippen en dorpelstrip zijn hulpmiddelen waarmee u de deur zoveel mogelijk geluiddicht kunt maken, maar te hoge verwachtingen moet u daarvan niet hebben. Een aan twee zijden zichtbare scheidingswand zal ook aan twee zijden met platen moeten worden bespijkerd.

Daar heeft u met het berekenen van de kosten toch wel rekening mee gehouden?

Water, sanitair, gas

Zelf 'loodgieten'

Het echte, ouderwetse 'loodgieten', waaronder je eigenlijk moet verstaan het *lood gieten*, het solderen van lood en zink en het werken met loden aan- en afvoerpijpen, komt in de huidige woningbouw nauwelijks meer voor. Het is ongemerkt vervangen door het zacht- of tinsolderen, en als pijpen worden nog slechts koperen en PVC-pijpen gebruikt. Alleen het werken met zink en mastiek (bij goten en platte daken) is iets dat nog net als vroeger tot het echte loodgieterswerk kan worden gerekend. Voor de rest is een loodgieter meer 'installateur' geworden.

Vanuit deze vaststelling zal het loodgieten in dit boek dan ook behandeld worden.

Gereedschappen

Bij het doe-het-zelf-loodgieten en installeren zijn de hierbij afgebeelde gereedschappen onontbeerlijk. Metaalzagen worden gebruikt bij het zagen en afkorten van koperen pijpen of PVC-pijpen. Een hamer en schroevedraaiers zijn nodig bij het aanbrengen van muurpluggen, zadels, beugels, klemmen en andere bevestigingsmiddelen. Een verstelbare Bahco-sleutel en een waterpomptang worden gebruikt bij het maken van knelverbindingen, het aandraaien van bouten en moeren, de installatie van kranen en sanitaire voorzieningen e.d. De boormachine maakt het snel boren van muurdoorvoeringen en gaten voor muurpluggen mogelijk. De pijpenbuiger kan bij het buigen van bochten in koperen buis niet gemist worden, ter-wijl de zoetvijl en de rattestaart bij het afbramen van afgekorte buizen noodzakelijke gereedschappen zijn. De rattestaart wordt vooral gebruikt bij het verwijderen van bramen in het inwendige van (koperen) buizen.

Een soldeerbrander van het merk Camping Gaz of Skandia is toereikend voor het maken van soldeerverbindingen in koperen buizen, maar voor het solderen van zink is een professionele brander vereist die met een slang op een grotere gastank kan worden aangesloten.

Buiten de genoemde gereedschappen moet u beschikken over diverse hulpmiddelen zoals een strook schuurlinnen, een lap, en een stuk metalen plaat die bij het solderen dient om er de mogelijk brandbare achtergrond of omgeving mee af te dekken. (Het in sommige oudere leerboeken aanbevolen plaatje asbest moet worden ontraden; we weten inmiddels dat verhitte asbest kankerverwekkende stoffen afscheidt.)

Een voorraadje pluggen in verschillende afmetingen is erg gemakkelijk om bij de hand te hebben en hetzelfde geldt voor bolkopschroeven, liefst in koperen, messing of gegalvaniseerde uitvoering. Een waterpasinstrument is nodig om aan zowel aan- als afvoerleidingen het nodige afschot te kunnen geven en verticale leidingen op het 'te lood' staan te controleren. Een duimstok of oprolbaar meetlint is uiteraard noodzakelijk om de lengte en hoogte van pijpen en aansluitpennen te kunnen uitzetten. Ten slotte is een rolletje zogeheten Teflontape, een blikje soldeervet of een flacon

S 39, en uiteraard soldeer in de gereedschapskist aanwezig.

Solderen
Onder solderen moet volgens de Stichting Opleiding GAWALO worden verstaan 'het met soldeer verbinden van twee metaaloppervlakken, waarbij het materiaal wel wordt verhit, maar niet tot smelten wordt gebracht. De verbindingen tussen koperen pij-

pen en hulpstukken worden *capillair* gesoldeerd: de spleetruimte tussen de pijp en het hulpstuk bedraagt hier 0,025 tot 0,125 mm. In deze zeer nauwe spleetruimte zal door de capillaire werking het vloeibaar gemaakte soldeer worden 'aangezogen' en vastgehouden.
Het zogenaamde *zachtsoldeer* dient minstens 50% tin te bevatten – de soldeersoorten, aangeduid met de

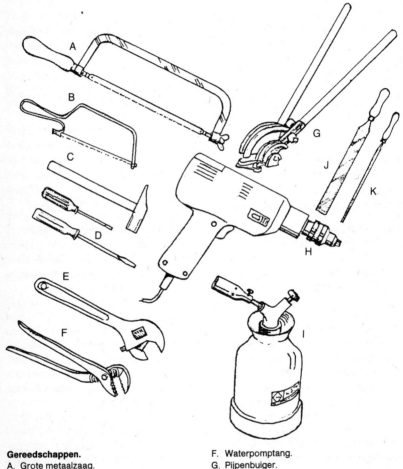

Gereedschappen.
A. Grote metaalzaag.
B. Klein metaalzaagje.
C. Hamer.
D. Diverse schroevedraaiers.
E. Bahco-sleutel.

F. Waterpomptang.
G. Pijpenbuiger.
H. Boormachine.
I. Soldeerbrander.
J. Blokvijl.
K. Ronde vijl ('rattestaart').

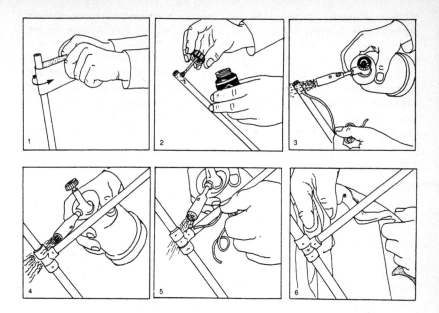

Solderen van koperen buis.

1. Schuur het buis-uiteinde schoon met schuurlinnen (het verbindingsstuk wordt aan de *binnenzijde* schoon geschuurd.

2. Breng vloeimiddel op.

3. Begin met verhitten. Als het vloeimiddel gaat 'borrelen' vertint u de buis met soldeer. Plaats daarna het verbindingsstuk.

4. Verhitten van een verbinding. Het soldeer vloeit door capillaire werking vanzelf in de ruimten tussen het (de) verbindingsstuk(ken) en de buis.

5. Solderen van de verbinding. Zorg ervoor dat de verbinding tijdens het solderen niet beweegt voordat ze is afgekoeld.

6. Met een vochtige lap de nog warme soldeerresten wegvegen en de soldeernaden wat egaal strijken. De verbinding nooit in koud water laten 'schrikken'.

codering 50/50 en 60/40 voldoen aan deze eis en zijn dus voor het zachtsolderen geschikt. De smelttemperatuur ervan ligt rond de 220°C. Bij het solderen kan het best een *soldeerpasta* als vloeimiddel worden gebruikt. Een *vloeimiddel* zorgt ervoor, dat de soldeervlakken tijdens het solderen niet oxyderen en dat het gesmolten soldeer goed op de oppervlakken (in de spleetruimte) uitvloeit. Na het solderen moeten de restanten zorgvuldig worden verwijderd. Het bekende

S 39-vloeimiddel bevat agressieve bestanddelen die op langere duur het koper aantasten en voor drinkwaterleidingen om gezondheidsredenen moeten worden afgeraden.

Zachtsoldeer, dat ook wel '*tinsoldeer*' wordt genoemd, heeft een geringe treksterkte. Dit betekent, dat, wanneer aan de capillaire soldeerverbindingen hoge eisen worden gesteld, de verbindingen (overigens alleen in pijpen met een diameter van

28 mm en groter) als *hard-soldeer-verbindingen* moeten worden uitgevoerd. Hard-solderen gebeurt met behulp van zilversoldeer, dat een veel grotere treksterkte heeft dan tinsoldeer. Maar ook zilversoldeer heeft een nadeel: het bestaat uit een legering van o.a. koper, zink en zilver en heeft daardoor een smeltpunt van rond de 700°C. Dit hogere smeltpunt maakt dat zilversoldeer moeilijker te verwerken is.

Hoe u moet solderen wordt aan de hand van de afbeeldingen duidelijk gemaakt.

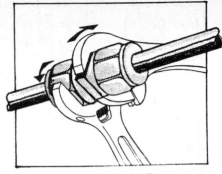

Aantrekken van een knelverbinding.

Knelverbindingen (knelfittingen)

Verbindingen in koperen pijpen kunnen ook zonder solderen worden gemaakt. Daartoe zijn er hulpstukken voor *knelverbindingen* in de handel. Het voordeel van dergelijke verbindingen is dat ze eenvoudig te maken zijn en er, zoals gezegd, geen soldeerwerk voor nodig is. Een nadeel is weer, dat knelverbindingen in vergelijking met soldeerverbindingen behoorlijk prijzig zijn, simpelweg omdat u er speciale hulpstukken voor moet aanschaffen.

Zoals de tekening laat zien wordt de afdichting op de pijpeinden tot stand gebracht door de *knelring*. Eerst wordt de *wartelmoer* op de pijp geschoven en vervolgens de knelring.

Daarna wordt het pijpeinde in het hulpstuk geschoven tot de pijp op de stootrand stuit. Vervolgens draait u de wartelmoer op de schroefdraad van het hulpstuk vast. Met twee steeksleutels wordt de wartelmoer dan stevig aangetrokken. Met dit aantrekken van de moer wordt de knelring door de afschuining in het hulpstuk-huis en in die van de wartelmoer gelijktijdig ingeklemd. Hierbij treedt een verkleining van de diameter op, met als gevolg dat de knelring als het ware vervormt en tussen hulpstuk en pijpwand wordt gekneld.

Vooral bij verbindingen die niet of moeilijk zijn te solderen omdat de hitte van de gasbrander brandgevaar kan opleveren, zijn knelverbindingen

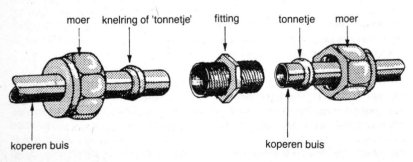

moer   knelring of 'tonnetje'   fitting   tonnetje   moer

koperen buis   koperen buis

Principe van de knelfitting.

494

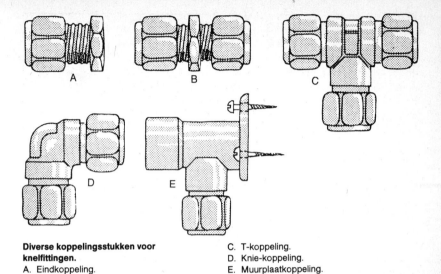

Diverse koppelingsstukken voor knelfittingen.
A. Eindkoppeling.
B. Koppeling.

C. T-koppeling.
D. Knie-koppeling.
E. Muurplaatkoppeling.

aan te bevelen, evenals bij de overgang van stalen naar koperen buis.

Schroefdraadverbindingen

Behalve de soldeer- en knelverbindingen zijn er nog de schroefdraadverbindingen, waarbij gebruik wordt gemaakt van *draadfittingen* en het zogenaamde 'Teflon-tape' dat om de schroefdraad wordt gewikkeld.

Dit ook wel 'lintpakking' genoemde tape vervangt het vroegere vlas of hennep, maar heeft dezelfde functie, namelijk het volkomen dichten van de schroefdraadverbinding.

Koperen buis

In de waterleidingtechniek, in het bijzonder bij de aanleg van drink- en warmwater-leidingen, wordt vrijwel zonder uitzondering gebruik gemaakt van koperen buis. Voor warmwaterleidingen is koperen buis zelfs het enig toegestane materiaal, vooral omdat de bestendigheid ervan tegen sterke en snelle temperatuurwisselingen groot is. De verbindingen in koperen pijpleidingen komen tot stand door middel van de eerder genoemde soldeerverbindingen of knelverbindingen. De diameters van koperen buis worden aangeduid in millimeters, gemeten over de buitenmiddellijn. De buizen worden geleverd in lengten van circa 5 meter.

De meest toegepaste buizen zijn: 10/12 mm, 13/15 mm, 19,8/22 mm, 25,6/28 mm en 32,4/35 mm. (De eerste getallen geven de *inwendige diameter* aan.)

Hulpstukken (verbindingsstukken) voor soldeerverbindingen in koperen buis zijn gemaakt van messing, brons of koper.

Buigen van koperen buis
Hoewel bochten in koperen buis door middel van de koperen hulpstukken E en F (zie bij soldeerfittingen) tot stand kunnen worden gebracht, blijkt in de praktijk dat deze hulpstukken zeker niet altijd te gebruiken zijn. Vaak moet een bocht een ruimer verloop heb-

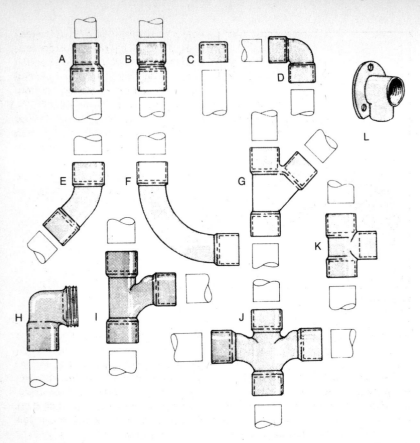

Koperen hulpstukken (soldeerfittingen).
A. Verloopsok.
B. Sok.
C. Dop.
D. Knie.
E. Bocht 45°.
F. Bocht 90°.

G. T-stuk 45°.
H. Knie met schroefdraad.
I. Stroom T-stuk.
J. Kruisstuk.
K. T-stuk.
L. Muurplaat.

ben, of in een àndere hoek dan 45° of 90° gebogen zijn. Met een *buigtang* of *pijpenbuiger* kunnen bochten in koperen pijpen worden gebogen, wanneer tenminste de buisdiameter niet groter is dan 22 mm. (Buizen van 28 mm en groter kunnen slechts met een professionele buigmachine worden gebogen.) De straal van een met een pijpenbuiger te maken bocht is natuurlijk steeds hetzelfde, maar door de buis tijdens het buigen

steeds een stukje in de pijpenbuiger op te schuiven kan aan de bocht een iets grotere straal worden gegeven. Het buigen gebeurt altijd 'koud', d.w.z. zonder de buis te verwarmen.

PVC-buizen
In Nederland en België worden al meer dan twintig jaar de zogenaamde PVC-buizen toegepast voor de aanleg van woningriolering en waterafvoer.

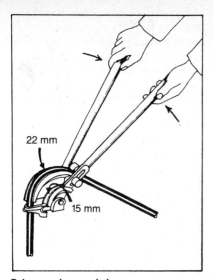

Buigen van koperen buis.
De betere buigtangen hebben twee
mogelijkheden, bijvoorbeeld één buigsegment
voor 22 mm en één voor 15 mm-buis.

voer van warm afvalwater tot ongeveer 90°C is bij deze buizen toegestaan. Vanzelfsprekend hebben
buizen met dikke wanden ook een
grotere weerstand tegen stoten,
schokken en druk. Bij de 'lichte' PVC-
buizen is een langdurige doorvoer
van water met een temperatuur van
meer dan circa 65°C beslist ongewenst. De standaard-diameters en
bijbehorende wanddikten zijn in de
tabel op deze bladzijde aangegeven.

De buiten-diameter	Wanddikte lichte uitvoering	Wanddikte harde uitvoering
32 mm	1,8 mm	3,2 mm
40 mm	1,8 mm	3,2 mm
50 mm	1,8 mm	3,2 mm
75 mm	1,8 mm	3,2 mm
110 mm	2,2 mm	3,2 mm
125 mm	2,5 mm	3,2 mm
160 mm	3,2 mm	3,2 mm

PVC-buizen worden vervaardigd van
PolyVinylChloride en geleverd in
standaardlengten van 4 meter,
meestal in grijze uitvoering. De bestendigheid tegen chemicaliën is, althans voor huishoudelijk gebruik,
goed te noemen, hoewel er stoffen
zijn waartegen het PVC niet bestand
is, zoals bijvoorbeeld jodium, tri-
chloorethyleen, aceton en benzol.
Tot de positieve eigenschappen van
PVC-buis behoren de gemakkelijke
verwerkbaarheid en de lage prijs in
vergelijking met de 'ouderwetse' materialen lood, staal en gietijzer. Als nadeel geldt de temperatuurgevoelig-
heid en het hoge uitzettingscoëfficiënt. Bij het beugelen van de buis
moet hiermee rekening worden gehouden. De zogenaamde 'harde'
PVC-buizen worden het meest toegepast. Ze hebben een grotere wand-
dikte en zijn geschikt voor de afvoer
van warm water. Langdurige door-

Behalve rechte PVC-buizen in verschillende diameters en wanddikten,
is er een verscheidenheid aan bijbehorende hulpstukken, zoals sokken,
expansiestukken, bochten, verloopstukken, ontstoppingsstukken
e.d. verkrijgbaar. De verbindingen van
deze hulpstukken met de buis moeten steeds worden gelijmd, behalve
wanneer ze als grondleiding worden
uitgevoerd. Voor het lijmen zijn er
twee soorten PVC-lijm in de handel:
1. lijm zònder spleetvullende eigenschappen;
2. lijm mèt spleetvullende eigenschappen.
De lijmsoort zonder spleetvullende
eigenschappen is alleen geschikt
voor verbindingen die zuiver, dus
zonder enige speling, in elkaar passen, de spleetvullende lijmsoort biedt
de mogelijkheid een verbinding tot
stand te brengen als tussen de buis
en het betreffende verbindings- of
hulpstuk een bepaalde speling aan-

wezig is, hoewel deze speling niet meer dan 0,3 mm mag bedragen.

Vóór het lijmen van de verbinding moeten de contactvlakken lichtjes worden schoongeschuurd of met bijvoorbeeld tetra of terpentine worden ontvet. Na het opbrengen van de lijm (op de *buitenkant* van de buis en aan de *binnenkant* van het mof-gedeelte van het hulpstuk) wordt de verbinding zo snel mogelijk in elkaar geschoven. PVC-lijm verhardt namelijk zeer snel, waardoor correctie in de stand achteraf onmogelijk is. De mof van het hulpstuk moet vooral *dun* met lijm worden ingesmeerd, dit om te voorkomen dat, na het in elkaar schuiven van de verbinding, een ribbel lijm in het inwendige van de verbinding wordt gevormd.

ABS-pijpen

Als er zeer hoge eisen worden gesteld aan de warmteweerstand, de mechanische weerstand en de algemene duurzaamheid van de buis, dan doet u er het beste aan zogenaamde ABS-pijpen toe te passen. ABS betekent acrylnitril, butadieen, styreen. De verwerking van deze buissoort gebeurt op dezelfde wijze als PVC. Er zijn echter ook ABS-buizen waarvan de verbindingen met behulp van rubber klemringen of rubber manchetten tot stand worden gebracht. In gewone huizen wordt echter zelden van ABS-buis gebruik gemaakt, reden waarom we hier geen verdere aandacht aan dit type buis besteden.

Loden en stalen buizen

In de huidige nieuwbouwwoningen zul je geen loden of stalen buizen meer aantreffen. In oudere huizen komen echter nog vaak loden drinkwater- of afvoerleidingen voor. Wanneer deze leidingen in gebruik moeten blijven, maar om een of andere reden met koperen buis worden verlengd of afgetakt, kan dat maar op één manier: maak in het uiteinde van de te verlengen loden pijp met een rond, wigachtig voorwerp een verwijding (een zogenaamde 'tromping'), en wel zó groot dat de koperen buis voor een deel in de loden pijp kan worden geschoven. Deze verbinding kunt u vervolgens met speciale soldeer (het zgn. 33/67-soldeer) en met gewone soldeerpasta als vloeimiddel dichtsolderen. Aangezien lood een laag smeltpunt heeft, moet de soldeerbrander met zorg worden gehanteerd, om te voorkomen dat het lood onder uw handen zal wegsmelten.

De drinkwaterinstallatie

Alle binnen een woning aanwezige leidingen voor warm en koud water, te zamen met de daarop aangesloten toestellen, wordt door de vakman 'drinkwaterinstallatie' genoemd. Het tot deze drinkwaterinstallatie behorende leidingnet, dus de uit lood, kunststof of koper bestaande waterleidingbuizen, wordt 'binnenleiding' genoemd.

In de Algemene Voorschriften voor Drinkwater Installaties (AVWI) zijn de voorschriften opgenomen waarmee bij de aanleg van een binnenleiding rekening moet worden gehouden. In België zijn deze voorschriften opgenomen in het 'Sanitair Reglement'.

Het voert te ver om al deze voorschriften in dit hoofdstuk te vermelden. Ze zijn echter middels de beschrijvingen en illustraties in dit hoofdstuk verwerkt, zodat u niet bang hoeft te zijn ongemerkt tegen de voorschriften te zondigen. Hetzelfde geldt ten aanzien van veiligheidsvoorschriften met betrekking tot pijpen, cv-installaties, richtlijnen voor de aanleg van gasleidingen enz.

De meteropstelling

De *dienstleiding* is dat deel van de leiding die de hoofdleiding (deze bevindt zich in de openbare weg) met de drinkwaterinstallatie verbindt. De dienstleiding eindigt dus met de opstelling van de hoofdkraan (de eerste afsluiter binnen de woning) en de watermeter. Een dienstleiding wordt door of in opdracht van het plaatselijk of regionaal waterleidingbedrijf gelegd. Aan de uitlaatzijde van de watermeter wordt dan door de particulier i.c. een erkend installateur de binnenleiding aangesloten. De hoofdkraan en de watermeter worden gewoonlijk in de *meterkast* geplaatst, in andere gevallen in een *meterput.*

Wanneer de hoofdkraan en de watermeter in een meterkast staan opgesteld, dan bevinden zich in deze kast ook de gasmeter en de elektriciteitsmeter.

Hoewel het volgens de Modelbouwverordening niet is toegestaan om een watermeter in de meterkast te situeren, blijkt deze situatie, als tenmin-

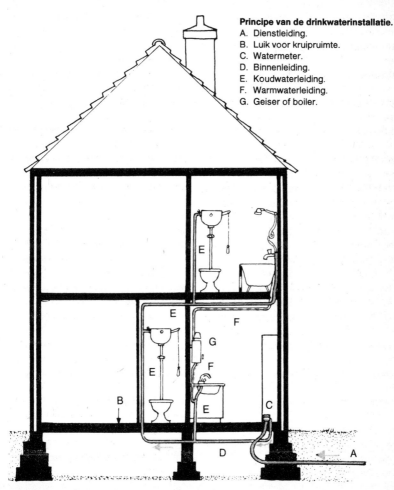

Principe van de drinkwaterinstallatie.
A. Dienstleiding.
B. Luik voor kruipruimte.
C. Watermeter.
D. Binnenleiding.
E. Koudwaterleiding.
F. Warmwaterleiding.
G. Geiser of boiler.

ste de afmetingen van de meterkast voldoende ruimte bieden om de watermeter en de hoofdkraan daarin technisch verantwoord onder te brengen, in de praktijk toch veelvuldig voor te komen, zelfs met toestemming van het desbetreffende toeleveringsbedrijf. In oudere woningen zal de watermeter zich doorgaans in een meterput vlakbij de voordeur bevinden, of in een putje onder de bodem van de meterkast. Als de binnenleiding bestaat uit buizen van 25 mm en groter, dan zal zowel voor als achter de watermeter een stopkraan aanwezig zijn om te voorkomen dat bij het verwisselen van deze watermeter te veel water uit de binnenleiding in de meterkast of meterput zou stromen. Bij een opstelling van de watermeter in een meterkast is de aanwezigheid van twee stopkranen altijd vereist, ongeacht de diameter van de binnenleiding-buizen.

De meterkast

Aan de meterkast worden door het plaatselijk of regionaal toeleveringsbedrijf een groot aantal eisen gesteld, die overigens over het gehele land nogal kunnen verschillen. In het algemeen worden onder meer de volgende voorschriften gehanteerd:
– de minimale inwendige afmetingen van een meterkast moeten bedragen: hoogte 205 cm, breedte 60 cm, diepte 35 cm. Bovenin de meterkast moet zich de elektriciteitsmeter bevinden, in het midden de gasmeter en bij de bodem of vloer de watermeter;
– zowel aan de onder- als bovenzijde van de deur moet een spleet van ongeveer 2 cm breed aanwezig zijn ten behoeve van een goede ventilatie. De deur moet tenminste 90° open kunnen draaien en gemakkelijk uit de scharnieren kunnen worden gelicht;
– de zijwanden en de achterwand van de meterkast moeten over de volle breedte en hoogte bestaan uit een niet-elektrisch geleidend materiaal, bij voorkeur massief hout, multiplex of dik spaanplaat e.d., zodat de verschillende meters en leidingen daarop gemakkelijk en stevig kunnen worden bevestigd;
– de meterkast mag zich niet in een woonkamer, slaapkamer of keuken bevinden;
– de meterkast moet zich bevinden op ten hoogste drie meter afstand van de hoofdtoegang van de woning;
– de meterkast moet vorstvrij zijn, de vloer of bodem tenminste 2½ cm boven de naastgelegen vloer uitsteken, en mag niet als bergkast worden gebruikt.

Van deze eisen kan in bepaalde gevallen worden afgeweken, maar alleen in overleg met het toeleveringsbedrijf. Hoewel ... voorschriften zijn er om nageleefd te worden, maar ook om er in alle redelijkheid van af te kunnen wijken. Een voorbeeld hiervan is de plaats van de meterkast: in honderdduizenden woningen moeten de elektriciteitsmeter en de gasmeter wel degelijk in de woon- of slaapkamer worden gezocht – ze zijn daar destijds door de toeleveringsbedrijven zelf neergezet – of moet de meteropnemer er vanaf de voordeur vaak het halve huis doorlopen om de meterstand op te kunnen nemen.

Het leidingnet van de drinkwaterinstallatie, dus het samenstelsel van alle leidingen voor warm en koud water, bestaat meestal uit koperen buis van 12 en 15 mm in doorsnee. De 15 mm buis dient dan voor de belangrijkste aanvoerleidingen, de 12 mm buis voor de verschillende van deze aanvoerleiding afgetakte tappunten (kranen e.d.).

De verdeelleiding is de leiding die vanaf de hoofdkraan loopt en is doorgaans 22 mm in doorsnede. In enkele gevallen bestaat het leidingnet ook wel uit stalen buizen of harde PVC-pijpen, in oudere woningen uit verouderde loden pijpen. In dit laatste geval verdient het aanbeveling om bij eventuele reparaties of uitbreidingen het loden pijpnet meteen te vervangen door koperen buizen want van loden drinkwaterpijpen is bekend dat de waterkwaliteit er door vermindert.

De doorsnede van de verschillende buizen in de leiding hoeft niet overal even groot te zijn, hebben we al opgemerkt, en het is raadzaam om voor de tappunten aan het einde van het leidingnet, of voor de minder zwaar belaste aftakkingen, 12 mm buis te gebruiken. Niet alleen dat daardoor de druk in de leidingen hoger blijft, maar het verlaagt ook de materiaalkosten. Er zijn zgn. *verloopstukken* verkrijgbaar waarmee een leiding smaller kan worden gemaakt (bijvoorbeeld van 22 naar 15 mm, of van 15 naar 12 mm). Het verloop van dergelijke smaller gemaakte leidingen moet dan wel, in de stroomrichting van het water gerekend, altijd van groot naar klein worden aangelegd, en nooit van klein naar groot.

Indien er in de woning veel tappunten en zogeheten *vaste aansluitingen* (geiser, wasautomaat, vaatwasmachine e.d.) gepland of aanwezig zijn, dan is het het overwegen waard om het leidingnet in gescheiden groepen in te delen en elke groep apart afsluitbaar en aftapbaar te maken, een situatie die te vergelijken is met de groepsverdeling van het elektriciteitsnet in de woning. In de meeste moderne woningen is dat trouwens al het geval, met het voordeel dat men bij storingen en reparaties in een bepaalde groep niet in de hele woning zonder water zit.

Storingen

Wanneer zich een storing voordoet, dan moeten, na het dichtzetten van de hoofdtoevoerkraan, alle tappunten van het leidingnet of van de groep worden opengezet, opdat het water in de leidingen weg kan lopen naar het laagstgelegen punt waar een aftapkraan zit. Hierdoor wordt de leiding volledig *belucht*. Wanneer het water weer in de leidingen toegevoerd wordt, dan moeten de tappunten nog even open blijven staan om de leidingen volledig te *ontluchten*. Daarbij wordt de lucht in de leidingen door het water afgevoerd, hetgeen voor een goede werking van het leidingnet noodzakelijk is.

Het is goed nogmaals te vermelden dat de drinkwaterinstallatie van een woning al sinds geruime tijd niet meer onder de verantwoordelijkheid van het waterleidingbedrijf valt. Alleen de dienstleiding, de hoofdkraan en de watermeter zijn in onderhoud bij het waterleidingbedrijf, voor alles wat zich *achter* de watermeter bevindt is de huiseigenaar verantwoordelijk. Voor de aanleg van een drinkwaterinstallatie stelt het waterleidingbedrijf een aantal normen en voorschriften maar deze kunnen plaatselijk of regionaal nogal verschillen. Voordat u met een waterleidingklus begint doet u er dus verstandig aan eerst naar die plaatselijk geldende voorschriften te informeren.

Ontluchting, beluchting, heveling en sifons
Ontluchting

In huishoudelijk afvalwater komen veel organische stoffen voor die blootstaan aan een gistings- of rottingsproces. Bij dit proces wordt *rioolgas* (methaangas) ontwikkeld, en het zal duidelijk zijn dat deze gassen moeten kunnen ontwijken. Ofwel: de afvoerleidingen in huis moeten kunnen worden 'ontlucht', zodat hierin geen overdruk kan ontstaan ten opzichte van de druk van de buitenlucht, en het methaangas niet in de woning kan doordringen.

Als de afvoerleiding-installatie nu zodanig wordt uitgevoerd dat via één of meer '*ontluchtingsleidingen*' een open verbinding met de buitenlucht tot stand is gebracht, dan kunnen de methaangassen door deze ontluchtingsleiding naar buiten de woning ontsnappen en zal er dus geen overdruk optreden.

Deze open verbinding met de buitenlucht wordt in de meeste gevallen tot stand gebracht door de standleiding te verlengen en buiten het dak te laten uitmonden. Het aldus verlengde gedeelte noemen we de *ontluchtingsleiding*.

Beluchting

We hebben vastgesteld, dat een ontluchtingsleiding dient voor het opheffen van de overdruk in de afvoerleidingen. Een ontluchtingsleiding heeft echter eveneens de taak van *beluchtingsleiding*: hij moet ook buitenlucht kunnen toelaten. Dit is nodig als in een deel van het afvoerleiding-stelsel luchtverdunning of *onderdruk* optreedt. Onderdruk ontstaat doordat, als er een flinke hoeveelheid huishoudelijk afvalwater via een liggende leiding in de standleiding stroomt, in de standleiding het water een grote snelheid krijgt. Het via de liggende leiding stromende afvalwater stuit, alvorens te vallen, op de verticale pijpwand van de standleiding. De aanvankelijk horizontale beweging van het water wordt hierbij een kort moment tot staan gebracht en opgestuwd. Maar wanneer het water onder invloed van de zwaartekracht begint te vallen, ontstaat er boven het vallende water een zuiging

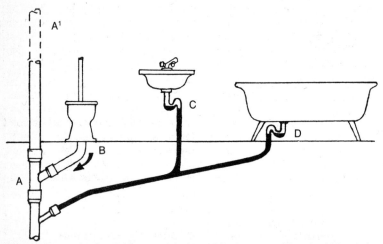

Leeghevelen van de afvoerleidingen ontstaat meestal ook wanneer, bijvoorbeeld door het doortrekken van de WC (zie bij B), de standleiding (A) voor korte tijd geheel wordt gevuld. De waterkolom kan dan als zuiger gaan werken die boven een luchtverdunning veroorzaakt. Vaak wordt dit nog verergerd wanneer de waterkolom een draai-kolk-beweging krijgt. Bij C en D ontstaat aldus een leeg-heveling. Het verschijnsel kan worden tegengegaan door de standleiding te verlengen en buitendaks te laten uitmonden (A¹). Die verlengde leiding (de zgn. *ontspanningsleiding*) moet van gelijke diameter zijn als de standleiding zelf.

van lucht. Anders gezegd: er vindt boven de kolom vallend water een luchtverdunning plaats, die moet worden aangevuld. Is nu de standleiding behalve ontluchtingsleiding, ook *beluchtingsleiding*, dan zal de buitenlucht direct toestromen en voorkomen dat in de leiding (boven de vallende waterkolom) een te grote onderdruk ontstaat.

Heveling
Maar veronderstel nu, dat de stand-

leiding níet tegelijk ont- en beluchtingsleiding zou zijn, maar slechts een 'gewone' standleiding die niet buitendaks uitmondt en waarop bijvoorbeeld een WC, een wastafel en een badkuip zijn aangesloten. Wat gebeurt er dan? Dan ontstaat in de leiding die de drie genoemde toestellen verbindt met de standleiding *onderdruk*. Aangezien de mogelijkheid van het toetreden van buitenlucht ontbreekt, wordt door *hevelwerking* het afvalwater uit de stankafsluiter van de

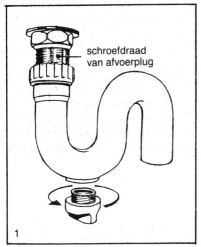

schroefdraad van afvoerplug

1

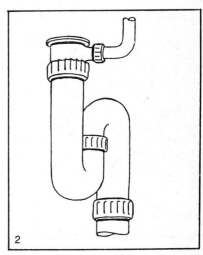

2

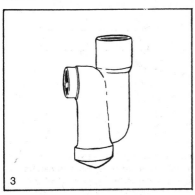

3

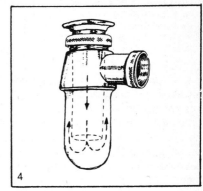

4

Sifons.
1. Loden of PVC-buissifon.
2. PVC-sifon.

3. PVC-bekersifon.
4. Verchroomd koperen bekersifon.

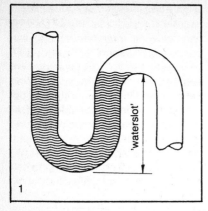

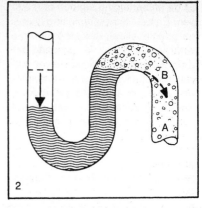

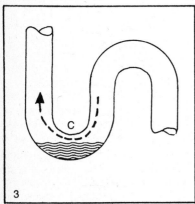

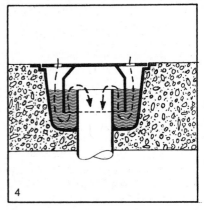

Het beginsel van leegheveling bij stankafsluiters (links).
1. Luchtverdunning in beide armen is gelijk, de stankafsluiter werkt goed.
2. Luchtverdunning in A, door vallende watermassa uit de andere leiding, leidt de heveling in. Het water loopt weg bij B.
3. De stank (C) kan ontsnappen, omdat de lage bocht niet met water is gevuld.
4. Vloersifon (het zgn. 'afvoerputje').

WC, en dat uit de sifons van wastafel en badkuip, meegezogen in de afvoerleiding. De standleiding zal dan in open verbinding komen te staan met de genoemde toestellen, waardoor de rioolgassen via stankafsluiter en sifons de woning kunnen binnenstromen.

Sifons (stankafsluiters)
In de Modelbouwverordening wordt voorgeschreven, dat elk op een afvoerleiding aangesloten 'lozingstoestel' (wastafel, gootsteen, badkuip, douchebak, closetpot, wasautomaat, vaatwasmachine enz.) moet zijn voorzien van een stankafsluiter ofwel *sifon*. Een stankafsluiter heeft als functie de afvoerleiding stankvrij af te sluiten. Anders gezegd: een stankafsluiter moet voorkomen dat de rioolgassen via het lozingstoestel

uit de afvoerleiding kunnen ontsnappen. Een stankvrije afsluiting blijkt in de praktijk alleen te kunnen worden verkregen door de afvoerleiding dichtbij het lozingstoestel te voorzien van een stankdichte waterkolom met een U-vorm. In sommige lozingstoestellen, bijvoorbeeld closetpotten, vormt deze U-vormige stankafsluiter één geheel met het toestel zelf, bij andere toestellen moet de stankafsluiter alsnog worden aangebracht. Hierbij is het van belang dat de stankafsluiter zo dicht mogelijk bij of tegen het desbetreffende toestel wordt geplaatst, teneinde het niet-stankbeschermde gedeelte van de afvoerleiding zo kort mogelijk te houden. Dergelijke stankafsluiters noemen we gewoonlijk sifons. Ze werken overigens alleen goed wanneer zich geen hevelingsverschijnselen voordoen en wanneer het zgn. *waterslot* een hoogte heeft van minimaal 5 cm. Een iets afwijkende wijze van stankafsluiting zien we bij de zgn. *vloersifons*: deze zijn voorzien van een uitneembaar, geperforeerd rooster, aan de onderzijde waarvan zich een 'kraag' bevindt die over de afvoeropening sluit. Oorspronkelijk werden vloersifons in koper of messing uitgevoerd, maar tegenwoordig wordt de veel goedkopere kunststof-uitvoering op grote schaal toegepast. De hoogte van het waterslot is bij vloersifons altijd kleiner dan bij andere stankafsluiters en bedraagt meestal niet meer dan ongeveer 3 cm. Reeds bij een geringe onderdruk wordt de stankafsluiting verbroken, reden waarom het waterslot ervan geregeld moet worden gecontroleerd en op peil gehouden door er wat water in te gieten.

Aanleg van koperen buisleidingen

Een koperen leiding in woonhuizen is altijd een gasleiding of koudwater- of warmwaterleiding. Net als bij PVC-afvoerleidingen moet een koperen waterleiding enigszins op 'afschot' worden gelegd, maar de reden daartoe is een andere: bij het aftappen van een waterleidinginstallatie moet het water bij voorkeur in de richting van het aftappunt (aftapkraantje) lopen, opdat er geen water in de leiding achterblijft. Brengt u de leiding zónder afschot aan, dus zuiver horizontaal of waterpas, dan zal de leiding na het aftappen moeten worden leeg geblazen en wel van aftappunt tot aftappunt.
Elders is aan het solderen van koperen leidingen aandacht besteed, dus daar komen we hier niet op terug.

Beugelafstanden koperen buis
Voor het bevestigen van koperen leidingen is een overmaat aan beugels, zadels, zadelbeugels en klemmen verkrijgbaar. Voor elke buisdiameter zijn er dergelijke bevestigingsmiddelen en het is daarbij van belang de juiste diameter te kiezen, al was het alleen maar op de buis volkomen rammelvrij 'op te hangen'. Vrijwel alle typen beugels, zadels en klemmen zijn zo ontworpen dat zij de buis op enige afstand van de muur houden. Als maximum beugel- of zadelafstand voor koperen leidingen wordt gewoonlijk de richtlijn aangehouden:
buisleidingen met een diameter van 12 mm: 60 cm;
buisleidingen met een diameter van 15 mm: 80 cm;
buisleidingen met een diameter van 22 mm: 100 cm;
buisleidingen met een diameter van 28 mm: 125 cm.

Bij bochten en kniestukken worden twee beugels, zadels of klemmen gebruikt, elk op 15 cm uit het denkbeeldige snijpunt van de rechte leidingen. Bij een afgetakte leiding wordt de eerste beugel ervan op een afstand van ten hoogste 50 cm vanaf de doorgaande leiding geplaatst.

Koperen leidingen die door muren, vloeren of balken van steenachtig materiaal worden gevoerd, dienen ter plaatse van zogenaamde *mantelbuis* te worden voorzien. Hiervoor wordt meestal een stukje PVC-buis gebruikt waarvan de inwendige diameter groter is dan de uitwendige diameter van de koperen buis. De mantelbuis dient om het koper te beschermen tegen de inwerking van kalk en cement en om de buis de mogelijkheid te geven

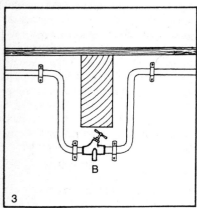

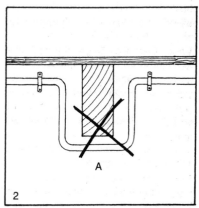

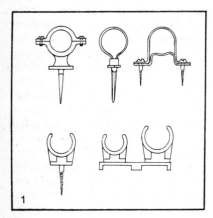

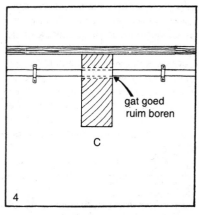

1. Bevestigingsmiddelen voor koperen pijp.
Boven: in metaaluitvoering, meestal koper.
Onder: in kunststof-uitvoering.

2, 3 en 4.
Als het water uit de leidingen moet worden getapt, mag er op geen enkele plaats water in een leiding blijven staan, zoals in A het geval is.

De situatie in B maakt het mogelijk het water uit de 'zak' te laten lopen via een aftapkraantje. Uiteraard geeft de oplossing in C de minste moeilijkheden. De leiding is dóór de vloerbalk gevoerd. Het daartoe geboorde gat moet dan wel zeer ruim zijn, zodat de trillingen in de balk zich niet in de leiding kunnen doorzetten en omgekeerd.

te krimpen of uit te zetten. De ruimte tussen de mantelbuis en de koperen buis wordt afgedicht met een plastisch blijvend, isolerend materiaal. Vooral bij het doorvoeren van warmwaterleidingen is het toepassen van een stukje mantelbuis van belang i.v.m. de sterk schommelende temperaturen. In de mantelbuis mogen zich geen soldeer- of knelverbindingen bevinden, omdat deze verbindingen bij lekkage dan nooit gerepareerd zouden kunnen worden.

Voor de aanleg van leidingen naar de aansluitpunten van verschillende toestellen, apparaten en sanitaire voorzieningen is het zinvol te weten op welke hoogten deze toestellen en voorzieningen gewoonlijk worden geïnstalleerd.

Leidingen in zicht?

Een zwaarwegende overweging is de vraag of koperen waterleidingen *in* of *op* de muur zullen worden bevestigd, ofwel: moeten de leidingen in de muur worden weggewerkt of juist in het zicht komen? Het is allebei mogelijk en voor beide mogelijkheden gelden vele voor- en nadelen die in de vakliteratuur uitvoerig worden besproken. Wanneer er in deze literatuur wordt gepleit voor weggewerkte leidingen, dan zijn de argumenten steeds van esthetische aard.

Mijn persoonlijke mening is dat weggewerkte leidingen uit den boze zijn. Het belangrijkste argument hiervoor is dat bij eventuele storingen de weggewerkte leidingen niet of slechts met grote moeite en veel hak- en breekwerk kunnen worden bereikt. Zelfs het lokaliseren van storing levert al moeilijkheden op. Een tweede argument is dat weggewerkte leidingen als dubbel kwetsbaar moeten worden beschouwd wanneer men alleen maar denkt aan het 'spijkertje inslaan om een schilderijtje aan de muur te hangen'. Als u leidingen toch aan het zicht wilt onttrekken kunt u overwegen ze in een holle *plintkoker* te leggen. Dit biedt niet alleen het voordeel dat de koudwaterleiding en warmwaterleiding apart geïsoleerd kunnen worden, maar bovendien dat bij mogelijke storingen de leidingen gemakkelijk bereikbaar zijn; u hoeft dan alleen de plintkoker af te nemen.

De aanleg van koperen leidingen moet zodanig plaatsvinden dat de kans op bevriezing zoveel mogelijk wordt uitgesloten. Een eerste voor-

Soort toestel	Hoogte boven de vloer in cm
Tapkraan, mengkraan boven gootsteen	130
Tapkraan boven handenwasbakje	110
Tapkraan boven uitstortgootsteen	90
Vlotterkraan van hooggeplaatste WC-stortbak	210
Mengkraan op aanrechtblad (onderaansluiting)	60
Wastafelkraan op wastafel (onderaansluiting)	75
Badmengkraan	70
Douchemengkraan	110
Closetspoelkraan (fonteintje)	100
Gevelkraan, tapkraan boven schrobputje	50
Wasautomaat	125
Vaatwasmachine	125
Aansluitpunt voor badgeiser	120
Vulkraan voor cv-installatie	70

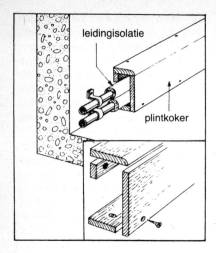

leidingisolatie

plintkoker

waarde daartoe is het vermijden van bevestiging tegen (ongeïsoleerde) buitenmuren, een tweede het voorkomen dat de leidingen zich vlakbij een ventilatiekoker of een vaak openstaand raam bevinden. Wanneer zoiets niet mogelijk is, dan moeten de leidingen worden voorzien van een isolerende bekleding. Leidingen die onder de vloer (bijvoorbeeld in de kruipruimte) lopen, moeten in een ruime mantelpijp van PVC worden gelegd. Koperen grondleidingen moeten eveneens met een PVC-mantel worden omgeven, teneinde de inwerking van eventuele agressieve stoffen of de invloed van grondwater uit te sluiten. De bekende PVC-pijpen die bij de aanleg van elektrische installaties worden gebruikt, zijn hiervoor prima geschikt.

Leidingisolatie
De lengte van warmwaterleidingen tussen de tappunten en de boiler, geiser of cv-ketel dient zo kort mogelijk te zijn. Koper is immers een goede warmtegeleider en zal veel warmte aan het water in de buis onttrekken.

Dat betekent energieverlies. Ook hier verdient het aanbeveling de desbetreffende leiding(en) van een isolatiemantel te voorzien. Hiervoor zijn bij de installateur of doe-het-zelf-winkels speciaal daarvoor bestemde 'schalen' of 'slangen' verkrijgbaar. Bekende merken zijn *Jacosol* polyurethaanschuim-schalen met schuifsluiting, *Climatube* polyethyleenschalen en *Herathan* pijpschalen. Al deze schalen en slangen zijn in verschillende diameters verkrijgbaar en komen overeen met de diameters van koperen buis.

Het toepassen van een kleinere diameter buis is een extra mogelijkheid om warmteverlies te beperken. Het buisoppervlak daarvan is kleiner, dus zal ook de warmte-afgifte geringer zijn. In vele gevallen kan met een buis van 12 mm worden volstaan in plaats van bijvoorbeeld 15 of 22 mm. Overigens mag de afstand tussen een warmwatertoestel en de tappunten niet meer dan 8 meter bedragen en moet rekening worden gehouden met de krimp en uitzetting in de lengterichting tengevolge van optredende temperatuursverschillen in de leiding.

Kranen, mengkranen en afsluiters

Afsluiters (ook wel stopkranen genoemd) hebben de functie de waterdoorlaat in een leiding af te sluiten. Dit kan nodig zijn om de leiding achter de stopkraan af te tappen teineinde bijvoorbeeld reparaties te verrichten, of om leidingen naar buitenkranen gedurende de winter af te sluiten. Het *huis* van sommige stopkranen is voorzien van een boring waarin desgewenst een aftapkraantje kan worden gemonteerd. Uit het laatste blijkt, dat stopkranen een andere constructie hebben dan aftapkranen. Een echte stopkraan doet niets anders dan de watertoevoer af te stoppen, een aftapkraan heeft dezelfde functie maar is dan uitgebreid met een kraantje voor het stopgedeelte. Met dat kraantje kunt u het water uit de leiding laten lopen, uiteraard nadat de stopkraan is dichtgedraaid. Een stopkraan kan zijn uitgevoerd met een inwendige of een uitwendige schroefdraad aan de inlaatzijde of met een soldeerstuk.

In de drinkwaterinstallaties van woningen komen het meest stopkranen met *klepafsluiters* voor. Bij dergelijke stopkranen vindt de afsluiting plaats met behulp van de kruk met draadspil die de *klep* (kraanleertje) bij het dichtdraaien tegen de *zitting* drukt. Alle types stopkranen zijn genormaliseerd en staan bij de fabricage onder KIWA-controle. De beste types zijn die met een schuinstaand huis, omdat daardoor het doorstromend water bij openstaande kraan een minder bochtig traject hoeft af te leggen.

Een ander veel voorkomend type is de

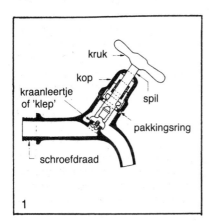

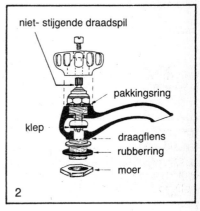

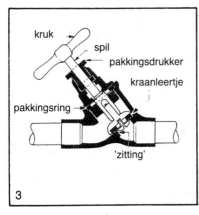

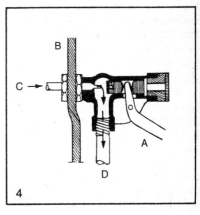

Kranen.
1. Tapkraan met stijgende draadspil.
2. Wastafelkraan met niet-stijgende draadspil.
3. Stopkraan of afsluiter.
4. **Doorsnede van een vlotterkraan:**

A. vlotterarm;
B. wand van het reservoir;
C. wateraanvoer (inlaatstuk);
D. uitstroompijpje.

haakse stopkraan, waarvan het huis recht op de stroomrichting van de kraan staat. Het wordt toegepast vóór de aansluiting van vlotterkranen van stortbakken en reservoirs. De uitvoering is zeer eenvoudig gehouden omdat er nauwelijks sprake is van slijtage; de kraan staat immers voortdurend open. Niettemin doen zich in dit type kraantjes vaak mankementen voor. Meestal begint na verloop van tijd de pakking te lekken of gaat de spil, juist omdat de kraan zelden dichtgedraaid wordt, vastzitten. De lekkende pakking kan met het iets verder aandraaien van de *pakkingdrukker* simpel worden verholpen, de vastzittende spil kan door het enige malen per jaar dicht- en opendraaien van de kraan worden 'gelost'.

Tapkranen
Tapkranen worden zowel in koudwater- als in warmwaterinstallaties toegepast. Ze kunnen zijn uitgevoerd met een *stijgende* of *niet-stijgende* draadspil. Bij een stijgende draadspil zal tijdens het opendraaien van de kraan de draadspil via trapeziumschroefdraad in het bovenstuk om-

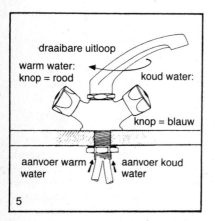

draaibare uitloop
warm water:
knop = rood
koud water:
knop = blauw
aanvoer warm water
aanvoer koud water
5

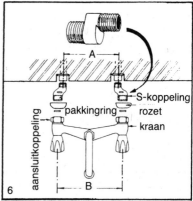

A
S-koppeling
pakkingring
rozet
kraan
aansluitkoppeling
B
6

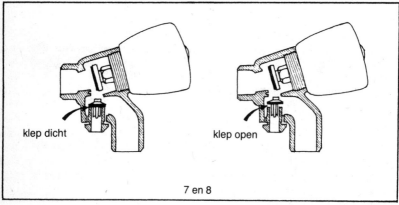

klep dicht
klep open

7 en 8

Kranen.
5. Eengats mengkraan met draaibare uitloop.
6. Mengkraan met S-koppeling

(bovenaanzicht).
7 en 8. Werking van een beluchtingskraan.

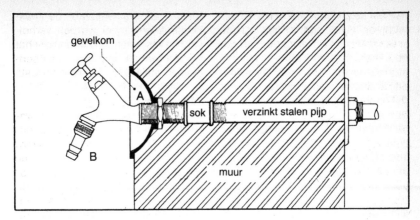

Gevelkraan met gevelkom (A) en slangwartel (B).

hoog komen. Niet-stijgende draad-spillen zijn niet genormaliseerd. Om deze reden is het aan te raden alleen een type met KIWA-keurmerk te installeren. De draadspil van het niet-stijgende type is door een hierop aangebrachte verdikking en door een veerring draaibaar opgesloten in het bovenstuk. Hierdoor kan hij wel draaien, maar niet omhoog of omlaag bewegen. De klep is hol, en de hierin aanwezige schroefdraad past op de uitwendige schroefdraad van de draadspil. De buitenkant van de klep is voorzien van enige platte vlakken die voorkomen dat de klep bij een omhoog of omlaag gaande beweging met de draadspil meedraait. Omdat de klep door zijn platte vlakken niet kan meedraaien, wordt hij door de schroefdraad gedwongen een omhoog gaande beweging te maken. Bij sluiten van de kraan vindt een tegenovergestelde werking plaats. Door toepassing van een O-ring in een daarvoor bestemde groef aan de binnenkant van het bovenstuk, is het hinderlijke lekken langs de draadspil voorkomen. Mede daardoor hebben kranen met niet-stijgende draadspil weinig onderhoud nodig.

Tapkranen zijn meestal in chroom uitgevoerd (hoewel er ook 'ouderwetse' koperen modellen zijn) en van een sierkap rondom de pakkingdrukker voorzien. De 'tuit' of uitstroomopening is soms glad, soms uitgerust met een uitwendige schroefdraad voor het aansluiten van een *schuimstraalmondstuk*. Zo'n schuimstraalmondstuk mengt de uitstromende waterstraal met een hoeveelheid lucht, waardoor het hinderlijke spatten van de straal wordt voorkomen.

Er zijn ook tapkranen die als *gevelkraan* dienst doen. Meestal zijn ze dan uitgevoerd met een slangwartel aan de tuit, zodat er een tuinslang aan kan worden gekoppeld. Gevelkranen zijn bij voorkeur met een *gevelkom* gemonteerd: een hulpmuurstuk voorzien van binnendraad waarin aan de ene zijde een tapkraan kan worden geschroefd, en aan de andere zijde een verbindingsstuk dat door de muur loopt en dient voor het aansluiten op de binnenleiding.

Wastafelkranen
Wastafelkranen zijn, zoals de naam al zegt, bestemd om op wastafels te

worden gemonteerd. Ze kunnen zijn uitgevoerd met een zogenoemde 'stijgende' of 'niet-stijgende' draadspil, maar voor wastafels wordt aan kranen met een niet-stijgende draadspil de voorkeur gegeven. Aan de onderzijde van de kraan (de inlaat-zijde) bevindt zich meestal een lang, van schroefdraad voorzien aansluitstuk waarop de leiding met behulp van een klemverbinding kan worden aangesloten. Onder de *draadflens* van het kraanhuis zit een vierkante nok die in het kraangat van de wastafel past. Deze draagflens heeft aan de onderzijde een uitsparing voor een rubber *pakkingring*. De kraan wordt in het gat van de wastafel geplaatst (meestal zit in de wastafel, ter plaatse van het kraangat, een heel dun gedeelte dat voorzichtig uitgetikt moet worden) en vanaf de onderzijde met een moer en een tussenliggende sluit- of volgring vastgedraaid. Tussen de sluitring en de onderkant van de wastafel komt nog een tweede rubber pakkingring.

Mengkranen
Onder mengkranen worden verstaan die soorten kranen welke zowel op de koudwater- als warmwaterleiding worden aangesloten en waarmee koud water, warm water en water met een gemengde temperatuur kan worden getapt. Mengkranen worden toegepast boven wastafels, badkuipen, douchebakken, gootstenen e.d. Het is van belang dat ze aan de KIWA kwaliteitseisen voldoen – er zijn veel fabrikaten van minder goede kwaliteit in de handel. Bij de meeste gootsteenmengkranen en badmengkranen wordt de gewenste watertemperatuur verkregen door het naar behoefte opendraaien van zowel de koudwater- als warmwaterkraan. Deze kranen zijn door een *mengkamer* met elkaar verbonden en hebben één gemeenschappelijke uitstroomopening: de 'tuit'.

Badmengkranen en douchemengkranen kunnen zijn voorzien van een tweede uitstroomopening waarop bijvoorbeeld een handdouche kan worden aangesloten. De mengkamer heeft dan een knop die een *omstelinrichting* bedient. Met deze omstelknop wordt altijd één van beide uitstroomopeningen geopend dan wel afgesloten.

Bij de wandmodellen (altijd tweegatsmengkranen) komt het vaak voor dat de hartmaat, gemeten tussen de in of op de muur geplaatste muurplaat (A), en die tussen de aansluitingen van de mengkraan zelf (B), niet overeenkomt. Om toch montage mogelijk te maken zijn er zogenaamde *S-koppelingen* in de handel. Deze worden in de muurplaten geschroefd waarbij het, door de 'sprong' in de S-koppelingen, mogelijk is de beide hartmaten in overeenstemming te brengen. Elke S-koppeling heeft een 'sprong' van 10 mm, dus kunnen de hartmaten maximaal 20 mm worden vergroot of verkleind. De rozetten worden op de draadeinden van de S-koppelingen geschroefd, waarna de kraan met de aansluitkoppelingen (de twee aan de kraan bevestigde koppeling-moeren) en de pakkingringen op de draadeinden kan worden gemonteerd. Op het installeren van een bad- of douchemengkraan komen we later nog terug. Wastafelmengkranen en gootsteenmengkranen zijn tegenwoordig meestal als ééngatsmengkraan uitgevoerd. Bij deze kranen is het huis aan de onderkant voorzien van een holle, aan de buitenkant van schroefdraad voorziene buis. Binnenin deze buis bevinden zich de twee aanvoerleidingen voor warm en koud water. Ze bestaan uit zacht, buigzaam koper en hebben een diameter van 10 mm.

Op deze aanvoerleidingen kunt u met een soldeerverbinding of een knelverbinding de koperen binnenleidingen aansluiten.

De 'uitloop' van een eengatsmengkraan is soms 'vast', maar bij de meeste kranen naar links en rechts draaibaar. Ze zijn in de handel met fontein-uitloop, hoge uitloop, extra hoge uitloop en hoge draaibare uitloop. Bij thermostatische mengkranen zorgt een ingebouwde thermostaat voor het regelen van de mengverhoudingen. Een hendel laat bij verticale beweging het water harder of zachter stromen en door hem naar links te draaien levert hij respectievelijk warmer of kouder water. De stand geheel rechts is voor 'koud', geheel links voor 'heet'.

Beluchtingskraan
Er zijn kraantypen die een ingebouwde *beluchter* bevatten. Een beluchtingskraan heeft een beveiligende functie en voorkomt dat bij het ontstaan van onderdruk in de drinkwaterinstallatie lucht in de leidingen komt of dat er een hevelwerking ontstaat, doordat op het moment waarop de druk wegvalt, de installatie in open verbinding met de buitenlucht zou komen te staan. Beluchtingskranen zijn zodanig ingericht dat de klep onder normale omstandigheden op de 'zitting' rust. Wanneer echter de waterdruk wegvalt en er dus onderdruk ontstaat, zal de klep door de lucht van buitenaf worden opgelicht en er lucht in de installatie toetreden. Hiermee wordt een hevelwerking onderbroken die schadelijke gevolgen voor de gezondheid kan hebben. Hevelwerking of terugheveling kan zich namelijk voordoen wanneer een handdouche in open stand in een met water gevulde badkuip ligt. Als dan de douchekraan wordt gesloten en van

een lager gelegen tappunt de kraan wordt geopend, zal het badwater door hevelwerking in de drinkwaterleiding terugstromen en vervuiling van dat drinkwater veroorzaken (schadelijke bacteriën!). Daarom dient op elke badmengkraan met een aansluiting voor handdouche een beluchter voor te komen. Beluchtingskranen worden eveneens toegepast bij de aansluiting van wasautomaten of vaatwasmachines, en bij een gevelkraan die is voorzien van een slangwartelschroefdraad.

Vlotterkranen
Vlotterkranen vindt u in reservoirs en stortbakken. Ze zijn zo gemaakt dat ze de watertoevoer bij het bereiken van een bepaalde waterstand automatisch afsluiten. Dat kan overigens alleen als de kraanklep via een hefboom in verbinding staat met een op het wateroppervlak drijvende *vlotter*. Het kraanhuis van een vlotterkraan wordt over de monding van het *inlaatstuk* geschroefd. In het kraanhuis bevindt zich een bewegende klep, en aan de onderzijde zit een *uitstroompijpje* bevestigd. Dit uitstroompijpje voert tot onder de waterspiegel om te veel geluidsoverlast bij het weer vollopen van het reservoir of de stortbak te beperken. In de tekening ('Kranen' 4) is de werking uiteengezet.

Vervangen van een bad/douchemengkraan
Wellicht zou u wel eens een andere bad- of douchemengkraan willen installeren, maar ziet u er tegenop dat zelf te doen. Maar zo moeilijk is dat echt niet. We lopen puntsgewijs de benodigde handelingen na:

1. Koop een nieuwe mengkraan met de juiste hartafstand en de juiste S-koppelingsmaat (zie de tekening).

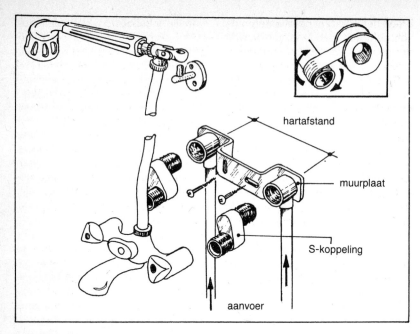

hartafstand

muurplaat

S-koppeling

aanvoer

Bad-douchemengkraan.

2. Sluit de hoofdkraan af, zet alle tappunten in huis open en laat het water uit de leidingen lopen door op het laagste punt (meestal is dat bij de watermeter of bij de hoofdkraan) het aftapkraantje open te zetten. Er mag nu geen water meer uit de tappunten komen.

3. Draai de slang van de oude mengkraan los, en ontkoppel met een steeksleutel of een bahcosleutel de aansluitmoeren van de kraan. Neem de oude mengkraan en de eventuele sierrozetten af.

Wanneer u een nieuwe mengkraan heeft waarvan de hartafstand en de koppelingsmaten gelijk zijn aan die van de oude mengkraan, kunt u de nieuwe mengkraan onmiddellijk aansluiten. Let erop, dat u de afdichtingsringen tussen de kraan en de S-koppelingen niet vergeet.

Wanneer echter de hartafstand van de nieuwe mengkraan verschilt met die van de oude kraan, zult u de S-koppelingen zodanig moeten verdraaien dat ze overeenkomen met de hartafstand van de oude mengkraan. Wellicht is het nodig andere S-koppelingen te monteren. Als de schroefdraad van de S-koppelingen met teflon-tape is omwikkeld, mag u de koppelingen niet tegen de wijzers van de klok in draaien, want dan zullen ze gaan lekken.

Wikkel voldoende teflon-tape om de schroefdraad (zie de inzet in de tekening): als u tegen de open kant van de koppeling aankijkt, moet het teflontape met de wijzers van de klok mee om de schroefdraad worden gewikkeld. Door iets aan de rol te trekken kunt u het tape ietwat rekkend in de schroefdraad trekken. Knip het tape na enige omwikkelingen niet af, maar

514

breek het. Blijkt na het monteren de schroefdraad toch te lekken, verwijder dan de oude tape en breng opnieuw en méér wikkelingen tape aan.

4. Schroef de S-koppelingen stevig aan de muurplaat of aan de bestaande aansluitingen die uit de muur steken. Draai de koppelingen nu zó, dat hun onderlinge hartafstand gelijk is met die van de mengkraan. Let er daarbij op, dat de mengkraan zuiver waterpas komt te liggen.

5. Monteer de sierrozetten over de S-koppelingen en zet de nieuwe mengkraan met de twee aansluitmoeren op de koppelingen vast. Om het chroom van de kraan niet te beschadigen moet de steek- of moersleutel goed passend over de moeren grijpen. Draai de moeren wel stevig, maar niet met alle geweld aan.

6. Draai de hoofdkraan weer open, sluit de nabijgelegen aftapkraan, en kijk of de nieuwe mengkraan naar behoren functioneert. Draai ook de andere tappunten in huis dicht.

7. Monteer de doucheslang op de mengkraan.

Sanitair: werking, plaatsen en aansluiten

'Sanitair' is de verzamelnaam voor toestellen als wastafels, gootstenen, douchebakken, badkuipen, closetpotten en stortbakken. In feite zijn het 'sanitaire lozingstoestellen' omdat ze tot doel hebben verontreinigd water (afvalwater) af te voeren naar de riolering.

Wastafels kunnen zijn vervaardigd van verglaasd porselein, kunststof of geëmailleerd plaatstaal. Porseleinen wastafels worden het meest toegepast. Ze kunnen wit of in vele kleuren geglazuurd zijn. Wastafels van kunststof zijn meestal uit perspex (acrylglas) vervaardigd en worden ge-woonlijk ingebouwd in wastafelmeubelen. Ze hebben mijns inziens één groot bezwaar: het feit dat ze steeds met hun randen op het tafelblad rusten waardoor afwatering van spatwater naar de wastafel onmogelijk is. Hetzelfde bezwaar geldt voor de meeste plaatstalen wastafels.

Omdat ze tegenwoordig bijna steeds met een ééngatsmengkraan worden uitgerust, zijn de meeste wastafels voorzien van een *kraangat* dat in het midden van de wastafel is aangebracht. Bij porseleinen wastafels is zo'n kraangat in de fabriek 'voorgestempeld'. Een voorgestempeld kraangat is aan de onderzijde van de wastafel zichtbaar, maar moet vanaf de *bovenkant* met een hamertje voorzichtig worden doorgeslagen. (Hierbij is de kans toch vrij groot dat aan de onderkant een stuk van de glazuurlaag afspringt, reden waarom ik mij vaak heb afgevraagd of de fabrikanten daar nu werkelijk geen betere oplossing voor weten.)

Aangezien de *afvoerplug* van een wastafel afsluitbaar is (hetzij met een kunststof-, hetzij met een rubber plug), is elke wastafel met een *overloopkanaal* uitgerust. Bereikt het water in een afgesloten wastafel een bepaalde hoogte, dan wordt het toestromende water bóven deze hoogte via het overloopkanaal afgevoerd, zodat de bak niet kan overstromen.

Bevestiging van wastafels
Wastafels kunnen op verschillende manieren worden bevestigd, afhankelijk van de voorzieningen die de fabrikant er op heeft aangebracht. Zo zijn er voorzieningen voor *plugbouten*, voor *ophanghaken* of voor *consoles*.

Voor het bevestigen met plugbouten zal de achterkant van de wastafel van sleuven moeten zijn voorzien. De plugbouten worden met tussenkomst van een in de muur te boren kunststof-plug in de muur vastgeschroefd. Op het draadeinde van de bouten draait u dan een sluitring met een moer, op een zodanige afstand van de muur, dat ze in de sleuven van de wastafel passen. Plugboutbevestiging heeft echter het nadeel dat de wastafel enigszins voorover blijft hangen. Om dit bezwaar op te heffen plaatst u tussen de muur en de achterkant van de wastafel een zogenaamde 'rechthouder', waarvan de schroef de mogelijkheid geeft de stand te corrigeren. Uiteraard is bij dit alles belangrijk, dat de muur stevig genoeg is om het gewicht van de wastafel te dragen. Voor muren van gasbeton of gipsblokken zijn er overigens speciale bevestigingsmiddelen verkrijgbaar.

Consoles worden per paar aan de muur bevestigd, zodat de wastafel er a.h.w. bovenop ligt. Aan rechte consoles kunnen handdoeken en washandjes te drogen worden gehangen. In het van sleuven voorziene bovenste deel worden rubber 'buffertjes' gelegd, terwijl de wastafel op z'n plaats wordt gehouden door hamerkopboutjes die, eveneens in de sleuven gestoken, worden vastgedraaid. Sommige wastafels zijn aan de achterzijde voorzien van uitsparingen voor de toepassing van ophanghaken. Ook hierbij kan de stand van de wastafel worden gecorrigeerd met behulp van rechthouders.

Vrijwel alle wastafels kunnen desgewenst met een 'zuil' worden gecompleteerd. Zo'n zuil dient niet als steun, maar heeft slechts een esthetische functie. Hij onttrekt de aan- en afvoerleidingen en de sifon aan het oog, dat is alles. De wastafel zelf moet gewoon met consoles, ophanghaken of plugbouten aan de muur worden bevestigd.

Aansluitingen van wastafels op de afvoerleiding

Alle soorten wastafels worden met de *afvoerplug* en een *sifon* op de afvoerleiding aangesloten. De meest gebruikte afvoerplug is de *universeelplug*, die op vrijwel elke wastafel of gootsteen past. In de *kelk* ervan bevindt zich een *koppelschroef* die in het van schroefdraad voorziene gat van de *onderplaat* pakt. Deze onderplaat bevat aan de buitenzijde eveneens schroefdraad waarop de koppeling van de sifon wordt vastgedraaid. Voordat de plugkelk in de afvoeropening van de wastafel (of gootsteen of wasbak) wordt geplaatst, wordt eerst de bijgeleverde, speciale platte rubber schijf aangebracht. Deze schijf zorgt voor een waterdichte afdichting tussen plugkelk en afvoeropening. Daarna wordt de onderplaat met de rubber O-ring, aan de onderkant van de wastafel met de koppelschroef aan de plugkelk gekoppeld. De verbinding moet stevig worden aangedraaid. Ten slotte wordt aan de schroefdraad van de onderplaat een sifon bevestigd.

Aansluiten van gootstenen op afvoerleiding

Gootstenen zijn er o.a. in kristalporselein, ocriet, geëmailleerd plaatstaal en roestvast staal (RVS). Vooral RVS-gootstenen worden op grote schaal toegepast. Ze zijn corrosiebestendig, doordat het staal uit een aantal legeringen bestaat die het roesten onmogelijk maakt. Inbouwgootstenen hebben allerlei verschijningsvormen: rond, vierkant en rechthoekig, terwijl ze worden geleverd in enkele of dubbele uitvoering. In veel

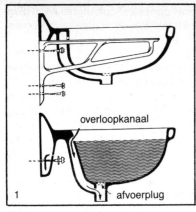

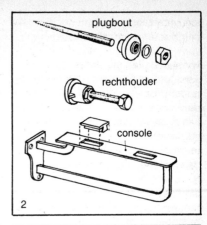

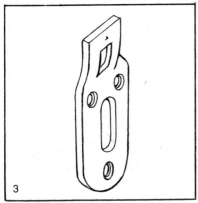

1. overloopkanaal
afvoerplug

2. plugbout
rechthouder
console

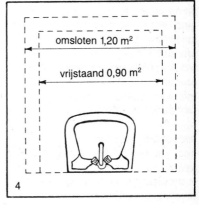

3

4. omsloten 1,20 m²
vrijstaand 0,90 m²

Wastafels.
1. Beugelophanging (consoles).
2. Muurbevestiging met ophanghaken.
3. Ophanghaak voor montage van wastafel (verouderd systeem dat toch hier en daar nog voorkomt).
4. De minimale ruimte voor één wastafel wanneer:
– de wastafel vrijhangt (0,90 m²)
– de wastafel aan de zijkanten is omsloten.

gevallen zijn RVS-gootstenen als één geheel met het aanrechtblad geperst. Om gootstenen (de betekenis van dit woord gaat eigenlijk mank: er komt geen 'steen' meer aan te pas) aan te sluiten op de afvoerleiding, worden door de fabrikanten meestal bijpassende afvoerpluggen bijgeleverd, doorgaans van kunststof van hittebestendige kwaliteit. De constructie van dergelijke afvoerpluggen is bijna gelijk aan koperen universeelpluggen, alleen bezitten ze een extra voorziening: een aansluiting voor een *overloopleiding*.
Kunststof afvoeren bieden het voordeel dat de aansluitingen zowel letterlijk als figuurlijk in een handomdraai te maken zijn. Er is geen of vrijwel geen gereedschap voor nodig, behalve

517

een ijzerzaag om de rechte leidingstukken op maat te zagen.

Aansluiten van closetpotten

Closetpotten moeten zodanig zijn opgesteld, dat de WC- of toiletruimte eenvoudig kan worden schoongemaakt en dat daarbij geen obstakels worden ontmoet. Gezien deze eis zou de toepassing van zogenaamde *wandclosetten* (closetpotten die niet op de vloer staan, maar aan de wand zijn bevestigd) de voorkeur verdienen, want juist bij de ontmoeting van de closetpot en de vloer doet zich in de praktijk de grootste verontreiniging voor. Wandclosetten worden echter vrij zelden toegepast, vooral omdat de binnenmuren van huidige woningen doorgaans niet sterk genoeg zijn om een wandcloset te dragen. Aan buitenmuren kan een wandcloset niet bevestigd worden, omdat de achteruitlaat natuurlijk niet door een buitenmuur kan worden gestoken, èn omdat het spoelreservoir geen plaats kan vinden.

Als closetpot worden derhalve het meest toegepast:
– het *schotelcloset* (ook wel vlakspoelpot, uitspoelpot of wash-out-pot genoemd);
– het *diepspoelcloset* (ook wel neerspoelpot of wash-down-pot genoemd).

Het schotelcloset wordt van beide typen het meest gebruikt, hoewel hij een onaangename geur verspreidt doordat de faecaliën op de *schotel* blijven liggen tot het moment waarop het closet wordt doorgespoeld. Aan de andere kant biedt het schotelcloset ook voordelen: er wordt geen hinderlijk opspatten van water ondervonden en er is controle mogelijk op de aard van de faecaliën. Dit laatste kan bijvoorbeeld van belang zijn wanneer zich bij de gebruiker een ingewandstoornis voordoet.

Het diepspoelcloset bezit geen 'schotel' zoals het schotelcloset die heeft. De faecaliën vallen direct in het water en worden dus onmiddellijk van de buitenlucht afgesloten, zodat er vrijwel geen geurvorming ontstaat. Juist om deze reden worden diepspoelclosetten vooral in openbare toiletten en grote gebouwen toegepast. Een nadeel is het hinderlijke opspatten van waterdruppels wanneer de faecaliën in het water terechtkomen. Ook de controle van de uitwerpselen is bij de diepspoeler onmogelijk.

Uitlaten van closetpotten

Closetpotten worden geleverd met achter-onderuitlaat; midden-onderuitlaat; S-uitlaat; verkorte uitlaat; verdekte P-uitlaat en verkorte P-uitlaat. De keuze van de uitlaat wordt mede bepaald door de ruimte die beschikbaar is tussen de achterkant van de closetpot en de achtermuur van de WC-ruimte.

Een closetpot moet met roestvrije, liefst messing-, schroeven aan de vloer worden vastgezet. In betonvloeren of steenachtige vloeren moeten op de vereiste plaatsen gaten worden geboord, waarin kunststofpluggen aan de schroeven stevig houvast bieden. De schroeven dienen in elk geval ongeveer 7 cm lang te zijn, omdat rekening moet worden gehouden met de dikte van eventuele vloertegels en/of de vloerafwerking en dat de pluggen voldoende diep in het beton reiken. Op houten vloeren kunnen schroeven van ongeveer 5 cm lengte worden gebruikt. Altijd moet onder de schroefkop (van het bolverzonken of lenskop-type) een koper-verchroomde sluitring worden geplaatst.

Nog tot voor kort hadden closetpotten een uitlaat die ongeveer 2 cm onder de voet van de pot uitstak, maar thans worden alle closetpotten met een kortere uitlaat geleverd.

Bij de 'oudere' closetpotten met de uitstekende uitlaat, wordt deze uitlaat met een kunststof-*manchet* op de afvoerleiding aangesloten, waarbij u er op attent moet zijn dat de omgebogen rand van de manchet rondom op de WC-vloer komt te rusten. Vervolgens wordt de closetpot met zijn uitlaat in de manchet gestoken en ontstaat hierdoor een luchtdichte (lees stankdichte) verbinding. Voor de nieuwe typen closetpotten, dus de typen met niet-uitstekende uitlaten, worden anderssoortige manchetten bijgeleverd. De luchtdichte afsluiting wordt verkregen door de aan en in de manchet aanwezige lippen op de uitlaat van de closetpot en de binnenwand van de afvoerleiding te klemmen.

Reparaties aan sanitair

Sanitair is de verzamelnaam voor toestellen als wastafels, gootstenen, douchebakken, badkuipen, closetpotten en stortbakken. In feite zijn het allemaal 'sanitaire lozingstoestellen', omdat ze tot taak hebben het afvalwater af te voeren naar de riolering. Maar ook zijn ze elk uitgerust met kranen en afvoeren en die kunnen behoorlijk vervelende problemen opleveren.

Wanneer zich aan tappunten (kranen) storingen voordoen, is het aan te raden eerst de hoofdkraan bij de watermeter dicht te draaien en vervolgens alle tappunten van het waterleidingcircuit open te zetten, opdat het water in de leidingen weg kan lopen naar het laagstgelegen punt waar een aftapkraan zit. Hierdoor worden de leidingen belucht.

Ontluchten

Wanneer de reparatie is voltooid, kan de aftapkraan dicht en de hoofdkraan weer worden opengedraaid en het water weer in de leidingen stromen. De verschillende tappunten moeten daarbij nog even open blijven staan om de leidingen volledig te ontluchten. De lucht in de leidingen wordt dan door het toestromende water afgevoerd, iets wat voor een goede werking van het leidingnet noodzakelijk is.

Het is verder nog goed te weten dat de waterinstallatie van een woning al sinds geruime tijd niet meer onder verantwoordelijkheid valt van het waterleidingbedrijf. Alleen de zogenaamde dienstleiding, dat wil zeggen de hoofdkraan en de watermeter, is in onderhoud bij het waterleidingbedrijf. Voor alles wat zich achter de watermeter bevindt, is de huiseigenaar verantwoordelijk.

Verstopte sifon

Dit is een storing die zich vooral voordoet bij spoelbakken in het keukenaanrecht. Theebladeren, afwasresten en etensresten hopen zich op in het onderste deel van de stankafsluiter ofwel sifon, met het gevolg dat het afvalwater niet meer doorstroomt.

Zet vóór het ontstoppen onder de sifon een emmer of afwasbakje waarin het vuil en afvalwater kan worden opgevangen. Een kunststof sifon wordt onder de spoelbak geheel losgekoppeld aan de beide kunststof koppelmoeren. De sifon kan dan worden weggenomen en gereinigd. Bij sommige andere sifons zit onderaan de eerste bocht van de zogenaamde 'zwanehals' een ontstoppingsschroef. Wanneer deze wordt losgedraaid, kan het opgehoopte vuil met een dun voorwerp worden doorgeprikt en verwijderd. Bij het losdraaien van de schroef is het van belang dat de zwanehals op zijn plaats wordt gehouden door met een stokje, schroevedraaier of iets dergelijks tegendruk te geven (tekening 1).

Bij een zogeheten bekersifon (tekening 2) kan simpelweg de onderste beker van de bovenste worden losgedraaid. Geeft het loskoppelen aan de onderzijde problemen, dan kan worden geprobeerd de plugkelk in de spoelbakbodem los te draaien (tekening 3).

Kraan vervangen

Het kan zijn dat een ouderwetse kraan vervangen moet worden door een modern type. Draai om te beginnen de hoofdkraan dicht en handel verder zoals in het begin omschreven. Draai de oude kraan los met een passende schroefsleutel (tekening 4). Neem de nieuwe kraan en omwikkel de schroefdraad rechtsom met vier of vijf slagen zogenaamde teflon-tape (tekening 5). Oefen daarbij enige trek uit, zodat het profiel van de schroefdraad onder de tape zichtbaar blijft.

Draai de nieuwe kraan eerst met de hand in de schroefdraad van de bestaande monding van de waterleiding (tekening 6) of in de muurplaat (zie inzet). Gebruik een schroefsleutel voor het steviger aandraaien; door de teflon-tape zal het aandraaien vrij zwaar gaan. Breng de kraan in positie, zet de hoofdkraan weer open, controleer de werking van de zojuist gemonteerde kraan, sluit de overige tappunten in huis.

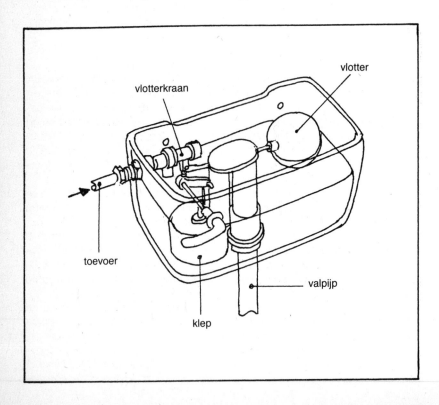

vlotter

vlotterkraan

toevoer

valpijp

klep

Kraanleertje vervangen

Het vervangen van een kraanleertje is in principe bij elk type kraan gelijk. Alleen duurdere kranen met een keramische afsluiting zitten anders in elkaar en kunnen beter door de installateur worden nagekeken. Het verschil zit alleen in het vooraf demonteren van de kraan. Een ouderwetse kraan heeft een stijgende draadspil: als de kraan wordt opengedraaid, beweegt de spil in de kap omhoog. Deze kap wordt met een schroefsleutel losgedraaid, waarna het draadspilgedeelte kan worden uitgenomen. Onder aan het asje van de klep zit een deel met schroefdraad (tekening 8). Het nieuwe kraanleertje wordt over dit asje geschoven en met de sluitring en de borgmoer vastgezet. Controleer meteen even de pakkingring tussen het kraanhuis en de draadspil.

Bij de moderne kranen met een niet-stijgende draadspil beweegt de spil bij het opendraaien van de kraan niet omhoog, maar blijft hij op dezelfde hoogte staan. Van dit type kraan wordt het schroefje boven in de kraanknop losgedraaid. Bij sommige typen moet daartoe eerst een rood of blauw plastic dopje met een kleine schroevedraaier uit de kraandop worden losgewrikt, waarna het schroefje zichtbaar wordt. Na het losdraaien van dit schroefje kan de knop met de hand omhoog worden losgetrokken (tekening 7).

Met een schroef- of steeksleutel kan vervolgens de kraankop worden losgedraaid en komt vanzelf het leertje van de klep in zicht. Een nieuw, goed passend leertje aanbrengen en de

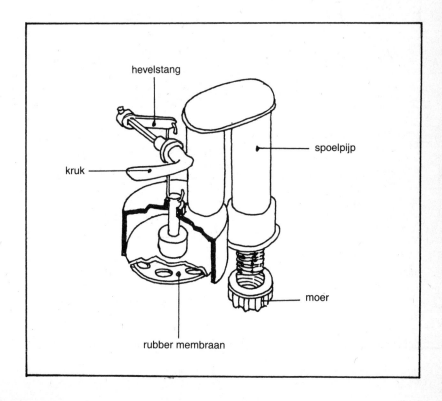

hevelstang

spoelpijp

kruk

moer

rubber membraan

hele zaak weer in omgekeerde volgorde in elkaar zetten.

Vlotter

In de meeste wc-stortbakken drijft op het wateroppervlak een vlotter, die bij het stijgen van het water via de vlotterarm een vlotterkraan dichtdrukt.

Soms raakt de vlotter lek en dringt er water naar binnen, waardoor hij zijn taak niet langer uitvoert en de vlotterkraan open blijft staan. Gevolg: een overlopende stortbak.

Remedie: het vlotterkraantje aan de buitenkant van de stortbak afsluiten, bij de installateur een nieuwe vlotter kopen en deze over de vlotterarm schuiven (tekening 9). Vlotterkraantje openen en controleren of de vlotterarm de vlotterkraan weer tijdig sluit.

Bij laaggeplaatste stortbakken en closetcombinaties komt een ander type vlotter voor en bevindt het vlotterkraantje zich soms binnen in de stortbak, maar het vervangen van de vlotter gebeurt op dezelfde wijze.

Closetpotten

Closetpotten worden geleverd met verschillende achter- en onderuitlaten. De keuze van de uitlaat wordt mede bepaald door de ruimte die beschikbaar is tussen de achterkant van de closetpot en de muur van de toiletruimte. Een closetpot dient met roestvrije, liefst messingschroeven van minstens 7 centimeter lang aan de vloer te worden vastgezet. Er moet immers rekening worden gehouden met de dikte van eventuele vloertegels of andere vloerafwerking. In beton of steenachtige vloeren moeten op de vereiste plaatsen gaten worden geboord, waarin kunststofpluggen aan de schroeven stevig houvast bieden. Op houten vloeren kunnen ongeveer 5 centimeter lange schroeven worden gebruikt. Onder de schroefkoppen worden bij voorkeur koperverchroomde sluitringen geplaatst.

Closetpotten werden vroeger geleverd met een uitlaat die enkele cen-

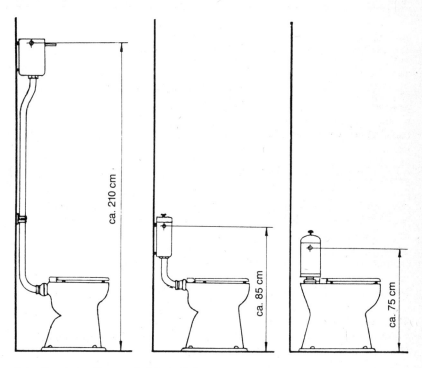

Links: Closetpot met hooggeplaatste stortbak.
Midden: Closetpot met laaggeplaatste stortbak.
Rechts: Closetcombinatie (duobloc) met aangebouwde stortbak.
De aangegeven hoogte is de hoogte van de watertoevoer-leiding (koperen buis 12 mm diameter).

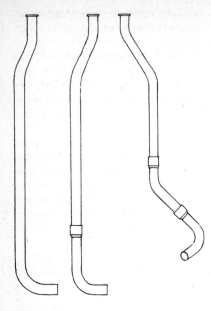

PVC-valpijpen.
Links: Eendelige valpijp.
Midden: Tweedelige valpijp.
Rechts: Driedelige valpijp.

timeters onder de voet van de pot uitstak, maar tegenwoordig worden alle closetpotten afgeleverd met een uitlaat die iets korter is dan de voet van de pot. Om een stankdichte afsluiting te verkrijgen tussen de closetpot-uitlaat en de bestaande afvoerleiding wordt daartussen een rubber of kunststof manchet toegepast die over de potuitlaat en in de uit de vloer stekende afvoerbuis wordt geplaatst (tekening 11). Er zijn verschillende manchetten voor verschillende maten afvoerleidingen verkrijgbaar.

Elk type closetpot dat op een vloerafvoerleiding moet worden aangesloten, wordt op een dunne zoom van slappe portlandspecie of op een rand zuurbestendige kit geplaatst (tekening 10). Na het vastzetten en aantrekken van de pot door middel van de

schroeven wordt de uitpuilende specie of kit direct zorgvuldig 'afgestreken'.

Valpijpen

Als een closetpot is vervangen, moet soms de zogenaamde valpijp eveneens worden vernieuwd. Valpijpen zijn van pvc; metalen of loden exemplaren worden niet meer gemaakt. Voor hooggeplaatste stortbakken zijn er drie typen valpijp:
● de beweegbare valpijp met beweegbare binnen-valpijp;
● de vaste, eendelige valpijp;
● de vaste, twee- of driedelige valpijp.

Omdat bij stortbakken de plaatsingshoogte nogal kan variëren, verdient een tweedelige valpijp de voorkeur omdat deze aan elke hoogte kan worden aangepast door het bovendeel op de vereiste lengte te zagen. Het onderste deel heeft een sok die een verbinding (met pvc-lijm) tussen de beide delen mogelijk maakt. De driedelige valpijp wordt gebruikt in situaties waarbij de stortbak niet recht boven de closetpot hangt.
Alle valpijpen worden aan de muur vastgezet met een beugel die van een rubber buffertje is voorzien, en op zodanige hoogte wordt geplaatst dat de wc-bril bij opengeklapte stand tegen het buffertje rust.

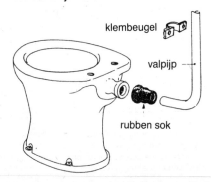

klembeugel

valpijp

rubben sok

Voor laaggeplaatste stortbakken worden zeer korte, eendelige valpijpen gebruikt waarvan de diameter belangrijk groter is dan die van gewone valpijpen. Dit is gedaan omdat zich bij deze korte valpijpen een veel geringere valsnelheid van het spoelwater voordoet. Een valpijp wordt gewoonlijk aan de achterinlaat van de closetpot bevestigd met tussenkomst van een rubber sok of een zogenaamde patentring (tekening 12). Aan de stortbak wordt de pijp met het omgekroosde einde vastgezet met een pakkingring en de bij de stortbak behorende wartelmoer.

Stortbakken (de vakman spreekt van spoelinrichtingen) hebben tot taak het schoonspoelen van closetpotten. Elke spoeling moet het inwendige van de closetpot met inbegrip van de faecaliën die erin liggen in één keer kunnen reinigen. De meest voorkomende spoelinrichting is de stortbak met valpijp. Het mechanisme daarvan berust op de zogenaamde hevelwerking. Deze hevelwerking kan op ver-

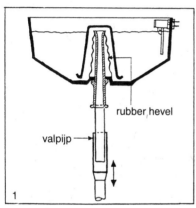

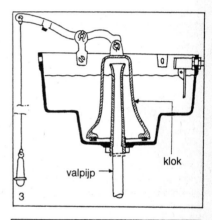

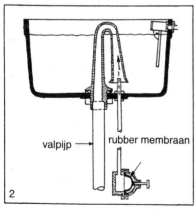

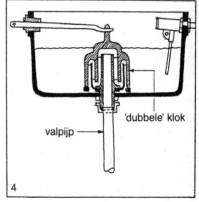

Stortbakken.
1. Stortbak met rubber hevelconstructie.
2. Stortbak met kniehevel.

3. Traditionele stortbak van gietijzer.
4. Stortbak met dubbelwandige klok en luchtslot.

schillende manieren worden opgewekt door middel van:
- een hooggelegen stortbak met valpijp;
- een laaggeplaatste stortbak met korte valpijp;
- een laaggeplaatste stortbak die rechtstreeks op de closetpot is aangesloten (duo-block).

Traditionele stortbakken worden automatisch met water gevuld via een vlotter die door middel van een hefboom in verbinding staat met een vlotterkraantje. Als het water in de stortbak stijgt, stijgt ook de vlotter. Deze drukt via de hefboom het kraantje (beter: het ventiel) dicht.

Bij de moderne laaggeplaatste stortbakken – waartoe ook de duo-blocks behoren – laat u het reservoir leeglopen door via een kruk of knop een bodemklep op te lichten. Bij het indrukken of optrekken van de kruk beweegt deze bodemklep in een huls omhoog en wordt buiten de zuiging van het uitstromende water gehouden. In de huls bevindt zich een kunststof klep of membraan die ervoor zorgt dat de bodemklep langzaam sluit.

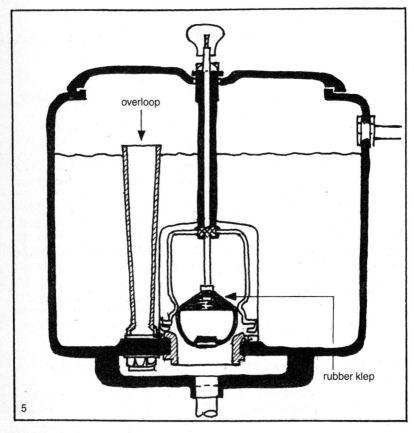

overloop

rubber klep

5

Stortbakken.
5. Laaghangende stortbak van closetcombinatie met bodemklep.

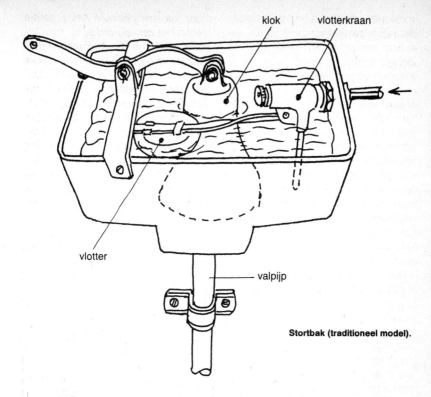

klok vlotterkraan

vlotter

valpijp

Stortbak (traditioneel model).

Defect

In een stortbak kan zich een defect voordoen. Meestal treedt dat aan het licht doordat de bak overloopt. Het eerste wat gedaan kan worden, is de vlotterafstelling controleren. Het is mogelijk dat de vlotter de vlotterkraan te laat afsluit. Is dit echter in orde, dan is het aan te raden het vlotterkraantje te repareren.

Moet bij een laaggeplaatste stortbak met afzuigspoeling de knop of kruk voor het spoelen meermalen worden ingedrukt, dan ligt het defect waarschijnlijk bij het membraan of de rubber klep. Het membraan of de klep vervangen. Daartoe de hevelarm omhoog vastbinden of het vlotterkraantje sluiten, zodat geen water meer doorloopt. Dan op de knop drukken om de stortbak te ledigen. De valpijp

onder aan de bak afschroeven en de grote moer, die de hevelinrichting vasthoudt, losmaken. De hevelstang, die de knop of de hendel met de hevelarm verbindt, verwijderen en de hevelarm uitnemen. De metalen plaat uitnemen en een nieuw membraan of klep over de spil schuiven. Alles weer in omgekeerde volgorde monteren. De vlotterkraan zelf kan als volgt gerepareerd worden: de splitpen uitnemen, die de vlotterarm met het ventiel verbindt. De kap van de ventielbehuizing afschroeven en het zuigerstangetje uit de cilinder nemen.

De dichting zit aan het stangeinde en wordt door afschroeven van de moer verwijderd. Een nieuwe dichting inzetten. De zuigerstang met staalwol schoonschuren, zodat hij weer goed in de cilinder glijdt. Dan de vlotterarm en de splitpen weer monteren. Bij een membraandichting: membraan van de spil trekken en een nieuw membraan in de ventielbehuizing drukken.

Baksteen

Om zuinig met water om te kunnen gaan, kan in de stortbak een baksteen worden gelegd. Daardoor wordt de waterinhoud van de bak verkleind. In de praktijk blijkt dat ook met minder water de closetpot goed wordt gereinigd. Overigens moet de baksteen zo in de bak worden gelegd dat hij niet met het spoelmechanisme in aanraking komt. In ouderwetse, gietijzeren stortbakken kan men beter twee halve stenen op beide hogere plateaus leggen, anders werkt de 'klok' niet goed meer.

Als er een nieuwe stortbak moet komen, zoek dan niet naar de goedkoopste, maar neem liever een goede keramische. Die 'zweet' niet door zoals veel gietijzeren en goedkopere exemplaren.

Schoonmaaktips voor sanitair

Enkele tips voor het onderhouden van sanitair:

● Wanneer het bad na gebruik steeds even met een doekje wordt afgenomen, gaat dat de vorming van kalk tegen. Het bad wordt dan niet helemaal schoon, maar dat hoeft niet.

● Badkamertegels mogen niet met zuren, chloren of andere agressieve middelen gereinigd worden. Daarvan gaan ze kapot. Vooral bij natuursteen is dit fataal. Het beste is natuurlijke groene zeep.

● Een haarfilter dat tijdens het weglopen van het badwater op de afvoeropening wordt geplaatst kan verstopping voorkomen.

● Als er geen gelijkmatige straal meer uit de kraan komt, moet de per-lator (te verwijderen van het uiteinde van de kraan) gereinigd worden. Dit kan met azijn of een kalkreiniger. Datzelfde kan gebeuren met de douchekop.

● Bij een verwijderbare wc-bril is de pot gemakkelijker schoon te maken.

● Om geen problemen met kranen te krijgen, kunnen de schroevende kraandelen één keer per jaar worden ingevet.

Bevroren leidingen en kranen ontdooien

Met temperaturen van min 8°C in de nacht, ontstaat ook weer het gevaar van het bevriezen van waterleidingen. Er is wat tegen te doen. Zorg dat het niet tocht in ruimten waar waterleidingen lopen, de koude wind is de grootste bedreiging.

Dichtstoppen dus die kierende spleten en gaten. Verder kan het isoleren van leidingen effect hebben. Maar verwacht er niet alles van. De isolatie vertraagt het doordringen van de koude. Op den duur kan de leiding dan ook bevriezen. Vervolgens werkt de isolatielaag dan tegengesteld, met andere woorden houdt het weer ontdooien tegen. Maar bij lichte vorst kan leidingisolatie wel helpen. Ook zijn er elektrische systemen om waterleidingen tegen vorst te beschermen zoals Therma-lint, dat automatisch werkt en dat goed functioneert samen met leidingisolatie.

Bevroren leidingen of kranen kunnen op verschillende manieren worden ontdooid. Zet om te beginnen de kraan open en begin daar met ontdooien. Werk zo de leiding af totdat de kraan begint te druppelen. Zorg ervoor dat de leiding niet te plotseling of te sterk wordt verhit. Er bestaat dan kans op scheuren. Verhit de kraan of de leiding niet te lang op één plaats. Maar beweeg de gasbrander of föhn voortdurend heen en weer. Vooral wanneer een brander wordt gebruikt moet u oppassen voor te sterke plaatselijke verhitting, zeker bij gesoldeerde verbindingen.

Aanleg van PVC-afvoerleidingen

Om te beginnen is een waarschuwing voor de bewoners van oudere woonhuizen op zijn plaats: in deze huizen is vaak niet alleen de waterleiding (aanvoer), maar ook de metalen afvoerleiding voor het aarden van elektri-

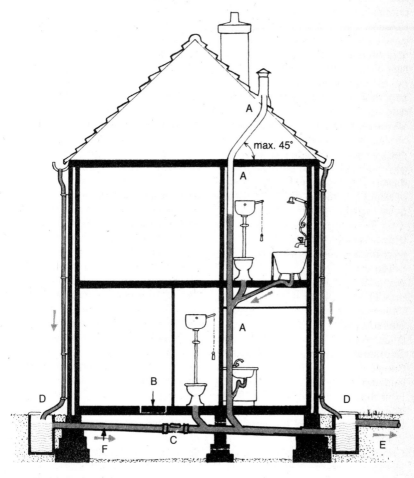

Principe van de afvoerinstallatie.

A. Standleiding.
A^1. Ontspanningsbuis in standleiding (beluchting).
B. Luik voor kruipruimte.

C. Ontstoppingsstuk.
D. Bezinkput.
E. Afvoer naar openbaar riool.
F. Grondleiding of verzamelriool.

sche apparatuur en metalen sanitaire voorzieningen gebruikt. Voor wat de afvoer betreft zijn dat dan meestal loden pijpen. Door nu PVC-buizen te monteren wordt de eventuele aarding verbroken, waardoor een zeer gevaarlijke situatie kan ontstaan.

Met het aanbrengen van een nieuw PVC-afvalwater- of rioleringssysteem zal dus ook de aarding van metalen badkuipen, wastafels of douchebakken moeten worden gecontroleerd. Het elektriciteitsnet zal in geen geval via de drinkwaterleiding of afvalwaterleiding geaard mogen zijn. Niet-elektrische voorwerpen, zoals de genoemde sanitaire voorzieningen, mogen wèl op de drinkwaterleiding worden geaard, maar dan alleen als deze leiding uit koperen buizen bestaat en bovendien is verbonden met een aardelektrode (een zeer lange, massief-koperen pen, die tot op de vereiste diepte in de grond onder of naast het huis is gedreven, in elk geval tot in het grondwater).

Diameter van PVC-leidingen (richtlijnen voor minimale buismaten)

Wastafel	40 mm
Handenwasbak	40 mm
Vaatwasmachine	40 mm
Wasautomaat	40 mm
Douchebak	40 mm
Gootsteen	40 mm
Spoelbak	40 mm
Badkuip	40 mm
Schrobputje	40 mm
Urinoir	50 mm
Closetpot	110 mm
Standleiding	110 mm
Grondleiding	125 mm

Hemelwaterafvoer (regenpijpen):
Voor dakoppervlak tot 25 m²: 60 mm
Voor dakoppervlak tot 35 m²: 70 mm
Voor dakoppervlak tot 45 m²: 80 mm
Voor dakoppervlak tot 75 m²: 110 mm

Aan de zich binnenshuis bevindende afvoerleidingen moeten de volgende eisen worden gesteld:
– de leidingen moeten stank- en waterdicht zijn;
– eventuele geluidsoverlast via het leidingsstelsel moet zoveel mogelijk worden vermeden;
– het leidingsstelsel moet (via de standleiding) belucht en ontlucht kunnen worden;
– de afvoerleidingen zullen zo wijd moeten zijn dat, naast het afvalwater, de lucht in de leidingen vrij kan blijven circuleren;
– de afvoerleidingen moeten te inspecteren en eventueel te ontstoppen zijn;
– de liggende (horizontale) leidingen moeten een afschot van circa 5 mm per strekkende meter leiding hebben;
– de leidingen moeten tegen mogelijke bevriezing beschermd zijn.

Ontstoppingstukken

Hoe goed ook een binnenhuisriolering is ontworpen en aangelegd, een stagnatie (verstopping) in de afvoer van het afvalwater is nooit te voorspellen laat staan te voorkomen. Om stagnaties te kunnen verhelpen worden er in het leidingssyteem enkele *ontstoppingstukken* opgenomen. Via deze ontstoppingsstukken is het inwendige van het leidingssysteem bereikbaar. De plaatsen waar de ontstoppingsstukken zijn ingebouwd worden in de ontwerptekening van de afvoerinstallatie aangegeven. Deze plaatsen bevinden zich bij voorkeur:
– in de directe nabijheid van de aansluiting tussen standleiding en grondleiding (deze laatste meestal onder de begane-grondvloer);
– in de directe nabijheid van de plaats van samenkomst van verschillende grondleidingen;
– in de directe nabijheid van de ge-

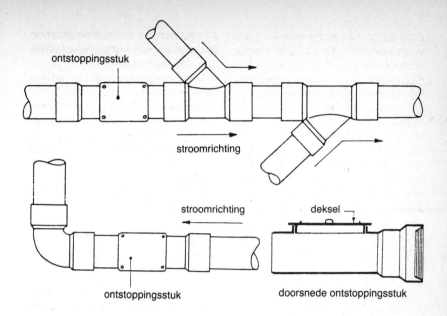

ontstoppingsstuk

stroomrichting

stroomrichting

deksel

ontstoppingsstuk

doorsnede ontstoppingsstuk

veldoorvoer van de grondleiding, bij voorkeur juist buiten de gevel;
– in de directe nabijheid van haakse bochten of T-stukken;
– op die plaatsen in de grondleiding die zich op meer dan 10 meter afstand van een ander ontstoppingsstuk bevinden.

Op de plaats waar verschillende grondleidingen bijeenkomen is de kans op verstopping altijd groter dan elders. Het ontstoppingsstuk moet dan ook vóór deze plaats van samenkomst zijn ingebouwd. Bij de doorvoering door de buitengevel wordt het ontstoppingsstuk altijd vlak aan de straatzijde van de gevel aangebracht, maar zodanig dat het na het graven van een gat gemakkelijk bereikbaar is.
Niet steeds is het mogelijk haakse bochten of T-stukken in een liggende leiding te vermijden, maar doet zich zo'n situatie voor, dan is het aan te raden ook daar een ontstoppingsstuk te plaatsen.

Doorstroming van afvalwater

Teneinde het afvalwater voldoende stroomsnelheid te geven moeten liggende leidingen en grondleidingen op 'afschot' worden gelegd. Afschot betekent: het hoogteverschil of verval tussen het begin en einde van één leiding, waardoor het afvalwater a.h.w. een stroomversnelling ondergaat. Die stroomversnelling is nodig om het afvalwater van binnenshuis tot de leiding buiten de gevel en vandaar naar het openbaar riool te brengen. Tijdens de stroming van het afvalwater doen zich *wrijvingsweerstanden* voor, die vooral optreden bij de hulpstukken en de richtingsveranderingen in de leiding. Ook de buiswanden zelf zijn de oorzaak van wrijvingsweerstanden. Afgezien van de stroomversnelling die het afvalwater door het afschot van de leiding krijgt, zal er ook een snelheidsstuwing optreden door het vallende water in de standleiding. Het is dit verticaal vallende water dat speciaal in de liggende leiding een extra stuwing veroor-

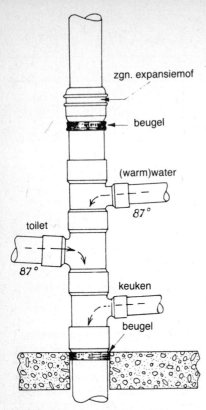

zgn. expansiemof

beugel

(warm)water

87°

toilet

87°

keuken

beugel

Ontstoppingsstukken (bovenaanzicht van liggende afvoerleidingen).
Boven: Het ontstoppingsstuk dient vóór de aansluitingen te worden geplaatst.
Onder: Ontstoppingsstuk bij haakse bocht.
Geheel onder een dwarsdoorsnede van een ontstoppingsstuk.

per strekkende meter moeten hebben. Om de doorstroming zo optimaal mogelijk te laten plaatsvinden, zal het toepassen van meerdere haakse bochten en T-stukken als aftakkingen in de leiding vermeden moeten worden. Beter is het een aftakking te maken met T-stukken van 45° (ook wel *spruitstukken* genoemd). Ook bochten zullen steeds zo vloeiend mogelijk moeten verlopen om verstoppingen ter plaatse te voorkomen, maar ook omdat daardoor de minste geluidshinder optreedt.

Geluidshinder doet zich vooral voor als een geraas in de leidingen. Het wordt veroorzaakt door afremming van het afvalwater in de bochten en T-stukken, en in de standleiding tengevolge van de 'vrije val'. Het is moeilijk deze verschijnselen tegen te gaan of te voorkomen. Mogelijke oplossingen zijn:
– verwijdingen (abrupte diameter-

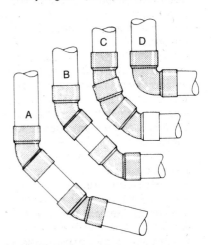

Verschillende manieren om PVC-bochten te laten verlopen:
A. met 1 × 45° en 1 × 30°
B. met 2 × 45°
C. met 3 × 30°
D. met 1 × 87°

zaakt. Zou nu deze liggende (grond-) leiding op een te groot afschot worden gelegd, dan heeft dat tot gevolg dat het afvalwater zo snel naar buiten wordt afgevoerd, dat de zwaardere bestanddelen in het afvalwater (hierbij valt te denken aan faecaliën) niet met het afvalwater worden meegevoerd en op de leidingbodem blijven liggen. Deze zwaardere bestanddelen zijn dan ook vaak de oorzaak van verstoppingen. Een en ander betekent dat liggende leidingen bij voorkeur een afschot van ongeveer 5 mm

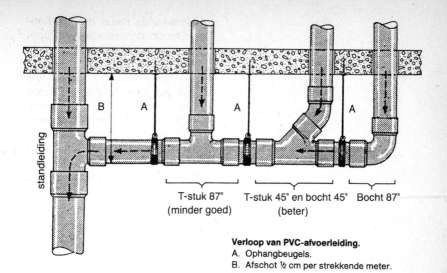

T-stuk 87°   T-stuk 45° en bocht 45°   Bocht 87°
(minder goed)   (beter)

Verloop van PVC-afvoerleiding.
A. Ophangbeugels.
B. Afschot ½ cm per strekkende meter.

vergrotingen in de leiding) niet *in* de bochten, maar al *daarvóór* realiseren;
– leidingen die door muren voeren ter plaatse met een isolerende (rubber-) mantel of manchet omgeven, waardoor contact met de bouwconstructie wordt vermeden;
– lange stukken liggende leiding zoveel mogelijk vermijden.
Het veel aangeprezen middel om de leidingen met geluidsisolerend materiaal te omgeven haalt in de praktijk weinig uit, tenzij dat op een professionele wijze gebeurt, bijvoorbeeld door middel van bepleisterde *kurkschalen.*

Bevestigen van PVC-afvoerleidingen
PVC of ABS-buizen dienen in verband met hun hoog uitzettingscoëfficiënt te kunnen bewegen, vooral in de lengterichting. Voor PVC-buizen geldt een uitzetting van ongeveer 1 cm per 3 meter leiding, voor ABS-buizen zelfs 1½ cm. Die grote uitzetting en ook krimp is dan ook de reden waarom deze leidingen zodanig met beugels

worden opgehangen of anderszins bevestigd, dat de uitzetting steeds spanningsloos kan plaatsvinden. Meestal doe je dat door gebruik te maken van *expansie-hulpstukken* of door de pijpen in een bepaalde hoek te leggen, zodat ze te zamen zogenaamde '*expansiebenen*' vormen.
Vermeden moet worden dat het tegelijkertijd lozen van zowel heet als koud afvalwater op eenzelfde plaats in de afvoerleiding zou plaatsvinden. Horizontale (liggende) leidingen voor een binnenriolering moeten op een gering 'afschot' worden gelegd. In de praktijk wordt een afschot van 5 mm op elke strekkende meter gehandhaafd, ofwel 1:200.
Het beugelen van PVC-buizen moet aan de volgende eisen voldoen:

– de binnenkant (inwendige diameter) van een beugel moet iets groter zijn dan de uitwendige diameter van de buis, dit om voldoende expansiebewegingen van de buis mogelijk te maken.
– de beugel moet de hele buis omvatten;

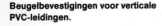
kunststoffen beugelband

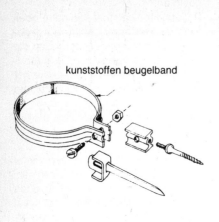

inlegband

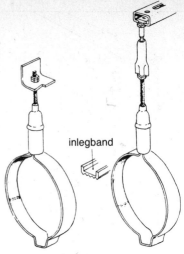

Beugelbevestigingen voor verticale PVC-leidingen.

Ophangbeugels.

– de beugel moet de buis van de muur vrijhouden;

– horizontale leidingen hebben een beugelafstand van circa 10 × de buisdiameter met een maximum afstand van 125 cm;

– verticale leidingen worden gebeugeld op afstanden van circa 20 × de buisdiameter met een maximum afstand van 150 cm;

– verticaal lopende leidingen, zoals bijvoorbeeld standleidingen, moeten op zodanige wijze worden gebeugeld dat ze niet met hun volle gewicht op de liggende leidingen kunnen drukken. Een of meerdere beugels zullen daarom *direct* onder de mof van een hulpstuk in de verticale leiding moeten worden aangebracht, zodat het bredere mofdeel op de beugel rust en daarmee voor een ontlasting van de liggende leiding zorgt. Is het niet mogelijk, dan zal of zullen een of meer beugel(s) sterk klemmend om de verticale pijp worden bevestigd.

Ontstoppen van afvoerleidingen

Tot de meest optredende storingen en mankementen in een afvoerleidingsstelsel behoren de verstoppingen. Een verstopping in de sifon van een wastafel of gootsteen is doorgaans gemakkelijk te verhelpen door de sifon los te draaien en schoon te maken. Heel anders ligt het met verstoppingen in een afvoerleiding, vooral wanneer deze verstopping zich waarschijnlijk bij een bocht of vernauwing voordoet.

Ontstoppen

In veel gevallen kan met de bekende ontstopper worden gewerkt, een simpel werktuig bestaande uit een korte houten steel waaraan een halve rubber bol is bevestigd. Deze ontstopper functioneert als een vacuümtrekker, maar hij doet dat alleen wanneer in de gootsteen, wasbak, douchebak of badkuip een laag water staat en bovendien de eventueel aanwezige

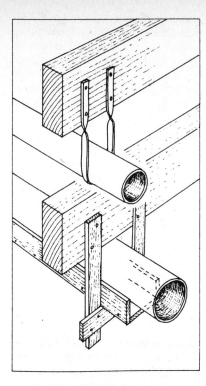

Twee manieren om PVC- of andere afvoerleidingen op te hangen.

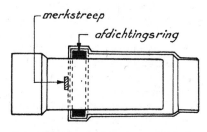

Expansiestuk voor PVC-leiding.
Een expansiestuk bestaat uit twee delen, die (schuifbaar) in elkaar passen en waarbij een rubber afdichtingsring voor de afdichting zorgt. Het 'glijdende' deel is van een merkstreep voorzien, die bij de installering gelijk moet liggen met de voorzijde van het niet-glijdende deel van het expansiestuk. Het niet-glijdende deel moet 'vast' worden gebeugeld.

overloop-opening luchtdicht is afgesloten.

Dat afsluiten kan met een natte doek die in de overloop-opening wordt gepropt, of met een zeemleren lap die vlak tegen de opening wordt gehouden. Door nu de ontstopper over het afvoergat te drukken brengt u een overdruk in de leiding tot stand. U voelt dat de ontstopper zich als het ware vastzuigt. Daarna trekt u hem met kracht omhoog. Als het goed is loopt het water weg, maar meestal moet u de handeling enige keren herhalen. Het kan ook zijn dat er géén vacuüm wordt getrokken. In dat geval is de overloopopening niet goed afgesloten.

Voor verstopte toiletpotten is er een toiletontstopper. De spiraalveer daarvan wordt in de afvoer gebracht. Daarna draait u aan het handvat. De veer boort zich door de verstopping. Verder is het een kwestie van 'halen' en 'trekken'. In sommige bouwmarkten of doe-het-zelfwinkels is een dergelijke ontstopper te huur. Niet altijd levert het ontstoppen met een van de genoemde gereedschappen resultaten op.

Verbranden

Als een van de andere mogelijkheden blijft dan het zogenaamde 'verbranden' van de verstopping over. U stort een kleine hoeveelheid caustic-soda (bij de drogist verkrijgbaar) op de afvoeropening en begiet dat met kokend water. Caustic-soda is echter een agressieve stof en kan een uit zacht PVC-buis bestaande afvoerleiding aantasten, reden waarom het gebruik ervan zoveel mogelijk moet worden beperkt. Na het strooien van caustic-soda en het opgieten van heet water, moet de aldus ontstopte leiding langdurig met schoon water worden nagespoeld.

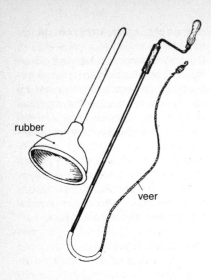

rubber

veer

Gereedschappen voor ontstoppen.
Links een rubber ontstopper, rechts een
toiletontstopper van metaal.

Wanneer een verstopping in een standleiding of grondleiding zit, dan zult u het dichtstbijzijnde ontstoppingsstuk moeten openen en van daaruit proberen de verstopping aan te pakken. Met een tuinslang en een stevige waterstaal kunt u de verstopping te lijf; de slang duwt u zo ver mogelijk in de leiding en beweegt u voortdurend heen en weer.

Douche
De lastige verstoppingen doen zich vaak voor in douche- of badafvoeren en speciaal in de sifons daarvan. Deze sifons zijn moeilijk te bereiken. Een sifon van een badkuip is via het inspectieluikje (tegelluikje) nog wel te bereiken en kan met veel moeite nog wel met een ontstoppingsmateriaal worden bewerkt, maar de sifon van een douchebak is gewoonlijk onzichtbaar en onbereikbaar ingebouwd.
U kunt, na het afschroeven van het roosterplaatje van de afvoerplug,

proberen een tuinslang zonder spuitmondstuk in de sifon te schuiven en met een zo groot mogelijke waterdruk de verstopping trachten los te spuiten. In enkele gevallen kan misschien met een ontstoppingsspiraal worden gewerkt (douchesifons hebben meestal een sterk-gebogen, compacte vorm en maken het doorvoeren van ontstoppingsgereedschap erg moeilijk, zo niet onmogelijk).
Hebben geen van de genoemde mogelijkheden resultaten opgeleverd, dan zult u er een specialist bij moeten halen die over professionele apparatuur beschikt. Gelukkig komt het zelden voor dat een verstopping zó hardnekkig is, dat de boel moet worden opengebroken en bijvoorbeeld een douchebak geheel moet worden verwijderd. Met recht mag je dan van een 'schadepost' spreken.

De gasinstallatie
Zelf doen?
Laten we dit gedeelte beginnen met vast te stellen, dat het klussen aan een gasinstallatie niet van gevaar is ontbloot. Niet voor niets dringen de gastoeleveringsbedrijven er op aan steeds een erkend installateur in te

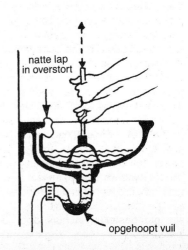

natte lap
in overstort

opgehoopt vuil

schakelen. Aan de andere kant lijkt het dagelijks omgaan met gas via het gebruik van geisers, boilers, fornuizen en gasverwarmingstoestellen een reden te meer om enig inzicht te krijgen in hoe een gasleidingsstelsel in elkaar steekt, terwijl de toeleveringsbedrijven wel eens te vaak de indruk wekken weinig vertrouwen te hebben in het verantwoordelijkheidsgevoel van de handige doe-het-zelver.

Wanneer een nieuwe of vernieuwde gasleiding is aangelegd, zal het gastoeleveringsbedrijf (energiebedrijf) pas een gasmeter plaatsen en tot het leveren van gas overgaan als het leidingssysteem is goedgekeurd. Dat is althans de officiële lezing. In de praktijk komt het erop neer dat een erkend installateur wordt gevraagd te verklaren dat het leidingensysteem onder zijn verantwoordelijkheid is aangelegd en door hem in orde is bevonden. Uiteraard kan de bewoner daarna dat systeem naar eigen inzicht wijzigen of uitbreiden zonder dat daar enige controle op wordt uitgeoefend, maar bij een ernstige storing die schade of zelfs een explosie tot gevolg kan hebben, zal de verzekeringsmaatschappij de aanwezigheid van niet door een erkend installateur aangelegde leiding of aangesloten toestel aangrijpen om een schadeclaim af te wijzen. Hetzelfde geldt voor het zelf installeren van bijvoorbeeld een gastoestel wanneer daartoe het leidingssysteem is gewijzigd. Het alleen-maar-aansluiten op een bestaand en ongewijzigd leidingssysteem kunt u echter zonder bezwaar zelf doen. Maar bedenk ook hierbij: weet wat u doet en laat bij de geringste twijfel het installeren liever aan de vakman over. Laat ieder jaar alle gastoestellen in huis door de installateur of een zogenaamde 'Gaswacht' controleren en onderhouden. In vrijwel elke gemeente of regio zijn bedrijven gevestigd die op abonnement-basis dergelijke werkzaamheden uitvoeren. Dergelijke abonnementen bieden het voordeel van een laag tarief en geven een bepaalde zekerheid dat de gastoestellen steeds optimaal functioneren. Bij woningen die eigendom zijn van de gemeente of woningbouwverenigingen vindt het onderhoud meestal onder verantwoordelijkheid van deze instanties en verenigingen plaats.

Distributie van gas
Gas wordt via een *dienstleiding* naar de woning getransporteerd. Om het verbruik in die woning te registreren is een *gasmeter* geïnstalleerd, met een *hoofdkraan* waarmee de huisleiding kan worden afgesloten. In de meeste gemeenten bevindt de dienstleiding zich 40 à 50 cm onder het maaiveld, maar gezien de verschillen in hoogte van de grondwaterstand kan deze hoogte eveneens verschillen. Steeds zal de dienstleiding in elk geval onder het begane-grondniveau de woning binnenkomen, waarbij hij langs de kortste weg naar de gasmeter voert. Wanneer de gasleiding via ontoegankelijke ruimten loopt, of via een (kruip-)ruimte die slecht is geventileerd, moet deze leiding tot aan de gasmeter van een mantelbuis zijn voorzien.

De gasleidingen
Alle gasleidingen binnen een woning moeten overeenkomstig de *Gasinstallatievoorschriften* zijn aangelegd. In oudere woningen zijn deze leidingen meestal 'in zicht' aangebracht, waarbij de muurdoorvoeringen en vloerdoorvoeringen met toepassing van mantelbuizen moeten zijn uitgevoerd. Er kunnen zowel koperen als

ijzeren buizen zijn gebruikt, maar voor nieuwe leidingen worden tegenwoordig alleen koperen buisen met diameters van 15 tot 28 mm toegepast.

Het wegwerken of 'inbouwen' van gasleidingen is uit esthetische overwegingen misschien wel verdedigbaar, maar moet uit veiligheidsoverwegingen toch worden ontraden, omdat er bij eventuele lekkages veel ge-

hak en gebreek aan te pas moet komen om een leiding vrij te maken en te kunnen herstellen. Bovendien levert het wijzigen of uitbreiden van ingebouwde leidingen onnodige moeilijkheden op. De verbindingen in koperen gasleidingen worden op dezelfde wijze tot stand gebracht als die bij drinkwaterleidingen: er is de keus tussen *knelverbindingen, soldeerverbindingen* en *schroefdraadverbindin-*

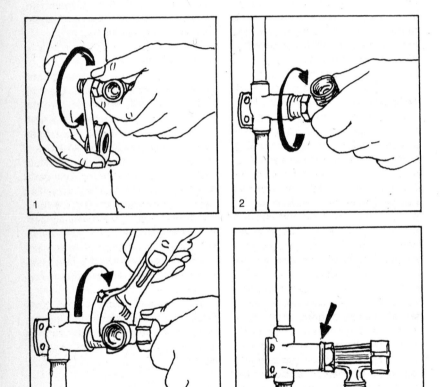

Teflon-tape bij water- of gaskraan.
1. Teflon-tape om de schroefdraad wikkelen. Als de schroefdraad naar rechts wijst, de tape van u afdraaiend omwikkelen en flink straktrekken.
2. De schroefdraad-met-teflon indraaien. Handvast aandraaien en...
3. ...met een moersleutel stevig vastzetten.
4. Kraan gemonteerd. Teflon-tape puilt wat uit. Bij gaskraan met op te smeren zeepsop controleren of de verbinding niet lekt.

gen, die elders in dit hoofdstuk behandeld worden.

Met uitzondering van de wijdere verdeelleiding en de aanvoerleiding van cv-gasketels, kunnen de gasleidingen in een woning met 15 mm-buis worden uitgevoerd. Alle aansluitingen op gastoestellen zullen moeten plaatsvinden met tussenkomst van een *gas-stopkraan*. Gasfornuizen en gasverwarmingstoestellen bijvoorbeeld krijgen aparte stopkranen die vlakbij deze toestellen in de koperen aanvoerleiding worden aangebracht; in bijvoorbeeld geisers, gasboilers en cv-ketels zit zo'n stopkraan meestal al in het toestel zelf ingebouwd.

Teflon-tape

Dit witte, glad aanvoelende kunststofband is op rolletjes in doe-het-zelfzaken en bij de installateur verkrijgbaar. De rolletjes hebben ongeveer het formaat van rolletjes kleefpleister. Teflon-tape vervangt het vroegere vlas waarmee de schroefdraad van schroefdraadverbindingen werd omwikkeld, teneinde een volkomen waterdichte of gasdichte koppeling te krijgen. Dat vlas niet meer gebruikt mag worden heeft te maken met de invoering van het aardgas. Aardgas is namelijk 'droger' dan het vroegere stadsgas en doet daardoor de vlasafdichting snel verouderen. (Het is mogelijk, dat het waarnemen van een lichte gasgeur bij oudere leidingen te maken heeft met de aanwezigheid van deze vlasafdichting.) Teflon-tape wordt overigens niet op elke schroefdraadverbinding toegepast. U gebruikt het alleen bij gasaansluitingen van kooktoestellen en gasverwarmingstoestellen, en bij het aansluiten van kranen op een muurplaat. Aansluitingen van gastoestellen dienen plaats te vinden met tussenkomst van een stopkraan. Is die aansluiting

'star', d.w.z. gemaakt van koperen of stalen buis, dan worden de schroefdraadverbindingen met Teflon-tape omwikkeld. Is de aansluiting flexibel, d.w.z. met een gasslang tot stand gekomen, dan zal die slang zelf nooit met tape worden aangesloten, omdat de slang is uitgerust met een wartelmoer die steeds moet kunnen worden losgedraaid. De wartelmoer moet dan ook met een sleutel of waterpomptang worden vastgedraaid, zodat u er zeker van kunt zijn dat geen gas kan ontsnappen.

Gasslangen

Gasslangen mogen *niet direct* op een toestel worden aangesloten, maar via een stuk koperen of stalen pijp (uiteraard ook van passende schroefdraad, al dan niet bestaande uit een hulpstuk, voorzien) dat zodanig is aangebracht dat de gasslang *náást* het toestel komt te zitten; in elk geval niet aan de warmte van het toestel kan worden blootgesteld. De voorkeur verdienen GIVEG-gekeurde slangen. Deze zijn gewapend en met twee wartelmoeren uitgevoerd, met een maximumlengte van 60 cm. Ze zijn kant-en-klaar bij erkende installateurs verkrijgbaar.

De gewone gasslang, die u per strekkende meter kunt kopen, kan slechts worden gebruikt voor gasstopkranen die van een zogenaamde '*slangpilaar*' zijn voorzien. Een slangpilaar bezit geen schroefdraad, maar een zwaluwstaart-vormig ribbelprofiel waar de slang overheen wordt geschoven. Is de slang op z'n plaats gebracht, dan wordt deze met een slangklem zo stevig mogelijk aangeschroefd.

Warmwatertoestellen

Zoals reeds eerder opgemerkt, is het installeren en onderhouden van

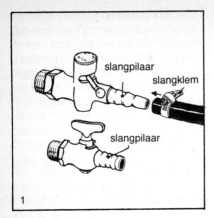
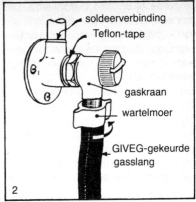

Gas-stopkranen.
1. Boven: GIVEG-gekeurde kraan voor gewone, d.w.z. niet-GIVEG-gekeurde gasslang.
Onder: Ouderwets gaskraantje.
2. Aansluiting van een gas-stopkraan met gasslang.

gastoestellen eigenlijk werk voor een erkend installateur. Voor elektrische warmwatertoestellen geldt hetzelfde, al is het zelf-klussen daaraan wat minder gevaarlijk te noemen.

Niettemin wil ik mij beperken tot een beschrijving van de verschillende warmwatertoestellen en niet ingaan op het installeren en onderhouden ervan, ook al omdat bij aan te schaffen toestellen zeer uitvoerige installatievoorschriften worden bijgeleverd, aan de hand waarvan ook de doe-het-zelver met loodgietersvaardigheid zelf het toestel kan installeren.

Warmwatertoestellen worden grofweg onderscheiden in twee groepen:
1. doorstroomtoestellen;
2. voorraadtoestellen.

Tot de eerste groep behoren die toestellen waarin het koude water tijdens het doorstromen wordt verwarmd. Dit doorstromen gebeurt overigens alleen wanneer er ook warm water wordt afgetapt. In dit soort toestellen wordt in korte tijd zeer veel warmte aan het toestromende en doorstromende water overgedragen, terwijl

de hoeveelheid af te tappen verwarmd water vrijwel onbeperkt is. De warmte wordt opgewekt door een *gasbrander*. Doorstroomtoestellen zijn altijd van het type gasgeiser. Tot de tweede groep behoren alle gas- of elektrische boilers. Als bij deze toestellen de gewenste temperatuur van het in een voorraadvat opgeslagen warme water is bereikt, wordt de warmtebron door een thermostaat automatisch uitgeschakeld. Het opwarmen gebeurt bij gasboilers door middel van een *gasbrander,* bij elektrische toestellen door een *elektrisch element*. Het opwarmen geschiedt veel geleidelijker dan bij doorstroomtoestellen, maar de hoeveelheid af te tappen water is beperkt en wordt bepaald door de maximale inhoud van het voorraadvat of het reservoir binnen in het toestel. Wel kan van de totaal opgeslagen warmwatervoorraad een deel worden gebruikt, waarna vanzelf weer koud water wordt aangetrokken en verwarmd. Dus, resumerend:
Een *voorraadtoestel* bestaat uit een

binnenketel en een buitenwand. De binnenketel is meestal cilindrisch en van koper of hoogwaardig staal vervaardigd. De binnenketel wordt verwarmd met een gasbrander of een elektrisch element.

Een *doorstroomtoestel* bestaat eenvoudig gezegd uit een rond de gasbrander gewikkelde lange buis waarin het koude water stroomt. Op weg naar het aftappunt wordt het water in deze buis opgewarmd. Je zou van een 'warmtewisselaar' kunnen spreken.

Gasgeisers

Gasgeisers (de doorstroomtoestellen dus) worden in verschillende uitvoeringen geleverd. We kennen de gewone *keukengeiser,* die in staat is aan de keukenmengkraan en de douche warm water te leveren, maar nooit aan beide tegelijk, de *kleine badgeiser* en de *grote badgeiser.* Alledrie mogen alleen in goed geventileerde vertrekken worden opgesteld, omdat bij de warmte-opwekking veel rookgassen en condensvocht worden geproduceerd. Sinds enige jaren worden steeds meer geisers van een thermostatisch regelbare brandercapaciteit voorzien, waardoor het toestel binnen bepaalde grenzen een variabele hoeveelheid water kan leveren. De *badgeisers* hebben een *rookgasafvoer* nodig, waarvan de uitmonding bij voorkeur tot boven de daknok wordt doorgetrokken. Onder geen voorwaarde mag de rookgasafvoer op een reeds bestaand ventilatierooster of ventilatiekanaal worden aangesloten.

Gasboilers

Deze zien er uit als hoge, witte cilinders met in het 'deksel' een afvoerpijp voor rookgassen. Ze zijn in verschillende grootten verkrijgbaar met een capaciteit variërend tussen de 65 en 150 liter waterinhoud. Zoals gezegd wordt het afgetapte water direct weer aangevuld. Een gasboiler fungeert dus in zekere zin als een geiser met een buffervoorraad warm water, hetgeen als voordeel heeft dat het waterverbruik gedurende korte tijd hoger kan zijn dan dat van gewone gasgeisers. Ook gasboilers moeten een rookgasafvoer hebben en in een goed geventileerde ruimte staan.

Elektrische voorraadtoestellen

Een elektrische boiler bestaat uit een binnenketel met op de bodem een afneembare flens waarop een thermostaat en een verwarmingselement zijn bevestigd. Om de opgewarmde watervoorraad zo weinig mogelijk te laten afkoelen, is de ruimte tussen de binnenketel en de metalen buitenmantel met een thermisch isolerend materiaal (meestal steen- of glaswol) opgevuld. Het koude water, dat aan de onderzijde van de ketel wordt toegevoerd, wordt door het elektrische verwarmingselement opgewarmd, terwijl de thermostaat het water binnen bepaalde grenzen op temperatuur houdt. Komt de temperatuur van het water beneden de 10°C, dan schakelt de thermostaat het verwarmingselement in. Komt de temperatuur boven de 65 à 70°C, dan wordt het element uitgeschakeld.

De inhoud van elektrische warmwatertoestellen kan variëren van 5 à 6 tot wel 400 liter. De kleinere toestellen kunnen aan de muur worden gehangen, de typen boven ongeveer 120 liter worden gewoon op de vloer geplaatst. Als de voordelen van elektrische voorraadtoestellen gelden vooral het ontbreken van een 'open vuur', het ontbreken van verbrandingsgassen en derhalve condensvocht, terwijl daarnaast de opwar-

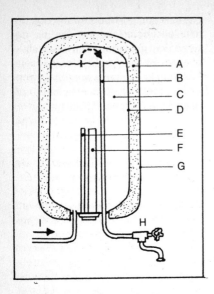

Principe van een elektrisch druktoestel.

A. Isolerend materiaal.
B. Afvoerbuis.
C. Reservoir (opslagvat).
D. Binnenmantel.
E. Thermostaat.
F. Verwarmingselement.
G. Buitenmantel.
H. Aftappunten warm water.
I. Toevoer koud water.

ming van het water kan plaatsvinden in de 'goedkopere uren' (nachttarief, weekend-tarief e.d.). De meeste toestellen hebben tevens een schakelaar voor dag- en nachtverbruik, zodat verwarming van het water ook buiten deze perioden mogelijk is. Deze voordelen bestaan overigens alleen wanneer u de elektrische toestellen met elkaar vergelijkt. Uitgaande van de huidige gas- en elektriciteitstarieven, moet aan de gastoestellen de voorkeur worden gegeven.

Inlaatcombinatie

De meest toegepaste voorraadtoestellen zijn die van het 'druktoestel'-type; hierop kunnen meer-

dere aftappunten worden aangesloten, ongeacht de plaats waar deze tappunten zich ten opzichte van het voorraadtoestel bevinden. In de wateraanvoerleiding is een *ontlastklep* opgenomen, dit om de druk in het reservoir op de vereiste waarde te houden (8 kgf/cm^2). Wordt de druk te hoog, dan opent de klep zich en wordt het teveel aan water afgevoerd naar een uitstroomopening die in verbinding staat met de afvalwaterafvoer. Daarnaast is in de wateraanvoerleiding nog een keerklep aanwezig, die het terugstromen van het water in de drinkwaterleiding onmogelijk maakt (zie ook bij 'Beluchting en ontluchting'). De ontlastklep en keerklep zijn gewoonlijk samengevoegd in een apparaat waarin ook nog een stopkraan en een aftapkraan zijn ingebouwd. Dit apparaat heet in vakkringen een *inlaatcombinatie*. Op elke druktoestel moet zo'n inlaatcombinatie als beveiliging zijn geïnstalleerd, en wel op de koudwateraanvoerleiding vlak vóór het druktoestel.

Kleine elektrische voorraadtoestellen

Tegenwoordig wordt steeds meer overgegaan op de toepassing van voorraadtoestellen met een inhoud van ongeveer 5 liter of 10 liter. Deze bedienen één tappunt van warm water en zijn om die reden zeer geschikt voor een wastafel- of keukenmengkraan. Dankzij hun geringe afmetingen kunnen ze onder de wastafel of in het aanrechtkastje gemakkelijk een plaatsje vinden, waardoor het warme water slechts een kort traject hoeft af te leggen en er dus heel weinig 'stilstandsverlies' optreedt. De 5-litertoestellen (zgn. *kokendwater-automaten*) zijn voor gebruik in de keuken minder geschikt aangezien ze daarvoor een iets te klein vermogen

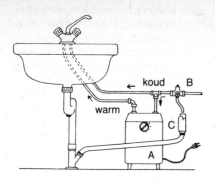

← koud B

warm

C

A

Schematische voorstelling van aansluiting elektrische 10-liter boiler.
A. Boiler.
B. Inlaatcombinatie met uitstroomopening.
C. Open sifon met afvoer uitstroomwater.

hebben. De 10-litertoestellen beantwoorden beter aan hun taak; hun maximum capaciteit bedraagt ongeveer 30 liter warm water met een temperatuur van 70°C per uur. Omdat deze kleine toestellen gewoonlijk onder handbereik zijn opgesteld of opgehangen, kunnen ze, wanneer ze een warmwatervoorraad hebben opgebouwd, met de hand worden uitgeschakeld. Dat kan soms tot aanzienlijke besparingen op de stroomkosten leiden: wanneer men bijvoorbeeld 's avonds het toestel uitschakelt, blijft het warme water in de geïsoleerde binnenketel voldoende lang warm om het pas de volgende ochtend te gebruiken. Tussentijds heeft het toestel dan geen stroom verbruikt.

Zonneboilers

Juist vanwege de nog steeds stijgende energieprijzen staat een boilersysteem waarin met behulp van zonne-energie warm water wordt 'gemaakt', sterk in de belangstelling. Overal in het land verrijzen thans woningen waar men in de kap zonnecollectoren aanbrengt. Weliswaar zijn de aanschafprijzen van dergelijke collectoren nog vrij hoog en zijn ook de installatiekosten hoger dan bij de aanleg van gewone warmwaterinstallaties, maar in de praktijk is inmiddels vastgesteld dat de investering zich redelijk snel terugverdient. Binnen het bestek van dit hoofdstuk is het onmogelijk aan zonnecollectoren ruime aandacht te besteden. Voor wie hierover meer wil weten zijn er de tijdschriften *De Twaalf Ambachten* en *De Kleine Aarde*, waarin regelmatig aandacht wordt besteed aan de ontwikkeling en de praktische realistatie van zuinige en milieuvriendelijke energievormen. De verdienste van deze tijdschriften is dat de lezer niet wordt lastig gevallen met hoog-theoretische beschouwingen, maar dat juist de nadruk wordt gelegd op het zelfdoen in de praktijk. De redacties van beide tijdschriften zetelen in Boxtel. Ook bij de Openbare Bibliotheken kunt u literatuur omtrent de zonneboiler-techniek opslaan.

Tips voor een lagere energierekening

Na de centrale verwarming komt de huishoudelijke warmwatervoorziening op de tweede plaats van het energieverbruik. Een gemiddeld huishouden gebruikt per dag aan warm water in de keuken: 20 tot 25 liter; in de douche (inclusief wastafel): 30 tot 45 liter; in het ligbad: 100 tot 150 liter; voor haarwassen: 10 tot 15 liter.
Blijft het ligbad buiten beschouwing, dan gebruikt een gezin van vier personen ruwweg 60 tot 100 liter warm water per dag. Wil een huishouden energie – en dus kosten – besparen, dan kan een aantal maatregelen worden getroffen dat het verbruik omlaag brengt.
Er kan worden begonnen bij het waterverbruik, zeker wanneer dat water moet worden opgewarmd. De meest

543

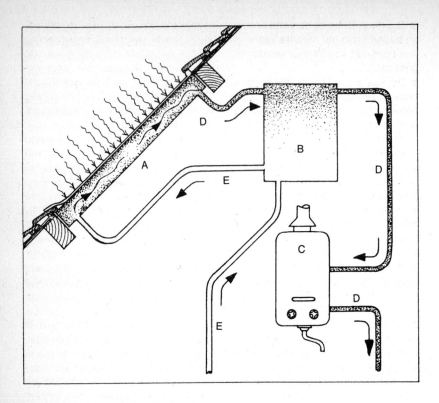

Principe van zonnecollector met boiler of geiser.

A. Collector.
B. Opslagvat (warmtewisselaar).
C. Geiser of boiler.
D. Warm water.
E. Koud water.

eenvoudige oplossing is minder te baden of te douchen, maar dat zou ten koste gaan van de lichaamshygiëne. Meer voor de hand liggend is om bij het douchen minder water te gebruiken. Dat kan bijvoorbeeld met een waterbesparende douchekop, een simpele nevelsproeier die zó op het bekende 'telefoon-douchehandvat' geschroefd kan worden. Hiermee wordt per jaar 70 tot 80 gulden aan water en energie bespaard.

Tips

● Een ligbad is inderdaad uiterst comfortabel, maar het water- en energieverbruik ook uiterst hoog. Een keertje minder baden en in plaats daarvan douchen scheelt ongeveer 30% waterverbruik per wasbeurt, dus hoeft de geiser of boiler ook 30% minder water op te warmen.

● Een andere bezuinigingsmaatregel is kritisch met de kraan omgaan. Vooral kinderen zijn geneigd veel warm water te gebruiken als ze zelfstandig baden of douchen.

● De vaat eerst onder stromend heet water afspoelen kost veel energie en is dus duur. Behalve de vette borden en pannen kan het meeste vaatwerk ook best met koud water worden afgespoeld.

● De vaatwasmachine alleen laten draaien als het apparaat vol is; voor één bordje of pannetje wordt evenveel energie en water verbruikt als voor een vollledig gevulde machine.

● Mensen die een tijdje weg gaan, kunnen de waakvlam van de geiser of boiler uitzetten, dat scheelt zo'n 70 tot 80 kubieke meter gas per jaar.

● De waakvlam van de cv-ketel kan in principe de hele zomer op 'uit' staan, behalve als de ketel ook voor de warmwatervoorziening zorgt. Sommige nieuwe cv-ketels en badgeisers hebben geen waakvlam, maar een elektrische ontsteking en springen derhalve extra zuinig met gas om.

● Het isoleren van de warmwaterleidingen (ook die van de cv) levert besparing op: de stilstands- en warmteverliezen nemen af. Wanneer de leidingen goed geïsoleerd zijn, geeft dat per strekkende meter al gauw een besparing van ongeveer 25%.

Bezuinigen op warmwaterverbruik

Om te kunnen bezuinigen op energieverbruik is het nodig te weten welk warmwatertoestel in een situatie het geschiktste en het zuinigste is. Is er in een woning kortgeleden een hoogrendements-cv-ketel geïnstalleerd die ook voor het warme water zorgt, dan is het voorlopig niet nodig dat de bewoners zich over warm water druk maken, tenzij de ketel ver staat verwijderd van het tappunt waaruit het warme water voor keuken, douche of badkamer wordt betrokken.

Ook wanneer de woning niet centraal wordt verwarmd, is de bezuinigings-vraag actueel. Er is één zekerheid: een aparte warmwatervoorziening vraagt ongeveer eentiende van de hoeveelheid energie die een cv-installatie nodig heeft. De verschillende warmwatertoestellen zijn ruwweg te verdelen in 'doorstroomtoestellen' en 'voorraadtoestellen'.

De voorraadtoestellen zijn bekend als de gasgestookte en elektrisch verwarmde toestellen. Een geiser is altijd een doorstroomtoestel. Een keukengeiser levert per minuut iets meer dan twee liter water van 60°C. Dat is nauwelijks genoeg om een douche te bedienen, wanneer iemand tegelijkertijd zijn handen wil wassen, zeker niet als er op hetzelfde moment een huisgenoot aan de afwas bezig is. Alledrie kan met een keukengeiser niet, dat kan een nadeel zijn.

Wil iemand ruim douchen, dan is daartoe minstens een kleine badgeiser nodig, waarmee ongeveer zes liter warm water per minuut kan worden afgenomen. Een grotere badgeiser levert circa tien liter per minuut; dat is ruim voldoende om meerdere tappunten tegelijk te bedienen. Een grote badgeiser is echter niet geschikt voor bediening van het aanrecht en de wastafel, omdat zijn tapsnelheid te hoog is.

Als belangrijk voordeel van geisers geldt dat ze nooit leeg raken; vandaar ook de naam 'doorstroomtoestel'. Een nadeel is, dat uit een geiser nooit een kleine straal warm water te tappen is. De hoofdbrander ontsteekt pas als er voldoende water door het toestel stroomt. Dit manco doet zich niet voor bij de 'vario-geiser'. Bij dit type wordt de hoofdbrander als het ware gestuurd, waardoor de warmwaterkraan maar een klein beetje hoeft te worden opengedraaid om de hoofdbrander te ontsteken. Bovendien blijft de temperatuur van het water constant op ongeveer 60°C, ongeacht de hoeveelheid water die wordt afgenomen. Juist doordat een vario-geiser meestal minder water gebruikt, zal ook het gasverbruik minder groot zijn dan van een gewone geiser.

Bij boilers ligt de zaak anders. Een boiler is eigenlijk een soort thermosfles, waarbinnen een bepaalde voorraad warm water op temperatuur wordt gehouden. Maar een voorraadvat is niet onuitputtelijk; dus als er veel warm water wordt gevraagd, zal er gewacht moeten worden tot er weer warm water is 'aangemaakt'. We kennen elektrische boilers en gasboilers; beide met voor- en nadelen.

Gasboiler
Een gasboiler heeft net als een geiser een afvoer nodig voor de verbrandingsgassen. De stilstandsverliezen zijn tamelijk groot. Zodra de watertemperatuur beneden een bepaalde waarde is gedaald, wordt de brander automatisch ontstoken en wordt de watervoorraad weer op temperatuur gebracht. Een gasboiler gebruikt dus ook energie als er geen warm water wordt getapt. Dat kost ongeveer 250 tot 300 kubieke meter gas per jaar. Het rendement van een gasboiler is dus lager dan dat van een gasgeiser. Overigens zijn sinds enige tijd ook boilers op de markt met een aanzienlijk hoger rendement.

Elektrische boiler
Een elektrische boiler kan het zonder afvoer stellen en dus op elke plaats in huis worden opgesteld. Maar hij is weer duurder in gebruik en de aanschaf- en installatiekosten zijn ook hoger. De watervoorraad wordt meestal door een verwarming op een flinke temperatuur van tussen de 80 en 90°C gebracht. Net als bij gasboi-

lers kan in korte tijd vrijwel de hele voorraad worden gebruikt, terwijl ook een dun waterstraaltje mogelijk is.

Dat betekent, dat als de voorraad is opgebruikt, lange tijd moet worden gewacht voordat een nieuwe voorraad warm water ter beschikking staat. Dat geldt vooral voor boilers die op het goedkopere 'nachttarief' zijn aangesloten. Wordt van deze boilers 's morgens de hele voorraad gebruikt, dan moet tot 's middags worden gewacht voor er weer warm water beschikbaar is.

Wanneer dus wordt gekozen voor een elektrische boiler, is het zaak om een type te nemen met een capaciteit van een warmwatervoorraad voor een hele dag en die bovendien voorzien is van een regelbare thermostaat. Met deze thermostaat kan de watertemperatuur op een gewenste (lagere) stand worden ingesteld, hetgeen energiebesparing oplevert.

Combitoestel
Een andere manier om warm water te verkrijgen is via de cv-ketel. Een dergelijke 'gecombineerde' ketel noemen we een combitoestel. Een combitoestel heeft geen extra ruimte nodig. Hij heeft maar één gasaansluiting, één afvoer voor de verbrandingsgassen, en één brander. Er hoeft dus maar één toestel te worden aangesloten en onderhouden. Derhalve een zeer geschikt toestel voor woningen met een beperkte ruimte.

Evenals bij de eerder genoemde apparaten zijn er combitoestellen in doorstroom- en voorraadtype en gelden dan ook dezelfde voor- en nadelen. Vanwege het relatief lage energieverbruik is deze combinatie vooral aantrekkelijk bij de HR (Hoog Rendements)-gasuitvoering.

Indirecte boiler
Vrij onbekend zijn de zogeheten 'indirecte boilers'. Deze kunnen worden aangesloten op iedere cv-ketel, dus ook op HR-ketels. Dit type boiler is zeer goed geïsoleerd, waardoor de inwendige stilstandsverliezen tot een minimum blijven beperkt. Een verbrandingsgasafvoer is niet nodig, de boiler beschikt niet over een eigen brander, maar maakt gebruik van de brander van de bestaande cv-ketel. Het grote voordeel van de indirecte boiler is dat hij gas als energiebron gebruikt en gas is nog steeds goedkoper dan elektriciteit. Bovendien zijn de totale aanschafkosten laag, door de eenvoudige uitvoering van de ketel. De boiler moet altijd naast de cv-ketel worden geïnstalleerd.

Mixboiler
De mixboiler is eveneens een combinatie van cv-ketel en boiler. Het verschil met de indirecte boiler is dat de mixboiler over een eigen elektrisch verwarmingselement beschikt dat alleen in werking treedt wanneer de cv-ketel onvoldoende warm water produceert. In de zomer verwarmt de mixboiler het water op nachtstroom-tarief, dat overigens duurder is dan de warmwatervoorziening via de cv-ketel.

Voorrang
Bijna alle combi- en mixboilers zijn zo geconstrueerd dat de warmwatervoorziening voorrang heeft op de centrale verwarming. Is er warm water nodig, dan stuurt een wisselklep het warme water richting boiler of tapspiraal. Daalt daarna de temperatuur in de woning en ontsteekt op aanwijzing van de kamerthermostaat de hoofdbrander van de cv-ketel, dan sluit de klep zich en werkt de ketel weer voor de cv-installatie.
In de zomer, als de cv geen warmte verlangt, sluit de klep dus de watercirculatie naar de radiatoren af. Het spreekt vanzelf, dat een combitoestel 's zomers niet buiten werking kan worden gesteld zoals dat met een gewone cv-ketel wel kan. Wanneer de cv-ketel geen automatische ontsteking heeft, betekent dat enig energieverlies, omdat de waakvlam permanent moet blijven branden. Alleen tijdens een vakantie kan de waakvlam op uit worden gezet.

Werken met beton

Meestal zijn het bewoners van begane-grondwoningen of tuinbezitters die in de verleiding komen met beton aan de slag te gaan. Met het maken van een betonnen tuinpad, bijvoorbeeld. Of met het maken van een betonvloer, een fundering voor een schuurtje, een gemetselde muur of een zitkuil. Het aardige is dat hierbij alle huisgenoten een handje kunnen helpen: er moeten waterpasse lijnen worden uitgezet, er moet soms worden gegraven, een bekisting worden gemaakt, geschept, gemixed, gekruid, gestort en ten slotte worden af-gereed.
(Tussen haakjes: is het niet aardig te weten dat van alle Nederlandse vrouwen onder de 65 jaar, ongeveer 17% op enigerlei wijze met het werken met beton bekend is? Een op de zes vrouwen heeft thuis dus al eens direct of indirect met beton gewerkt, een verrassend cijfer dat weer eens onderstreept hoeveel vrouwen er geen punt van maken hun doe-het-zelvende handen uit de mouwen te steken.)

Gewapend beton

Bij het maken van een betonfundering of een betonnen vloer krijgt iedereen te maken met het verschijnsel van de zogenaamde druk- en trekspanningen. Want beton kan uitstekend weerstand bieden aan *drukkrachten*, maar slechts weinig aan *trekkrachten*. Om

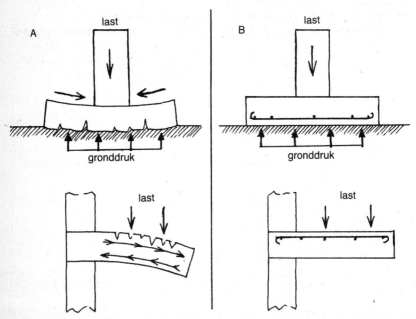

Gedragingen van ongewapend beton (links) en gewapend beton (rechts) bij belasting.

het nu mogelijk te maken dat het beton ook aan die trekkrachten het hoofd kan bieden, moet het 'gewapend' worden, d.w.z. van een rondstalen vlechtwerk voorzien. Dit vlechtwerk neemt de druk- en trekspanningen voor een belangrijk deel over. Maar waar moet dit rondstaal komen om zijn functie naar behoren te kunnen vervullen? Het antwoord is eenvoudig: altijd daar waar de *trekkrachten optreden*. Dus: het beton zelf neemt de drukspanning over, het rondstaal (meestal wapeningsijzer genoemd) de trekspanning. In de kleine tekeningetjes wordt dit theoretisch verduidelijkt (A en B).

De grote tekening (D) laat een en ander in de praktijk zien: de funderingsstrook voor een bakstenen muur is aan de onderzijde gewapend. Het wapeningsijzer moet overigens altijd rondom een minimale betondekking hebben van 2 cm. Aan de randen van een betonconstructie eindigt het wapeningsijzer dus overal op 2 cm van

de bekisting en op 2 cm van de beneden- en/of bovenzijde. Soms worden daar de uiteinden van de staven gedeeltelijk omgebogen, opdat ze de trekkrachten nóg beter kunnen opvangen.

De staven die de trekkrachten opnemen, worden *hoofdwapening* genoemd, de dwars daarop liggende staven, de *verdeelwapening* geheten, dienen tot niet veel anders dan de hoofdwapening op de juiste plaats te houden. Alle staven worden op hun kruisingen met binddraad aan elkaar verbonden. Voor niet-vrijdragende betonnen vloeren die slechts licht belast worden, kan als wapening worden volstaan met een *krimpnet*, een licht vlechtwerk met een maasgrootte van 15-20 cm, dat bij de bouwmaterialenhandel verkrijgbaar is en alleen nog zelf op maat moet worden geknipt.

Betonreceptuur
We kennen 3 soorten beton: *normaal*

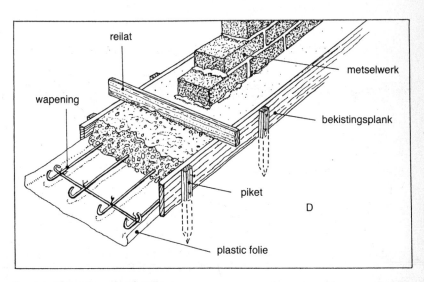

reilat

metselwerk

wapening

bekistingsplank

piket

D

plastic folie

Funderingsstrook van gewapend beton.

beton, *waterdicht beton* en *stampbeton*.

Normaal beton wordt samengesteld uit 1 deel portlandcement, 2 delen zand en 3 delen grind. Kleine hoeveelheden kunnen met de hand worden aangemaakt: de afgemeten hoeveelheden zand en grind kunnen op een vlakke, schone ondergrond dooreen worden gemengd. Daarna wordt de portlandcement toegevoegd en met de zand-grindmassa vermengd. Pas wanneer dat is gedaan wordt in de droge betonmassa een kuiltje gemaakt, waarin een hoeveelheid water kan worden gegoten. Door voortdurend rondom de droge massa te lopen en deze onderwijl vanaf de randen beetje bij beetje in het water te scheppen, en ook regelmatig wat water 'bij te schenken', ontstaat na enige tijd een homogene, lijvige massa, gereed om in de bekisting te worden gestort. Met een spade of een stok wordt de betonmassa binnen de bekisting 'gepord', zodat er geen luchtbellen of grindnesten ontstaan. Ook het kloppen tegen de bekisting helpt de betonmassa te verdichten.

Waterdicht beton wordt op dezelfde wijze aangemaakt, alleen is de mengverhouding anders: 1 deel portlandcement, 1½ delen zand en 2½ delen grind. Het wordt gebruikt in die gevallen waar kans bestaat op doordringend grond- of regenwater.

Stampbeton heeft weer een andere samenstelling: 1 deel portlandcement op 6 delen zand en 8 delen grind. Het is alleen geschikt voor een lichte funderingsaanleg of voor tuinpaden die later worden gladgepleisterd. Bij het aanmaken van stampbeton wordt slechts heel weinig water gebruikt. Dit soort beton moet een aarde-droge structuur hebben en wordt laagsgewijs met een stamper aangestampt. Een bekisting is in de meeste gevallen niet nodig (tekening C). Alleen voor de aanleg van tuinpaden zal toch een bekisting van twee planken nodig zijn om de breedte van het pad af te palen. Beton heeft, afhankelijk van de weersomstandigheden, een droog-

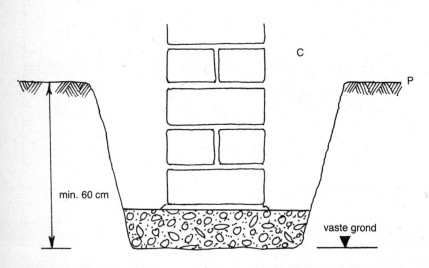

Lichte fundering van stampbeton.

tijd van gemiddeld drie dagen, maar echt uitgehard is het pas na twee à drie weken.

Bekisting

De bekisting is een vormbepalende constructie van gespijkerde houten planken waarbinnen het beton wordt gestort. De binnenwerkse maten van zo'n bekisting zijn derhalve altijd gelijk aan de buitenwerkse maten van het beton. Een bekisting wordt meestal tegen de zijwaartse druk van het gestorte en geporde beton bestand gemaakt door het langs de bekisting in de grond slaan van zogenaamde *piketten*, ongeveer 50 cm lange stukken lat waaraan een punt is

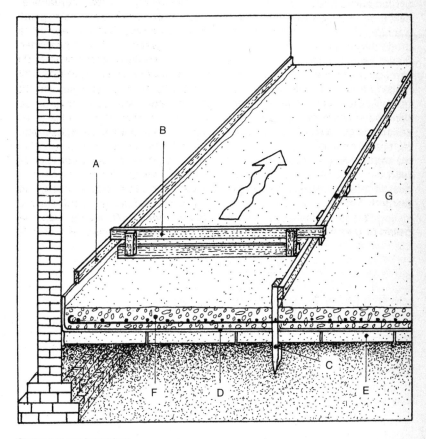

Storten van een betonvloer.
A. Lat, waterpas tegen de bestaande muur gespijkerd.
B. Zelfgetimmerde reilat.
C. Ingeslagen piketten die de waterpas gestelde lat G steunen. De piketten worden later verwijderd, waarna de achterblijvende gaten alsnog worden opgevuld.
D. Plastic folie waarop het beton wordt gestort. De folie tegen de muur omhoog zetten.
E. Harde platen isolatie-materiaal.
F. Beton met een wapening van krimpnet.
G. Lat waterpas gesteld, ook waterpas ten opzichte van lat A.

gezaagd. Uit de grote tekening zal de functie van piketten voldoende duidelijk worden. Bij een bekisting worden de spijkerverbindingen altijd aan de *buitenzijde* aangebracht. De spijkerkoppen blijven daarbij voldoende uitsteken om, na het uitharden van het beton, de spijkers bij het ontkisten gemakkelijk te kunnen uittrekken. Als om een of andere reden het ontkisten niet mogelijk of nodig is, kan de bekisting van funderingen ook blijven zitten. Men spreekt dan van een 'verloren' bekisting.

Omdat aangemaakt beton veel water bevat dat niet in de grond mag wegzakken, maar op natuurlijke wijze moet uitdampen, wordt op de bodem, tussen de bekistingsplanken, plastic folie uitgelegd. Immers, mèt het in de grond wegzakkende water zou ook het bindmiddel, het portlandcement dus, uit de beton verdwijnen en daarmee de betonconstructie ontoelaatbaar verzwakken.

Funderingsdiepte

Alle funderingen van lichtere bouwwerken, zoals schuurtjes, garages en serres, dienen op minstens 60 cm beneden het maaiveld te worden aangelegd. Dit heeft te maken met de *vorstgrens*: bóven deze diepte kan het ontdooien van de bevroren grond tot gevolg hebben dat in de fundering en dus ook in het bouwwerk zelf verzakkingen optreden.

De grond moet dus altijd 60 cm diep worden uitgegraven. Maar wanneer de 'vaste' grond of de 'oer'- of zandlaag dieper ligt, is het beter tot op deze laag te graven en daarop de fundering te beginnen. Die vaste grond dient 'ongeroerd' te blijven (zie ook tekening C).

Betonmolen

Voor werk van enige omvang is een betonmolen onmisbaar. De zware arbeid van het met de hand aanmaken van beton wordt door deze verrijdbare 'mixer' voor een belangrijk deel uit handen genomen. Een betonmolen is te huur bij grotere bouwmarkten en de gereedschapsverhuurbedrijven, maar voor vijf-, zeshonderd gulden is al een goede, elektrisch aangedreven betonmolen te koop.

In de molen wordt eerst het grind en zand (in de vereiste mengverhouding) geschept, daarna de portlandcement en ten slotte het water toegevoegd. In een kruiwagen kan de betonmassa uit de draaiende kuip worden 'opgevangen' en naar de bestemde plaats worden gereden. In sommige gevallen kan ook dit kruien worden voorkomen door vanaf de betonmolen een provisorische, van planken getimmerde glijbaan op te stellen, waarover het vloeibare beton direct wordt geleid tot boven de plaats waar het beton moet worden gestort.

Vloeren

Zie voor betonnen vloeren ook bij '*Vloeren en plafonds*'.

Meubels, kasten, bergingen

Bergruimte

In wat nieuwere huizen ontstaan vaak opbergproblemen. Er zijn weliswaar een aantal witgespoten hang- en legkasten, meestal uit hardboard of spaanplaat opgetrokken, maar dat blijkt voor de meeste huishoudens onvoldoende om alles in kwijt te kunnen.

Wie wat geld heeft te besteden kan zich extra kasten of een bergingssysteem aanschaffen of met een flink aantal op maat gezaagde kastplanken zelf iets in elkaar zetten.
Er zijn in principe drie bergingssystemen: ingebouwd, vrijstaand en een modulair systeem.
Ingebouwde kasten hebben het voordeel dat de bergruimte optimaal benut kan worden zonder verlies van ruimte in de kamer. Vrijstaande systemen laten zich weer gemakkelijker naar andere vertrekken verplaatsen en kunnen als ruimteverdeler dienen. Modulaire systemen kunnen zowel vrijstaand als ingebouwd zijn. De vastgemonteerde systemen zijn beter voor zwaardere belasting geschikt dan de vrijstaande. Veel bergingssystemen zijn verkrijgbaar als bouwpakket om zelf thuis in elkaar te zetten. Om de bergruimte helemaal aan de eigen wensen aan te passen, is zelfbouw ideaal.

Flexibel

Bergingssystemen die uit planken, schuifladen en zij- en achterwanden tot een compleet meubel kunnen worden samengesteld, zijn het meest flexibel. Ze bieden een keuze tussen open, gesloten en decoratieve delen. Het systeem kan naar behoefte vergroot en aangepast worden. Vrijstaande eenheden laten zich eenvoudiger combineren dan ingebouwde, omdat ze niet afhankelijk zijn van de wanden en mogelijke hoeken. Ze zijn ook als ruimteverdelers geschikt, maar dan moeten de zware onderdelen uit veiligheidsoverwegingen aan de onderkant worden geplaatst – aan omvallende bergingselementen hebt u niets.

Inbouw

Inbouwsystemen zijn er in velerlei vormen. Ze kunnen naast de schoorsteen worden geplaatst of wellicht zelfs ervoor, of kunnen een bed of een keukenelement overspannen. Het is van belang voor de aanschaf alles uiterst precies op te meten, want door enige millimeters verschil kan de inbouw van de kast grote moeilijkheden opleveren. Enige millimeters te groot en de timmerman moet er misschien aan te pas komen, enige millimeters te klein en latjes moeten de kieren afdekken.
Elke ruimte in huis biedt meer mogelijkheden dan u op het eerste gezicht vermoedt. Onder bedden, sofa's en vensterbanken, boven deuren, bedden en trappen, in hoeken en kelders, op vlieringen en zolders en zelfs achter deuren is nuttige bergruimte te vinden.
Een kastje kan onder de wastafel, in een erker of een nis, of boven het bed worden aangebracht. In kasten kan men extra planken leggen. Klap- of uitschuifbare tafelbladen vergroten

de werkruimte. Praktische ideeën kunnen ook heel best decoratief uitpakken en het loont ongetwijfeld de moeite verschillende mogelijkheden een keer uit te proberen.

Haken en planken

Schoenen kunnen in het zicht aan haken worden opgehangen; oude dozen, bussen, vaten en kistjes kunnen tot nuttige en attractieve bergmogelijkheden worden omgetoverd. Aan geplastificeerd tuingaas en haken kan allerlei keukengereedschap, kruiden, knoflook of het netje met sinaasappels hangen.

Als iemand besluit zelf een berging te maken of er worden simpelweg ergens wat boekenplanken aangebracht, bedenk dan dat de plankendragers en planken de toe te passen belasting moeten kunnen dragen. Zes normale pocketboeken wegen samen ongeveer een kilo, zes gebonden boeken van gemiddelde grootte wegen samen twee kilo.

Criteria

In ideale omstandigheden beantwoordt een goede bergruimte aan alle eisen die men daaraan stelt: de berging is gemakkelijk bereikbaar, economisch ingedeeld en beschermt de voorwerpen tegen stof, schimmel en extreme temperaturen. Maar er zijn altijd wel beperkingen zoals de afmetingen van de te bergen voorwerpen, de beschikbare ruimte voor het desbetreffende bergmeubel, of de uiterste hoogte gemeten aan de reikhoogte van de gebruiker. Eisen en beperkingen zullen dan ook altijd van invloed zijn op de ruimte rond het bergmeubel, het nodige werkoppervlak en de dagelijkse routines van het huisverkeer.

Te bergen voorwerpen en artikelen kunnen worden onderscheiden in die welke regelmatig worden gebruikt (kleding, voedsel, serviesgoed) en die welke slechts bij bepaalde gelegenheden of per seizoen worden gebruikt. Hierbij valt te denken aan boeken, winterkleding, koffers e.d. De veel gebruikte artikelen zullen dan ook het gemakkelijkst bereikbaar moeten zijn, de andere kunnen beter goed beschermd worden opgeborgen.

Bergmeubelen kunnen geheel vrijstaand worden opgesteld, of aan een muur of plafond worden vastgezet. Met behulp van afzonderlijke delen kunnen zowel vrijstaande als vastgezette kastruimten en bergstellingen in een vast maatstramien worden opgebouwd, en naar wens veranderd of uitgebreid. Plaatmaterialen zoals multiplex, meubelplaat of spaanplaat, vastgezet tussen vloer en plafond, kunnen worden gebruikt als tussenschotten om er kastjes, ladeblokken en planken tussen te plaatsen. Bergmeubelen kunnen worden ingebouwd of tegen een wand áán gebouwd. Welk soort meubel u ook kiest of zelf vervaardigt, bedenk dat verbindings- en bevestigingsmiddelen het ontwerp sterk beïnvloeden.

Hoogten en diepten

Het centrale gebied waarin veelgebruikte of zware, met twee handen te tillen voorwerpen zonder al te veel moeite kunnen worden opgeborgen, ligt tussen de 70 en 130 cm. Voorwerpen die men niet regelmatig nodig heeft, of licht van gewicht zijn, plaatst men het beste onder of boven dit gebied. De gemiddelde ooghoogte van een rechtop staande volwassene ligt tussen de 155 en 185 cm, en van een zittende volwassene tussen 110 en 135 cm. Er moet rekening worden gehouden met comfortabel verticaal bereik tijdens het zitten (A). In staande

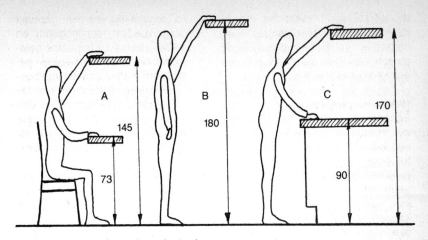

De juiste reikhoogten (maten in centimeters).

Laden en kastjes.
1. Lade met verzonken voorkant.
2. Lade met opgelegde voorkant.
3. Kastje met dubbele schuifdeuren.
4. Kastje met driedubbele schuifdeuren.
5. Kastje met vouwdeuren.

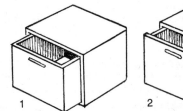

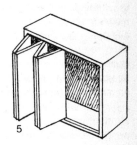

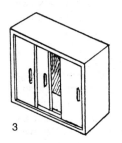

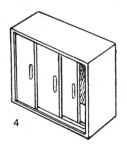

positie is dat overigens van evenveel belang (B), en het geldt ook voor wanneer men zich over een werkblad moet buigen (C).

Laden

Alleen wanneer een ladenkast van goed uitgewerkt hout is vervaardigd kan de lade gemakkelijk worden in- en uitgeschoven (1). Als de lade echter een minder stabiele ombouw heeft, of als de vloer ongelijk is, kunnen er kieren ontstaan tussen ombouw en lade. Om dit te vermijden kan het ladefront (de voorkant van de lade) vergroot worden, zodat de voorkant van de ombouw achter het ladefront schuilgaat (2).

Kastdeurtjes

Een deurtje dat gewoon naar opzij opengaat, geeft een ruime toegang tot de kastruimte, maar als het kastje laag geplaatst is kan zo'n deurtje onpraktisch zijn. En als hetzelfde kastje hoog is opgehangen kan men zich aan het openstaande deurtje stoten. Schuifdeurtjes hebben deze ongemakken niet, maar de toegang tot de achterliggende bergruimte is altijd beperkt. Drie schuifdeurtjes op een dubbele rail geven per deur toegang tot slechts ⅓ van de kastruimte (3). Drie schuifdeurtjes op drie rails geven toegang tot ⅔ van de kastruimte (4), een vouwdeur combineert de voordelen van een draaideur en een schuifdeur (5).

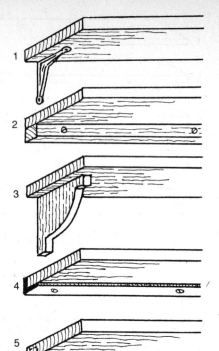

Kastplanken

Kastplanken, vooral als ze verstelbaar en op de juiste hoogte aangebracht zijn, zorgen voor een maximale benutting van de ruimte. Vaste planken kunnen aan een wand of in een nis aangebracht worden, complexere zelfbouwsystemen kunnen een houten dragerssysteem hebben en meestal vrijstaand of tegen de wand worden geplaatst.

Plankendragers.
1. Metalen plankendrager.
2. Houten lat.
3. Houten console.
4. Metalen hoekstrip.
5. Vrijdragende deuvelsteun.

Materialen

Spaanplaat, meubelplaat en multiplex zijn de meest gebruikte materialen voor binnenshuis aan te brengen planken. Spaanplaat is overal verkrijgbaar, goedkoop en in dikten vanaf 8 mm in de handel. Bij aankoop kan men de platen op de gewenste lengte en breedte laten zagen. Maar fraai is spaanplaat niet en daarbij het minst sterk. Gefineerd spaanplaat is iets sterker dan ongefineerd.

Ruw vurehout is alleen geschikt voor schappen in schuren, garages en kelders, terwijl hardhout, voor zover verkrijgbaar, een duur plankmateriaal is.

Metalen planken komen hoofdzakelijk voor in bouwpakketten en zijn zeer geschikt voor zware belasting. Voor het bergen van decoratieve, lichte voorwerpen en objecten kan ook glas worden gebruikt. De glashandel levert standaard-afmetingen, maar snijdt glasplanken op de gewenste maat en slijpt de snijranden glad. Kunststofplanken zijn slechts beperkt verkrijgbaar.

Een plank breekt wanneer het materiaal niet op de belasting berekend of de bevestiging te zwak is. Boekenplanken moeten qua materiaal en dikte voor hun doel geschikt zijn; draag-

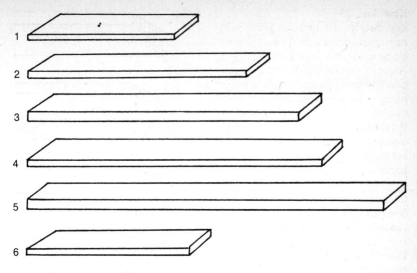

Materialen voor kastplanken.
1. Spaanplaat. Dikte 18 mm, max. spanwijdte 400 mm.
2. Multiplex of vurehout. Dikte 18 mm, max. spanwijdte 600 mm.
3. Meubelplaat. Dikte 25 mm, max. spanwijdte 750 mm.
4. Spaanplaat. Dikte 48 mm, max. spanwijdte 800 mm.
5. Multiplex of vurehout. Dikte 25 mm, max. spanwijdte 900 mm.
6. Meubelplaat. Dikte 12 mm, max. spanwijdte 450 mm.

bevestigingen moeten sterk genoeg zijn en op niet te grote afstand van elkaar zijn aangebracht; de schroeven lang en dik genoeg voor een stevige verankering.

De beoordeling van gewenste lengte en dikte van een plank is een kwestie van gezond verstand. Op de volgende tekening geven we een aantal richtwaarden van de maximale spanwijdte tussen twee draagpunten bij een gemiddelde belasting.

Schroefbevestiging

De meeste plankdragers en -steunen dienen met schroeven te worden bevestigd. De te dragen last is daarbij doorslaggevend voor de vereiste dikte en lengte van de schroeven. Maar ook het type wand bepaalt de soort bevestiging. Voor normaal werk gebruikt men schroeven van 50, 62 of 75 mm lang, afhankelijk van de grootte en spanwijdte van de planken. Kies altijd een schroefzwaarte voor de te verwachten maximale belasting. Een schroefdikte van 6 mm is geschikt voor lichte belasting, 10 mm dikke schroeven voor planken met een hoge belasting. De schroeven zelf kunnen natuurlijk niet zonder meer in de wand worden gedraaid; ze worden door middel van pluggen (zie onder dit trefwoord) in de wand geschroefd. Planken in nissen of ingebouwde kasten kunnen met houten latten, metalen hoekstrippen, driehoekige steunen of plankendragers aan de wand worden bevestigd. Zijn daarentegen de zijwanden van een nis erg oneffen, dan is het aan te raden twee houten staanders tegen die wanden te plaatsen en de planken daarop te laten dragen.

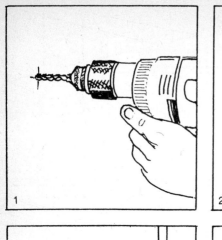
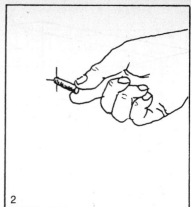
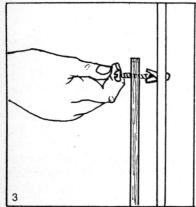
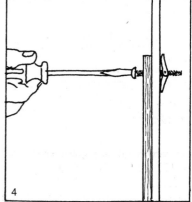

Schroefbevestiging.
Boor in een massieve muur (met een slagboormachine) een gaatje ter diepte van de gebruikte schroeven en pluggen (1). Steek de plug in het gaatje, zó ver dat hij gelijk ligt aan het wandoppervlak (2).
Een voorzetwand of een wand van gipskartonplaat is te dun om een schroef voldoende houvast te geven. Met paraplu-boutjes kan het probleem worden opgelost. Boor een gat, zó groot, dat het de samengeklapte schroefvleugels doorlaat (3). Steek het paraplu-boutje in het gat, zodat de vleugels in de ruimte achter de wand uitklappen en bij het aandraaien tegen de wand worden aangetrokken (4).

Achter wanden van gipskartonplaat bevinden zich altijd wel houten latten of staanders. Klop op de wand om aan de klank te horen waar zich achter de betimmering massief hout bevindt. Kies de planklengte zodanig dat plankendragers of steunen aan dat massieve hout kunnen worden geschroefd.

Kastschuifdeuren
Met kastschuifdeuren kunt u extra kastruimte creëren: de voorkant van een met dergelijke schuifdeuren uitgeruste berging kan zodanig worden ingepast dat ze een eenheid vormt met het vertrek. Vooral wanneer de schuifdeuren in dezelfde kleur worden geschilderd als de aangrenzen-

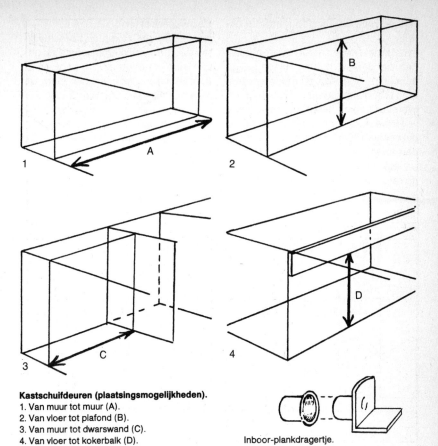

Kastschuifdeuren (plaatsingsmogelijkheden).
1. Van muur tot muur (A).
2. Van vloer tot plafond (B).
3. Van muur tot dwarswand (C).
4. Van vloer tot kokerbalk (D).

Inboor-plankdragertje.

de wand(en) valt het front van de berging nauwelijks op.

Als doe-het-zelver kunt u zelf een kastenwand met schuifdeuren maken. Kastschuifdeuren zijn compleet verkrijgbaar in hoogten van circa 240 cm, en in diverse breedten van 60 tot 120 cm. Maar u kunt voor minder geld simpelweg spaanplaat- of multiplexpanelen van minimaal 2 cm dik gebruiken en deze op elke gewenste breedte en hoogte zagen.

Fabriekssystemen
Kant-en-klare kastschuifdeursystemen bestaan uit onder- en bovenrails,

rollers en afwerklijsten. Bij enkele systemen hangen de deuren of panelen aan *rollers* die in de bovenrail rollen. De onderrail dient slechts als geleiding van de panelen. Bij andere systemen glijden de panelen zowel onder als boven op rollers. Meestal zijn de rails en de rollers van aluminium of kunststof. Voor wat betreft de materialen voor de panelen of deuren is de keuze vrijwel onbeperkt. U kunt kiezen voor goedkoop materiaal als spaanplaat, multiplex of kunststofpanelen, maar ook voor luxer materiaal als massief hout. In elk geval moeten de deuren of panelen minstens 1 cm dik zijn; dunnere panelen 'zwabberen' en hangen als slap karton in de rails.

In rails met twee of meer 'sporen' kunnen de deuren achter elkaar langs schuiven. Met drie of meer sporen kunt u een schuifdeurwand van muur tot muur maken. In een wand van bijvoorbeeld 240 cm breed kunt u drie deuren van 80 cm plaatsen en deze in een driesporige rail hangen, of twee panelen van 120 cm in een tweesporige rail.

Bouwpakketten

In doe-het-zelf zaken en bouwmarkten zijn bouwpakketten of losse onderdelen verkrijgbaar. De panelen of deuren moet u er apart bijkopen. De meeste leveranciers leveren echter ook bijpassende panelen, zodat u verzekerd bent dat de panelen passen bij het onderdelenpakket. Bij bouwpakketten worden montagehandleidingen geleverd.

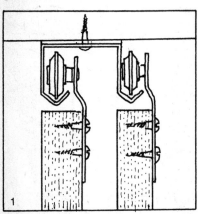

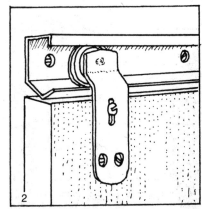

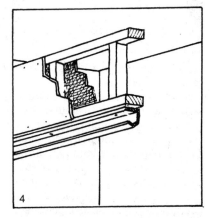

Kastschuifdeuren (rollersystemen).
1. Zijaanzicht van tweesporige rail.
2. Achteraanzicht van eensporige rail.
3. Achteraanzicht dubbele roller.
4. Is het vertrek hoger dan de maximale schuifdeurhoogte, dan kunt u de rail verlaagd aanbrengen door een soort houten koker tegen het plafond te maken. Tegen de onderkant van deze constructie schroeft u dan de bovenrail.

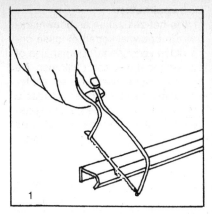

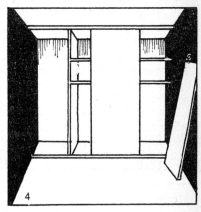

Kastschuifdeuren monteren.
1. Zaag de rails op de vereiste lengte.
2. Monteer de vloer- en plafondrails.

3. Monteer het kastinterieur.
4. Hang de deuren in de rails en stel de rollers af.

Zelf doen

Wanneer u een schuifdeurwand zelf wilt maken, zorg er bij aanschaf dan voor dat de losse onderdelen uit bij elkaar passende materialen bestaan. Koop eerst het materiaal voor de deuren of panelen, en pas dan de geschikte boven- en onderrails, rollers en afwerklijsten.

Hoe zwaarder het materiaal van deuren of panelen, des te sterker ook het rollersysteem moet zijn. Zo hangt een lichte schuifdeur van maximaal 20 kilogram aan twee enkelvoudige rollers, een zware deur aan twee dubbele rollers. Wanneer u op één of meer schuifdeuren een spiegel wilt bevestigen, is het aan te bevelen voor die deur(en) een speciale, zwaarder uitgevoerde spiegel-rolset aan te schaffen. Ook de dikte van de deur of het paneel is bepalend voor de rollerconstructie: niet iedere roller past op iedere paneeldikte.

Kastdiepte

Bepaal vooraf welke diepte de berging moet hebben. Een hangkast moet minstens 65 cm diep zijn, voor boekenberging is 30 cm voldoende.

Waterpas

Als de rails tegen het plafond worden geschroefd, bekijk dan of de vloer en het plafond wel zuiver waterpas liggen. Is dat niet het geval, dan zal er een aanpassing nodig zijn, bijvoorbeeld d.m.v. latten die aan het ene uiteinde dunner of dikker zijn geschaafd.

Glazen schuifdeuren

Voor kasten of bergingen waarin, om maar iets te noemen, kunstvoorwerpen worden bewaard of tentoongesteld, kunt u denken aan schuifpanelen van gehard glas of perspex. Wel duur, maar ook zeer fraai, zeker wanneer het kastinterieur wordt verlicht (zie ook bij *Elektriciteit*'). Bij een gespecialiseerde glashandel kunt u de gaatjes voor de rollers in het glas laten boren, of u boort deze gaatjes zelf (zie bij 'Machineboren' in het hoofdstuk *Elektrische gereedschappen*').

Boekenkasten

Al te vaak vertonen zelfgebouwde boekenkasten of -rekken een aantal gebreken: ze staan niet stevig en planken buigen door onder een te zware boekenlast. Het gewicht van een rij boeken wordt snel onderschat. Zeker wanneer de boeken gebonden zijn. Wanneer de planken ook nog van spaanplaat zijn, lijkt zo'n kast eerder een samenspel van golfbewegingen in plaats van een keurig nette berging voor lectuur.

Planken voor een boekenkast mogen een lengte hebben van maximaal tachtig centimeter. Ze moeten ten minste twintig millimeter dik zijn. De staanders (de verticale, dragende panelen) mogen nog wel van spaanplaat zijn, maar planken die de boe-

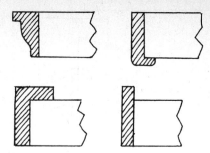

Plankprofielen.
Ter versteviging en verfraaiing kunt u de voorkant van de planken voorzien van sierlatten. De getoonde profielen zijn zowel in hout als metaal (meestal aluminium) verkrijgbaar, met gladde of geprofileerde vlakken, in overstek of in afgeronde kanten.

ken gaan torsen zeker niet. Spaanplaat kan namelijk maar weinig drukbelasting in de lengte verdragen.

Multiplex of meubelplaat van ongeveer 21 mm dik is ook wel geschikt, maar heeft het nadeel dat je de lagenstructuur (het fineer of de latjes) altijd blijft zien. Wegwerken kan wel met afwerklatjes maar dat is een hele klus. Voor een simpele maar sterke boekenberging zijn gewone vurehouten kastplanken het beste. Deze kastplanken zijn in uiteenlopende lengten en breedten kant en klaar te koop bij hobby- en doe-het-zelf markten en de houthandel.

De smalle kanten van multiplex of meubelplaat laten een of meerdere naden zien. Die kunt u met een vurehouten of hardhouten latje afdekken. De boekenplanken zelf krijgen aan de kopse kanten twee inkepingen die om de keeplatten grijpen. Zo liggen deze planken zo vast als een huis; ze kunnen nooit naar voren schuiven.

Voor een normale boekenkast is een plankbreedte (kastdiepte) van 25 cm voldoende. Bestaat het boekenbezit voor een deel uit kunstboeken of plaatwerken van groot formaat, kies

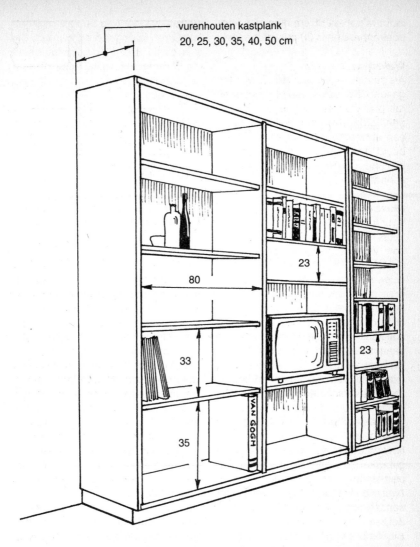

vurenhouten kastplank
20, 25, 30, 35, 40, 50 cm

dan voor een plankbreedte van 30 cm. De hoogte tussen de planken onderling hangt ook weer af van welk formaat boeken er op moeten.

De zogenaamde reuzenpockets, literaire pockets en romans hebben genoeg aan een hoogte van 23 cm, kunstboeken, plaatwerken, atlassen en albums vragen een hoogte van 35 cm. Als de kast behalve boeken ook grammofoonplaten moet herbergen, is een hoogte nodig van circa 33 cm als minimale afstand. De plankbreedte moet in dat geval minstens 31 cm zijn, anders steken de platen over de plank heen.

Als de televisie ook in de boekenkast moet, realiseer u dan dat een toestel al gauw 50 cm hoog is. Een boekenkast van die diepte is niet fraai om te zien. De TV verdringt een hoop boe-

563

Met losse elementen zijn wonderen te verrichten.

ken uit de kast. Bovendien kost die 50 cm erg veel vloerruimte. Een bredere plank in de kast voor de televisie is een oplossing, al zal de plank opvallend uitsteken.

Voor alle boekenkasten, rekken of stellingen geldt dat ze zuiver recht ('te lood') moeten staan. Vaak wordt dat bereikt door tegen de achterkant een paar houten schoren te schroeven. Niet bepaald fraai, want op sommige plaatsen zie je die schuinlopende dingen hinderlijk goed. Als de hele achterwand dichtgetimmerd wordt met een triplexplaat, is dat euvel ook verholpen.

Bij een brede boekenkast met meerdere staanders, kunnen de naden van de triplexplaten aansluiten achter het midden van die staanders. Triplex van ongeveer 4 mm dik is voldoende stevig. Zo'n gesloten achterwand beschermt bovendien de boeken door het stofwerend vermogen.

Verstelbare planken
Het mooiste is het als de planken in de zelfgemaakte boekenkast verstel-

baar zijn. Daar kan op verschillende manieren voor gezorgd worden. Bijvoorbeeld door bij de ijzerhandel of de doe-het-zelf-winkel een flink aantal plaathoekjes met aangeklonken tap en bus te kopen.

De busjes (vier voor elke plank) boort u stijf passend in de staande panelen. Ze liggen dan vrijwel gelijk met het houtoppervlak. De plaathoekjes steekt u met de ronde pen eenvoudig in de busjes, plank erop en klaar.

Wilt u de plankhoogte zo variabel mogelijk kunnen verstellen, boor de busjes dan om de vijf centimeter hoogte boven elkaar in de staanders. Een zeer degelijke, wat ambachtelijke manier om de plankhoogten aan uw boeken aan te passen is die met behulp van keeplatten. Die haalt u kant en klaar bij de houthandel of een goede doe-het-zelf zaak. Deze keeplatten bevestigt u met lijm en met hier en daar een draadnagel met verloren kop verticaal tegen de staanders (vurehouten kastplanken van de gewenste breedte, rechtop geplaatst). De kepen moeten uiteraard waterpas of haaks tegenover elkaar komen te liggen, dat meet u even uit. De afstand tussen twee kepen meet u eveneens op, en u zaagt zelf de dragers op maat. Die dragers zijn gewone latjes van dezelfde dikte als de keeplatten.

Oude meubels repareren
Zelf oude of klassieke meubelen repareren, is niet zo moeilijk als u waarschijnlijk denkt. Er zijn twee dingen voor nodig: handvaardigheid en gevoel voor kleur voor de beits-, politoer- of waslaag.

Het lastigste karwei is een gerestaureerd meubel weer helemaal, 'op kleur' te krijgen, vooral daar waar nieuw hout is gebruikt. Dat komt doordat oude meubelen door de jaren heen een 'patina' ofwel 'gebruiks-

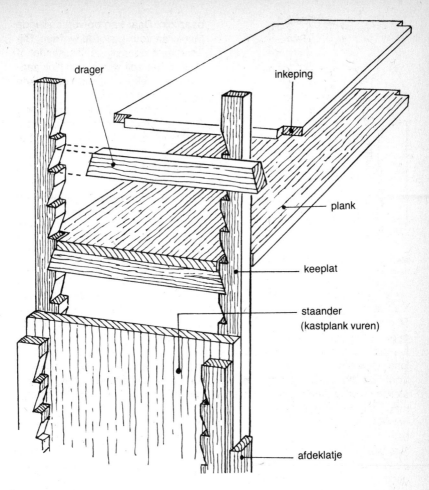

Labels on figure:
drager — inkeping — plank — keeplat — staander (kastplank vuren) — afdeklatje

glans' hebben gekregen en juist dat is nauwelijks te imiteren.

Kostbare meubelen kunt u daarom beter in handen geven van een bekwaam antiekrestaurateur. Adressen vindt u in de Gouden Gids. Is zo'n meubel alleen maar in zijn voegen gaan rammelen, dan is dat meestal het gevolg van loszittende houtverbindingen en die kunt u heel goed zelf aanpakken.

Lijmen

Oude meubelen zijn gelijmd met beender- of vislijm. Die werd door de meubelmaker au-bain-marie opgewarmd en in vloeibare toestand heet verwerkt. Hij smeerde de lijm met een kwast op het hout, waarna hij de hele zaak met lijmtangen aanklemde en te drogen zette. Een dag lang, want vroeger keek men niet op een paar uurtjes. Beenderlijm is hier en daar nog te krijgen, meestal in de vorm van tabletten of poeder. De tabletten zet u een nacht in koud water, daarna warmt u de zacht geworden massa op en hebt u een echt ouderwetse lijm van bruine kleur.

Een tikkeltje ingewikkelder is het

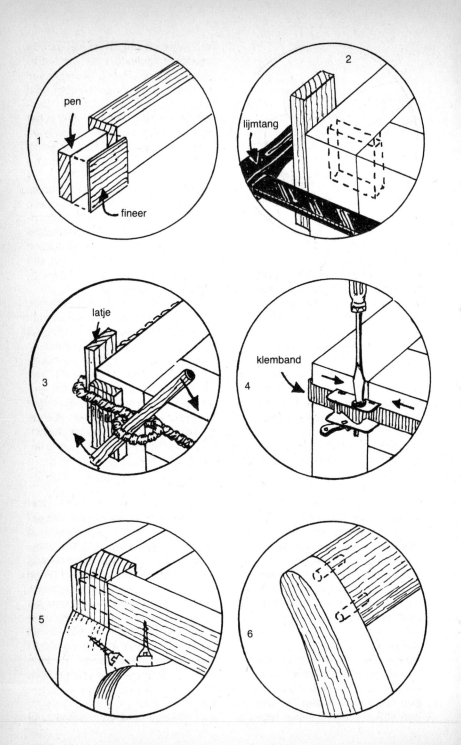

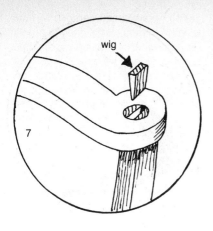

wig

7

voorbewerken van de loszittende houtverbindingen. Doorgaans is er te veel ruimte tussen pennen en gaten ontstaan. Beenderlijm is niet spleetvullend, zodat u met het simpelweg dik opbrengen van lijm niets bereikt. De oude lijm moet eerst verwijderd worden door haar af te steken of te schaven. Allicht neemt u dan ook wat van het onderliggende hout mee en zal de verbinding nóg meer gaan rammelen.

De remedie is het 'opdikken' van de pennen en/of gaten van de verbinding. De van oude lijm vrijgemaakte pen voorziet u aan een of beide kanten van een stukje fineer (tekening 1). De fineer wordt uiteraard gelijmd en met een lijmtang tegen de pen vastgeklemd. Leg over het fineer een stukje papier en vervolgens en stukje vlak afvalhout. Dan pas aanklemmen. Door het papier kan uitpuilende lijm zich niet aan het afvalhout of de lijmtang hechten.

Zuigend

Nu u de pen dikker hebt gemaakt, is de kans groot dat hij weer 'zuigend' in het gat van de verbinding past. Is de pen nog steeds te dun, lijm dan ook een stukje fineer binnenin tegen de

wand van het gat, maar wel aan de tegenover liggende zijde van het fineer van de pen. Het aanklemmen van het fineer in het gat doet u door (met tussenkomst van papier) een passend gemaakt stukje hout stijf in het gat te drukken, zodat het fineer goed tegen de zijwand van het gat wordt geperst. Als de lijm droog is, haalt u het stukje hout weer weg.

Bij het opnieuw lijmen van meubels hebt u meestal een aantal langere lijmtangen nodig. Plaats de lijmtangen nooit direct op de constructie, maar bescherm het hout door tussen de lijmtangbekken en het hout een beschermend stukje afvalhout te leggen (tekening 2).

Bent u niet in het bezit van voldoende lijmtangen, dan kan een stevig stuk touw uitkomst bieden. U knoopt het touw om de aan te klemmen delen en draait met een stokje als knevel de zaak stevig aan (tekening 3). Het stokje zet u vast met een klein lijmtangetje. Breng het touw nog steviger op spanning door op verschillende plaatsen stukken hout tussen de constructie en het gespannen touw te duwen.

Klembroek

Gemakkelijker en beter werkt u met een zogenaamde klemband, ook wel klembroek geheten. Die bestaat uit een stalen huis waarin een sterke nylon band van ongeveer 4,5 meter lang kan worden aangedraaid. Door de pal in het mechanisme op 'los' te zetten, kunt u de band zo ver uittrekken als nodig is. Leg de band om het werkstuk handvast aan, draai de pal om en draai met de bijpassende sleutel of met een schroevedraaier de ratelschroef zo stevig mogelijk aan (tekening 4).

De karbelen of consoles van gebogen stoel- of tafelpoten (tekening 5) kunt u met lijm en twee diep verzonken schroeven weer vastzetten.

Rugleuningen kunt u met het opnieuw inboren van houten deuvels weer stevig aan de poten verankeren (tekening 6), en de armleuningen van oude Winsor- of boerenstoelen zet u met een spie of wig weer vast (tekening 7). Natuurlijk gebruikt u de aanbevolen beender- of vislijm, want de kleur ervan voorkomt een scherpe aftekening, zoals dat met de tegenwoordige witte PVA-houtlijm het geval is.

Repareren van een houten stoel
De verbindingen van houten stoelen of fauteuils worden zwaar belast en kunnen na verloop van tijd los gaan zitten. Betreft het een waardevolle stoel, bij voorbeeld een antiek exemplaar of een erfstuk waarmee de bezitter een gevoelsmatige binding heeft, dan kan deze beter in handen van een goede antiekrestaurateur worden gegeven. Minder kostbare zitmeubelen zijn met enig geduld best

zelf te herstellen en aan een tweede leven te helpen.

Bij gestoffeerde stoelen moet soms de bekleding verwijderd worden om bij de houtverbindingen te kunnen komen. In dat geval kan wellicht een stevig hoekijzer onzichtbaar aan de binnenkant van de constructie worden geschroefd. Beter is het als de houtverbinding wordt losgemaakt en opnieuw in elkaar wordt gezet, zelfs als daar meerdere delen bij betrokken zijn en ook de hoekklossen tussen zitting en poten verwijderd moeten worden.

Beenderlijm
De verbindingen van oudere stoelen zijn meestal gelijmd met beenderlijm. Deze lijm kan worden herkend aan de bruine, enigszins glazige kleur. De oude lijmlaag moet zorgvuldig worden verwijderd, en het verdient aanbeveling om bij het weer in elkaar zetten ook weer beenderlijm te gebruiken. Beenderlijm wordt altijd au-bainmarie verwarmd en zo heet mogelijk

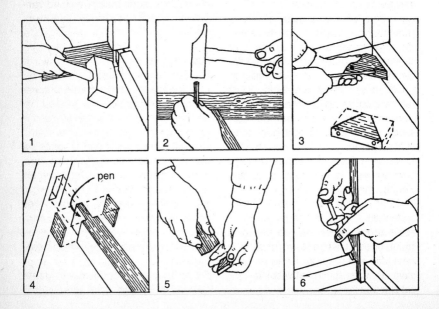

pen

1 2 3
4 5 6

verwerkt. Het is in poedervorm of in harde, platte brokken verkrijgbaar bij goede doe-het-zelfwinkels of bij leveranciers van kunstschildersmaterialen. De brokken dienen eerst te worden vergruisd voordat ze in de lijmpot worden gedaan.

Houtverbindingen repareren

1. Schroef de hoekklos af en tik de verbinding voorzichtig los met een houten hamer en een stuk afvalhout als bescherming.

2. In sommige gevallen bestaat de verbinding uit houten deuvels. Zijn deze afgebroken, boor ze dan met een centerboor uit, maar liefst niet aan de zichtzijde. Maak nieuwe hardhouten deuvels van de geschikte diameter, meet de diepte van beide tegenover elkaar liggende gaten en tel die bij elkaar op. Maak de deuvel een halve centimeter korter. Zaag in de lengte van de deuvel een gleufje en vul dat met wat lijm. Breng ook wat lijm aan in het boorgat en sla de deuvel in.

3. Nieuwe hoekklossen kunnen worden gemaakt uit stukken beukehout van circa 2,5 centimeter dik. Kies stukken hout waarvan de houtnerfrichting een verbinding vormt met de aanliggende zijden van de stoelframe. De twee gezaagde zijden moeten zuiver tegen de onder-binnenkant van de stoelzitting passen en van lijm worden voorzien. Schroef de klos stevig vast via de vooraf geboorde schroefgaten.

4. Wanneer de oude beenderlijmlaag is verwijderd, is een pen-en-gatverbinding meestal te ruim geworden. Probeer niet die ruimte met veel lijm op te vullen, maar lijm tegen één van beide brede zijden van de pen een stukje fineer. Daarmee wordt de pen weer dikker en zal ze in de meeste gevallen weer stijf in het verbindingsgat passen.

5. Een stoel wankelt wanneer een poot te kort is. Dit kan worden verholpen door het inkorten van de langere poten of (beter) door het verlengen van de te korte poot. Inkorten: bij de korte poot de afstand tussen vloer en poot opmeten en dan, naar de gevonden maat, de andere poten afzagen. Verlengen: de stoel op een volkomen vlakke ondergrond plaatsen. Een stukje hout zodanig pasmaken dat het onder de te korte poot past en de stoel niet meer wankelt. Het stukje hout voorboren en met een verzonken platkopschroef en wat lijm tegen de onderkant van de poot vastzetten. De 'naad' goed schuren met zeer fijn schuurpapier.

6. Losgelaten verbindingen kunnen een enkele keer worden hersteld door ze met lijm te versterken en door het aanbrengen van hoekklossen. Maak met een boor een onopvallend, schuinlopend gaatje tot in de verbindingsholte. Spuit in het boorgaatje wat vis- of beenderlijm. Gebruik geen moderne kunstharslijm omdat deze te snel droogt en zich niet goed verbindt met de oude lijmlaag in de verbinding. Klem de opnieuw gelijmde verbinding met een lijmtang zodanig vast, dat de druk gelijkmatig wordt verdeeld. Laat het geheel minstens 24 uur drogen en verstevig het daarna met een hoekklos.

Tips

● Houten meubelen niet te dicht bij verwarmingsbronnen plaatsen, anders krimpen de houtverbindingen open.

● Het hout regelmatig met een geschikt onderhoudsmiddel behandelen.

● Om de aard van de oppervlaktebehandeling vast te stellen: een druppeltje terpentine opbrengen. Maakt het druppeltje het hout weer blank, dan is er sprake van een olie- of waslaag. In het andere geval is het houtoppervlak gevernist of gepolitoerd.

● Kleine krassen voorzichtig met schuurpapier uitschuren. Koperpoetsmiddel, met een zachte doek opgebracht, geeft het oppervlak nieuwe glans. Andere mogelijkheid: op kleur gebrachte was of schoensmeer met een propje watten in de kras werken.

● Krassen die tot diep in het hout reiken, met stopwas opvullen, of het gehele oppervlak opnieuw behandelen.

● Middeldiepe krassen met meerdere laagjes transparante, verdunde vernis opvullen met behulp van een fijn penseel, de laatste laag iets verhoogd ten opzichte van het omringende houtoppervlak. Elke laag eerst laten drogen. Ten slotte de plek met zeer fijn schuurpapier gelijkschuren. Schuurstof verwijderen en met een zachte doek koperpoets opbrengen om de glans terug te krijgen.

Oude meubels in een nieuw 'jasje'

Dat onooglijke, oude kastje of het ouderwetse tafeltje, al jaren op zolder opgeslagen, kan in het interieur weer verrassende diensten bewijzen, als het in een nieuwe, passende kleur wordt geschilderd en een opvallend plaatsje krijgt. Nieuw kopen kan altijd nog en geeft minder voldoening; dus waarom niet eerst geprobeerd het oude meubelstuk nieuw leven in te blazen?

Neem het meubelstuk zo mogelijk uit elkaar en herstel de gebreken. Vervang ook kapot of versleten hang- en sluitwerk.

Het lastigste karwei is het verwijderen van de oude afwerklaag. Bestaat die uit verf, dan kan die worden verwij-

derd met een afbijtmiddel. Is het meubel echter van een fineerlaag voorzien, dan zal het in de meeste gevallen zijn gebeitst of gepolitoerd en is het beter te proberen de afwerklaag met een schraapstaal, een dot staalwol en schuurpapier te verwijderen. Wasbeits kan met ammonia of terpentine worden verwijderd, maar er zal toch fijne staalwol bij te pas moeten komen om de wasbeits ook uit de dieper liggende nerf te schuren. Een afwerklaag kan worden herkend aan het oplosmiddel dat het zacht maakt.

Afbijtmiddel

Bijna alle soorten afwerklagen kunnen worden opgelost met een afbijtmiddel. Er kan op elk gedeelte van het oppervlak worden begonnen, maar behandel steeds een stukje tegelijk. Wanneer de laag zacht is, kan deze met een plamuurmes worden weggeschraapt. Met staalwol de dieper gelegen houtnerf schoon schuren. Neutraliseer het oppervlak met een in brandspiritus gedrenkte dot poetskatoen en wrijf hiermee met draaiende bewegingen over het oppervlak. De achtergebleven waas kan met staalwol en schuurpapier worden verwijderd. Als het oppervlak droog is, kan met fijn opschuren worden begonnen.

Afwerklagen hebben de eigenschap deuken eerder te accentueren dan te verbergen. Daarom dient de doe-hetzelver met zorg te werk te gaan, wanneer hij hout van een nieuwe afwerklaag wil voorzien. Elke deuk of buts moet worden verwijderd, alvorens de afwerklaag wordt opgebracht.

Dep de beschadigde plek met een vochtige doek. Verwarm een oude ijzervijl of een soldeerbout zodanig dat de warmte ervan op ongeveer 15 centimeter afstand van het gezicht voelbaar is. Leg een vochtige doek over de deuk en druk daar met het warme ijzer op, het onderwijl licht heen en weer bewegend. De ontstane stoom zal de houtvezels iets omhoog trekken en daarmee de deuk opheffen. Schuur daarna de plek met fijn schuurpapier.

Om hout schoon te maken kan het oppervlak met schoon water krachtig worden geboend. Het water trekt ook in dit geval de nerf omhoog. Als het hout weer volkomen droog is, schuur het dan met fijn schuurpapier glad en vlak. Stof het oppervlak goed af. Het is nu klaar voor het opbrengen van een eerste nieuwe grondlaag.

Deuvel handige houtverbinding

Meubels die mensen bij postorder-(meubel)bedrijven bestellen, worden soms geleverd in de vorm van een bouwpakket. De klant wordt geacht het kastje of bureau zelf in elkaar te zetten aan de hand van een bijgeleverde bouwbeschrijving.
Die beschrijvingen zijn niet altijd even duidelijk. Omdat elk bouwpakket anders is, is het niet mogelijk een algemeen recept te geven voor mensen die vastlopen. Wel is er iets te vertellen over een houtverbinding die in zulke pakketten erg veel wordt toegepast: de deuvel.
Duvel, wordt ook wel gezegd. Deuvels zijn ronde stukjes beukehout met groefjes in de lengterichting. Ze kosten een paar cent per stuk en zijn in diverse maten te koop. Doorsneden van 6 en 8 mm worden het meest gebruikt. Ze zijn een paar centimeter lang, maar ze zijn ook als lange 'stokken' te koop, waar men dan zelf de benodigde lengte van afzaagt.

Verbinding

De verbinding met deuvels is eenvoudig en sterk. Twee stukken hout worden met elkaar verbonden doordat op diverse punten exact tegenover elkaar gaten zijn geboord waar de deuvels precies in passen. De deuvel wordt met houtlijm vastgezet in een gat in het ene stuk hout; in een corresponderend gat in het andere stuk doen we wat lijm en daarna worden de stukken gewoon tegen elkaar gezet en eventueel vastgeklopt.
Op het moment dat de deuvel erin wordt geslagen, perst de lijm zich in de groeven. De lijmverbinding beslaat dus een behoorlijk oppervlak en is daardoor sterk. Klemmen (zoals bij de meeste lijmverbindingen) hoeft niet, want de deuvels zitten strak in de boorgaten en houden de boel tijdens het drogen prima bij elkaar.
In bouwpakketten zijn de gaten voorgeboord. Lijm en deuvels worden meegeleverd. We hebben om de deuvels in de gaten te slaan en de constructie aan te kloppen alleen een hamer nodig.
Gebruik een hamer met een plastic kop, of leg eerst een stukje oud hout op de plek waar geslagen moet worden. Dat voorkomt beschadiging van het meubel.

Lijmen

De constructie lukt soms ook zonder lijm. Maar lijmen verdient sterk de voorkeur, omdat dit het meubel 'stugger' maakt. Een zwabberig en wiebelend kastje of tafeltje blijkt vaak te staan als een rots als de verbindingen alsnog worden gelijmd.
Wie zelf meubeltjes ontwerpt en die met deuvels onzichtbaar wil verlijmen, koopt een houtspiraalboor van de gewenste doorsnee (met centerpunt) en een aantal bijpassende metalen markeerpuntjes. Boor en

markeerpunten zijn als complete setjes te koop voor minder dan een tientje.

De werkwijze: gat boren, markeerpuntje in het gat plaatsen en het andere stuk hout zo nauwkeurig mogelijk even tegen het eerste stuk aandrukken. Het markeerpuntje maakt een klein gaatje op het tweede stuk hout, en zo zien we precies op welk punt het tegenoverliggende gat moet worden geboord.

Maak de boorgaten altijd wat dieper dan de halve-deuvellengte, want er moet ook lijm bij en enige speling is ook geboden om te voorkomen dat het hout onder de druk opensplijt. (Zie verder bij 'Houtverbindingen' in het hoofdstuk 'Hout en houtbewerking'.)

Binnenvolière

Wie vogels wil houden zal daar ruimte voor moeten creëren. Die ruimte kan bestaan uit een kooi of uit een volière. In een volière kunnen echter meer vogels worden gehuisvest, terwijl men meteen in de gelegenheid is het gevederd volkje optimaal te observeren om aldus bekend te worden met hun gewoonten en levenswijze.

Een goed plekje

Bezin voor ge begint: een goede volière moet minstens 2 meter hoog zijn en al gauw 60 à 80 cm diep. Ook de situering is van belang. De meeste vogels voelen zich het prettigst wanneer ze zich min of meer regelmatig in een koesterend ochtendzonnetje kunnen baden. Een plekje vlak bij een raam op het zuiden is dus te prefereren.

Is de situatie zodanig dat een plaatsje op het zuiden niet mogelijk is, dan kan wellicht naar andere mogelijkheden worden gezocht. Sommige vogelliefhebbers hebben hun volière ge-

bouwd op de scheiding van twee in elkaar overlopende vertrekken, anderen haalden de deur uit een bergkast en vervingen die door een met gaas bespannen deur van latten.

Gaas

Het bekende 'vogeltjesgaas', ook wel 'dubbeltjesgaas' genoemd, bevat zeskantige mazen. Het is licht, sterk en buigzaam, en verkrijgbaar in twee uitvoeringen: verzinkt of groen geplastificeerd. De maaswijdte is meestal 13 mm, de breedte varieert van 50 tot 200 cm. Er is ook vierkant gemaasd gaas in verschillende maaswijdten van 6,3 tot 25,5 millimeter. Verzinkt gaas vertoont vaak hinderlijke schitteringen die vooral bij kunstlicht de 'inkijk' van de volière bemoeilijken. De oplossing is dan het gaas te schilderen. Bij geplastificeerd gaas doen zich geen schitteringen voor; het hoeft niet geschilderd te worden, dus haalt men de meerprijs er wel weer uit.

Het is belangrijk het gaas tijdens het aanbrengen met voorzichtigheid te behandelen, want knikken, deuken of vouwen kunnen nog maar moeilijk onzichtbaar worden gemaakt. Ook mag het beeld van zuiver horizontaal of verticaal verlopende lijnen niet verstoord worden.

Constructie

Het raamwerk waarop het gaas wordt gespannen, kan uit dunne latten bestaan, bijvoorbeeld geschaafde panlatten met een doorsnede van ± 2 × 4 cm. Met krammen kan het gaas op het hout worden vastgezet. Wil men de krambevestiging onzichtbaar maken, dan kan men daaroverheen een dun hardhouten latje spijkeren. Wanneer het houten raamwerk in de kleur van het interieur wordt geschilderd valt de volière minder op dan wanneer er afwijkende en opvallende kleuren worden gebruikt. Een kwestie van smaak en opvatting.

Aan de voet van de volière komt vanzelfsprekend een hoge opstaande rand die verhindert dat opstuivend zilverzand en vogelzaad van de volièrebodem op de woonkamervloer terechtkomen. Om zoveel mogelijk zicht te houden op het vogelgedrag kan deze rand het best van dik glas zijn, waarvan de snijranden zijn gladgeslepen om verwondingen te voorkomen. De volière dient gemakkelijk toegankelijk te zijn, hij zal immers regelmatig moeten worden schoongemaakt. Ideaal is de situatie waarbij men de volière kan binnengaan. In dat geval zal de toegangsdeur een afmeting van minimaal 170 × 60 cm moeten hebben. Bestaat er ruimtegebrek, of moet de volière om andere redenen vrij van de vloer worden gebouwd, dan doet men er wijs aan 'uit te vogelen' in hoeverre onder de volière nog een kastje of stoel kan worden geplaatst.

De bodem van de volière maakt u bij voorkeur natuurlijk zó, dat deze als een lade naar voren geschoven kan worden. Dat spaart een hoop werk bij het schoonmaken.